2020年版

オフィス海 著

史上最強の 宅建士 テキスト

ナツメ社

本書は、令和2年の宅建試験に最速・確実に合格するための最新版の教材です。

- 本書は**令和2年4月1日施行の民法改正に完全準拠（令和2年に実施される宅建試験に対応）**しています。民法改正によって大きな変更が生じた項目に、民法改正 のマークを付して、学習の目安になるよう配慮しています。
  さらに、出題が予想される重要知識に緑色の下線を引いてあります。
- その他、施行されている法令については、令和元年10月末現在の情報に基づいて制作されています。
- 宅建試験の法令基準日である令和2年4月1日の「宅建士法改正情報」及び「統計問題に出題されるデータ」が、ナツメ社Webサイトからダウンロードできます（令和2年8月掲載予定）。

【カバー率】
その本で試験の単語や問題などをどの程度カバー（正解・的中）しているかという割合。
単語集や問題集の信頼性を表す指標。カバー率は、出題される知識を増やすほど上がる。

出題カバー率No.1‼ 史上最強の96.0%

1冊だけで確実に合格するための宅建士テキスト

ダントツのカバー率に加えて、記憶しやすく、点を取りやすい工夫が満載！宅建過去問の徹底的なデータ分析をもとに制作された史上最強の教材です。

▼ 本書の特長

1. 日本初‼ **出題カバー率**を測定した史上最強の「宅建士テキスト」‼
2. 最新令和元年の宅建試験の全問題のうち、**96.0%**に正解‼
3. 最新令和元年の宅建試験の全選択肢のうち、**94.9%**をカバー‼
4. 類書を圧倒するダントツの**カバー率**で、ムダなく効率よく合格‼
5. 出題される知識を下線と太字で強調してあるので、紙面の**「どこ」を覚えればよいかが、一目瞭然**‼
6. **カラー図解**＋**イラスト**で、情報を視覚的にインプット。わかりやすくて、しかも**記憶に残る**‼
7. 親切な【側注】で、専門用語・法律用語をそのつど解説‼
8. 目標点数40点 ▶別冊「実力判定 過去問SELECT50」
9. 令和2年4月1日施行の**民法改正に完全準拠**▶令和2年宅建試験に対応

　宅建士の方々をはじめとして、多くの校正者、編集者のご協力、ご尽力をいただき、「宅建試験」に合格できるテキストができました。本書掲載の知識をもれなく覚えていただければ、宅建試験の合格点に届きます。本書によって、あなたが合格されることを心より信じ、願っております。　　オフィス海【kai】

- ⦿初めての宅建試験で、何から勉強していいかわからない方➡本書で始めましょう。
- ⦿宅建試験に落ちてしまった➡大丈夫、本書の学習で次は受かります。
- ⦿出題知識だけをムダなく学習したい➡本書なら可能です。

ムダのない効果的な学習で、

黄色 ▶ 学習の基礎となる基本用語に、黄色いマーカーを引きました。宅建士としての常識ですから、正確に覚えていきましょう。

覚えていこうにゃ

赤線 ▶ 赤い下線は、過去問の解法に必要な知識です。これまで1回も出題されていない知識より高い確率で出題されることがわかっています。合格に欠かせない必ず覚えるべき情報といえます。※

太字 ▶ 赤線部分を覚えるためのキーワードを太字で強調しました。太字は必ず覚えるという意識で、学習を進めてください。効果的に記憶ができます。

01 宅建業

- 免許を必要とする「宅建業」の定義を覚える。
- 「宅地」「建物」「取引」「業」の定義を覚える。
- 国や信託会社は、免許がなくても宅建業を行うことができる。

1 宅地建物取引業とは何か

宅地建物取引業の免許（以下、**免許**）を必要とする宅地建物取引業（以下、**宅建業**）の定義は、「**宅地または建物**」の「**取引**」を「**業**」として行うことです。
また、免許を受けて宅建業を営む者のことを**宅地建物取引業者**（以下、**宅建業者**）といいます。

2 「宅地」とは何か

● 建物の敷地として使われる土地が**宅地**です。住宅に限らず、**倉庫**、**工場**、**店舗**などの敷地も**宅地**です。

❶ 現在、建物が立っている土地
登記簿上の地目が畑や田の土地でも、**用途地域外の土地**でも、現在、**建物があれば宅地**です。

❷ 建物を建てる目的で取引される土地
建物がなくても、将来建物を建てる土地であれば宅地となります。用途地域外の山林を山林として取引すれば、宅地ではありませんが、建物を建てる目的で、**宅地として取引されるのであれば宅地**です。

出る！
「宅地または建物」「取引」「業」の定義がすべて当てはまる行為に免許が必要。1つでも定義から外れていれば免許不要。

【用途地域】
都市計画法により、建物の用途等に一定の制限を定めた地域。第一種低層住居専用地域、商業地域、工業専用地域等の13種類があり、種類ごとに建築できる建物の用途、容積率、建蔽率などの建築規制がある（⇒p.370）。

建物がある→宅地

宅地として取引→宅地

2

太字に注目しながら、下線部を覚えていこう！
赤線＝過去問に出題された知識
緑線＝民法改正による出題予想知識

※民法改正で変更・追加された、出題が予想される重要知識には緑色の下線を引いてあります。

宅建試験にスピード合格!!

❸ 用途地域内の土地
　都市計画法に規定する<u>用途地域内の土地</u>であれば宅地です。ただし、現に道路・公園・河川・広場・水路の用に供されている土地は例外的に除かれます。

出る！ 用途地域内であれば、駐車場、資材置場、園芸用地などでも宅地となる！

Part 1 宅建業法

01 宅建業

3 「建物」とは何か

　住宅に限らず、倉庫、工場、店舗なども<u>建物</u>です。また、一戸建てだけでなくマンションの専有部分も建物です。

出る！ リゾートクラブ会員権（宿泊施設等のリゾート施設の全部または一部の所有権を会員が共有するもの）の売買も建物所有権の売買に該当する。

4 「取引」とは何か

　<u>取引</u>とは、①<u>自ら当事者</u>として「売買」「交換」を行うこと、②他人の物件の「売買」「交換」「貸借」について<u>代理</u>または<u>媒介</u>を行うことです。
　<u>自ら貸主</u>となることは<u>取引にあたりません</u>。従って、<u>大家さん</u>や<u>貸ビル業者</u>には、<u>宅地建物取引業法（以下、宅建業法）</u>の規定は適用されず、<u>免許は不要</u>です。
　なお、<u>建設業</u>や<u>管理業</u>にも<u>免許は不要</u>です。

【代理】依頼人に代わって契約を結ぶこと。

【媒介】契約の当事者を引き合わせること。代理と違って、契約を結ぶ権限はない。「仲介」、「あっせん」ということも多い。

自ら貸主
免許不要

貸借契約
代理・媒介
免許必要

借主
免許不要

出る！ ▶ 基本事項の正誤をそのまま問われる問題よりも、架空条件を組み合わせたようなヒッカケ問題の方が難しい傾向があります。赤い下線だけでは解けないようなパターンを紹介します。

【側注】 ▶ 初学者のために、宅建の専門用語や法律用語を解説していきます。言葉の意味がわからないままに読んでいると、実は何も理解していない、ということになりかねません。

黒板 ▶ 黒板では、図表や箇条書きを使って、内容をわかりやすくまとめてあります。情報を整理して、インプットしましょう。

図解＆イラスト ▶ 印象的で楽しいイラストを使って、出題される重要知識を図解で説明。合格知識のカバー率はもちろん、覚えやすさ、わかりやすさもNo.1です！

本書で合格できる理由!!

　宅建試験の全過去問を解ける実力があれば、宅建試験に確実に合格できることがわかっています。つまり、いちばん確実な試験対策は、過去問の学習といえます。ただし、すべての過去問の文章、解説を丸暗記して覚えることは、あまりにたいへんで、効果的な学習とはいえません。

　本書は、過去問の論点（正誤の判断基準となる問題点）を明確にしながら、**宅建試験に確実に合格できる知識**を赤下線（民法改正に関する出題予想知識は緑下線）付きで掲載しました。合格に必要な知識だけを覚えていくことができるため、短期間で非常に高い学習効果が得られます。

　本書に掲載されている知識で獲得できた得点【カバー率】は、平成20年以降の**合格点31〜37点（50点満点）【62〜72%】**を大幅に上回っています！

直近2年間の得点とカバー率

▼ **本書に掲載されている知識で獲得できた得点【カバー率】**

平成30年	47点【95.9%】
令和元年	48点【96.0%】

正誤判定の基準：選択問題では、正誤の判定に必要な情報が掲載されていれば1点（正解）、計算問題では必要な式、計算手順が掲載されていれば1点としました。正誤判定に必要な情報について、表現が違うなどの理由から、正誤判断が確実でない問題は0.5点として集計しました。なお、試験前の本書掲載情報（該当年の試験の問題知識を追加しない段階）をもとに計測した場合は42.5点【85.0%】となっています。
今後の宅建試験で、同様のカバー率【得点】が獲得できることを約束するものではありません。

▼ **すべての選択肢のうち、本書で正誤が判明した選択肢数【カバー率】**

平成30年	182肢【92.9%】
令和元年	186肢【94.9%】

※平成30年の統計問題1問4選択肢は、未掲載のためカバー率計算の分母からカット（49点満点／196選択肢）。
　令和元年の統計問題は、ナツメ社Webサイト「統計問題に出題されるデータ」によって正誤を判定。

試験ガイド

▼試験実施日程

試験案内配布	7月上旬～7月下旬
試験の申込み	**インターネット申込み…7月上旬～7月中旬** ※複数の試験会場がある都道府県の場合、申込み時に試験会場を選択可能（先着順）。 **郵送申込み…7月上旬～7月下旬** ※試験会場を選択可能な都道府県もある（郵便到着順）。
試 験 日 時	毎年1回。原則として、**10月第3日曜日13時～15時** ※登録講習修了者は、13時10分から15時
合 格 発 表	原則として、**12月第1水曜日または11月最終水曜日**

▼試験概要

受 験 資 格	誰でも受験できます。 ※宅地建物取引業に従事していて、国土交通大臣から登録を受けた機関が実施する講習を受講・修了した人に対して、試験問題のうち問46～50の5問が免除される「登録講習」制度があります。
試 験 地	原則として、受験申込時に住所のある都道府県での受験。
受 験 手 数 料	7,000円
試 験 方 法	50問・四肢択一式による筆記試験（マークシート方式）。 ※ただし、登録講習修了者は45問。
試 験 内 容	（下表参照）※本書では、左の4科目に分類しています。 ※登録講習修了者は、「その他」のうち、5問が免除されます。

科　　　　目	計50問
宅 建 業 法	20問
権 利 関 係	14問
法令上の制限	8問
税・その他	8問

法 令 基 準 日	試験のある年の4月1日
試 験 実 施 機 関	（一財）不動産適正取引推進機構 〒105-0001　東京都港区虎ノ門3丁目8番21号第33森ビル3階 代表 03-3435-8111　試験部（宅建試験等）03-3435-8181

注意：上記は、例年のケースです。試験案内配布期間、試験申込み期間、受験手続き等については、（一財）不動産適正取引推進機構の最新情報をご確認ください。

Part 1 宅建業法

01 宅建業 …▶2

❶宅地建物取引業とは何か…2／❷「宅地」とは何か…2／❸「建物」とは何か…3／❹「取引」とは何か…3／❺「業」とは何か…4／❻免許がなくても宅建業が営める者…5／◉過去問で集中講義…6

02 免許 …▶8

❶事務所の定義…8／❷免許の種類と申請…9／❸免許の有効期間と更新…10／❹宅地建物取引業者名簿…10／❺宅地建物取引業者免許証…11／❻免許換え…12／❼廃業等の届出…13／◉過去問で集中講義…14

03 免許の欠格要件 …▶16

❶免許申請者…16／❷免許申請者の関係者…19／◉過去問で集中講義…20

04 宅建士 …▶22

❶宅地建物取引士になるまで…22／❷宅地建物取引士資格試験…22／❸宅地建物取引士資格登録…22／❹宅地建物取引士資格登録簿…23／❺死亡等の届出…24／❻宅地建物取引士証…24／❼宅建士の事務…26／❽登録の移転…27／◉過去問で集中講義…28

05 登録の欠格要件 …▶30

❶登録の欠格要件（免許の欠格要件と同じ要件）…30／❷登録の欠格要件（免許の欠格要件と違う要件）…32／❸宅建士の行動規範…33／◉過去問で集中講義…34

06 営業保証金 …▶36

❶営業保証金制度…36／❷営業保証金の供託…36／❸供託の届出と事業開始…38／❹主たる事務所の移転…38／❺営業保証金の還付…40／❻営業保証金の不足額の供託…40／❼営業保証金の取戻し…41／◉過去問で集中講義…42

07 保証協会 …▶44

❶弁済業務保証金制度…44／❷保証協会の業務…45／❸弁済業務保証金分担金の納付…46／❹弁済業務保証金の供託…47／❺弁済業務保証金の還付…47／❻還付充当金の納付…48／❼弁済業務保証金の取戻し…49／❽弁済業務保証金準備金…50／❾社員たる地位を失った場合…51／◉過去問で集中講義…52

08 業務場所ごとの規制 …▶54

❶業務を行う場所…54／❷案内所等の届出…55／❸専任の宅建士の設置…55／❹標識の掲示…56／❺事務所に関する規制…58／◉過去問で集中講義…60

09 業務に関する規制 …▶62

1誇大広告の禁止…62／**2**広告開始時期の制限…63／**3**契約締結時期の制限…63／**4**取引態様の明示…64／**5**業務に関する諸規定…64／●過去問で集中講義…68

10 媒介契約の規制 …▶72

1媒介と代理…72／**2**媒介契約の種類…72／**3**専任媒介契約の規制…74／**4**媒介契約書の作成…76／**5**媒介契約書の記載事項…76／●過去問で集中講義…78

11 重要事項の説明 …▶80

1重要事項の説明義務…80／**2**35条書面の記載事項…81／**3**供託所等に関する説明…88／●過去問で集中講義…92

12 37条書面（契約書面） …▶96

137条書面の交付…96／**2**37条書面の記載事項…98／●過去問で集中講義…102

13 8種制限 …▶104

1クーリング・オフ制度…105／**2**手付の性質と額の制限…108／**3**手付金等の保全措置…109／**4**自己の所有に属しない物件の売買契約の制限…111／**5**担保責任についての特約の制限…112／**6**損害賠償額の予定等の制限…114／**7**割賦販売契約の解除等の制限…115／**8**所有権留保等の禁止…115／●過去問で集中講義…116

14 報酬の制限 …▶120

1報酬額に関する規定…120／**2**消費税等相当額の取扱い…120／**3**報酬額の基本計算式…121／**4**売買の媒介の報酬限度額…122／**5**売買の代理の報酬限度額…124／**6**交換の媒介・代理の報酬限度額…125／**7**貸借の媒介・代理の報酬限度額…125／**8**報酬の範囲…129／**9**空家等の売買に関する費用…129／●過去問で集中講義…130

15 監督処分・罰則 …▶132

1宅建業者に対する監督処分…132／**2**宅建業者に対する指示処分…133／**3**宅建業者に対する業務停止処分…134／**4**宅建業者に対する免許取消処分…135／**5**宅建業者に対する監督処分の手続き…136／**6**指導・立入検査等…136／**7**宅建士に対する監督処分…137／**8**罰則…139／●過去問で集中講義…140

16 住宅瑕疵担保履行法 …▶142

1住宅品質確保法…142／**2**住宅瑕疵担保履行法…142／**3**住宅販売瑕疵担保保証金…143／**4**住宅販売瑕疵担保責任保険…144／**5**資力確保措置に関する届出義務…145／●過去問で集中講義…146

CONTENTS

Part 2 権利関係

01 意思表示 …▶150

1意思表示と契約…150／**2**意思の不存在…150／**3**心裡留保…151／**4**虚偽表示…152／**5**錯誤…153／**6**瑕疵ある意思表示…155／**7**詐欺…155／**8**強迫…157／●過去問で集中講義…158

02 制限行為能力者 …▶160

1民法上の能力…160／**2**制限行為能力者とは…160／**3**未成年者…161／**4**成年被後見人…162／**5**被保佐人…163／**6**被補助人…164／**7**制限行為能力者の相手方の保護…165／●過去問で集中講義…166

03 代理制度 …▶168

1代理とは…168／**2**有効な代理行為の要件…168／**3**代理行為の瑕疵…169／**4**代理人の行為能力…170／**5**任意代理と法定代理…171／**6**代理権の消滅事由…172／**7**代理権の濫用…172／**8**自己契約と双方代理…173／**9**復代理…175／●過去問で集中講義…176

04 無権代理と表見代理 …▶178

1無権代理…178／**2**表見代理…180／**3**無権代理と相続…181／●過去問で集中講義…182

05 時効 …▶184

1取得時効…184／**2**消滅時効…187／**3**時効の完成猶予と更新…188／**4**時効の援用…189／**5**時効の利益の放棄…189／●過去問で集中講義…190

06 契約 …▶192

1契約の分類…192／**2**主な契約の種類…194／**3**無効と取消し…195／**4**条件・期限…196／●過去問で集中講義…198

07 債務不履行と解除 …▶200

1債権と債務…200／**2**同時履行の抗弁権…201／**3**債務不履行…201／**4**損害賠償…203／**5**金銭債務の特則…204／**6**契約の解除…205／**7**危険負担…208／●過去問で集中講義…210

08 売買 …▶212

1売主の義務…212／**2**売主の担保責任…213／**3**契約不適合とは…213／**4**買主の権利① 追完請求権…214／**5**買主の権利② 代金減額請求権…214／**6**買主の権利③ 解除権・損害賠償請求権…215／**7**担保責任の期間の制限…216／**8**目的物の滅失・損傷に関する危険の移転…216／**9**担保責任を負わない旨の特約…217●過去問で集中講義…218

09 物権変動と対抗関係 …▶220

❶物権変動…220／❷二重譲渡と対抗関係…221／❸詐欺、強迫と対抗関係…222／❹取得時効と対抗関係…223／❺解除と対抗関係…224／❻相続と対抗関係…225／❼第三者にあたらない者…226／❽賃借人と賃貸人…227／●過去問で集中講義…228

10 不動産登記法 …▶230

❶不動産登記法とは…230／❷登記記録…230／❸表題部（表示に関する登記）…232／❹分筆・合筆の登記…233／❺権利部（権利に関する登記）…234／❻不動産登記の共同申請…234／❼所有権の保存の登記…235／❽区分建物と登記…236／❾その他の登記事項…237／❿仮登記…238／⓫登記申請で必要な情報…239／●過去問で集中講義…240

11 抵当権 …▶242

❶抵当権とは…242／❷抵当権の性質…243／❸物上代位性…244／❹妨害排除請求権…245／❺抵当権の効力の及ぶ範囲…245／❻被担保債権の範囲…246／❼抵当権の順位…246／❽抵当権の処分…247／❾抵当不動産の第三取得者の保護…248／❿抵当権と賃借権の関係…250／⓫法定地上権…251／⓬抵当地の上の建物の一括競売…252／⓭根抵当権…252／●過去問で集中講義…254

12 保証と連帯債務 …▶256

❶保証と保証人…256／❷保証債務の成立…256／❸保証債務の性質…257／❹保証債務の範囲…258／❺求償権…259／❻分別の利益…259／❼連帯保証…260／❽連帯債務…261／❾相対効…262／❿絶対効…263／●過去問で集中講義…266

13 債権譲渡と債務引受 …▶268

❶債権譲渡とは…268／❷譲渡制限の意思表示…268／❸債権譲渡の対抗要件…270／❹債務引受…271／●過去問で集中講義…272

14 弁済と相殺 …▶274

❶弁済…274／❷供託…275／❸第三者弁済…275／❹弁済の受領者…276／❺弁済による代位…276／❻相殺とは…277／❼相殺できる場合…278／❽相殺できない場合…279／●過去問で集中講義…280

15 賃貸借 …▶282

❶賃貸借とは…282／❷賃貸借の存続期間と解約…282／❸賃貸人と賃借人の関係…283／❹不動産の賃借権の対抗要件…286／❺賃借権の譲渡と転貸…286／❻賃貸人たる地位の移転…289／❼敷金…290／❼使用貸借契約…291／●過去問で集中講義…292

16 借地借家法 ①借地 … ▶294

1借地借家法とは…294／**2**借地権…294／**3**借地権の存続期間…295／**4**借地契約の更新…296／**5**建物の滅失と再築…297／**6**借地条件変更等の裁判所の許可…298／**7**建物買取請求権…298／**8**借地権の対抗力…299／**9**借地権の譲渡…300／**10**定期借地権等…301／●過去問で集中講義…302

17 借地借家法 ②借家 … ▶304

1建物賃貸借の存続期間と更新…304／**2**建物賃貸借の解約…305／**3**建物賃貸借の対抗力…306／**4**造作買取請求権…307／**5**建物賃借権の譲渡と転貸借…308／**6**定期建物賃貸借…309／**7**一時使用目的の建物の賃貸借…310／**8**借賃増減額請求…311／●過去問で集中講義…312

18 請負と委任 … ▶314

1請負契約…314／**2**委任契約…317／●過去問で集中講義…320

19 不法行為 … ▶322

1不法行為とは…322／**2**特殊の不法行為① 使用者責任…323／**3**特殊の不法行為② 土地工作物責任…324／**4**特殊の不法行為③ 共同不法行為…325／**5**事務管理…325／●過去問で集中講義…326

20 相続 … ▶328

1法定相続人…328／**2**代襲相続…329／**3**相続の承認と放棄…329／**4**相続分…330／**5**遺産分割…332／**6**遺言…334／**7**配偶者の居住の権利…335／**8**遺留分…336／**9**特別の寄与…337／●過去問で集中講義…338

21 共有 … ▶340

1共有と持分…340／**2**持分の処分…341／**3**持分の放棄と共有者の死亡…341／**4**共有物の使用と占有…341／**5**共有物の管理と変更…342／**6**共有物の分割請求…343／●過去問で集中講義…344

22 区分所有法 … ▶346

1区分所有法とは…346／**2**専有部分と共用部分…346／**3**共用部分の持分割合…347／**4**共用部分の管理と変更…348／**5**敷地利用権…350／**6**管理組合と管理者…350／**7**規約…351／**8**集会の招集…353／**9**集会での報告と議事録…354／**10**集会の決議…354／**11**特別の定数が定められている事項…355／●過去問で集中講義…356

23 権利関係・その他 … ▶358

1用益物権…358／**2**相隣関係…360／**3**債権者代位権…361／**4**贈与契約…362／●過去問で集中講義…364

Part 3 法令上の制限

01 都市計画法／区域区分・用途地域 … ▶368

1 都市計画法とは…368／2 都市計画区域の指定…368／3 区域区分…369／4 地域地区…369／5 用途地域…370／6 補助的地域地区…372／7 用途地域で都市計画に定める事項…373／● 過去問で集中講義…374

02 都市計画法／都市計画事業 … ▶376

1 都市計画事業とは…376／2 都市計画施設…376／3 市街地開発事業…377／4 都市計画事業の流れ…378／5 都市計画事業にかけられる制限…379／6 田園住居地域における建築制限…381／● 過去問で集中講義…382

03 都市計画法／地区計画 … ▶384

1 地区計画とは何か…384／2 地区計画を定めることができる区域…384／3 地区計画について定める事項…385／4 地区整備計画…386／5 再開発等促進区・開発整備促進区…387／● 過去問で集中講義…388

04 都市計画法／都市計画の決定手続き … ▶390

1 都市計画の決定権者…390／2 決定手続きの流れ…391／3 国土交通大臣が定める都市計画…393／4 都市計画の決定や変更の提案…393／● 過去問で集中講義…394

05 都市計画法／開発許可制度 … ▶396

1 開発行為とは…396／2 開発行為の許可…398／3 開発許可が不要となるケース…398／● 過去問で集中講義…400

06 都市計画法／開発許可の手続き … ▶402

1 手続きの流れ…402／2 申請前の事前協議…403／3 申請書の提出…403／4 開発許可の審査基準…404／5 開発登録簿への登録…405／6 不服申立て…406／7 変更・廃止・承継…407／● 過去問で集中講義…408

07 都市計画法／建築等の制限 … ▶412

1 開発許可通知後の手続き…412／2 公共施設の管理…413／3 開発区域内の建築等の制限…414／4 開発区域外の建築等の制限…415／● 過去問で集中講義…416

CONTENTS

08 建築基準法／**単体規定・集団規定** …▶418

1建築基準法とは…418／**2**建築基準法の適用除外…419／**3**単体規定…420／**4**集団規定…422／**5**建築協定…422／●過去問で集中講義…424

09 建築基準法／**道路規制** …▶426

1建築基準法上の道路とは…426／**2**敷地と道路の関係…427／**3**道路内の建築制限…429／**4**私道の変更または廃止の制限…429／●過去問で集中講義…430

10 建築基準法／**用途制限** …▶432

1用途制限の内容…432／**2**用途制限の関連知識…437／●過去問で集中講義…438

11 建築基準法／**建蔽率** …▶440

1建蔽率とは…440／**2**建蔽率の制限…441／**3**敷地面積の最低限度の制限…443／●過去問で集中講義…444

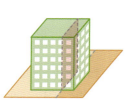

12 建築基準法／**容積率** …▶446

1容積率とは…446／**2**容積率の制限…447／**3**容積率の緩和措置…451／●過去問で集中講義…452

13 建築基準法／**高さ制限（斜線制限・日影規制）** …▶454

1絶対的高さ制限…454／**2**斜線制限…454／**3**日影規制…456／●過去問で集中講義…458

14 建築基準法／**防火・準防火地域の制限** …▶460

1防火地域内の建築物の制限…460／**2**準防火地域内の建築物の制限…461／**3**2つの地域共通の建築物の制限…462／**4**建築物が複数の区域にまたがる場合…463／●過去問で集中講義…464

15 建築基準法／**建築確認** …▶466

1建築確認とは何か…466／**2**建築確認の要否…466／**3**特殊建築物の用途変更…468／**4**建築確認手続きの流れ…468／**5**処分に不服がある場合…471／●過去問で集中講義…472

16 国土利用計画法／**事後届出制** …▶476

1国土利用計画法とは…476／**2**土地取引の規制（届出制・許可制）…476／**3**土地売買等の契約…478／**4**事後届出制の内容…479／**5**事後届出の必要がない取引…480／**6**一団の土地の取引の場合…480／**7**事後届出の手続きの流れ…482／●過去問で集中講義…484

17 国土利用計画法／事前届出制・許可制 … ▶486

1 注視区域と監視区域の指定…486／**2** 事前届出制の対象…487／**3** 事前届出の手続きの流れ…488／**4** 許可制…489／●過去問で集中講義…490

18 その他の法律／農地法 … ▶492

1 農地法とは…492／**2** 農地等の処分制限…493／**3** 権利移動（第3条の許可）…493／**4** 転用（第4条の許可）…494／**5** 転用目的の権利移動（第5条の許可）…496／**6** その他の関連事項…499／●過去問で集中講義…500

19 その他の法律／宅地造成等規制法 … ▶502

1 宅地造成等規制法とは…502／**2** 宅地造成工事規制区域…503／**3** 宅地造成工事の許可…504／**4** 規制区域内での届出…506／**5** 宅地の保全義務・勧告等…506／**6** 造成宅地防災区域とは…507／●過去問で集中講義…508

20 その他の法律／土地区画整理法 … ▶510

1 土地区画整理事業とは…510／**2** 土地区画整理事業の施行者…511／**3** 土地区画整理事業の流れ…513／**4** 換地計画…514／**5** 仮換地の指定…515／**6** 換地処分…518／●過去問で集中講義…520

21 その他の法律／その他の法令上の制限 … ▶524

1 その他の法令の「原則」…524／**2** その他の法令の「例外」…525／●過去問で集中講義…526

CONTENTS

Part 4 税・その他

01 不動産取得税 …▶530

1不動産に関する税…530／**2**不動産取得税の概要…531／**3**不動産の取得とは…531／**4**家屋の建築による不動産の取得…532／**5**不動産取得税の税額…532／**6**課税標準の特例…533／●過去問で集中講義…534

02 固定資産税 …▶536

1固定資産税の概要…536／**2**固定資産税の納税義務者…536／**3**固定資産税の税額…537／**4**固定資産税の特例…538／**5**固定資産課税台帳…539／**6**都市計画税…539／●過去問で集中講義…540

03 登録免許税 …▶542

1登録免許税の概要…542／**2**登録免許税の課税標準…542／**3**登録免許税の税率の軽減措置…543／●過去問で集中講義…544

04 印紙税 …▶546

1印紙税の概要…546／**2**印紙税の消印…546／**3**印紙税の納税義務者…546／**4**課税文書とは…547／**5**印紙税の課税標準…548／**6**過怠税の徴収…549／●過去問で集中講義…550

05 所得税 …▶552

1譲渡所得とは…552／**2**所得税の税額…553／**3**課税標準の特例…554／**4**軽減税率の特例…555／**5**特定居住用財産の買換え特例…556／**6**譲渡損失の損益通算と繰越控除…558／**7**住宅ローン控除…559／●過去問で集中講義…560

06 贈与税 …▶562

1贈与税の概要…562／**2**住宅取得等資金の贈与税の非課税…562／**3**相続時精算課税…563／●過去問で集中講義…564

07 地価公示法 …▶566

1地価公示法の概要…566／**2**地価公示のプロセス…566／**3**標準地の選定…567／**4**標準地の鑑定評価…568／**5**正常な価格の判定…568／**6**公示価格の効力…569／●過去問で集中講義…570

08 不動産鑑定評価基準 … ▶572

❶不動産鑑定評価基準とは…572／❷不動産の価格形成要因…572／❸価格の種類…573／❹不動産の鑑定評価の手法…574／❺原価法…574／❻取引事例比較法…575／❼収益還元法…577／● 過去問で集中講義…578

09【免除科目】住宅金融支援機構法 … ▶580

❶住宅金融支援機構とは…580／❷機構の業務…580／❸業務の委託…583／● 過去問で集中講義…584

10【免除科目】景品表示法 … ▶586

❶景品表示法とは…586／❷景品類の制限…586／❸表示とは…587／❹表示に関する制限…587／❺特定事項の明示義務…589／❻物件の内容・取引条件等に係る表示基準…590／❼特定用語の使用基準…593／❽広告に関する責任主体…593／● 過去問で集中講義…594

11【免除科目】土地に関する知識 … ▶596

❶国土の全体像…596／❷山地・山麓…596／❸丘陵地・台地・段丘…597／❹低地…598／❺地形が原因となる災害…599／❻造成地での注意点…602／❼等高線による地形の読み方…603／● 過去問で集中講義…604

12【免除科目】建物に関する知識 … ▶606

❶建築物の基礎知識…606／❷木造の特性と工法…607／❸鉄骨造の特性…609／❹鉄筋コンクリート造の特性…610／❺その他の建築構造…612／❻建物の強化・耐震への取り組み…612／● 過去問で集中講義…614

● 索引 … ▶616

わからない専門用語が出てきたときは、こまめに索引を引きながら学習していくと、実力がアップするよ。

CONTENTS

「宅建業法」の学習ポイント ▶▶▶▶▶▶

出題数

「宅建業法」からは、宅建試験の全出題数**50問のうちの20問**が出題されます。合計20問は、出題全体の4割にあたり、**全4分野のうちで最も多く出題される分野**となっています。

出題内容

免許制度、宅建士制度、営業保証金制度など「開業するための規制」、重要事項の説明、37条書面、8種制限など「業務上の規制」、「監督処分・罰則」が出題されます。「業務上の規制」からの出題が最も多く、逆に「監督処分・罰則」の出題は1問程度です。

さらに、関連法令である「住宅瑕疵担保履行法」から毎年1問が出題されます。

攻略法

「宅建業法」は、他分野に比べて、**狭い範囲から多くの問題が出題**されている分野です。20問が出題される「宅建業法」の攻略なくして、試験の合格はありません。細かい点まで確実に覚えていくという気持ちで学習を進めましょう。

限られた範囲から多くの問題が出るため、毎年のように出題される事項も多く、その意味からは、比較的**点数を取りやすい分野**といえます。また、ヒッカケ問題、個数問題が出題されるので、本文内の赤い下線の知識は、うろ覚えではなく、暗記するくらいの気持ちで覚えておくことが高得点につながります。

「宅建業法」の目標点数は、**20問中18点**です。

Part 1
宅建業法

本文にある赤い下線、赤い囲み「出る！」の内容は、これまでに出題されたことがある知識です。

Contents ここで学習すること 20

- **01** 宅建業
- **02** 免許
- **03** 免許の欠格要件
- **04** 宅建士
- **05** 登録の欠格要件
- **06** 営業保証金
- **07** 保証協会
- **08** 業務場所ごとの規制
- **09** 業務に関する規制
- **10** 媒介契約の規制
- **11** 重要事項の説明
- **12** 37条書面（契約書面）
- **13** 8種制限
- **14** 報酬の制限
- **15** 監督処分・罰則
- **16** 住宅瑕疵担保履行法

01 宅建業

- 免許を必要とする「宅建業」の定義を覚える。
- 「宅地」「建物」「取引」「業」の定義を覚える。
- 国や信託会社は、免許がなくても宅建業を行うことができる。

1 宅地建物取引業とは何か

宅地建物取引業の免許（以下、免許）を必要とする宅地建物取引業（以下、宅建業）の定義は、「宅地または建物」の「取引」を「業」として行うことです。

また、免許を受けて宅建業を営む者のことを宅地建物取引業者（以下、宅建業者）といいます。

> **出る！**
> 「宅地または建物」「取引」「業」の定義がすべて当てはまる行為に免許が必要。1つでも定義から外れていれば免許不要。

【用途地域】
都市計画法により、建物の用途等に一定の制限を定めた地域。第一種低層住居専用地域、商業地域、工業専用地域等の13種類があり、種類ごとに建築できる建物の用途、容積率、建蔽率などの建築規制がある（⇨p.370）。

2 「宅地」とは何か

建物の敷地として使われる土地が宅地です。住宅に限らず、倉庫、工場、店舗などの敷地も宅地です。

❶ 現在、建物が立っている土地

登記簿上の地目が畑や田の土地でも、用途地域外の土地でも、現在、建物があれば宅地です。

建物がある→宅地

❷ 建物を建てる目的で取引される土地

建物がなくても、将来建物を建てる土地であれば宅地となります。用途地域外の山林を山林として取引すれば、宅地ではありませんが、建物を建てる目的で、宅地として取引されるのであれば宅地です。

宅地として取引→宅地

❸ 用途地域内の土地

都市計画法に規定する<u>用途地域内の土地であれば宅地</u>です。ただし、現に道路・公園・河川・広場・水路の用に供されている土地は例外的に除かれます。

出る！
用途地域内であれば、駐車場、資材置場、園芸用地などでも宅地となる！

3 「建物」とは何か

住宅に限らず、倉庫、工場、店舗なども<mark>建物</mark>です。また、一戸建てだけでなくマンションの専有部分も建物です。

出る！
リゾートクラブ会員権（宿泊施設等のリゾート施設の全部または一部の所有権を会員が共有するもの）の売買も建物所有権の売買に該当する。

4 「取引」とは何か

<mark>取引</mark>とは、①<u>自ら当事者</u>として「売買」「交換」を行うこと、②他人の物件の「売買」「交換」「貸借」について<mark>代理</mark>＊または<mark>媒介</mark>＊を行うことです。

<u>自ら貸主</u>となることは<u>取引にあたりません</u>。従って、<u>大家さんや貸ビル業者</u>には、宅地建物取引業法（以下、宅建業法）の規定は適用されず、<u>免許は不要</u>です。

なお、<u>建設業や管理業にも免許は不要</u>です。

【代理】
依頼人に代わって契約を結ぶこと。

【媒介】
契約の当事者を引き合わせること。代理と違って、契約を結ぶ権限はない。「仲介」、「あっせん」ということも多い。

Part 1 宅建業法
01 宅建業

3

「取引」にあたるものとあたらないもの

取引態様＼契約形態	売買、交換	貸借
自ら当事者	あたる	あたらない
代理、媒介	あたる	あたる

- 自己所有の物件の**売買・交換**について、他人に代理・媒介を業として依頼した場合　→**免許必要**
- 自己所有の物件の**貸借（賃貸借）**について、他人に代理・媒介を依頼した場合　→**免許不要**
- 他人から借り上げた物件について、**自ら転貸主として賃貸**する場合　→**免許不要**

> 自ら貸主・転貸主は、宅建業の免許は不要。宅建業法の規制も受けない。

5　「業」とは何か

業とは、**不特定多数**を相手に**反復継続**して取引を行うことです。

❶「不特定多数」とは

不特定多数とは、「一定の範囲に限定されない多くの人」のことです。例えば、「自社の従業員に限定」した取引には免許は不要です。一方、「**公益法人や国その他宅建業法の適用がない者を相手方に限定**」するような取引には**免許が必要**です。

❷「反復継続」とは

反復継続とは、取引を繰り返してずっと行うということです。逆にいうと、**不動産を一括で売却**するような場合には**免許は不要**です。

> **出る！**
> 複数の区画の土地をそれぞれ別個に、不特定多数に分譲する場合は、免許が必要。

6 免許がなくても宅建業が営める者

❶ 国・地方公共団体

国、地方公共団体、都市再生機構、地方住宅供給公社には、宅建業法の規定は一切適用されません。従って、免許も不要です。

国や地方公共団体等から代理・媒介の**依頼を受けた者**、国や地方公共団体等と宅建業の**取引をする者**には**免許が必要**です。

❷ 信託会社と信託銀行

信託会社、信託銀行は、免許不要で、国土交通大臣に宅地建物取引業を営む旨の届出をすることによって、国土交通大臣の免許を受けた宅建業者とみなされます。**免許以外の宅建業法の規定**は、一般の宅建業者と同様に**適用**されます。

出る！
信託会社も、他の宅建業者と同じく、宅建業の業務を開始する前に、営業保証金（⇨p.36）を供託するか、または保証協会（⇨p.44）に加入しなければいけない。
また、業務に関して違反があれば、監督処分や罰則を受けることがある。

❸ 破産管財人

破産管財人が、破産財団の換価のために自ら売主として売却する場合、免許は不要です。

破産財団の換価のためであっても、その媒介を業として営む者は、免許が必要となります。

免許がないと宅建業が営めない者

次の者（上の❶❷❸以外の者）が宅建業を行う場合には、免許を受ける必要がある。

- 建設業者、管理業者、農業協同組合、学校法人、社会福祉法人、宗教法人。
- 免許不要者（国・地方公共団体、信託会社、破産管財人）から代理・媒介を依頼されて行う者。免許不要者を相手に宅建業の取引を行う者。

過去問で集中講義 ✏️

「宅建業」に関する過去問題を集めてあります。正しいものや宅建業法に違反しないものには〇、それ以外のものには✗で答えましょう。

※以下、Part 1では「宅地建物取引業法第○条」を「法第○条」と表記します。

1 都市計画法に規定する用途地域外の土地で、倉庫の用に供されているものは、法第2条第1号に規定する宅地に該当しない。　H27年[問26.ウ]

2 都市計画法に規定する工業専用地域内の土地で、建築資材置き場の用に供されているものは、法第2条第1号に規定する宅地に該当する。　H27年[問26.ア]

3 A社は、所有する土地を10区画にほぼ均等に区分けしたうえで、それぞれの区画に戸建住宅を建築し、複数の者に貸し付けた。この場合、A社は免許を受ける必要がない。　H30年[問41.1]

4 A社は、所有するビルの一部にコンビニエンスストアや食堂など複数のテナントの出店を募集し、その募集広告を自社のホームページに掲載したほか、多数の事業者に案内を行った結果、出店事業者が決まった。この場合、A社は免許を受ける必要がない。　H30年[問41.2]

5 A社は賃貸マンションの管理業者であるが、複数の貸主から管理を委託されている物件について、入居者の募集、貸主を代理して行う賃貸借契約の締結、入居者からの苦情・要望の受付、入居者が退去した後の清掃などを行っている。この場合、A社は免許を受ける必要がない。　H30年[問41.3]

6 Aが、その所有する都市計画法の用途地域内の農地を区画割りして、公益法人のみに対して反復継続して売却する場合、Aは、免許を必要としない。　H16年[問30.3]

7 社会福祉法人が、高齢者の居住の安定確保に関する法律に規定するサービス付き高齢者向け住宅の貸借の媒介を反復継続して営む場合は、免許を必要としない。　H27年[問26.イ]

8 Aが、甲県からその所有する宅地の販売の代理を依頼され、不特定多数の者に対して売却する場合、Aは、免許を必要としない。　H16年[問30.4]

9 信託業法第3条の免許を受けた信託会社が宅地建物取引業を営もうとする場合、免許を取得する必要はないが、その旨を国土交通大臣に届け出ることが必要である。　H22年[問26.4]

大事にゃところが黄色ににゃってる！

解説

❶ 現在、倉庫という**建物が立っている土地なので宅地**に該当します。用途地域内か用途地域外かは無関係です。　　　　　　　　　　　答え[✗]

❷ **用途地域内では公園・広場・道路・河川・水路以外の土地はすべて宅地**に該当します。工業専用地域内（用途地域内）なので、建物の立っていない建築資材置き場も宅地に該当します。　　　　　　　　　　　　　答え[○]

❸ 土地を区分けして戸建住宅を**建築する行為（建築業）は、宅建業に該当しません**。また、A社は、自己が所有している戸建住宅を貸し付けています。**自ら貸主となることは取引にあたりません**から、A社は、宅建業の免許を受ける必要はありません。　　　　　　　　　　　　　　　　　答え[○]

❹ A社は、自己が所有しているビルの**テナント（ビルの部屋などの賃借人）の募集**を行っています。**自ら貸主となることは取引にあたりません**から、A社は、免許を受ける必要はありません。　　　　　　　　答え[○]

❺ 入居者からの苦情・要望の受付、入居者が退去した後の清掃などを行う**管理業者ならば、免許は不要**です。ただし、A社は「貸主を代理して行う賃貸借契約の締結」を行っています。**貸借の代理や媒介は宅建業法の取引にあたる**ため、免許を受ける必要があります。　　　　　　　答え[✗]

❻ **用途地域内では公園・広場・道路・河川・水路以外の土地はすべて宅地**に該当します。売却の相手が公益法人のみであっても、**不特定多数に反復継続して売却しているので、免許が必要**です。　　　　　　　答え[✗]

❼ **貸借の媒介を反復継続して営むので免許が必要**です。国・地方公共団体、信託会社等は、免許を受ける必要はありません。**建設業者、農業協同組合、学校法人、社会福祉法人、宗教法人、管理業者等が宅建業を行う場合には免許を受ける必要**があります。　　　　　　　　　　　　　　答え[✗]

❽ 国や地方公共団体は免許不要ですが、地方公共団体である甲県の依頼を受けて、**販売を代理しているAには免許が必要**です。　　　　　　答え[✗]

❾ **信託会社は、免許を受ける必要はありません。国土交通大臣に届け出る**ことによって宅建業を営むことができます。　　　　　　　　　答え[○]

02 免許

- 免許の種類、申請、更新から返納までを通して学習する。
- 事務所の設置場所による免許の種類の違いを覚える。
- 新設、廃止、移転という免許換えのパターンを理解する。

宅建業を営むためには、宅建業の免許が必要です。
免許は2種類あり、事務所の所在地によって免許の種類が異なります。

> **出る！**
> 宅建士であっても、免許なく宅建業を営むことは無免許営業となる。

1 事務所の定義

宅建業法に定める**事務所**とは、次の❶または❷に該当する場所を指します。

❶ 本店または支店

本店（主たる事務所）は、宅建業を営まない場合でも宅建業法上の**事務所**とされます。
支店（従たる事務所）は、**宅建業を営む支店のみ**が宅建業法上の**事務所**とされます。宅建業以外の兼業業務のみを行っている支店は、事務所には含まれません。

❷ 上記以外

❶以外で、継続的に業務を行うことができる施設を有する場所で、宅建業に係る契約を締結する権限を有する使用人を置くところは事務所とされます。
建物内にある営業所などは事務所に該当しますが、一時的な出張所やモデルルームは事務所に該当しません。

【本店または支店】
事務所には主たる事務所と従たる事務所がある。商人に関しては、主たる事務所を「本店」、従たる事務所を「支店」と呼ぶ。

> **出る！**
> 商業登記簿に登載されていない事務所であっても、契約締結権限を有する者を置き、継続的に業務を行う場所であれば、法第3条第1項に規定する事務所に該当する。

【契約を締結する権限を有する使用人】
支店長、支配人、営業所長など、営業に関して一定範囲の代理権を持つ者。

2 免許の種類と申請

宅建業の免許には、都道府県知事免許と国土交通大臣免許の2種類があります。どちらの免許でも、全国の物件を取引することができます。

> 宅建業者（甲県知事免許）でも、乙県所在の物件を取引することができる。

❶ 都道府県知事免許

事務所が1つの都道府県内にある場合、事務所がいくつあっても都道府県知事免許です。免許の申請は、直接、免許権者である都道府県知事に行います。

【免許権者】
免許を与える者のこと。

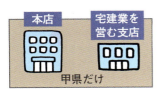

出る！
・甲県に本店、乙県に宅建業を営まない支店がある場合→甲県知事免許
・甲県に宅建業を営まない本店、乙県に宅建業を営む支店がある場合→国土交通大臣免許

❷ 国土交通大臣免許

事務所が2つ以上の都道府県にある場合、国土交通大臣免許です。国土交通大臣への免許の申請は、本店（主たる事務所）の所在地を管轄する都道府県知事を経由して行います。

出る！
免許の申請から免許を受けるまでの間は、宅建業を営むことも、宅建業を営む旨の表示をしたり、宅建業の広告をしたりすることもできない。

免許権者は、免許申請者が欠格要件（⇨p.16）に該当しなければ、免許を交付します。

なお、免許権者は、申請を受けた宅建業の免許に条件を付すことができます。また、免許の更新にあたっても条件を付すことができます。

3 免許の有効期間と更新

❶ 免許の有効期間

　<u>免許の有効期間</u>は、都道府県知事免許も国土交通大臣免許も**5年**です。有効期間満了日以後も宅建業を続ける場合には、免許の <mark>更新申請</mark> が必要となります。

❷ 更新の申請期間

　<u>更新の申請</u>は、有効期間満了日の**90日前**から**30日前**までの間に行わなければなりません。

　申請期間内に手続きをしたにもかかわらず、満了日が来てもまだ免許が出されていない場合、<u>満了日から新しい免許が出るまでの間は、**従前**の免許が効力を有します</u>。この場合、更新後の免許の有効期間は、従前の免許の満了日の翌日から5年です。

4 宅地建物取引業者名簿

❶ 宅建業者名簿

　国土交通大臣や都道府県知事は、<mark>宅地建物取引業者名簿</mark>（以下、<mark>宅建業者名簿</mark>）を閲覧所に備えて、請求があったときは、<u>一般の閲覧に供しなければなりません</u>。宅建業者名簿には、<mark>専任の宅地建物取引士</mark>の氏名等が登載されます。

❷ 変更の届出

　宅建業者名簿の登載事項のうち、次の❷～❻に変更があった場合、宅建業者は**30日以内**に**免許権者に変更の届出**をする必要があります。

【満了】
定められている一定期間が終わること。

ゴロ合わせ
免許更新、
サン　キュー
３０日－９０日

出る！
業務停止期間中でも、免許の更新申請を行うことはできる。

【従前】
今より前。これまで。以前。

【登載】
台帳や帳簿などにのせること。記載。

国土交通大臣には、主たる事務所の所在地を管轄する知事を経由して届出。

宅地建物取引業者名簿の登載事項

① 免許証番号・免許の年月日
❷ **商号・名称**
❸ 法人の場合…**役員及び政令で定める使用人の氏名**
  ＊役員は、取締役・顧問・相談役など（非常勤含む）。
  ＊政令で定める使用人は、支店の代表者など契約締結権限を有する使用人。
❹ 個人の場合…その者及び政令で定める使用人の氏名
❺ **事務所の名称・所在地**
❻ **事務所ごとに置かれる専任の宅地建物取引士の氏名**
⑦ 指示処分・業務停止処分の年月日と内容
⑧ 宅建業以外の事業を行っている場合、その事業の種類

変更の届出が必要

宅建業以外の事業に関する「変更の届出」は不要。

変更の届出は「名称・氏名」と「事務所の所在地」に変更があった場合に必要になると覚えておこう。役員や使用人の住所・本籍は登載事項ではないので、変更の届出は不要。

出る！
専任の宅建士が死亡した場合、死亡後に設置人数に不足がなくても、変更の届出は必要である。

5 宅地建物取引業者免許証

　宅地建物取引業者免許証（以下、**免許証**）の一定の記載事項に変更が生じた場合、前項の「変更の届出」とあわせて**免許証の書換え交付申請**を行わなければなりません。また免許証を亡失・破損した場合は、**免許証の再交付申請**が必要です。さらに、次の場合には免許証を返納しなければなりません。

・免許換えにより免許が効力を失ったとき
・免許の取消処分を受けたとき
・亡失した免許証を発見したとき
・廃業等の届出をするとき（⇨ p.13）
　なお、免許証を事務所に掲示する義務はありません。

出る！
免許の更新を怠って免許の有効期間が満了した場合、免許の返納義務はない。

Part 1 宅建業法

02 免許

6 免許換え

事務所の新設、廃止、移転により、現在の免許とは別の免許権者による免許が必要になった場合、新たな免許権者に対して**免許換え**の申請が必要となります。

免許換え後の免許の有効期間は、新免許の交付日から5年です。

> **出る！**
> 免許換えをしなければならない事由に該当しながら、免許換えの申請を怠っていることが判明した場合、免許権者は免許を取り消さなければならない。

❶ **新設**…甲県に事務所を設置していたが、乙県にも事務所を新設した。→甲県に本店・乙県に支店

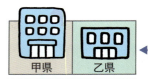

> 主たる事務所（本店）の所在地を管轄する知事を経由して、国土交通大臣に申請。

❷ **廃止**…甲県と乙県に事務所を設置していたが、乙県の事務所を廃止した。→甲県のみに本店

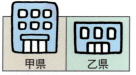 

> **出る！**
> 免許換えでは、新たな免許を受けた時点で、従前の免許が失効する。つまり、新たな免許を受けるまでの期間は従前の免許で宅建業を行うことができる。

❸ **移転**…甲県の事務所を廃止して、乙県に事務所を移転した。→乙県のみに本店

> 乙県知事へ免許換えの申請をするだけ。甲県知事へ廃業の届けを行う必要はない。

7 廃業等の届出

宅建業をやめた場合は、**免許権者に廃業等の届出**をしなければなりません。法人の解散、合併による消滅はもちろん、個人業者が死亡、破産した場合も、届出の義務があります。廃業等の届出期限は、廃業等の原因が発生した日から30日以内（死亡の場合は相続人が死亡の事実を知った日から30日以内）です。

> 国土交通大臣には、主たる事務所の所在地を管轄する知事を経由して届出

出る！
「宅建業の休止」は届出事項ではない。

廃業等の届出が必要な場合

理由	届出義務者	届出期間	失効時期
個人業者の死亡	相続人	死亡の事実を知った日から30日以内	死亡時
法人が合併で消滅	消滅法人の元代表役員	廃業等の原因が発生した日から30日以内	合併時
破産手続き開始	破産管財人		届出時
法人の解散	清算人		届出時
廃業	宅建業者本人、法人の代表役員		届出時

　免許は、相続や合併によって承継されません。また、個人業者が自分を代表取締役とする法人を設立した場合も、個人の免許を法人が承継することはできません。

　次表のＡの者が締結した契約に基づく取引を結了する目的の範囲内においては、Ｂの者が宅建業者とみなされます。

【承継】
受け継ぐこと。継承。

【一般承継人】
他人の権利義務を一括して承継する人のこと。相続により被相続人の権利義務を承継する相続人等。

Ａ　免許を持っていた者	Ｂ　宅建業者とみなされる者
死亡した宅建業者	一般承継人（相続人）
合併により消滅した宅建業者	一般承継人（合併後の法人）
・廃業した宅建業者 ・免許を取り消された宅建業者 ・免許の効力がなくなった宅建業者　等	宅建業者であった者

過去問で集中講義 ✏️

「免許」に関する過去問題を集めてあります。正誤を⭕❌で答えましょう。

1 A社が甲県にのみ事務所を設置し、Bが乙県に所有する1棟のマンション（10戸）について、不特定多数の者に反復継続して貸借の代理を行う場合、A社は甲県知事の免許を受けなければならない。　　　　　　　　　　　　　　H23年[問26.3]

2 宅地建物取引業者Aが免許の更新の申請を行った場合において、免許の有効期間の満了の日までにその申請について処分がなされないときは、Aの従前の免許は、有効期間の満了によりその効力を失う。　　　　　　　　　　　　　　H30年[問36.1]

3 いずれも宅地建物取引士ではないAとBが宅地建物取引業者C社の取締役に就任した。Aが常勤、Bが非常勤である場合、C社はAについてのみ役員の変更を免許権者に届け出る必要がある。　　何取以外?　　　　　　　　　H30年[問36.4]

4 甲県に事務所を設置する宅地建物取引業者（甲県知事免許）が、乙県所在の物件を取引する場合、国土交通大臣へ免許換えの申請をしなければならない。
　　　　　　　　　　　　　　　　　　　　　　　　　　　　　　H25年[問43.1]

5 宅地建物取引業者A社（甲県知事免許）は、甲県の事務所を廃止し、乙県内で新たに事務所を設置して宅地建物取引業を営むため、甲県知事へ廃業の届けを行うとともに、乙県知事へ免許換えの申請を行う必要がある。　　　　　　H20年[問30.4]

6 宅地建物取引業者A社（甲県知事免許）は、宅地建物取引業者B社（国土交通大臣免許）に吸収合併され、消滅した。この場合、B社を代表する役員Cは、当該合併の日から30日以内にA社が消滅したことを国土交通大臣に届け出なければならない。　　　　　　　　　　　　　　　　　　　　　　　　H24年[問27.4]

7 甲県に本店、乙県にa支店を置き国土交通大臣の免許を受けている宅地建物取引業者Aが宅地建物取引業を廃止した場合、Aは、甲県知事を経由して国土交通大臣に30日以内に廃業の届出を行う必要がある。　　　　　　H15年[問32.3.改]

8 宅地建物取引業者Aが自ら売主として宅地の売買契約を成立させた後、当該宅地の引渡しの前に免許の有効期間が満了したときは、Aは、当該契約に基づく取引を結了する目的の範囲内においては、宅地建物取引業者として当該取引に係る業務を行うことができる。　　　　　　　　　　　　　　　　　　　　H28年[問37.イ]

> 大事にゃところが黄色ににゃってる！

解説

❶ A社は**不特定多数の者に反復継続して貸借の代理を行うので、免許が必要**です。**甲県にのみ事務所があるので甲県知事の免許が必要**です。　答え[〇]

❷ 免許の更新でも、免許換えでも、**申請時から申請に対する処分がなされるまでの間**は、宅建業者が途切れることなく営業を続けられるように、**従前の免許が効力を有します**。　答え[✕]

❸ **役員の氏名は、宅建業者名簿の登載事項**です。役員の氏名に変更があった場合、宅建業者は、**30日以内に変更の届出をしなければなりません。AとBは、取締役（非常勤でも役員に含まれる）に就任していますから、AとBの両者について変更の届出**をしなければなりません。　答え[✕]

❹ **免許換えが必要になるのは、宅建業者が事務所を新設・移転・廃止したことにより、免許権者が変更**となる場合だけです。**県知事免許でも他県の物件を取引することはできます**から、免許換えは不要です。　答え[✕]

❺ A社は今後も宅建業を継続していくので、**廃業の届けを行う必要はありません。甲県から乙県へ事務所を移転**するので、**乙県知事に免許換えの申請**を行う必要はあります。　答え[✕]

❻ 法人である宅建業者が合併により消滅した場合、**消滅した法人を代表する役員であった者**が、その日から**30日以内**に届け出なければなりません。**届出義務者は、消滅したA社の代表役員であった者**です。　答え[✕]

❼ 宅建業を廃止（廃業）した場合は、**30日以内に廃業の届出**を行う必要があります。国土交通大臣免許の場合には、**本店の所在する甲県知事を経由して国土交通大臣に届け出ます**。　答え[〇]

❽ 次表の左欄の者が**締結した契約に基づく取引を結了する目的の範囲内**においては、右欄の者が宅建業者とみなされます。　答え[〇]

死亡した宅建業者	一般承継人（相続人）
合併により消滅した宅建業者	一般承継人（合併後の法人）
・廃業した宅建業者 ・免許を取り消された宅建業者 ・免許の効力がなくなった宅建業者 等	宅建業者であった者

03 免許の欠格要件

- 復権を得ていない破産者は免許を受けることができない。
- 免許の欠格要件となる一定の罰金刑を暗記する。
- 5年以内が欠格要件となる事項を覚える。

宅建業者としてふさわしくない者に免許が与えられないよう、**免許の欠格要件**が定められています。

以下、「免許申請者の欠格要件」と「免許申請者の関係者の欠格要件」に分けて解説します。

1 免許申請者

❶ 破産手続開始の決定を受けて復権を得ない者

破産手続開始の決定を受けて復権を得ない者は、免許を受けることはできません。破産者が復権を得たときは、ただちに免許を受けることができます。

❷ 心身の故障により宅建業を適正に営むことができない者

精神の機能の障害により宅建業を適正に営むにあたって必要な認知、判断及び意思疎通を適切に行うことができない者は、免許を受けることができません。

❸ 一定の刑罰に処せられた者

死刑・懲役・禁錮、一定の罰金刑に処せられて、刑の執行が終わり、または執行を受けることがなくなった日から5年を経過しない者は、免許を受けることは

【復権】
破産した者は、宅建士の資格制限を受ける。この資格制限から解放されることを「復権を得る」という。

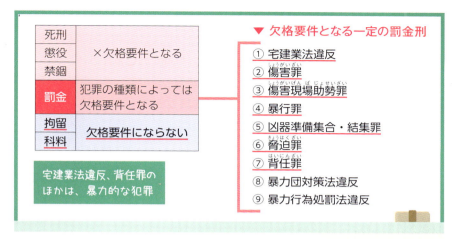

できません。科料、拘留は欠格要件ではありません。

執行猶予期間が満了したときは、ただちに免許を受けることができます。また、控訴中・上告中で刑が確定しない間も免許を受けることができます。

❹ 暴力団員等

暴力団員、または暴力団員でなくなった日から5年を経過しない者は、免許を受けることはできません。

❺ 宅建業に関して不正・不当な行為をした者

無免許で宅地売買を数回行っていた場合など、免許申請前5年以内に、宅建業に関して不正または著しく不当な行為をした者は、刑罰を受けていない場合であっても免許を受けることはできません。

❻ 不正・不誠実な行為をするおそれが明らかな者

宅建業に関し、不正または不誠実な行為をするおそれが明らかな者は、免許を受けることはできません。

❼ 宅建業者の免許を取り消された者

　一定の事由 (1)～(3) により、**免許取消処分**を受けて、その**取消処分の日から5年**を経過しない者は、免許を受けることはできません。法人の場合、その法人の**役員であった者**も免許を受けることはできません。

【一定の事由】
(1) **不正の手段**により免許を取得した
(2) **業務停止処分**事由に該当し**情状が特に重い**
(3) **業務停止処分に違反**した

【免許取消処分】
宅建業者に対する監督処分のうち、一番重い処分。監督処分は軽い順に、指示処分、業務停止処分、免許取消処分（⇨p.135）。

【聴聞の公示】
監督処分に先立ち、業者の釈明や証拠の提出が行われるのが聴聞。公示は聴聞の期日及び場所を発表すること（⇨p.136）。

● 免許取消処分の聴聞の公示の日前60日以内に役員であった者。役員とは、取締役等と同等以上の支配力を有する者（相談役、顧問などを含む）を指す。

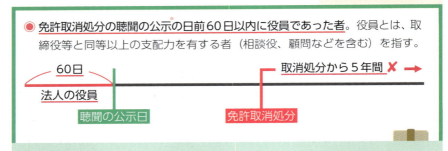

❽ 聴聞の公示後に廃業等の届出をした者

　❼の免許取消処分の**聴聞の公示の日から免許取消処分までの間**に、相当の理由なく**廃業等の届出**をし、その**届出の日から5年**を経過しない者は、免許を受けることはできません。早めに解散・廃業して再度免許を取得することを防止するためです。宅建業者が法人の場合、その法人の**役員であった者**も同様です。

合併により消滅した場合も同様の扱いとなる。

2 免許申請者の関係者

(1) 役員または政令で定める使用人が欠格要件に該当

役員または政令で定める使用人が16〜18ページの❶〜❽に該当する者は、免許を受けることができません。

(2) 法定代理人が欠格要件に該当

宅建業に係る営業に関し成年者と同一の行為能力を有しない未成年者であり、かつ法定代理人（法定代理人が法人の場合はその法人の役員）が16〜18ページの❶〜❽に該当する者は、免許を受けることができません。

なお、未成年であっても、親権者等の法定代理人から営業の許可を受けていれば、成年者と同一の行為能力を有する未成年として扱われます。この場合、法定代理人の欠格要件にかかわらず、その未成年者本人に問題がなければ、免許を受けることができます。

(3) 暴力団員等がその事業活動を支配する者

その事業活動を支配する者が暴力団員等である者は、免許を受けることができません。

なお、申請書類に虚偽の記載や記載漏れがある場合や、事務所ごとの専任の宅建士の設置要件を欠く場合にも、免許は受けられません。

【役員または政令で定める使用人】
役員とは、取締役、執行役またはこれらに準ずる者と同等以上の支配力を有する顧問・相談役など、（非常勤含む）。
政令で定める使用人とは、支店の代表者など、各事務所の代表者であり、契約締結権限等を有する者。専任の宅建士は、政令で定める使用人ではない。

【成年者と同一の行為能力を有しない未成年者】
宅建業の営業に関し、親権者などの法定代理人から許可を受けていない未婚の未成年者。未成年者本人と法定代理人が欠格要件に該当しない場合は免許取得が可能。
なお、結婚をしていれば成年者として扱われる。

ただちに免許OK→破産者が復権、執行猶予期間満了
5年間は免許×→刑の執行終了、暴力団をやめた、宅建業に関して不正または著しく不当な行為、一定の事由で免許取消処分

過去問で集中講義 ✏

「免許の欠格要件」に関する過去問題を集めてあります。○✕で答えましょう。

1 個人Aは、かつて破産手続開始決定を受け、現在は復権を得ているが、復権を得た日から5年を経過していないので、免許を受けることができない。H16年[問31.4]

2 宅地建物取引業者A社は、取締役Bが道路交通法に違反し、懲役1年執行猶予3年の刑に処せられたため、免許取消処分を受けた。Bが取締役を退任した後、A社は改めて免許申請をしてもBの執行猶予期間が経過するまでは免許を受けることができない。H17年[問31.1]

3 免許を受けようとするA社に、刑法第206条（現場助勢）の罪により罰金の刑に処せられた者が非常勤役員として在籍している場合、その刑の執行が終わってから5年を経過していなくとも、A社は免許を受けることができる。H24年[問26.2]

4 A社の取締役が刑法第198条（贈賄）の罪で罰金の刑に処せられ、その執行を終えて3年を経過した場合でも、A社は免許を受けることができない。H17年[問31.2]

5 Aが免許の申請前5年以内に宅地建物取引業に関し不正又は著しく不当な行為をした場合には、その行為について刑に処せられていなかったとしても、Aは免許を受けることができない。H28年[問37.ウ]

6 営業に関し成年者と同一の行為能力を有しない未成年者であるAの法定代理人であるBが、刑法第247条（背任）の罪により罰金の刑に処せられていた場合、その刑の執行が終わった日から5年を経過していなければ、Aは免許を受けることができない。H27年[問27.3]

7 A社は、不正の手段により免許を取得したことによる免許の取消処分に係る聴聞の期日及び場所が公示された日から当該処分がなされるまでの間に、合併により消滅したが、合併に相当の理由がなかった。この場合においては、当該公示の日の50日前にA社の取締役を退任したBは、当該消滅の日から5年を経過しなければ、免許を受けることができない。H27年[問27.1]

8 A社の役員のうちに、指定暴力団の構成員がいた場合、暴力団員による不当な行為の防止等に関する法律の規定に違反していなくても、A社は免許を受けることができない。H23年[問27.3]

大事にゃところが黄色ににゃってる！

> 解説

❶ **復権を得た破産者**は、ただちに**免許を受けることができます**。　答え[✗]

❷ Ａ社は、刑に処せられたＢが**取締役を退任してから免許を申請**するので、Ｂの事情に関係なく免許を受けることができます。　答え[✗]

❸ **傷害現場助勢罪**（現場助勢）で罰金以上の刑に処せられた者は、その刑の執行が終わってから５年を経過しないと免許を受けることはできません。**非常勤役員も役員**に含まれますから、現場助勢の罪で罰金の刑に処せられた者が非常勤役員にいるＡ社は、免許を受けることができません。　答え[✗]

❹ 罰金刑を科せられたことが欠格要件となるのは、**宅建業法違反、背任的犯罪に加えて、傷害罪など暴力的な犯罪の場合**です。贈賄罪で罰金刑に処せられることは免許の欠格要件ではありませんから、Ａ社は免許を受けることができます。　答え[✗]

❺ **免許申請前５年以内に宅建業に関し不正または著しく不当な行為をした者は、刑に処せられていなくても免許を受けることができません**。　答え[〇]

❻ 宅建業に係る営業に関し**成年者と同一の行為能力を有しない未成年者**が免許を申請する場合は、本人だけでなく、**法定代理人も欠格要件が問われます**。背任罪で罰金以上の刑は欠格要件に該当します。刑の執行が終わった日から５年を経過していなければ、免許を受けることができません。　答え[〇]

❼ **一定の事由（不正の手段により免許を取得、業務停止処分事由に該当し情状が特に重い、業務停止処分に違反）で免許取消処分を受けた者（法人の役員）**は、処分から５年を経過しなければ免許を受けることはできません。また、**取消処分の聴聞の公示の日から処分決定の日までの間に、相当な理由なく合併で消滅、解散・廃業の届出をした法人の役員（公示の日前60日以内に役員であった者）は、消滅の日から５年を経過しなければ免許を受けることはできません**。公示の日の50日前に取締役を退任したＢは、当該消滅の日から５年を経過しなければ、免許を受けることができません。　答え[〇]

❽ 暴力団の構成員（＝暴力団員）であることは、暴力団員による不当な行為の防止等に関する法律の規定に違反していなくても、欠格要件に該当します。**暴力団員を役員とするＡ社は、免許を受けることができません**。該当役員が退任すれば、Ａ社はすぐに免許を受けることができます。　答え[〇]

04 宅建士

- 宅建試験合格→登録→宅建士証の交付の流れを学ぶ。
- 宅建士証に関する知識を身に付ける。
- 登録の移転に関する知識を身に付ける。

1 宅地建物取引士になるまで

宅地建物取引士（以下、**宅建士**）になるまでには、次の3つのステップが必要です。

① 宅地建物取引士資格試験に合格【有効期間▶一生】

② 宅地建物取引士資格登録【有効期間▶一生】

③ 宅地建物取引士証の交付【有効期間▶5年】

2 宅地建物取引士資格試験

宅地建物取引士資格試験（以下、**宅建試験**）は、都道府県知事が行う試験で、一度合格すれば、取り消されない限り一生有効です。都道府県知事は、**不正手段**による受験者の合格を取り消し、その者の受験を最長**3年間禁止**することができます。

合格後に転居したり、登録の移転（⇨p.27）後に登録を消除された場合でも、再度の登録をするときには、受験地の知事に登録の申請をする。

3 宅地建物取引士資格登録

宅建試験の合格者で、宅建業に関し**2年以上**の実務

の経験を有する者、または**国土交通大臣**指定の**登録実務講習**を受講した者で、欠格要件がない者は**宅地建物取引士資格登録**（以下、**登録**）を受けることができます。宅建試験の合格者が**登録**を受けることができるのは、**宅建試験を行った受験地の知事**に限られます。

この**登録**は、消除されない限り**一生有効**です。

4 宅地建物取引士資格登録簿

❶ 資格登録簿の登載事項

登録を受けると、知事が作成・管理する**宅地建物取引士資格登録簿**（以下、**資格登録簿**）に以下の事項が登載されます。

資格登録簿の登載事項	・氏名、住所、本籍、性別
	・宅建業者に勤務している場合のみ、
	・勤務先宅建業者の商号または名称、 → **変更の登録**
	・勤務先宅建業者の免許証番号
	・その他事項（生年月日、登録番号、登録年月日、合格年月日、合格証書番号）←変更がありえない事項なので、変更の登録は不要

❷ 変更の登録

資格登録簿の**登載事項に変更**があった場合、登録をしている**都道府県知事に遅滞なく変更の登録**を申請しなければなりません。

氏名または**住所**を変更したときは、**宅地建物取引士証**（以下、**宅建士証**）の**書換え交付**（⇨p.25）の申請も必要です。

【登録実務講習】
宅地・建物の取引に関する実務についての講習で、国土交通大臣の登録を受けたもの。受講することで、国土交通大臣から2年以上の実務経験者と同等以上の能力を有すると認められる。

出る！
資格登録簿は一般の閲覧に供されない。これに対し、宅建業者名簿は一般の閲覧対象である。

出る！
変更の登録は、宅建士証の交付を受けていなくても行わなければならない。事務禁止処分（⇨p.137）の期間中でも行わなければならない。

Part 1 宅建業法

04 宅建士

23

5 死亡等の届出

宅建士の登録を受けた者が死亡したり、破産者となるなどの**登録の欠格要件**（⇨p.30）に該当するようになった場合、その旨を**登録している都道府県知事**に届け出る必要があります。届出期限は、原因が発生した日から**30日以内**（死亡の場合は、**相続人が死亡の事実を知った日から30日以内**）です。なお、死亡等の届出があった場合、都道府県知事は、登録を消除しなければなりません。

死亡等の届出が必要な場合

届出が必要な場合	届出義務者
死亡した場合	相続人
心身の故障により宅建業を適正に営むことができない者となった場合	本人またはその法定代理人もしくは同居の親族
破産手続開始の決定など、登録の欠格要件に該当	本人

6 宅地建物取引士証

❶ 交付申請

登録を完了した後は、登録先の都道府県知事に対して、宅建士証の交付を申請することができます。

交付申請にあたっては、登録先の**都道府県知事**が指定する**法定講習**を受ける必要があります。法定講習は交付の申請前**6か月**以内に受講しなければなりません。ただし、宅建試験の**合格日から1年以内**に申請する場合には、法定講習の受講が**免除**されます。

出る！

宅建業者の免許は、免許権者から条件を付されることがある。宅建士証は、都道府県知事から条件を付されることはない。

【法定講習】
宅建士証の交付申請や更新の際に受講が義務付けられる講習のこと。

❷ 有効期間と更新

宅建試験の合格と登録は一生有効ですが、**宅建士証の有効期間は5年**です。

有効期間の更新のためには、申請前**6か月**以内の**法定講習**を受講する必要があります。

なお、登録の移転（⇨p.27）に伴う交付の際は、有効期間が延びるわけではないので、法定講習を受講する必要はありません。

❸ 宅建士証の提示

宅建士は、**取引の関係者から請求**があったときは、**宅建士証を提示**しなければなりません。

また、**重要事項の説明**（⇨p.80）をする場合には、相手方から請求がなくても、**宅建士証を提示**する必要があります。

❹ 書換え交付

宅建士証には、氏名、住所、登録番号、有効期限などが記載されています。

氏名または**住所**を変更したときには、**遅滞なく、変更の登録**（⇨p.23）と**宅建士証の書換え交付**を申請しなければなりません。

出る！
宅建士証を胸に着用する等により、相手方や関係者に明確に示されるようにする。個人情報保護の観点から、住所欄にシールを貼って提示しても差しつかえない。

❺ 再交付

　宅建士証を亡失、滅失、汚損、破損したり、盗難にあった場合、**再交付**の申請が必要です。再交付を受けるまでは「**⑦ 宅建士の事務**」をすることはできません。

> 宅建士証の有効期間の更新を受けなかったときなど。

❻ 返納

　宅建士証が効力を失ったとき、登録が消除された場合は、宅建士証を**返納**しなければなりません。

　また、再交付の後で古い宅建士証を発見したときは、**速やかに**、発見した**古い宅建士証を交付を受けた都道府県知事**に**返納**しなければなりません。

❼ 提出

　宅建士が**事務禁止処分**（⇨p.137）を受けたときは、**速やかに**、宅建士証を**交付を受けた都道府県知事に提出**しなければなりません。この義務を怠った場合、**10万円**以下の過料に処せられることがあります。

　事務禁止処分の期間満了後、宅建士が**宅建士証の返還を請求**した場合には、都道府県知事は、ただちに、宅建士証を**返還**する義務を負います。

7　宅建士の事務

　以下に挙げた3つの事務は、宅建士でなければできない独占業務となっています。
❶ **重要事項の説明**（⇨p.80）
❷ **35条書面（重要事項説明書）への記名押印**（⇨p.80）
❸ **37条書面（契約書面）への記名押印**（⇨p.96）
　これらを「**宅建士としてすべき事務**」ともいいます。

> 出る！
> 専任の宅建士である必要はない。

> 3つの事務以外は、宅建士でなくても行うことができる！

8 登録の移転

登録を受けた都道府県知事と違う都道府県知事に、登録を移転することを**登録の移転**といいます。

登録の移転をする場合、登録している都道府県知事を経由して、移転先の都道府県知事に申請します。

勤務先の都道府県が登録先と異なった場合、登録の移転はしなくてもかまいません。宅建士の事務は、登録先以外の都道府県でも行うことができます。

自宅の転居では、登録の移転はできない。

登録の移転のポイント

① 登録の移転をすることができるのは、登録先の都道府県以外にある宅建業者の事務所に勤務することになった場合に限られる。

② 登録の移転は任意。必ず「しなければならない」ものではない。

> 宅建士証の有効期間は5年で、更新のたびに、登録先の都道府県知事が指定する法定講習を受ける必要がある。今後、勤務地と近い場所で更新の法定講習を受けたい場合などに登録の移転を行う。

③ 登録の移転をすると、移転前の都道府県知事から交付を受けた宅建士証を用いて宅建士の業務を行うことはできず、移転先で有効な宅建士証の交付を申請しなければならない。新しい宅建士証は、古い宅建士証と引き替えで交付される。

④ 移転後の新しい宅建士証の有効期間は、古い宅建士証の有効期間を引き継ぐ。新たに5年を有効期間とする宅建士証の交付を受けるわけではない。

有効期間5年間		
3年経過後に登録の移転		有効期間2年間
古い宅建士証		新しい宅建士証

⑤ 事務禁止処分が満了するまでは、登録の移転は申請できない。

過去問で集中講義 ✏

「宅建士」に関する過去問題を集めてあります。**〇✕**で答えましょう。

1 宅地建物取引士の登録を受けるには、宅地建物取引士資格試験に合格した者で、2年以上の実務の経験を有するもの又は国土交通大臣がその実務の経験を有するものと同等以上の能力を有すると認めたものであり、宅地建物取引業法で定める事由に該当しないことが必要である。　　　　　　　　　　　　　　H29年[問37.3]

2 宅地建物取引士の登録を受けている者が本籍を変更した場合、遅滞なく、登録をしている都道府県知事に変更の登録を申請しなければならない。　　H21年[問29.2]

3 宅地建物取引士の登録を受けている者は、登録事項に変更があった場合は変更の登録申請を、また、破産者となった場合はその旨の届出を、遅滞なく、登録している都道府県知事に行わなければならない。　　　　　　　　　　H25年[問44.ア]

4 宅地建物取引士資格試験に合格した日から1年以内に宅地建物取引士証の交付を受けようとする者は、登録をしている都道府県知事の指定する講習を受講する必要はない。　　　　　　　　　　　　　　　　　　　　　　　　　　　H23年[問28.4]

5 宅地建物取引士は、法第37条に規定する書面を交付する際、取引の関係者から請求があったときは、専任の宅地建物取引士であるか否かにかかわらず宅地建物取引士証を提示しなければならない。　　35条の時は？？　　　H30年[問42.4]

6 宅地建物取引士は、事務禁止処分を受けた場合、宅地建物取引士証をその交付を受けた都道府県知事に速やかに提出しなければならないが、提出しなかったときは10万円以下の過料に処せられることがある。　　　　　　　　　H25年[問44.エ]

7 法第35条に規定する重要事項の説明及び書面の交付に関して、重要事項の説明を行う宅地建物取引士は専任の宅地建物取引士でなくてもよいが、書面に記名押印する宅地建物取引士は専任の宅地建物取引士でなければならない。　　　　　　　　　　　　　　　　　　　　　　　　　　　　　　H27年[問29.4]

8 甲県知事の宅地建物取引士の登録を受けている者が、その住所を乙県に変更した場合、甲県知事を経由して乙県知事に登録の移転を申請することができる。　　　　　　　　　　　　　　　　　　　　　　　　　　　　　H21年[問29.4]

解説

大事にゃところが黄色ににゃってる！

❶ 「国土交通大臣がその実務の経験を有するものと同等以上の能力を有すると認めたもの」とは、**国土交通大臣指定の登録実務講習を受講した者**という意味です。宅建士の登録を受けるには、①宅建士試験に合格、②２年以上の実務経験、または、国土交通大臣指定の登録実務講習を受講したことが必要です。宅建業法で定める欠格要件に該当しないことも必要です。　答え [○]

❷ **氏名、住所、本籍、性別、勤務先宅建業者の商号または名称、勤務先宅建業者の免許証番号に変更があった場合、登録をしている都道府県知事に遅滞なく変更の登録**をしなければなりません。**氏名または住所を変更した場合には、宅建士証の書換え交付申請**も必要です。　答え [○]

❸ 資格登録簿の**登録事項に変更があった場合、「遅滞なく」変更の登録**をしなければなりません。一方、死亡したり、**破産者となるなどの登録の欠格要件に該当するようになった場合は、原因が発生した日から「30日以内に」届け出なければなりません**。　答え [✗]

❹ 登録を完了した後は、登録先の都道府県知事に対して、宅建士証の交付を申請することができます。**宅建試験の合格日から１年以内であれば、法定講習の受講は不要**です。**合格日から１年経過後（あるいは更新の際）**は、登録先の都道府県知事が指定する**法定講習を受ける必要**があります。法定講習は**申請前６か月以内**のものを受講しなければなりません。　答え [○]

❺ 宅建士は、**取引の関係者から請求があったときは、宅建士証を提示**しなければなりません。　35条では請求なしでも提示義務　答え [○]

❻ 宅建士が**事務禁止処分を受けたときは、速やかに宅建士証を交付者である都道府県知事に提出**しなければなりません。提出しなかったときは**10万円以下の過料**に処せられることがあります。　答え [○]

❼ **重要事項の説明**も、**35条書面（重要事項説明書）と37条書面（契約書面）への記名押印**も、**宅建士**でさえあればできます。**専任の宅建士である必要はありません**。　答え [✗]

❽ **登録の移転**ができるのは、**登録先の都道府県以外にある宅建業者の事務所に勤務**することになった場合に限られます。転居したというだけでは、登録の移転はできません。　答え [✗]

05 登録の欠格要件

- 宅建士の登録の欠格要件について学ぶ。
- 宅建業者の「免許の欠格要件」と宅建士の「登録の欠格要件」を対比して覚える。

宅建士としてふさわしくない者が登録されることがないように、<mark>登録の欠格要件</mark>が定められています。

1 登録の欠格要件（免許の欠格要件と同じ要件）

❶ 破産手続開始の決定を受けて復権を得ない者

<u>破産手続開始の決定</u>を受けて<u>復権</u>を得ない者は、登録を受けることはできません。<u>破産者が復権を得たときは、ただちに登録を受ける</u>ことができます。

❷ 心身の故障により宅建士の事務を適正に行うことができない者

精神の機能の障害により宅建士の事務を適正に行うにあたって必要な認知、判断および意思疎通を適切に行うことができない者は、登録を受けることができません。

❸ 一定の刑罰に処せられた者

<u>死刑・懲役・禁錮、一定の罰金刑に処せられて、**刑の執行を終わり**、または**執行を受けることがなくなった日から5年を経過しない者**は、登録を受けることはできません</u>。ただし、<u>執行猶予期間が満了</u>したときは、

【一定の罰金刑】
① 宅建業法違反
② 傷害罪
③ 傷害現場助勢罪
④ 暴行罪
⑤ 凶器準備集合・結集罪
⑥ 脅迫罪
⑦ 背任罪
⑧ 暴力団対策法違反
⑨ 暴力行為処罰法違反

ただちに**登録を受ける**ことができます。控訴中・上告中で刑が確定しない間も登録を受けることができます。

❹ 暴力団員等

暴力団員、または暴力団員でなくなった日から**5年を経過しない者**は、登録を受けることはできません。

❺ 宅建業者の免許を取り消された者

一定の事由により、免許取消処分を受けて、**免許取消処分の日から5年**を経過しない者は、登録を受けることはできません。これに該当する法人において、**免許取消処分**の**聴聞の公示の日前60日以内に役員**であった者等も、登録を受けることができません。

【一定の事由】
① 不正の手段により免許を取得した。
② 業務停止処分事由に該当し情状が特に重い。
③ 業務停止処分に違反した。

【役員】
取締役、執行役顧問・相談役など、（非常勤含む）。政令で定める使用人は登録の欠格要件とは無関係。

❻ 聴聞の公示後に廃業等の届出をした者

❺の免許取消処分の**聴聞の公示の日から免許取消処分**までの間に、相当の理由なく**廃業等の届出**をし、その届出の**日から5年**を経過しない者は、登録を受けることはできません。これに該当する法人において、**免許取消処分**の**聴聞の公示の日前60日以内に役員**であった者等も、登録を受けることができません。

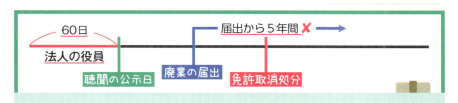

2 登録の欠格要件（免許の欠格要件と違う要件）

❶ 不正登録等の理由により登録消除処分を受けた者

一定の事由(1)～(5)により**登録消除の処分**を受け、**登録消除処分の日から５年**を経過しない者は登録を受けることができません。

(1) **不正の手段**により**登録**を受けた

(2) **不正の手段**により宅建士証の**交付**を受けた

(3) 事務禁止処分事由に該当し**情状が特に重い**

(4) **事務禁止処分に違反した**

(5) 宅建士証の交付を受けていない者が、宅建士の事務（⇨p.26）を行い、情状が特に重い

❷ 登録消除処分の前に登録消除の申請をした者

❶の登録消除処分の**聴聞の公示の日から処分決定の日までの間**に、相当な理由なく**自ら登録消除の申請**をした者は、**登録が消除された日から５年**を経過しなければ登録を受けることができません。

❸ 事務禁止処分中に本人の申請で登録消除された者

事務禁止処分を受け、その禁止期間中に本人の**申請により登録消除された者**は、**事務禁止期間が満了する**までは登録を受けることができません。

❹ 成年者と同一の行為能力を有しない未成年者

宅建業に係る営業に関し**成年者と同一の行為能力を有しない未成年者**は、登録を受けることができません。

成年者と同一の行為能力を有しない未成年者の場合、宅建業者の免許では、法定代理人が欠格要件に該当しない場合は免許取得が可能です。一方、宅建士の登録

【登録消除処分】
宅建士に対する監督処分のうち、一番重い処分。監督処分は軽い順に、指示処分、事務禁止処分、登録消除処分（⇨p.138）。登録消除処分は、登録地の都道府県知事が行う。

「登録消除申請→登録消除→すぐ"再登録"」を許してしまうと、事務禁止処分が形だけのものになってしまう。

【成年者】
20歳以上の者または20歳未満の者で婚姻した者。

【成年者と同一の行為能力を有しない未成年者】
法定代理人から宅建業の営業の許可を受けていない未成年者のこと。一方、法定代理人から宅建業の営業の許可を受けた未成年者は、成年者と同一の行為能力を有するとされ、宅建士の登録が可能。

では、成年者と同一の行為能力を有しない未成年者は、法定代理人の事情にかかわらず登録を受けることができません。

3 宅建士の行動規範

宅建士の行動規範として、「**公正**かつ**誠実**に事務を行い、関連業務に従事する者との**連携**に努める」「宅建士の**信用・品位**を害するような行為をしてはならない」「必要な**知識**及び**能力**の**維持向上**に努める」ことが規定されています。

出る！
宅建士の信用・品位を害するような行為をしてはならないという規定は、職務に必ずしも直接関係しない行為や私的な行為にも適用される。

覚えておこう

宅建業者の免許の欠格要件	宅建士の登録の欠格要件
❶ 破産手続開始の決定を受けて復権を得ない者	❶と共通
❷ 心身の故障により宅建士の事務を適正に行うことができない者	❷と共通
❸ 一定の刑罰に処せられた者	❸と共通
❹ 暴力団員等	❹と共通
❺ 宅建業に関して不正・不当な行為をした者	なし
❻ 宅建業に関して不正・不誠実な行為をするおそれが明らかな者	なし
❼ 一定の事由により免許取消処分を受けた者	❼と共通
❽ 免許取消処分の前に廃業した者	❽と共通
● 役員または政令で定める使用人が欠格要件に該当	なし
● 暴力団員等がその事業活動を支配する者	なし
● 宅建業に係る営業に関し成年者と同一の行為能力を有しない未成年者は、本人と法定代理人が欠格要件に該当しない場合は免許取得可能。	宅建業に係る営業に関し成年者と同一の行為能力を有しない未成年者は、登録不可。
なし	登録消除関係

過去問で集中講義 ✏

「登録の欠格要件」に関する過去問題を集めてあります。○✕で答えましょう。

1 禁錮以上の刑に処せられた宅地建物取引士は、登録を受けている都道府県知事から登録の消除の処分を受け、その処分の日から5年を経過するまで、宅地建物取引士の登録をすることはできない。
H20年[問33.1]

2 登録を受けている者で宅地建物取引士証の交付を受けていない者が重要事項説明を行い、その情状が特に重いと認められる場合は、当該登録の消除の処分を受け、その処分の日から5年を経過するまでは、再び登録を受けることができない。
H19年[問31.2]

3 宅地建物取引士は、不正の手段により登録を受けたとして、登録の消除の処分の聴聞の期日及び場所が公示された後、自らの申請によりその登録が消除された場合、当該申請に相当の理由がなくとも、登録が消除された日から5年を経ずに新たに登録を受けることができる。
H18年[問32.1]

4 甲県知事から宅地建物取引士証の交付を受けている者が、宅地建物取引士としての事務を禁止する処分を受け、その禁止の期間中に本人の申請により登録が消除された場合は、その者が乙県で宅地建物取引士資格試験に合格したとしても、当該期間が満了しないときは、乙県知事の登録を受けることができない。H22年[問30.4]

5 宅地建物取引士が、宅地建物取引士として行う事務に関し不正な行為をし、令和2年5月1日から6月間の事務の禁止の処分を受け、同年6月1日に登録の消除の申請をして消除された場合、Aは、同年12月1日以降でなければ登録を受けることができない。
H09年[問32.2.改]

6 婚姻している未成年者は、登録実務講習を修了しても、法定代理人から宅地建物取引業を営むことについての許可を受けなければ登録を受けることができない。
H22年[問30.1]

7 未成年者は、成年者と同一の行為能力を有していたとしても、成年に達するまでは宅地建物取引士の登録を受けることができない。
H23年[問28.2]

8 「宅地建物取引士は、宅地建物取引業を営む事務所において、専ら宅地建物取引業に従事し、これに専念しなければならない」との規定がある。
H27年[問35.3]

大事にゃところが黄色ににゃってる！

解説

❶ 禁錮以上の刑に処せられた宅建士は、登録消除処分を受けます。再び**登録をすることができるのは、「刑の執行を終わり、または執行を受けることがなくなった日」から5年を経過**してからです。本問では、登録消除の「処分の日」から5年となっている点が間違っています。　　　　答え [✗]

❷ 重要事項説明などの宅建士の事務ができるのは、**宅建試験に合格し、登録をして、宅建士証の交付を受けた者**です。登録をしただけでは宅建士の事務はできません。これに違反すると、登録消除処分を受け、**登録消除処分の日から5年を経過するまでは、再び登録を受けることができません**。
答え [◯]

❸ 不正の手段により登録を受けて、**登録消除の聴聞の公示の日から処分決定の日までの間に自ら登録消除の申請をした者**は、登録消除の申請について相当の理由がある場合を除いて、**登録消除の日から5年経過しない限りは、登録を受けることができません**。　　　　答え [✗]

❹ 事務禁止処分を受け、その禁止の期間中に本人の申請により登録が消除された場合、**事務禁止期間が満了するまでは登録を受けることはできません**。他県で改めて宅建試験に合格したとしても登録はできません。　　答え [◯]

❺ 宅建士の事務禁止処分を受け、その禁止の期間中に本人の申請により登録が消除された場合、**事務禁止期間が満了するまでは登録を受けることができません**。本問では、5月1日から6か月間で10月31日に事務禁止期間が満了するので11月1日から再登録できます。　　　　　答え [✗]

❻ **婚姻している未成年者は、法定代理人から宅建業を営むことについての許可を受けなくても登録を受けることができます**。　　　　　答え [✗]

❼ 成年者と同一の行為能力を有しない未成年者は、宅建士の登録を受けることができません。しかし、**成年者と同一の行為能力を有する未成年者は、宅建士の登録を受けることができます**。成年者と同一の行為能力を有する未成年者とは、以下の2つの**いずれかに該当**する者です。
① 法定代理人（親など）から宅建業の営業の許可を受けた未成年者
② 婚姻している未成年者　　　　　　　　　　　　　　　答え [✗]

❽ 本問のような規定はありません。　　　　　　　　　　答え [✗]

06 営業保証金

- 宅建業者が事業を開始するまでの流れを把握する。
- 供託する営業保証金の金額と供託先を覚える。
- 保管替え、還付、取戻しについて学習する。

1 営業保証金制度

営業保証金制度とは、宅建業者が営業保証金を**供託所**に**供託**し、**宅建業に関する取引で損害を被った者（宅建業者を除く）**に営業保証金の範囲内で還付（弁済）する仕組みです。

【供託】
金銭や有価証券を供託所という国の機関に差し出し、保管してもらうこと。

2 営業保証金の供託

❶ 事業開始までの流れ

宅建業者は、①**免許を取得**した後、②**営業保証金**を**供託**して、③免許権者に供託した旨の**届出**をするまでは、事業を開始することができません。

出る！
免許取得→営業保証金を供託→免許権者に届出の流れは頻出。

❷ 営業保証金の供託先と金額

営業保証金は、主たる事務所（本店）の最寄りの供託所に、主たる事務所（本店）1,000万円、従たる事務所（支店）1か所につき500万円を供託します。

出る！
案内所や出張所の設置には、供託は不要。

> 【例】主たる事務所に加えて、従たる事務所2か所、案内所3か所、出張所1か所を設置した場合の供託金は、「主たる事務所1,000万円」＋「従たる事務所500万円×2＝1,000万円」＝2,000万円。供託の対象は事務所だけ！

事業開始後に事務所（支店）を新設した場合、新設した事務所1か所につき500万円ずつを主たる事務所の最寄りの供託所に供託し、供託所の写しを添付して供託した旨を免許権者に届け出ます。新設した事務所で事業を開始できるのは、届出の後です。

ただし、新設した事務所の設置と同時に従来の事務所を廃止して、事務所数に変更を生じない場合には、新たに営業保証金を供託する必要はありません。

出る！
供託先は、新設した事務所の最寄りの供託所ではない！

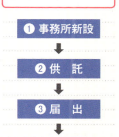

❶ 事務所新設
↓
❷ 供　託
↓
❸ 届　出
↓
❹ 事業開始

❸ 金銭以外で供託できるもの

金銭のほか、国債、地方債などの有価証券でも供託できます。有価証券の評価額の割合は次の通りです。

有価証券の評価額の割合

国債	額面金額の100%
地方債・政府保証債	額面金額の90%
その他の有価証券	額面金額の80%

供託できない
株券　小切手　手形

❹ 営業保証金の変換

証券を金銭に換えるなど、供託物を別の物に差し替えることを営業保証金の変換といいます。変換した際は、遅滞なく、免許権者に届出をする必要があります。

出る！
地方債証券を同額面の国債証券と変換することはできない。

3 供託の届出と事業開始

❶ 免許権者からの催告

免許取得の日から**3か月以内**に宅建業者より供託した旨の**届出**がない場合、免許権者は届出をすべき旨の**催告**をしなければなりません（免許権者の義務）。

【催告】
相手方に対して一定の行為を請求すること。

> 出る！
> 実際に供託をしていても、届出がなければ免許を取り消されることがある。

❷ 免許取消し

催告が到達した日から**1か月以内**に宅建業者より供託した旨の届出がない場合、**免許権者は免許を取り消す**ことができます（任意的免許取消事由⇨p.135）。

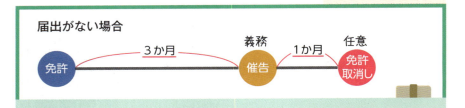

4 主たる事務所の移転

主たる事務所（本店）の移転によって、その**最寄りの供託所が変更**したときは、従来の供託所に供託されていた**営業保証金を新たな最寄りの供託所へ移し替える**必要が生じます。

❶ 保管替え

営業保証金を**金銭のみ**で供託している場合、宅建業者は**遅滞なく**従来の供託所に対して、**営業保証金を新たな供託所に移し替えることを請求**しなければなりません。これを**保管替え請求**といいます。

> 出る！
> 従前の供託所から営業保証金を取り戻した後、移転後の最寄りの供託所に供託するわけではない！

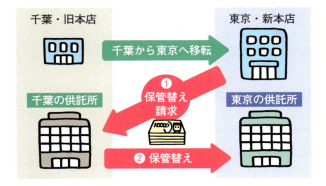

❷ 二重供託と取戻し

　営業保証金を**有価証券のみ**または**有価証券＋金銭**で供託している場合には、**保管替えはできません**。

　この場合、遅滞なく、移転後の最寄りの供託所へ**営業保証金を新たに供託**しなければなりません。これを**二重供託**といいます。その後、従来の供託所に対して営業保証金の**取戻し**の手続きを行い、営業保証金を取り戻します。

「有価証券＋金銭」の場合に、金銭部分だけの保管替えはできない。

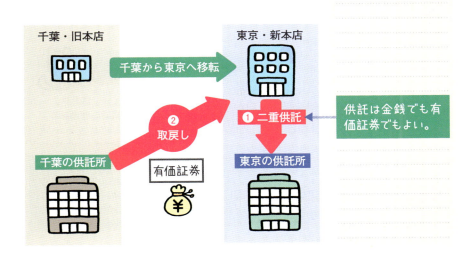

供託は金銭でも有価証券でもよい。

5 営業保証金の還付

宅建業に関した取引で損害を被った者（宅建業者を除く）は、その債権（損害）について営業保証金の範囲内で還付（弁済）を受ける権利（還付請求権）を持ちます。

> 還付（弁済）の対象となる債権
> - 宅建業に関する取引（不動産売買、不動産売買・貸借の代理・媒介）により生じた債権（宅建業者の有する債権を除く）
>
> 還付（弁済）の対象とならない債権
> - 広告代金債権、印刷物の代金請求権
> - 電気・外装・内装工事者の工事代金債権
> - 家賃収納代行業務など、管理委託契約に関する債権
> - 宅建業者の有する債権

出る！
本店で取引しても、支店で取引しても、宅建業者が供託したすべての営業保証金の額が還付の限度額となる。

6 営業保証金の不足額の供託

還付請求権を持つ者に還付が行われると、供託していた営業保証金に不足が生じます。この場合、

(1) 免許権者から宅建業者に<mark>不足の通知</mark>がなされます。
(2) 宅建業者は**不足の通知を受けた日から2週間以内**に、**不足額を供託**しなければなりません。
　供託を怠ると、業務停止処分または免許取消処分を受けることがあります。
(3) **不足額を供託した日から2週間以内**に、供託書の写しを添付して、**免許権者**に不足額を供託した旨の届出をしなければなりません。

出る！
不足額の供託は、金銭でも有価証券でもよい！

試験には出ていないが、宅建業法違反なので、指示処分の対象でもある。

```
 不足        2週間以内        2週間以内
 通知  ────────── 供託 ────────── 届出
```

7 営業保証金の取戻し

　宅建業者が営業保証金を供託所から返還してもらうことを**取戻し**といいます。取戻しには、**公告**が必要な場合と不要な場合があります。

【公告】
ある事項を広く一般に知らせること。

❶ 公告が必要な取戻し

　次の場合、<u>**宅建業者**は、還付請求権を持つ者に対して、**6か月を下らない（＝6か月以上の）一定期間内**に申し出るべき旨の**公告**をしなければなりません。その期間内に申出がなかったときに、取戻しができます。</u>

(1) 免許の有効期間が**満了**した
(2) **廃業等の届出**により免許が**失効**した（⇨p.13）
(3) **免許取消処分**を受けた
(4) 支店の廃止により営業保証金が**法定額を上回った**

　公告をした場合は、<u>**遅滞なく、公告**した旨を**免許権者に届け出**</u>なければなりません。

❷ 公告不要の取戻し

　次の場合、公告しないで取戻しができます。
(1) **主たる事務所の移転**による供託所変更で**二重供託**した
(2) **保証協会**の社員となった（⇨p.44）
(3) 取戻し事由が発生してから**10年**が経過した ◀

出る！
廃業により免許が失効した後に自らを売主とする取引が結了した場合は、廃業ではなく取引が結了した日から10年が経過しなければ公告不要とならない。

公告不要は、いずれも債権者の不利益にならないケース。

過去問で集中講義

「営業保証金」に関する過去問題を集めてあります。〇×で答えましょう。

1 新たに宅地建物取引業を営もうとする者は、営業保証金を金銭又は国土交通省令で定める有価証券により、主たる事務所の最寄りの供託所に供託した後に、国土交通大臣又は都道府県知事の免許を受けなければならない。　　　　　　H26年[問29.1]

2 宅地建物取引業者A（甲県知事免許）が新たに2つの支店を設置し、同時に1つの支店を廃止したときは、500万円の営業保証金を本店の最寄りの供託所に供託し、業務を開始した後、遅滞なくその旨を甲県知事に届け出なければならない。　　　　　　H16年[問35.1]

3 宅地建物取引業者は、免許を受けた日から3月以内に営業保証金を供託した旨の届出を行わなかったことにより国土交通大臣又は都道府県知事の催告を受けた場合、当該催告が到達した日から1月以内に届出をしないときは、免許を取り消されることがある。　　　　　　H30年[問43.1]

4 宅地建物取引業者は、主たる事務所を移転したことにより、その最寄りの供託所が変更となった場合において、金銭のみをもって営業保証金を供託しているときは、従前の供託所から営業保証金を取り戻した後、移転後の最寄りの供託所に供託しなければならない。　　　　　　H29年[問32.1]

5 甲県に本店と1つの支店を設置して事業を営んでいる宅地建物取引業者Aの支店でAと宅地建物取引業に関する取引をした者（宅地建物取引業者を除く。）は、その取引により生じた債権に関し、1,500万円を限度として、Aが供託した営業保証金からその債権の弁済を受ける権利を有する。　　　　　　H19年[問37.4]

6 宅地建物取引業者Aは、宅地建物取引業の廃業により営業保証金を取り戻すときは、営業保証金の還付を請求する権利を有する者（以下「還付請求権者」という。）に対して公告しなければならないが、支店の廃止により営業保証金を取り戻すときは、還付請求権者に対して公告する必要はない。　　　　　　H23年[問30.3]

7 宅地建物取引業者A（甲県知事免許）は免許の有効期間の満了に伴い、営業保証金の取戻しをするための公告をしたときは、遅滞なく、その旨を甲県知事に届け出なければならない。　　　　　　H19年[問37.2]

42

大事にゃところが黄色にゃってる！

> **解説**

❶ 宅建業者は、①**免許を取得した後、**②**営業保証金を主たる事務所の最寄りの供託所に供託して、**③**供託した旨を免許権者に届出**という手順で、事業を開始することができます。本問は順番が間違っています。　　　答え [✗]

❷ **営業保証金を供託した旨の届出をした後に、業務を開始**することができます。業務を開始した後に、届出をするのではありません。　答え [✗]

❸ 宅建業者は、営業保証金を供託した旨を免許権者に届け出なければ事業を開始することができません。**免許を受けた日から３か月以内に届出**をしなかった場合、免許権者は届出から**催告**を受けます。この**催告が到達した日から１か月以内に宅建業者が届出**をしないと、免許を取り消されることがあります。　　　　　　　　　　　　　　　　　　　　　　　　　答え [○]

❹ 宅建業者が主たる事務所を移転したことにより最寄りの供託所が変更となった場合には、営業保証金を新たな最寄りの供託所へ移し替えなければいけません。**金銭のみをもって営業保証金を供託している場合、必要な手続きは保管替え（従来の供託所に対して、営業保証金を新たな供託所に移し替えることを請求すること）**です。「従前の供託所から営業保証金を取り戻した後、移転後の最寄りの供託所に供託」するわけではありません。　答え [✗]

❺ Ａが供託している営業保証金は、本店1,000万円、支店500万円の合計1,500万円です。従って、Ａと宅建業に関する取引をして損害を受けた者は、供託された**合計額である1,500万円を限度として、営業保証金から債権の弁済を受ける**ことができます。なお、宅建業者の有する債権は、還付（弁済）の対象となりません。　　　　　　　　　　　　　　　　　　　答え [○]

❻ **免許の有効期間が満了した、廃業等の届出により免許が失効した、免許取消処分を受けた、支店の廃止等で営業保証金が法定額を上回った**（本問）ことで、営業保証金を取り戻すときは**公告が必要**です。　　　答え [✗]

❼ **公告をしたときは、遅滞なく、その旨を免許権者に届け出なければなりません**。なお、公告をしないで取戻しができるのは、本店移転による供託所変更で二重供託した、保証協会の社員となった、取戻し事由が発生してから10年が経過した場合のみです。　　　　　　　　　　答え [○]

07 保証協会

- 保証協会の社員になると営業保証金の供託が免除される。
- 「営業保証金制度」と区別しながら「弁済業務保証金制度」のしくみを理解する。

1 弁済業務保証金制度

弁済業務保証金制度では、宅建業者が**保証協会**に**弁済業務保証金分担金**を納付し、保証協会が供託所に**弁済業務保証金**を供託します。**供託所は、宅建業に関する取引で損害を被った者（宅建業者を除く）に還付（弁済）**します。保証協会に加入した宅建業者のことを**社員**といい、1つの保証協会の社員である宅建業者は、他の保証協会の社員になることはできません。**保証協会の社員**になると**営業保証金の供託が免除**されます。

【保証協会】
保証協会は、宅建業者だけが加入できる一般社団法人。加入するかどうかは宅建業者の任意で、加入する義務はない。保証協会の実例として、「全国宅地建物取引業保証協会（ハトのマーク）」と「不動産保証協会（ウサギのマーク）」がある。

営業保証金を供託する場合と比べて、個々の宅建業者の負担が少なくなる。

2 保証協会の業務

❶ 必須業務と任意業務

保証協会の業務には、義務付けられている業務（**必須業務**）と、義務付けられていない業務（**任意業務**）とがあります。

> 保証協会の 必須業務（義務付けられている業務）
> - 苦情の解決…保証協会は、社員の取り扱った宅建業に係る取引に関して、その相手方から申出のあった苦情を解決しなければならない。苦情を受けた場合は、社員に対し文書または口頭による説明を求めることができる。また、解決の申出及びその解決の結果について社員に周知する義務を負う。
> - 研修…保証協会は、宅建士の職務に関する研修、その他宅建業の業務に従事し、またはしようとする者に対する研修を実施しなければならない。
> - 弁済業務…保証協会は、社員と宅建業に関し取引した者（社員となる前に取引した者を含む）の有する、その取引により生じた債権に関して弁済をする業務を行わなければならない。
>
> 保証協会の 任意業務（義務付けられていない業務）
> - 一般保証業務…宅建業者が受領した支払金または預り金の返還債務等を負うこととなった場合に、それを連帯して保証する業務を行うことができる。
> - 手付金等保管事業…宅建業者自らが売主となる完成物件の売買（未完成物件は不可）に関し、保全措置が必要とされる手付金等を代理受領し、かつ保管する業務を行うことができる。
> - 研修費用の助成…全国の宅建業者を直接または間接の社員とする一般社団法人による宅建士等に対する研修の実施に要する費用の助成をすることができる。

❷ 社員加入時の報告

新たに社員が**加入**した場合、または社員がその**地位を失った**場合には、**保証協会**は、ただちにその社員の**免許権者に報告**しなければなりません。

出る！ 免許権者に報告をするのは、宅建業者ではない！

3 弁済業務保証金分担金の納付

　宅建業者は、保証協会に**加入する日**までに、弁済業務保証金分担金（以下、分担金）を**金銭で納付**しなければなりません。

  分担金 加入前に金銭で納付

❶ 分担金の金額

　分担金の金額は、**主たる事務所（本店）が60万円、従たる事務所（支店）が1か所につき30万円**です。

> 【例】主たる事務所に加えて、従たる事務所2か所、案内所1か所、出張所1か所を設置した場合の分担金は、
> 「主たる事務所60万円」＋「従たる事務所30万円×2＝60万円」＝120万円。

❷ 新たに事務所（支店）を設置

　保証協会加入後に、**新たに支店を設置**した場合、設置した日から**2週間以内**に、1支店当たり**30万円**の分担金を**納付**しなければなりません。2週間以内に納付しない場合、保証協会の社員たる地位を失います。

営業保証金と分担金の違い

	営業保証金	分担金
主たる事務所（本店）	1,000万円	60万円
従たる事務所（支店）	500万円	30万円
供託物／納付物	金銭または有価証券	金銭のみ
事務所新設から事業開始まで	供託→届出の後に事業開始	事業開始後2週間以内に納付

4 弁済業務保証金の供託

保証協会は、社員から**分担金の納付**を受けた日から１週間以内に、**納付相当額**の**弁済業務保証金**を**供託所**に供託しなければなりません。

> この供託所は、法務大臣及び国土交通大臣が定める。

弁済業務保証金は、分担金とは異なり、**金銭**または**有価証券**（国債、地方債など）による供託が可能です。

5 弁済業務保証金の還付

❶ 認証と還付

宅建業に関する取引で損害を被った者（債権者）は、その債権（損害）について還付（弁済）を受けることができます。社員が保証協会に**加入する前**に行われた取引での損害も**還付の対象**となります。社員は、加入前の取引から生じた債務に関して、保証協会から担保の提供を求められることがあります。

債権者は、認証申請をし、**弁済額**について保証協会の**認証**を受けてから、供託所に**還付請求**をします。

> 還付の対象となる債権と対象にならない債権の区別は、営業保証金の場合とまったく同じ（⇨p.40）。

【認証】
確かに権利があると証明すること。

❷ 還付額

還付額は、取引をした宅建業者が保証協会の社員でなかった場合に供託しているはずの**営業保証金の額に相当する額の範囲内**です。

> 【例】主たる事務所に加えて、従たる事務所2か所、案内所1か所、出張所1か所を設置している場合
> - 宅建業者が納付した分担金
> ・主たる事務所60万円＋従たる事務所30万円×2＝120万円。
> - 還付額
> ・主たる事務所1,000万円
> ・従たる事務所500万円×2＝1,000万円
> 合計2,000万円を上限として還付される。

6 還付充当金の納付

還付が行われると、供託所の弁済業務保証金に不足が生じます。この不足額は保証協会が供託所に供託し、その後に社員が保証協会に納付するという手順を踏みます。

① 還付実行：債権者に還付が行われます。
② 債権者に還付を実行した供託所は、国土交通大臣にその旨の通知をします。
③ 国土交通大臣は、保証協会に通知をします。
④ 保証協会は、国土交通大臣から**通知**を受けた日から**2週間以内**に、還付額に相当する額（不足額）の弁済業務保証金を**供託所に供託**しなければなりません。
⑤ 保証協会は、還付に係る社員または社員であった者に、還付額に相当する額（実際の還付金額）の**還付充当金を保証協会に納付**すべきことを**通知**します。

⑥ 還付に係る社員または社員であった者は、通知を受けた日から2週間以内に、保証協会に還付充当金を納付しなければなりません。期限内に納付しない社員は、保証協会の社員たる地位を失います。

還付から還付充当金の納付まで

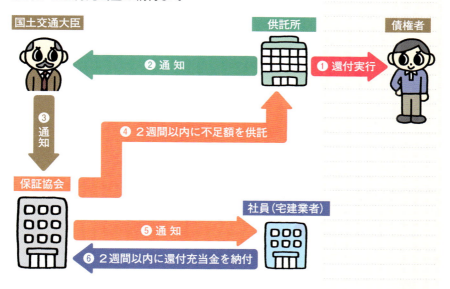

7 弁済業務保証金の取戻し

　保証協会が弁済業務保証金を供託所から返還してもらうことを**弁済業務保証金の取戻し**といいます。
　保証協会は、供託所から弁済業務保証金を取り戻してから、その額に相当する額の分担金を宅建業者に返還します。
　これには、公告（⇒p.41）が必要な場合と不要な場合があります。

供託所 —弁済業務保証金 取戻し→ 保証協会 —分担金 返還→ 社員（宅建業者）

❶ 公告が必要な取戻し

保証協会は、社員が**社員たる地位を失った場合**、還付請求権を持つ者（債権者）に対して、**6か月を下らない（＝6か月以上の）一定期間内**に申し出るべき旨の**公告**をしなければなりません。その期間内に申出がなかった場合に、**弁済業務保証金を取り戻す**ことができます。

保証協会は、弁済業務保証金の**取戻しを受けた後**、社員であった者に**分担金の返還**をします。保証協会が社員であった者に対して債権を有するときは、その債権に関し**弁済が完了**した後に分担金を**返還**します。

❷ 公告が不要な取戻し

社員が**一部事務所を廃止**して分担金の額が法定額を超えることになった場合には、公告しないでただちに**取戻し**ができます。◀

> 営業保証金の取戻しでは、一部事務所を廃止して営業保証金の額が法定額を超えることになった場合の取戻しに公告が必要（⇨p.41）。

8 弁済業務保証金準備金

❶ 弁済業務保証金準備金

社員が還付充当金を納付しないと弁済業務保証金が枯渇し、弁済業務保証金制度が崩壊することになりかねません。そのような事態を防止するため、用意されているのが**弁済業務保証金準備金**です。

保証協会は、弁済業務保証金準備金を積み立てる義務を負います。また、弁済業務保証金から生ずる**利息・配当金**や、弁済業務保証金準備金を弁済業務保証金の供託に充てた後に社員から納付された**還付充当金**を弁済業務保証金準備金に**繰り入れ**なければなりません。

❷ 特別弁済業務保証金分担金

　弁済業務保証金準備金を弁済業務保証金に充当しても、まだ不足額が生じる可能性があります。このような場合、保証協会は、社員に対して、**特別弁済業務保証金分担金**を納付するように通知しなければなりません。通知を受けた社員は、通知を受けた日から**1か月以内**に、**特別弁済業務保証金分担金**を納付しなければなりません。納付しない場合、社員たる地位を失うことになります。

9 社員たる地位を失った場合

　宅建業者が保証協会の社員たる地位を失っても、宅建業を続けたい場合には、

(1) 社員たる地位を失った日から**1週間以内**に供託所に**営業保証金**を**供託**しなければなりません。そして、営業保証金を供託した場合は、その旨を免許権者に届け出なければいけません。

(2) **1週間以内に供託しない場合**は、**業務停止処分**を受ける場合があります（指示処分、免許取消処分を受ける場合もあります）。

> 営業保証金を供託しても、社員たる地位が回復するわけではない！

> 1週間以内に営業保証金を供託し、その旨を甲県知事に届け出なかった場合、直ちに業務停止処分を受けることはない。

過去問で集中講義 ✏

「保証協会」に関する過去問題を集めてあります。〇✕で答えましょう。

1 保証協会は、そのすべての社員に対して、当該社員が受領した支払金や預り金の返還債務を負うことになったときに、その債務を連帯して保証する業務及び手付金等保管事業を実施することが義務付けられている。　H21年［問44.4］

2 保証協会は、宅地建物取引業の業務に従事し、又は、従事しようとする者に対する研修を行わなければならないが、宅地建物取引士については、法第22条の2の規定に基づき都道府県知事が指定する講習をもって代えることができる。　H23年［問43.2］

3 保証協会は、新たに社員が加入したときは、当該社員の免許権者が国土交通大臣であるか都道府県知事であるかにかかわらず、直ちに当該保証協会の指定主体である国土交通大臣に報告することが義務付けられている。　H21年［問44.3］

4 営業保証金を供託している宅地建物取引業者Aと、保証協会の社員である宅地建物取引業者Bが、それぞれ主たる事務所の他に3か所の従たる事務所を有している場合、Aは営業保証金として2,500万円の供託を、Bは弁済業務保証金分担金として150万円の納付をしなければならない。　H27年［問42.3］

5 保証協会に加入している宅地建物取引業者（甲県知事免許）は、甲県の区域内に新たに支店を設置する場合、その日までに当該保証協会に追加の弁済業務保証金分担金を納付しないときは、社員の地位を失う。　H23年［問43.3］

6 保証協会は、その社員である宅地建物取引業者から弁済業務保証金分担金の納付を受けたときは、その納付を受けた日から2週間以内に、その納付を受けた額に相当する額の弁済業務保証金を供託しなければならない。　H26年［問39.2］

7 宅地建物取引業者Aは、保証協会の社員の地位を失った場合、Aとの宅地建物取引業に関する取引により生じた債権に関し権利を有する者に対し、6月以内に申し出るべき旨の公告をしなければならない。　H30年［問44.1］

8 還付充当金の未納により保証協会の社員の地位を失った宅地建物取引業者は、その地位を失った日から2週間以内に弁済業務保証金を供託すれば、その地位を回復する。　H26年［問39.1］

大事にゃところが黄色ににゃってる！

> **解 説**

❶ 保証協会は、**宅建業者が受領した支払金または預り金の返還債務等を連帯して保証する業務（一般保証業務）、手付金等を代理受領して保管する業務（手付金等保管事業）、及び研修費用の助成**を行うことができます。これらは、実施することが義務付けられていない**任意業務**です。　　答え [✗]

❷ 保証協会は、宅建士の職務に関する研修、その他宅建業の業務に従事し、またはしようとする者に対する研修を行うことが義務付けられています。この講習と、**都道府県知事が指定する講習（宅建士証の交付の前提となる法定講習）は別のもの**で、代替することはできません。　　答え [✗]

❸ 保証協会は、**新たに社員が加入し、また社員がその地位を失ったときは、ただちに当該社員の免許権者**（都道府県知事または国土交通大臣）**に報告**しなければいけません。　　答え [✗]

❹ 営業保証金を供託しているA…供託すべき営業保証金は、**主たる事務所1,000万円、従たる事務所500万円×3＝1,500万円で、合計2,500万円**。供託は、金銭または有価証券でできます。

　保証協会に加入しているB…納付すべき弁済業務保証金分担金は、**主たる事務所60万円、従たる事務所30万円×3＝90万円で、合計150万円**。納付は、金銭で行います。有価証券は不可です。　　答え [○]

❺ 保証協会の社員である**宅建業者が新たに事務所を設置したときは、その日から2週間以内に弁済業務保証金分担金を保証協会に納付**しなければなりません。期限内の納付を怠った場合は、社員の地位を失います。　　答え [✗]

❻ **保証協会は、弁済業務保証金分担金の納付を受けた日から1週間以内にそれに相当する額の弁済業務保証金を供託**しなければなりません。　　答え [✗]

❼ 保証協会は、社員が社員の地位を失った場合、還付請求権を持つ者（債権者）に対して、**6か月を下らない（＝6か月以上の）一定期間内に申し出るべき旨の公告**をしなければなりません。**公告は、保証協会が行うもので、社員であったAが行うものではありません。**　　答え [✗]

❽ 保証協会の社員の地位を失った宅地建物取引業者は、その**地位を失った日から1週間以内に営業保証金を供託**しなければなりません。また、営業保証金を供託しても、社員たる地位が回復するわけではありません。　　答え [✗]

08 業務場所ごとの規制

- 事務所と案内所等では、規制が異なる点に注意する。
- 標識は、契約行為等を行わない案内所等にも掲示する。
- 業務に関する帳簿、従業者名簿は、事務所ごとに設置が必要。

1 業務を行う場所

　宅建業者が業務を行う場所には、事務所のほか、案内所や物件所在地などがあります。

　業務場所に関する規制は、「① 事務所」「② 契約行為等を行う案内所等」「③ 契約行為等を行わない案内所等」という区分ごとに異なります。試験で「契約の締結業務を行う」「契約の申込みを受ける」とあれば、「契約行為等を行う案内所等」の規制が適用されます。

【契約行為等】
契約を締結する、または契約の申込みを受けること。

宅建業者が業務を行う場所

① 事務所		● 本店（主たる事務所）または支店（従たる事務所） ● 継続的に業務を行うことができる施設を有する、契約締結権限を持つ使用人を置く場所
② 契約行為等を行う案内所等		❶ 継続的に業務を行う場所で、事務所以外のもの ❷ 分譲を行う**案内所** ❸ 分譲の代理・媒介を行う**案内所** ❹ **展示会**その他の催しをする場所
③ 契約行為等を行わない案内所等		● 契約行為等を行わない ❶～❹ ● **物件所在地**

54

2 案内所等の届出

「2 契約行為等を行う案内所等」を設置する場合は、案内所等を設置する宅建業者が、業務を開始する日の10日前までに、免許権者と案内所等の所在地を管轄する都道府県知事に案内所等を設置した旨の届出（法第50条第2項の規定に基づく届出）をしなければなりません。免許権者が国土交通大臣の場合は、案内所等の所在地を管轄する都道府県知事を経由して国土交通大臣に届出をすることになります。

> 契約行為等を行わない案内所等の設置は届出不要。

案内所等の届出：設置する宅建業者が／業務開始10日前までに／免許権者と案内所等の所在地を管轄する都道府県知事に届出

3 専任の宅建士の設置

❶ 専任の宅建士

「1 事務所」と「2 契約行為等を行う案内所等」には、一定数の成年者である専任の宅建士を設置する義務があります。

成年者である専任の宅建士とは

成年者…20歳以上の者。20歳未満で婚姻した者。
　特例として、未成年の宅建士であっても、個人業者や法人業者の役員である場合は、成年者である専任の宅建士とみなされる。

専任…その事務所や案内所に常勤していること。
　・成年の宅建士であれば、宅建士の登録をしている都道府県以外でも、専任の宅建士になれる。

❷ 専任の宅建士の設置人数

「①事務所」には、業務に従事する者5名につき1名以上の割合で設置しなければなりません。

事務所で業務に従事する者が、
- 5名以下なら1名
- 6～10名なら2名
- 11～15名なら3名

5人に1人
ゴーイんに設置
ゴロ合わせ

「②契約行為等を行う案内所等」には、1名以上設置しなければなりません。設置する義務を負うのは、案内所を設置した宅建業者です。複数の宅建業者が共同で案内所を設置した場合には、いずれかの宅建業者から専任の宅建士を出せばよいことになっています。

❸ 専任の宅建士の人数が不足した場合

専任の宅建士の人数が不足した場合、2週間以内に必要な措置をとらなければなりません。

これを怠った場合には、指示処分だけでなく、業務停止処分や罰則の対象ともなります。

> 業務停止処分事由に該当し、情状が特に重いときは免許取消処分の対象となる。

4 標識の掲示

❶ 標識の掲示が必要な場所

事務所、案内所等、物件所在地には、公衆の見やすい場所に国土交通省令で定める標識を掲示する義務があります（法第50条第1項）。標識は、①と②だけでなく、「③契約行為等を行わない案内所等」にも掲示しなければなりません。掲示義務がある者は、各施設を設置した宅建業者です（物件所在地には売主が掲示）。

出る！
標識は、展示会やモデルルームにも掲示しなければならない。

❷ **標識の記載事項**

標識には、「免許証番号」「免許有効期間」「商号又は名称」「代表者氏名」「専任の宅建士の氏名（契約行為等を行う場所のみ）」「主たる事務所の所在地」の記載が必要です。分譲の代理・媒介を行う案内所等の標識の場合には、**売主の商号または名称**と**免許証番号**の記載も必要です。

なお、標識と違って、免許証は、事務所や案内所等に掲示する義務はありません。

宅地建物取引業者票	
免許証番号	東京都知事 (3) 第××××号
免許有効期間	××年4月1日から ××年3月31日まで
商号又は名称	夏目不動産株式会社
代表者氏名	代表取締役 夏目太郎
この事務所に置かれている専任の宅地建物取引士の氏名	夏目 一郎
主たる事務所の所在地	東京都千代田区××1-23 電話番号03-××××-××××

【例】売主（分譲業者）である宅建業者A（甲県知事免許）が、甲県にある分譲マンションの販売代理を宅建業者B（国土交通大臣免許）に依頼した。Bは乙県内に**案内所を設置して、契約申込みの受付**を行うことにした。

物件所在地 ▶ 売主のAが
● 標識を掲示

案内所 ▶ 案内所を設置したBが
(1) 標識を掲示
(2) 専任の宅建士を1人以上設置
(3) 業務開始10日前までに、国土交通大臣と乙県知事に届出

※契約行為等を行わない案内所なら(2)(3)は不要。

覚えておこう

	設置時の届出	専任宅建士の設置	標識の掲示
① 事務所	⭕ 変更の届出 （⇨p.10）	⭕ 5人につき1人以上	⭕
② 契約行為等を 行う案内所等	⭕ 案内所等の 届出	⭕ 1人以上	⭕
③ 契約行為等を 行わない案内所等	❌	❌	⭕

5 事務所に関する規制

❶ 報酬額の掲示

<u>事務所ごとに</u>、公衆の見やすい場所に<u>国土交通大臣が定めた**報酬額の掲示**</u>が必要です。

> 出る！
> 案内所等には、報酬の額を掲示する必要はない。

❷ 業務に関する帳簿

事務所ごとに、**業務に関する帳簿**（以下、**帳簿**）を備え付け、**取引のあったつど**、報酬の額など一定の事項を記載しなければなりません。

帳簿は、各事業年度末に閉鎖し、<u>閉鎖後**5年間**（自ら売主となる新築住宅に係るものにあっては**10年間**）保存</u>しなければなりません。

帳簿は紙面に印刷することが可能な環境ならば、パソコンのハードディスク等に記録してもかまいません。

> 出る！
> 月末などにまとめて記載するのではない。取引のつど記載する。

> 「帳簿」は閲覧させる義務なし。「名簿」は閲覧させる義務あり。

❸ 従業者名簿

事務所ごとに、**従業者名簿**を備え付け、取引の関係者から請求があったときは、当該名簿を**閲覧**に供する義務があります。<u>従業者名簿は、最終の記載をした日から**10年間保存**</u>しなければなりません。

> 出る！
> 従業者名簿には、退職した従業員の記録も記載しておく必要がある。

従業者名簿の記載事項
- <u>従業者（一時的に業務に従事する者も含む）の氏名・性別・生年月日</u> ←住所は不要
- 従業者証明書番号
- <u>主たる職務内容</u>
- 宅建士であるか否かの別
- <u>当該事務所の従業者となった年月日</u>
- <u>当該事務所の従業者でなくなった年月日</u>

従業者名簿の記載事項は、帳簿と同様にパソコンや記憶媒体に記録して、紙面への印刷ができるようにしておくこともできます。また、ディスプレイの画面に表示する方法で閲覧に供することもできます。

出る！
帳簿、従業者名簿は、主たる事務所に一括して備え付けるのではなく、事務所ごとに備え付ける。

事務所ごと / 報酬額の掲示 / 帳簿 5年保存 / 名簿 10年保存

❹ 従業者証明書の携帯

宅建業者は、業務中の従業者に**従業者証明書**を**携帯**させなければいけません。

従業者は、取引関係者からの**請求**があったとき、**従業者証明書**を**提示する義務**があります。

> **従業者証明書のポイント**
> - アルバイトなど一時的に事務の補助をする者、非常勤の役員、代表取締役（いわゆる社長）についても、従業者証明書を発行し、携帯させる義務を負う。
> - 従業者証明書の発行を受けた者については、従業者名簿に記載しなければならない。
> - 従業者証明書の提示を従業者名簿や宅建士証の提示で代替することはできない。

過去問で集中講義

「業務場所ごとの規制」に関する過去問題を集めてあります。○×で答えましょう。

1 宅地建物取引業者A（甲県知事免許）が乙県内に所在するマンション（100戸）を分譲する。Aが宅地建物取引業者Bに販売の代理を依頼し、Bが乙県内に案内所を設置して契約の締結業務を行う場合、A又はBが専任の宅地建物取引士を置けばよいが、法第50条第2項の規定に基づく届出はBがしなければならない。
H27年[問44.3]

2 宅地建物取引業者A社は、10戸の一団の建物の分譲の代理を案内所を設置して行う場合、当該案内所に従事する者が6名であるときは、当該案内所に少なくとも2名の専任の宅地建物取引士を設置しなければならない。
H24年[問36.2]

3 A社（甲県知事免許）の唯一の専任の宅地建物取引士であるBが退職したとき、A社は2週間以内に新たな成年者である専任の宅地建物取引士を設置し、設置後30日以内にその旨を甲県知事に届け出なければならない。
H18年[問31.1]

4 宅地建物取引業者A（甲県知事免許）が乙県内に所在するマンション（100戸）を分譲する。Aが宅地建物取引業者Bに販売の代理を依頼し、Bが乙県内に案内所を設置する場合、Aは、その案内所に、法第50条第1項の規定に基づく標識を掲げなければならない。
H27年[問44.1]

5 宅地建物取引業者は、その事務所ごとに、その業務に関する帳簿を備え、宅地建物取引業に関し取引のあった月の翌月1日までに、一定の事項を記載しなければならない。
H25年[問41.3]

6 宅地建物取引業者は、その業務に関する帳簿を、一括して主たる事務所に備えれば、従たる事務所に備えておく必要はない。
H29年[問35.2]

7 宅地建物取引業者がその事務所ごとに備える従業者名簿には、従業者の氏名、生年月日、当該事務所の従業者となった年月日及び当該事務所の従業者でなくなった年月日を記載することで足りる。
H21年[問43.2]

8 宅地建物取引業者は、その業務に従事させる者に、従業者証明書を携帯させなければならないが、その者が非常勤の役員や単に一時的に事務の補助をする者である場合には携帯をさせなくてもよい。
H20年[問42.4]

60

大事にゃところが黄色ににゃってる！

解説

❶ 「Bが乙県内に案内所を設置」しているので、**設置したBに、専任の宅建士を置く義務、案内所等の届出（法第50条第2項の規定に基づく届出）を行う義務**があります。　　　　　　　　　　　　　　　　　　　　　　　　答え［✘］

❷ **事務所ならば、業務に従事する者5名につき1名以上（6名なら2名）**の割合で専任の宅建士を設置しなければなりません。しかし、一団の宅地建物の分譲の代理を行う**案内所なので、業務に従事する者の数にかかわらず、少なくとも1名の専任の宅建士を設置**すればよいことになります。　答え［✘］

❸ 専任の宅建士が法定数より不足した場合、**2週間以内に必要な措置**をとり、**30日以内に免許権者に届け出なければなりません**（⇨「変更の届出」p.10）。
答え［◯］

❹ **案内所に標識を掲示する義務**があるのは、売主Aではなく、**案内所を設置した宅建業者B**です。　　　　　　　　　　　　　　　　　　　　　答え［✘］

❺ **帳簿の記載は、宅建業に関して取引のあったつど行わなければなりません。**1か月分をまとめて、翌月1日までに記載するのでは遅すぎます。帳簿は、各事業年度末に閉鎖し、**閉鎖後5年間（当該宅建業者が自ら売主となる新築住宅に係るものにあっては、10年間）保存**しなければなりません。
答え［✘］

❻ **業務に関する帳簿は、事務所ごとに備える**必要があります。　答え［✘］

❼ 従業者名簿に記載すべき事項は、「**従業者の氏名・性別・生年月日**」「**従業者証明書番号**」「**主たる職務内容**」「**宅建士であるか否かの別**」「**当該事務所の従業者となった年月日**」「**当該事務所の従業者でなくなった年月日**」です。問題文の事項では足りません。　　　　　　　　　　　　　　　　　　答え［✘］

❽ **従業者証明書**は、アルバイトなど**一時的に事務の補助をする者**、非常勤の役員、**代表取締役（いわゆる社長）**にも携帯させなければなりません。
答え［✘］

09 業務に関する規制

- 誇大広告と違反した場合の処分について理解する。
- 広告の開始時期、契約の締結時期の制限を覚える。
- 業務に関する禁止事項を整理しておく。

1 誇大広告の禁止

誇大広告とは、以下の(1)〜(4)の事項について、著しく**事実に相違する**表示、実際のものよりも著しく優良・有利であると誤認させるような表示をいいます。

また、**事実を表示しないこと**で消極的に誤認させるような場合も、誇大広告に該当します。

> **出る！**
> 利用の制限には、都市計画法に基づく利用制限等の公法上の制限だけでなく、借地権の有無等の私法上の制限も含まれる。

誇大広告が禁止されている事項
(1) 物件の「所在」「規模(面積や間取り)」「**形質**(地目、構造、新築・中古の別)」
(2) 現在または将来の「**利用の制限**」「**環境**」「交通その他の利便」
(3) 代金または借賃等の対価の額や支払方法
(4) 代金または交換差金に関する金銭の貸借のあっせん

取引対象となり得ない物件、取引する意思のない物件、売買契約が成立した物件の広告は**おとり広告**、存在しない物件の広告は**虚偽広告**であり、誇大広告に該当します。誇大広告は**それ自体が禁止**されており、契約の成立や損害の有無にかかわらず、指示処分、業務停止処分などの**監督処分**（⇨p.62）の対象となるほか、**罰則**（6か月以下の懲役もしくは100万円以下の罰金または両者の併科）に処せられることもあります。

【交換差金】
交換する不動産の価値が同額でないとき、その差額を補うために当事者同士でやりとりされる金銭。

【おとり広告】
顧客を集めるために売る意思のない条件の良い物件を広告し、実際は他の物件を販売しようとすること。

2 広告開始時期の制限

　宅地の造成、建物の建築に関する**工事の完了前**においては、都市計画法の**開発許可**（⇨p.396）、建築基準法の**建築確認**（⇨p.466）など、**工事に必要な許可・確認を受けるまで**は、工事に係る宅地・建物の売買その他の業務に関する広告をすることは**できません**。

　免許の申請期間中は、宅建業を営む旨の表示をしたり、宅建業の広告をしたりすることが**できません**。

　また、**業務停止処分の期間中**に広告をすることは**できません**。業務停止期間の後に売買契約を締結するものであっても、規制を免れることはできません。

> **出る！**
>
> 開発許可や建築確認の申請中である旨を明示しても、広告できない。工事完了の検査済証の交付は、受けていなくても広告できる。

3 契約締結時期の制限

　宅地の造成、建物の建築に関する工事の完了前は、開発許可、建築確認など、**工事に必要な許可・確認を受けるまで**、**売買・交換の契約**をすることは**できません**。**自ら売主、買主**または**交換主となる契約**のほか、**代理**または**媒介**をする契約も**禁止**されています。

　貸借契約は契約締結時期の制限対象になっていないため、**許可・確認を受ける前でも**、**貸借契約の代理・媒介業務**を行うことはできます。

工事に必要な許可・確認前の広告と契約の制限

	広告	契約
売買・交換の場合	できない	できない
貸借の場合	できない	できる

4 取引態様の明示

宅建業者が宅地・建物の売買等の広告をするときは、**取引態様の別**を明示しなければなりません。

一団の宅地・建物の販売について、数回に分けて広告をするときも、**初回**だけでなく、**各回ごとの広告に取引態様の明示**が必要です。

また、**注文を受けた時**には、遅滞なく、**改めて口頭や文書で取引態様の明示**が必要です。また、注文したのが**宅建業者**であっても、**取引態様の明示**が必要です。

5 業務に関する諸規定

❶ 宅建業者の業務処理の原則
宅建業者は、取引の関係者に対して、**信義**を旨とし、**誠実**にその業務を行わなければなりません。また、その従業者に対し、業務を適正に実施させるため、必要な**教育**を行うよう努めなければなりません。

❷ 不当な履行遅延の禁止
宅建業者は、**登記、引渡し、取引に係る対価の支払**を不当に**遅延**してはなりません。

❸ 守秘義務
宅建業者（廃業等の後も含む）は、業務上で知り得た**秘密（個人情報等）**を正当な理由なく、他に漏らしてはなりません。

また、宅建業者の従業者（退職後も含む）も、**秘密を守る義務**を負っています。

【取引態様の別】
取引態様の種類のこと。
1. 自己が契約の当事者となる（自ら当事者）
2. 代理人として契約交渉等にあたる（代理）
3. 媒介して契約を成立させる（媒介）
の3種類がある。

出る！
自ら貸主・転貸主となる場合は、そもそも宅建業に該当しないので、取引態様を明示する義務はない。

出る！
自ら売主となる売買契約の成立後、媒介を依頼した他の宅建業者へ報酬を支払うことを拒む行為は、不当な履行遅延に該当しない。

> 秘密を漏らしてもよい「正当な理由」
> ① 依頼者本人の承諾がある場合
> ② 裁判の証人となったときなど、法律上秘密事項を告げる義務がある場合
> ③ 取引の相手方に真実（物件の不具合等）を告げなければならない場合

❹ **重要な事項に関する事実の告知義務**

宅建業者は、取引の相手方等に対して、次の事項について、故意に事実を告げなかったり、不実のこと（事実でないこと）を告げたりしてはなりません。

> 告知義務のある事項
> (1) 35条書面（重要事項説明書）の記載事項（⇨p.80）
> (2) 供託所等に関する説明事項（⇨p.88）
> (3) 37条書面（契約書面）の記載事項（⇨p.96）
> (4) その他、相手方の判断に重要な影響を及ぼすこととなる事項 ←宅建士でない従業者の告知でよい

出る！
違反者は罰則（懲役・罰金）の対象となる。また、法人も罰金刑を科されることがある。

物件の所在、規模、形質、利用制限、環境、交通等の利便、取引条件、取引関係者の資力や信用に関する事項

❺ **不当に高額な報酬を要求する行為の禁止**

宅建業者は、不当に高額な報酬を要求してはなりません。実際には高額な報酬を受け取らないことになったとしても、要求した時点で宅建業法に違反します。

❻ **手付貸与による契約誘引の禁止**

手付の貸付け、手付金に関する信用の供与によって、契約の締結を誘引する行為は禁止されています。

禁止行為に該当すれば、実際に契約を締結したか否かに関係なく、宅建業法に違反します。

手付に関する禁止行為と禁止されていない行為	
禁止行為（信用の供与）	禁止されていない行為
✗ 手付金の貸付け・立替え	○ 手付金の減額
✗ 手付金の分割払いの承認	○ 代金の減額
✗ 手付金の後払いの承認	○ 手付金の借入について金融機関をあっせんすること

❼ 勧誘にあたっての禁止事項

勧誘をする際に、相手方等に対し、次に掲げる行為をすることは禁じられています。

(1) 契約の締結を勧誘するに際し、相手方に利益が生ずることが確実であると誤解させるような**断定的判断**、取引物件の将来の環境・交通等の利便について誤解を生じるような**断定的判断を提供**すること。故意ではなく、**過失**によるものであっても**違反**となります。

(2) 正当な理由なく、当該契約を締結するかどうかを判断するために必要な時間を与えることを拒むこと。

(3) 宅建業者の**商号・名称**、当該勧誘を行う者の**氏名**、勧誘をする**目的を告げず**に、**勧誘**を行うこと。アンケート調査と偽って勧誘すること。

(4) 相手方等が契約する意思がないことを表示したにもかかわらず、**勧誘を継続**すること。別の従業者に指示して同じ相手方に勧誘を行うことも禁止。

(5) 相手方に**迷惑**を覚えさせるような時間に電話・訪問すること。

(6) **深夜**、長時間の勧誘、その他の私生活または業務の**平穏を害するような方法**により困惑させること。

出る！
「鉄道の新駅ができる」と説明したが、新駅設置計画は従業者の思い込みで、契約の締結には至らなかったという場合にも違反となる。

❽ 威迫行為の禁止

契約を締結させるために、また契約の解除や申込みの撤回を妨げるために、相手方を威迫することは禁止されています。

威迫行為は、指示処分、業務停止処分に該当し、情状が情状が特に重いときは免許取消処分の対象となります。

【威迫】
大声を出したり、面会を強要したり、拘束したりするなど、相手方に不安の念を抱かせる行為は、すべて威迫となる。

❾ 預り金の返還拒否の禁止

相手方等が契約の申込みの撤回を行うに際し、すでに受領した預り金を返還することを拒むことは禁止されています。預り金の一部を申込書の処分手数料、解約手数料、媒介報酬などの名目で受領したまま返還しないことも禁止されています。また、預り金をすでに売主や貸主に交付していることを理由に、返還を拒否することもできません。

❿ 手付放棄による解除を不当に妨害することの禁止

相手方等が手付を放棄して契約の解除（⇨p.108）を行うに際し、正当な理由なく、契約の解除を拒んだり、妨げたりすることは禁止されています。

なお、手付放棄による解除をすることができるのは、相手方が契約の履行に着手（売主からは売買物件の引渡し、所有権移転登記の完了など。買主からは手付以外の中間金の支払など）するまでの間に限られます。

過去問で集中講義 ✏

「業務に関する規制」に関する過去問題を集めてあります。○✕で答えましょう。

宅地建物取引業者Aの業務に関して、正しいものや宅建業法に違反しないものには○を、それ以外のものには×を付けましょう。

1 宅地又は建物に係る広告の表示項目の中に、取引物件に係る現在又は将来の利用の制限があるが、この制限には、都市計画法に基づく利用制限等の公法上の制限だけではなく、借地権の有無等の私法上の制限も含まれる。 H29年[問42.イ]

2 宅地の売買に関する広告をインターネットで行った場合において、当該宅地の売買契約成立後に継続して広告を掲載していたとしても、最初の広告掲載時点で当該宅地に関する売買契約が成立していなければ、法第32条に規定する誇大広告等の禁止に違反することはない。 H24年[問28.ウ]

3 実際のものよりも著しく優良又は有利であると人を誤認させるような広告でも、誤認による損害が実際に発生しなければ、監督処分の対象とならない。 H22年[問32.ウ]

4 販売する宅地又は建物の広告に著しく事実に相違する表示をした場合、監督処分の対象となるほか、6月以下の懲役又は100万円以下の罰金に処せられることがある。 H20年[問32.4]

5 A（甲県知事免許）は、甲県知事から業務の全部の停止を命じられ、その停止の期間中に未完成の土地付建物の販売に関する広告を行ったが、当該土地付建物の売買の契約は当該期間の経過後に締結した。 H28年[問32.4]

6 建築確認が必要とされる建物の建築に関する工事の完了前において、建築確認の申請中である場合は、建築確認を受けることを停止条件とする特約を付ければ、自ら売主として当該建物の売買契約を締結することができる。 H27年[問37.4]

7 複数の区画がある宅地の売買について、数回に分けて広告をするときは、最初に行う広告以外には取引態様の別を明示する必要はない。 H23年[問36.2]

8 建物の所有者と賃貸借契約を締結し、当該建物を転貸するための広告をする際は、当該広告に自らが契約の当事者となって貸借を成立させる旨を明示しなければ、法第34条に規定する取引態様の明示義務に違反する。 H24年[問28.ア]

> 大事にゃところが黄色ににゃってる！

解説

❶ 誇大広告の禁止の対象となる表示項目には、① 物件の「所在」「規模」「形質」、②現在または将来の**「利用の制限」「環境」「交通その他の利便」**、③代金または借賃等の対価の額や支払方法、④代金または交換差金に関する金銭の貸借のあっせん、があります。「利用の制限」には、**都市計画法・建築基準法・農地法**等による**公法上の制限**と、**借地権の有無等の私法上の制限**があります。　　　　　　　　　　　　　　　　　　　　　　答え［⭕］

❷ **インターネットによる広告**も、新聞の折込や配布用のチラシなど**紙媒体の広告やテレビ広告と同様に法規制の対象**となります。また、広告掲載時点では適法であっても、契約成立後に継続して広告を掲載することは、「取引対象となり得ない物件」を広告していたことになり、誇大広告の一種である**おとり広告に該当**します。　　　　　　　　　　　　　　答え［❌］

❸ **誇大広告はそれ自体が禁止**されているため、契約の成否や損害の有無にかかわらず、監督処分の対象となります。　　　　　　　答え［❌］

❹ **誇大広告は監督処分の対象**となり、**さらに罰則（6か月以下の懲役もしくは100万円以下の罰金または両者の併科）**を受けることもあります。
　　　　　　　　　　　　　　　　　　　　　　　　　　　　答え［⭕］

❺ **業務停止処分（宅建業に関する業務の全部の停止処分）の期間中に広告を行うことはできません**。売買契約を業務停止期間の後に締結するとしても、規制を免れることはできません。　　　　　　　　　　　答え［❌］

❻ 建築確認を要する建物については、**建築確認を受けない限り、工事の完了前に売買契約を締結することはできません。建築確認の申請中であったり、建築確認を受けることを停止条件としたとしても、規制を免れることはできません。**　　　　　　　　　　　　　　　　　　　　　　答え［❌］

❼ **取引態様の明示は、広告のたび**にしなければなりません。複数区画の広告を数回に分けて広告する場合でも、各回ごとに取引態様の明示が必要です。
　　　　　　　　　　　　　　　　　　　　　　　　　　　　答え［❌］

❽ **自ら貸主または転貸主となる場合は宅建業に当てはまりません**。従って、取引態様を明示する義務もありません。　　　　　　　　答え［❌］

➡次ページに続く

9 自ら売主となる宅地建物売買契約成立後、媒介を依頼した他の宅地建物取引業者へ報酬を支払うことを拒む行為は、不当な履行遅延（法第44条）に該当する。

H26年［問41.3］

10 個人情報の保護に関する法律第2条第3項に規定する個人情報取扱事業者に該当しない場合、業務上取り扱った個人情報について、正当な理由なく他に漏らしても、秘密を守る義務（法第45条）に違反しない。

H24年［問40.イ］

11 宅地の売買の媒介において、当該宅地の周辺環境について買主の判断に重要な影響を及ぼす事実があったため、買主を現地に案内した際に、宅地建物取引士でないA社の従業者が当該事実について説明した。

H20年［問38.1］

12 建物の売買の媒介に際して、売買契約の締結後、買主に対して不当に高額の報酬を要求したが、買主がこれを拒んだため、その要求を取り下げた。

H23年［問41.エ］

13 自ら売主として、宅地及び建物の売買の契約を締結するに際し、手付金について、当初提示した金額を減額することにより、買主に対し売買契約の締結を誘引し、その契約を締結させることは、法に違反しない。

H29年［問34.1］

14 宅地及び建物の売買の媒介を行うに際し、媒介報酬について、買主の要望を受けて分割受領に応じることにより、契約の締結を誘引する行為は、法に違反する。

H29年［問34.3］

15 自ら売主として、宅地の売却を行うに際し、買主が手付金100万円を用意していなかったため、後日支払うことを約して、手付金を100万円とする売買契約を締結した。

H20年［問38.4］

16 投資用マンションの販売に際し、電話で勧誘を行ったところ、勧誘の相手方から「購入の意思がないので二度と電話をかけないように」と言われたことから、電話での勧誘を諦め、当該相手方の自宅を訪問して勧誘した。

H30年［問40.エ］

17 分譲マンションの買主に対し「契約の申込み撤回とのことで、お預かりした申込証拠金10万円のうち、申込書の処分手数料としての5,000円はお返しできませんが、残金につきましては法令に従いお返しします」と発言した。

H27年［問41.エ.改］

解 説

⑨ 宅建業者は、**登記、引渡し、取引に係る対価（不動産の代金）の支払を不当に遅延してはなりません**。「媒介を依頼した他の宅地建物取引業者へ報酬を支払うことを拒む行為」は、不当な履行遅延の対象ではありません。

答え［✖］

⑩ 宅建業者（廃業等の後も含む）は、業務上取り扱ったことについて知り得た秘密（個人情報等）を正当な理由なく、他に漏らしてはなりません。**個人情報取扱事業者かどうかは無関係**です。 答え［✖］

⑪ 宅建業者は、**買主の判断に重要な影響を及ぼすことになる事項**に関して、事実を告げる義務があります。これは、宅建士でない従業者が告げてもかまいません。 答え［⟳］

⑫ 宅建業者は、不当に高額な報酬を要求してはいけません。実際には受け取らないことになっても、**要求した時点で宅建業法に違反**します。 答え［✖］

⑬ **手付金の貸付け・立替え、手付金の分割払いの承認、手付金の後払いの承認によって、契約の締結を誘引する行為は禁止**されていますが、**手付金の減額は認められています**。 答え［⟳］

⑭ **禁止されているのは、手付金の分割払いの承認（手付金の分割受領）**です。媒介報酬について分割受領に応じることは禁止されていません。 答え［✖］

⑮ **手付金を後日支払うという取決めは、信用供与による契約締結誘引行為に該当**するので、宅建業法に違反します。 答え［✖］

⑯ **相手方等が契約する意思がないことを表示したにもかかわらず、勧誘を継続することは禁止**されています。勧誘方法を電話から直接訪問に変更したとしても、勧誘を継続することは許されません。 答え［✖］

⑰ 相手方等が契約の申込みの撤回を行うにあたって、**すでに受領した預り金の返還を拒むことは宅建業法に違反**します。返還すべき申込証拠金（預り金）から申込書の処分手数料を差し引くことも認められていません。 答え［✖］

10 媒介契約の規制

- 一般媒介、専任媒介、専属専任媒介の違いを覚える。
- 自己発見取引ができないのは、専属専任媒介契約だけ。
- 専任媒介契約の有効期間は3か月以内である。

1 媒介と代理

媒介は、宅建業者が取引相手を探し、媒介依頼者と取引相手を仲介して売買・交換の契約をする機会を提供することです。宅建業者が依頼者に代わって契約を結ぶことはできません。一方、**代理**では、宅建業者が依頼者に代わって契約を結ぶことができます。

媒介契約に関する規定は、**宅建業者間の媒介契約にも適用**されます。また、**代理**の場合も、**媒介契約の規定が準用**されます。

> 媒介契約の規制は、宅建業者による建物または宅地の売買・交換についての規制。賃貸借の媒介を規制するものではない。媒介契約の規制に反する特約は、無効となる。

【準用】
ある事項に関する規定を、他の類似する事項に対して必要な修正を加えてあてはめること。

2 媒介契約の種類

媒介契約は、大きく**一般媒介契約**と**専任媒介契約**に分かれます。また専任媒介契約の中に、**専属専任媒介契約**があります。

❶ 一般媒介契約

一般媒介契約は、宅建業者Aに依頼した依頼者が、他の宅建業者Bに重ねて依頼できる契約です。

依頼者がAに対して、Bに依頼したことを明示する義務がある**明示型**の契約と、明示しなくてもよい**非明**

示型の契約があります。

また、依頼者はAを通さないで、依頼者自身が相手方を発見して契約する自己発見取引ができます。

❷ 専任媒介契約

専任媒介契約は、Aと契約した依頼者が、他の宅建業者Bに重ねて依頼できない契約です。

専任媒介契約では、自己発見取引ができます。

❸ 専属専任媒介契約

専属専任媒介契約は、専任媒介契約のうち、自己発見取引が禁じられたものをいいます。

3 専任媒介契約の規制

　専任媒介契約（専属専任媒介契約を含む）には、「有効期間」「業務報告」「指定流通機構」に関する規制があります。これらの規制は、一般媒介契約（明示型・非明示型）には適用されません。

❶ 契約の有効期間
　専任媒介契約の有効期間は、3か月以内に限定されています。3か月より長い契約を結んだとしても、3か月を超える部分の契約は無効になります。また、契約の自動更新はできません（自動更新の特約は依頼者が宅建業者でも無効）。更新には依頼者からの申出が必要で、更新後の期間も3か月以内です。

出る！
専任媒介契約を有効期間2か月で契約した場合も、更新時に有効期間を3か月に定めることができる。

❷ 依頼者への業務報告
　専任媒介契約では、業務の処理状況を次の頻度で依頼者に報告する義務があります。この報告は、口頭や電子メールでもOKです。
- 専任媒介契約…2週間（休業日含む）に1回以上
- 専属専任媒介契約…1週間（休業日含む）に1回以上

　これに加え、売買の申込みがあったときは、遅滞なく、その旨を依頼者に報告しなければなりません。これは一般媒介契約でも同様です。

出る！
規制に反する「依頼者に不利な特約」は無効。例えば「業務の処理状況を14日（休業日除く）に1回報告」という特約は無効。休業日を含んで14日に1回以上報告する義務がある。

❸ 指定流通機構への登録
　専任媒介契約では、国土交通省令で定める指定流通機構への登録が義務付けられています。登録は次の期間にしなければいけません。
- 専任媒介契約…契約日から7日以内（休業日除く）

【指定流通機構】
国土交通大臣の指定する不動産の流通情報システムで「レインズ」と呼ばれる。試験では「指定流通機構」と出題される。

- **専属専任媒介契約**…契約日から**5日以内（休業日除く）**

指定流通機構への登録事項は、次の通りです。

指定流通機構への登録事項

- 物件の所在、規模、形質
- 物件の売買すべき価額、交換契約の場合の評価額
- 都市計画法その他の法令に基づく制限で主要なもの
- 専属専任媒介契約である場合は、その旨

「依頼者の氏名」は、登録事項ではない。

登録をした宅建業者は、指定流通機構から発行される**登録を証する書面**を遅滞なく依頼者に**引き渡さなければなりません**。

また、物件について売買・交換契約が**成立**した場合には、遅滞なく「**登録番号**」「**取引価格**」「**契約成立年月日**」を**指定流通機構に通知**しなければなりません。

指定流通機構に通知するのは、
・番号
・価格
・年月日

媒介契約の種類と規制

	一般媒介契約	専任媒介契約	専属専任媒介契約
他業者への重ねての依頼	○	×	×
自己発見取引	○	○	×
契約の有効期間	規制なし	3か月以内	3か月以内
依頼者への業務報告	規制なし	2週間に1回以上	1週間に1回以上
指定流通機構への登録	登録義務なし（登録は可能）	7日以内（休業日除く）	5日以内（休業日除く）

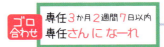

ゴロ合わせ　専任3か月2週間7日以内　専任さんになーれ

専属3か月1週間5日以内　専属さんいー子

Part 1　宅建業法

10　媒介契約の規制

4 媒介契約書の作成

宅建業者が、**売買・交換の媒介契約**を締結したときは、遅滞なく**媒介契約書**を作成し、**宅建業者が記名押印**して依頼者に交付しなければなりません。

出る！
賃貸借の媒介の場合は、書面の作成・交付の義務を負わない。

媒介契約書（法第34条の2第1項の規定に基づく書面）
- 賃貸借の媒介契約では、媒介契約書の作成・交付は不要
- 依頼者が宅建業者の場合でも、媒介契約書を交付する必要がある
- 記名押印は宅建業者による ←「宅建士」の記名押印は不要
- 媒介契約書の内容を宅建士に説明させる義務はない

---

5 媒介契約書の記載事項

一般媒介契約でも専任媒介契約でも、媒介契約書には、下記の事項を記載しなければなりません。

❶ **物件を特定するために必要な表示**
当該宅地を特定するために必要な表示または当該建物の所在、種類、構造その他当該建物を特定するために必要な表示です。

❷ **売買すべき価額または評価額**（評価額は交換の場合）
宅建業者が売買すべき価額・評価額について意見を述べるときは、依頼者の請求がなくともその**根拠**を明らかにする義務があります（書面でも口頭でもOK）。

❸ **媒介契約の種類**（一般媒介・専任媒介の別）
❹ **契約の有効期間・解除に関する事項** ◀
❺ **指定流通機構への登録に関する事項** ◀

出る！
一般媒介契約では、「有効期間」「指定流通機構への登録」の規制はないが、媒介契約書においては明示する必要がある。

❻ 報酬に関する事項
❼ 依頼者の契約違反に対する措置

依頼者の契約違反に対する措置	
明示型一般媒介契約	明示以外の業者の媒介で契約した場合の措置
専任媒介契約	他の業者の媒介で契約した場合の措置
専属専任媒介契約	宅建業者が探索した相手方以外と契約した場合の措置

❽ 標準媒介契約約款に基づくか否かの別
❾ 建物状況調査(インスペクション)

　既存住宅(いわゆる中古住宅)であるときは、**建物状況調査を実施する者**の**あっせん**に関する事項(あっせんをするかしないか)を記載します。

【標準媒介契約約款】
国土交通大臣の定める媒介契約のひな形。

【建物状況調査を実施する者】
建築士法第2条第1項に規定する建築士であって国土交通大臣が定める講習を修了した者。

建物状況調査(法第34条の2第1項第4号に規定する調査)

既存住宅について、建物の構造耐力上主要な部分または雨水の浸入を防止する部分の劣化・不具合の有無を調査すること。建物の仕上がりを調査してもらうときや、既存住宅売買瑕疵保険に加入するときなどに実施されている。宅建業者は、宅建業法に基づいて建物状況調査に関して次のことを行わなければならない。

- 媒介契約書に、建物状況調査を実施する者のあっせんに関する事項を記載
- 重要事項の説明時に、建物状況調査の実施の有無(過去1年以内)、実施されている場合は結果概要、建物の建築・維持保全の状況に関する書類の保存状況を説明(⇨p.83)
- 建物状況調査の結果などを売主・買主双方が確認した場合は、37条書面(契約書面)に、双方が確認した事項を記載(⇨p.99)

過去問で集中講義

「媒介契約の規制」に関する過去問題を集めてあります。○×で答えましょう。

1 宅地建物取引業者A（以下、A）が、B所有の宅地の売却について、媒介の依頼者B（以下、B）と専属専任媒介契約を締結した場合、Bは、Aが探索した相手方以外の者と売買契約を締結することができない。　　　　　　　　H17年[問36.ウ]

2 Aは、Bとの間で一般媒介契約（専任媒介契約でない媒介契約）を締結する際、Bから媒介契約の有効期間を6月とする旨の申出があったとしても、当該媒介契約において3月を超える有効期間を定めてはならない。　　　　　　H22年[問33.3]

3 Aが、Bと専任媒介契約を締結する際、業務の処理状況を14日（ただし、Aの休業日は含まない。）に1回報告するという特約は有効である。　　H21年[問32.3]

4 AがBとの間で専任媒介契約を締結し、Bから「売却を秘密にしておきたいので指定流通機構への登録をしないでほしい」旨の申出があった場合、Aは、そのことを理由に登録をしなかったとしても法に違反しない。　　H26年[問32.ア]

5 Aは、専任媒介契約の締結の日から7日（ただし、Aの休業日は含まない。）以内に所定の事項を指定流通機構に登録しなければならず、また、法第50条の6に規定する登録を証する書面を遅滞なくBに提示しなければならない。　H29年[問43.3]

6 Aは、宅地建物取引業者Bから宅地の売却についての依頼を受けた場合、媒介契約を締結したときは媒介契約の内容を記載した書面を交付しなければならないが、代理契約を締結したときは代理契約の内容を記載した書面を交付する必要はない。
　　　　　　　　　　　　　　　　　　　　　　　　　　　　　　　H28年[問41.1]

7 AがBと一般媒介契約を締結した場合、当該宅地の売買の媒介を担当するAの宅地建物取引士は、法第34条の2第1項に規定する書面に記名押印する必要はない。
　　　　　　　　　　　　　　　　　　　　　　　　　　　　　　　H28年[問27.3]

8 Aが甲住宅について、法第34条の2第1項第4号に規定する建物状況調査の制度概要を紹介し、Bが同調査を実施する者のあっせんを希望しなかった場合、Aは、同項の規定に基づき交付すべき書面に同調査を実施する者のあっせんに関する事項を記載する必要はない。　　　　　　　　　　　　　　　　　H30年[問33.1]

78

大事にゃところが黄色ににゃってる！

> **解説**

❶ 専任媒介契約は、依頼者の自己発見取引を認めていますが、専属専任媒介契約では、依頼者の自己発見取引を認めていません。　　　　答え [◯]

❷ 一般媒介契約には有効期間の制限がありませんから、有効期間を6か月とする契約をすることもできます。有効期間が3か月に制限されるのは専任媒介契約と専属専任媒介契約です。　　　　答え [✗]

❸ 専任媒介契約では2週間（休業日含む）に1回以上業務の処理状況を報告しなければなりません。これに反する特約は無効です。本問は「14日＋Aの休業日」なので、2週間を超えてしまいます。　　　　答え [✗]

❹ 専任媒介契約では、媒介契約の日から7日以内（休業日除く）に物件に関する所定事項を指定流通機構に登録しなければなりません。媒介契約の規制に反する特約は無効です。依頼者からの申出があっても、登録義務を免れることはできません。　　　　答え [✗]

❺ 専任媒介契約を締結した宅建業者は、契約日から7日以内（休業日は含まない。）に、所定事項を指定流通機構に登録し、登録を証する書面を遅滞なく依頼者に引き渡す必要があります。「提示」ではありません。　　　　答え [✗]

❻ 依頼者が宅建業者でも、媒介契約書を作成し、宅建業者が記名押印して依頼者に交付する必要があります。また、代理契約については、媒介契約に関する規定が準用されますから、契約の内容を記載した書面を交付する必要があります。　　　　答え [✗]

❼ 法第34条の2第1項に規定する書面（媒介契約書）を作成して記名押印するのは宅建業者（宅建士でなくてもよい）です。担当する宅建士が記名押印する必要はありません。　　　　答え [◯]

❽ 媒介契約書には、建物状況調査を実施する者のあっせんに関する事項を記載しなければなりません。依頼者が建物状況調査のあっせんを希望しなかった場合でも、記載を省略することはできません。「あっせん無」等を記載する必要があります。　　★記載事項を確認　　答え [✗]

11 重要事項の説明

- 重要事項の説明は、毎年2問程度出題される重要テーマ。
- 重要事項の説明は、宅建士が買主、借主に行う。
- 35条書面（重要事項説明書）の記載事項を暗記する。

1 重要事項の説明義務

宅建業者は、**契約締結前に35条書面**（重要事項説明書）**を作成・交付する義務**があります。

出る！
35条書面に記名押印する宅建士と説明する宅建士は異なってもよい。専任の宅建士である必要はない。

重要事項の説明 ←宅建業法の第35条に規定されている

説明義務者	取引に関わるすべての宅建業者（代理・媒介を含む）
説明時期	契約が成立するまで
説明する相手	・**買主、借主** ←売主、貸主には重要事項の説明不要 ・交換の場合には双方の当事者
35条書面 （重要事項説明書）	・宅建業者が、35条書面を作成・交付する ・宅建士が、35条書面に記名押印する ←専任でなくてよい
説明方法	・宅建士が口頭で説明 ←相手方が宅建業者のとき、口頭の説明は不要だが、35条書面の交付は省略できない ・宅建士は重要事項の説明をする際、相手方の請求がなくても、宅建士証を提示しなければならない ・賃貸契約に限り、テレビ会議等のITを活用した説明も〇K
交付・説明場所	事務所以外の場所でもOK（喫茶店、買主の自宅・勤務先など）
複数の宅建業者が関与する場合 （売主と買主を別の宅建業者が媒介するなど）	・すべての宅建業者の宅建士が、35条書面に記名押印しなければならない ・35条書面の作成・交付は、いずれかの宅建業者が代表で行ってかまわない。また、口頭での説明も、いずれかの宅建業者の宅建士が代表で行ってかまわない

80

2 35条書面の記載事項

35条書面に記載すべき事項は、以下の4つに分類できます。

1	取引物件に関する事項
2	取引条件に関する事項
3	区分所有建物に関する追加事項
4	貸借に関する追加事項

宅建試験では、個々の記載事項について、宅地と建物の違い、売買と貸借の違い、37条書面（⇨p.96）との違いなどが出題されます。

1 取引物件に関する事項

❶ 登記された権利の種類・内容

契約しようとする物件に、**抵当権**など他人の権利が登記されているかいないかは、契約の重要な判断材料です。そこで、登記された権利の種類及び内容と、登記名義人または登記簿の表題部に記録された**所有者**の氏名（法人は名称）を説明します。

売主・貸主から告げられていない権利であっても、物件引渡しまでに抹消される予定の権利であっても、登記されている権利についてすべて説明義務があります。

❷ 法令に基づく制限

都市計画法、建築基準法等による制限の概要を説明します。**建築に関わる制限**（容積率及び建蔽率に関する制限、準防火地域内の建築物の制限など）の説明も必要ですが、これは**建物の貸借の場合には不要**です。

【登記された権利】
所有権、抵当権、賃借権などが登記されている場合は、説明が必要。

【都市計画法】
都市の健全な発展等を目的とする法律。第一種低層住居専用地域、防火地域等による制限などを説明する必要がある（⇨p.368）。

【建築基準法】
建築物の安全性の確保等を目的として、建築物の敷地、構造、設備及び用途に関する最低の基準を定めている法律。容積率、建蔽率、道路斜線制限などを説明する必要がある（⇨p.418）。

歴史的風致形成建造物であるときの増改築等の届出、流通業務市街地整備法に規定する**流通業務地区**にあるときは、その制限の概要等を説明します。

❸ 私道に関する負担 ←建物の貸借では不要

　土地の一部が私道となっている場合、その私道敷地部分のことを**私道負担**といいます。私道負担の有無、私道の面積、通行使用料等の負担金等、**私道に関する負担**を説明します。

❹ 供給施設、排水施設の整備状況

　飲用水・電気・ガス等の供給施設の整備状況、排水施設の整備状況の説明をします。未整備の場合には、**整備の見通し**や整備に関する負担金の説明が必要です。

　ガス配管設備等に関しては、住宅の売買後に配管設備等の所有権が家庭用プロパンガス販売業者に属する場合には、その旨の説明が必要です。

❺ 工事完了時の形状・構造

　造成工事完了前の**宅地**では、**工事完了時の形状・構造、宅地に接する道路の構造・幅員**を説明します。

　建築工事完了前の**建物**では、**工事完了時の形状、構造、主要構造部、内装及び外装の構造・仕上げ、設備の設置・構造**について説明します。

　必要に応じて**図面**を交付して説明をします。

❻ 造成宅地防災区域内

　造成宅地防災区域内にあるときは、その旨を説明します。

❼ 土砂災害警戒区域内

土砂災害警戒区域内にあるときは、その旨を説明します。

❽ 津波災害警戒区域内

津波災害警戒区域内にあるときは、その旨を説明します。

❾ 石綿の使用の調査結果

石綿（アスベスト）の使用の調査結果が記録されているときは、その内容を説明します。調査結果の記録がない場合、調査する義務はありません。

❿ 耐震診断

昭和56年5月31日以前に着工した建物について、耐震診断を受けたものであるときは、その内容を説明します。耐震診断を受けていない場合、売主・貸主が耐震診断を行う義務はありません。

⓫ 住宅性能評価 ←貸借では不要

住宅性能評価を受けた新築住宅であるときは、その旨を説明します。

⓬ 既存住宅の場合

（1）建物状況調査

過去1年以内に建物状況調査を実施しているかどうか、実施している場合はその結果の概要を説明します。

（2）書類の保存の状況 ←貸借では不要

設計図書、点検記録など住宅の建築や維持保全の状況に関する書類の保存状況を説明します。◀

出る！

津波災害警戒区域内にある旨は、すべての取引態様で重要事項である。

【耐震診断】
昭和56年6月、建築基準法の改正により新たに示された耐震診断の基準は「新耐震」、それ以前のものは「旧耐震」と呼ばれる。昭和56年6月1日以降は「新耐震」で建てられているので、説明不要。

【建物状況調査】
構造耐力上の安全性や雨漏り・水漏れ等の観点から建物の状態を確認すること（⇨p.77）。調査を受けていない場合に、宅建業者が調査する義務はない。

【設計図書】
施工するために必要な図面その他の書類の総称。

書類の記載内容について説明する必要はない。

Part **1** 宅建業法

11 重要事項の説明

83

2 取引条件に関する事項

❶ 代金・交換差金・借賃以外の金銭
　代金・交換差金・借賃以外に授受される金銭の額・授受の目的を説明します。
　「代金・交換差金・借賃以外に授受される金銭」とは、手付金、権利金、敷金、保証金、礼金等のことです。
※代金・交換差金・借賃の額は説明不要です。←37条書面では必要的記載事項

❷ 契約の解除に関する事項
　手付解除や債務不履行による契約解除の要件や方法など、契約の解除に関する事項について説明します。

❸ 損害賠償額の予定・違約金に関する事項
　損害賠償額の予定・違約金に関する事項について説明します。

❹ 手付金等の保全措置の概要　←貸借では不要
　宅建業者が自ら売主となる場合、手付金等を返せるような措置を講じておく必要があります（⇨ p.109）。その場合の手付金等の保全措置の概要を説明します。

❺ 支払金・預り金の保全措置の概要
　宅建業者が受領する支払金・預り金の保全措置を講じるかどうか、及び措置を講じる場合の措置の概要を説明します。50万円未満の場合は、支払金・預り金に該当しないので、説明不要です。

❻ 金銭の貸借のあっせん　←貸借では不要
　代金・交換差金に関する金銭の貸借のあっせんの内

容、それが成立しないときの措置を説明します。

例えば、宅建業者が買主に銀行の住宅ローンをあっせんする場合、その融資条件とローンが成立しないときの措置を説明しなければなりません。

❼ 担保責任の履行確保措置の有無・概要 民法改正 ←貸借では不要

宅地・建物の**契約不適合**を担保すべき責任（担保責任）の履行に関して、**保証保険契約の締結その他の措置を講ずるかどうか、及びその措置を講ずる場合におけるその措置の概要**を説明します。

【担保責任】
宅地・建物が種類・品質に関して契約内容に適合しない場合に、売主がその契約不適合を担保するために負う責任。詳細は「売買」（⇨p.212）。

❽ 割賦販売に関する事項 ←貸借では不要

割賦販売の場合には、**分割での販売価格、一括で支払う場合の現金販売価格**、賦払金の額等を説明します。

【割賦販売】
金融機関と住宅ローンを組まずに、売買代金を分割して一定の期間内に買主から売主に定期的に支払う販売方法。分割支払する際の各回の支払額を「賦払金」という。

3 区分所有建物に関する追加事項

マンションなど、区分所有建物（⇨p.346）の売買・交換の場合は、❶～❾の事項を追加します。貸借の場合は、❸と❽だけ追加すればよいことになっています。

❶ 敷地に関する権利の種類・内容

敷地に関する権利の種類・内容を説明します。例えば、所有権か借地権か、敷地面積はどれだけかなどを説明します。

【敷地に関する権利】
敷地の面積、権利の種類（所有権、借地権等）、権利が共有の場合の持分割合（⇨p.340）を説明する必要がある。

❷ 共用部分

共用部分に関する規約（その案を含む）があるときは、その内容を説明します。

【共用部分】
区分所有者が共同で利用する部分（⇨p.346）。

85

❸ 専有部分の用途・利用制限 ←貸借の場合にも説明

専有部分の用途その他の利用の制限に関する規約の定め（その案を含む）があるときは、その内容を説明します。

> 「ペット飼育禁止」「ピアノ使用禁止」などの利用制限。

❹ 専用使用権

1棟の建物またはその敷地の一部の**専用使用権に関する規約**（その案を含む）があるときは、その内容を説明します。**使用者の氏名・住所は説明不要**です。

> 【専有部分】
> マンションの各室など、個別の所有権の目的とされる建物の部分。

> 専用庭や専用駐車場の使用権。

❺ 特定の者への費用の減免

建物の所有者が負担しなければならない費用（修繕積立金、通常の管理費用など）を**特定の者にのみ減免**する旨の規約の定め（その案を含む）があるときは、その内容を説明します。

❻ 修繕積立金

計画的な維持修繕のための費用の積立てを行う旨の規約の定め（その案を含む）があるときは、その内容を説明します。また、すでに**積み立てられている額・滞納額**があるときは、その額を説明します。

❼ 管理費用の額

建物の所有者が負担することになる通常の管理費用の額、また、滞納があるときはその額を説明します。

❽ 管理の委託先 ←貸借の場合にも説明

管理が委託されているときは、**委託先の氏名と住所**（法人にあっては、**商号または名称・主たる事務所の所在地**）を説明します。**委託業務の内容は説明不要**です。

86

❾ 維持修繕の実施状況

1棟の建物の<u>維持修繕の実施状況</u>が記録されているときは、その内容を説明します。

> 出る！
> 管理組合の総会の議決権に関する事項は、重要事項ではない。

4　貸借に関する追加事項

貸借契約の場合には、以下の事項を追加します。

❶ 設備の整備状況　←建物の場合のみ説明

<u>台所、浴室、便所その他の建物の設備の整備状況</u>を説明します。<u>事業用建物の場合も説明が必要</u>です。

❷ 契約期間・契約更新

<u>契約期間や契約の更新に関する事項</u>を説明します。

❸ 更新のない賃貸借契約

<u>定期借地権・定期建物賃貸借・終身建物賃貸借</u>といった、更新がない賃貸借契約をしようとするときは、<u>その旨</u>を説明します。

❹ 用途や利用の制限

宅地・建物の用途その他の利用の制限に関する事項を説明します。例えば、事業用としての利用の禁止等の制限、ペット飼育の禁止、ピアノ使用の禁止などの利用の制限です。

❺ 敷金など金銭の精算

<u>敷金の精算など、契約終了時に精算することとされている金銭の精算に関する事項</u>を説明します。

【定期借地権】
当初定められた契約期間で終了し、更新できない借地権（⇨p.301）。

【定期建物賃貸借】
当初定められた契約期間で終了し、更新できない建物賃貸借（⇨p.309）。

【終身建物賃貸借】
高齢者が死亡するまで居住することができ、死亡時に契約が終了する相続のない建物賃貸借。

❻ 管理の委託先

宅地・建物の管理が委託されているときは、**委託先の氏名と住所**（法人にあっては、**商号または名称・主たる事務所の所在地**）を説明します。

❼ 宅地上の建物の取壊し　←宅地の場合のみ説明

契約終了時における宅地上の建物の取壊しに関する事項を定めようとするときは、その内容を説明します。

3 供託所等に関する説明

宅建業者は相手方に対して、営業保証金を供託した供託所、またはどこの保証協会の社員であるのかなどに関する一定事項について説明する必要があります。

供託所等に関する説明

説明義務者	宅建業者
説明時期	**契約が成立するまで**
説明する相手	• 相手方（売主、買主、交換の両当事者、貸主、借主） 　←35条書面の説明と異なり、売主、貸主にも説明が必要 • **相手方が宅建業者の場合は説明不要**
説明方法[*]	宅建業者が説明　←宅建士でなくてもよい。書面交付の義務を負わないので、口頭の説明でもよい
説明事項	• 営業保証金を供託（⇨p.36）…営業保証金を供託している**主たる事務所の最寄りの供託所**、その**供託所の所在地**を説明　←「営業保証金の額」は説明不要 • 保証協会の社員（⇨p.44）…**保証協会の社員である旨**、保証協会の名称・住所・事務所の所在地、弁済業務保証金を供託している供託所、その供託所の所在地を説明

＊通常、35条書面に供託所等に関する説明を記載し、宅建士が重要事項の説明と一緒に行う。

35条書面の記載事項を暗記しよう

1 取引物件に関する事項

説明事項 \ 契約内容の別	売買 宅地	売買 建物	貸借 宅地	貸借 建物
❶ 登記された権利の種類・内容	○	○	○	○
❷ 法令に基づく制限※	○	○	○	○
❸ 私道に関する負担	○	○	○	×
❹ 供給施設、排水施設の整備状況	○	○	○	○
❺ 工事完了時の形状・構造	○	○	○	○
❻ 造成宅地防災区域内 にあるときは、その旨	○	○	○	○
❼ 土砂災害警戒区域内 にあるときは、その旨	○	○	○	○
❽ 津波災害警戒区域内 にあるときは、その旨	○	○	○	○
❾ 石綿の使用の調査結果 が記録されているときは、その内容		○		○
❿ 耐震診断 を受けたものであるときは、その内容		○		○
⓫ 住宅性能評価 を受けた新築住宅であるときは、その旨		○		×
⓬ 既存住宅の場合 (1) 建物状況調査		○		○
⓬ 既存住宅の場合 (2) 書類の保存の状況		○		×

※都市計画法、建築基準法等による制限の概要を説明する。建築に関わる制限（容積率及び建蔽率に関する制限、準防火地域内の建築物の制限等）の説明も必要だが、これは建物の貸借の場合には不要

35条書面の記載事項を暗記しよう

2 取引条件に関する事項

契約内容の別 説明事項	売買 宅地	売買 建物	貸借 宅地	貸借 建物
❶ 代金・交換差金・借賃以外の金銭	〇	〇	〇	〇
❷ 契約の解除に関する事項	〇	〇	〇	〇
❸ 損害賠償額の予定・違約金に関する事項	〇	〇	〇	〇
❹ 手付金等の保全措置の概要	〇	〇	✗	✗
❺ 支払金・預り金の保全措置の概要	〇	〇	〇	〇
❻ 金銭の貸借のあっせん	〇	〇	✗	✗
❼ 担保責任の履行確保措置の有無・概要	〇	〇	✗	✗
❽ 割賦販売	〇	〇	✗	✗

35条書面の記載事項を暗記しよう

3 区分所有建物に関する追加事項

説明事項 / 契約内容の別	区分所有建物 売買	区分所有建物 貸借
❶ 敷地に関する権利の種類・内容	○	✗
❷ 共用部分に関する規約（案）があるときは、その内容	○	✗
❸ 専有部分の用途・利用制限に関する規約（案）があるときは、その内容	○	○
❹ 専用使用権に関する規約（案）があるときは、その内容	○	✗
❺ 特定の者への費用の減免に関する規約（案）があるときは、その内容	○	✗
❻ 修繕積立金に関する規約（案）があるときは、その内容・積立額・滞納額	○	✗
❼ 管理費用の額 また、滞納があるときはその額	○	✗
❽ 管理の委託先 があるときは、その委託先	○	○
❾ 維持修繕の実施状況 が記録されているときは、その内容	○	✗

4 貸借に関する追加事項

説明事項 / 契約内容の別	貸借 宅地	貸借 建物
❶ 設備の整備状況		○
❷ 契約期間・契約更新	○	○
❸ 更新のない賃貸借契約 をしようとするときは、その旨	○	○
❹ 用途や利用の制限	○	○
❺ 敷金など金銭の精算	○	○
❻ 管理の委託先 があるときは、その委託先	○	○
❼ 宅地上の建物の取壊しに関する事項を定めようとするときは、その内容	○	

過去問で集中講義 ✏

「重要事項の説明」に関する過去問題を集めてあります。○×で答えましょう。

以下、特に断りのない限り、買主・借主は宅地建物取引業者ではないものとする。

1 宅地建物取引業者でない売主と宅地建物取引業者である買主が、媒介業者を介さず宅地の売買契約を締結する場合、法第35条の規定に基づく重要事項の説明義務を負うのは買主の宅地建物取引業者である。 H25年[問29.1]

2 宅地建物取引士は、重要事項の説明をする際に、相手方から求められない場合は、宅地建物取引士証を提示しなくてもよい。 H28年[問30.2]

3 宅地建物取引士は、宅地建物取引士証の有効期間が満了している場合、35条書面に記名押印することはできるが、取引の相手方に対し説明はできない。 H26年[問35.3]

4 宅地建物取引業者は、宅地又は建物の売買について売主となる場合、買主が宅地建物取引業者であっても、重要事項説明は行わなければならないが、35条書面の交付は省略してよい。 H25年[問30.1]

5 宅地建物取引業者は、買主の自宅で35条書面を交付して説明を行うことができる。 H26年[問35.1]

6 宅地建物取引業者は、抵当権に基づく差押えの登記がされている建物の賃貸借を媒介するに当たり、貸主から当該建物の差押えを告げられなかった場合は、法第35条に基づき借主に対して当該建物の上に存する登記の内容を説明する義務はない。 H15年[問37.4]

7 建物の売買の媒介において、登記された権利の種類及び内容については説明したが、移転登記の申請の時期については説明しなかった。 H22年[問36.4]

8 建物の売買の媒介の場合は、建築基準法に規定する建蔽率及び容積率に関する制限があるときはその概要を説明しなければならないが、建物の貸借の媒介の場合は説明する必要はない。 H22年[問35.1]

9 宅地の貸借の媒介の場合、当該宅地が都市計画法の第一種低層住居専用地域内にあり、建築基準法第56条第1項第1号に基づく道路斜線制限があるときに、その概要を説明しなかった。 H27年[問31.ア]

→ 斜線制限について復習

大事にゃところが黄色ににゃってる！

> 解説

❶ 重要事項の説明は、**宅建業者が買主、借主に対して行うもの**です。**売主、貸主に対しては説明不要**です。**買主である宅建業者は、売主への説明義務はありません**。宅建業者が介在していない取引では、説明義務を負う者は存在しません。　　　　　　　　　　　　　　　　　　　　　　答え [✗]

❷ 宅建士が**重要事項の説明をする際は、相手方の請求がなかったとしても、宅建士証を提示**しなければなりません。　　　　　　　　　　　答え [✗]

❸ **35条書面への記名押印と重要事項の説明は、宅建士の事務**です。宅建士証の有効期間が満了している者は宅建士ではありませんから、宅建士の事務はできません。　　　　　　　　　　　　　　　　　　　　答え [✗]

❹ **契約相手が宅建業者のとき、重要事項の説明は省略してよいのですが、35条書面の交付は行わなければなりません**。本問は「行わなければならない」と「省略してよい」が逆です。　　　　　　　　　　　　　　答え [✗]

❺ **35条書面の交付や説明は、どこで行ってもかまいません**。なお、本問では、宅建士ではなく「宅地建物取引業者が交付して説明」となっていますが、35条書面を作成・交付して、宅建士にその説明をさせる義務を負うのは宅建業者ですので、間違いではありません。　　　　　　　　　　答え [○]

❻ **登記された権利の種類（地上権、地役権、先取特権、抵当権、賃借権、仮登記された権利、買戻権等**）、内容、登記名義人、登記簿の表題部に記録された所有者の氏名（法人は名称）が説明すべき重要事項なので、**抵当権に基づく差押えの登記は説明**しなければなりません。貸主から差押えについて告げられなかった場合も、この義務は免除されません。　　　　答え [✗]

❼ 建物の売買では、登記された権利の種類や内容について説明しなければなりませんが、重要事項説明の時点では、通常、移転登記の申請の時期を決定することはできません。**移転登記の申請の時期を説明する必要はありません**。　　　　　　　　　　　　　　　　　　　　　　　　　　答え [○]

❽ **建物の貸借の場合は、建築に関わる制限（容積率及び建蔽率に関する制限、準防火地域内の建築物の制限など）の説明は不要**です。　　答え [○]

❾ 第一種低層住居専用地域内での**道路斜線制限**は、**宅地の貸借の媒介契約においても説明すべき重要事項**です。　　　　　　　　　　答え [✗]

10 宅地の売買の媒介の場合は、私道に関する負担について説明しなければならないが、建物の貸借の媒介の場合は説明する必要はない。　H22年[問35.4]

11 建物の売買の媒介を行う場合、飲用水、電気及びガスの供給並びに排水のための施設が整備されていないときは、その整備の見通し及びその整備についての特別の負担に関する事項を説明しなければならない。　H24年[問30.2]

12 建物の貸借の媒介を行う場合、当該建物が建築工事の完了前であるときは、必要に応じ当該建物に係る図面を交付した上で、当該建築工事の完了時における当該建物の主要構造部、内装及び外装の構造又は仕上げ並びに設備の設置及び構造について説明しなければならない。　H28年[問36.エ]

13 昭和60年10月1日に新築の工事に着手し、完成した建物の売買の媒介を行う場合、当該建物が指定確認検査機関による耐震診断を受けたものであっても、その内容は説明する必要はない。　H23年[問32.2]

14 既存住宅の貸借の媒介を行う場合、法第34条の2第1項第4号に規定する建物状況調査を実施しているかどうか、及びこれを実施している場合におけるその結果の概要を説明しなければならない。　H30年[問39.2]

15 区分所有権の目的である建物の貸借の媒介を行う場合、その専有部分の用途その他の利用制限に関する規約の定めがあるときはその内容を説明する必要があるが、1棟の建物又はその敷地の専用使用権に関する規約の定めについては説明する必要がない。　H26年[問34.4]

16 中古マンションの売買の媒介において、当該マンションに係る維持修繕積立金については説明したが、管理組合が保管している維持修繕の実施状況についての記録の内容については説明しなかった。　H22年[問36.1]

17 建物の貸借の媒介を行う場合、当該貸借に係る契約の終了時において精算することとされている敷金の精算に関する事項について、説明しなければならない。　H21年[問33.4]

18 営業保証金を供託している宅地建物取引業者が、売主として、宅地建物取引業者との間で宅地の売買契約を締結しようとする場合、営業保証金を供託した供託所及びその所在地について、買主に対し説明をしなければならない。　H30年[問28.ウ]

解 説

⑩ **私道に関する負担**は、建物の借主が直接制限を受けるものではないので、**建物の貸借契約では説明事項から除かれています**。建物の貸借以外の場合には、説明しなければなりません。 答え[○]

⑪ **飲用水・電気・ガスの供給施設及び排水施設の整備状況**は、説明すべき重要事項です。 答え[○]

⑫ 建築工事完了前の建物では、必要に応じて図面を交付した上で、**工事完了時の形状、構造、主要構造部、内装及び外装の構造・仕上げ、設備の設置・構造について説明**します。 答え[○]

⑬ **昭和56年5月31日以前に着工された建物**では、**耐震診断を受けたものであるときに、その内容について説明しなければなりません**。本問の建物は昭和60年10月1日着工ですので、耐震診断を受けたものであったとしても、その内容を説明する必要はありません。 答え[○]

⑭ **過去1年以内に建物状況調査を実施しているかどうか、そして実施している場合はその結果の概要は、既存住宅の売買または貸借における説明すべき重要事項**です。 答え[○]

⑮ **区分所有建物の専有部分の用途その他の利用の制限に関する規約の定め（その案を含む）がある場合の内容は、売買でも貸借でも重要事項**です。一方、**専用使用権に関する規約の定めがある場合の内容は、売買では説明が必要ですが、貸借では説明の必要はありません**。 答え[○]

⑯ マンションなど、区分所有建物の売買契約では、**修繕積立金**の規約の定め（その案を含む）があるときは、その内容及びすでに**積み立てられている額（滞納があるときはその額）、維持修繕の実施状況**は重要説明事項となっています。なお、貸借契約では説明する必要はありません。 答え[✗]

⑰ 建物の貸借の媒介の場合、宅建業者は、**借主に契約終了時の敷金の精算について、説明が必要**です。 答え[○]

⑱ 宅建業者は、取引の相手方に対して、**契約が成立するまでの間に、供託所等に関する説明**をするようにしなければなりません。ただし、**相手方が宅建業者の場合は説明不要**です。 答え[✗]

12 37条書面（契約書面）

- 37条書面（契約書面）と35条書面（重要事項説明書）を対比する問題が頻出。違いを明確にしておく。
- 必要的記載事項と任意的記載事項を区別して覚える。

1 37条書面の交付

❶ 37条書面の交付

宅建業者は契約の当事者に対して、**37条書面（契約書面）** を作成・交付する義務があります。

出る！
37条書面も35条書面も、電磁的記録（コンピュータのデータ）では代用できない。

37条書面（契約書面） ←宅建業法の第37条に規定されている

交付義務者	取引に関わるすべての宅建業者
交付時期	契約が成立した後、遅滞なく交付
交付する相手 （説明は不要）	・契約当事者（売主、買主、貸主、借主）←35条書面と異なり、売主、貸主にも交付。宅建士証の提示は不要 ・交換の場合には双方の当事者
作成・交付	・宅建業者が37条書面を作成・交付する ・作成者、交付者は、宅建士でない従業員でもよい
記名押印	・宅建士が記名押印する ・専任の宅建士でなくてもよい ・35条書面に記名押印した宅建士と違う宅建士でもよい
複数の宅建業者が関与する場合 （売主と買主を別の宅建業者が媒介するなど）	・すべての宅建業者の宅建士が、37条書面に記名押印しなければならない ・37条書面の作成・交付は、いずれかの宅建業者が代表で行ってもよい ・書面の内容については、すべての宅建業者が責任を負う

❷ 37条書面の交付義務者

　37条書面を作成・交付する義務を負うのは、取引に関わるすべての宅建業者です。**相手方が宅建業者以外**でも**宅建業者**でも、相手方から**不要**という**承諾**があっても、**37条書面の作成・交付は省略できません**。

(1) 宅建業者が当事者

　宅建業者は、**自ら当事者**として宅地・建物の**売買・交換**の**契約を締結**したときに、**それぞれ相手方に37条書面を交付**する義務を負います。

> 出る！
> 「自ら貸主」となる宅建業者には、宅建業法が適用されないため、37条書面の交付義務はない。

> 業者間取引でも、業者間取引でなくても、宅建業者であれば、交付義務を負う。

(2) 宅建業者が代理・媒介

　宅建業者が**代理・媒介**をして宅地・建物の**売買・交換、貸借の契約**をしたとき、宅建業者は、**契約当事者すべてに37条書面を交付**する義務を負います。

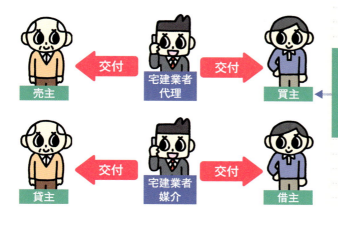

> 売主と買主をそれぞれ別の宅建業者が代理・媒介するときは、双方の宅建業者が交付義務を負う。

2 37条書面の記載事項

37条書面の記載事項は、**必要的記載事項**（必ず記載しなければならない事項）と**任意的記載事項**（定めがあるときに限り、記載しなければならない事項）に分かれています。

1 必要的記載事項（必ず記載）

❶ 当事者の氏名・住所 ←35条書面では不要

当事者の氏名（法人にあっては、その**名称**）及び**住所**は、必ず記載します。

出る！
保証人の氏名・住所は、37条書面に記載する必要はない。

❷ 宅地・建物を特定するために必要な表示 ←35条書面では不要

宅地の所在、地番その他その宅地を特定するために必要な表示または建物の所在、種類、構造その他その建物を特定するために必要な表示を必ず記載します。

書面で交付する際、工事完了前の建物では、重要事項の説明のときに使用した図書を交付することにより行うものとされています。

❸ 代金・交換差金・借賃の額 ←35条書面では不要

代金・交換差金・借賃の額（及び消費税等相当額）・支払時期・支払方法は、必ず記載します。

❹ 引渡しの時期 ←35条書面では不要

宅地・建物の引渡しの時期は、必ず記載します。

❺ 移転登記の申請の時期 ←貸借では不要・35条書面では不要

移転登記の申請の時期は、必ず記載します。

❻ 当事者が確認した事項（建物状況調査） ←貸借では不要

　建物が既存住宅であるときは、**建物の構造耐力上主要な部分等の状況**について当事者の双方が確認した事項（建物状況調査の調査結果の概要など）を必ず記載します。当事者の双方が確認した事項が無い場合は、「無い」旨を記載します。

2　任意的記載事項（定めがあるときに限り、記載）

❶ 代金・交換差金・借賃以外の金銭

　代金・交換差金・借賃以外の金銭の授受に関する定めがあるときは、**その額（及び消費税等相当額）・授受の目的・授受の時期**を記載します。

※35条書面では、代金・交換差金・借賃以外の金銭の額と授受の目的は必要。授受の時期は不要です。

❷ 契約の解除

　契約の解除に関する定めがあるときは、その内容を記載します。

❸ 損害賠償額の予定・違約金

　損害賠償額の予定または違約金に関する定めがあるときは、その内容を記載します。

❹ 金銭の貸借のあっせん ←貸借では不要

　代金または交換差金についての金銭の貸借（ローン）のあっせんに関する定めがあるときは、あっせんに係る**金銭の貸借が成立しないときの措置**（契約解除ができる期限等）を記載します。

❺ **天災その他不可抗力による損害の負担** ←35条書面では不要

　天災その他不可抗力による損害の負担に関する定めがあるときは、その内容を記載します。

❻ **担保責任の内容** 民法改正 ←貸借では不要・35条書面では不要

　宅地・建物の**契約不適合を担保すべき責任（担保責任）に関する定め**があるときは、その内容を記載します。

❼ **担保責任の履行措置** 民法改正 ←貸借では不要

　担保責任の履行に関して講ずべき保証保険契約の締結その他の措置についての定めがあるときは、その内容を記載します。

❽ **租税その他の公課の負担** ←貸借では不要・35条書面では不要

　宅地・建物に係る租税その他の公課の負担に関する定めがあるときは、その内容を記載します。

> 固定資産税に関する定めなど。

35条書面と37条書面の比較

	35条書面	37条書面
目的	契約前の判断材料	契約後のトラブル防止
相手方	買主・借主・交換の両当事者	契約の両当事者
説明	宅建士が宅建士証を提示して口頭で説明。相手方が宅建業者のとき、説明不要。	説明不要
記名押印	記名押印する宅建士は、35条書面と37条書面で異なってもよい	

覚えておこう

37条書面の記載事項を暗記しよう

1 必要的記載事項（必ず記載）

		売買・交換	貸借	35条書面
❶	当事者の氏名・住所	○	○	✗
❷	宅地・建物を特定するために必要な表示	○	○	✗
❸	代金・交換差金・借賃の額	○	○	✗
❹	引渡しの時期	○	○	✗
❺	移転登記の申請の時期	○	✗	✗
❻	当事者が確認した事項（建物状況調査）	○	✗	※

※＝35条書面では、建物状況調査の有無と概要、書類の保存の状況を記載（⇨p.83）。

2 任意的記載事項（定めがあるときに限り、記載）

			売買・交換	貸借	35条書面
❶	代金・交換差金・借賃以外の金銭	その額・授受の目的	▲	▲	○
		授受の時期	▲	▲	✗
❷	契約の解除		▲	▲	○
❸	損害賠償額の予定・違約金		▲	▲	○
❹	金銭の貸借のあっせん		▲	✗	売買○ 貸借✗
❺	天災その他不可抗力による損害の負担		▲	▲	✗
❻	担保責任の内容		▲	✗	✗
❼	担保責任の履行措置		▲	✗	売買○ 貸借✗
❽	租税その他の公課の負担		▲	✗	✗

▲＝定めがあれば記載。

過去問で集中講義 ✏️

「37条書面（契約書面）」に関する過去問題を集めてあります。○✕で答えましょう。

1 A社は、媒介により建物の貸借の契約を成立させ、37条書面を借主に交付するに当たり、37条書面に記名押印をした宅地建物取引士が不在であったことから、宅地建物取引士ではない従業員に37条書面を交付させた。　　　　　　H25年［問36.3］

2 宅地建物取引業者Aは、自ら売主として宅地の売買契約を締結したときは、相手方に対して、遅滞なく、法第37条の規定による書面を交付するとともに、その内容について宅地建物取引士をして説明させなければならない。　　　　H28年［問41.2］

3 宅地建物取引業者である売主Aは、宅地建物取引業者Bの媒介により、宅地建物取引業者ではない買主Cと宅地の売買契約を締結した。Aは、Bと共同で作成した37条書面にBの宅地建物取引士の記名押印がなされていたため、その書面に、Aの宅地建物取引士をして記名押印をさせなかった。　　　　H29年［問40.2］

4 宅地建物取引業者Aが媒介により中古戸建住宅の売買契約を締結させた場合、Aは、引渡しの時期又は移転登記の申請の時期のいずれかを37条書面に記載しなければならず、売主及び買主が宅地建物取引業者であっても、当該書面を交付しなければならない。　　　　　　　　　　　　　　　　　　　　H27年［問38.イ］

5 宅地建物取引業者は、契約の解除について定めがある場合は、重要事項説明書にその旨記載し内容を説明したときも、37条書面に記載しなければならない。　　　　　　　　　　　　　　　　　　　　　　　　　　　　H28年［問39.2］

6 宅地建物取引業者は、天災その他不可抗力による損害の負担に関して定めなかった場合には、その旨を37条書面に記載しなければならない。　　H28年［問39.4］

7 宅地建物取引業者は、自ら売主として宅地建物取引業者ではない買主との間で新築分譲住宅の売買契約を締結した場合において、担保責任の履行に関して講ずべき保証保険契約の締結その他の措置について定めがあるときは、当該措置についても37条書面に記載しなければならない。　　　　　H26年［問40.ア.改］

8 宅地建物取引業者Aが自ら買主として宅地の売買契約を締結した場合において、当該宅地に係る租税その他の公課の負担に関する定めがあるときは、Aは、その内容を37条書面に記載しなければならず、売主が宅地建物取引業者であっても、当該書面を交付しなければならない。　　　　　　　　H27年［問38.エ］

大事にゃところが黄色にニャってる！

解説

❶ **37条書面の作成と交付は、宅建士でない従業員でも行う**ことができます。
答え［〇］

❷ 37条書面（契約書面）には**宅建士（専任でなくてもよい）をして記名押印**させる必要がありますが、**説明させる必要はありません**。
答え［✕］

❸ **売主である宅建業者Aと媒介している宅建業者Bの双方が、37条書面の作成・交付の義務**を負います。また、**AとBのそれぞれの宅建士が記名押印**しなければなりません。どちらか1社が代表して書面を作成することも可能ですが、この場合も、双方が書面の内容に責任を負います。
答え［✕］

❹ 売買契約の場合には、**引渡時期と移転登記の申請時期の両方が必要的記載事項**です。「引渡しの時期または移転登記の申請の時期のいずれか」ではありません。なお、媒介した場合、売主及び買主が宅建業者であっても、双方に37条書面を交付しなければなりません。
答え［✕］

❺ **契約の解除に関する事項は、35条書面（重要事項説明書）の記載事項**です。**37条書面（契約書面）では、その定めがあるときに限り、記載する任意的記載事項**です。本問は定めがある場合なので、その旨を記載しなければなりません。
答え［〇］

❻ **天災その他不可抗力による損害の負担に関する定めの内容は、37条書面の任意的記載事項**です。定めなかったときは、その旨を記載する必要はありません。
答え［✕］

❼ **担保責任の履行に関し保証保険契約の締結その他の措置（担保責任の履行措置）は、売買契約における任意的記載事項**です。定めがあるときは、記載しなければなりません。
答え［〇］

❽ 宅地に係る租税その他の公課の負担に関する定めは、**売買契約における任意的記載事項**です。定めがあるときは、記載しなければなりません。また、**宅建業者が自ら当事者として契約を締結した場合は、相手方に37条書面を交付**しなければなりません。宅建業者が売主の場合でも、買主の場合でも、相手方に37条書面を交付しなければなりません。
答え［〇］

13 8種制限

- 8種制限は、「重要事項の説明」と同じく頻出分野。
- 黄色の基本用語、赤い下線部分に加えて、黒板の内容まで、暗記しておこう。

8種制限は、宅建業者以外を保護することを目的とした規制で、「**宅建業者が自ら売主、宅建業者以外が買主**」である場合の取引にだけ適用されます。

宅建業者が**買主**である場合、また宅建業者が**媒介・代理業者**として取引に関わる場合には適用されません。

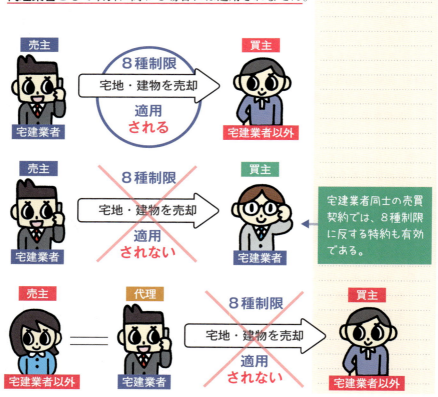

宅建業者同士の売買契約では、8種制限に反する特約も有効である。

1 クーリング・オフ制度

宅建業者の**「事務所等」以外の場所**で買受けの申込みや売買契約の締結をした場合、一定期間内ならば、申込みの撤回や売買契約の解除をすることができます。これを==クーリング・オフ制度==といいます。

> クーリング＝「冷静に」、オフ＝「撤回、解除する」ということ。冷静に判断できる場所での申込み・契約締結だったかどうかがクーリング・オフの可否に関わる。

❶ 事務所等＝クーリング・オフができない場所

事務所や契約行為等を行う案内所（専任の宅建士を設置する義務がある場所⇒p.55）では、買主が専任の宅建士から説明を受けられるので、冷静な判断ができる場所とされます。こうした場所を**事務所等**といい、事務所等で買受けの申込みを行った場合には、クーリング・オフができません。

事務所等には、自ら売主となる宅建業者の事務所等だけでなく、代理・媒介業者の事務所等も含みます。

出る！
クーリング・オフ制度の適用がある施設には、その旨を表示した標識が必要。

クーリング・オフできない「事務所等」

(1) 契約に関わる**宅建業者の事務所**

(2) 以下の場所で、**専任の宅建士を設置する義務がある場所**
　1) 事務所以外の場所で継続的に業務を行うことができる施設を有するもの。
　　【例】営業所など
　2) 一団の宅地建物の分譲を行う**案内所等**。**土地に定着するものに限る**。
　　【例】モデルルーム、現地案内所など
　3) 展示会その他の催しをする場所。**土地に定着するものに限る**。
　　【例】展示会場など
　※ テント張りなど、一時的かつ移動が容易な施設はクーリング・オフできる。

(3) 申込者・買主が指定した場合の**申込者・買主の自宅または勤務先**
　※ 喫茶店やホテルのロビーでの契約はクーリング・オフできる。

❷ 申込みと契約締結の場所が異なる場合

買受けの申込みをした場所と契約の締結をした場所が異なる場合、クーリング・オフができるかできないかは、**申込みをした場所**を基準として判断します。

クーリング・オフの可否は、申込みをした場所が基準となる

申込み	契約の締結	クーリング・オフ
事務所等以外	事務所等以外	できる
事務所等以外	事務所等	できる
事務所等	事務所等	できない
事務所等	事務所等以外	できない

❸ クーリング・オフができない場合

次の場合には、クーリング・オフはできません。

クーリング・オフができない場合

(1) 事務所等で申込みを行った場合

(2) 書面による告知日（下の9月1日）から起算して、8日間を経過した場合

クーリング・オフ告知書面…クーリング・オフの要件や効果、売主の商号または名称・住所・免許証番号、買主の氏名・住所を記載しなければならない。

9月1日 火曜日	9月2日 水曜日	9月3日 木曜日	9月4日 金曜日	9月5日 土曜日	9月6日 日曜日	9月7日 月曜日	9月8日 火曜日	9月9日 水曜日
← 8日間はクーリング・オフできる →								できない

(3) 物件の引渡しを受け、かつ、代金全額を支払った場合

宅建業者には、クーリング・オフについて告知する義務はありません。**クーリング・オフ告知書面による告知がなかった場合**、申込者または買主（以下、申込者等）は、**引渡しを受け、かつ、代金全額を支払うまで**ならば**クーリング・オフ**ができます。

出る！
告知は書面でしなければならない。口頭で告知しても、クーリング・オフ期間はカウントされない。

❹ クーリング・オフの方法

申込者等からのクーリング・オフは、必ず**書面で行**う必要があります。申込みの撤回や売買契約の解除を行う旨を記載した書面を**発信した時**に、クーリング・オフの**効力**が生じます。なお、この書面には、決められた書式はありません。

❺ クーリング・オフの効果

クーリング・オフがされた場合、宅建業者は、すでに支払われている**手付金や中間金の全額**を**返還**しなければなりません。

また、クーリング・オフに伴う損害賠償や違約金の支払を請求することはできません。

❻ クーリング・オフに関する特約

宅建業法で定められているクーリング・オフ制度の規定に反するような、申込者等に**不利な特約**は申込者等が**了承**した特約であっても**無効**です。

逆に、申込者等に**有利な特約**は**有効**です。

無効となる「買主に不利な特約」

✘ クーリング・オフによる契約の解除をしない旨の特約

✘ クーリング・オフの際に、宅建業者が**損害賠償請求できる旨**の特約

✘ クーリング・オフの際に、宅建業者が**手付金を返還しない旨**の特約

✘ クーリング・オフ期間を書面による告知日から起算して**7日間**とする特約

※ 宅建業法の規定では8日間なので、7日間は無効となる。逆に、**9日間以上とする特約は有効**となる。

2 手付の性質と額の制限

❶ 解約手付 民法改正

　宅建業者が自ら売主となる宅地・建物の売買契約について受領した手付は、解約手付の定めがない場合でも、すべてが**解約手付**とされます。

　相手方が契約の履行に着手するまでは、買主はその手付を放棄することで、**売主はその手付の倍額を現実に提供**すること（口頭の提供では足らない）で、違約金を支払うことなく**契約の解除**ができます。

　解約手付に関して、「買主が手付の倍額を支払わないと、契約を解除することができない」など、買主に不利な特約は無効となります。

売主は買主の履行の着手（中間金を支払うなど）までは解除できる。

買主は売主の履行の着手（所有権移転登記など）までは解除できる。

❷ 手付の額の制限

　手付の額は、代金の額の**10分の2（20％）**を超えることができません。

　買主の承諾があったとしても、手付金等の保全措置（次ページ）を講じたとしても、代金の10分の2を超える手付を受領することはできません。

【解約手付】
買主は手付を放棄し、売主は手付の倍額を償還すれば、損害賠償することなく契約を解除することができるという趣旨で授受される手付。民法では、手付の趣旨や額は当事者の合意で決めることができるとされている。

【契約の履行に着手】
売主からは売買物件の一部を引き渡した、所有権移転登記を済ませたなど、買主からは手付以外に中間金（内金、代金の一部）を支払った、新居入居を前提として引越し業者と契約したなどの行為が履行の着手にあたる。
解除ができなくなるのは、相手方が履行に着手した時点以降である。自分の方が履行に着手していたとしても、解約手付による契約解除は可能である。

3 手付金等の保全措置

❶ 保全措置の原則

宅建業者は、買主から金銭を**受け取る前**にあらかじめ**保全措置**を講じることが義務付けられています。従って、自ら売主となる宅建業者は、一定の**保全措置を**講じた後でなければ、買主から手付金等を**受領**することはできません。

売主である宅建業者が、**保全措置を講じない場合に**は、買主は**手付金等の支払を拒否**することができます。この場合、買主の債務不履行にはなりません。

❷ 保全措置を必要とする手付金等とは ◀──────

手付金等は、契約締結日以後、引渡し前に支払われる手付金・内金・中間金など、名目にかかわらず代金に充当されるものをいいます。

契約締結前に支払った申込証拠金も、手付金や代金に充当されるため、手付金等に該当し、**全額が保全の対象**となります。

❸ 保全措置が不要のケース

(1) 手付金等の額が一定額以下の場合には、保全措置は不要です。

保全措置不要	手付金等の額
未完成物件の場合	代金の**5**%以下、かつ、**1,000万円以下**
完成物件の場合	代金の**10**%以下、かつ、**1,000万円以下**

【保全措置】
宅建業者の倒産などの事態が発生した場合でも、買主のもとに手付金等の全額が返還される仕組みのこと。

出る！
売主が保全措置を講じないことを告げて、それを買主が承諾しても、保全措置の義務は免除されない。

手付や手付金と手付金「等」との違いを見極めよう。

出る！
業者間取引では、8種制限は適用されないので、手付の額の制限も、保全措置の義務もない。

未完成物件…代金の5%超の手付金に保全措置が必要。
完成物件…代金の10%超の手付金に保全措置が必要。

【出題例】建築工事完了前のマンション（代金6,000万円）の売買契約を締結する際に買主から手付金300万円を受領し、建築工事中に中間金200万円を受領。

● 手付金等の保全措置が必要な時点（未完成物件）

・手付金300万円は、代金6,000万円の5％（6,000 × 0.05 = 300）なので、**手付金300万円の受領時には、保全措置は不要。**

・中間金は「手付金等」に該当する。**中間金200万を受領すると合計500万円となり、5％を超える。**中間金を受領する前に、**全額の500万円に対する保全措置が必要**となる。←すでに受領した手付金等を合わせた全額を保全

(2) 買主への所有権移転の登記がされたとき、または買主が所有権の登記をしたとき、手付金等の保全措置は不要になります。

❹ **保全措置の方法**

　未完成物件の場合、手付金等の保全措置には、

(1) **保証委託契約**により銀行等を連帯保証人とする方法

(2) 保険事業者と**保証保険契約**を締結する方法

の2つがあります。これらの契約の保証期間は、少なくとも契約成立時から**宅地・建物の引渡しまでの期間**であることが必要です。

　完成物件の場合、上記の(1)(2)に加えて、

(3) 保証協会などの**指定保管機関**に預かってもらう方法があります（⇨p.45）。

未完成物件 の場合	① 銀行等との保証委託契約 ② 保険事業者との保証保険契約
完成物件 の場合	上記①、②に加えて、 ③ 指定保管機関による保管

未完成物件では、指定保管機関（保証協会）による保管により保全措置を講じることはできない。

4 自己の所有に属しない物件の売買契約の制限

❶ 他人物売買

民法では、**他人物売買**（他人の物を売る契約⇨p.212）は有効です。

宅建業法では、**原則として、宅建業者が自ら売主として、自己の所有に属さない宅地・建物の売買契約・予約契約を締結することは禁止**されています。

禁止されるのは、次の2つの場合です。
(1) **他人物売買（他人に所有権がある物件の売買）**
(2) **未完成物件の売買**

❷ 他人物売買の例外

現在の所有者との間で宅地・建物を取得する契約（予約を含む）を締結している場合など、売主の宅建業者**が取得することが確実**な場合には、例外として**他人物売買**が認められています。

停止条件付契約など、その効力の発生が条件に係る場合は、取得が確実とはいえないため売買できません。

出る！
代金支払、物件の引渡し、登記移転が完了していなくても、取得契約が締結済みであれば例外として他人物売買（転売契約）が認められる。

【停止条件付契約】
契約の効力の発生に一定の条件が付されている契約。例えば「許可が下りたら売る」という停止条件付契約は、「許可がおりたら」という条件が実現するまでは「売る」という契約の効力の発生が停止する。

❸ 未完成物件の売買の例外

宅建業者は自ら売主として未完成物件を売ることはできません。

ただし、**手付金等の保全措置**が講じられている場合は、**未完成物件でも契約を締結**することができます。

5 担保責任についての特約の制限 （民法改正）

❶ 民法の規定

宅建業法では、売買契約の目的物が種類・品質に関して契約の内容に適合しない場合、売主は、帰責事由の有無に関係なく、その不適合を担保する責任を負います。

> 民法の規定は、「売買（p.212）」で学習する。

具体的にいうと、買主は、目的物の修補を要求したり（追完請求権）、代金の減額を請求したりすることができます（代金減額請求権）。また、契約を解除することも可能です。売主に帰責事由がある場合には、さらに、損害賠償を請求することもできます。

これらの権利を行使するためには、<u>買主が契約不適合を知った時から1年以内</u>にその旨を売主に<u>通知</u>する必要があります。

民法
追完請求権・代金減額請求権・契約解除
売主に帰責事由があれば損害賠償請求
買主が契約不適合の事実を知ったときから1年以内に通知

（売主／買主）

❷ 宅建業法の規定

宅建業法においては、担保責任について、<u>民法の規定と比べて買主に不利となる特約は無効</u>となります。例えば、「<u>売主が担保責任を負わない</u>」とする特約は<u>無効</u>です。民法では、「買主が契約不適合を知った時から1年以内に売主に通知すれば担保責任を追及できる」としていますから、<u>この通知期間を「引渡しから1年」</u>

> 業者間売買の場合、担保責任を免責する特約は有効。

「**契約締結時から2年**」などとする特約は、買主に不利となるため**無効**となり、民法の規定である「買主が不適合を知った時から1年以内の通知」が適用されます。また、宅建業者に特約を定める義務はありません。特約がない場合には、民法の規定が適用されます。

ただし、宅建業法では、例外的に、契約不適合について売主に通知する期間を**引渡しの日から2年以上**の期間と定めた特約は**有効**としています。

なお、担保責任について特約をしていても、民法の規定により、**売主が知りながら告げなかった事実については免責されません**。この場合の買主は、売主の担保責任が時効で消滅するまで（⇨p.187）、その責任を追及することができます。

無効となる特約

✘ 「担保責任を負わない」とする特約
✘ 「売主の責めに帰すべき事由による不適合についてのみ担保責任を負う」とする特約
✘ 「損害賠償請求をすることはできるが、契約の解除はできない」とする特約
✘ 「担保責任の対象を建物の構造耐力上主要な部分の不適合に限定」する特約
✘ 「契約不適合の通知期間を引渡しから1年」とする特約
✘ 「契約不適合の通知期間を（引渡しではなく）契約締結時から2年」とする特約

有効となる特約

○ 「重要事項として説明した事実については担保責任を負わない」とする特約
○ 「買主が知っていた事実についてはその責任を負わない」とする特約
○ 「契約不適合の通知期間を引渡しの日から2年以上の期間」とする特約

6 損害賠償額の予定等の制限

❶ 民法の規定

売買契約で生じる債務不履行などのトラブルに備えて、あらかじめ損害賠償の額を予定しておくことができます。これを**損害賠償額の予定**（⇨p.204）といいます。民法では、損害賠償額の予定額に制限を設けていないため、特約に関して民法上の制限はありません。

予定を定めていない場合、原則として、**実際に発生した損害額を損害賠償額**とすることができます。

❷ 宅建業法の規定

宅建業者が自ら売主となる場合には、当事者の債務不履行を理由とする契約の解除に伴う**損害賠償額の予定**または**違約金**を定めるときは、これらを**合算**した額が**代金の10分の2（20％）** を超える定め（特約）をしてはならないとしています。

【違約金】
債務不履行が発生した場合（買主が売買代金を支払えなかった場合など）に、義務を履行しなかった者が支払うことを約束した金銭のこと。

出る！
損害賠償額と違約金を合算した額を代金の10分の1とする旨の特約を定めることはできる。

損害賠償額の予定等の制限

(1) 損害賠償の予定額と違約金を合算した額が、代金の10分の2（20％）を超えることはできない。

(2) 損害賠償の予定額と違約金の合計が代金額の10分の2を超える定め（特約）をした場合は、**10分の2（20％）を超える部分が無効**となる。

【例】建物（代金2,400万円）の売買契約を締結する場合、損害賠償の予定額を480万円とし、かつ、違約金の額を240万円とする特約を定めた。
この場合は、「損害賠償金と違約金の合計が代金（2,400万円）の10分の2（2,400×0.2＝480万円）」という特約になる。

※業者間取引では代金の20％超の損害賠償額の予定も可能。

7 割賦販売契約の解除等の制限

宅建業者が自ら売主となる宅地・建物の**割賦販売**（⇨p.85）契約について、買主からの**賦払金**の支払が遅延した場合でも、ただちに契約を解除することはできません。また、支払時期の到来していない賦払金の支払を請求することもできません。

賦払金の支払が遅延した場合は、**30日以上の相当の**期間を定めて、支払を**書面で催告**しなければなりません。その期間内に支払われない場合に限り、契約を解除することができます。これに反する特約は無効です。

8 所有権留保等の禁止

所有権留保とは、「買主の代金の支払が済むまでは、目的物の所有権を売主のもとにあるままにしておくこと」です。

宅建業者は、自ら売主として**割賦販売**を行った場合、その**目的物を引き渡すまでに登記の移転等**をしなければなりません。ただし、以下の場合には、例外として所有権留保が認められます。

> **出る！**
>
> 宅建業者A社が、宅建業者でない買主との間で、割賦販売の契約を締結して引渡しを終えた。買主が代金の10％しか支払わなかった場合、所有権の登記をA社名義のままにしておくことができる。

割賦販売で所有権留保が認められる場合

(1) 受領した額が代金の10分の3以下である場合

(2) 代金の10分の3を超える額を受領していても、**残金を担保する抵当権、保証人等の措置を講じる見込みがない場合**

過去問で集中講義

「8種制限」に関する過去問題を集めてあります。○×で答えましょう。

宅地建物取引業者Aが、自ら売主として宅地建物取引業者でない買主Bとの間で締結した宅地または建物の売買契約について、正しいものや宅建業法に違反しないものには○を、それ以外のものには×を付けましょう。

1 Bが、法第37条の2の規定に基づくクーリング・オフについてAより書面で告げられた日から7日目にクーリング・オフによる契約の解除の書面を発送し、9日目にAに到達した場合は、クーリング・オフによる契約の解除をすることができない。

H27年[問39.1]

2 Bは、10区画の宅地を販売するテント張りの案内所において、買受けの申込みをし、2日後、Aの事務所で契約を締結した上で代金全額を支払った。その5日後、Bが、宅地の引渡しを受ける前に契約の解除の書面を送付した場合、Aは代金全額が支払われていることを理由に契約の解除を拒むことができる。

H25年[問34.4]

3 Aは、当該売買契約の締結日にBから手付金を受領し、翌日、Bから内金を受領した。その2日後、AがBに対して、手付の倍額を現実に提供することにより契約解除の申出を行った場合、Bは、契約の履行に着手しているとしてこれを拒むことができる。

H22年[問39.4.改]

4 Aは、建築工事完了前のマンション（代金4,000万円）の売買契約を締結する際に、Bから手付金200万円を受領し、さらに建築工事中に200万円を中間金として受領した後、当該手付金と中間金について法第41条に定める保全措置を講じた。

H28年[問28.ア]

5 Aは、建築工事完了後のマンション（代金4,000万円）の売買契約を締結する際に、法第41条の2に定める保全措置を講じることなくBから手付金400万円を受領した。

H28年[問28.イ]

6 Aは、Bに売却予定の宅地の一部に甲市所有の旧道路敷が含まれていることが判明したため、甲市に払下げを申請中である。この場合、Aは、重要事項説明書に払下申請書の写しを添付し、その旨をBに説明すれば、売買契約を締結することができる。

H26年[問31.イ]

解説

❶ クーリング・オフができなくなるのは、クーリング・オフについて**宅建業者より書面で告げられた日から起算して8日間を経過**したときです。また、**買主が解除を行う旨を記載した書面を発信した時点で、クーリング・オフの効力が生じます**。買主は告知日から7日目に契約の解除の書面を発信しているので、そこで契約の解除は成立しています。　　　　　　　答え [✗]

❷ **テント張りの案内所（事務所等以外）での申込みなので、クーリング・オフによる契約の解除**ができます。また代金全額を支払っていますが、**引き渡しは受けていないので、契約の解除**ができます。　　　　答え [✗]

❸ **買主が契約の履行に着手するまでは、売主の宅建業者はその手付の倍額を現実に提供することで、契約の解除**をすることができます。本問ではBがすでに**内金を支払うという履行行為に着手**しているので、Bは、これを理由にAの申出を拒むことができます。　　　　　　　　　　　　答え [〇]

❹ 「手付金等」とは、**契約締結日以後、引渡し前に支払われる手付金・内金・中間金**など、名目にかかわらず代金に充当されるものをいいます。本問のマンションは未完成物件なので、代金の5％または1,000万円を超える手付金等について保全措置が必要となります。手付金200万円は代金4,000万円の5％なので保全措置は不要ですが、中間金200万を受領した時点で、手付金等の合計は400万円となって5％を超え、保全措置が必要になります。また、**保全措置は、手付金等を受領する前**に講じなければならないので、中間金200万を受領した後の保全措置は違法になります。　　　　答え [✗]

❺ 本問のマンションは**完成物件なので、代金の10％または1,000万円を超える手付金等について保全措置が必要**となります。手付金400万円は代金4,000万円の10％ジャストなので、保全措置を講じなくても大丈夫です。

　　　　　　　　　　　　　　　　　　　　　　　　　　答え [〇]

❻ 甲市所有の旧道路敷はAの所有ではないので、**Aの行為は、他人物売買に該当**します。自ら売主となる宅建業者は、自己の所有に属さない宅地・建物の売買契約を締結することができません。例外は、①**宅地・建物を取得する契約を締結（予約でも可）**、②**未完成物件で手付金等の保全措置あり**の2つのケースだけです。Aは、Bと売買契約を締結することはできません。　　答え [✗]

➡次ページに続く 117

7 Cが建物の所有権を有している場合、AはBとの間で当該建物の売買契約を締結してはならない。ただし、AがCとの間で、すでに当該建物を取得する契約（当該建物を取得する契約の効力の発生に一定の条件が付されている。）を締結している場合は、この限りではない。 H27年[問34.1]

8 買主が契約不適合について売主に通知する期間を売買契約に係る宅地の引渡しの日から3年間とする特約は、無効である。 H26年[問31.ア.改]

9 Aは、Bとの間における建物の売買契約において、「AがBに対して担保責任を負う期間は、建物の引渡しの日から1年間とする」旨の特約を付した。この場合、当該特約は無効となり、BがAに対して担保責任を追及することができる期間は、当該建物の引渡しの日から2年間となる。 H27年[問34.2.改]

10 当該建物が新築戸建住宅である場合、買主Bの売買を代理する宅地建物取引業者C社との間で当該契約締結を行うに際して、Aは当該住宅の担保責任を負う期間についての特約を定めないことにした。 H24年[問39.1.改]

11 AとBの売買契約において、当事者の債務の不履行を理由とする契約の解除に伴う損害賠償の額を予定し、違約金を定める場合、これらを合算した額について代金の額の10分の1とする旨の特約を定めることができる。 H23年[問37.3]

12 Aは、Bとの新築分譲マンション（代金3,000万円）の売買契約の締結に際して、当事者の債務不履行を理由とする契約解除に伴う損害賠償の予定額300万円に加え、違約金を600万円とする特約を定めたが、違約金についてはすべて無効である。 H24年[問38.イ]

13 AはBとの間で割賦販売の契約をしたが、Bが賦払金の支払を遅延した。Aは20日の期間を定めて書面にて支払を催告したが、Bがその期間内に賦払金を支払わなかったため、契約を解除した。 H23年[問39.2]

14 Aは、買主Bとの間で、代金3,000万円の宅地について割賦販売の契約を締結し、引渡しを終えたが、Bは300万円しか支払わなかったため、宅地の所有権の登記をA名義のままにしておいた。 H23年[問39.3]

解説

❼ Cが所有権を有している物件（他人物）でも、宅建業者Aが物件を取得する契約（予約でも可）を締結している場合は売買ができます。ただし、宅建業者が物件を取得する契約が、**停止条件付契約の場合は宅建業者のものになることが確実とはいえないため、売買はできません**。本問の契約は「契約の効力の発生に一定の条件が付されている」停止条件付契約なので、AはBとの間で当該建物の売買契約を締結することはできません。　　　答え［✘］

❽ 担保責任について、民法よりも買主に不利な内容の特約は無効です。例外として、**買主が契約不適合について売主に通知する期間を引渡しの日から2年以上**とする特約は有効です。本問では、引渡しの日から3年なので、この特約は有効です。　　　答え［✘］

❾ 「担保責任を負う期間を引渡しの日から1年間」とする特約は、買主にとって不利になるため無効となり、**民法の「不適合を知った時から1年以内に売主に通知」が適用される**ことになります。「引渡しの日から2年間となる」は間違いです。　　　答え［✘］

❿ **担保責任に関する特約を定める義務はありません**。定めるか定めないかは、当事者の自由です。定めない場合、担保責任の内容は、民法に従うことになります。　　　答え［⭕️］

⓫ 宅建業者が自ら売主となる宅地または建物の売買契約において、損害賠償額の予定や違約金を定めるときは、これらを**合算した額が代金の10分の2を超えることはできません**。本問の特約は、この割合を10分の1としているので適法です。　　　答え［⭕️］

⓬ 代金の**10分の2を超える定め（特約）をした場合は、10分の2を超える部分が無効**となります。本問では、3,000 × 0.2 ＝ 600万円までが有効なので、「損害賠償金と違約金の合計が600万円」という特約になります。答え［✘］

⓭ 割賦販売の契約について賦払金の支払が遅延した場合、**30日以上の相当の期間を定めて書面で催告し、その期間内に支払われない場合**でなければ、契約を解除できません。20日の期間では短すぎます。　　　答え［✘］

⓮ 賦払金の支払が**代金の10分の3以下なので、登記その他の売主の義務を履行する必要はありません**。　　　答え［⭕️］

14 報酬の制限

- 売買・貸借に関する報酬限度額の計算方法を暗記しておく。
- 土地の取引と居住用建物の貸借には消費税が課税されないが、それ以外の建物の取引には消費税が課税される。

1 報酬額に関する規定

宅建業者は、宅地や建物の売買・交換・貸借の媒介や代理を行うことで**成功報酬**を得ます。この報酬について、限度額などの制限が設けられています。

宅建業者は、国土交通大臣の定める額を超えて報酬を受け取ることはできません。

> **出る！**
> 報酬の限度額とは別に、相手方が好意で支払う謝金を受領することはできない。

2 消費税等相当額の取扱い

取引価格には、**消費税等**が課税されるものと課税されないものがあるので、注意が必要です。
消費税等の税率は**10%**です。

消費税等が課税されない取引
- 土地 → 非課税
- 居住用建物の貸借 → 非課税

消費税等が課税される取引
- 建物（居住用建物の貸借以外） → 課税

> 【消費税等】
> 消費税（7.8%）と地方消費税（2.2%）のこと。代金のうち、消費税額及び地方消費税額の合計額に相当する額を「消費税等相当額」という。

> 課税対象は、売買では物件の代金、交換では評価額、貸借では、地代・借賃・権利金など。

120

例 土地付建物の売買代金が5,500万円（消費税額相当額を含む）で、うち土地代金は2,200万円の場合、土地と建物の税抜き価格は？

土地＝2,200万円　←土地は非課税なので、そのママ

建物の税抜き価格＝（5,500万円－2,200万円）÷1.1＝3,000万円

 建物と土地の税抜き価格＝ 2,200万円＋3,000万円＝5,200万円

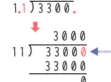

試験は電卓使用不可！
割る数1.1が整数になるように、両方に10をかけてから割り算をする。
つまり、小数点を右へ1つずらす。

3 報酬額の基本計算式

基本計算式のもとになる価格は、税抜き価格です。

> 報酬限度額は、基本計算式の額に消費税等相当額（10％）を上乗せした額となる。

売買・交換の報酬限度額

物件の取引価格（税抜き）	基本計算式
400万円超	価格の3％（価格×0.03）＋6万円
200万円超〜400万円以下	価格の4％（価格×0.04）＋2万円
200万円以下	価格の5％（価格×0.05）

① 当事者の一方から受領することができる額は、

・媒介の場合 ➡ 基本計算式の報酬額

買主か売主のどちらか一方から依頼を受けている場合、基本計算式の報酬額を限度として受領できる。売主と買主の両方から依頼を受けている場合、売主と買主それぞれから基本計算式の報酬額を限度として受領できる。

・代理の場合 ➡ 基本計算式の報酬額の2倍

② 1件の取引当たりの報酬限度額 → 基本計算式の報酬額の2倍

複数の宅建業者が関与した場合でも、1件の取引について受領できる報酬限度額の合計は、基本計算式の報酬額の2倍。

4 売買の媒介の報酬限度額

　消費税課税事業者が受領できる売買・交換の媒介契約の「報酬限度額」は、**基本計算式で求めた額に消費税等相当額（10％＝0.1）を上乗せした額**です。

　以下、試験に出題された例をもとに消費税課税事業者が受領できる報酬限度額の計算方法を解説します。

> 免税業者の場合は、消費税等相当額として報酬額に4％を上乗せする。免税業者の問題はほとんど出題されない。

例 Aが売主Bから代金3,000万円の土地の媒介を依頼されて、売買契約が成立した場合の報酬限度額はいくらか。

土地は非課税

売主B　依頼　宅建業者A 媒介

買主C

売買契約…土地3,000万円

3,000万円×0.03＋6万円＝96万円　←基本計算式
報酬限度額（税込み）＝96万円×1.1＝105.6万円

```
     96    ←小数点以下0ケタ
  ×  1.1   ←小数点以下1ケタ
  ─────
     96         合計1ケタなので
    960
  ─────
   105.6   ←小数点以下1ケタ
```

> かける数とかけられる数の小数点以下のケタ数を合計して答えに小数点を打つ。96×0.1＝9.6を96にプラスしてもよい。

答 AがBから受領できる報酬限度額は、**1,056,000**円

※媒介なので、当事者の一方から受領できる報酬限度額は基本計算式の報酬額（＋消費税等相当額）。

※宅建業者Aが買主Cとも媒介契約を結んでいた場合には、売主Bからも、買主Cからも　1,056,000円を限度として報酬を受領できる。

例 Aが売主Bと買主Cから代金400万円の土地の媒介を依頼されて、売買契約が成立した場合の報酬限度額の合計はいくらか。

400万円×0.04＋2万円＝18万円　←基本計算式
一方から受領できる報酬限度額（税込み）＝18万円×1.1＝19.8万円
報酬限度額の合計（税込み）＝19.8万円×2＝39.6万円

答 AがB及びCから受領できる報酬限度額の合計は396,000円

例 Aが売主Bから土地付建物8,250万円（消費税等相当額を含む。うち土地代金3,850万円）の媒介を依頼されて、売買契約が成立した場合の報酬限度額はいくらか。

建物の税抜き代金＝（8,250万円－3,850万円）÷1.1＝4,000万円
土地付建物の税抜き価格＝3,850万円＋4,000万円＝7,850万円
7,850万円×0.03＋6万円＝241.5万円　←基本計算式
報酬限度額（税込み）＝241.5万円×1.1＝265.65万円

答 AがBから受領できる報酬限度額は2,656,500円

5 売買の代理の報酬限度額

代理契約の報酬限度額は、基本計算式で求める額の**2倍＋消費税等相当額**となります。

例 Aが売主Bから代金4,000万円の土地付新築住宅（消費税等相当額を含まない）の代理を依頼されて、当該物件の売買契約を成立させた。Aが受領できる報酬限度額はいくらか。

4,000万円×0.03＋6万円＝126万円　←基本計算式
報酬限度額（税抜き）＝126万円×2＝252万円
報酬限度額（税込み）＝252万円×1.1＝277.2万円

答 AがBから受領できる報酬限度額は2,772,000円

例 Aが売主Bから代金5,500万円の土地付建物（消費税等相当額を含む。うち土地代金2,200万円）の売却の代理を依頼された。その後、Cが買主Dから購入の媒介を依頼されて、当該物件の売買契約を成立させた。A及びCが受領できる報酬限度額の合計はいくらか。

建物の税抜き価格＝（5,500万円－2,200万円）÷1.1＝3,000万円
土地付建物の税抜き価格＝3,000万円＋2,200万円＝5,200万円
媒介の限度額（税抜き）＝5,200万円×0.03＋6万円＝162万円
代理の限度額（税抜き）＝162万円×2＝324万円
報酬限度額の合計（税込み）＝162万円×2×1.1＝356.4万円

答 3,564,000円←Aは3,564,000円、Cは1,782,000円（税込み）を限度として、合計で3,564,000円が取引全体での報酬限度額。

6 交換の媒介・代理の報酬限度額

交換する物件の**高い方**の価格（税抜き）をもとに、売買の場合と同様に計算します。

7 貸借の媒介・代理の報酬限度額

❶ 貸借の媒介・代理の報酬限度額

<u>貸借</u>で、<u>1件の取引について</u>受領できる<u>報酬限度額の合計は、借賃の1か月分＋消費税等相当額</u>です。

> 当事者の一方から受領することができる限度額も借賃の1か月分（＋消費税等相当額）

		媒介	代理
居住用以外	原則	貸主と借主の双方からの報酬を合わせて**1か月分**	合わせて1か月分
	例外	権利金の額を売買代金とみなして算定可能	
居住用	原則	貸主と借主の双方から**0.5か月分ずつ**	合わせて1か月分
	例外	合わせて1か月分←依頼者の承諾があれば、その依頼者から1か月分を上限に受領可能	

例　Aが貸主Bと借主Cから媒介の依頼を受けて、1か月分の借賃20万円（消費税等相当額を含まない）で「店舗用建物」の賃貸借契約を締結させたとき、B及びCから受領できる報酬限度額の合計はいくらか。

報酬限度額の合計（税込み）＝20万円×1.1＝22万円

答　220,000円←Bから220,000円、Cから220,000円を限度として、合計で220,000円が取引全体での報酬限度額。

例 Aは貸主Bから代理の依頼を、Cは借主Dから媒介の依頼を受けた。1か月分の借賃33万円（消費税等相当額を含む）で「店舗用建物」の賃貸借契約を締結させたとき、A及びCが受領できる報酬限度額の合計はいくらか。

税抜きの賃料＝33万円÷1.1＝30万円
報酬限度額の合計（税込み）＝30万円×1.1＝33万円
※居住用でない建物の賃料には消費税が課税される。
※1.1で割ってから1.1を掛けているので、計算しないで33万円としてもよい。

答 330,000円←BからAへ330,000円、DからCへ330,000円を限度として、この取引全体で330,000円が報酬限度額となる。限度額内であれば、依頼者双方からどのような割合で報酬を受けてもよい。

❷ 居住用建物の貸借の媒介の特例

<u>居住用建物の媒介</u>での報酬限度額は、<u>原則として、依頼者の一方（貸主・借主）から、それぞれ**借賃の0.5か月分以内（＋消費税等相当額）**</u>です。

業務用の建物や土地の場合、また代理契約の場合には適用されない。

依頼者が承諾した場合には、承諾した依頼者から<u>**借賃の1か月分以内（＋消費税等相当額）**の額を受け取ることができます。この場合でも、依頼者双方を合わせた限度額は、借賃の1か月分まで</u>です。

出る！ 定期建物賃貸借の再契約に関する報酬も、宅建業法の規定が適用されて、通常の新規契約と同様に計算する。

例 1か月の借賃10万円の居住用建物の賃貸借契約でB及びCから受領できる報酬限度額の合計はいくらか？ 報酬についての特別な定め、承諾はない。
① AがBとCから媒介の依頼を受けた場合の報酬限度額の合計。

一方から受領できる報酬限度額（税抜き）＝10万円÷2＝5万円
一方から受領できる報酬限度額（税込み）＝5万円×1.1＝5.5万円
報酬限度額の合計（税込み）＝5.5万円×2＝11万円

答 110,000円←BとCから55,000円ずつ。

例 ② AがBから代理の依頼を、Cから媒介の依頼を受けた場合の報酬限度額の合計。

代理で受領できる報酬限度額（税込み）＝10万円×1.1＝11万円
媒介で受領できる報酬限度額（税込み）＝5万円×1.1＝5.5万円
1件の取引について受領できる報酬限度額の合計は、借賃の1か月分（＋消費税等相当額）なので、10万円×1.1＝11万円

答 110,000円←Bから110,000円（代理）、Cから55,000円（媒介）を限度として、合計で110,000円が報酬限度額となる。

❸ **権利金の授受がある場合**

　<u>居住用建物以外の賃貸借</u>において、**権利金**（返還されないもの）<u>の授受がある場合には、権利金を売買金額とみなして報酬額を計算</u>できます。そして、<u>**借賃の1か月分（＋消費税等相当額）**</u>と比べて<u>**高い方**</u>を1件の取引当たりの**報酬限度額の合計**とします。

> 【権利金】
> 権利設定の対価として支払われる金銭で、返還されないもの。返還されるものや、居住用建物の場合は、権利金を基準に報酬額を計算することはできない。

例 Aが貸主Bと借主Cから店舗用建物の貸借の媒介の依頼を受け、1か月の借賃27.5万円（消費税等相当額を含む）、権利金330万円（権利設定の対価として支払われるもので返還されない。消費税等相当額を含む）の契約を成立させた場合、B及びCから受領できる報酬限度額の合計はいくらか。

店舗用建物…借賃27.5万円、権利金330万円

①借賃の1か月分（税込み）＝27.5万円
②権利金を売買金額とみなして報酬額を計算する場合
権利金の税抜き価格＝330万円÷1.1＝300万円

物件の取引価格（税抜き）	限度額を求める基本計算式
400万円超	価格の3％（価格×0.03）＋6万円
200万円超〜400万円以下	価格の4％（価格×0.04）＋2万円
200万円以下	価格の5％（価格×0.05）

報酬限度額＝300万円×0.04＋2万円＝14万円　←当事者の一方から受領できる額。1件の取引については、基本計算式で求めた報酬限度額の2倍。
一方から受領できる報酬限度額（税込み）＝14万円×1.1＝15.4万円
報酬限度額の合計（税込み）＝15.4万円×2＝30.8万円
①の27.5万円と②の30.8万円を比べて高い方の②が報酬限度額の合計。

 答 308,000円←BとCから154,000円ずつ。

8 報酬の範囲

宅建業者は、媒介や代理で成約に至った場合の報酬（成功報酬）を受領します。成約に至らなかった場合には、報酬のみならず、かかった必要経費等も請求できません。しかし、例外として、成約に至らなかった場合でも、請求・受領できるものがあります。

請求・受領できるもの

依頼者からの依頼に基づく以下のものについては、限度額の報酬とは別に実費を請求・受領できる。

- 依頼者の依頼による広告料金
- 依頼者の特別の依頼による現地調査や出張等の費用

請求・受領できないもの

- ✗ 依頼者の依頼によらない広告費用、文書費用等
- ✗ 指定流通機構への情報登録料、重要事項説明料等
- ✗ 売主があらかじめ受取額を定めた場合の、実際の売却額との差額
- ✗ 相手方が好意で支払う謝金 ◀

依頼者の承諾がある謝金であっても受領できない。

9 空家等の売買に関する費用

空家等とは、「価額が400万円以下（税別）の宅地または建物」をいいます。空家等の売買や交換について媒介または代理を行う場合、売主から、通常の報酬額の他に現地調査等に特別に要する費用を受領することができます。

この場合、受領できる上限は報酬額と合わせて18万円＋消費税までです。

過去問で集中講義

「報酬の制限」に関する過去問題を集めてあります。○×で答えましょう。

宅地建物取引業者A（消費税課税事業者）の媒介・代理により、締結した宅地・建物の売買契約または賃貸借契約について、正しいものや宅建業法に違反しないものには○を、それ以外のものには×を付けましょう。

1 Aが媒介する物件の売買について、売主があらかじめ受取額を定め、実際の売却額との差額をAが受け取る場合は、媒介に係る報酬の限度額の適用を受けない。
H28年［問33.ア］

2 Aが居住用建物の貸借の媒介をするに当たり、依頼者からの依頼に基づくことなく広告をした場合でも、その広告が貸借の契約の成立に寄与したとき、Aは、報酬とは別に、その広告料金に相当する額を請求できる。
H26年［問37.ア］

3 Aが売主BからB所有の土地付建物の媒介の依頼を受け、買主Cとの間で売買契約を成立させた。なお、土地付建物の代金は6,600万円（うち、土地代金は4,400万円）で、消費税額及び地方消費税額を含むものとする。このとき、AがBから受領できる報酬の上限額は、2,178,000円である。
H21年［問41.改］

4 Aは売主から代理の依頼を、宅地建物取引業者B（消費税課税事業者）は買主から媒介の依頼を、それぞれ受けて、代金4,000万円の宅地の売買契約を成立させた場合、Aは売主から277万2,000円、Bは買主から138万6,000円の報酬をそれぞれ受けることができる。
H20年［問43.4.改］

5 Aは貸主から、宅地建物取引業者B（消費税課税事業者）は借主から、それぞれ媒介の依頼を受けて、共同して居住用建物の賃貸借契約を成立させた場合、貸主及び借主の承諾を得ていれば、Aは貸主から、Bは借主からそれぞれ借賃の1.1か月分の報酬を受けることができる。
H26年［問37.ウ.改］

6 Aは貸主Bから建物の貸借の媒介の依頼を受け、宅地建物取引業者C（消費税課税事業者）は借主Dから1か月分の借賃9万円（消費税等相当額を含まない）の建物の貸借の媒介の依頼を受け、BとDの間での賃貸借契約を成立させた。建物を店舗として貸借する場合、当該賃貸借契約において200万円の権利金（権利設定の対価として支払われる金銭であって返還されないものをいい、消費税等相当額を含まない。）の授受があるときは、A及びCが受領できる報酬の限度額の合計は220,000円である。
H29年［問26.1.改］

130

大事にゃところが黄色にニャってる！

> 解説

❶ <mark>宅建業者は、国土交通大臣の定める上限額を超えて報酬を受け取ることができません</mark>。本問の行為は違法です。　　　　　　　　　　答え [✗]

❷ 報酬限度額とは別に、広告料金を請求・受領することができるのは、<mark>依頼者の依頼があった場合</mark>に限られます。　　　　　　　　　答え [✗]

❸ 土地付建物の代金は6,600万円で、土地代金が4,400万円なので、
建物（税込み）＝6,600万円－4,400万円＝2,200万円
<mark>建物（居住用建物の貸借以外）は消費税課税対象</mark>なので、
建物（税抜き）＝2,200万円÷1.1＝2,000万円
土地には消費税が課税されないので、4,400万円はそのまま税抜き価格です。
土地付建物（税抜き）＝2,000万円＋4,400万円＝6,400万円
報酬限度額（税抜き）＝6,400万円×<mark>0.03＋6万円</mark>＝198万円 ←基本計算式
報酬限度額（税込み）＝198万円×1.1＝217.8万円　　　答え [○]

❹ <mark>1件の取引について受領できる報酬限度額の合計は、基本計算式で求める報酬限度額の2倍</mark>です。
媒介の報酬限度額（税抜き）＝4,000万円×<mark>0.03＋6万円</mark>＝126万円
媒介の報酬限度額（税込み）＝126万円×1.1＝138.6万円←Bの限度額
代理の報酬限度額＝138.6万円×2＝277.2万円 ←Aの限度額
本問は、取引全体の報酬限度額277.2万円を超えています。　答え [✗]

❺ 貸借では、1件の取引について受領できる報酬限度額の合計は、<mark>「借賃の1か月分＋消費税等相当額＝1.1か月分」</mark>です。承諾を得ていても、貸主と借主それぞれから1.1か月分を受領することはできません。　答え [✗]

❻ 店舗（居住用建物以外）の貸借ですので、権利金を基準に報酬を計算できます。<mark>「借賃の1か月分＋消費税等相当額＝1.1か月分」と権利金を売買金額とみなして計算した報酬額の高い方を取引の報酬限度額</mark>とします。
①借賃の1.1か月分（税込み）＝9万円×1.1＝9.9万円
②権利金を売買金額とみなして報酬額を計算する場合
　取引の報酬限度額（税込み）＝200万円×0.05×1.1＝11万円
　1件の取引については、基本計算式の報酬額の2倍が限度。
　取引の報酬限度額（税込み）＝11万円×2＝22万円
従って、②22万円が報酬限度額の合計となります。　　答え [○]

15 監督処分・罰則

- 宅建業者への監督処分と宅建士への監督処分を分けて覚える。
- 宅建業者に対する監督処分には、軽い順に「指示処分→業務停止処分→免許取消処分」の3種類がある。

宅建業法に違反するなどの行為をした場合に、**監督処分**が行われます。

宅建業者に対する監督処分と、宅建士に対する監督処分を分けて覚えましょう。

1 宅建業者に対する監督処分

宅建業者に対する監督処分には、処分が軽い順に、**指示処分・業務停止処分・免許取消処分**があります。**指示処分と業務停止処分の処分権者**（処分を行う権限を有する者）は、**免許権者**または**業務地を管轄する都道府県知事**です。

免許取消処分の処分権者は、**免許権者**です。

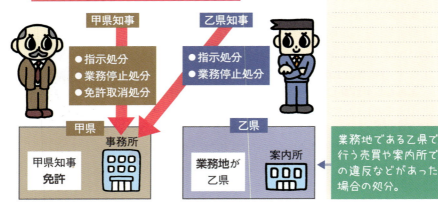

業務地である乙県で行う売買や案内所での違反などがあった場合の処分。

宅建業者に対する監督処分と処分権者

監督処分	処分権者（処分を行う権限を有する者）
指示処分	● 免許権者（都道府県知事または国土交通大臣）
業務停止処分	● 業務地の知事
免許取消処分	● 免許権者（都道府県知事または国土交通大臣）

2 宅建業者に対する指示処分

　指示処分とは、違反行為を解消するように指示を行うことです。例えば、業務に関する帳簿に報酬の額を記載しなかった、自ら売主となる中古住宅の売買に関し担保責任を負わない旨の特約を付したなど、宅建業法に違反すると指示処分を受けることがあります。

　指示処分を行うことができる（任意）のは、免許権者または業務地を管轄する都道府県知事です。

> 宅建業の業務に関する違反が対象。業務に関しない違反は監督処分の対象にならない。

指示処分の事由

(1) 業務に関し取引関係者に損害を与えたとき、または損害を与えるおそれが大きいとき

(2) 業務に関し取引の公正を害する行為をしたとき、または取引の公正を害するおそれが大きいとき

(3) 業務に関し他の法令（建築基準法など）に違反し、宅建業者として不適当であると認められるとき

(4) 宅建士が監督処分（指示処分・事務禁止処分・登録消除処分）を受けた場合に、宅建業者の責めに帰すべき理由があるとき

(5) 宅建業法または住宅瑕疵担保履行法（⇨p.142）に違反したとき

3 宅建業者に対する業務停止処分

<u>業務停止処分</u>とは、<u>1年以内</u>の期間を定めて、<u>業務の一部または全部の停止を命ずる</u>ことです。

<u>業務停止処分</u>を行うことができる（任意）のは、<u>免許権者</u>または<u>業務地を管轄する都道府県知事</u>です。

業務停止処分の事由

(1) <u>業務に関し他の法令（建築基準法など）に違反</u>し、宅建業者として不適当であると認められるとき

(2) 宅建士が監督処分を受けた場合に、宅建業者の責めに帰すべき理由があるとき

> 指示処分と同様。指示処分を行っても、業務停止処分を行ってもよい。

(3) <u>指示処分に従わなかったとき</u>

(4) 宅建業法の規定に基づく国土交通大臣または都道府県知事の処分に違反したとき

(5) <u>宅建業に関する業務において、不正または著しく不当な行為をしたとき</u>

(6) <u>宅建業法の一定の規定に違反したとき</u>。以下は、主な違反行為

- 宅建業に係る契約を締結させるために、また契約の解除や申込みの撤回を妨げるために、<u>相手方を威迫した</u>
- 免許を受けている者が、<u>自己の名義をもって他人に宅建業を営ませたり</u>、営む旨の表示をさせ、または<u>宅建業を営む目的をもって広告をさせた</u>（名義貸しの禁止）
- 専任の宅建士の人数が法定数を欠いたにもかかわらず、<u>2週間以内に必要な措置をとらなかった</u>
- <u>誇大広告等の禁止に違反</u>した
- <u>重要事項の説明を行わなかった</u>。<u>重要事項の説明を宅建士でない者にさせた。</u>
- <u>37条書面（契約書面）の交付をしていなかった</u>
- <u>守秘義務に違反</u>した
- <u>業務中の従業者に従業者証明書を携帯させなかった</u>
- 媒介契約において、<u>建物を売買すべき価額について意見を述べる場合に、その根拠を明らかにしなかった</u>
- 還付による営業保証金の不足額を2週間以内に供託しなかった
- <u>取引態様の別を明示すべき義務に違反した</u>

4 宅建業者に対する免許取消処分

免許取消処分の権限を有するのは、**免許権者**に限られます。

免許が取り消されるケースには、免許を取り消さなければならない場合（**必要的免許取消事由**）と、免許権者の判断次第で取り消すことができる場合（**任意的免許取消事由**）があります。

出る！
宅建業者Ａ（甲県知事免許）は、国土交通大臣や他県の知事から免許取消処分を受けることはない。

必要的免許取消事由（免許を取り消さなければならない事由）

欠格要件（⇩16ページ）に該当等

(1) 不正な手段により免許を取得したとき
(2) 業務停止処分事由に該当し、情状が特に重いとき
(3) 業務停止処分に従わなかったとき
(4) 破産手続き開始の決定を受けたとき
(5) 心身の故障により宅建業を適正に営むことができなくなったとき
(6) 宅建業法違反、傷害罪、背任罪等で、罰金刑に処せられたとき
(7) 禁錮刑以上の刑に処されたとき
(8) 暴力団員等に該当、暴力団員等が事業活動を支配することとなったとき
(9) 営業に関し成年者と同一の行為能力を有しない未成年者の法定代理人・法人の役員・政令で定める使用人が一定の欠格要件に該当するとき

その他

(10) 免許換えをしなければならない事由に該当しながら、新たに免許を受けていない（免許替えの申請を怠った）ことが判明した
(11) 免許を受けてから１年以内に事業を開始しないとき、または引き続いて１年以上事業を休止したとき
(12) 廃業等の届出がなく、その事実が判明したとき

任意的免許取消事由（免許を取り消すことができる事由）

(1) 営業保証金を供託した旨の届出がないとき
(2) 免許を受けた宅建業者の事務所の所在地を確知できないとき、または所在を確知できないときに公告し、その公告の日から30日を経過しても申出がないとき
(3) 免許に付された条件に違反したとき（⇨p.9）

5 宅建業者に対する監督処分の手続き

❶ 聴聞

処分権者は、**監督処分**を行う前に、業者に通知、**公示**をして、公開による**聴聞**を行わなければなりません。

❷ 国土交通大臣と内閣総理大臣との協議

国土交通大臣が、消費者保護の規定に違反した大臣免許業者に**監督処分**を行うにあたっては、あらかじめ**内閣総理大臣**に**協議**しなければなりません。

❸ 公告

業務停止処分または**免許取消処分**をしたときは、官報・公報等による**公告**をしなければなりません。

指示処分については、**公告の必要はありません**。

❹ 免許権者への通知

業務地を管轄する都道府県知事が**指示処分**または**業務停止処分**を行った場合は、処分を行った知事が宅建業者の**免許権者**に通知します。これを受けた**免許権者**は、宅建業者名簿に処分の年月日と内容を**記載**します。

6 指導・立入検査等

国土交通大臣はすべての宅建業者に、また**都道府県知事**はその**管轄区域内で宅建業を営む宅建業者**に、

(1) 必要な**指導・助言・勧告**をすることができます。このとき免許権者に通知する必要はありません。

(2) **報告**を求め、また**立入検査**を行うことができます。

出る！

監督処分の前に行われるのは、「弁明の機会の付与」ではなく、公開の「聴聞」。

【官報・公報等による公告】
以下の方法で公告します。
・国土交通大臣においては官報
・都道府県知事においては公報またはウェブサイトへの掲載その他の適切な方法

出る！

宅建業者（甲県知事免許）が、乙県の区域内における業務に関し乙県知事から指示処分を受けたことは、乙県知事から甲県知事に通知される。

免許取消処分の場合は、免許権者が行うので、免許権者への通知は不要。

「宅建士」に対して指導・助言・勧告をすることはできない。

7 宅建士に対する監督処分

宅建士に対する監督処分には、処分が軽い順に、**指示処分**・**事務禁止処分**・**登録消除処分**があります。

宅建士に対する監督処分と処分権者

監督処分	処分権者（処分を行う権限を有する者）
指示処分	● 登録地の知事
事務禁止処分	● 業務地の知事
登録消除処分	● 登録地の知事

❶ 指示処分、事務禁止処分

登録地の都道府県知事または**業務地を管轄する都道府県知事**は、宅建士に**指示処分**または**事務禁止処分（1年以内の期間）**を行うことができます（任意）。

> **出る！**
> 宅建士は、事務禁止処分を受けた場合、宅建士証を交付を受けた都道府県知事に速やかに提出しなければならない。

指示処分の事由

(1) 自分が専任の宅建士として従事している事務所以外の宅建業者の事務所で、専任の宅建士である旨の表示を許し、宅建業者がその旨の表示をしたとき

(2) 他人に自己の名義の使用を許し、当該他人がその名義を使用して宅建士である旨の表示をしたとき

(3) 宅建士としてすべき事務*に関し不正または著しく不当な行為をしたとき

＊ 宅建士としてすべき事務とは、「重要事項の説明」「35条書面（重要事項説明書）への記名押印」「37条書面（契約書面）への記名押印」の3つ。

事務禁止処分の事由

・「指示処分の事由」(1)(2)(3) に該当するとき ← (1)(2)(3)は、指示処分にしても、事務禁止処分にしてもよい。

・指示処分に従わなかったとき

❷ 登録消除処分

登録地の**都道府県知事**は、宅建士（宅建士資格者を含む）が登録消除処分の事由に該当する場合、その**登録消除処分**を行わなければなりません。

> 宅建士の登録消除処分の事由
> (1) 登録の欠格要件に該当することとなったとき
> (2) 不正な手段により宅建士の登録を受けたとき
> (3) 不正な手段により宅建士証の交付を受けたとき
> (4) 事務禁止処分事由に該当し、情状が特に重いとき
> (5) 事務禁止処分に違反したとき
>
> 宅建士資格者の登録消除処分の事由
> (1) 登録の欠格要件に該当することとなったとき
> (2) 不正な手段により登録を受けたとき
> (3) 宅建士としての事務を行い、情状が特に重いとき

【宅建士資格者】
宅建士の登録を受けているが、宅建士証の交付は受けていない者。宅建士としての事務を行うことはできないので、指示処分、事務禁止処分を受けることはない。宅建士の事務を行った場合には、登録消除処分を受ける場合がある。

出る！
宅建士は、登録が消除された場合、宅建士証を交付した都道府県知事に速やかに返納しなければならない。

❸ 宅建士に対する監督処分の手続き

処分権者は、監督処分を行う前に、宅建士に通知、公示をして、公開による聴聞を行わなければなりません。業務地を管轄する都道府県知事が処分を行った場合は、処分された宅建士が登録をしている都道府県知事に通知しなければなりません。なお、宅建士に対する監督処分は、公告されません。

❹ 報告の要求

国土交通大臣はすべての宅建士に対して、また**都道府県知事は登録をした宅建士**及びその**管轄区域内で事務を行う宅建士**に対して、宅建士の事務の適正な遂行を確保するため必要があると認めるときは、**報告**を求めることができます。

出る！
甲県知事の資格登録を受けていて、乙県で事務を行う宅建士は、国土交通大臣、甲県知事、乙県知事から、報告を求められることがある。

8 罰則

宅建業法に違反した場合の罰則には、**懲役・罰金・過料**という3種類があります。行為者自身が罰せられるのはもちろん、その者が勤める法人などに対しても罰金刑が科されることがあります。

> **出る！**
> 罰金の出題は多くない。正誤問題で「○万円以下の罰金に処せられることがある」という文末のときは、ほとんどが「正しい」選択肢となっている。

【罰則の内容（一部）】

(1) 3年以下の懲役もしくは300万円以下の罰金またはこれらの併科	・不正手段によって免許を取得した ・免許を受けずに宅建業を営んだ ・名義貸しをして他人に営業させた ・業務停止処分に違反して業務を行った
(2) 2年以下の懲役もしくは300万円以下の罰金またはこれらの併科	・重要な事実（相手方の判断に重要な影響を及ぼすこととなる事項）の告知義務に違反した
(3) 1年以下の懲役もしくは100万円以下の罰金またはこれらの併科	・不当に高額の報酬を要求した
(4) 6か月以下の懲役もしくは100万円以下の罰金またはこれらの併科	・営業保証金の供託届出前に営業を開始した ・誇大広告等の禁止に違反した ・不当な履行遅延の禁止に違反した ・手付貸与等により契約締結を誘引した
(5) 100万円以下の罰金	・免許申請書や添付書類に虚偽記載をした ・免許を受けずに宅建業を営む旨の表示・広告をした ・名義貸しをして他人に営業表示や広告をさせた ・専任の宅建士の設置義務に違反した ・報酬基準額を超える報酬を受領した
(6) 50万円以下の罰金	・宅建業者名簿の変更の届出義務に違反した ・37条書面の宅建士による記名押印義務に違反した ・報酬額の掲示義務に違反した ・従業者名簿の設置義務に違反した、これに虚偽の記載をした ・業務に関する帳簿の備付け義務に違反した ・守秘義務に違反した（相手方等からの告訴が必要） ・国土交通大臣または知事から求められた報告を怠った ・国土交通大臣または知事の検査を拒み、妨げ、忌避した
(7) 10万円以下の過料（宅建士に対する罰則）	・登録消除等による宅建士証の返納義務に違反した ・事務禁止処分による宅建士証の提出義務に違反した ・重要事項の説明の際に、宅建士証の提示義務に違反した

▲ (1)と(2)の場合、法人に対しては1億円以下の罰金刑が科されることがあります。

過去問で集中講義 ✏

「監督処分・罰則」に関する過去問題を集めてあります。○×で答えましょう。

1 宅地建物取引業者A（甲県知事免許）は、法第50条第2項の届出をし、乙県内にマンション分譲の案内所を設置して業務を行っていたが、当該案内所について法第31条の3第3項に違反している事実が判明した。この場合、乙県知事から指示処分を受けることがある。 H26年［問44.イ.改］

2 宅地建物取引業者A（甲県知事免許）は、甲県知事から指示処分を受けたが、その指示処分に従わなかった。この場合、甲県知事は、Aに対し、1年を超える期間を定めて、業務停止を命ずることができる。 H28年［問26.3］

3 宅地建物取引士が都道府県知事から指示処分を受けた場合において、宅地建物取引業者（国土交通大臣免許）の責めに帰すべき理由があるときは、国土交通大臣は、当該宅地建物取引業者に対して指示処分をすることができる。 H30年［問32.1］

4 宅地建物取引業者A（甲県知事免許）は、自ら所有している物件について、直接賃借人Bと賃貸借契約を締結するに当たり、法第35条に規定する重要事項の説明を行わなかった。この場合、Aは、甲県知事から業務停止を命じられることがある。 H28年［問26.4］

5 宅地建物取引業者A（国土交通大臣免許）は、甲県知事から業務停止の処分を受けた。この場合、Aが当該処分に違反したとしても、国土交通大臣から免許を取り消されることはない。 H26年［問44.エ］

6 甲県知事は、宅地建物取引業者A（甲県知事免許）に対して指示処分をした場合には、甲県の公報又はウェブサイトへの掲載その他の適切な方法により、その旨を公告しなければならない。 H20年［問45.4.改］

7 国土交通大臣は、宅地建物取引業者A（甲県知事免許）に対し、宅地建物取引業の適正な運営を確保するため必要な勧告をしたときは、遅滞なく、その旨を甲県知事に通知しなければならない。 H22年［問44.1］

8 宅地建物取引業者A社は、その相手方等に対して契約に係る重要な事項について故意に事実を告げない行為は禁止されているが、法人たるA社の代表者が当該禁止行為を行った場合、当該代表者については懲役刑が科されることがあり、またA社に対しても罰金刑が科されることがある。 H16年［問44.4］

解説

❶ 宅建業法に違反しているので、指示処分を受けることがあります。指示処分を行うことができるのは、免許権者（甲県知事）または業務地を管轄する都道府県知事（乙県知事）です。ちなみに、「法第31条の3第3項に違反」とは、専任の取引士の設置義務違反（⇒p.56）のことです。　　答え [○]

❷ 指示処分に従わなかった場合、免許権者または業務地を管轄する都道府県知事は、業務停止処分を命ずることができます。業務停止処分とは、1年以内の期間を定めて、業務の一部または全部の停止を命ずることです。1年を超える期間を定めることはできません。　　答え [✗]

❸ 宅建士が監督処分（指示処分・事務禁止処分・登録消除処分）を受けた場合に、宅建業者の責めに帰すべき理由があるとき、免許権者または業務地を管轄する都道府県知事は、宅建業者に対して指示処分をすることができます。
　　答え [○]

❹ 自己所有の物件について賃貸借契約を締結すること（自ら貸主）は、宅建業にはあたらないため、監督処分を受けることもありません。　答え [✗]

❺ 業務停止処分に違反することは、免許取消処分の対象となります。そして、免許取消処分を行うことができるのは免許権者だけです。本問の場合、宅建業者Aの国土交通大臣免許を取り消すことができるのは、免許権者である国土交通大臣となります。　　答え [✗]

❻ 業務停止処分、免許取消処分が行われると、官報、公報またはウェブサイトへの掲載その他の適切な方法によって公告されます。指示処分では公告はされません。　　答え [✗]

❼ 国土交通大臣はすべての宅建業者に対して必要な指導・助言・勧告をすることができます。指導・助言・勧告の際には、その旨を免許権者である甲県知事に通知する必要はありません。なお、都道府県知事はその管轄区域内で宅建業を営む宅建業者に対して必要な指導・助言・勧告をすることができます。　　答え [✗]

❽ 重要な事実の告知義務に違反した者は罰則（2年以下の懲役もしくは300万円以下の罰金、またはこれらの併科）の対象となります。また、法人も罰金刑を科されることがあります。　　答え [○]

16 住宅瑕疵担保履行法

- 宅建業者が自ら売主となって新築住宅を販売する場合、瑕疵担保責任を果たすために資力を確保する必要がある。
- 資力確保措置（供託・保険）について理解する。

1 住宅品質確保法

　民法では、売主に契約不適合について担保責任を負わせるためには買主が不適合を知った時から1年以内に通知する必要があるとしています。これに対し、**住宅品質確保法**（品確法）では、**新築住宅**の売主に、引渡しの時から**10年間**の**瑕疵担保責任**を課しています。

> **住宅品質確保法の規定による瑕疵担保責任**
> - 構造耐力上主要な部分（基礎、壁、柱、はり等）
> - 雨水の浸入を防止する部分（屋根、外壁等）
> に隠れた瑕疵があるとき、売主は引渡しの時から10年間、担保責任を負う。

【住宅品質確保法】
住宅の品質確保の促進等に関する法律。

【新築住宅】
新たに建設された住宅で、まだ人の居住の用に供したことのないもの（建設工事の完了の日から起算して1年を経過したものを除く）。

【瑕疵】
種類または品質に関して契約の内容に適合しない状態。

2 住宅瑕疵担保履行法

　住宅品質確保法で瑕疵担保責任について定めても、宅建業者に資力がなければ、その責任を果たすことができません。そこで、制定されたのが**特定住宅瑕疵担保責任の履行の確保等に関する法律**（以下、**住宅瑕疵担保履行法**）です。この法律は、宅建業者が自ら売主と

倒産等で担保責任が履行されないリスクに備える。

なる**新築住宅**の売買契約について、**瑕疵担保責任**を確保するための**資力確保措置**を義務付けています。

資力確保措置として、**住宅販売瑕疵担保保証金**の供託と**住宅販売瑕疵担保責任保険**の契約があります。両者を併用してもかまいません。ただし、**買主が宅建業者**の場合は、資力確保措置の義務は生じません。

出る！

【資力確保措置が必要】
・買主が建設業者。

【資力確保措置が不要】
・買主が宅建業者。
・宅建業者が、売買の代理・媒介だけをする場合。

3 住宅販売瑕疵担保保証金

❶ 供託の仕組み

主たる事務所の最寄りの供託所へ**住宅販売瑕疵担保保証金**を供託し、瑕疵によって損害を被った買主に保証金から還付する仕組みです。

供託する金額は、**基準日**において、当該基準日前10年間に買主に引き渡した新築住宅の合計戸数に応じて算定される額です。

営業保証金の供託（⇨p.36）とよく似た制度。

【基準日】
毎年3月31日と9月30日。

宅建業者 → ❶ 保証金の供託 → **供託所**

❷ 瑕疵による損害 ← **買主** ← ❸ 還付

新築住宅の合計戸数

・住宅販売瑕疵担保保証金を供託する場合、新築住宅の合計戸数の算定にあたって、<u>床面積が55㎡以下</u>であるときは、<u>2戸をもって1戸</u>と数える。

<u>床面積55㎡以下</u>

1戸

金銭のほか、国債、地方債などの有価証券でも供託できます。これは営業保証金と同様です。

有価証券の評価額の割合	
国債	額面金額の100%
地方債・政府保証債	額面金額の90%
その他の有価証券	額面金額の80%

❷ 供託所の所在地等に関する説明

宅建業者は、**住宅販売瑕疵担保保証金の供託**をする場合、買主に対し、**供託所の所在地**等について、**書面を交付し、説明しなければなりません**。

書面の交付及び説明は、売買契約の締結までにする必要があります。

> 「新築住宅の引渡しまで」ではない。

なお、この説明をするのは、宅建士でなくてもかまいません。

4 住宅販売瑕疵担保責任保険

宅建業者が**住宅瑕疵担保責任保険法人**と**住宅販売瑕疵担保責任保険**の契約をする方法です。

この保険は、①保険金額が2,000万円以上、②**10年以上の契約期間**、③**宅建業者が保険料を支払うこと**を約するものでなければなりません。

宅建業者が**担保責任**を履行した場合、それによって生じた損害について保険法人に**保険金を請求**することができます。

なお、宅建業者が倒産等によって相当の期間を経過

しても瑕疵担保責任を履行しない場合は、住宅の買主が保険金を請求することができます。

5 資力確保措置に関する届出義務

宅建業者は、**基準日ごとに**、資力確保措置の状況について免許権者に届け出なければなりません。届出期限は、**基準日から3週間以内**です。

「引渡日から3週間以内」ではない。

宅建業者が資力確保措置を講じず、または届出をしなかった場合、**基準日の翌日から起算して50日**を経過した日から、自ら売主となる新築住宅の売買契約を締結することができなくなります。

・基準日以後
・基準日から1月
・基準日から起算して50日経過後
ではない。

供託所の所在地等について、書面の交付と説明をする期限	**売買契約を締結**するまで
資力確保措置の状況を免許権者に届け出る期限	**基準日から3週間以内**
免許権者に届出をしない場合、新たな新築住宅の売買契約ができなくなるのは	**基準日の翌日から起算して50日**を経過した日から

過去問で集中講義 ✏

「住宅瑕疵担保履行法」に関する過去問題を集めてあります。**○✕**で答えましょう。

宅地建物取引業者Aが自ら売主として、宅地建物取引業者でない買主Bに新築住宅を販売する場合における次の記述について、以下の問題に答えなさい。

1 住宅販売瑕疵担保責任保険契約は、新築住宅の買主が保険料を支払うことを約し、住宅瑕疵担保責任保険法人と締結する保険契約であり、当該住宅の引渡しを受けた時から10年間、当該住宅の瑕疵によって生じた損害について保険金が支払われる。
H23年［問45.4］

2 Bが建設業者である場合、Aは、Bに引き渡した新築住宅について、住宅販売瑕疵担保保証金の供託又は住宅販売瑕疵担保責任保険契約の締結を行う義務を負わない。
H25年［問45.1］

3 Aは、住宅販売瑕疵担保保証金を供託する場合、当該住宅の床面積が100㎡以下であるときは、新築住宅の合計戸数の算定に当たって、2戸をもって1戸と数えることになる。
H28年［問45.1］

4 Aは、自ら売主として新築住宅を販売する場合だけでなく、新築住宅の売買の媒介をする場合においても、住宅販売瑕疵担保保証金の供託又は住宅販売瑕疵担保責任保険契約の締結を行う義務を負う。
H26年［問45.2］

5 Aは、当該保険に係る新築住宅に、構造耐力上主要な部分及び雨水の浸入を防止する部分の隠れた瑕疵（構造耐力又は雨水の浸入に影響のないものを除く。）がある場合に、特定住宅販売瑕疵担保責任の履行によって生じた損害について保険金を請求することができる。
H27年［問45.4］

6 Aは、当該住宅をBに引き渡した日から3週間以内に、住宅販売瑕疵担保保証金の供託又は住宅販売瑕疵担保責任保険契約の締結の状況について、免許を受けた国土交通大臣又は都道府県知事に届け出なければならない。
H30年［問45.2］

7 Aは、基準日に係る住宅販売瑕疵担保保証金の供託及び住宅販売瑕疵担保責任保険契約の締結の状況について届出をしなければ、当該基準日の翌日から起算して50日を経過した日以後においては、新たに自ら売主となる新築住宅の売買契約を締結することができない。
H30年［問45.3］

146

大事にゃところが黄色ににゃってる！

> **解 説**

❶ 住宅販売瑕疵担保責任保険契約は、**宅建業者が保険料を支払う**ことを約するものです。買主が保険料を支払うのではありません。　　　　答え [✗]

❷ **買主が宅建業者の場合には、資力確保措置を講ずる必要はありません。**本問の買主Bは宅建業者ではなく建設業者ですから、売主Aは資力確保措置（住宅販売瑕疵担保保証金の供託または住宅販売瑕疵担保責任保険契約の締結）を講じなければいけません。　　　　答え [✗]

❸ 住宅販売瑕疵担保保証金を供託する場合、**新築住宅の合計戸数の算定にあたって、床面積が55㎡以下であるときは、2戸をもって1戸**と数えます。
　　　　答え [✗]

❹ 宅建業者が、**住宅瑕疵担保履行法の適用を受けるのは、自ら売主として新築住宅を販売する場合**に限られます。新築住宅の売買の媒介をする場合には、供託をしたり保険契約をしたりする必要はありません。　　　　答え [✗]

❺ 住宅販売瑕疵担保責任保険を契約している宅建業者は、**特定住宅販売瑕疵担保責任を履行した場合、構造耐力上主要な部分（基礎、壁、柱、はり等）、雨水の浸入を防止する部分（屋根、外壁等）に隠れた瑕疵がある場合に生じた損害について保険金を請求**することができます。　　　　答え [◯]

❻ 宅建業者は、**基準日（毎年3月31日と9月30日）ごとに、「基準日から3週間以内」**に、資力確保措置の状況について免許権者に届け出なければなりません。　　　　答え [✗]

❼ 自ら売主として新築住宅を宅建業者でない買主に引き渡した宅建業者が、基準日に係る資力確保措置の状況の届出をしなかった場合、**当該基準日の翌日から起算して「50日を経過」した日以後**において、新たに自ら売主となる新築住宅の売買契約を締結することができなくなります。　　答え [◯]

「権利関係」の学習ポイント ▶▶▶▶▶▶

出題数

「権利関係」からは、宅建試験の**全出題数50問のうちの14問が出題**されます。20問が出題される「宅建業法」と並んで、宅建試験での出題割合が高い分野です。

出題内容

「権利関係」は、「民法」を中心にして、特別法である「不動産登記法」「借地借家法」「区分所有法」という法律を扱う分野です。条文自体に関する問題はもちろん、判例からも出題されます。また、具体的な「事例」をもとにした問題が多いことも特徴です。

なお、本書は、令和2年4月1日施行の民法改正に準拠（令和2年の宅建試験に対応）しています。

攻略法

「権利関係」は、出題範囲が広く、**他分野に比べて点数を取るのが難しい分野**といえます。

民法と他の法律との違いが論点になることが多いので、まずは**民法の基本を身に付けておく**ことが大切です。そのためには、本文内の基本用語の意味や基本用語同士の関係を頭に入れたうえで、学習していく必要があります。

また、細かい法律の条文や判例をすべて覚えるのは、学習効率が悪いので、**基本用語**、過去に出題された知識（赤い下線）、民法改正に関する出題予想知識（緑の下線）を重点的に覚えることが点数をアップするポイントになります。

「権利関係」の目標点数は、**14問中10点**です。

Part 2

権利関係

本文にある赤い下線、赤い囲み「出る！」の内容は、これまでに出題されたことがある知識です。

Contents　ここで学習すること 14

01 意思表示

02 制限行為能力者

03 代理制度

04 無権代理と表見代理

05 時効

06 契約

07 債務不履行と解除

08 売買

09 物権変動と対抗関係

10 不動産登記法

11 抵当権

12 保証と連帯債務

13 債権譲渡と債務引受

14 弁済と相殺

15 賃貸借

16 借地借家法 ①借地

17 借地借家法 ②借家

18 請負と委任

19 不法行為

20 相続

21 共有

22 区分所有法

23 権利関係・その他

01 意思表示

- 心裡留保は、相手方が善意無過失ならば有効である。
- 虚偽表示は、当事者間（売主と買主との間）では常に無効。
- 詐欺、強迫による意思表示は、取消しができる。

1 意思表示と契約

意思表示とは、自分の「意思」を「表示」することです。意思表示をした者を**表意者**といいます。

売買契約は、**申込み**と**承諾**という2つの**意思表示**が合致することで成立します。例えば、ある土地について、所有者Aが「1,000万円で売りたい」と申し出た場合、これを**申込みの意思表示**といいます。これに対して、Bが「1,000万円なら買いたい」と答えるのが**承諾の意思表示**です。申込みと承諾の意思表示が合致すると、Aを売主、Bを買主とする売買契約が成立します。

> 宅建試験では、例えば「表意者の意思表示が真意でないことを相手方が知っていても契約は有効に成立する」といった表現で出題されている。

所有者A
申込みの意思表示
1,000万円で売りたい
←合致→
契約成立
承諾の意思表示
1,000万円で買いたい

B

2 意思の不存在

意思と表示が一致していない場合について、学習します。例えば、土地を売る意思がないのに、「売る」と意思表示したようなケースです。真意と表示が一致しないことを**意思の不存在**といいます。民法では、**心裡留保**・**虚偽表示**の2つを規定しています。

150

3 心裡留保 [民法改正]

心裡留保とは、表意者が**自分の真意ではないと知りながら行う意思表示**のことです。

例えば、自分の所有する1,000万円の土地を、冗談やウソで「500万円で売ります」と、売る気がないのに意思表示した場合などが心裡留保です。

意思（真意）売る気はない ≠ **表示 売ります**
認識あり

心裡留保による意思表示は、原則として**有効**です。ただし、相手方が表意者の真意でないことを知っていた場合（**悪意**）、または知ることができた場合（**善意有過失**）は**無効**となります。この**無効**は、**善意の第三者**には**主張できません**。

> 心裡留保は、
> - 相手方が表意者の真意でないことを知らず（善意）、かつ知ることができなかった場合（無過失）は有効。
> - 相手方が表意者の真意でないことを知り（悪意）、または知らなかったが知ることができた場合（善意有過失）は無効。
> - 善意の第三者には無効を主張できない。

心裡留保＝
心裡（心の裏）に、
留保（留めておく）

心裡留保は、相手方が善意無過失の場合に有効となる。

【無効】
意思表示や契約に当初から効力がないこと。無効は、何年たっても主張することができる。

最初から効力がない
契約の無効

これに対して「取消し」は、一応は「有効」とされる意思表示や契約を、当初にさかのぼって無効とすること。取消権を行使できるのは一定期間内に限られる。

善意…ある事実について「知らない」。過失の有無を問わない。
善意無過失…十分に注意していても知ることができなかった。
悪意…ある事実について「知っている」。
善意有過失…知らないが、十分に注意していたら知ることができた。

4 虚偽表示

　虚偽表示（通謀虚偽表示）とは、相手方と通じ合ってウソの意思表示をすることです。例えば、売主が差押えを免れるために買主と**通謀**して売買契約をしたかのように**仮装**することなどが虚偽表示にあたります。
　虚偽表示による意思表示は、**当事者間**（売主と買主との間）では常に**無効**です。
　なお、**善意の第三者**には**無効を主張できません**。

> 虚偽表示は、
> - 当事者間（売主と買主との間）では常に無効。
> - いったん善意の第三者に売却されたり、善意の転得者に転売された場合には、無効を主張できない。

【通謀】
グルになり、示し合わせて事をたくらむこと。

【仮装】
ある出来事が実際にあったかのように見せかけること。

出る！
通謀虚偽表示の買主が所有権移転登記を受けていても、売主は買主に対し、契約の無効を主張できる。

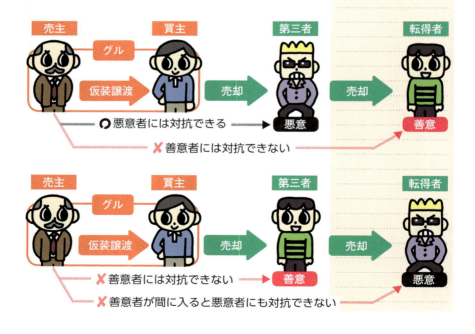

覚えておこう

当事者…ある法律関係や事項について、**直接関与している者**。売買でいえば売主と買主のこと。

第三者…**当事者以外の者**で、ある法律関係や事項について、関与している者。

転得者…第三者から、転売によって購入した者。AがA所有の土地をBに売買した。Bがその土地をCに売却し、CがDに売却した場合、Cを第三者、Dを転得者という。

対抗…当事者間の法律関係を第三者に対して主張すること。「所有権を対抗できる」「善意の第三者に対抗できない」というように使われる。

5 錯誤 （民法改正）

錯誤とは、表意者が**自分の真意と表示が違っていることを知らずに行う意思表示**のことです。要するに勘違いや間違いが原因の意思表示です。

意思 売る気はない	≠ 認識なし	表示 売ります

> 民法では「意思表示に対応する意思を欠く錯誤」としている。これを「表示の錯誤」という。

❶ 錯誤の重要性

問題になるのは、その錯誤が法律行為の目的及び取引上の社会通念に照らして**重要な錯誤**であるときです。例えば、甲土地を売るという意思だったのに、勘違いで乙土地を売ると意思表示してしまったようなケースが重要な錯誤にあたります。

重要な錯誤による意思表示や契約は、**有効**ですが、**表意者が取り消す**ことができます。

しかし、**表意者に重過失（重大な過失）があった場合、表意者は意思表示を取り消すことができません**。

(1)(2)の場合は例外で、表意者は、**重過失があっても、**錯誤による意思表示を**取り消す**ことができます。

(1) 表意者の錯誤について、**相手方が悪意**（表意者の錯誤を知っていた）または**善意重過失**である（表意者の錯誤を知らなかったことについて重大な過失がある）とき

(2) 相手方が表意者と**同一の錯誤**に陥っていたとき

善意無過失の第三者や転得者に対しては、錯誤による意思表示を**取り消すことができません。**

重要な錯誤は、

- 表意者が取り消すことができる。善意無過失の第三者や転得者に対抗（取消しを主張）できない。

- 表意者に重過失があった場合、表意者は原則として意思表示を取り消すことができない。

---

❷ 動機の錯誤

動機の錯誤とは、法律行為*の基礎とした事情（動機）についての認識が真実に反する錯誤をいいます。

例えば、「近くに新駅ができると聞いたので（←動機）、土地を買ったが、実際は新駅の計画はなかった」などのケースが動機の錯誤にあたります。

動機の錯誤を理由に意思表示を取り消すことができるのは、動機となった、法律行為の基礎とされている**事情が表示**されていたときに限られます。表示の方法は、明示的（書面や口頭）でも黙示的（行動や周囲の事情などから一定の表示行為があったものと判断できること）でもどちらでもかまいません。

【法律行為】
法的に行使できる権利や義務が生じる行為。各種の契約や解除、遺言など。

【例】 土地の売買契約書に「駅が新設される予定」と表示されていたので買ったが、新設されなかった場合など。

6 瑕疵ある意思表示

　自由な意思の形成が妨げられた場合の意思表示を**瑕疵ある意思表示**といいます。民法では、**詐欺**と強迫による意思表示を**瑕疵ある意思表示**として、**取り消すことができる**と定めています。当初から契約が無効というわけではないことに注意しましょう。

7 詐欺 （民法改正）

詐欺とは、相手をだますことです。
詐欺によってなされた意思表示は、**有効**ですが、**取り消す**ことができます。

❶ 取消し前に第三者に転売

　売主Aが買主Bから詐欺を受けて、Bに売却し、Aが契約を取り消す前に、Bから第三者Cへと転売されたケースです。
　第三者Cが詐欺について**善意無過失**であれば、売主Aは詐欺による取消しをもってCに**対抗できません**。
　Cが詐欺について**悪意**または**善意有過失**であれば、Aは詐欺による取消しをもってCに**対抗**できます。

❷ 取消し後に第三者に転売

売主Aが買主Bから詐欺を受けて、Bと売買契約を結び、Aが契約を取り消した後に、Bから第三者Cへと転売されたケースです。契約が取り消されると、契約時にさかのぼって無効となるため、土地の**所有権**はAに戻っています。しかし、BがCに売却した点から考えれば、Cも所有権を主張できそうです。つまり、Bを起点として、AとCとに**二重譲渡**されたのと類似の状況になっています。このような対抗関係においては、**先に登記**をした方がもう一方に対して**所有権を主張**できます。

【所有権】
物の全面的支配権。自由に自分の所有物の使用・収益・処分をする権利。

【二重譲渡】
同一物を複数の者に譲渡すること。AがBに不動産を譲渡した後、Aが同じ不動産を第三者Cに譲渡する場合などが該当する。不動産の譲渡で最終的な所有者となるのは、原則として先に登記した者である。

❸ 第三者の詐欺

売主Aが第三者Dから詐欺を受けて、買主Eと売買契約を結んだケースです。第三者の詐欺による意思表示では、相手方が詐欺について**善意無過失**であれば、詐欺による取消しをもって**対抗できません**。相手方が詐欺について**悪意または善意有過失**であれば、**対抗**できます。

買主が詐欺を受けて購入した場合も同様。売主が善意無過失であれば取消しができない。悪意または善意有過失であれば取消しができる。

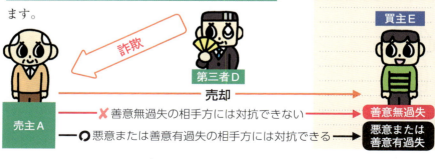

8 強迫

強迫とは、相手をおどすことです。

強迫によってなされた意思表示は、**有効**ですが、**取り消す**ことができます。

> 錯誤、詐欺、強迫によってなされた意思表示は、表意者、その代理人、承継人（親や第三者から、権利や地位を受け継いだ人）に限り、取消しができる。

❶ 取消し前に第三者に転売

売主Aが買主Bから強迫を受けて、Bと売買契約を結び、Aが契約を取り消す前に、Bから第三者Cへ転売されたケースです。**Cが強迫について善意でも悪意**でも、Aは強迫による取消しをもって**対抗**できます。

> 詐欺…善意無過失の第三者に対抗できない。
> 強迫…善意の第三者に対抗できる。

❷ 取消し後に第三者に転売

売主Aが買主Bから強迫を受けて、Bと売買契約を結び、Aが契約を取り消した後に、Bから第三者Cへ転売されたケースです。取消し後の転売では、**先に登記**をした方がもう一方に対して**所有権を主張**できます。

❸ 第三者の強迫

売主Aが第三者Dから強迫を受けて、買主Eに土地を売却したケースです。**第三者の強迫**による意思表示では、相手方が強迫の事実を知っていたかどうかにかかわらず、強迫による取消しをもって**対抗**できます。

※詐欺と強迫の対抗関係については、「詐欺、強迫と対抗関係（⇨p.222）」でも学習します。

過去問で集中講義

「意思表示」に関する過去問題を集めてあります。〇✕で答えましょう。

AがA所有の甲土地をBに売却した場合、以下の問題について、民法の規定及び判例による正誤を答えなさい。

1 Aの売渡し申込みの意思は真意ではなく、Aは真意でないことを認識しており、BもAの意思が真意ではないことを知っていた場合、AとBとの意思は合致しているので、売買契約は有効である。　　　　　　　　　H16年[問01.1.改]

2 AB間の売買契約が、AとBとで意を通じた仮装のものであったとしても、Aの売買契約の動機が債権者からの差押えを逃れるというものであることをBが知っていた場合には、AB間の売買契約は有効に成立する。　　　　　　H19年[問01.2]

3 Aは、その所有する甲土地を譲渡する意思がないのに、Bと通謀して、Aを売主、Bを買主とする甲土地の仮装の売買契約を締結した。甲土地がBから悪意のCへ、Cから善意のDへと譲渡された場合、AはAB間の売買契約の無効をDに主張することができない。　　　　　　　　　　　　　　　　　　　　　　H27年[問02.4]

4 錯誤を理由としてこの売却の意思表示を取り消す場合、意思表示者であるAに重過失があるときは、Aは原則としてその意思表示を取り消すことができない。　　　　　　　　　　　　　　　　　　　　　　H17年[問02.3.改]

5 AB間の売買契約が、Bの意思表示の動機に錯誤があって締結されたものである場合、Bが所有権移転登記を備えていても、AはBの錯誤を理由にAB間の売買契約を取り消すことができる。　　　　　　　　　　H28年[問03.4]

6 Aは、第三者Cの詐欺行為によってBに甲土地を売却する契約をした。Bが甲土地を、詐欺について善意無過失のDに転売して所有権移転登記を済ませても、Aは詐欺による取消しをして、Dから甲土地の返還を求めることができる。　　　　　　　　　　　　　　　　　　　　　　H14年[問01.4.改]

7 CはBとの間で甲土地の売買契約を締結して所有権移転登記をしたが、その後AがBの強迫を理由にAB間の売買契約を取り消した場合、CがBによる強迫を知り、又は知ることができたときに限り、Aは所有者であることをCに対して主張できる。　　　　　　　　　　　　　　　　　　　　H20年[問02.4.改]

158

> 大事にゃところが黄色ににゃってる！

解説

❶ 自分の真意ではないと認識していたＡの意思表示は心裡留保です。**心裡留保は原則として有効**ですが、**相手方が表意者の真意でないことを知り（悪意）、または知ることができた場合（善意有過失）は無効**です。相手方ＢはＡの意思が真意ではないことを知っていたので、売買契約は無効です。　答え [✗]

❷ 意を通じた仮装の売買契約は虚偽表示です。**虚偽表示による契約は、常に無効**です。　答え [✗]

❸ **虚偽表示による仮装の売買契約ですから無効**です。Ａは、この無効を悪意の第三者Ｃに対して主張することができます。しかし、Ｃからの転得者Ｄは、虚偽表示について善意です。Ａは、**売買契約の無効を善意の第三者であるＤには主張できません**。　答え [◯]

❹ 錯誤があった場合、**表意者に重過失があるときは、原則としてその意思表示を取り消すことができません**。　答え [◯]

❺ 錯誤による意思表示を取り消すことができるのは、表意者であるＢだけです。意思表示の表意者ではない**相手方のＡから取消しを主張することはできません**。　答え [✗]

❻ 第三者の詐欺による意思表示では、**相手方が詐欺について善意無過失であれば、詐欺による取消しをもって対抗できません**。従って、Ａは詐欺による取消しをして、善意無過失のＤから甲土地の返還を求めることはできません。　答え [✗]

❼ ＢがＣに甲土地を転売した後に、ＡがＢの強迫を理由にＡＢ間の売買契約を取り消した場合、Ａは、**Ｃの善意・悪意にかかわらず、強迫による取消しをもってＣに対抗できます**。本問は、「ＣがＢによる強迫を知り、又は知ることができたときに限り」とする点が誤りです。　答え [✗]

02 制限行為能力者

- 未成年者が結婚すると、法的に成年者とみなされる。
- 成年被後見人の法律行為は、成年後見人の同意があった場合でも取り消すことができる。

1 民法上の能力

民法上の能力に、権利能力、意思能力、行為能力があります。

権利能力とは、権利や義務の主体となる能力・資格のことです。人は出生すれば権利能力を取得します。

意思能力は、自分のした法律行為の結果を判断できる能力のことです。例えば、泥酔した人のように、意思能力のない者のことを**意思無能力者**といいます。**意思無能力者**の意思表示による法律行為は、当初から**無効**となります（民法の明文はない。判例による原則）。

行為能力は、単独で有効な法律行為ができる能力のことです。

出る！
乳児でも、権利能力を有しているため、不動産を所有することができる。一方、権利能力を有しない団体などは、不動産を所有できない。

出る！
意思無能力者の法律行為は当初から無効。「取り消すことができる」というヒッカケに注意！

2 制限行為能力者とは

行為能力が不十分で法律行為を制限される人のことを民法では**制限行為能力者**といいます。**制限行為能力者が単独**で行った**法律行為**（例えば不動産の契約など）は、取り消すことができます。

制限行為能力者は、**未成年者**、**成年被後見人**、**被保佐人**、**被補助人**の4つに分けられます。

無効ではない。有効だが取消しができる。制限行為能力者の法律行為が「無効」という選択肢は誤り。

3 未成年者

　未成年者は、20歳未満の者です。未成年者は**法定代理人**の**同意**なく、単独で法律行為をすることはできません。ただし、**婚姻した未成年者は成年者とみなされ、単独で法律行為**ができます。

❶ 法定代理人

　未成年者の保護者は、法定代理人（**親権者**、または**未成年後見人**）です。未成年者の**法定代理人の権限**には、**代理権**、**同意権**、**追認権**、**取消権**があります。

❷ 未成年者と法律行為

　未成年者が単独で行った法律行為は、**取り消す**ことができます。この取消しは、善意無過失の第三者を含め、すべての**第三者に対抗**できます。

　未成年者が法定代理人の同意を得て行った法律行為、また法定代理人が**追認**（後で認めること）した法律行為は取り消すことができません。また、次の行為は、未成年者が単独で行っても取り消すことができません。

【法定代理人】
法律の規定によって権限を与えられた代理人。

【みなす】
ある一定の事実があった場合に、別の事実があるものとして扱う。みなされた事柄を覆すことはできない。婚姻した20歳未満の者を成年者として扱うことは覆せない。
これに対して「推定する」という場合、推定された事柄に対する反対事実を証明して覆すことができる。

【法定代理人の権限】
代理権…未成年者に代わって法律行為を行う権限。
同意権…未成年者が法律行為を行う前に許可を出す権限。
追認権…未成年者が法律行為を行った後によしと認める権限。
取消権…未成年者が行った法律行為を取り消す権限。

Part **2** 権利関係

02 制限行為能力者

取り消すことができない行為（未成年者が単独で行うことができる行為）

(1) 単に権利を得る、または義務を免れる法律行為 ←単に得すること

　　ただで何かをもらうことなど　　借金をなくしてもらうことなど

(2) 法定代理人から処分を許された財産の処分
　　・目的を定めたものは目的の範囲内で自由に処分できる…学費、参考書代など
　　・目的を定めないものは自由に処分できる…お小遣いやお年玉など

(3) 法定代理人から営業の許可を受けた場合
　　・その営業に関する行為の範囲内であれば単独で行うことができる

4 成年被後見人

成年被後見人とは、精神上の障害により事理を弁識する能力を欠く常況にある者で、本人、配偶者、四親等内の親族、検察官などの請求により家庭裁判所から後見開始の審判を受けた者をいいます。

> 「事理を弁識する能力」は、一般に「理解力」と言い換えられることが多い。成年被後見人は、普段から理解力を欠く人。

❶ 成年後見人

成年被後見人の保護者を**成年後見人**（法定代理人）といいます。**成年後見人**は、**家庭裁判所が選任**します。

成年後見人には、代理権、追認権、取消権はありますが、同意権はありません。

なお、**成年後見人**が、成年被後見人に代わって、成年被後見人が**居住の用**に供する建物またはその敷地を売却・賃貸などする際には、**家庭裁判所の許可**が必要となります。

出る！

成年被後見人が成年後見人の事前の同意を得て土地を売却する意思表示を行った場合、成年被後見人は、当該意思表示を取り消すことができる。

❷ 成年被後見人と法律行為

成年被後見人が単独で行った法律行為は、例えば、事理を弁識する能力がある状態で行われた契約であっても、それを**取り消す**ことができます。

☆ また、**成年後見人の事前の同意があった場合でも取り消す**ことができます。成年後見人の同意があっても取り消すことができるということは、つまり、成年後見人には同意権がないということを表しています。

ただし、**成年被後見人**であっても、日用品の購入その他**日常生活に関する行為**は**自由**にできます。つまり、取り消すことはできません。日常生活に関する行為でないもの、例えば「贈与を受ける契約」などは取り消すことができます。

> 成年被後見人は、成年後見人の同意を忘れたり、同意のとおりに契約できないことがあるので、取り消すことができるとされる。

5 被保佐人

<u>被保佐人</u>とは、精神上の障害により事理を弁識する能力が著しく不十分である者で、本人、配偶者、四親等内の親族、検察官などの請求により家庭裁判所から保佐開始の審判を受けた者をいいます。

> 被保佐人は、理解力が著しく不十分なので、重要な財産上の行為については単独で行うことができない人。

❶ 保佐人

被保佐人の保護者を**保佐人**といいます。保佐人は、家庭裁判所が選任します。

保佐人には、同意権、追認権、取消権があります。また、家庭裁判所から代理権付与の審判がなされた場合には代理権が認められます。

❷ 被保佐人と法律行為

被保佐人は単独で法律行為を行うことができます。

ただし、**重要な財産上の行為**を行う場合には、**保佐人の同意**が必要です。<u>同意がない重要な財産上の行為は、取り消すことができます。</u>

出る！
被保佐人が保佐人の事前の同意を得て土地を売却する意思表示を行った場合、保佐人は、当該意思表示を取り消すことができない。

保佐人の同意を要する「重要な財産上の行為」
(1) 元本を領収したり利用すること（借金を返済してもらうこと）
(2) 借財または保証をすること（借金をしたり、保証人になること）
(3) **不動産等重要な財産の売買**をすること
(4) 訴訟（裁判）をすること
(5) 相続の承認、放棄、遺産の分割をすること
(6) <u>贈与の申し出を拒絶</u>し、遺贈を放棄し、負担付贈与の申込みを承諾し、または負担付遺贈を承認すること
(7) 新築、改築、増築または大修繕をすること
(8) 土地は5年、建物は3年、動産は6か月を超える賃貸借をすること
(9) (1)〜(8)の行為を制限行為能力者の法定代理人としてすること

Part 2 権利関係
02 制限行為能力者

6 被補助人

被補助人とは、精神上の障害により事理を弁識する能力が不十分である者で、本人、配偶者、四親等内の親族、検察官などの請求により家庭裁判所から補助開始の審判を受けた者をいいます。**補助開始の審判を本人以外が請求した場合、本人の同意が必要**となります。

> 被補助人は、理解力は不十分だが、「特定の法律行為」を除き、単独で法律行為を行うことができる人。

❶ 補助人

被補助人の保護者を**補助人**といいます。

家庭裁判所は、被補助人が選択した、不動産の売却など「特定の法律行為」について、審判により補助人に代理権または同意権（取消権・追認権）の一方または双方の権限を付与します。審判には、本人の申立てまたは同意がなければなりません。

> 同意権が与えられた法律行為については、取消権・追認権も与えられる。

❷ 被補助人と法律行為

同意権付与の審判を受けた「特定の法律行為」だけは、補助人の同意を要します。それ以外の場合、被補助人は単独で法律行為を行うことができます。

覚えておこう

	未成年者	成年被後見人	被保佐人	被補助人
要件	20歳未満の者	事理弁識能力を欠く常況	事理弁識能力が著しく不十分	事理弁識能力が不十分
能力の範囲	特定の行為以外は単独でできない	日常生活に関する行為を除き、法律行為ができない	重要な財産上の行為だけ単独でできない	同意権付与の審判を受けた行為だけ単独でできない
保護者	法定代理人	成年後見人（法定代理人）	保佐人	補助人
保護者の権限	代理権・同意権・追認権・取消権	代理権・追認権・取消権	同意権・追認権・取消権、付加的に代理権	代理権または同意権（取消権・追認権）

7 制限行為能力者の相手方の保護

制限行為能力者と契約を結んだ場合、相手方は契約の取消しを懸念しなければなりません。そこで、相手方を保護するための制度が設けられています。

❶ 制限行為能力者が詐術を行った場合

詐術とは、ウソをつくことです。**制限行為能力者が、自分は制限行為能力者ではないとウソをつく、保護者の同意書を偽造するなど、詐術を用いて法律行為を行った場合には、それらの行為を取り消すことはできません**。

❷ 催告権

制限行為能力者の相手方は、1か月以上の期間を定めて、追認するかどうか催告することができます。

(1) 行為能力を回復した本人、制限行為能力者の法定代理人、保佐人または補助人に対して催告して、期間内にこれらの者が確答を発しなかった場合には、その行為を追認したものとみなされます。

(2) 被保佐人または被補助人に対して、保佐人または補助人の追認を得るように催告して、期間内に追認を得た旨の通知を発しない場合には、その行為を取り消したものとみなされます。

過去問で集中講義 ✏

「制限行為能力者」に関する過去問題を集めてあります。○✕で答えましょう。

1 意思能力を欠いている者が土地を売却する意思表示を行った場合、その親族が当該意思表示を取り消せば、取消しの時点から将来に向かって無効となる。

H15年[問01.1]

2 営業を許可された未成年者が、その営業のための商品を仕入れる売買契約を有効に締結するには、父母双方がいる場合、父母のどちらか一方の同意が必要である。

H25年[問02.2]

3 土地を売却すると、土地の管理義務を免れることになるので、婚姻していない未成年者が土地を売却するに当たっては、その法定代理人の同意は必要ない。

H22年[問01.1]

4 成年後見人が、成年被後見人に代わって、成年被後見人が居住している建物を売却するためには、家庭裁判所の許可が必要である。

H22年[問01.2]

5 成年被後見人が行った法律行為は、事理を弁識する能力がある状態で行われたものであっても、取り消すことができる。ただし、日用品の購入その他日常生活に関する行為については、この限りではない。

H20年[問01.1]

6 成年被後見人が第三者との間で建物の贈与を受ける契約をした場合には、成年後見人は、当該法律行為を取り消すことができない。

H26年[問09.1]

7 土地の買主が被保佐人であり、保佐人の同意を得ずに売主との間で売買契約を締結した場合、当該売買契約は当初から無効である。

H17年[問01.1]

8 精神上の障害により事理を弁識する能力が不十分である者につき、4親等内の親族から補助開始の審判の請求があった場合、家庭裁判所はその事実が認められるときは、本人の同意がないときであっても同審判をすることができる。

H20年[問01.3]

9 被保佐人が、保佐人の同意又はこれに代わる家庭裁判所の許可を得ないでした土地の売却は、被保佐人が行為能力者であることを相手方に信じさせるため詐術を用いたときであっても、取り消すことができる。

H20年[問01.4]

> 大事にゃところが黄色ににゃってる！

解説

❶ **意思無能力者の意思表示による法律行為は、当初から無効**です。初めから無効である意思表示なので、取消しの対象とはなりません。　　　　答え [✘]

❷ **営業を許可された未成年者は、その営業に関しては、成年者と同一の行為能力**を有します。「その営業のための商品を仕入れる売買契約」なので、契約を締結するにあたって、保護者（法定代理人）の同意は不要です。
　　　　答え [✘]

❸ **未成年者でも、「単に権利を得る、または義務を免れる法律行為」については、法定代理人の同意なしで行う**ことができます。本問の場合、土地を売却することで管理義務は免れていますが、土地の所有権を失っているので、「単に義務を免れる法律行為」とはいえません。**未成年者の土地の売却には、法定代理人の同意が必要**です。　　　　答え [✘]

❹ 成年後見人が、**成年被後見人の居住の用に供する建物またはその敷地について、売却・賃貸をするには、家庭裁判所の許可**を得なければなりません。
　　　　答え [〇]

❺ **成年被後見人が単独でした法律行為は、事理を弁識する能力がある状態で行われた契約であっても取り消す**ことができます。ただし、**日用品の購入その他日常生活に関する行為は取り消すことはできません**。　　　　答え [〇]

❻ 成年被後見人の行為は、日用品の購入その他日常生活に関する行為を除いて取り消すことができます。**建物の贈与を受ける契約は、取消しの対象**になります。　　　　答え [✘]

❼ 被保佐人が保佐人の同意なく不動産の売買をした場合、**契約を取り消すことができます。当初から無効になるわけではありません**。　　　　答え [✘]

❽ 精神上の障害により事理を弁識する能力が不十分である者（被補助人）につき、**補助開始の請求が本人以外からあったときは本人の同意が必要**です。
　　　　答え [✘]

❾ 被保佐人が保佐人の同意またはこれに代わる家庭裁判所の許可を得ないでした土地の売却は、取消しの対象となります。しかし、**被保佐人を含めて、制限行為能力者が自分は行為能力者であると相手方に信じさせるため詐術を用いたときは、取り消すことはできません**。　　　　答え [✘]

03 代理制度

- 意思表示における事実の有無は、代理人について決定される。
- 制限行為能力者でも代理人になれる。
- 自己契約と双方代理は、無権代理行為とみなされる。

1 代理とは

　代理とは、本人に代わって契約などの法律行為を行うことです。例えば、売主が、知人に代理を依頼して土地の買主と契約をした場合、売主を**本人**、代理をした知人を**代理人**、買主を**相手方**といいます。

　代理人が行った法律行為の効果は、**本人に帰属**します。つまり、代理人が行った契約は、本人と相手方の間の契約ということになります。

2 有効な代理行為の要件

　有効な代理行為を行うために、次のことが必要です。
(1) **代理権**…代理人が代理権を有していること。
(2) **顕名**(けんめい)…代理人が「本人の代理人である」と相手方に明かすこと。

　本人から代理権を与えられた代理人が相手方に顕名

売主
本人

代理権

代理人

顕名して契約

買主
相手方

して、初めて代理行為（売買契約の締結）ができます。

代理人が顕名しないで代理行為を行った場合は、相手方を保護するため、原則として**代理人自身が契約**したものとみなされます。ただし、**相手方**が、代理人が「本人の代理人」だと知っていた場合（**悪意**）、または知ることができた場合（**善意有過失**）には、顕名がなくても法律行為の効果は（代理人ではなく）**本人に帰属**し、**有効な代理行為**とされます。

> 相手方は、代理人自身に履行や損害賠償責任を請求できる。

3 代理行為の瑕疵　民法改正

❶ 代理人が相手方に対してした意思表示

代理人が相手方に対してした意思表示の効力について、次の(1)(2)の場合に、事実の有無は**代理人について（代理人を基準にして）決定**されます。

(1) 意思表示の効力が、**意思の不存在**、**錯誤**、**詐欺**、**強迫**によって影響を受けるべき場合
(2) ある事情を知っていたことまたは知らなかったことにつき**過失**があったことによって影響を受けるべき場合

例えば、代理人の詐欺によって契約が行われたとき、詐欺の事実について本人が知らなくても、相手方は契約を取り消すことができます。詐欺の事実は代理人を基準にして決定するからです。

> **出る！**
> 代理人が買主の詐欺によって売買契約をした場合でも、売主本人がその事情を知りつつ代理人に対して契約を委託したものであるときには、詐欺による取消しはできない。

Part 2 権利関係

03 代理制度

169

❷ 相手方が代理人に対してした意思表示

相手方が代理人に対してした意思表示の効力が、意思表示を受けた側がある事情を知っていたことまたは知らなかったことにつき過失があったことによって影響を受けるべき場合には、その事実の有無は、**代理人について（代理人を基準にして）決定**されます。

例えば、心裡留保による意思表示は、原則として有効ですが、相手方が表意者の真意でないことを知っていた場合（悪意）、または知ることができた場合（善意有過失）は無効になります（⇨p.151）。相手方が心裡留保による意思表示によって代理人と契約した場合、本人が相手方の心裡留保について善意無過失であっても、代理人が悪意または善意有過失であれば、その契約行為は無効になります。

> 相手方の意思表示の効力が、受けた側の悪意・善意・過失の有無によって影響を受けるときは、代理人が基準となる。

❸ 本人が代理人に特定の法律行為を委託した場合

特定の法律行為をすることを委託された代理人がその行為をしたとき、本人は、自ら知っていた事情について代理人が知らなかったことを主張することができません。本人が過失によって知らなかった事情についても同様です。

4 代理人の行為能力 〔民法改正〕

制限行為能力者が代理人としてした行為は、行為能力の制限によっては**取り消すことができません**。

言い換えれば、代理人は、行為能力者であることを要しません。つまり、未成年者や成年被後見人などの制限行為能力者でも代理人にすることができるわけで

す。代理人を選んだのは本人なので、代理人が制限行為能力者であることを理由に、本人から契約を取り消すことはできません。また、相手方から契約を取り消すこともできません。

なお、制限行為能力者は、その保護者の同意なく、代理人となって法律行為を行うことができます。

ただし、制限行為能力者が、**自分とは別の制限行為能力者の法定代理人**としてした行為は、**取り消すことができます**。

> 代理行為の結果は本人に帰属するので、制限行為能力者である代理人自身が不利益を受けることはない。そのため、制限行為能力者の保護者の同意は不要。

5 任意代理と法定代理

代理には**任意代理**と**法定代理**があります。

任意代理は、例えば、土地の売主が宅建業者に代理を依頼する場合など、本人の意思により代理権が与えられることです。この代理人を**任意代理人（委任による代理人）**といいます。

法定代理は、成年被後見人と成年後見人の場合など、本人の意思とはかかわりなく、法律の定めによって代理権が与えられることです。

任意代理と法定代理

	代理権が与えられる根拠	例
任意代理	本人の意思による授権行為	本人と依頼先の宅建業者
法定代理	法律の規定	未成年者と親権者 成年被後見人と成年後見人

6 代理権の消滅事由

代理権は、次の場合に消滅します。

代理権の消滅事由

● 代理人が死亡した時、破産手続き開始の決定、後見開始の審判を受けた時に消滅する（本人の後見開始の審判では消滅しない）。

● 本人の死亡または本人の破産手続き開始の決定があった時に消滅する（法定代理の場合には本人の破産では消滅しない）。

事由	死亡	破産手続開始の決定	後見開始の審判
代理人	消滅	消滅	消滅
本人	消滅	任意代理…消滅 法定代理…不消滅	不消滅

---

7 代理権の濫用 〔民法改正〕

代理権の濫用とは、代理人が代理権の範囲内の行為を自己または第三者の利益を図る目的で行うことです。本人の利益を目的としない点で、通常の代理行為とまったく異なっています。

代理人の代理権濫用があった場合に、相手方がその目的を知っていたり（悪意）、知ることができたとき（善意有過失）は、その行為は**無権代理行為**（⇨p.178）とみなされます。

> 無権代理の規定が適用される。
> ・追認や催告が可能になる。
> ・追認がない場合、代理人自身に履行や損害賠償責任を請求できる。

8 自己契約と双方代理

❶ 自己契約と双方代理とは

自己契約とは、本人の代理人が売買契約などの相手方になって本人と契約することです。

双方代理とは、同じ人が本人と相手方双方の代理人になることです。

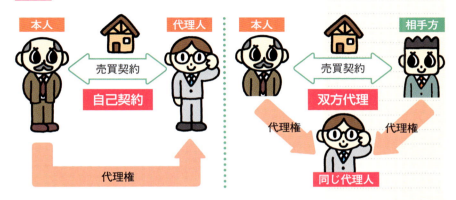

❷ 自己契約と双方代理 民法改正

自己契約と双方代理は、どちらも原則として**無権代理行為**とみなされます。

例えば、自己契約の場合には、売主の代理として契約する人物が買主にもなるので、買主である代理人に有利な契約にすることができます。双方代理の場合、同じ人が本人と相手方の両方を代理することになります。これでは、その代理人が契約内容を思うままに決定し、どちらか一方の利益が害される危険があります。

このように、本人・当事者の利益を保護するため、自己契約と双方代理は無権代理行為とみなされるわけです。

出る！
本人から代理権を書面で与えられている代理人でも、自己契約は無権代理行為とみなされる。

ただし、以下の場合は利益を害する恐れがないので、**自己契約**と**双方代理**でも**有効**となります。
(1) **債務の履行**
(2) **本人・当事者があらかじめ許諾した場合**

自己契約と双方代理が有効になるケース

(1) **債務の履行**…例えば、売買契約が終わって、本人と相手方が所有権移転の**登記申請をしないといけない**という債務を司法書士が**双方の代理で履行**する行為など。

(2) **本人・当事者があらかじめ許諾した場合**…本人が代理人に自己契約を許諾している場合、当事者の双方が双方代理を許諾している場合には、不利益を被っても本人の責任となるので認められている。

❸ 利益相反行為 民法改正

自己契約や双方代理以外でも、**代理人と本人との利益が相反する行為**は、**無権代理行為**とみなされます。

ただし、利益相反行為でも、本人があらかじめ代理人に許諾した場合には有効です。

9 復代理

復代理とは、代理人が代理権の範囲内の行為を行わせるために、さらに代理人を選任することです。代理人が**復代理人**を選任する権限を**復任権**といいます。

復代理人は、代理人の代理人ではなく、本人の代理人です。つまり、**復代理人**の行為は**本人に帰属**します。

また、復代理人を選任しても、代理人の代理権は消滅しません。

出る！
復代理人が委任事務によって受領した金銭を代理人に引き渡したときは、本人に引き渡したものとされる。

 本人
代理人
復代理人

 — 代理権 → — 復任権 →

復代理人の行為は本人に帰属

復代理人を選任できるかどうか、選任した場合に代理人がどのような責任を負うか。これは、代理人が任意代理人か法定代理人かによって異なります。

復代理人の選任と代理人の責任

	次の場合のみ復代理人を選任できる	復代理人の行為についての代理人の責任
任意代理人（委任による代理人）	① **本人の許諾を得た場合** ② **やむを得ない事由がある場合**←本人許諾がなくてもよい	**民法改正** 代理権授与を定める委任契約等に基づく**債務不履行責任**（⇨p.201）を原則として負う。
法定代理人	どんな場合でも、 復代理人を選任できる	【原則】すべての責任を負う 例外…やむを得ない事由により復代理人を選任したときは、選任・監督についてだけ責任を負う

Part 2 権利関係
03 代理制度

過去問で集中講義 ✏️

「代理制度」に関する過去問題を集めてあります。○✕で答えましょう。

1 買主Aが、Bの代理人Cとの間でB所有の甲地の売買契約を締結する場合、CがBの代理人であることをAに告げていなくても、Aがその旨を知っていれば、当該売買契約によりAは甲地を取得することができる。　論色ない時、本和?? **H17年[問03.ア]**

2 代理人の意思表示の効力が意思の不存在、錯誤、詐欺、強迫又はある事情を知っていたこと若しくは知らなかったことにつき過失があったことによって影響を受けるべき場合には、その事実の有無は、本人の選択に従い、本人又は代理人のいずれかについて決する。 **H26年[問02.エ.改]**

3 未成年者が代理人となって締結した契約の効果は、当該行為を行うにつき当該未成年者の法定代理人による同意がなければ、有効に本人に帰属しない。 **H24年[問02.1]**

4 AがB所有の甲土地の売却を代理する権限をBから書面で与えられている場合、A自らが買主となって売買契約を締結したときは、Aは甲土地の所有権を当然に取得する。 **H20年[問03.1]**

5 AがA所有の土地の売却に関する代理権をBに与えた場合、Bは、Aに損失が発生しないのであれば、Aの意向にかかわらず、買主Cの代理人にもなって、売買契約を締結することができる。 **H21年[問02.4]**

6 Aは不動産の売却を妻の父であるBに委任し、売却に関する代理権をBに付与した。Bは、やむを得ない事由があるときは、Aの許諾を得なくとも、復代理人を選任することができる。 **H19年[問02.1]**

7 法定代理人は、やむを得ない事由がなくとも、復代理人を選任することができる。 **H24年[問02.4]**

8 Aは不動産の売却を妻の父であるBに委任し、売却に関する代理権をBに付与した。Bが、Bの友人Cを復代理人として選任することにつき、Aの許諾を得たときは、BはCの行為について、Aに対し責任を負わない。 **H19年[問02.2.改]**

大事にゃところが黄色ににゃってる！

> **解説**

❶ **代理人が顕名しないで契約を行った場合は、原則として代理人自身が契約したもの**とみなされます。ただし、相手方が、**代理人が「本人の代理人」だと知っていた場合（悪意）、または知ることができた場合（善意有過失）**には、顕名がなくても法律行為の効果は（代理人ではなく）本人に帰属し、**有効な代理行為**とされます。従って、当該売買契約によりＡは甲地を取得することができます。　　　　　　　　　　　　　　　　　　　　答え [○]

❷ 代理人が相手方に対してした意思表示の効力が、**意思の不存在、錯誤、詐欺、強迫、悪意・善意につき過失があったことによって影響を受けるべき場合**には、**その事実の有無は代理人について決します。**　　　　答え [✗]

❸ **未成年者や成年被後見人などの制限行為能力者でも、代理人になる**ことができます。代理人が制限行為能力者であることを理由に、本人、相手方から契約を取り消すことはできません。**未成年者の代理行為は、法定代理人の同意を得なくても、本人に帰属**します。　　　　　　　答え [✗]

❹ **売主の代理人が買主となって売買契約を締結することを自己契約といい、無権代理行為**とみなされます。自己契約が有効となるのは、本人があらかじめ許諾した場合ですが、許諾があったという条件は与えられていないので、Ａは甲土地の所有権を当然に取得するわけではありません。　　答え [✗]

❺ 本問は、**双方代理に該当し、無権代理行為**とみなされます。**双方代理は、①債務の履行、②本人（双方当事者）があらかじめ許諾した場合に限って有効**となります。「Ａの意向にかかわらず」認められるわけではありません。
　　　　　　　　　　　　　　　　　　　　　　　　　　　答え [✗]

❻ **任意代理人であるＢは、①本人の許諾を得た場合**または**②やむを得ない事由がある場合に限って、復代理人を選任**できます。本問では、やむを得ない事由があるので、Ａの許諾を得る必要はありません。　　答え [○]

❼ **法定代理人は、どんな場合でも復代理人を選任**することができます。
　　　　　　　　　　　　　　　　　　　　　　　　　　　答え [○]

❽ 本人Ａが復代理人の選任を許諾した場合であっても、**代理人Ｂは復代理人Ｃの行為に関してＡの委任契約などに基づく債務不履行責任**を負います。
　　　　　　　　　　　　　　　　　　　　　　　　　　　答え [✗]

04 無権代理と表見代理

- 無権代理と表見代理を区別して理解する。
- 無権代理契約での相手方の権利は、悪意、善意、善意無過失によって異なる。

1 無権代理

❶ 無権代理とは

<u>無権代理とは、代理権を有しない者が代理人として法律行為をすること</u>です。

無権代理行為を行った人を**無権代理人**といいます。

❷ 本人の追認

<u>無権代理人</u>が行った法律行為は<u>無効</u>です。

ただし、<u>**本人が追認**した場合には、契約時にさかのぼって有効</u>となります。また、<u>本人が無権代理行為の追認を拒絶すると、無効（本人に効果が帰属しないこと）が確定</u>します。

【追認】
追認またはその拒絶は、本人が、相手方または無権代理人に対して行う。無権代理人に対して行った場合は、相手方がその事実を知るまでは効果を主張することができない。

【例】Aが1,000万円で売りたいと思った土地を、それを聞きつけたBが代理権を与えられないまま、代理人としてCに1,500万円で売る売買契約を締結。契約は無効だが、高く土地が売れたAが無権代理行為を追認すれば、契約時にさかのぼって有効な代理行為となる。

❸ 相手方の権利

　無権代理人と契約を結んだ場合、相手方は契約の無効を懸念しなければなりません。そこで、相手方を保護するため、次の権利が認められています。

(1) 催告権

　相手方は、本人に対して相当の期間を定めて、その期間内に契約を追認をするかどうか**確答**を求める**催告**をすることができます。本人がその期間内に**確答しない**ときは、**追認を拒絶**したものとみなされます。

(2) 取消権

　無権代理行為による契約は、本人が追認しない間、**善意（有過失でもよい）**の相手方から**取り消す**ことができます。悪意の相手方に取消権はありません。

(3) 無権代理人に対する責任の追及

　本人が無権代理行為を追認しない場合、**善意無過失**の相手方は無権代理人に対して**契約の履行または損害賠償の請求**をすることができます。悪意、善意有過失の相手方は、責任の追及ができません。

【確答】
諸否を明らかにした返事。

【催告】
相手方に対して一定の行為を請求すること。催告書は内容証明郵便で届けられることが多い。

ただし、無権代理人が自己に代理権がないことを知っていた場合には、相手方に過失があったとしても、無権代理人の責任を追及することができる。

無権代理契約での相手方の権利

相手方が	悪意の場合	善意の場合	善意無過失の場合
相手方の権利	・**催告権**…本人に対して追認するかどうか確答を求めることができる。確答がない場合は追認を拒絶したものとみなされる。	・催告権 ・**取消権**…本人が追認しない間、契約を取り消すことができる。	・催告権 ・取消権 ・**無権代理人に対する責任追及**…契約の履行の請求または損害賠償の請求をすることができる。

Part 2 権利関係

04 無権代理と表見代理

2 表見代理 関連：P170

相手方から見ると本当の代理人のように見える場合、無権代理行為であっても有効と扱うことがあります。これを**表見代理**（「表」からは正当な代理権があるように「見」えるという意味）といいます。相手方が表見代理を主張して成立すると、有効な代理行為として扱われます。表見代理が成立するのは、次の場合で、いずれも相手方が**善意無過失**であること（正当な理由があること）が必要です。

❶ 代理権授与の表示

代理権を与えていないのに、「代理権を与えた」と本人が相手方に表示していた場合、有効な代理行為として扱われます。

❷ 権限外の行為

本人が代理権を与えたが、代理人がその代理権の範囲を超えた代理行為をした場合、有効な代理行為として扱われます。◀

> 抵当権設定に関する代理権を与えられた代理人Aが、代理権の範囲を超えて、善意無過失のBと売買契約を締結した場合、売買契約は有効。

❸ 代理権消滅後

代理権が消滅（⇨p.172）した後で、代理人だった者が行った代理行為は、有効な代理行為として扱われます。◀

> 甲土地の売却に関する代理権を持つAが破産手続開始の決定を受けたために代理権が消滅した。その後、Aの代理権消滅について善意無過失のBと売買契約を締結してしまった場合、売買契約は有効。

❹ 重複適用

上記❶の代理権授与の表示を受けた人や❸の代理権消滅後の元代理人が、❷の代理権外の行為をした場合にも、表見代理が成立します。

3 無権代理と相続

　無権代理行為が行われた後で本人または無権代理人が死亡した場合、その行為の効力はどうなるでしょう。

　例えば、父親（本人）の土地を父親の許諾なく息子が勝手に売ってしまうと、息子は無権代理人となります。その後に相続が行われた場合で見ていきます。

❶ 本人が死亡し、無権代理人が単独相続した場合

土地の売買契約は、有効な代理行為となって成立する。息子は追認を拒絶することはできない。

❷ 無権代理人が死亡し、本人が単独相続した場合

土地の売買契約は、父親本人が追認すれば有効、追認を拒絶すれば無効となる。父親は無権代理人としての責任も相続する。父親が追認を拒絶した場合でも、相手方が無権代理について善意無過失であれば、父親に対して無権代理人としての責任追及（損害賠償請求）をすることができる。

　なお、本人が死亡し、無権代理人が他の相続人と共同で相続した場合、無権代理行為は、共同相続人全員の追認がなければ、無権代理人の相続分についても有効になりません。

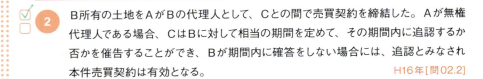

「無権代理と表見代理」に関する過去問題を集めてあります。〇×で答えましょう。

1 代理権を有しない者がした契約を本人が追認する場合、その契約の効力は、別段の意思表示がない限り、追認をした時から将来に向かって生ずる。
H26年[問02.ア]

2 B所有の土地をAがBの代理人として、Cとの間で売買契約を締結した。Aが無権代理人である場合、CはBに対して相当の期間を定めて、その期間内に追認するか否かを催告することができ、Bが期間内に確答をしない場合には、追認とみなされ本件売買契約は有効となる。
H16年[問02.2]

3 AはBの代理人として、B所有の甲土地をCに売り渡す売買契約をCと締結した。しかし、Aは甲土地を売り渡す代理権は有していなかった。Bが本件売買契約を追認しない間は、Cはこの契約を取り消すことができる。ただし、Cが契約の時において、Aに甲土地を売り渡す具体的な代理権がないことを知っていた場合は取り消せない。
H18年[問02.3]

4 AがBに甲土地の売却に関する代理権を授与した後にBが後見開始の審判を受け、その後にBがCとの間で、Aを売主、Cを買主とする甲土地の売買契約を締結した場合、Bによる本件契約の締結は無権代理行為となる。
H30年[問02.4]

5 買主Aが、Bの代理人CとのCとの間でB所有の甲地の売買契約を締結する。Bが従前Cに与えていた代理権が消滅した後であっても、Aが代理権の消滅について善意無過失であれば、当該売買契約は有効である。
H17年[問03.イ]

6 AがBの代理人としてB所有の甲土地について売買契約を締結した。Aが無権代理人であってCとの間で売買契約を締結した後に、Bの死亡によりAが単独でBを相続した場合、Cは甲土地の所有権を当然に取得する。
H20年[問03.3]

7 A所有の甲土地につき、Aから代理権を与えられていないBが、代理人としてCとの間で売買契約を締結した。Aの死亡により、BがDとともにAを相続した場合、DがBの無権代理行為を追認しない限り、Bの相続分に相当する部分においても、AC間の売買契約が当然に有効になるわけではない。
H24年[問04.4]

> 大事にゃところが黄色ににゃってる！

解説

❶ 無権代理行為を**本人が追認すると、その行為は契約の時にさかのぼって有効**となります。　　　　　　　　　　　　　　　答え［✗］

❷ 相手方Cは本人Bに対して相当の期間を定めて、その期間内に追認をするかどうか確答を求めることができます。**その期間内に確答がないときは、追認を拒絶したものとみなされ、売買契約は無効**となります。　　答え［✗］

❸ 無権代理行為による契約は、**本人が追認しない間は、相手方から取り消すことができます**。ただし、**相手方が悪意の場合には取り消すことはできません**。　　　　　　　　　　　　　　　　　　　　　　答え［◯］

❹ **代理権は、「本人または代理人の死亡」「本人または代理人に対する破産手続開始の決定（法定代理の場合には本人の破産では消滅しない）」「代理人に対する後見開始の審判」によって消滅します**（⇨ p.172）。後見開始の審判を受けた時点で、代理人Bの代理権は消滅していますから、本件契約の締結は無権代理行為となります。　　　　　　　　　　　　答え［◯］

❺ **代理権が消滅した後であっても、代理権の消滅について相手方が善意無過失の場合には、表見代理が成立し、有効な代理行為があった**ものとされます。つまり、売買契約は有効です。　　　　　　　　　　　　答え［◯］

❻ 本人Bが死亡して**無権代理人Aが単独相続した場合、Aの無権代理行為は相続によって有効**となります。相手方Cは甲土地の所有権を当然に取得できます。　　　　　　　　　　　　　　　　　　　　　　答え［◯］

❼ 無権代理人Bが他の相続人Dと共同で相続した場合、**共同相続人であるDの追認がなければ、Bの相続分に相当する部分においても、売買契約は有効にはなりません**。　　　　　　　　　　　　　　　答え［◯］

05 時効

- 時効には、「取得時効」と「消滅時効」がある。
- 所有権の取得時効には、「所有の意思をもった占有」が必要。
- 権利の確定、権利の承認によって時効は更新される。

時効とは、一定期間ある状態が継続したことにより、権利を取得したり、権利が消滅したりする制度です。

1 取得時効

❶ 取得時効とは

取得時効とは、ある状態が一定期間続いたときに権利を取得できる制度のことです。

> 【例】他人の土地であっても、自分の土地として一定期間占有するなどの要件をみたせば、時効の完成により土地の所有権を取得できる。

時効によって取得できる権利には、**所有権**、地上権、**賃借権**、**地役権**などがあります。

> 【例】賃借権がないのに賃料を支払って一定期間農地を占有していれば、農地法の許可なく賃借権を取得できる。

❷ 所有権の取得時効

所有権の取得時効は、**所有の意思**をもって、平穏に、かつ、公然と他人の物を占有して、一定期間（**10年間または20年間**）が経過することで成立します。

一方、賃借人による占有など、所有の意思なく占有

農地でも他人の土地の継続的な用益という外形的事実が存在し、それが賃借の意思に基づくものであることが客観的に表現されているときは、土地賃借権を時効取得することができる。このとき、農地法の許可は不要である。

【所有の意思をもって占有】
所有の意思をもって占有することを「自主占有」といい、自分の所有と信じて占有した場合（善意無過失）も、人の物を自分の物にしようと思って占有した場合（悪意）も自主占有とされる。所有の意思なく占有することは「他主占有」という。

取得時効が完成するまでの期間

占有開始時点で、善意無過失	10年間 短期取得時効
占有開始時点で、善意有過失または悪意	20年間 長期取得時効

← 善意無過失で占有を開始した場合、途中で悪意になっても（他人所有と知っても）10年間で時効は完成する（下図）。

占有開始

 善意無過失 — 7年 — 悪意 — 3年 → 時効完成

占有開始から10年間

した場合には、時効により所有権を時効取得することはできません。

ただし、相続人が**借地であることを知らずに相続**した場合などは、所有の意思をもった占有を開始することがありえます。このような場合には、**所有権を時効取得することが可能**です。

❸ 代理占有

当事者が直接に物を占有（自己占有）しなくても、**占有代理人を介して占有（代理占有）することも可能**です。

例えば、**占有している他人の物を賃貸**した場合、賃借人によって占有が継続します。時効期間が経過すれば、**時効取得することが可能**です。

> 【例】悪意のAが、ある物件を所有の意思をもって平穏にかつ公然と1年間占有し、その物件をBに19年間賃貸した場合、Aが取得時効を主張することができる。

❹ 占有の承継

※他人物売買も有効（と見做）

占有は、売買や相続などによって承継されます。

そして、占有者の承継人は、自分の占有のみを主張するか、または前の占有者の占有をあわせて主張するかを選ぶことができます。前の占有者の占有をあわせて主張する場合は、「善意」「悪意」や「過失の有無」も承継します。

【例】善意無過失のAが物件を3年間占有し、その後、悪意のBに物件が譲渡された。BがAの占有を承継する場合、あと7年間占有すれば、占有期間が10年間になる。ここで、短期取得時効が成立する。

A占有開始 善意無過失 3年 Bに譲渡 悪意 7年 時効完成
占有開始から10年間

【例】悪意のAが物件を2年間占有し、その後、善意無過失のBに物件が譲渡された。
① BがAの占有を承継しない場合、あと10年占有すれば、短期取得時効が成立する。

A占有開始 悪意 2年 Bに譲渡 善意無過失 10年 時効完成
占有開始から10年間

② BがAの占有を承継する場合、あと18年間占有すれば、占有期間が20年間になり、長期取得時効が成立する（①の方が有利なので、②を選ぶメリットはない）。

A占有開始 悪意 2年 Bに譲渡 善意無過失 18年 時効完成
占有開始から20年間

2 消滅時効 民法改正

❶ 消滅時効とは

消滅時効とは、一定期間、権利を行使しないでいると、その権利が失われる制度のことです。

> **【例】** 人にお金を貸していた場合に、請求しないで一定期間が経過すると、貸付債権が時効により消滅する。

なお、**所有権が時効で消滅することはありません。**

❷ 債権の消滅時効

債権は、以下の**いずれか早い時点で時効消滅**します。

主観的起算点	債権者が**権利を行使することができると知った時から5年間**行使しないとき
客観的起算点	**権利を行使することができる時から10年間**行使しないとき

❸ 生命・身体の侵害による損害賠償請求権の消滅時効

債務不履行を理由とする場合（⇨p.207）でも、不法行為を理由とする場合（⇨p.322）でも、**人の生命や身体を侵害した場合の損害賠償請求権**は、以下の**いずれか早い時点で時効消滅**します。

	債務不履行を理由とする場合	不法行為を理由とする場合
主観的起算点	債権者が**権利を行使することができると知った時から5年間**行使しないとき	被害者またはその法定代理人が**損害及び加害者を知った時から5年間**行使しないとき
客観的起算点	**権利を行使することができる時から20年間**行使しないとき	**不法行為の時から20年間**行使しないとき

❹ 判決で確定した権利の消滅時効

確定判決によって確定した権利の時効期間は、**10年間**です。

【債権】
ある者（債権者）が他の者（債務者）に対して、一定の行為（給付）を請求しうることを内容とする権利。貸付債権は、金銭消費貸借契約に基づく貸金返還請求権のこと。貸主が借主から借金を返してもらう権利。

Part **2** 権利関係

05 時効

3 時効の完成猶予と更新 民法改正

時効の完成猶予は、完成猶予事由が発生した場合、所定期間の間、時効の完成を先延ばしにすることです。

時効の更新は、更新事由が発生した場合、時効期間をリセットして、ゼロから再スタートさせることです。

❶ 時効の完成猶予→時効の更新となる例

裁判上の請求：例えば、「お金を返せ」という訴えを裁判所に提起すると、提起の時点で**時効の完成猶予**となり、判決により権利が確定すると消滅時効が更新されます。途中で訴えが却下されたり、訴えを取り下げたりして終了した場合でも、**終了時から6か月**が経過するまでの間は**時効の完成が猶予**されます。

❷ 時効の完成猶予の例

催告：**催告**をすると、**催告時から6か月**が経過するまでの間は**時効の完成が猶予**されます。ここから時効を更新するためには、この6か月の間に、裁判上の請求等、より強力な手段をとる必要があります。

協議を行う旨の合意：債権者と債務者が権利について**協議を行う旨を書面で合意**した場合、次のうちいずれか早い時点まで時効の完成が**猶予**されます。

(1) **合意から1年**を経過した時。1年未満の協議期間を定めたときは、その期間を経過した時。

(2) 当事者の一方が相手方に協議の続行を**拒絶する旨の書面による通知をした時から6か月**を経過した時。

時効の完成が猶予されている間に、再び協議について合意すれば、猶予期間が延長されます。延長は、本来時効が完成するはずだった時から最長**5年間**です。

【時効の完成猶予】
完成猶予事由の発生後、所定の期間が経過するまでの間、時効の完成を見送ること。時効の進行を停止させるものではない。完成猶予事由には、裁判上の請求、支払督促、催告、天災等がある。

【時効の更新】
時効の進行がふりだしに戻ること。更新後の時効期間は、更新前の時効期間と同じ。ただし、確定判決で確定した権利は、10年の消滅時効となる。更新事由には、判決等による権利の確定、権利の承認等がある。

内容証明郵便による支払請求などの催告によって、時効の完成が猶予されている間に、再度の催告をしても、再度の時効の完成猶予を受けることはできない。

❸ 時効の更新の例

債務者が債権者の債権を認めることを**承認**といいます。例えば、借金をした債務者が支払期限の猶予を求めたり、一部を返済したり、利息を支払ったりすれば、債務の存在を**承認**したとみなされて、**時効が更新**されます。消滅時効の完成後に債務者が債権を承認した場合には、時効の完成を知らなかったとしても、時効の援用は許されなくなります。

4 時効の援用

時効期間が経過しても、当事者が援用しない限り、時効の効力は生じません。**援用**とは、時効による利益を受けるという意思表示のことです。ここでいう「当事者」というのは、「時効によって利益を受ける者」という意味です。時効は当事者が**援用**することによって、**起算日にさかのぼって効力**を生じます。

【消滅時効に関する当事者の例】債務者、保証人、抵当権を設定した物上保証人、第三取得者など権利の消滅について正当な利益を有する者。

【例】建物の所有権を時効取得した場合、占有し始めた時点（起算日）から所有者だったことになる。時効完成時や援用時から所有者となるのではない。

出る！
後順位抵当権者は、先順位抵当権の被担保債権の消滅時効を援用することができない。

5 時効の利益の放棄

時効の利益の放棄とは、当事者が時効による利益を受けないという意思表示をすることです。時効の完成前に時効の利益を放棄することはできません。
消滅時効完成後に**主たる債務者が時効の利益を放棄**した場合も、保証人は時効を援用することができます。

出る！
時効完成前に締結された、消滅時効の利益は放棄するという特約は無効。

過去問で集中講義

「時効」に関する過去問題を集めてあります。○×で答えましょう。

1 20年間、平穏に、かつ、公然と他人が所有する土地を占有した者は、占有取得の原因たる事実のいかんにかかわらず、当該土地の所有権を取得する。　H26年[問03.4]

2 Aから土地を借りていたBが死亡し、借地であることを知らない相続人Cがその土地を相続により取得したと考えて利用していたとしても、CはBの借地人の地位を相続するだけなので、土地の所有権を時効で取得することはない。185
H16年[問05.3]

3 自己の所有と信じて占有している土地の一部に、隣接する他人の土地の筆の一部が含まれていても、他の要件を満たせば、当該他人の土地の一部の所有権を時効によって取得することができる。　H22年[問03.2]

4 所有権は、権利を行使することができる時から20年間行使しないときは消滅し、その目的物は国庫に帰属する。　H26年[問03.2]

5 Aは、Bに対し建物を賃貸し、月額10万円の賃料債権を有している。Aが、Bに対する賃料債権につき内容証明郵便により支払を請求したときは、その請求の時から消滅時効は新たにその進行を始める。　H21年[問03.3.改]

6 債務者が時効の完成の事実を知らずに債務の承認をした場合、その後、債務者はその完成した消滅時効を援用することはできない。　H30年[問04.4]

7 Aの所有する甲土地をBが時効取得した場合、Bが甲土地の所有権を取得するのは、取得時効の完成時である。　H29年[問02.1]

8 消滅時効完成後に主たる債務者が時効の利益を放棄した場合であっても、保証人は時効を援用することができる。　H30年[問04.1]

> 大事にゃところが黄色ににゃってる！

解説

❶ **長期取得時効は、所有の意思をもって、平穏に、かつ、公然と他人の物を占有して、20年間が経過することで成立**します。占有に「所有の意思があること」（自主占有であること）が要求されており、例えば、賃借人として占有を続けても所有権を時効取得することはできません。本問は、「原因たる事実のいかんにかかわらず」とする点が誤りです。　　答え [✘]

❷ 所有権を時効取得するためには、占有に「所有の意思があること」（自主占有であること）が必要です。借地人Ｂの占有は「所有の意思」に基づくものではないので、Ｂは所有権を時効取得することはできません。しかし、**借地であることを知らない相続人のＣは、所有の意思をもった占有を開始**することがありえます。この場合、Ｃが所有権を時効取得できます。　答え [✘]

❸ **隣接する他人の土地の筆の一部**が、「自己の所有と信じて占有している土地」に含まれている場合、**要件を満たせばその所有権を時効によって取得**することができます。　　答え [○]

❹ **所有権が時効によって消滅することはありません**。　　答え [✘]

❺ 内容証明郵便による支払請求は、催告に該当します。**催告をした場合、6か月間は時効の完成が猶予**されます。しかし、時効を更新するためには、**その6か月の間に裁判上の請求や差押えをする必要**があります。　答え [✘]

❻ 債務を承認するとは、債務者が支払期限の猶予を求めたり、一部を返済したり、利息を支払ったりすることです。**債務の承認によって、時効は更新（時効期間がリセット）されます**。消滅時効の完成後に債務者が債務を承認した場合、**債務者が時効の完成を知らなかったとしても、消滅時効の援用はできなくなります**。　　答え [○]

❼ **土地を時効取得した場合、占有し始めた時点（起算日）から所有者だった**ことになります。時効完成時や援用時から所有者となるのではありません。　　答え [✘]

❽ 保証人は当事者なので、主たる債務に関し、消滅時効を援用することができます。一方、**主たる債務者は時効の利益を放棄**し、時効完成後でも債務を弁済するという意思を表示しています。この場合でも、**保証人が債務についての消滅時効を援用**することはできます。　　答え [○]

06 契約

- 契約の分類と種類を覚える。
- 有効な契約を取り消すと、当初にさかのぼって無効となる。
- 無効な契約は、取消しの対象ではない。

1 契約の分類

❶ 双務契約・片務契約

双務契約は、当事者双方が互いに対価的関係に立つ債務を負う契約です。

例えば、売買契約では、売主は「物を引き渡す義務」を負い、買主は「代金を支払う義務」を負います。

互いに対価的な債務を負担するので、双務契約はすべて**有償契約**となります。

双務契約については、「**同時履行の抗弁権**（⇨p.201）」や「**危険負担**（⇨p.208）」などの規定が適用されます。

片務契約は、当事者の片方のみが債務を負う契約です。例えば、贈与契約は、贈与者（贈る側）には受贈者（もらう側）に財産を与える義務がありますが、受贈者に義務はありません。

	意味	具体例　民法改正
双務契約	当事者双方が互いに対価的関係に立つ債務を負う契約	売買契約・賃貸借契約・使用貸借契約・書面による消費貸借契約
片務契約	当事者の片方のみが債務を負う契約	贈与契約・書面によらない消費貸借契約

❷ 有償契約・無償契約

有償契約は、当事者双方が互いに対価的意義を有する給付をなす契約です。例えば、売買契約における「物の引渡し」と「代金の支払」が、「対価的意義を有する給付」ということになります。

無償契約は、当事者の片方のみが給付をなす契約です。贈与者のみが給付をする贈与契約などが、無償契約です。

	意味	具体例
有償契約	当事者双方が互いに対価的意義を有する給付をなす契約	売買契約・賃貸借契約
無償契約	当事者の片方のみが給付をなす契約	贈与契約・使用貸借契約

❸ 諾成契約・要物契約・要式契約

諾成契約は、当事者の意思表示が合致するだけで成立する契約です。従って、諾成契約は、物の引渡しなどの給付がなくても、また契約書がなくても成立する契約です。

要物契約は、当事者の意思表示の合致に加えて、一方の当事者からの目的物の引渡し、その他の給付があって初めて成立する契約です。

要式契約は、契約書面の作成を必要とするなど、一定の方式に従って行う必要がある契約です。

	意味	具体例具体例 民法改正
諾成契約	当事者の意思表示が合致するだけで成立する契約。契約書がなくても成立する	売買契約・賃貸借契約・贈与契約・使用貸借契約
要物契約	意思表示の合致に加えて、物の引渡しなどの給付がないと成立しない契約	書面によらない消費貸借契約
要式契約	契約書面の作成を必要とするなど、一定の方式に従って行う必要がある契約	保証契約・定期建物賃貸借契約・書面による消費貸借契約

2 主な契約の種類

❶ 売買契約 ←双務契約・有償契約・諾成契約

当事者の一方が**財産権**を相手方に移転することを約し、相手方がその代金を支払うことを約することによって効力を生じる契約です。

❷ 贈与契約 ←片務契約・無償契約・諾成契約

当事者の一方が自己の財産を無償で相手方に与える意思を表示し、相手方が受諾をすることによって効力を生じる契約です（⇨p.362）。

❸ 貸借契約

(1) 賃貸借契約 ←双務契約・有償契約・諾成契約

当事者の一方がある物の使用及び収益を相手方にさせることを約し、相手方がその賃料を支払うことを約することによって効力を生じる契約です（⇨p.282）。

(2) 使用貸借契約 民法改正 ←双務契約・無償契約・諾成契約

当事者の一方がある物を引き渡すことを約し、相手方がその受け取った物について無償で使用及び収益をして契約が終了したときに返還をすることを約することによって効力を生ずる契約です。（⇨p.291）。

(3) 書面によらない消費貸借契約 民法改正 ←片務契約・要物契約

当事者の一方が種類、品質及び数量の同じ物をもって返還をすることを約し、相手方から金銭その他の物を受け取ることによって効力を生じる契約です。なお、書面による消費貸借契約は、双務契約・要式契約です。

- **請負契約** ⇨p.314
- **委任契約** ⇨p.317

【財産権】
財産的な価値を有する権利のこと。所有権やその他の物権、債権、著作権、特許権など、財産的性格を含むすべての権利を意味する。

原則として、無償契約。利息付の消費貸借契約は、有償契約。

3 無効と取消し

契約を締結すると、拘束力が発生します。原則として、一方的に**解除・解約**をすることはできません。

❶ 有効・無効

有効とは効果があること、**無効**とは効果がないことです。民法では、意思表示や契約がその有効要件を満たさないために、**当初**から確定的に効果を生じないことを**無効**としています。従って、「契約が**無効**である」とは、契約に**当初から効力がない**ことを意味します。無効は、何年たっても主張することができます。

なお、民法上、**公序良俗違反**の契約は無効です。

【解除・解約】
「解除」は、その効力が初めから存在しなかったのと同じ状態にすること（⇨p.205）。
「解約」は、将来に向かってのみ効力を消滅させること（⇨p.283）。

【公序良俗違反】
公の秩序、または善良の風俗に反すること。例えば、犯罪に関わる行為、暴利行為（高利貸し）、著しく不公正な方法による取引など。

有効な契約
⟶ 効力がある

無効な契約
⟶ 効力がない

❷ 取消し

取消しとは、一応は**有効**とされる意思表示や契約を**当初にさかのぼって無効**と扱うことです。従って、「契約を取り消す」ときは、契約が有効であることが前提となります。取消権を行使できるのは一定期間内に限られます。

宅建試験では、当初から無効である契約なのに、「取り消すことができる（×）」というヒッカケ問題がよく出題されます。

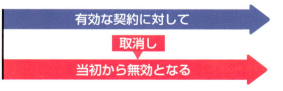

Part 2 権利関係
06 契約

4　条件・期限

❶ 条件と期限の相違点

「ある事実が発生すれば、契約の効力が発生（消滅）する」といったように、一定の事実の発生を基準に、法律行為の効力の有無を切り換えるのが条件や期限です。

条件とは、その事実が発生するか否かが不確実なものをいいます。**期限**とは、その事実が将来発生することが確実であるものをいいます。

❷ 停止条件と解除条件

法律行為の効力発生に条件が付されている場合、停止条件付法律行為は、**停止条件が成就**した時から**効力が発生**します。例えば、「合格したら贈与する」といった**停止条件付贈与契約**では、**停止条件が成就**した時（合格した時）から、**契約が効力を発生**します。停止条件の成否未定の間は、契約の効力は生じていません。従って、**停止条件が成就しなかった**場合には、解除の意思表示がなくても契約は**効力を失います**。

> 「贈与」という法律行為が、「合格」という条件によって停止されているということになる。

契約	停止条件の成就
✘ 効力がない	↻ 効力が発生

解除条件付法律行為は、**解除条件が成就**した時から効力が失われます。例えば、「ローンが〇日までに成立しないときは、解除される」といった売買契約では、**解除条件が成就した**場合（〇日までにローンが成立しない場合）、契約は自動的に**効力を失います**。

契約	解除条件の成就
↻ 効力がある	✘ 効力が消滅

❸ 条件付法律行為 民法改正

条件付法律行為では、条件の成就によって利益を受けることになる当事者は、条件の成否未定の間でもその利益に対する期待を持っています。そして、期待することを権利として定義したものを**期待権**といいます。

各当事者は、**条件の成否が未定**である間は、相手方の期待権を害することができません。期待権を侵害した場合には、損害賠償義務を負うことになります。

また、条件が成就することによって**不利益を受ける当事者**が故意にその条件の成就を妨げたとき、相手方は、その**条件が成就したもの**とみなすことができます。

一方、条件が成就することによって**利益を受ける当事者**が**不正にその条件を成就させた**とき、相手方は、その**条件が成就しなかったもの**とみなすことができます。

さらに、条件の成否が未定である間における当事者の権利義務は、一般の規定に従い、処分し、相続し、もしくは保存し、またはそのために担保を供することができます。**条件付きの契約における権利**は、第三者に**譲渡**することも、**相続**することもできるわけです。

出る！
成就することのない停止条件（不能の停止条件）を付した法律行為は、無効。

❹ 期限

期限には、「3月31日に支払う」というように、いつ到来するか確定しているもの（**確定期限**）と、「死亡するまで毎月支払う」というように、到来することは確実でもその時期が不確定なもの（**不確定期限**）があります。

また、期限が到来した時から法律行為の効力が発生する場合（**始期**）と、期限が到来した時に法律行為の効力が消滅する場合（**終期**）があります。

過去問で集中講義

「契約」に関する過去問題を集めてあります。○×で答えましょう。

1 AB間で、Aを貸主、Bを借主として、A所有の甲建物について貸借契約を結ぶ。賃貸借契約及び使用貸借契約は、いずれも諾成契約である。　　H27年[問03.3.改]

2 Aは、Bとの間で、A所有の山林の売却について買主のあっせんを依頼し、その売買契約が締結され履行に至ったとき、売買代金の2％の報酬を支払う旨の停止条件付きの報酬契約を締結した。この契約において他に特段の合意はない。この場合、民法の規定及び判例による正誤を答えなさい。　　H18年[問03]

1 あっせん期間が長期間に及んだことを理由として、Bが報酬の一部前払を要求してきても、Aには報酬を支払う義務はない。　　H18年[問03.1]

2 Bがあっせんした買主Cとの間でAが当該山林の売買契約を締結しても、売買代金が支払われる前にAが第三者Dとの間で当該山林の売買契約を締結して履行してしまえば、Bの報酬請求権は効力を生ずることはない。　　H18年[問03.2]

3 当該山林の売買契約が締結されていない時点であっても、Bは停止条件付きの報酬請求権を第三者Eに譲渡することができる。　　H18年[問03.4]

3 Aは、Bとの間で、B所有の不動産を購入する売買契約を締結した。ただし、AがA所有の不動産をある年の12月末日までに売却でき、その代金全額を受領することを停止条件とした。手付金の授受はなく、その他特段の合意もない。この場合、民法の規定及び判例による正誤を答えなさい。　　H15年[問02]

1 12月末日以前でこの停止条件の成否未定の間は、契約の効力が生じていないので、Aは、この売買契約を解約できる。　　H15年[問02.1]

2 12月末日以前でこの停止条件の成否未定の間は、契約の効力が生じていないので、Bは、この売買契約を解約できる。　　H15年[問02.2]

3 12月末日以前でこの停止条件の成否未定の間に、Aが死亡して相続が開始された場合、契約の効力が生じていないので、Aの相続人は、この売買契約の買主たる地位を相続することができない。　　H15年[問02.3]

大事にゃところが
黄色ににゃってる！

解説

❶ **賃貸借契約**は、当事者の一方がある物の使用及び収益を相手方にさせることを約し、相手方がこれに対してその賃料を支払うことを約することによって効力を生じる契約なので、**諾成契約**です。**使用貸借契約**は、当事者の一方がある物を引き渡すことを約し、相手方がその受け取った物について無償で使用及び収益をして契約が終了したときに返還をすることを約することによって効力を生ずる契約なので、**諾成契約**です。　　　　　　　　　　　　答え［◯］

❷❶ **停止条件付法律行為は、停止条件が成就した時からその効力を生じます。**売買契約が締結され履行に至るという条件が成就していないので、あっせん期間が長期になったとしても、報酬を支払う義務はありません。　答え［◯］

❷ 条件が成就することによって**不利益を受ける当事者が故意にその条件の成就を妨げたとき、相手方は、その条件が成就したものとみなす**ことができます。Aは報酬の支払という不利益を避けるために、第三者Dと契約したので、Bは条件が成就したとみなすことができます。従って、報酬請求権が効力を生じます。　　　　　　　　　　　　　　　　　　　　　　　答え［✗］

❸ **条件の成否が未定である間における当事者の権利義務は、一般の規定に従い、処分し、相続し、もしくは保存し、またはそのために担保を供することができます**。従って、Bは報酬請求権を第三者Eに譲渡することができます。　　　　　　　　　　　　　　　　　　　　　　　　　　　答え［◯］

❸❶❷ 各当事者は、条件の成否が未定である間は、相手方の期待権を害することができません。例えば、停止条件の成否未定の間、契約の効力は生じていませんが、契約の拘束力は生じています。従って、**当事者のどちらかが一方的に解約することはできません。**　　　　　答え・❶❷ともに［✗］

❸ **条件の成否が未定である間における当事者の権利義務は、一般の規定に従い、処分し、相続し、もしくは保存し、またはそのために担保を供することができます**。従って、Aの相続人は、この売買契約の買主たる地位を相続することができます。　　　　　　　　　　　　　　　　　　　　　　　答え［✗］

07 債務不履行と解除

- 双務契約では、互いの債務の履行が同時履行の関係にある。
- 債務不履行には、履行遅滞・履行不能・不完全履行がある。
- 債務不履行に対して、損害賠償の請求や契約の解除ができる。

1 債権と債務

債権とは、相手方に一定の行為（給付）を請求できる権利、**債務**とは、一定の行為（給付）をする義務のことです。

不動産の売買契約では、買主は代金を支払う義務（債務）を負い、不動産を受け取る権利（債権）を得ます。一方、売主は買主から代金を受け取る権利（債権）を得て、不動産を引き渡す義務（債務）を負います。

このように、当事者が双方共に債権者であると同時に債務者である契約のことを**双務契約**といいます。

双務契約における各当事者の義務（債務）の履行は、**同時履行の関係**にあります。

例えば、**買主が売買代金を支払う債務**と**売主が不動産を引渡す債務**は、**同時履行の関係**に立ちます。

> 出る！
> 不動産売買契約に基づく買主の売買代金支払債務と、売主の所有権移転登記に協力する債務は、同時履行の関係に立つ。

2 同時履行の抗弁権

同時履行の抗弁権とは、「双務契約の当事者の一方は、相手方が債務の履行を提供するまで、自分の債務の履行を拒むことができるという権利」のことです。

【弁済】
債務者が、債務を履行して債権を消滅させること。

同時履行の抗弁権が認められるケースと認められないケース

認められるケース	認められないケース
↻ 売買契約に基づく**買主の売買代金支払債務と売主の所有権移転登記に協力する債務**	✘ 賃貸借終了に伴う**賃貸人の敷金返還債務と賃借人の明渡し債務**（明渡しが先）
↻ 売買契約が解除された場合の売主の**代金返還義務と買主の物件返還義務**	✘ **造作買取請求権**を行使した場合における、**建物賃借人の建物明渡し義務と賃貸人の造作代金支払義務**（明渡しが先）
↻ 売買契約が取り消された場合における当事者双方の**原状回復義務**	✘ **貸金債務の弁済と当該債務の担保のために経由された抵当権設定登記の抹消登記手続**（貸金弁済が先）
↻ **請負契約**における**目的物引渡し債務と報酬支払債務**（⇨p.314）	
↻ 成果完成型の委任契約における**成果引渡し債務と報酬支払債務**（⇨p.318）	

3 債務不履行 〔民法改正〕

債務不履行とは、債務者が**債務（契約によって約束した義務）**の本旨に従った履行をしないことです。

債務不履行には、**履行遅滞・履行不能・不完全履行**の3種類があります。

❶ 履行遅滞

履行遅滞とは、債務者が債務を履行できるのに、履行期を過ぎても履行しないことです。債務者に同時履

Part **2** 権利関係

07 債務不履行と解除

行の抗弁権がある場合には、履行遅滞とはなりません。

履行遅滞となる時期

確定期限付債権	履行期（期限が到来した時）
不確定期限付債権	債務者が期限の到来後に履行の請求を受けた時、または期限到来を知った時のいずれか早い時
期限の定めがない債権	債権者が履行の請求をした時
不法行為に基づく損害賠償債権	不法行為の時

❷ 履行不能

履行不能とは、**債務の履行**が契約その他の債務の発生原因及び取引上の社会通念に照らして**不可能**になることです。建物の引渡し前に、売主の過失や自然災害によって建物が滅失・損傷した場合などが、履行不能に該当します。また、契約締結前に建物が滅失して不能となっていた場合（**原始的不能**）も、履行不能として扱います。◀

履行不能の場合、債権者は、債務者に債務の履行を請求することはできません。

> 原始的不能の場合でも、契約は成立する。契約自体が無効になるわけではない。

❸ 不完全履行

不完全履行とは、債務者が一応の履行を行ったものの、それが**債務の本旨に従った履行とはいえないこと**です。売主が、種類・品質・数量に関して、売買契約に適合しない目的物を引き渡した場合などが、不完全履行に該当します。この場合、債権者は、損害賠償請求や契約の解除に加えて、契約内容に適合する物を要求したり（**追完請求権**）、代金の減額を請求したりすることができます（**代金減額請求権**）（⇨ p.214）。

4 損害賠償 民法改正

債務者（相手方）に帰責事由のある債務不履行の場合に、債権者（自分）は債務者に対して**損害賠償請求**をすることができます。債務不履行による損害賠償は、帰責事由のある債務者に対するペナルティなので、債務者に帰責事由がない場合には、損害賠償請求はできません。

損害賠償は、別段の意思表示や特約がなければ、金銭をもって行います。

❶ 損害賠償の範囲

債務不履行による損害賠償は、**通常生ずべき損害**に加えて、**特別の事情によって生じた損害**も、当事者が規範的・客観的判断によって予見すべきであった場合には損害賠償請求をすることができます。

損害賠償の範囲

通常生ずべき損害	当然に請求できる
特別の事情によって生じた損害	当事者がその事情を予見すべきであったときは請求できる

❷ 過失相殺

債務不履行またはこれによる損害の発生・拡大に関して、債権者にも**過失**があった場合には、債務者からの主張がなくても、**裁判所が職権**で債権者の過失に応じて損害賠償責任の有無や額を考慮します。これを**過失相殺**といいます。

出る！
AB間でB所有の甲土地の売買契約を締結した後、Bが甲土地をCに二重譲渡してCが登記を具備した場合、AはBに対して債務不履行（履行不能）に基づく損害賠償を請求できる。

【帰責事由】
責めに帰すべき事由。例えば、債務不履行が契約その他の債務の発生原因及び取引上の社会通念に照らして債務者の責めに帰することができない事由による場合、「債務者に帰責事由がない」と表現する。

【通常生ずべき損害】
社会通念上、債務不履行によって一般に生じると考えられる損害。
・買主が目的物を使用して得ることが確実であった営業利益
・売買契約における通常の転売利益　など。

【特別の事情によって生じた損害】
通常生ずべき損害以外の特別な事情が加わって発生した損害。
・不履行後の目的物の価格の高騰分
・価格高騰（偶然の事情）による転売利益　など。

❸ 損害賠償額の予定

トラブルに備えて、契約の当事者間で前もって損害賠償額を決めておくことができます。これを**損害賠償額の予定**といいます。

損害賠償額の予定をした場合、債権者は債務不履行があったことを主張・立証すれば、損害の有無・多少を問わず、**予定の賠償額**を受け取れます。一方で、実際の損害額が予定の賠償額より大きいことを証明しても、予定の賠償額を超えて請求することはできません。

民法では、損害賠償額の予定の制限はありません。

宅建業法では、宅建業者が**自ら売主**となる売買契約について、損害賠償額の予定額と違約金を合算した額が、**代金の10分の2（20％）**を超えることはできないとしています（⇨ p.114）。

5 金銭債務の特則　民法改正

【給付】
債務の履行（弁済）として、債務者が行うべき行為。建物の売買契約でいえば、売主の引渡しや買主の代金支払のこと。

金銭債務とは、金銭の給付を目的とする債務のことで、他の債務とは異なる特則があります。

金銭債務の特則

- 金銭債権については、債権者は損害の証明をしなくてもよい。
- 金銭債務の支払が遅滞したときは、**法定利率（年率3％＝3分）**で一律に損害賠償の額（率）を決める。ただし、当事者の契約で決めた利率（約定利率）で損害賠償の額（率）を決めることもできる。
- 債務者は、不可抗力をもって抗弁とすることができない。

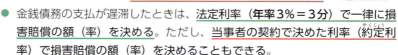

債務者は、自分の責めに帰すべき事由がなくても返済を拒むことはできないということ。取引先から入金がなかった、ドロボウにあったなども、お金を返せない理由にならない。

6 契約の解除 （民法改正）

契約の解除とは、契約が成立した後に、**当事者の一方（解除権者）の意思表示**によって、契約を解消し、初めから契約がなかった状態にすることです。

債務不履行があれば、**債務者（相手方）に帰責事由がなくても、契約の解除**をすることができます。

ただし、債務不履行が債権者（自分）の帰責事由による場合には、契約の解除をすることはできません。

> 債務不履行が契約・取引上の社会通念に照らして軽微であるときは、契約解除することはできない。

解除権の行使
- 解除権者が複数人いる場合には、その全員の意思表示で解除を行う。
- 相手方が複数人いる場合には、相手方全員に対して解除の意思表示を行う。
- 共有物に関する賃貸借契約の解除は、各共有者の持分の価値に従い、その過半数で決する。
- 一度解除権を行使すると、撤回することはできない。

❶ 契約解除の効果

契約解除には、下に挙げた効果があります。

【過半数】
全体の半分よりも多い数。持分価格で2分の1よりも多い割合のこと。

契約解除の効果
- 履行されていない部分については、履行する義務がなくなる。つまり、売主は目的物を引き渡す義務がなくなり、買主は代金を支払う義務がなくなる。
- 履行済みの部分については、**各当事者が原状回復義務を負う**。

原状回復	金銭	同時履行	不動産
	受領済み代金に、利息をつけて返還		使用料相当額をつけて返還。目的物を使用して得た利益も返還義務を負う

また、**債務者（相手方）に帰責事由**があるときには、**契約の解除**に加えて、**損害賠償請求**もできます。

【原状回復】
元の状態に戻すこと。

受領済み代金＋利息の返還

同時に履行する

不動産＋使用料相当額の返還

売主　　　　　　　　　　買主

❷ 催告による解除

　自らが債務を履行したにもかかわらず、相手方が期限までに債務を履行しない場合、相当の期間を定めて**履行の催告**をし、その期間内に相手方の履行がなければ、契約を解除できます。

> 債務不履行が契約及び取引上の社会通念に照らして「軽微」であるときは、解除できない。

催告による契約の解除

- 不相当な期間を定めた催告でも、客観的に相当な期間が経過すれば契約を解除できる。
- 催告時に、催告期間内の履行がなければ契約を解除するという意思表示をしておけば、再び解除の意思表示をしなくても、解除の効果が生じる。
- 地震など、売主に帰責性のない事由で目的物が滅失した場合でも、買主は契約を解除できる。

❸ 催告によらない解除

　以下の場合、債権者は、**事前に催告することなく**、直ちに契約を解除できます。

催告によらない契約解除

- 債務の全部が履行不能であるとき。
- 債務者が債務全部の履行を拒絶する意思を明確に表示したとき。
- 債務の一部が履行不能または債務者が履行拒絶の意思を明確に表示した場合で、残存部分のみでは契約目的を達成できないとき。
- 定期行為について、債務者が履行をしないでその時期を経過したとき。
- 催告をしても契約目的を達成できる履行がされる見込みがないことが明らかであるとき。

❹ 契約解除と第三者

売買契約が解除された前後に、解除された買主が第三者に土地を転売した場合、<u>第三者は、**登記**を備えていれば土地の**所有権を主張**</u>できます。契約解除の原因（債務不履行）について、<u>第三者が善意か悪意かは無関係</u>です。

> 【定期行為】（前ページ）
> 契約の性質または当事者の意思表示により、特定の日時または一定の期間内に履行をしなければ契約をした目的を達することができない行為。
> 例：結婚式にウェディングケーキを届ける債務。

【例】売主Aが適法に甲土地の売買契約を解除する前に、買主BがCに甲土地を売却して所有権移転登記が済んでいるとき、Aは解除に基づく甲土地の所有権をCに対して主張できない。

契約解除と第三者との関係については、「解除と対抗関係（⇨p.224）」でも学習します。

覚えておこう

債務不履行と帰責事由

債権者の権利	債務者に帰責事由あり	双方に帰責事由なし	債権者だけに帰責事由あり
損害賠償請求	できる	できない	できない
契約の解除	できる	できる	できない

▲債権者からの損害賠償請求は、債務者に帰責事由がある場合のみ可能。

7 危険負担 （民法改正）

❶ 危険負担とは

売買契約では、一方の当事者は目的物を渡す債務（義務）を負い、他方の当事者は代金を支払う債務を負います。**危険負担**とは、片方の債務が双方の責めに帰すべき事由（帰責事由）なく履行不能となったとき、もう片方の債務は履行しなければならないのか、あるいは、もう片方の債務は消滅するのか、という問題です。

民法では、**当事者双方の帰責事由なく履行不能となった債務の債務者**が、その**危険**（履行不能となった場合のリスク）を**負担**するとしています。これを**債務者主義**といいます。このとき、もう片方の債務者は**債務（反対給付）の履行を拒絶**することができます。

例えば、建物の売買契約で、**引渡し前に建物が自然災害によって滅失・損傷**してしまった場合、売主の建物引渡義務は履行不能となります。このとき、買主は**代金支払を拒絶**することができるわけです。

> 双方に帰責事由がない履行不能では、双方から契約解除することもできる。

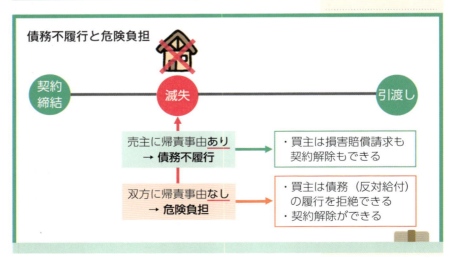

❷ 建物引渡の履行遅滞中・受領遅滞中の履行不能

売買契約では、引渡しの時をもって危険が移転します。引渡し後に目的物が双方の帰責事由なく滅失・損傷した場合、買主は、損害賠償請求、契約解除、履行の追完請求、代金減額請求はできません。

建物の売買契約においては、**売主が建物引渡義務の履行を遅滞している間**に、双方の帰責事由なく履行不能となった場合、その履行不能は**売主の帰責事由**によるものとみなされます。このとき、買主は、売主に対して損害賠償を請求することができます。

逆に、**買主が建物の受領を拒んでいる間**（受領遅滞）に、双方の帰責事由なく履行不能となっている場合、その履行不能は**買主の帰責事由**によるものとみなされます。このとき、買主は代金支払債務の履行を拒絶することができず、代金全額を支払う義務を負います。

❸ 債権者に帰責事由がある場合

売買契約で、**買主の帰責事由**によって目的物が滅失・損傷して、売主の引渡し債務が履行不能となった場合、買主は**代金支払債務の履行を拒絶できません**。

❹ 注文者に帰責事由がある場合

請負契約でも、**注文者の帰責事由**によって請負人による建物の完成が不能となった場合、**請負人は残債務（残りの工事をする義務）を免れます**。この場合、請負人は、**請負代金全額を請求**でき、注文者は**代金全額を支払う義務**を負います。

ただし、請負人が自己の債務を免れたことによって利益を得たときは、これを注文者に償還する必要があります。

【受領遅滞】
債権者が債務の履行を受けることを拒み、または債務の履行を受けることができないこと。
・受領遅滞の効果
①債務者は善管注意義務（⇨p.319）ではなく、自己の財産に対するのと同一の注意をもって目的物を保存すれば足りる。
②受領遅滞により増加した債務の履行費用は、債権者の負担となる。
③履行の提供があった時以後に当事者双方の帰責事由なく債務の履行が不能となったときは、その履行の不能は、債権者の帰責事由によるものとみなされる。

【例】請負人が建物を完成させるという債務を免れたことで、使わないですんだ材料の費用などは、その材料費分を注文者に請求することはできない。

過去問で集中講義 ✏

「債務不履行と解除」に関する過去問題を集めてあります。〇✗で答えましょう。

1 マンションの売買契約に基づく買主の売買代金支払債務と、売主の所有権移転登記に協力する債務は、特別の事情のない限り、同時履行の関係に立つ。

H27年 [問08.ウ]

2 Aは、中古自動車を売却するため、Bに売買の媒介を依頼し、報酬として売買代金の3%を支払うことを約した。Bの媒介によりAが当該自動車をCに100万円で売却した場合、CはAから当該自動車の引渡しを受ける前に100万円をAに支払わなければならない。

H29年 [問05.1.]

3 債権者は、特別の事情によって生じた債務不履行による損害のうち、契約締結当時、両当事者がその事情を予見していたものに限り、賠償請求できる。

H22年 [問06.2]

4 利息を生ずべき債権について別段の意思表示がないときは、その利率は、年5%とする旨は、民法の条文に規定されている。

H28年 [問01.1.改]

5 AはBに甲建物を売却し、AからBに所有権移転登記がなされた。BがBの債権者Cとの間で甲建物につき抵当権設定契約を締結し、その設定登記をした後、AがAB間の売買契約を適法に解除した場合、Aはその抵当権の消滅をCに主張できない。

H16年 [問09.1]

6 令和2年9月1日にA所有の甲建物につきAB間で売買契約が成立し、当該売買契約において同年9月30日をもってBの代金支払と引換えにAは甲建物をBに引き渡す旨合意されていた。甲建物が同年9月15日時点で自然災害により滅失した場合、Bは、代金支払債務の履行を拒絶するとともに当該売買契約を解除することができるが、Aに対して損害の賠償を請求することはできない。

H19年 [問10.1.改]

7 請負契約が注文者の責めに帰すべき事由によって中途で終了した場合、請負人は、残債務を免れるとともに、注文者に請負代金全額を請求できるが、自己の債務を免れたことによる利益を注文者に償還しなければならない。

H29年 [問07.2]

> 大事にゃところが黄色にニャってる！

解説

❶ 売買契約は**双務契約**です。買主が売買代金を支払う債務と、売主が不動産を引渡したり、所有権移転登記に協力したりする債務は、**同時履行の関係**に立ちます。　　　　　　　　　　　　　　　　　　　　　　答え [〇]

❷ 売主Ａが自動車を引渡す債務と、買主Ｃが代金100万円を支払う債務は、同時履行の関係です。相手方がその債務の履行を提供するまでは、自分の債務の履行を拒む権利があり、これを**同時履行の抗弁権**といいます。**ＣはＡから引渡しを受けるまで、Ａに代金を支払う義務を負いません**。媒介しているＢがいるかどうかは無関係です。　　　　　　　　　　　　答え [✗]

❸ **特別の事情によって生じた債務不履行による損害は、当事者がその事情を予見すべきであった場合に限り、債権者が損害賠償請求できます**。ここでいう「当事者」は債務者、また、予見の時点は債務不履行時です。本問は、「契約締結当時、両当事者が」とする点と「予見していたものに限り」とする点が間違っています。　　　　　　　　　　　　　　　　　　　答え [✗]

❹ 民法は「法定利率は、**年３％**とする」と定めています。　　答え [✗]

❺ 債権者Ｃは、**登記を備えています**から、ＡはＣに対して、**解除の効果を主張できません**。　　　　　　　　　　　　　　　　　　　　　　　　　答え [〇]

❻ Ａの建物引渡債務が、**ＡＢ双方の帰責事由なく履行不能**となっているので、**危険負担**の問題です。この場合、買主Ｂは、**代金支払債務の履行を拒絶する**ことができます。また、Ｂに帰責性がないのですから、**売買契約を解除する**ことも可能です。しかし、**売主Ａに帰責事由がないため、Ａに対して損害の賠償を請求することはできません**。　　　　　　　　　　　　　答え [〇]

❼ **注文者の帰責事由**によって、請負契約が中途で終了した場合、**請負人は残りの債務（残りの仕事をする義務）を免れます**。この場合、**請負人は、請負代金全額を請求でき、注文者は代金全額を支払う義務**を負います。このとき、**請負人が自己の債務を免れたことによって利益を得たときは、これを注文者に償還**する必要があります。　　　　　　　　　　　　　答え [〇]

08 売買 (民法改正)

- 契約不適合に対し、買主は、追完請求・代金減額請求・契約の解除・損害賠償請求が可能である。
- 担保責任を負わない旨の特約は有効である。

1 売主の義務

売主は、売買契約の内容に適合する目的物を引き渡す義務を負います。また、権利の移転についても次のような義務を負います。

❶ 権利移転の対抗要件に関する義務

売主は、登記、登録その他の売買の目的である権利の移転について、**買主に対抗要件を備えさせる義務**を負います。

【対抗要件】
自分の権利を第三者に主張するために用意すべき要件。不動産に関しては、登記が対抗要件となる。

❷ 他人物売買の場合の義務

他人物売買契約も、契約としては有効です。AがBに売却する土地がCの所有だったり（**全部他人物売買**）、売却する土地の一部がDの所有だったり（**一部他人物売買**）した場合、売主Aは、その他人の権利を取得して買主Bに移転する義務を負います。

一部が他人の権利だった場合も、その一部の権利を取得して移転する義務がある。

売主A

有効
Cの所有物
他人物売買契約

買主B

212

2 売主の担保責任

売買で引き渡された目的物が種類・品質・数量に関して契約の内容に適合しない場合、売主の債務不履行が生じ、**契約不適合**となります。このとき売主が負う責任のことを**売主の担保責任**といいます。

契約不適合の場合、買主に次の権利が生じます。

❶ **追完請求権**…売主に契約内容に適合するものを要求できます。

❷ **代金減額請求権**…代金の減額を請求できます。

❸ **契約解除**…契約の拘束力から逃れたい場合は、契約を解除することができます（⇨ p .205）。

❹ **損害賠償請求**…**売主に帰責事由がある場合**には、損害賠償請求をすることができます（⇨ p .203）。

3 契約不適合とは

契約不適合とは、以下のような場合をいいます。

❶ 目的物の種類・品質に関する不適合

引き渡された住宅で雨漏りしたなど、物理的な傷がある場合が典型です。また、住宅建設目的で土地を購入したものの都市計画法上の制限で住宅の建築が不可能だったような場合も、このタイプの契約不適合です。

❷ 目的物の数量に関する不適合

900㎡の土地であることを前提に1㎡あたりの単価を掛け算して売買代金を計算したにもかかわらず、実測したところ880㎡しかなかったというような場合です。

Part **2** 権利関係

08 売買

213

❸ 権利に関する不適合

　目的物の一部が他人所有であった場合や、不動産に設定された抵当権が実行され買主が所有権を失った場合などです。

4 買主の権利① 追完請求権

❶ 買主の追完請求権

　引き渡された目的物が契約不適合だった場合、買主は、履行の追完を請求することができます。追完の方法には、**目的物の修補、代替物の引渡し、不足分の引渡し**という３種類があり、この中で**買主が選択**します。

❷ 売主の追完権

　売主は、買主に不相当な負担を課するものでないときは、買主が請求した方法と異なる方法による履行の追完をすることができます。◀

> 【例】買主が代替物の引渡しを求めているのに対して、契約に適合するよう目的物の修補を行うといったケース。

5 買主の権利② 代金減額請求権

❶ 代金減額請求権

　買主が相当の期間を定めて履行の**追完の催告**をし、その期間内に追完がないとき、買主は、契約不適合の程度に応じて**代金減額を請求**することができます。

❷ 催告なしで代金減額請求ができる場合

　以下の場合には、事前に追完の催告をすることなく、**いきなり代金減額請求**をすることができます。

> 代金減額請求は、契約の一部解除と考えるとわかりやすい。催告の要否など、解除の場合（⇨p.206）とそっくりな仕組みになっている。

催告なしで代金減額請求ができる場合

- 履行の追完が不能であるとき
- 売主が履行の追完を拒絶する意思を明確に表示したとき
- 定期行為について、売主が履行の追完をしないでその時期を経過したとき
- 催告をしても履行の追完を受ける見込みがないことが明らかであるとき

6 買主の権利③ 解除権・損害賠償請求権

売買契約の契約不適合についても、債務不履行に関する一般的なルールが適用されます。

❶ 解除権（⇨ p.205）

買主は、**売主の帰責事由の有無にかかわらず**、債務不履行があれば、**契約を解除**できます。ただし、債務不履行が契約・取引上の社会通念に照らして軽微であるときは、契約を解除することはできません。

❷ 損害賠償請求権（⇨ p.203）

買主は、**売主に帰責事由がある場合**に、債務不履行から生じた**損害賠償請求**をすることができます。

売主に帰責事由があれば、買主に過失（帰責事由）があっても損害賠償請求はできますが、裁判所から**過失相殺**されることがあります。

> 契約を解除した場合も、損害賠償請求はできる。

❸ 買主に帰責事由がある場合

債務不履行が、売主の帰責事由ではなく**買主の帰責事由**による場合、買主は、追完請求、代金減額請求、契約の解除、損害賠償請求ができません。

7 担保責任の期間の制限

　契約不適合について、買主が売主の担保責任を追及することができるのは、一定の期間内に限られます。

❶ 消滅時効による制限

　買主の権利は、以下のいずれか早い時点で時効消滅します（⇨p.187「債権の消滅時効」に基づく）。

主観的起算点	買主が契約不適合の事実を知った時から、5年間行使しないとき
客観的起算点	引渡しから、10年間行使しないとき

❷ 目的物の種類・品質に関する期間制限

　目的物の種類・品質に関する契約不適合については、❶に加えて、より短い期間制限があります。買主は、契約不適合の事実を知った時から1年以内に売主に不適合を通知する義務を負います。1年以内の通知を怠った場合、売主の担保責任を追及することはできなくなります。ただし、目的物の引渡し時に売主が不適合について知っていた（悪意）、または重過失によって知らなかった（善意重過失）ときは通知は不要となります。

> 1年以内に「通知」しておけば、実際の担保追及はその後になってもよい。

　「数量に関する不適合」や「権利に関する不適合」の場合には、1年以内の通知義務はありません。

8 目的物の滅失・損傷に関する危険の移転

❶ 引渡しによる危険の移転

　売主が買主に目的物（売買の目的として特定したもの）を引き渡す場合、引渡し以後に目的物が当事者双方の帰責事由によらず滅失・損傷したとしても、買主

は、その滅失・損傷を理由に売主の担保責任を追及することができません。この場合、買主は、代金の支払いを拒むことができません。

❷ 受領遅滞による危険の移転

売主が契約の内容に適合する目的物を引き渡そうとしたにも関わらず、買主が受領を拒絶したり、受領することができなかったりした場合、引渡し以後に目的物が当事者双方の帰責事由によらず滅失・損傷したときも、❶と同様に扱います（⇨p.209）。

9 担保責任を負わない旨の特約

民法では、売買契約について「**売主が担保責任を一切負わない**」という特約は**特約は有効**です。

> 宅建業法では、特約が無効になるケースがある（⇨p.112）。

ただし、その場合であっても、売主が知っていながら買主に告げなかった事実については、責任を免れることができません。

契約不適合の場合の買主の4つの権利

買主の権利	内容
追完請求	引き渡された目的物が契約不適合だった場合、売主に対し、目的物の修補、代替物の引渡し、不足分の引渡しを請求できる
代金減額請求	催告後に履行の追完がない場合、不適合の程度に応じて代金の減額を請求できる。履行の追完が不能な場合などは催告不要
契約解除	売主の帰責事由の有無にかかわらず、売買契約の拘束から逃れるため契約を解除ができる。不履行が軽微である場合は不可
損害賠償請求	売主に帰責事由がある場合に限り、損害賠償請求できる

▲契約不適合が買主だけの帰責事由による場合は、いずれも不可。

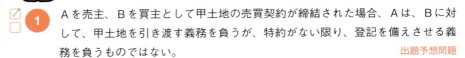

「売買」に関する過去問題を集めてあります。○×で答えましょう。

1 Aを売主、Bを買主として甲土地の売買契約が締結された場合、Aは、Bに対して、甲土地を引き渡す義務を負うが、特約がない限り、登記を備えさせる義務を負うものではない。　　　　　　　　　　　　　　　　出題予想問題

2 Aを売主、Bを買主としてCの所有する甲建物の売買契約が締結された場合、BがAの無権利について善意無過失であれば、AB間で売買契約が成立した時点で、Bは甲建物の所有権を取得する。　　　　　　　　　　　　H29年[問02.2]

3 Aを売主、Bを買主として甲建物の売買契約が締結され、甲建物の引渡し後に、Bが床下にしろありによる被害を発見した場合、Bは、Aに対して、代金の減額を請求することはできるが、甲建物の修補を請求することはできない。　　出題予想問題

4 BがAから購入した土地の一部を第三者Cが所有していた場合、Bがそのことを知っていたとしても、BはAに対して代金減額請求をすることができる。H16年[問10.3]

5 Aを売主、Bを買主とする甲土地の売買契約が締結された。Bが、甲土地がCの所有物であることを知りながら本件契約を締結した場合、Aが甲土地の所有権を取得してBに移転することができないときは、Bは、本件契約を解除することができる。
　　　　　　　　　　　　　　　　　　　　　　　　　　　　　　H28年[問06.2]

6 Aを売主、Bを買主とする甲建物の売買契約が締結された。甲建物の引渡し前に、甲建物が第三者の放火によって滅失し、Aの債務が履行できなくなった場合、BはAに対して契約解除はできるが、債務不履行によって生じた損害をAに請求することはできない。　　　　　　　　　　　　　　　　　　　　　出題予想問題

7 売主が種類又は品質に関して契約の内容に適合しない目的物を買主に引き渡した場合、買主は、その不適合を知った時から1年以内に担保責任の追及を行わなければ、売主に対して担保責任を追及することができなくなる。　　　　出題予想問題

大事にゃところが黄色ににゃってる！

解説

❶ 売主Aは、買主Bに売買の目的物を引き渡す義務を負います。それだけでなく、**Aは、Bに対して、登記・登録など権利の移転に関する対抗要件を備えさせる義務をも負っています**。　　　　　　　　　　　　　　　答え［✗］

❷ 売買される目的物の全部が他人の所有である場合を**全部他人物売買**といい、**民法では契約は有効**とされています。有効とは、**AがCから甲建物を取得してBに移転する義務を負うという意味**であって、Bが契約と同時に甲建物の所有権を得るという意味ではありません。　　　　　　　答え［✗］

❸ しろありによる被害は、**目的物の品質に関する契約不適合**です。この場合、**買主Bは、売主Aに対して、代金の減額だけでなく、目的物の修補**など追完**を請求**することができます。　　　　　　　　　　　　　　答え［✗］

❹ **売主Aは、C所有の土地の所有権を取得してBに移転するという契約上の義務**を負っています。この義務を履行できない状態は、契約不適合に該当します。契約不適合については、債務不履行に関する一般的なルールが適用されますから、Bは、Aに対して、**代金減額を請求**することができます。
　　　　　　　　　　　　　　　　　　　　　　　　　　　　　答え［○］

❺ **売主Aは、甲土地の所有権を取得してBに移転するという契約上の義務**を負っています。この義務を履行できない状態は、契約不適合に該当します。契約不適合については、債務不履行に関する一般的なルールが適用されますから、Bは、**本件契約を解除**することができます。　　　答え［○］

❻ 第三者の放火による滅失なので、売主Aと買主Bの双方に帰責事由がありません。**買主は、売主に帰責事由がない債務不履行でも、契約を解除できます**。しかし、**売主に帰責事由がない債務不履行の場合、売主への損害賠償請求はできません**。　　　　　　　　　　　　　　　　　　　答え［○］

❼ 契約不適合による担保責任を追及するためには、買主は、**契約不適合の事実を知った時から1年以内に売主に通知する必要**があります。**通知さえしておけば、実際の責任追及は、その後になってもかまいません**。　答え［✗］

09 物権変動と対抗関係

- 契約の当事者間では、登記がなくても物権が変動する。
- 契約の取消し、時効成立、解除の後には、登記がなければ、第三者に対抗（所有権を主張）できない。

ここでは、物権変動の際に起きる**対抗関係**について学習していきます。

【対抗関係】
同様の権利を持つ者同士が争う関係に立つこと。

1 物権変動

❶ 物権変動とは

物を直接的に支配する権利のことを**物権**といいます。所有権、抵当権、地上権などが、物権に該当します。そして、物権の発生・変更・消滅を**物権変動**といいます。

民法は、**契約が成立**したときに**物権変動**が生じるとしています。例えば、Aを売主、Bを買主とする建物の売買契約が成立すると、その瞬間に、建物の所有権がAからBに移転します。BからCに転売された場合も、転売契約締結の瞬間に、建物の所有権がCに移転します。従って、**Cは登記がなくても所有権を主張**できます。

物権…物を直接的に支配する権利。
債権…ある特定の人（債権者）が他の特定の人（債務者）に一定の行為を請求する権利。

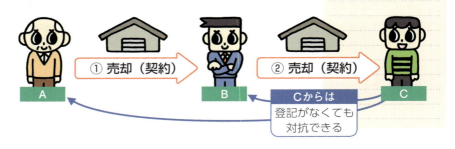

❷ 不動産の物権変動における対抗要件

当事者間では売買契約で物権変動が生じますが、その物権変動を<u>第三者</u>に対して主張する（対抗する）には、==対抗要件==が必要です。不動産に関する物権変動では、原則として、==登記が対抗要件==となります。

【第三者】
登記がないことを主張する正当な利益を有する者。

【対抗要件】
取得した所有権等の物権を第三者に主張するための要件。不動産の対抗要件は登記、動産の対抗要件は引渡しである。

2 二重譲渡と対抗関係

例えば、Aが所有する甲土地をBに売却し、その後、Cにも売却したとしましょう。これを==二重譲渡==といいます。==二重譲渡の買主同士==は==対抗関係==となります。

Bは先に売買契約を締結していますが、==登記がなければCに所有権を主張できません==。また、==Cは、登記さえ備えていれば、AB間の売買契約について悪意であっても、Bに所有権を主張==できます。

この場合には、BとCのうち==先に登記をした方が所有権を主張==できます。契約締結日時の先後とは関係ありません。

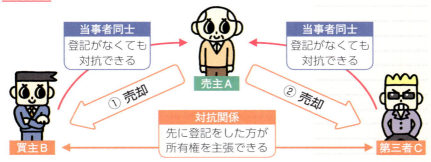

なお、==土地の二重賃貸借==の場合でも、賃借人同士が対抗関係となり、==先に登記をした方が賃借権を主張==できます（⇨ p.286）。

3 詐欺、強迫と対抗関係

❶ 取消し前に第三者に転売 [民法改正]

AがBから**詐欺**を受けてBに土地を売却し、Aが**契約を取り消す前**に、Bから第三者Cへと**転売**されたケースです。**詐欺**による意思表示の取消しは、**善意無過失**の第三者には**対抗（主張）できません**。**悪意**または**善意有過失**の第三者には**対抗**できます。

> そもそも対抗関係が生じていないので、登記がどこにあるかは、問題にならない。

AがBから**強迫**を受けてBに土地を売却し、Aが**契約を取り消す前**に、Bから第三者Cへと**転売**されたケースです。**強迫**による意思表示の取消しは、第三者が**善意**でも**悪意**でも**対抗**できます。

> そもそも対抗関係が生じていないので、登記がどこにあるかは、問題にならない。

❷ 取消し後に第三者に転売

Aが契約を**取り消した後**でBからCに転売された場合、**AとCは対抗関係**になります。従って、**先に登記**をした方が、他方に対し**所有権を主張**できます。

> この場合、CがBの詐欺または強迫について善意か悪意かは、問題にならない。

※詐欺、強迫と対抗関係については、「瑕疵ある意思表示（⇨p.155）」で学習済みです。

4 取得時効と対抗関係

❶ 時効完成前

AがBが占有していたA所有の土地をCに売却し、その後、時効によりBが所有権を取得しました。この場合、土地の所有権は、売買契約によりAからCに移転し、取得時効によりCからBに移転したと考えます。つまり、A→C→Bと所有権が移転したわけです。従って、Bは、Cに対して**所有権を主張**できます。

> そもそも対抗関係が生じていないので、Cが登記をしていたとしても、BはCに所有権を主張できる。

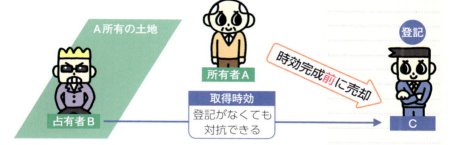

❷ 時効完成後

A所有の土地をBが占有して時効により所有権を取得しました。その後、Aは第三者Cにこの土地を売却しました。この場合、BとCは**対抗関係**になります。従って、**先に登記**をした方が、他方に対して**所有権を主張**できます。

> 時効完成後の売却は、対抗関係が生じる。

5 解除と対抗関係

❶ 解除前の対抗関係

AがBに土地を売却しましたが、AはBの債務不履行を理由にAB間の売買契約を解除しました。しかし、**Aが契約を解除する前に、BはCにこの土地を売却**していました。この場合、**AとCとの間では先に登記をした方が**他方に対して**所有権を主張**できます。つまり、対抗関係と同様に考えるわけです。

> この場合、Cが解除の原因（Bの債務不履行）について善意か悪意かは、問題にならない。

> ※Cの権利が保護されるためには登記が必要である。この登記は、物権変動の対抗要件としての登記ではなく、権利保護要件としての登記という。

❷ 解除後の対抗関係

AがBに土地を売却しましたが、AはBの債務不履行を理由にAB間の売買契約を解除しました。この後、Bは第三者Cにこの土地を売却しました。この場合は、**AとCとは対抗関係**になります。従って、**先に登記をした方が、他方に対し所有権を主張**できます。

> 契約解除前の売却でも契約解除後の売却でも先に登記をした方が、他方に対し所有権を対抗できる。

6 相続と対抗関係

❶ 相続人との関係

Aが自己所有の土地をBに売却した後に、死亡しました。そして、この土地について相続を原因とする単独相続人Cへの所有権移転登記がなされました。

単独で相続したCはAの権利義務をすべて承継しますから、(A=)CとBとは対抗関係ではなく、売買契約の当事者同士の関係となります。Bは、**登記がなくてもCに所有権を主張**できます。

❷ 相続人からの権利取得者との関係

Aが自己所有の土地をBに売却した後に、死亡しました。そして、この土地について相続を原因とするCへの所有権移転登記がなされた後、CがDに土地を売却しました。

この場合、(A=)Cを起点として、土地がBとDに二重譲渡されています。**BとDは、対抗関係となり、先に登記をした方が、他方に対し所有権を主張**できます。

出る！

相続財産である不動産では、遺産分割前に単独の所有権移転登記をした共同相続人から移転登記を受けた第三取得者に対しては、他の共同相続人は、自己の持分を登記なくして対抗することができる。

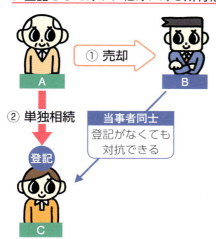

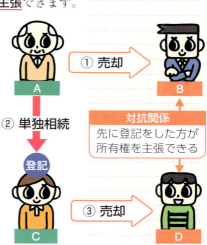

7 第三者にあたらない者

　第三者とは、登記がないことを主張する正当な利益を有する者です。従って、第三者にあたらない者に対しては、登記なしで対抗できることになります。では、どのような者が第三者にあたらないのでしょう。

❶ 無権利者

　文書偽造などによって、本来の所有者に無断で自己名義の登記をした者などが、無権利者です。無権利者や無権利者からの譲受人は第三者にあたりません。従って、本来の所有者は、無権利者や無権利者からの譲受人に対して、登記なしで所有権を主張できます。

❷ 背信的悪意者

　「悪意」は事情を知っていることを意味しましたが、背信的悪意者とは、単に事情を知っていただけでなく、相手に積極的に損害を与えるためや自分が儲けるために、悪だくみを図った者などをいいます。背信的悪意者は第三者にあたらないとされています。

> 【例】　Aから甲土地を購入したBは、所有権移転登記を備えていなかった。Cはこれに乗じてBに高値で売りつけて利益を得る目的でAから甲土地を購入し所有権移転登記を備えた。この場合のCが背信的悪意者にあたる。CはBに対して甲土地の所有権を主張することができない。Bは登記がなくてもCに対して所有権を主張できる。

　また、詐欺・強迫によって買主の登記申請を妨げたうえで自らに登記移転した者、買主から登記手続きを委任されたにもかかわらず自らに登記移転した者は、背信的悪意者と同様に扱われます。ただし、背信的悪意者からの譲受人（転得者）は第三者にあたり、他方

当事者（この場合の買主）と**対抗関係**となります。

> 譲受人が、他方当事者との関係において背信的悪意者である場合は、第三者にはあたらない。

❸ 不法占拠者

土地や建物を占有する権原がなく、不法に土地や建物を占拠している者が**不法占拠者**（不法占有者）です。例えば、Aと売買契約を締結して甲土地の所有権を取得したBは、正当な権原なく甲土地を占有している**不法占拠者**に対して、甲土地の**明渡し**を請求できます。

【権原】
一定の法律行為または事実行為をすることを正当化する法律上の原因。

8 賃借人と賃貸人

❶ 建物賃借権の主張

建物の引渡しが**建物賃借権の対抗要件**です。建物に居住している賃借人は、建物の譲受人（新所有者）に建物を賃借する権利があることを主張できます。

> 【例】 Aは所有する甲建物をBに賃貸した。Bは甲建物に住んでいるが、賃借権の登記はされていない。Aが甲建物をCに売却した場合、Bは、Cに対して甲建物を賃借する権利があると主張することができる。⇨「建物賃貸借の対抗力」p.306

❷ 賃貸人の地位の移転・主張

賃貸中の土地の譲受人は、土地上に登記ある建物を有する土地の賃借人に対して、**所有権の登記**がなければ**賃貸人の地位を主張**できません。所有権が移転されれば、**賃貸人の地位**は、賃借人の承諾なしに旧所有者から**新所有者に移転**します。

> 賃貸人が死亡すると、賃貸人の地位は、相続人に承継される。
> 賃貸人が死亡すると、賃借人の地位は、相続人に承継される。

> 【例】 Aの所有する甲土地の賃借人であるBが、甲土地上に登記ある建物を有する場合、Aから甲土地を購入したCは、所有権移転登記を備えていなければ、Bに対して、賃料を請求するなど賃貸人の地位を主張することができない。

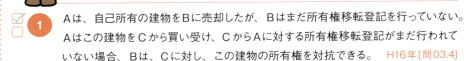

過去問で集中講義

「物権変動と対抗関係」に関する過去問題を集めてあります。〇×で答えましょう。

1 Aは、自己所有の建物をBに売却したが、Bはまだ所有権移転登記を行っていない。Aはこの建物をCから買い受け、CからAに対する所有権移転登記がまだ行われていない場合、Bは、Cに対し、この建物の所有権を対抗できる。　H16年[問03.4]

2 AがA所有の甲土地をBに売却する前にCにも売却していた場合、Cは所有権移転登記を備えていなくても、Bに対して甲土地の所有権を主張することができる。　H28年[問03.1]

3 AがA所有の甲土地をBに売却した。AがBの詐欺を理由に甲土地の売却の意思表示を取り消しても、取消しより前にBが甲土地をCに売却し、Cが所有権移転登記を備えた場合には、CがBの詐欺の事実を知っていたか否かにかかわらず、AはCに対して甲土地の所有権を主張することができない。　H28年[問03.2]

4 Aから甲土地を買い受けたCが所有権の移転登記を備えた後に、以前からA所有の甲土地を占有していたBについて甲土地所有権の取得時効が完成した。この場合、Bは、Cに対し、登記がなくても甲土地の所有者であることを主張することができる。　H27年[問04.3]

5 売主Aは、買主Bとの間で甲土地の売買契約を締結し、代金の3分の2の支払と引換えに所有権移転登記手続と引渡しを行った。その後、Bが残代金を支払わないので、Aは適法に甲土地の売買契約を解除した。Aの解除前に、BがCに甲土地を売却し、BからCに対する所有権移転登記がなされているときは、BのAに対する代金債務につき不履行があることをCが知っていた場合においても、Aは解除に基づく甲土地の所有権をCに対して主張できない。　H21年[問08.1]

6 AがA所有の甲土地をBに売却した。Aから甲土地を購入したBは、所有権移転登記を備えていなかった。Cがこれに乗じてBに高値で売りつけて利益を得る目的でAから甲土地を購入し所有権移転登記を備えた場合、CはBに対して甲土地の所有権を主張することができない。　H28年[問03.3]

7 A所有の甲土地の賃借人であるBが、甲土地上に登記ある建物を有する場合に、Aから甲土地を購入したCは、所有権移転登記を備えていないときであっても、Bに対して、自らが賃貸人であることを主張することができる。　H24年[問06.2]

228

> 大事にゃところが黄色ににゃってる！

解説

❶ 不動産の取引では契約が成立したときに物権変動が生じ、契約の当事者間では、登記がなくても物権が変動します。本問では、**建物の所有権はC→A→Bと順に移転しており、BとCとの間に対抗関係は生じていません**。従って、**BはCに対して登記がなくても建物の所有権を対抗（主張）できます**。

答え [〇]

❷ A→Cの譲渡とA→Bの譲渡は、**二重譲渡になっており、CとBは対抗関係にあります**。CとBとの間では、**登記を先にした方が他方に対して所有権を主張できます**。契約締結日時の先後は関係ありません。

答え [✗]

❸ CがBから甲土地の売却を受けたのは、Aが売却の意思表示を取り消すより前です。つまり、Cは、**取消し前の第三者**にあたります。この場合、**AがCに所有権を主張できるかどうかは、CがBの詐欺について善意無過失かどうかで決まります**。本問は、「CがBの詐欺の事実を知っていたか否かにかかわらず」とする点が誤りです。取消し前の第三者のケースでは、Cが所有権移転登記を受けているかどうか、は結論に無関係です。

答え [✗]

❹ **Bの取得時効が完成したのは、CがAから所有権を取得した後**です。この場合、**BとCの関係は、対抗関係ではありません。従って、Bは、Cに対して所有権を主張できます**。登記の有無は結論と無関係です。

答え [〇]

❺ CがBから土地の売却を受けたのは、Aが**契約を解除する前**です。この場合、**先に登記をした方が他方に対して所有権を主張できます**。本問では、Cが所有権移転登記を受けているので、AはCに所有権を主張できません。CがBの債務不履行について善意か悪意か、は結論に無関係です。

答え [〇]

❻ Cは、Bが登記を備えていないのに乗じてBに高値で売りつけ利益を得る目的でAから甲土地を購入し所有権移転登記を備えたので、背信的悪意者に該当します。**背信的悪意者であるCは、第三者に該当せず、登記を備えていてもBに対して甲土地の所有権を主張できません**。

答え [〇]

❼ Bは甲土地上の建物を登記しているので、賃借権について対抗要件を備えています。このBに対して賃貸人であることを主張するためには、Cも対抗要件を備える必要があります。Cは、**所有権移転登記をしなければ賃貸人の地位を主張できません**。

答え [✗]

10 不動産登記法

- 表題部は表示（物理的な状況）、権利部は権利に関する事項。
- 登記権利者が単独申請できる登記を覚えておく。
- 区分建物の登記について理解する。

1 不動産登記法とは

不動産登記法とは、不動産の**登記**に関するルールを定めている法律です。

2 登記記録

登記記録（**登記簿**）は、一筆の土地、一個の建物ごとに、**表題部**と**権利部**に区分して作成されます。

表題部は、**表示（不動産の物理的な状況）に関する登記**で、**所在**、**名称**、**地目**（用途）、**面積**などが記録されます。登記されていない土地や建物について、新規で物理的状況を登記することを**表題登記**といいます。

権利部は、**甲区**と**乙区**に分かれていて、**甲区**では**所有権**、**乙区**では**抵当権・地上権・賃借権**など、**所有権以外の権利**に関する事項が記録されます。

表示に関する登記には**申請義務**がありますが、**権利に関する登記**には**申請義務はありません**。

登記は、**当事者の申請**または**官庁**（国の機関）・**公署**（地方公共団体の機関）の**嘱託**によって行われます。ただし、建物の滅失の登記など、表示に関する登記は、**登記官**の**職権**によってすることができます。

【登記記録（登記簿）】
登記は、登記官が登記簿に登記事項を電磁的に記録することによって行う。この電磁的記録（コンピュータのデータ）を登記記録という。登記記録は、登記所に保管される。

土地の個数は「筆」という単位で表す。

【嘱託】
頼んで任せること。当事者が国や地方公共団体である公共工事などで、用地の登記が必要なときなどに嘱託登記が行われる。

【登記官】
登記所で登記に関する事務を取り扱う権限を持つ法務事務官。

表題部と権利部

- 登記記録
  - 表題部＝表示（物理的状況）に関する登記
    ←土地の所在、地番、地目（用途）、地積（面積）
    建物の所在、名称、家屋番号、構造、床面積
  - 権利部＝権利に関する登記
    - 甲区＝所有権に関する事項
      ←所有権の保存・移転・仮登記・差押えなどの権利
    - 乙区＝所有権以外の権利に関する事項　←抵当権・地上権・賃借権などの権利

登記事項証明書

- 誰でも、登記事項証明書の交付を請求できる。
- 請求には次の方法がある。
① 登記所での窓口請求
② 郵送による請求
③ **インターネットでのオンライン請求**（電子情報処理組織を使用した請求）

登記事項証明書は「電磁的記録」ではなく、「書面」での証明書。

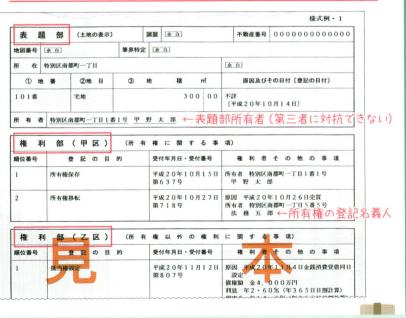

3 表題部（表示に関する登記）

❶ 表示に関する登記の分類

不動産の**物理的現況が変動**した場合、表題部所有者または所有権の登記名義人は、**1か月以内**に**表示に関する登記**について申請をする義務があります。

出る！
・池沼は、土地の表題登記ができる。
・満潮時に海に没する土地、土地に定着していない建物は、表題登記ができない。

1か月以内に申請義務がある表示に関する登記

	表題登記（最初の登記）	変更の登記	最後の登記
土地	・新たに生じた土地を取得 ・表題登記がない土地を取得	・地目 ・地積	滅失
建物	・新築した建物を取得 ・表題登記がない建物（区分建物を除く）を取得	・所在 ・名称 ・種類・構造・床面積	滅失

❷ 登記される床面積

マンションなど、**区分建物**の床面積は、**内法面積**（壁その他の内側線で囲まれた部分の水平投影面積）で算出されます。

区分建物以外の建物の床面積は、**壁芯面積**（壁その他の区画の中心線で囲まれた部分の水平投影面積）で算出されます。

登記される床面積
● 区分建物は内法面積　　● 区分建物以外の建物は壁芯面積

4 分筆・合筆の登記

❶ 分筆・合筆とは

表題登記のある1筆の土地を2筆以上の土地に分割することを**分筆**、表題登記のある2筆以上の土地を1筆の土地にすることを**合筆**といいます。

❷ 分筆・合筆の登記申請者

分筆・合筆の登記は、**表題部所有者**または**所有権の登記名義人**でなければ申請できません。

❸ 合筆の制限

合筆には、次のような制限があります。

合筆の制限…以下の土地は、**合筆の登記ができない**
① 相互に接続していない土地
② 地目または地番区域が相互に異なる土地
③ 表題部所有者または所有権の登記名義人が相互に異なる土地
④ 表題部所有者または所有権の登記名義人が相互に持分を異にする土地　→保存の登記が必要
⑤ 所有権の登記がある土地とない土地
⑥ 所有権以外の権利に関する登記がある土地
（ただし承役地についてする地役権の登記の場合は例外的に合筆が認められている）

【表題部所有者】
所有権の保存登記がされていない時点で、表題部に所有者として表示されている者のこと。権利部に所有権の保存の登記がされるまでは、所有権を第三者に対抗できない。

【登記名義人】
登記記録において、所有権・賃借権・抵当権などの権利を有する者として記載されている者のこと。

【地役権】
所有権のある特定の土地（要役地）の利便性を高めるために、他人の土地（承役地）を利用する権利。

5 権利部（権利に関する登記）

　権利部には、不動産の権利に関する登記が記載されます。「所有者である」「抵当権をもっている」ということを第三者に対抗（主張）するためには、**権利に関する登記**をしておく必要があります。

　権利に関する登記に、申請義務はありません。

**表示に関する
登記は義務**

**権利に関する
登記は任意**

6 不動産登記の共同申請

　権利に関する登記をする場合、**登記義務者**と**登記権利者**が**共同で申請**する義務を負います。例えば、Aの土地をBに譲渡するときの**所有権移転登記**は、**売主A**（登記義務者）と買主B（登記権利者）の**共同申請**です。

　ただし、次の場合には、登記権利者が**単独で申請**することができます。

【収用】
公共の利益となる事業のために、私有財産を強制的に取得する措置。事業のために土地を収用する者を「起業者」と呼ぶ。

【信託】
他人に一定の目的で財産の管理や処分をさせること。

単独申請できる登記 ←「単独申請しなければならない」のではない

① **相続**による権利の移転の登記

② **法人の合併**による権利の移転の登記

③ **登記名義人の氏名・名称・住所の変更・更正**の登記

④ **所有権の保存**の登記

⑤ **所有権の登記の抹消** ←所有権移転の登記がない場合に限る

⑥ **判決**による登記 ←判決で登記を命じられた者の相手方による単独申請

⑦ **不動産の収用**による所有権の移転の登記 ←起業者による単独申請

⑧ **信託の登記**…信託の登記の申請は、当該信託による権利の移転または保存・**設定の登記の申請と同時**にしなければならない。←受益者または委託者が、受託者に代わって申請できる

また、次の場合には**合同で申請**する必要があります。

> **合同申請する必要がある登記** ←単独申請はできない
> ① 共有物分割禁止の定めの登記（⇨p.343）←すべての登記名義人が合同申請
> ② 抵当権の順位の変更の登記（⇨p.246）←名義人が合同申請

7 所有権の保存の登記

所有権の登記（権利部甲区）のない不動産について初めてされる所有権の登記を**所有権の保存の登記**（**所有権保存登記**）といいます。

表題部所有者は、所有権の保存の登記によって、所有権を第三者に対抗できるようになります。所有権の保存の登記は、権利に関する登記なので、申請義務はありません。

出る!
表題部の所有者から不動産（区分建物を除く）を購入した者は、所有権保存登記はできない。

 表題部の所有者 —所有権保存登記→ 登記義務者 —所有権移転登記→ 登記権利者

単独申請　　　登記義務者と登記権利者の共同申請

区分建物以外の場合、所有権の保存の登記ができるのは次の者だけです。

> **所有権の保存の登記の申請者…区分建物以外の場合**
> ① **表題部所有者**またはその**相続人**その他の一般承継人
> ② **所有権**を有することが**確定判決**によって確認された者
> ③ **収用**によって**所有権を取得**した者

235

8 区分建物と登記

マンションなど、一棟の建物を区分した各部分（専有部分に加えて、本来は専有部分となりうる部分を規約により共用部分とした規約共用部分を含む）のことを **区分建物** といいます。

❶ 一棟全体の建物の登記申請

最初にマンションなどを新築した **原始取得者**（デベロッパーなど、最初の所有者）が、**一棟の建物**について **表題登記** する義務を負います。原始取得者は、すべての **区分建物** について **同時に表題登記** をしなければなりません（**一括申請方式**）。

原始取得者について相続や一般承継があったときは、**相続人・一般承継人** も、被承継人を表題部所有者とする当該建物についての **表題登記** を申請することができます。

表題登記がない区分建物 を建築者から取得した者は、当該区分建物の表題登記を申請する義務はありません。

一方、**区分建物以外の表題登記がない建物** の所有権を取得した者は、その所有権の取得の日から **1か月以内** に、**表題登記** を申請しなければなりません。

❷ 敷地権である旨の登記

マンションなどの **敷地権** について表題部に最初に登記がなされると、登記官は職権で、敷地権の目的たる土地の登記記録の **権利部** の相当区に、**敷地権である旨の登記** をしなければなりません。つまり、敷地権が所有権であれば甲区、地上権や賃借権であれば乙区に登記されます。

【区分建物】
一棟の建物の構造上区分された部分で独立して住居、店舗、事務所または倉庫その他建物としての用途に供することができるもの。

一棟の建物

表題部
所在・名称
構造・
床面積

最初の所有者が一括して表題登記を申請することで、区分建物ごとに申請がばらばらになるのを防止している。

【敷地権】
専有部分を所有するための建物の敷地に関する権利のことを「敷地利用権」という。不動産登記法上、登記された敷地利用権で、分離処分が禁止されるものを敷地権という。

❸ **区分建物の登記**

区分建物の各専有部分の登記は、一棟全体の表題部、次に各専有部分の表題部と権利部によって構成されます。

規約共用部分（集会室など）については、当該区分建物の登記記録の表題部にそこが規約による共用部分である旨が、登記されます。

❹ **所有権の保存の登記**

区分建物の所有権の保存の登記は、表題部所有者から所有権を取得した者も、申請することができます。ただし、当該建物が敷地権付き区分建物である場合は、当該敷地権の登記名義人の承諾を得なければなりません。

9 その他の登記事項

賃借権、地上権、抵当権を設定する際の主な登記事項に、次のようなものがあります。

賃借権の設定の登記…賃料、存続期間と賃料の支払時期、地代と地代の支払時期、敷金があるときは、その旨、定期借地権や定期建物賃貸借の定めがあるときはその定め。

地上権の設定の登記…地代と支払時期、存続期間の定めがあるときはその定め、事業用定期借地権に基づく建物の所有である時はその旨。

抵当権の設定の登記…順位番号、債権額、所有権以外の権利を目的とするときは当該権利。

【規約共用部分】
本来は専有部分となりうる部分だが、管理組合の管理規約によって共用部分にできる部分。集会室・管理事務室・管理用倉庫など。これに対して、廊下・階段室・消防設備など、構造からみて専有部分になりえない建物の部分を法定共用部分という。法定共用部分の登記はできない。

10 仮登記

仮登記とは、<u>本登記をするための要件が完備しない</u>ときに、**登記簿上の順位を確保**するためになされるものです。

> 仮登記には本登記の順位保全効果がある。例えば、土地の所有権につき仮登記をしておけば、その土地が別の人に売却されても、仮登記を本登記にすることで土地の所有権を取得できる。

❶ 仮登記の申請

<u>仮登記の申請は、原則として、仮登記権利者と仮登記義務者が**共同**でしなければなりません</u>。ただし、
(1) **仮登記義務者の承諾**があるとき、または
(2) <u>裁判所による**仮登記を命ずる処分**があるとき</u>
は、**仮登記権利者が単独**で**申請**することができます。

❷ 仮登記に基づく本登記

所有権に関する**仮登記に基づく本登記**は、登記上の利害関係を有する第三者がある場合、その**第三者の承諾**があるときに限り、**申請**することができます。

出る！
抵当権設定の仮登記に基づき本登記を申請する場合は、登記上利害関係を有する第三者の承諾情報を添付しなくても、当該本登記を申請することができる。

❸ 仮登記の抹消

仮登記の抹消は、<u>原則として、仮登記権利者と仮登記義務者が**共同**で申請</u>します。ただし、
(1) **仮登記名義人（仮登記権利者）** が申請する場合
(2) **仮登記上の利害関係人**（仮登記義務者を含む）が**仮登記名義人の承諾**を得て申請する場合
には、**単独**で申請することができます。

11 登記申請で必要な情報

登記の申請にあたっては、登記所に提供すべき情報があります。

❶ 申請情報

表示に関する登記でも、権利に関する登記でも、申請にあたっては、**申請情報を登記所に提供**しなければなりません。

権利に関する登記の申請にあたっては、**登記原因を証する情報**を登記所に提供しなければなりません。

【申請情報】
申請書にあたるもの。オンライン申請が可能になったため、申請書ではなく、申請情報と呼ぶ。

【登記原因を証する情報】
登記原因証明情報。売買契約書のコピー等、登記の原因や権利変動が生じたことを証明できるもの。

❷ 登記識別情報

次の場合には、**登記識別情報**の提供が必要です。

(1) 登記権利者・登記義務者が共同で権利に関する登記を申請する場合
(2) 登記名義人が以下の登記を申請する場合

【登記識別情報】
登記名義人自らが申請していることを確認するための情報。登記所が無作為に選んだ12桁の英数字で、暗証番号と同様、これを知っていることが本人証明となる。

> 登記識別情報の提供を必要とする登記
> ① 土地の合筆、建物の合体・合併の登記
> ② 抵当権の順位の変更の登記
> ③ 所有権移転登記がない場合における所有権の登記（保存登記）の抹消
> ④ 仮登記の登記名義人が単独で申請する仮登記の抹消

❸ 登記申請の不備

不動産の所在地がその登記所の管轄ではなかったなど、補正できない不備の場合、登記官は、当該申請を却下しなければなりません。

補正できる不備の場合、登記官が定めた期間内に、申請人が補正すれば、申請が可能となります。

出る！
民法の委任は、本人死亡の場合に終了するが、委任による登記申請の代理権は、本人死亡によっては消滅しない。

過去問で集中講義 ✏️

「不動産登記法」に関する過去問題を集めてあります。⭕❌で答えましょう。

1 登記事項証明書の交付を請求する場合は、書面をもって作成された登記事項証明書の交付のほか、電磁的記録をもって作成された登記事項証明書の交付を請求することもできる。　　H22年[問14.1]

2 土地の地目について変更があったときは、表題部所有者又は所有権の登記名義人は、その変更があった日から1月以内に、当該地目に関する変更の登記を申請しなければならない。　　H21年[問14.1]

3 区分建物の床面積は、壁その他の内側線で囲まれた部分の水平投影面積により算出される。　　H13年[問14.2]

4 所有権の登記がない土地と所有権の登記がある土地との合筆の登記は、することができない。　　H23年[問14.1]

5 遺贈を登記原因とする所有権の移転の登記は、遺言執行者が指定されているか否かにかかわらず、登記権利者及び登記義務者が共同してしなければならない。　　H19年[問16.4]

6 区分建物が規約による共用部分である旨の登記は、当該区分建物の登記記録の表題部にされる。　　H13年[問14.3]

7 敷地権付き区分建物の表題部所有者から所有権を取得した者は、当該敷地権の登記名義人の承諾を得ることなく、当該区分建物に係る所有権の保存の登記を申請することができる。　　H25年[問14.3]

8 仮登記の登記義務者の承諾がある場合であっても、仮登記権利者は単独で当該仮登記の申請をすることができない。　　H20年[問16.2]

9 仮登記の抹消は、必ず登記権利者及び登記義務者が共同してしなければならない。　　H23年[問14.4.改]

10 表示に関する登記を申請する場合には、申請人は、その申請情報と併せて登記原因を証する情報を提供しなければならない。　　H26年[問14.1]

> 大事にゃところが
> 黄色ににゃってる！

解説

❶ **交付を請求できるのは、書面の登記事項証明書だけ**です。電磁的記録をもって作成された登記事項証明書というものはありません。　　　答え [✗]
（→識別証にオンラインがあるだけ。）

❷ **新たに土地や建物が生じたときや滅失したとき、土地の地目・地積や建物の所在・床面積に変更があったときなど、不動産の物理的現況が変動した場合は、1か月以内に登記申請**をしなければなりません。　　　答え [○]

❸ マンションなど、**区分建物の床面積は、内法面積（壁その他の内側線で囲まれた部分の水平投影面積）で算出**されます。　　　答え [○]

❹ **所有権の登記がある土地と所有権の登記がない土地は、合筆の登記ができません**。　　　答え [○]

❺ **権利に関する登記の申請は、法令に別段の定めがある場合を除き、登記権利者及び登記義務者が共同してしなければなりません**。遺贈を登記原因とする所有権の移転の登記に関して別段の定めはないため、登記権利者及び登記義務者が共同してすることになります。　　　答え [○]
（→単独でできるが、又は相続人）

❻ 区分建物が**規約による共用部分である旨の登記は、当該区分建物の登記記録の表題部に登記**されます。　　　答え [○]

❼ **区分建物の所有権の保存の登記は、表題部所有者から所有権を取得した者も、申請することができます**。当該建物が敷地権付き区分建物である場合は、**当該敷地権の登記名義人の承諾を得なければなりません**。　　　答え [✗]

❽ **登記義務者の承諾があるとき、また仮登記を命ずる処分があるときには、登記権利者が単独で申請**することができます。　　　答え [✗]

❾ 仮登記の抹消は、原則として、仮登記権利者と仮登記義務者が共同でします。ただし、
(1) **仮登記名義人（仮登記権利者）が申請する場合**
(2) **仮登記上の利害関係人（仮登記義務者を含む）が仮登記名義人の承諾を得て申請する場合**
には、**単独で申請することができます**。　　　答え [✗]

❿ 表示に関する登記でも権利に関する登記でも、申請時は申請情報を提供しなければなりません。申請情報と併せて**登記原因を証する情報を提供しなければならないのは、「権利」に関する登記の申請をする場合**です。　答え [✗]

11 抵当権

- 付従性、随伴性、不可分性、物上代位性とは何かを覚える。
- 抵当権の効力の及ぶ範囲を覚える。
- 第三取得者による抵当権の消滅方法を理解する。

1 抵当権とは

抵当権とは、占有を移転しないで担保にした土地や建物について、債務不履行があった場合、その土地や建物を**競売**にかけ、競売代金から**抵当権者**が、担保のない債権者（**一般債権者**）に優先して弁済を受ける権利のことです。例えば、銀行が住宅ローンを設定するとき、土地や建物を担保として抵当権を設定します。

抵当権を持つ債権者を**抵当権者**、抵当権が設定された財産の所有者を**抵当権設定者**といいます。債務者のほか**物上保証人**が抵当権設定者になる場合もあります。

抵当権を設定したことを**第三者に対抗するには、抵当権の登記（抵当権設定登記）**をする必要があります。

【占有を移転しないで】
自己の土地に抵当権を設定しても、その土地を抵当権者に引き渡す必要はない。自分がそのまま使用したり、賃貸したり、売却したりすることができるということ。

【物上保証人】
債務者のために自分の財産に抵当権を設定する者。本来の保証人と違って、債権者に債務を負うわけではないが、債務者が債務不履行に陥った場合には自らの財産が競売されることになる。

【被担保債権】
担保の対象になった債権。例えば、1,000万円を土地を担保にして貸した場合、1,000万円の貸金債権が被担保債権にあたる。

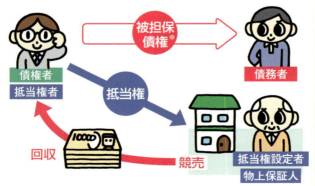

2 抵当権の性質

抵当権には、付従性、随伴性、不可分性、物上代位性が認められています。これらは、他の**担保物権**の一般的な性質でもあります。

❶ 抵当権の付従性

付従性は、被担保債権があって初めて抵当権が成立し、弁済や時効によって**被担保債権が消滅**すれば、**抵当権も消滅する**ということです。

❷ 抵当権の随伴性

随伴性は、被担保債権を第三者に譲渡すると、それに伴って抵当権も一緒に移転するということです。

❸ 抵当権の不可分性

不可分性は、債権全部の弁済を受ける（被担保債権がすべて消滅する）までは、担保物権の全体について抵当権を行使できるということです。

> AがBの自宅に抵当権を設定して、Bに1,000万円を貸していた場合、Bが1,000万円のうち800万円を返したとしても、抵当権の80%が消えるわけではない。全額を返さないうちは、Bの自宅に設定された抵当権は消えない。

【担保物権】
債務者や第三者の物を債権の担保とするための物権。留置権、先取特権、質権、抵当権の4つがある。留置権には、物上代位性はない。

出る！
将来発生する可能性のある債権も、一定要件のもとであれば、被担保債権とすることができる。

出る！
・弁済等により被担保債権が消滅した場合、抵当権の登記を抹消しないままでも、抵当権は消滅する。
・抵当権は、債務者・抵当権設定者に対しては、被担保債権と同時でなければ、時効消滅しない。

3 物上代位性

物上代位性とは、抵当権の目的である不動産が売却、賃貸、滅失または損傷し、その代わりに抵当権設定者が金銭その他の物を受ける請求権を取得した場合、抵当権者がこの請求権に対しても抵当権を行使できるという性質です。

物上代位の対象には、「売買代金、賃料、滅失または損傷させた第三者に対する損害賠償金、保険金」の請求権があります。

❶ 火災保険金に対する物上代位

抵当権を設定した建物が火災で滅失し、抵当権設定者が火災保険金請求権を取得した場合、抵当権者は、この保険金請求権に物上代位することができます。物上代位をするには保険金が払い渡される前に保険金請求権の差押えをする必要があります。

❷ 賃料に対する物上代位

債務不履行があった場合には、抵当権者は抵当権を設定した不動産の賃料債権に対して物上代位することができます。

賃貸借契約が終わった時に残っている未払の賃料債務は敷金（⇨p.290）から弁済されるので、抵当権者が賃料債権を差し押さえても、権利を行使できるのは残っている敷金の範囲に限られます。

なお、抵当権者は、賃貸借契約を解除することはできません。

出る！
抵当権者も先取特権者も、その目的物が火災により焼失して債務者が火災保険金請求権を取得した場合には、その火災保険金請求権に物上代位することができる。

抵当権を設定した建物が火事で滅失したら、代わりに火災保険金で借金を返してもらうということ。物上代位するのは損害保険金請求権であって、すでに受領された保険金からは弁済してもらえない。

出る！
Aの抵当権設定登記があるB所有の建物の賃料債権について、Bの一般債権者が差押えをした場合でも、Aは当該賃料債権に物上代位することができる。

4 妨害排除請求権

物権者がその権利を侵害された場合、侵害者に対して侵害の排除を請求できます。この権利を**妨害排除請求権**といいます。

第三者が抵当不動産を不法占拠している場合、競売が妨害されたり、競売価格が下落したりするリスクが出てきます。このような場合、抵当権者は、「所有者の不法占有者に対する妨害排除請求権」を**代位行使**できます。

なお、賃借した不動産が不法占拠されている場合にも、賃借人は、「所有者の所有権に基づく妨害排除請求権」を代位行使して妨害排除を求めることができます。

【代位行使】
他人の法律上の地位に代わって、その地位の権利を行使すること。

5 抵当権の効力の及ぶ範囲

抵当権は、抵当権を設定した目的物に付加している物に対しても効力が及びます。

抵当権の効力が及ぶもの

- 不動産の付加一体物…付加して一体となっている物 ←増築部分や雨戸など
- 抵当権設定当時に存在した従物 ←取り外しのできる庭石、ガソリンスタンドの地下タンクや洗車機等の設備
- 賃借地上の建物に抵当権を設定した場合の土地の賃借権（借地権）
- 債務不履行後の不動産の果実 ←賃料債権など

抵当権の効力が及ばないもの

- ✘ 土地に抵当権を設定した場合の土地上の建物
- ✘ 建物に抵当権を設定した場合の土地

6 被担保債権の範囲

抵当権が実行されて、抵当権者が抵当権の優先弁済を受ける場合、**利息**その他の定期金、**遅延損害金**については、**最後の2年分**についてのみ**抵当権を行使**することができます。

後順位抵当権者その他の利害関係者がいない場合は、2年分という制限はありません。

> 競売が行われて債権が回収された時から遡って最後の2年分の利息や遅延損害金についてのみ担保されるということ。

出る！
不動産質権では、設定行為に別段の定めがない限り、被担保債権の利息を請求することができない（⇨「質権」p.359）。

7 抵当権の順位

❶ 抵当権の順位＝登記の順序

1つの不動産に複数の抵当権を設定することができます。**抵当権の順位**は**登記の順序**で決まります。最初に抵当権の登記をした者が第一順位（1番抵当権者）、2番目が第二順位、3番目が第三順位…になります。

❷ 順位の変更

抵当権の順位は、**各抵当権者の合意**によって変更できます。この**順位の変更**は、**登記**をしなければ効力が生じません。

順位の変更には、**利害関係者の承諾**が必要です。利害関係者には、債務者や抵当権設定者は含まれません。

出る！
抵当権について登記がされた後でも、抵当権の順位を変更することはできる。

出る！
抵当権が消滅した場合、後順位の抵当権者の順位が繰り上がる。これを順位上昇の原則という。

8 抵当権の処分

抵当権は、抵当権設定者の承諾なく、取引の対象とすることができます。これを**抵当権の処分**といいます。

> 抵当権者Aが第三者Cから借金をする場合、自分の持つBに対する抵当権を担保とすること。

抵当権の処分

- **転抵当**…抵当権者がその抵当権を他の債権の担保とすること ←
- **抵当権の譲渡・放棄**…抵当権者が同一の不動産について、一般債権者の利益のために、抵当権を譲渡または放棄すること
- **抵当権の順位の譲渡・放棄**…抵当権者が自分より順位が後ろの抵当権者の利益のために、抵当権の順位を譲渡または放棄すること

競売された場合の売却代金は、1番抵当権者の債権全額が弁済された後、残りがあれば2番抵当権者、3番抵当権者と、順に配当されていきます。抵当権の順位の譲渡・放棄があると配当額は次のようになります。

甲土地の競売に基づく売却代金5,400万円の配当額

【例】甲土地には、Aが1番抵当権（債権額2,000万円）、Bが2番抵当権（債権額2,400万円）、Cが3番抵当権（債権額4,000万円）を設定しており、担保権を有しないD（債権額2,000万円）もいる。

権利者	債権額	元の配当額
1番抵当A	2,000万	2,000万
2番抵当B	2,400万	2,400万
3番抵当C	4,000万	1,000万
担保権なしD	2,000万	0

- AがCの利益のために抵当権の順位を譲渡した場合…AC間ではC→Aの優先順位となる。AとCの配当額合計（3,000万円）をCに配当（3,000万円）する。結果：Cに3,000万円、Bに2,400万円配当する。
- AがCの利益のために抵当権の順位を放棄した場合…同順位になる。2人の配当額合計をそれぞれの債権額の割合に応じて配分する。AとCの本来の配当額合計（3,000万円）をAとCの債権額の比率（2,000万円：4,000万円＝1：2）に応じて配当する。結果：Aに1,000万円、Cに2,000万円、Bに2,400万円配当する。

Part **2** 権利関係

11 抵当権

247

9 抵当不動産の第三取得者の保護

抵当権設定者から**抵当不動産**を譲り受けた者のことを、**第三取得者**といいます。債権者は、抵当不動産を競売にかけることができるため、第三取得者は所有権を失う危険にさらされています。そこで民法では、第三取得者の保護を図るために、「代価弁済」と「抵当権消滅請求」という仕組みを用意しています。

【抵当不動産】
抵当権が設定されている不動産。

第三取得者は、利害関係がある第三者なので、債務者の借金全額を債権者に弁済することで、抵当権を消滅させることができる（第三者弁済 ⇨p.275）。

❶ 代価弁済

抵当不動産を買い受けた**第三取得者**が、債権者（抵当権者）の請求に応じて、その代価を債権者に**弁済**すれば抵当権が消滅します。これを**代価弁済**といいます。

❷ 抵当権消滅請求

抵当不動産の**第三取得者**は、抵当権者に一定の代価を支払うことで**抵当権を消滅**するよう**書面を送付して請求**できます。これを**抵当権消滅請求**といいます。

抵当権者は、**2か月間の熟慮期間**に、**抵当権消滅請求を承諾**するか、それとも**競売の申立て**をするか、を判断しなければなりません。競売の申立てがない場合、抵当権消滅請求を承諾したものとみなされます。

抵当権者が抵当権消滅請求を承諾し、第三取得者が代価の支払を終えたとき、抵当権が消滅します。

なお、主たる債務者、保証人及びこれらの者の承継人は、全額を弁済すべき立場にあるため、全額に満たない一定の金額で抵当権を消滅させる機会を与えることになる抵当権消滅請求をすることはできません。

抵当権消滅請求のポイント

- 抵当権消滅請求は、抵当権の実行としての競売による差押えの効力が発生する前にしなければならない。
- 第三取得者は、登記をした債権者に抵当権消滅請求のための書面を送付すればよい。その送付書面につき、事前に裁判所の許可を受ける必要はない。
- 第三取得者は、抵当権消滅請求の手続きが終わるまで、抵当不動産の代金の支払を拒むことができる。
- 主たる債務者、保証人及びこれらの者の承継人は、第三取得者になった場合でも、抵当権消滅請求をすることができない。

抵当不動産を買い受けた人（第三取得者）が抵当権を消滅させる方法
1. 第三者弁済…債務者の債務をすべて弁済する（⇨p.275）
2. 代価弁済…抵当権者の請求に応じて、代価を弁済する
3. 抵当権消滅請求…一定の代価を払うことで抵当権消滅を請求する

10 抵当権と賃借権の関係

抵当権と賃借権の優劣は、対抗要件を備えた時期の前後で決まります。

抵当権の設定登記前の賃借権

- 抵当権設定前に賃貸借契約が締結されていた場合、土地や建物の賃借人は、<u>対抗要件を備えていれば抵当権者に対抗できる</u>。賃借人は、抵当権者に土地や建物を明け渡さないでよい。

- 抵当権者に対抗できる賃借人の対抗要件
  - <u>建物の所有を目的とする土地の賃貸借</u>では、<u>土地賃借権の登記</u>または<u>借地上に登記した建物の所有</u>（⇨p.299）
  - <u>建物の賃貸借</u>では、<u>建物賃借権の登記</u>または<u>建物の引渡し</u>（⇨p.306）

抵当権の設定登記後の賃借権

- <u>抵当権設定後に賃貸借契約が締結</u>された場合、賃借人は、対抗要件を備えていても、<u>原則として抵当権者に対抗できない</u>。ただし、賃借権を登記して、賃借権の登記前に登記をしたすべての抵当権者が同意をし、その同意の登記がある場合には対抗できる。

※ 抵当権者に対抗できない賃貸借によって、競売手続きの開始前から建物を使用・収益する者等は、原則として、<u>建物が競売された場合、ただちに当該建物を引き渡す必要はない。明け渡しまで6か月の猶予が与えられる</u>。

11 法定地上権

❶ 法定地上権の成立要件

法定地上権とは、土地と土地上の建物が同一の所有者に属する場合、土地または建物に設定された抵当権が実行されて、**土地と建物の所有者が異なる**こととなったとき、**建物について地上権**を認める制度です。

【地上権】
他人の土地において工作物または竹木を所有するため、その土地を使用する権利。地主の承諾なく、借地人の意思で自由に売買や建替えができる。賃借権は債権、地上権は物権（⇨p.358）。

> 法定地上権の成立要件
> ① 抵当権設定当時、土地上に建物が存在していたこと（登記はなくてもよい）。
> ② 抵当権設定当時、土地と建物の所有者が同一であったこと。
> ③ 土地と建物の一方または双方に抵当権が設定されていること。
> ④ 抵当権設定後に、土地と建物の所有者が別々になったこと。

【例】土地と建物を所有するAが、Bからお金を借りる際に土地に抵当権を設定し、その後、Bの抵当権の実行によって競売が行われ、競落したCが土地の所有者となる。すると、土地はC、建物はAが所有することになる。この場合に、民法ではAに地上権を認めて、Aが自分の建物を使えるようにする。これを法定地上権という。

法定地上権成否の基準になるのは、登記上の所有権ではなく、実質的な所有権である。

出る！

Aは、A所有の甲土地にBから借り入れた3,000万円の担保として抵当権を設定した。抵当権設定時、甲土地上にあったA所有の建物をAがCに売却した後、Bの抵当権が実行されてDが甲土地を競落した場合、法定地上権が成立し、DはCに甲土地の明渡しを求めることはできない。

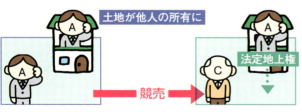

❷ 第二順位の抵当権と法定地上権

法定地上権の成否は、1番抵当権設定時の状況を基準に判断します。

【更地】
建物が存在しない土地。

法定地上権が成立しない場合

- 1番抵当権の設定当時は土地が更地で、2番抵当権の設定当時に建物が建築されていた場合、2番抵当権の抵当権者の申立てによって土地の競売がなされたとしても、地上建物について法定地上権は成立しない。

- 土地に1番抵当権が設定された当時、土地と地上建物の所有者が異なっていて、2番抵当権設定時に土地と地上建物の所有者が同一人の場合、抵当権の実行で土地と地上建物の所有者が異なるに至っても、地上建物について法定地上権は成立しない。

---

12 抵当地の上の建物の一括競売

一括競売とは、抵当権が設定された土地に後から建物が建てられた場合、土地の抵当権者が土地と建物を一括して競売することができる制度です。抵当権者は、土地の売却代金についてのみ優先弁済を受けます。

【極度額】
根抵当権により担保することができる債権の合計額の限度。

---

13 根抵当権

根抵当権とは、一定の範囲内の不特定の債権を極度額を限度として担保することを目的にする抵当権です。

出る！

根抵当権は「一定の範囲」の不特定の債権を担保とするのであって、「あらゆる範囲」の不特定の債権を担保とすることはできない。

【例】商店を経営するAが、A所有の不動産を担保として、極度額3,000万円、債権の種類を「商売の仕入れに関するもの」として銀行に対して根抵当権を設定すると、Aは極度額3,000万円までを上限として、仕入れのお金の借入れと返済を繰り返すことができる。普通抵当権（根抵当権以外の抵当権）では借入れのたびに設定をしなければならないが、根抵当権なら1回の設定ですむ。

❶ 根抵当権の性質

根抵当権には、以下のような性質があります。

> **根抵当権の性質**
> - 付従性がない…被担保債権が消滅しても、根抵当権は消滅しない。
> - 随伴性がない…元本確定前に個々の被担保債権が譲渡されても、根抵当権は随伴（移転）しない。
> - 「商品供給取引」「銀行取引」など、債務者との一定の種類の取引によって生じる債権などに限定される。
> - 元本確定前であれば、後順位抵当権者の承諾がなくても根抵当権の被担保債権の範囲（どんな債権を被担保債権に含めるか）を変更することができる。
> - 極度額の範囲内であれば、「元本や利息等の全部」が担保される。逆に、極度額を超えた部分については「最後の2年分の金利」であっても担保されない。
> - 元本確定前、同一債務者に対する他の債権者の利益のために「根抵当権または根抵当権の順位」を譲渡・放棄することができない。※
> - 利害関係者の承諾を得れば、根抵当権の極度額の変更をすることができる。
> - 根抵当権を第三者に対抗するには、普通抵当権と同様、登記が必要。

❷ 元本確定

根抵当権は一定の範囲内の不特定の債権を担保するので、設定段階では担保する元本債権が確定していません。

元本確定とは、根抵当権において、担保される元本が一定のものに特定されることをいいます。元本確定には、あらかじめ確定期日を定める場合と定めない場合があります。

確定期日を定めない場合、根抵当権設定時から **3年** を経過すると、根抵当権設定者は元本確定を請求でき、請求時から **2週間後** に担保すべき元本が確定します。

根抵当権設定者は、元本の確定後はその根抵当権の極度額について減額請求することができます。

【根抵当権の譲渡・放棄】
元本確定前は、他の債権の担保とし、または同一の債務者に対する他の債権者の利益のためにその根抵当権またはその順位を譲渡・放棄することはできない。ただし、元本確定前において、根抵当権設定者の承諾を得て、その根抵当権を譲り渡すことはできる。

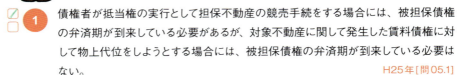

「抵当権」に関する過去問題を集めてあります。○×で答えましょう。

1 債権者が抵当権の実行として担保不動産の競売手続をする場合には、被担保債権の弁済期が到来している必要があるが、対象不動産に関して発生した賃料債権に対して物上代位をしようとする場合には、被担保債権の弁済期が到来している必要はない。　　　　　　　　　　　　　　　　　　　　　　H25年[問05.1]

2 抵当不動産の被担保債権の主債務者は、抵当権消滅請求をすることはできないが、その債務について連帯保証をした者は、抵当権消滅請求をすることができる。
H27年[問06.2]

3 抵当権の対象不動産が借地上の建物であった場合、特段の事情がない限り、抵当権の効力は当該建物のみならず借地権についても及ぶ。　　H25年[問05.2]

4 BはAに対して自己所有の甲建物に抵当権を設定し、Aは同日付でその旨の登記をした。その後、Bは、甲建物をCに期間2年の約定で賃貸し、同日付で引き渡した。Cは、この賃貸借をAに対抗できる。　　　　　　　　　H17年[問06.4]

5 Aは、Bに対する貸付金債権の担保のために、当該貸付金債権額にほぼ見合う評価額を有するB所有の更地である甲土地に抵当権を設定し、登記をした。その後、Bはこの土地上に乙建物を築造し、自己所有とした。Bが、乙建物築造後、甲土地についてのみ、Cのために抵当権を設定して、その旨の登記をした場合（甲土地についてはAの後順位）、Aの抵当権及び被担保債権が存続している状態で、Cの抵当権が実行されるとき、乙建物のために法定地上権が成立する。　H14年[問06.3]

6 普通抵当権でも、元本確定前の根抵当権でも、遅延損害金については、最後の2年分を超えない利息の範囲内で担保される。　　　　　　H15年[問06.4]

7 AがBとの間で、CのBに対する債務を担保するためにA所有の甲土地に抵当権を設定する場合、BはCに対する他の債権者の利益のために抵当権の順位を譲渡することができる。しかし、元本の確定前の根抵当権の場合には、Bは根抵当権の順位を譲渡することができない。　　　　　　　　　　H26年[問04.4]

254

> 大事にゃところが黄色ににゃってる！

解説

❶ **不動産の賃料債権に対して物上代位ができるのは、債務不履行があった場合に限られます**。債務者に債務不履行がない場合、被担保債権の弁済期が到来していなければ、債権者は賃料債権に対して物上代位できません。　　答え［✗］

❷ **主たる債務者や保証人・連帯保証人、及びこれらの者の承継人は、第三取得者になった場合でも、抵当権消滅請求をすることができません**。主たる債務者や保証人・連帯保証人は、被担保債務を全額弁済すべき立場にあるからです。　　答え［✗］

❸ 建物を手に入れても、敷地の利用を拒否されるのでは意味がありません。**賃借地上の建物に抵当権を設定した場合、抵当権の効力は、土地の賃借権（借地権）にも及びます**。　　答え［○］

❹ 抵当権者と賃貸人の対抗関係は、**対抗要件を備えた時期の前後で決まります。抵当権の対抗要件は登記**です。建物賃借権の対抗要件は賃借権の登記または**建物の引渡し**です。本問では、Aが抵当権を登記した後で、Cが甲建物の引渡しを受けていますから、CはAに対して賃貸借を対抗できません。
　　答え［✗］

❺ 1番抵当権（Aの抵当権）の設定当時に更地で、2番抵当権（Cの抵当権）設定時に建物が建築されていた場合、**2番抵当権者（C）の申立てにより競売がなされたとしても法定地上権は成立しません**。　　答え［✗］

❻ 抵当権者が普通抵当権の優先弁済を受ける場合、利息その他の定期金、遅延損害金については、**最後の2年分についてのみ抵当権を行使**することができます。後順位抵当権者その他の利害関係者がいない場合には、2年分という制限はありません。**根抵当権では、2年分という制限はなく、極度額の範囲内で元本や利息等の全部が担保されます**。　　答え［✗］

❼ 普通抵当権の処分方法には、①転抵当、②抵当権の譲渡、③抵当権の放棄、④抵当権の順位の譲渡、⑤抵当権の順位の放棄の5つがあります。しかし、**元本確定前の根抵当権については、①転抵当しか認められていません**。根抵当権の順位を譲渡することはできません。　　答え［○］

12 保証と連帯債務

- 保証債務には、付従性、随伴性、補充性がある。
- 一般保証人と連帯保証人との違いを明確にしておく。
- 連帯債務で例外として絶対効になる事由を覚える。

1 保証と保証人

　例えば、ある人に1,000万円を貸すにあたって、債務者となる人に1,000万円を返済する十分な信頼がないときに**保証人**を立てることになります。この保証人は、「**主たる債務者**が返済しない場合には、代わりに自分が返済すること」を保証します。

【主たる債務者】
ある人の債務を他の者が保証するとき、本来の債務者を「主たる債務者（主債務者）」、保証を受ける本来の債務を「主たる債務（主債務）」という。

2 保証債務の成立

　保証債務は、債権者と保証人との**保証契約**によって成立します。つまり、保証人になる人が、主たる債務者の委託を受けないまま債権者に対して保証しても、その保証契約は有効に成立するわけです。

　保証契約は**要式契約**です。保証契約は、**書面**か、その内容を記録した**電磁的記録**でしなければ、その効力を生じません。

【要式契約】
契約の成立に一定の方式を必要とする契約。これに対して、売買契約など、口頭のやり取り、意思表示だけで成り立つ契約を諾成契約という。

256

3 保証債務の性質

❶ 保証債務の付従性

主たる債務があって初めて、保証債務が成立します。主たる債務が無効・不成立だった場合、保証債務も無効・不成立です。

主たる債務者に生じた事由は、保証人に効力を及ぼします。例えば、**主たる債務者が債務を承認**した場合、**消滅時効が更新**されます（⇒p.189）。そして、付従性により、**保証人の保証債務の消滅時効も更新**されます。また、主たる債務者が債務の免除を受ければ、保証人の債務も免除されます。逆に、**保証人に生じた事由**は、保証人の弁済等による債務の消滅事由を除いて、主たる債務者に効力を及ぼしません。

出る！
保証債務契約が無効であった場合、主たる債務の契約が無効になることはない。

❷ 保証債務の随伴性

主たる債務者に関する債権が第三者に譲渡されれば、それに伴って保証債務も一緒に移転します。

担保は、物的担保（抵当権など）と人的担保（保証人など）に分けられる。付従性や随伴性は、抵当権と共通するが、それはいずれも担保だからである。

❸ 補充性

保証債務は、主たる債務の不足を補ってみたすもの
です。つまり、保証人が弁済するのは、主たる債務者
が弁済できない場合に限られます。

そこで、保証人には、**催告の抗弁権**と**検索の抗弁権**
が認められています。

> 連帯保証人には、催
> 告の抗弁権と検索の
> 抗弁権はない。

保証人の抗弁権 ←連帯保証人には認められていない

催告の抗弁権	債権者から債務の履行を請求されたとき、**まず先に主たる債務者に催告するよう主張できる権利**。ただし、主たる債務者が破産手続開始の決定を受けたとき、または行方不明であるときはこの限りでない。
検索の抗弁権	債権者が主たる債務者に請求した後でも、**保証人は主たる債務者に弁済する資力があり、かつ執行が容易なことを証明すれば、まず先に主たる債務者の財産から執行するように主張することができる権利**。

4 保証債務の範囲 （民法改正）

保証人が責任を負う範囲は、**保証契約締結当時の主
たる債務**と、それに関する利息、違約金、損害賠償そ
の他その債務に従たるすべてのものです。契約締結の
後で、債権者と主たる債務者との合意で債務が増額さ
れても、保証人は増額部分について責任を負いません。

なお、**根保証契約**※では、保証人は**極度額（責任を負
う金額の上限額）**の範囲で支払の責任を負うことにな
ります。個人の根保証契約では、**極度額の定めのない
契約は無効**となります。

【根保証契約】
一定の範囲に属する不特
定の債務について保証す
る契約のこと。例えば、不
動産を賃借する際、その
賃料などを大家との間で
まとめて保証する契約な
ど、保証人となる時点で
はどれだけの金額の債務
を保証するのかがわから
ないケースをいう。

5 求償権

求償権とは、債務者の債務を弁済した者（保証人等）が、債務者に対して持つ**償還請求権**のことです。

保証人が債権者に弁済した場合、主たる債務者に求償できます。

【例】貸金債務の場合には、Aの保証人Bが債務を弁済したとき、Aに「あなたに代わってお金を返したので、その分を返して」と請求できる。

6 分別の利益

同一の債務について、2人以上が保証人となることを**共同保証**といいます。共同保証の各保証人は、主たる債務の額を保証人の数で割った額についてのみ保証債務を負います。これを**分別の利益**といいます。

【例】債権者Aから1,000万円を借りているBに、保証人CとDがいる場合、共同保証人であるCとDは、それぞれ500万円ずつの保証債務を負う。

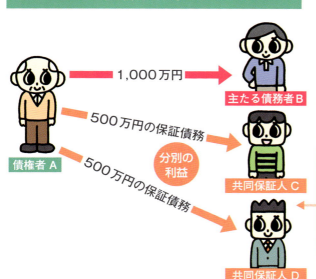

連帯保証人の場合は、分別の利益はない。CとDが連帯保証人である場合は、それぞれが1,000万円の保証債務を負う。

7 連帯保証 民法改正

連帯保証契約とは、主たる債務者に財産があるかどうかにかかわらず、債権者が保証人に対して支払を求めたり、保証人の財産の差押えをすることができる契約です。**連帯保証人**には、連帯保証人以外の保証人（一般保証人）より重い責任があります。

一般保証人と連帯保証人の違い

●催告の抗弁権がない ←主たる債務者より先に連帯保証人に弁済請求できる

一般保証人	連帯保証人
債権者から債務の履行を請求されたとき、まず先に主たる債務者に請求するよう主張できる。	債権者から債務の履行を請求されたとき、まず先に主たる債務者に請求するよう主張できない。

●検索の抗弁権がない ←主たる債務者の事情抜きで連帯保証人に弁済請求できる

一般保証人	連帯保証人
一定のことを証明すれば、先に主たる債務者の財産から執行するよう主張できる。	先に主たる債務者の財産から執行するよう主張できない。

●分別の利益がない ←債権者はどの連帯保証人にも債権全額を請求することができる

一般保証人	連帯保証人
主たる債務が300万円で、保証人が3人いるとき、それぞれが100万円の保証債務を負う。	主たる債務が300万円で、連帯保証人が3人いるとき、それぞれが300万円の保証債務を負う。

8 連帯債務

連帯債務とは、複数の債務者が、同一の内容の債務について、独立して全責任を負う債務のことです。

> A、B、Cの3人が土地を共同で購入するとき、土地の代金3,000万円を「連帯して負担する（連帯債務）」と定めると、売主が合計3,000万円全額を受け取るまでは、A、B、Cの3人がともに債務を負い続ける。債権全額が弁済された時点で全員の債務がなくなる。

出る！
連帯債務では、債務者の1人について法律行為が無効であった場合、他の債務者の債務には影響を及ぼさない。

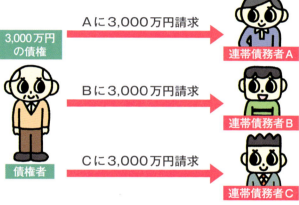

❶ 債権者の権利

債権者は、**連帯債務者**の誰に対しても、同時または順次に、**全額または一部の額について、履行を請求**できます。

❷ 負担部分

負担部分とは、連帯債務者間での債務に対する負担額のことです。別段の定めがなければ、負担部分は各自均一です。債務3,000万円で連帯債務者が3人いたら、1人の負担部分は1,000万円となります。

負担部分を特約で定めた場合などはそれに従います。

出る！
連帯債務者A、B、Cが、負担部分を1,000万円ずつと定めていても、債権者からAが3,000万円請求された場合には、3,000万円を支払わなければならない。

❸ 負担部分と求償

連帯債務者の 1 人が弁済したときは、他の連帯債務者に対し、**各自の負担部分について求償権**を有します。このとき、**弁済の日以後の法定利息、費用、その他の損害賠償も求償**できます。

> A、B、Cの3人が3,000万円を「連帯して負担する（連帯債務）」と定めた場合（負担部分は均一）、Aが全額の3,000万円を弁済すると、AはB・Cそれぞれに対して負担部分1,000万円を求償できる。またAの弁済額がAの負担部分を超えないときでも、**他の連帯債務者**に対して負担部分の割合に応じて求償できる。
> 例えば、Aが600万円を弁済した場合、Aは、B・Cそれぞれに対し、弁済した600万円の1／3＝200万円を求償することができる。

9 相対効 （民法改正）

連帯債務者の 1 人に生じた事由は、原則として、他の連帯債務者に影響を及ぼしません。これを**相対効**といいます。以下、A、B、Cの3人が3,000万円の債務を連帯して負担（負担部分は1,000万円で均一）しているときの例で見ていきましょう。

❶ 債務の承認による時効の更新

Aが債権者に対して自分の**債務の承認**をすると、Aの**消滅時効は更新**されます。しかし、BとCの消滅時効は更新されません。

【時効の更新】
これまでの時効期間をリセットして、またゼロから再スタートさせること（⇒ p.188）。

❷ 履行の請求による完成

債権者がAに対して**履行の請求**をすると、Aの**消滅時効は更新**されます。しかし、BとCの消滅時効は更新されません。

❸ 免除

債権者がAの**債務を免除**すると、Aの債務は消滅します。しかし、BとCの債務は消滅しません。つまり、BとCは依然として3,000万円の連帯債務を負います。

このとき、BとCは、Aの負担部分の範囲（1,000万円）でAに**求償**することができます。

❹ 時効の完成

Aについて**消滅時効が完成**すると、Aの債務は消滅します。しかし、BとCの債務には影響がありません。つまり、BとCは依然として3,000万円の連帯債務を負います。

このとき、BとCは、Aの負担部分の範囲（1,000万円）でAに**求償**することができます。

10 絶対効 民法改正

相対効に対して、連帯債務者の1人に生じた事由が他の連帯債務者にも影響を及ぼすことを**絶対効**といいます。

各連帯債務者に生じた事由は原則として相対効ですが、例外として**絶対効になる事由**に、「**弁済（代物弁済・供託等）**」、「**相殺**」、「**混同**」、「**更改**」の4つがあります。

弁財天の捜査、今度は 絶対公開
　　　　　弁　　相　　混　　絶　　更
　　　　　済　　殺　　同　　対　　改
　　　　　　　　　　　　　　効

❶ 弁済

連帯債務者の1人が債務を弁済（代物弁済・供託等）すれば、弁済した範囲で他の連帯債務者の債務も消滅します。

> 弁済…3,000万円をA、B、Cの3人が連帯して負担しているとき、Aが1,200万円を弁済すると、A、B、C 3人の残りの債務は1,800万円になる。

❷ 相殺（⇨p.277）

連帯債務者の1人が債権者に対して**反対債権**を有しており、その債権をもって相殺すると、相殺した範囲で、他の連帯債務者の債務も消滅します。

【反対債権】
AがBに100万円を貸していて（つまりAがBに対する100万円の債権を有していて）、BがAに80万円を貸している場合、この80万の債権を反対債権という。80万円の反対債権で100万円の債権を相殺すると、残りの債権は20万円、反対債権は0円となる。

> 相殺①…3,000万円をA、B、Cの3人が連帯して負担しているとき（負担部分は均一）、Aが債権者に対して1,800万円の反対債権をもって相殺すると、3人の残りの債務は1,200万円になる。

1,800÷3＝
600万円求償

1,800÷3＝
600万円求償

連帯債務者の1人が債権者に対して反対債権を有しており、その債権をもって<u>相殺しない場合、他の連帯債務者は、反対債権を有する連帯債務者の負担部分の限度で、履行（弁済）を拒む</u>ことができます。

> 相殺②…3,000万円をA、B、Cの3人が連帯して負担しているとき（負担部分は均一）、Aが債権者に対して有する1,800万円の反対債権をもって相殺しない場合、BまたはCは「Aの負担部分1,000万円の範囲」に関しては履行を拒絶することができる。

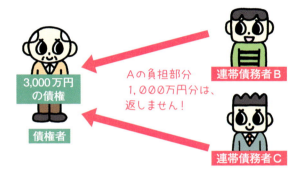

❸ 混同

　混同とは、相対立する法律的地位が同一人に帰属することです。例えば、債務者が債権者の債権を相続した場合、債権者＝債務者となって債権・債務が消滅します。**連帯債務者**の1人が債権者の**債権を相続**すると、<u>混同</u>が生じて他の連帯債務者の**債務が消滅**します。

❹ 更改

　更改とは、新しい債務を成立させることで旧債務を消滅させる契約のことです。連帯債務者の1人が債権者と更改契約を行うと、従来の債務は消滅するので、他の連帯債務者の債務も消滅します。

【更改】
契約により債務の要素を変更し、旧債務を消滅させ、新債務を成立させること。例えば、従前の債務者が第三者と交替する場合など。

過去問で集中講義 ✏

「保証と連帯債務」に関する過去問題を集めてあります。⭕❌で答えましょう。

1 保証人となるべき者が、口頭で明確に特定の債務につき保証する旨の意思表示を債権者に対してすれば、その保証契約は有効に成立する。 H22年[問08.2]

2 連帯保証人が2人いる場合、連帯保証人間に連帯の特約がなくとも、連帯保証人は各自全額につき保証責任を負う。 H22年[問08.4]

3 AとBが1,000万円の連帯債務をCに対して負っている（負担部分は1/2ずつ）場合と、Dが主債務者として、Eに1,000万円の債務を負い、FはDから委託を受けてその債務の連帯保証人となっている場合、Aが債務を承認して時効が更新されてもBの連帯債務の時効の進行には影響しないが、Dが債務を承認して時効が更新された場合にはFの連帯保証債務に対しても時効更新の効力を生ずる。H16年[問06.4.改]

4 A、B、Cの3人がDに対して900万円の連帯債務（A、B、Cの負担部分は等しい）を負っていて、CがDに対して100万円を弁済した場合は、Cの負担部分の範囲内であるから、Cは、A及びBに対して求償することはできない。H29年[問08.4]

5 AからBとCとが負担部分2分の1として連帯して1,000万円を借り入れる場合と、DからEが1,000万円を借り入れ、Fがその借入金返済債務についてEと連帯して保証する場合について、以下の問に答えなさい。

1 Aが、Bに対して債務を免除した場合にはCが、Cに対して債務を免除した場合にはBが、それぞれ500万円分の債務を免れる。Dが、Eに対して債務を免除した場合にはFが、Fに対して債務を免除した場合にはEが、それぞれ全額の債務を免れる。 H20年[問06.1]

2 Aが、Bに対して履行を請求した効果はCに及ばず、Cに対して履行を請求した効果はBに及ばない。Dが、Eに対して履行を請求した効果はFに及ぶが、Fに対して履行を請求した効果はEに及ばない。 H20年[問06.2.改]

3 AB間の契約が無効であった場合にはCが、AC間の契約が無効であった場合にはBが、それぞれ1,000万円の債務を負う。DE間の契約が無効であった場合はFが、DF間の契約が無効であった場合はEが、それぞれ1,000万円の債務を負う。 H20年[問06.4]

大事にゃところが
黄色にニャってる！

解説

❶ 保証契約は、**書面か、その内容を記録した電磁的記録でしなければその効力を生じません**。　　　　　　　　　　　　　　　　　　　　　答え [✘]

❷ 同一の債務について、2人以上が保証人となることを共同保証といいます。**共同保証の各保証人は、主たる債務の額を保証人の数で割った額についてのみ保証責任を負います**。これを分別の利益といいます。一方、連帯保証人には分別の利益がありません。**連帯保証人各自が債務の全額について保証責任を負います**。　　　　　　　　　　　　　　　　　　　　　　　　　答え [◯]

❸ **債務の承認による時効の更新は、他の連帯債務者に影響を与えません（相対効）**。従って、Aが債務を承認して時効が更新されても、Bの時効には影響しません。一方、**主たる債務者に生じた事由は、ことごとく保証人（連帯保証人を含む）に影響します（付従性）**。従って、Dが債務を承認したことにより時効が更新されれば、Fの時効も更新されます。　　　　答え [◯]

❹ **連帯債務者の1人が弁済したときは、他の連帯債務者に対して負担部分の割合に応じて求償**できます。Cは、A、Bそれぞれに対し、Cが弁済した100万円の3分の1を求償できます。　　　　　　　　　　　　　答え [✘]

❺ **1** 連帯債務…債権者Aが連帯債務者の1人の債務を免除した場合、**他の連帯債務者の債務には影響を及ぼしません**。

連帯保証…**主たる債務者Eが債務の免除を受ければ、連帯保証人Fも債務を免れます（付従性）**。しかし、**連帯保証人への免除は、主たる債務者の債務に影響を及ぼしません**。　　　　　　　　　　　　　　　　答え [✘]

2 連帯債務…**債権者が連帯債務者の1人に履行の請求をした場合、他の連帯債務者には影響を及ぼしません**。

連帯保証…**主たる債務者に履行を請求すれば、連帯保証人にも履行を請求したことになります（付従性）**。しかし、**連帯保証人に履行を請求しても、主たる債務者には影響を及ぼしません**。　　　　　　　　　　答え [◯]

3 連帯債務…**連帯債務者の1人について債務が無効であった場合、他の連帯債務者には影響を及ぼしません**。

連帯保証…**債権者Dと主たる債務者Eの契約が無効なら、連帯保証人Fは債務を免れる**ことになります。しかし、**債権者Dと連帯保証人Fの契約が無効でも、主たる債務者の債務には影響を及ぼしません**。　　　答え [✘]

13 債権譲渡と債務引受

- 譲受人が譲渡制限の意思表示について悪意または善意重過失の場合には、債務者は譲受人に対する履行を拒絶できる。
- 債権譲渡の対抗要件は、債務者と第三者への場合で異なる。

1 債権譲渡とは 〔民法改正〕

債権者は、債務者の意向にかかわらず、債権者の意思によって債権を第三者に有償・無償で譲渡できます。債権者Aが債務者Bに対する債権をCに譲渡した場合に、**譲渡人**Aから**譲受人**Cに債権が移転します。これを**債権譲渡**といいます。まだ発生していない**将来債権の譲渡**も可能です。

【将来債権の譲渡】
事業や継続的取引から反復的に発生する債権がある場合などにおいて、将来発生する予定の債権を将来債権といい、将来債権を譲渡された譲受人は、債権が発生した時点で、発生した債権を当然に取得する。

2 譲渡制限の意思表示 〔民法改正〕

❶ 譲渡制限の意思表示とは

債権者と債務者との間で債権譲渡を禁止したり、制限したりする旨の意思表示をすることも可能です。これを**譲渡制限の意思表示**といいます。

【譲渡制限の意思表示】
遺言などの単独行為も含める趣旨で意思表示としているが、実際には「譲渡禁止特約」、「譲渡制限特約」を指すことが多い。

債権者と債務者との間で**譲渡制限の意思表示**をした場合でも、譲渡人から譲受人への**債権譲渡は有効**です。

❷ 譲受人が善意無重過失の場合

譲受人が譲渡制限の意思表示の存在について**善意無重過失**の場合、債務者は、譲受人に対して**債務の履行を拒絶することができません**。

これは、善意無重過失の転得者に対しても同様です。

【善意無重過失】
知らなかったし、知らなかったことに重大な過失がないこと。

❸ 譲受人が悪意または善意重過失の場合

譲受人が譲渡制限の意思表示の存在について**悪意または善意重過失**の場合、債務者は、譲受人（新債権者）に対して**債務の履行を拒絶**し、譲渡人（旧債権者）に**弁済**することができます。また、譲渡人に対抗することができた弁済・相殺などの事由を譲受人にも対抗することができます。

【善意重過失】
知らなかったが、知らなかったことに重大な過失があること。

譲受人は相当の期間を定めて、債務者に対し**譲渡人への債務の履行を催告**することができます。この期間内に債務者が譲渡人に対して**債務を履行しない場合**は、債務者の**履行拒絶権が消滅**します。つまり、譲受人に対して**債務を履行する義務**が生じます。

3 債権譲渡の対抗要件

❶ 債務者への対抗要件 [民法改正]

債権者Aが、Bが債務者である債権をCに譲渡した場合、CがBに自らに弁済するように主張するためには、次の(1)か(2)のうち、いずれかが必要となります。

> **債務者への対抗要件**
> (1) 譲渡人Aから債務者Bへの通知　←口頭でもOK
> (2) 債務者Bの承諾（譲渡人A、または譲受人Cへの承諾）　←口頭でもOK

> 譲受人から債務者への通知では、債務者に対する対抗要件にならない。

債務者は、**対抗要件具備時**までに譲渡人に対して生じた事由を譲受人に対抗することができます。例えば、債務者Bは、対抗要件具備時までにAにした弁済や相殺を譲受人Cに対抗できるわけです。これは、Bが異議を留めないで承諾した場合でも同様です。

【対抗要件具備時】
債権譲渡の対抗要件となる譲渡人の通知または債務者の承諾の時点。

【確定日付】
証書の作成日として証拠力を認められた日付。内容証明郵便、公証役場での確定日付印がある文書などを利用する。

❷ 第三者への対抗要件

債務者以外の第三者に、債権譲渡を対抗するためには、次の(1)か(2)のうち、いずれかが必要となります。

> **債務者以外の第三者に対する対抗要件**
> (1) 確定日付のある証書による譲渡人Aの債務者Bに対する通知
> (2) 確定日付のある証書による債務者Bの承諾
>
> **二重譲渡の場合の優劣**
>
> AがCに債権を譲渡した後で、Dにも譲渡し、両方の譲渡を確定日付のある証書で債務者Bに通知した場合、Bに到達した日時の早い方が優先される。確定日付の日時の先後ではない。

譲受者はC
譲受者はD

通知
通知の到達が早い方が優先
通知
債務者B

＊同時に到達した場合、各譲受人は、債務者に債権全額の弁済を請求することができる。債務者は、どちらか一方に全額を弁済すればよい。

4 債務引受 （民法改正）

❶ 債務引受とは

債権譲渡は、債権者が変更するケースでした。それとは逆に、債務者が変更されるのが**債務引受**です。

債務引受の成立には一定のルールがあります。

【例】貸金債権の債権者Aと債務者Bがいて、Bが第三者Cに債務を引き受けてもらう場合、Aは信用のおけない引受人Cに引き受けられては困るケースもありえる。このためルールが設けられている。

❷ 併存的債務引受

それまでの債務者に加えて、債務者（引受人）が<u>追加</u>され、両者が連帯債務者となることを**併存的債務引受**といいます。併存的債務引受が成立するのは、以下の3つのケースです。

「債権者」の契約または承諾が必要。

併存的債務引受が成立する3つのケース
- 債権者・債務者・引受人の3者が合意した場合
- <u>債権者と引受人が契約</u>した場合
- <u>債務者と引受人が契約し、債権者が引受人に対して承諾</u>した場合

❸ 免責的債務引受

それまでの債務者が債権債務関係から離脱し、以降は引受人のみが債務者となることを**免責的債務引受**といいます。免責的債務引受が成立するのは、以下の3つのケースです。

「債権者」の契約→通知または承諾が必要。

免責的債務引受が成立する3つのケース
- 債権者・債務者・引受人の3者が合意した場合
- <u>債権者と引受人が契約し、債権者が債務者に通知</u>した場合
- <u>債務者と引受人が契約し、債権者が引受人に対して承諾</u>した場合

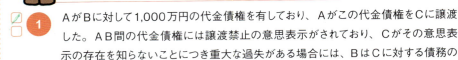

過去問で集中講義

「債権譲渡と債務引受」に関する過去問題を集めてあります。○×で答えましょう。

1 AがBに対して1,000万円の代金債権を有しており、AがこのMost代金債権をCに譲渡した。AB間の代金債権には譲渡禁止の意思表示がされており、Cがその意思表示の存在を知らないことにつき重大な過失がある場合には、BはCに対する債務の履行を拒絶することができる。　　　　　　　　　　　H23年[問05.1.改]

2 Aが、Bに対する債権をCに譲渡した。AのBに対する債権に譲渡禁止の意思表示がされており、Cがその意思表示の存在を知りながら債権の譲渡を受けていれば、Cからさらに債権の譲渡を受けた転得者Dがその意思表示の存在を知らなかったことにつき重大な過失がない場合でも、BはDに対して債務の履行を拒絶することができる。　　　　　　　　　　　　　　　　　　　　　H28年[問05.1.改]

3 Aが、Bに対する債権をCに譲渡した。AのBに対する債権に譲渡禁止の意思表示がされておらず、Cに譲渡された時点ではまだ発生していない将来の取引に関する債権であった場合、AからCへの債権譲渡は有効である。　　　H28年[問05.3.改]

4 AがBに対して1,000万円の代金債権を有しており、AがこのMost代金債権をCに譲渡した。AがBに対して債権譲渡の通知をすれば、その譲渡通知が確定日付によるものでなくても、CはBに対して自らに弁済するように主張することができる。　　　　　　　　　　　　　　　　　　　　　　　　　H23年[問05.2]

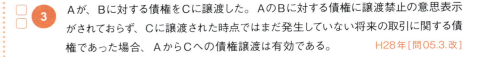

5 指名債権が二重に譲渡され、確定日付のある各債権譲渡通知が同時に債務者に到達したときは、各債権譲受人は、債務者に対し、債権金額基準で按分した金額の弁済請求しかできない。　　　　　　　　　　　　　　　　　H19年[問09.1]

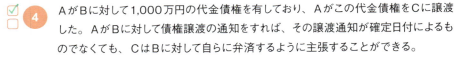

6 Aは自己所有の甲建物をBに賃貸し賃料債権を有している。AがBに対する賃料債権をCに適法に譲渡し、その旨をBに通知したときは、通知時点以前にBがAに対する債権を有しており相殺適状になっていたとしても、Bは、通知後はその債権と譲渡にかかる賃料債務を相殺することはできない。　　　　　H23年[問06.4]

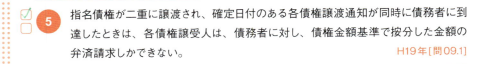

7 Aが、Bに対して有する金銭債権をCに譲渡した場合、Bが、既にAに弁済していたのに、AのCに対する譲渡を異議を留めないで承諾した場合、Bは、弁済したことをCにもAにも主張することができない。　　　　　　　　　H12年[問06.4]

解説

大事にゃところが黄色にニャってる！

❶ 債権者・債務者間で**譲渡禁止の意思表示がされた場合、債務者は、悪意または善意重過失の譲受人に対して債務の履行を拒むことができます**。Cは譲渡禁止の意思表示の存在を知らないことにつき重大な過失があるので、BはCに対する債務の履行を拒絶することができます。　　答え [〇]

❷ 譲渡禁止の意思表示がされた場合、債務者は、悪意または善意重過失の譲受人または転得者に対して、債務の履行を拒むことができます。**譲受人または転得者が譲渡制限の意思表示の存在について善意無重過失の場合、債務者は、譲受人に対して債務の履行を拒絶することができません**。従って、Bは善意無重過失のDに対する債務の履行を拒絶することができません。　答え [✗]

❸ **将来債権（譲渡時点で発生していない将来の取引に関する債権）でも、債権譲渡の対象にできます**。AからCへの債権譲渡は有効です。　答え [〇]

❹ **譲渡人Aから債務者Bへ債権譲渡の通知をすれば、それだけで債務者Bに対する対抗要件**になり、債権譲受人Cは、債務者Bに対して自らに弁済するように主張できます。確定日付のある証書が必要なのは、債務者以外の第三者に対抗する場合です。　　　　　　　　　　答え [〇]

❺ 二重譲渡の各債権譲受人については、**確定日付のある証書が債務者に到達した日時の早い者が優先**されます。本問のように、確定日付のある債権譲渡通知が同時に債務者に到達している場合には、**各債権譲受人は、債務者に債権全額の弁済を請求することができます**。もちろん、債務者は、債権譲受人のそれぞれに債権全額を弁済する必要はありません。どちらか一方に全額を弁済すれば十分です。　　　　　　　　　　　　　答え [✗]

❻ **債権譲渡において譲渡人が債務者に譲渡の通知をしたとき（対抗要件具備時）、債務者はその通知以前に譲渡人に対して生じた事由をもって譲受人に対抗**することができます。Bは、通知時点以前にAに対する債権を有しており相殺適状になっているので、相殺を主張することができます。　答え [✗]

❼ **債務者は、対抗要件具備時までに譲渡人に対して生じた事由を譲受人に対抗**することができます。これは、**対抗要件が債務者の異議を留めない承諾である場合も同様**です。従って、Bは、Aに弁済したことをCに主張することができます。もちろん、弁済を受けた当人であるAにも主張することができます。　　　　　　　　　　　　　　　　答え [✗]

14 弁済と相殺

- 代物弁済は、弁済者と債権者の契約によって成立する。
- 債務者のために弁済をした第三者は、債権者に代位する。
- 自働債権の弁済期が到来していれば相殺を主張できる。

1 弁済

❶ 弁済と弁済の提供

弁済とは、債務者が、債務を履行して債権を消滅させることです。例えば、貸金債務の場合、債務者が債権者に借りていた金銭の全額を差し出す行為が**弁済の提供**で、債権者が受領すれば弁済となります。

債務者ができる行為は、弁済の提供までで、弁済に至るには、受領行為など債権者の協力が必要になることがあります。このような場合、債務者は、<u>弁済の提供さえ行っておけば、**債務不履行責任を負いません**</u>。また、<u>相手方の同時履行の抗弁権（⇨p.201）を奪うこと</u>もできます。

弁済の提供は、原則として債務の本旨に従って、現実にしなければなりません。これを**現実の提供**といいます。しかし、<u>債権者があらかじめ**受領を拒んでいる場合**などは、**口頭の提供**</u>*でよいとされています。

❷ 小切手による弁済の提供

金銭債務では、現金ではなく、銀行の自己宛小切手や銀行の支払保証のある小切手でも弁済できます。

一方、<u>**自分振出しの小切手***は、現金化できるかどうか不確実であるため、弁済の提供にはなりません</u>。

AのBに対する貸金に関して、返済場所について別段の定めがない場合、Bは、Aの住所で返済しなければならない。

【口頭の提供】
弁済の準備をしたことを債権者に通知して、その受領を催告すること。

【自分振出しの小切手】
銀行は、小切手の振出人に代わって、小切手の持参人に支払をする際、振出人の当座預金口座から小切手に記載された金額を引き落とす。自分振出しの小切手では、振出人の当座預金に小切手の額以上がない場合に不渡りとなってしまう。

274

❸ 代物弁済 （民法改正）

借りていた金銭を返す代わりに不動産や動産で弁済するなど、本来の給付の代わりに別の給付をすることができます。これを**代物弁済**といいます。

代物弁済は、弁済をすることができる者（弁済者）が債権者との間で、債務者の負担した給付に代えて他の給付をすることにより債務を消滅させる旨の**契約をした時に成立**します（諾成契約）。そして、弁済者が給付をしたときに、弁済と同一の効力を生じます。

出る！
不動産を代物弁済の目的物とする場合は、原則として登記その他の引渡行為の完了によって、弁済の効力が生じる。

2 供託 （民法改正）

供託とは、金銭や有価証券を供託所に差し出し、保管してもらうことです。債権者は、供託所を通じて供託物を取得することができます。

債務者は、供託することにより、弁済したのと同じ効果を主張できます。ただし、供託ができるのは、次の場合に限ります。

(1) 弁済の提供をしたのに債権者が**受領を拒んでいる**とき（受領遅滞⇒p.209）
(2) 債権者が弁済を受領することができないとき
(3) 弁済者が過失なく債権者を**確知できない**とき

3 第三者弁済 （民法改正）

債務の弁済は、債務者ではなく第三者もすることができます。ただし、債務の性質がこれを許さない場合には第三者は弁済できません。

画家が絵画を完成させる債務など、債務者本人にしか弁済できない場合など。

弁済をするについて**正当な利益を有する第三者**は、**債務者の意思に反しても弁済**をすることができます。

一方、**正当な利益を有しない第三者**は、債務者の意思に反して弁済をすることができません。ただし、債務者の意思に反することを債権者が知らなかった場合には、その弁済は有効です。

また、**正当な利益を有しない第三者**は、債権者の意思に反して弁済をすることもできません。ただし、その第三者が債務者の委託を受けて弁済することを債権者が知っていた場合には、その弁済は有効です。

4 弁済の受領者 （民法改正）

債権者以外の、受領する権限のない者に対して行われた弁済は、原則として無効です。

ただし、**受領権者としての外観を有する者**に行った弁済は、弁済者がその者の無権限について**善意無過失**であれば、**有効**となります。

5 弁済による代位 （民法改正）

❶ 弁済による代位とは

保証人など第三者が、債務者に代わって弁済した場合、債権者の保有していた債務者に対する債権は、弁済した者に移ります。このように、弁済した第三者が債権者に代わって同じ立場に立つこと（債権者に代位すること）を**弁済による代位**（**代位弁済**）といいます。これにより、第三者は、債権者が有していた権利を行

【正当な利益を有する第三者】
・保証人、連帯保証人
・物上保証人
・抵当不動産の第三取得者
・借地上の建物の賃借人

【正当な利益を有しない第三者】
・債務者の親兄弟
・債務者の友人
など

【物上保証人】
他人の債務のために自分の財産を担保として提供する第三者。

【抵当不動産の第三取得者】
抵当権がついた不動産を買い受けた人。

【受領権者としての外観を有する者】
預金通帳と印鑑の持参人、受取証書（領収証）の持参人、債権者の相続人と称する者など。

使できるようになります。弁済をするについて正当な利益を有する第三者が弁済した場合でも、正当な利益を有しない第三者が弁済した場合でも、**債権者に代位**します。

❷ 弁済による代位の対抗要件

弁済をするについて正当な利益を有しない第三者が弁済した場合、弁済による代位を債務者に対抗するためには、債権譲渡の対抗要件である「債権者から債務者への通知」または「債務者からの承諾」のいずれかを備えておく必要があります（p.270）。

6 相殺とは

相殺とは、一方当事者の意思表示により、互いに持っている同種の債権を対当額だけ消滅させることです。

> 【例】 AがBに100万円を貸していて、BはAに対して100万円の売買代金債権を持っている場合、どちらかが「帳消しにしよう」ともちかけることでAの貸金債権とBの代金債権を相殺することができる。

上の例で、AからBに「相殺しよう」と働きかけた場合、働きかけた側（A）の債権を**自働債権**、働きかけられた側（B）の債権を**受働債権**といいます。

7 相殺できる場合

相殺できる状態のことを**相殺適状**といいます。

相殺適状であれば、債権者の意思表示によって、一方的に相殺することができます。

相殺適状の要件

① 債権が対立していること

　簡単にいえば、当事者がお互いに対する債権を持っていること。

② 双方の債権の目的が同種であること（原則は、どちらも金銭債権）

　金銭債権である代金債権と、金銭債権である貸金債権などが、目的が同種の債権。代金債権と土地の引渡請求権などは目的が異なるので不可。

③ 双方の債務が弁済期にあること

　ただし、<u>自働債権について弁済期が到来していれば、受働債権の弁済期が到来していなくても、相殺をすることができる。</u>

> 【例】 Aの債権の弁済期（Bから貸金を返してもらう期日）が6月1日で、Bの債権の弁済期（Aから代金を支払ってもらう期日）が8月1日の場合、7月1日の時点で、Aから（弁済期8月1日のBの債権を受働債権とする）相殺を主張できる。Aが代金を支払わなければいけない日は8月1日なので、7月1日の時点で相殺を主張することは支払うまでの猶予期間である1か月間を失うことになる。このように、自分の利益を放棄することはできる。

④ 双方の債権が有効に存在していること

　ただし、<u>時効完成前に相殺適状に達していた債権を自働債権として、時効消滅後に相殺することはできる。</u>

8 相殺できない場合 （民法改正）

次の場合には、相殺することはできません。

相殺できない場合

① 相手方に同時履行の抗弁権がある場合
　相手方の抗弁権を一方的に奪うことはできないため。

② 当事者が相殺を禁止・制限する旨の意思表示をした場合
　その意思表示を悪意または善意重過失の第三者に対抗することができる。

③ 受働債権が以下の行為から生じた損害賠償請求権である場合
　(1) 悪意（積極的に他人を害する意思）による不法行為
　(2) 生命または身体の侵害（交通事故、医療事故、労災事故など）←物損事故から生じた損害賠償請求権は相殺できる

・③の行為による損害賠償請求権を自働債権とする場合は相殺できる。つまり、被害者からは相殺できるが、加害者からは相殺できない。また、他人から取得した損害賠償請求権であれば相殺に用いることができる。

【例】Bの悪意による不法行為によって、Aに損害賠償請求権が発生した場合、BがAに対して貸金債権を有していれば、被害者のAからは不法行為に基づく損害賠償請求権で貸金請求権（貸金債務）を相殺することができる。逆に、加害者のBから相殺を主張することはできない。

④ 受働債権の差押え後に取得した債権を自働債権とする場合

【例】AのBに対する債権をAの債権者Cが差し押さえた後で、債務者BがAに対する反対債権を取得しても、Bはその反対債権で相殺することはできない。

・差押え前に取得した債権であれば、差押債権者に相殺をもって対抗することができる。また、差押え後に取得した債権であっても、差押え前の原因から生じた債権であれば、差押債権者に相殺をもって対抗できる。

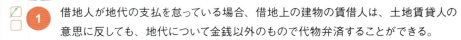

「弁済と相殺」に関する過去問題を集めてあります。〇✕で答えましょう。

1 借地人が地代の支払を怠っている場合、借地上の建物の賃借人は、土地賃貸人の意思に反しても、地代について金銭以外のもので代物弁済することができる。　H20年[問08.3]

2 Aは、土地所有者Bから土地を賃借し、その土地上に建物を所有してCに賃貸している。Cは、AのBに対する借賃の支払債務を弁済するについて正当な利益を有しないので、Aの意思に反して、Aの債務を弁済することはできない。H17年[問07.1.改]

3 Aは、土地所有者Bから土地を賃借している。Aが、Bの代理人と称して借賃の請求をしてきた無権限者に対し債務を弁済した場合、その者に弁済受領権限があるかのような外観があり、Aがその権限があることについて善意、かつ、無過失であるときは、その弁済は有効である。　H17年[問07.2]

4 Aが、Bに対して不動産を売却し、所有権移転登記及び引渡しをした。Bの友人Cは、Bの代金債務を連帯保証していたため、AにBの代金の全額を弁済した。この場合、CはAの承諾がないときでも、Aに代位する。　H11年[問05.4]

5 Aは、B所有の建物を賃借し、毎月末日までに翌月分の賃料50万円を支払う約定をした。またAは敷金300万円をBに預託し、敷金は賃貸借終了後明渡し完了後にBがAに支払うと約定された。Aは、Bが支払不能に陥った場合は、特段の合意がなくても、Bに対する敷金返還請求権を自働債権として、弁済期が到来した賃料債務と対当額で相殺することができる。　H16年[問08.1]

6 Aは、B所有の建物を賃借し、毎月末日までに翌月分の賃料50万円を支払う約定をした。AがBに対しBの悪意による不法行為に基づく損害賠償請求権を有した場合、Aは、このBに対する損害賠償請求権を自働債権として、弁済期が到来した賃料債務と対当額で相殺することはできない。　H16年[問08.2]

7 Aは自己所有の甲建物をBに賃貸し賃料債権を有している。Aの債権者Cが、AのBに対する賃料債権を差し押さえた場合、Bは、その差し押さえ前に取得していたAに対する債権と、差し押さえにかかる賃料債務とを、その弁済期の先後にかかわらず、相殺適状になった段階で相殺し、Cに対抗することができる。H23年[問06.1]

280

解説

大事にゃところが黄色ににゃってる！

❶ **代物弁済ができるのは、弁済者と債権者の間に契約が成立した場合に限られます**。従って、土地賃貸人の意思に反する場合、地代について金銭以外のもので代物弁済することはできません。　　　　　　　　　　答え［✗］

❷ Aが土地の借賃を支払わない場合、債務不履行によって土地の賃貸借契約が解除され、Cも立ち退かされることになります。つまり、Cは、Aが借賃を支払わないと法律的な不利益を直接にこうむる立場であり、借賃支払債務につき正当な利益を有しています。従って**正当な利益を有する第三者Cは、債務者Aの意思にかかわらず、Aの債務を弁済**することができます。　答え［✗］

❸ **受領権者としての外観を有する者に弁済した場合、弁済者がその者の無権限について善意無過失であれば、弁済は有効**となります。　　　答え［○］

❹ **連帯保証人など、正当な利益を有する第三者は、債務者の意思に反しても弁済**をすることができます。債権者の承諾を得る必要はありません。**債務者のために弁済をした者は、債権者に代位**します。　　　　　　　答え［○］

❺ **双方の債務が弁済期にあることが相殺適状の要件**です。ただし、**自働債権の弁済期が到来していれば、受働債権の弁済期が到来していなくても相殺を主張**できます。本問では、「敷金は賃貸借終了後明渡し完了後にBがAに支払うと約定」しているので、Aの債権は未だ弁済期になっていません。この段階では、Aの方からは相殺を主張できません。　　　　　　答え［✗］

❻ **悪意による不法行為の被害者からは相殺**できます。AがBに対し不法行為に基づく損害賠償請求権を有したとは、Aが被害者で、加害者Bに対する損害賠償請求権を得たということです。従って、Aは弁済期が到来した賃料債務と対当額で相殺することができます。　　　　　　　　　答え［✗］

❼ AのBに対する債権がCに差し押えられたとき、その**差押えの前にBもAに対する債権（反対債権という）を有していた場合には、相殺適状に達していれば、Bから相殺を主張して、Cに対抗**できます。　　　　答え［○］

15 賃貸借

- 民法上、賃貸借の存続期間は最長50年である。
- 賃借人は、賃貸人に必要費と有益費の償還を請求できる。
- 敷金は、賃借人が明渡しまでに負担すべき費用を担保する。

1 賃貸借とは

賃貸借とは、**賃料**が伴う物の**貸し借り**のことです。**賃貸借契約**を結ぶと、**賃貸人**には**使用・収益させる義務**が生じます。**賃借人**には**賃料を支払う義務**と**目的物を返還する義務**が生じます。

民法での賃貸借契約の目的物は、不動産（土地や建物）と動産（CD、DVD、車など）です。**借地借家法**の賃貸借契約の目的物は、**土地と建物**に限られます。

賃貸借契約については、民法と借地借家法という2つの法律知識を比較する問題が出題されます。ここでは、民法での賃貸借契約について説明したうえで、適宜、借地借家法（⇨p.294）との違いを解説します。

【使用・収益】
物を使用したり、それによって利益を得ること。

借地借家法の目的物
土地…建物の所有を目的とする地上権または土地の貸借権が対象。更地の資材置場や青空駐車場などは対象外なので、民法のみが適用される。
建物…一時使用目的以外の賃貸借が対象。一時使用目的の建物は対象外なので、民法のみが適用される。

2 賃貸借の存続期間と解約

❶ 賃貸借の存続期間　民法改正

民法では、**賃貸借の存続期間**は**最長50年**です。**50年を超える存続期間**を定めた場合には、**50年**とされます。最短限度の定めはないので、**50年より短い存続期間を定めた契約**は**有効**です。賃貸借契約を更新する場合の期間も最長50年となります。

借地借家法の存続期間
借地権…当初の存続期間は最短30年で、最長限度の定めはない。
建物賃貸借…最長・最短限度の定めはない。ただし、1年未満と定めた場合には、期間の定めのない契約とみなされる。

❷ 期間の定めがある契約の解約

　民法上、賃貸借の**期間を定めた場合**には、中途解約できるという特約（解約権留保特約）を設けた場合を除いて、契約期間内に**中途解約することはできません。**

　期間満了後、賃借人が使用・収益を継続して、賃貸人がこれを知りながら異議を述べなかった場合には、**従前**の賃貸借と同一条件で契約が更新されたものと**推定**されます。

❸ 期間の定めがない契約の解約

　民法上、賃貸借の**期間を定めなかった場合**には、賃貸人または賃借人から**解約の申入れ**があれば、申入れの日から、駐車場など土地の賃貸借なら**1年**、一時使用目的の建物の賃貸借なら**3か月**を経過すると賃貸借が終了します。つまり、建物の賃貸借は3か月の予告をもっていつでも解約することができるわけです。

　なお、賃借人が死亡しても、賃貸借契約は終了しません。**賃借権**は、**相続人に承継**されます。

【解約】
継続している契約の効力を、将来に向かってのみ消滅させること。

【従前】
「これまで」という意味。従前の契約、従前の経緯などと使う。

【推定する】
ある一定の事実があった場合に、別の事実があるものとして扱う。ただし、推定された事柄は、反対事実を証明すれば覆すことができる。これに対して、「みなす」では、みなされた事柄を覆すことはできない。

3 賃貸人と賃借人の関係

❶ 賃貸物の修繕　民法改正

　賃貸人は、賃貸物の使用・収益に必要な修繕をする義務があります。ただし、賃借人の責めに帰すべき事由によって修繕が必要となったときは、例外です。

　賃貸人が修繕義務を履行しない場合には、賃借人は賃貸物の**使用・収益を妨げられた範囲**で賃料の支払を拒むことができます。

　また、賃貸人が賃貸物の保存に必要な修繕をしよう

とするとき、修繕工事のため使用・収益に支障が生じても、賃借人は拒むことはできません。

以下の場合には、賃貸人による修繕を待たずに、賃借人が賃借物を修繕することができます。
・賃借人が賃貸人に修繕が必要である旨を通知し、または賃貸人がその旨を知ったにもかかわらず、賃貸人が相当の期間内に必要な修繕をしないとき。
・急迫の事情があるとき。

❷ 必要費

必要費とは、賃貸物を保存・管理するための費用のことです。必要費は賃貸人が負担すべきものですが、賃借人が賃借物を修繕したようなケースでは、賃借人が必要費を一時的に立て替える場合があります。

賃借人が必要費を支出したときは、賃貸人に対し、ただちにその償還を請求することができます。また、必要費の償還を受けるまで、留置権に基づいて建物などの返還を拒否できます。

❸ 有益費

有益費とは、賃貸物の価値を増加させる費用のことです。例えば、傷んだ壁紙を貼り替えたり、温水洗浄便座を設置したりした費用などが有益費にあたります。

賃借人が有益費を支出したときは、賃貸借契約の終了時に賃貸物の価格の増加が現存する場合に限り、賃貸人は、「賃借人が有益費として支出した金額」または「価値の増加額」のいずれかを選択して、賃借人に償還しなければなりません。

【急迫の事情】
雨漏りしてるけど、大家さんが海外旅行中だから、業者に頼もう。

【留置権】
他人の物の占有者が、その物に関して生じた債権の弁済を受けるまで、その物を留置(一定の場所にとどめておくこと)できるという権利。

❹ 賃借物の一部滅失 （民法改正）

　賃借物の一部が滅失その他の事由によって使用・収益ができなくなった場合、**賃借人の責めに帰することができない事由**によるときは、**使用・収益ができなくなった部分の割合**に応じて、賃料が**当然に減額**されます。また、残りの部分だけでは賃借した目的を達することができない場合には、賃借人は**賃貸借契約を解除**することができます。滅失などについて賃借人に過失がある場合でも、契約解除は可能です。

❺ 賃借物の全部滅失 （民法改正）

　賃借物の全部が滅失などの理由で使用・収益をすることができなくなった場合、賃貸借は終了します。

❻ 原状回復義務 （民法改正）

　賃借人は、賃借物を受け取った後に生じた損傷がある場合には、賃貸借終了時にその損傷を原状に回復させる義務を負います。

　ただし、次の場合には、賃借人は**原状回復義務を負いません**。
・賃借物の**通常損耗**や**経年変化**による損傷の場合
・損傷について**賃借人の帰責事由がない**場合

❼ 妨害の停止の請求等 （民法改正）

　対抗要件（⇨次ページ）を備えた不動産の賃借人は、第三者に対して以下の請求をすることができます。
・不動産の占有を第三者が妨害しているとき→妨害の停止の請求
・不動産を第三者が占有しているとき→返還の請求

【当然に】
「他の条件に関わらず」、「何らの手続を経なくとも」という意味。

> 当然に減額されるのだから、減額を請求する必要はない。

【通常損耗】
賃借物の通常の使用・収益によって生じた損耗。

【経年変化】
時間が経過したことによって当然に生じる劣化。

Part **2** 権利関係

15 賃貸借

285

4 不動産の賃借権の対抗要件

民法は、不動産の賃借権の**対抗要件**を**賃借権の登記**と定めています。二重に賃貸された場合、先に賃借権の登記をした方が他方に対して賃借権を対抗できます。

出る！
資材置場として更地での利用を目的とした契約でも、建物所有を目的とした土地の契約でも、先に登記をした方が勝つ。

建物所有を目的とする土地の賃貸借契約では、民法に加えて借地借家法が適用され、対抗要件として**借地上の建物の登記**が追加されます。二重賃貸の場合、先に土地の賃借権を登記し、または借地上の建物を登記した者が他方に対して賃借権を対抗できます。

建物の賃貸借契約では、民法の定める賃借権の登記と、借地借家法が定める**建物の引渡し**が対抗要件です。

5 賃借権の譲渡と転貸

賃借権の譲渡とは、賃借人の権利、義務を第三者に譲り渡すことです。賃借権自体が移転して譲受人が新しい賃借人となります。賃料の支払義務なども移転します。**転貸**とは、又貸しのことです。賃貸人と賃借人の賃貸借契約（原賃貸借契約）を維持したまま、賃借人を貸主（転貸人）とする賃貸借契約（転貸借契約）が追加されます。

借地借家法での対抗力
借地権の対抗力…借地上に借地権者が自己を所有者として登記した建物を所有していれば第三者に賃借権を対抗できる（⇨p.299）。
建物…建物の引渡しがあれば第三者に対抗できる（⇨p.306）。

❶ 賃貸人の承諾

賃借人が賃借権の譲渡・転貸をするには、賃貸人の承諾が必要です。賃借人が無断で譲渡・転貸をした場合、賃貸人は賃貸借契約を解除することができます。ただし、背信的行為と認めるに足りない**特段の事情**があるときは契約の解除はできません。

> 【例】賃貸人と転借人との間柄が夫婦であるなど密接な身分関係にある場合や、ごく短期間の転貸などが、「特段の事情」にあたる。

❷ 借地上の建物の譲渡と転貸

借地上の建物を譲渡する場合も、借地権の譲渡を伴うので賃貸人の**承諾が必要**です。

一方、**借地上の建物を賃貸**する場合には、借地権の転貸にはならないので賃貸人の**承諾は不要**です。

 家を売るには、地主さんの承諾がいるけど、
 家を貸すには、地主さんの承諾はいらない。

❸ 転貸の効果

賃借人が適法に賃借物を転貸しても、賃貸人は賃借人に賃料を請求します。賃借人が賃料を支払わない場合に、賃貸人は直接、転借人に賃料を請求できます。賃貸人が転借人に請求できる金額は、賃料と転借料のうち、どちらか低い方の金額が限度です。

> 転借人は転貸人の賃料支払について利害関係を有するため、転貸人の意思に反した場合でも、賃料を代払いすることができる。

 賃貸人 → 賃料 10万円 →  賃借人 → 転借料 15万円 → 転借人
賃貸人から転借人へ請求できる限度額は **10万円**

 賃貸人 → 賃料 15万円 → 賃借人 → 転借料 10万円 → 転借人
賃貸人から転借人へ請求できる限度額は **10万円**

▲賃料15万円のうち、転借人に請求できない5万円は賃借人に請求できる。

❹ 賃貸借契約の解除と転貸 民法改正

賃貸人Ａの承諾を受けて、賃借人Ｂが転借人Ｃに不動産を転貸しているケースについて考えます。

賃貸人Ａが賃借人Ｂとの間で賃貸借契約を**合意解除**した場合、Ａは解除の効果をＣに対抗できません。従って、Ａは転借人Ｃに不動産の**明渡しを請求できません**。ただし、ＡがＢの債務不履行による解除権を有していた場合の**合意解除**の場合は、転貸借も**終了**します。

> **出る!**
> 賃貸人に対する背信的行為と認めるに足りない特段の事情があるため賃貸人が無断転貸を理由に賃貸借契約を解除できない場合、賃貸借契約を合意解除したときは、賃貸人は転借人に対して賃貸土地の明渡しを請求することができない。

ＡＢ間の賃貸借契約が、Ｂの**債務不履行**により解除された場合、ＢＣ間の転貸借契約におけるＢの債務も履行不能となり、転貸借契約は当然に**終了**します。ＡはＣに対して、解除の効果を対抗できますし、不動産の**明渡しを請求**できます。このとき、Ｃに対して、Ｂに代わって賃料を支払う機会を与える必要はありません。

> **借地借家法での転貸借**
> 建物の転借人の保護、賃貸借契約の終了と転借人の関係については、「建物賃借権の譲渡と転貸借」で学習（⇒p.308）。

6 賃貸人たる地位の移転 民法改正

❶ 不動産の譲渡と賃貸人

賃貸人Aが、Bに賃貸している不動産をCに譲渡したケースについて考えます。

賃借人Bが賃借権の対抗要件（⇨p.286）を備えている場合、AがCに不動産を譲渡すると、Aが持っていた**賃貸人たる地位**は譲受人（新賃貸人）Cに**移転**します。賃借人Bの承諾を得る必要はありません。

> Bが賃貸借の対抗要件を備えていない場合は、賃貸人たる地位は移転しない。Bは、そもそも賃借権をCに対抗することができない。

❷ 賃貸人たる地位の留保

譲渡人Aと譲受人Cとの間で、**賃貸人たる地位をAに留保する旨及びCがAに当該不動産を賃貸する旨の合意**をすれば、賃貸人たる地位を譲渡人Aのもとに**留保**することができます。

> AからCに建物は譲渡したが、賃貸人の地位はAに残したい場合の手続き。

この場合、C＝賃貸人→A＝賃借人という原賃貸借契約が成立し、それを基礎に、A＝転貸人→B＝転借人とする転貸借契約が成立したことになります。

CとAとの間の賃貸借契約が終了したときは、賃貸人たる地位がCに移転します。つまり、CとBとの間に、直接の賃貸借契約が生じるわけです。

なお、Cが所有権の移転の登記をしなければ、賃貸人たる地位をBに対抗することができません。

7 敷金 （民法改正）

　敷金とは、賃借人の金銭給付債務を担保する目的で、賃借人が賃貸人に交付する金銭のことをいいます。例えば、賃料債務や原状回復義務に基づく債務が担保の対象です。敷金契約には次の性質があります。

> 保証金や権利金など、敷金とは別の呼び名になっている場合も「敷金」として扱う。

敷金契約の性質

- 敷金契約は賃貸借契約に付随するものだが、賃貸借契約とは別個の契約である。
- 敷金は、賃貸借の終了後、賃借人の明け渡しが完了するまでの賃貸人の賃借人に対するすべての債権を担保するものである。
- 賃貸借の終了後、賃借人が明け渡すときには、未払賃料などを控除した残額について、賃借人の敷金返還請求権が発生する。
- 賃借人は目的物を明け渡した後でなければ、敷金の返還請求をすることができない。つまり、賃貸人の敷金返還債務と賃借人の明渡し債務は、同時履行の関係（⇨p.201）にない。明渡しが先、敷金の返還が後である。

---

❶ 敷金の充当

　賃料の未払が生じたとき、賃貸人は賃料を敷金から充当できます。また、賃貸人は、敷金を賃貸借契約終了時までの滞納家賃、賃料相当損害金、保管義務違反による修理費用、原状回復費用などにも充当できます。

> 賃借人の方からは、未払の賃料を敷金から充当するよう請求することはできない。

❷ 当事者の変更と敷金

　賃借人が賃貸借の対抗要件を備えている場合、賃貸借契約中に目的物が譲渡されると、賃貸人の地位も譲受人（新賃貸人）に承継され、敷金に関する権利義務も当然に新賃貸人に承継されます。賃借人の承諾を得る必要はありません。

　賃貸人の承諾を受けて賃借権が譲渡された場合、敷金に関する権利義務は新賃借人に承継されません。

> 敷金返還債務は、未払賃料等を控除した残額について、新賃貸人に移転する。

8 使用貸借契約 （民法改正）

使用貸借契約とは、ただで一時的に別荘を貸すなど、無償で物を貸し借りする契約のことです。使用貸借契約は、**諾成契約**です（⇨p.193）。書面によらない使用貸借契約では、借主が借用物を受け取っていない段階での貸主の解除権が認められています。◀

> 書面による使用貸借では、借主が目的物を受け取る前であっても貸主の解除権は認められていない。

使用貸借契約のポイント ←賃貸借との相違

- **必要費**…借用物を保存・管理するための**必要費は借主**が負担する。 ←賃貸借では「賃貸人が負担。賃借人は賃貸人に必要費の償還を請求できる」

- **貸主の引渡義務**…贈与契約の規定が準用される。貸主は、使用貸借の目的物を特定した時の状態で引き渡すことを約したものと推定される。つまり、**特定時点の状態で引き渡せば、担保責任などの債務不履行責任を負わない**。←賃貸借では「売買契約での売主の担保責任（⇨p.213）の規定が準用される」

- **使用貸借の終了・解除**…契約に定めた期間が満了した時または目的に従い使用・収益を終わった時に、使用貸借は終了する。また**借主が使用・収益をするのに足りる期間を経過した時、貸主は契約を解除することができる。契約期間も使用・収益の目的も定めなかった場合、貸主はいつでも返還請求できる**。一方、借主はいつでも契約を解除することができる。←賃貸借では「期間を定めた場合、期間が経過し更新がなければ、賃貸借は終了する。期間の定めがない場合、解約申入れから一定期間が経過すれば、賃貸借は終了する」

- **相続**…**借主の死亡によって、使用貸借は終了する**。使用借権を相続することはできない。一方、貸主の死亡は、使用貸借契約に影響を与えない。借主は、貸主の相続人に対して、使用借権を主張できる。←賃貸借では「賃借人の地位も、賃貸人の地位も相続人に承継される」

- **対抗要件**…**使用借権を第三者に対抗するための対抗要件は存在しない**。貸主が目的物を第三者に譲渡した場合、**借主は譲受人に対して使用借権を主張することができない**。←賃貸借の対抗要件は「民法では賃借権の登記、借地借家法では借地上の建物の登記・建物の引渡し」

- **転貸**…借主は、**貸主の承諾がなければ、目的物を転貸することはできない。無断転貸があった場合、貸主は契約を解除できる**。←賃貸借はp.287参照

Part **2** 権利関係

15 賃貸借

291

過去問で集中講義 ✏

「賃貸借」に関する過去問題を集めてあります。〇✕で答えましょう。

1 Aが所有している甲土地を平置きの駐車場用地として利用しようとするBに貸す場合、AB間の土地賃貸借契約の期間は、AB間で60年と合意すればそのとおり有効である。　　　　　　　　　　　　　　　　　　　　　　　　　H20年[問13.1.改]

2 建物の賃貸人が必要な修繕義務を履行しない場合、賃借人は目的物の使用収益に関係なく賃料全額の支払を拒絶することができる。　　　　　　　H25年[問08.3]

3 AがBから賃借する甲建物に、運送会社Cに雇用されているDが居眠り運転するトラックが突っ込んで甲建物の一部が損壊した。AがBに支払う賃料は、甲建物の使用及び収益ができなくなった部分の割合に応じて、減額される。
　　　　　　　　　　　　　　　　　　　　　　　　　　　　　　　　H28年[問07.ア.改]

4 賃貸人Aから賃借人Bが借りたA所有の甲土地の上に、Bが乙建物を所有している。BがAに無断で乙建物をCに月額10万円の賃料で貸した場合、Aは、借地の無断転貸を理由に、甲土地の賃貸借契約を解除することができる。なお、Bは、自己名義で乙建物の保存登記をしているものとする。　　　　　　　H26年[問07.1]

5 Aは、Bに対し建物を賃貸し、Bは、その建物をAの承諾を得てCに対し適法に転貸している。Aが、Bとの賃貸借契約を合意解除しても、特段の事情がない限り、Cに対して、合意解除の効果を対抗することができない。　　　　H23年[問07.3]

6 Aは、自己所有の甲建物（居住用）をBに賃貸し、引渡しも終わり、敷金50万円を受領した。Aが甲建物をCに譲渡し、所有権移転登記を経た場合、Bの承諾がなくとも、敷金が存在する限度において、敷金返還債務はAからCに承継される。
　　　　　　　　　　　　　　　　　　　　　　　　　　　　　　　　H20年[問10.2]

7 A所有の甲建物につき、Bが一時使用目的ではなく賃料月額10万円で賃貸借契約を締結する場合と、Cが適当な家屋に移るまでの一時的な居住を目的として無償で使用貸借契約を締結する場合について答えなさい。Aが甲建物をDに売却した場合、甲建物の引渡しを受けて甲建物で居住しているBはDに対して賃借権を主張することができるのに対し、Cは甲建物の引渡しを受けて甲建物に居住していてもDに対して使用借権を主張することができない。　　　　　　　　　　　　　H21年[問12.3]

大事にゃところが黄色ににゃってる！

> 解説

❶ 更地の資材置場や青空駐車場など、**建物の所有を目的としない土地の賃貸借には、民法のみが適用**されます。民法は、**賃貸借の存続期間を最長50年**としています。**50年を超える期間を定めた場合でも50年**になります。
　　　　　　　　　　　　　　　　　　　　　　　　答え［✘］

❷ 賃貸人が修繕義務を履行しない場合、**賃借人は賃借物の使用・収益を妨げられた範囲で賃料の支払を拒む**ことができます。**使用・収益に関係なく賃料全額の支払を拒絶できるわけではありません**。　　答え［✘］

❸ 賃借人の帰責事由によらないで賃借物の一部が滅失その他の事由によって使用・収益ができなくなった場合、**建物の使用・収益ができなくなった部分の割合に応じて、賃料は当然に減額されます**。また、残りの部分だけでは賃借した目的を達することができない場合には、賃借人は賃貸借契約を解除することができます。　　　　　　　　　　　　　　　答え［◯］

❹ 土地所有者である**賃貸人Ａの承諾を受けないで借地上の建物を第三者に賃貸しても借地の無断転貸借とはなりません**。Ｂは、依然として建物所有のために自ら土地を使用しているからです。Ａは無断転貸借を理由に、土地の賃貸借契約を解除することはできません。　　　　　　　答え［✘］

❺ Ａは、Ｃへの転貸借を承諾しているのですから、**ＡＢ間で合意により契約を解除しても、適法に転借しているＣの権利は消滅しません**。問題文のような合意解除の場合、転借人Ｃまでは合意解除の効果は及ばないことになります。　　　　　　　　　　　　　　　　　　　　　答え［◯］

❻ 甲建物の譲渡により、賃貸人の地位はＡからＣへと移転します。Ｃは所有権移転登記を受けていますから、この地位をＢに対抗できます。**賃貸人の地位の移転により、敷金返還債務もＡからＣに承継されます**。Ｂの承諾は必要ありません。　　　　　　　　　　　　　　　　　　　答え［◯］

❼ 建物の賃貸借では、**建物の引渡しがあったときは、その後その建物について物権を取得した者に対して賃借権を対抗**することができます。つまり、ＢはＤに対して賃借権を主張できます。一方、使用貸借においては、**使用借権を第三者に対抗するための対抗要件は存在しません**。つまり、ＣはＤに使用借権を主張することはできません。　　　　　　　　　　　答え［◯］

16 借地借家法 ①借地

- 民法と借地借家法との違いを明確にしておく。
- 借地権の存続期間は、最短30年である。
- 定期借地権の種類と概要を覚える。

1 借地借家法とは

借地借家法は、土地や建物の賃貸借契約に適用される法律で、賃借人に不利になりやすい民法の規定を補い、賃借人を保護するための規定が定められています。

民法と借地借家法では、借地借家法が優先的に適用されます。

2 借地権

借地権とは、**建物の所有を目的**とする**地上権**または**土地の賃借権**のことです。

青空駐車場や資材置場の用地やゴルフ場経営を目的とした土地の賃借権は、建物の所有を目的としないので借地権ではありません。従って、民法のみが適用されます。

【地上権】
他人の土地において工作物または竹木を所有するため、その土地を使用する権利。地主に対してその登記を請求でき、第三者に対し強い対抗力を持つ。賃借権と違い、地主の承諾なく、借地人の意思で自由に借地上の建物を売買や建替えできる。賃借権は債権、地上権は物権である（⇨ p.358）。

借地権を設定した人（土地を貸した人、地主）を**借地権設定者**、借地権を有する人（土地を借りた人、建物の所有者）を**借地権者**といいます。また、借地権設定者と借地権者の間の契約を**借地契約**と呼びます。

> 借地契約は諾成契約。口頭での合意でも契約は有効。

自分の土地を貸して地代をもらおう！
借地権設定者

借地契約

土地を借りて自分の建物を建てよう！
借地権者

3 借地権の存続期間

❶ 当初の存続期間

借地借家法では、**借地権の存続期間は最短30年**とされています。**期間を定めなかった場合や特約で30年より短い期間**を定めた場合にも**30年**とされます。

契約で30年より長い期間を定めた場合には、契約期間が存続期間になります。

> 民法の存続期間
> 民法での賃貸借の存続期間は、最長50年。

❷ 更新後の存続期間

借地契約を更新する場合の存続期間は、更新1回目が更新の日から**最短20年**、更新2回目以降は更新の日から最短10年です。

借地契約の存続期間…これより長い契約期間ならOK

当初の存続期間	更新1回目	更新2回目以降…
30年	20年	10年　10年　10年　…
契約が続く	更新しない場合もある	

契約時に、更新1回目に関して20年より長い期間を定めた場合には、契約した期間が存続期間になります。20年より短い期間を定めた場合には、その定めは無効で契約期間は**20年**となります。

4 借地契約の更新

❶ 法定更新

借地権者が**契約更新の請求**をしたとき、または、借地権者が存続期間満了後も**土地の使用を継続**するときは、従前の契約と同一の条件で**契約を更新**したものとみなされます（更新後の存続期間は更新1回目が最短20年、更新2回目以降は最短10年）。これを**法定更新**といいます。このとき借地権設定者の承諾は不要です。

借地契約が法定更新されるのは、**借地上に建物**が存在する場合に限られます。

土地を使い続けて、地主から正当事由のある異議が来なければ法定更新！

❷ 借地権設定者の異議

借地権者の更新請求に対して、借地権設定者が遅滞なく異議を述べたときは、借地契約の更新を拒絶できます。異議には、**正当事由**（土地使用の必要性など）が必要です。正当事由による異議であると認められなければ、借地契約は法定更新されます。

出る！

借地権設定者が遅滞なく異議を述べただけでは、借地契約は終了しない。異議には正当事由が必要！

5 建物の滅失と再築

借地借家法では、建物の滅失と再築について、当初の存続期間中と更新後の存続期間中とに分けて定めています。

❶ 当初の存続期間中の建物の滅失と再築

借地権の**当初の存続期間中**に建物が滅失した場合、借地権は**消滅しません**。従って、借地権設定者は、建物滅失を理由に地上権消滅請求や賃貸借の解約申入れをすることはできません。また、借地権者は、地上権の放棄や土地の解約の申入れをすることはできません。

そして、借地権者は、借地権設定者の承諾なく、建物を再築することができます。借地権者が再築を通知し、借地権設定者の**承諾**があった場合、借地権は承諾日または建物の築造日のいずれか早い日から**20年間存続**します。ただし、借地契約の残存期間が20年より長いとき、または当事者が20年より長い期間を定めたときは、その期間になります。

❷ 更新後の建物の滅失と再築

契約の更新後に、建物が滅失した場合、借地権設定者の承諾があったときは、当初の存続期間中と同様、20年間期間が延長されます。また、借地権者は、再築しないで地上権の放棄または土地の賃貸借の解約の申入れをすることもできます。

借地権者が、借地権設定者の承諾を得ないで**無断**で残存期間を超えて存続すべき建物を**築造**した場合、**借地権設定者**は、地上権の**消滅請求**または土地の賃貸借の**解約申入れ**をすることができます。

出る!
建物の所有を目的とする土地の賃貸借において、存続期間中に当該建物が借地人の失火により滅失したとしても、賃貸人は、解約申入れをすることができない。

【借地権設定者の承諾】
・存続期間中、借地権者が残存期間を超えて存続すべき建物を築造する旨を通知し、借地権設定者がその通知を受けた後2か月以内に異議を述べなかったときにはその建物の築造について承諾があったものとみなされる。
・契約の更新後、やむを得ない事情があるにもかかわらず、借地権設定者がその建物の築造を承諾しない場合は、借地権者の申立てにより、裁判所が借地権設定者の承諾に代わる許可を与えることができる。

6 借地条件変更等の裁判所の許可

建物の種類・構造・用途を制限する借地条件があった場合で、借地条件の変更について当事者間に協議が調わないときは、当事者（借地権設定者または借地権者）の申立てによって、裁判所がその借地条件を変更することができます。また、増改築を禁止する借地条件があった場合で、借地条件の変更について当事者間に協議が調わないときは、借地権者の申立てによって、裁判所がその借地条件を変更することができます。

7 建物買取請求権

借地権の存続期間が満了して、契約が更新されない場合、借地権者は借地権設定者に対して、建物などを時価で買い取るように請求できます。この権利を建物買取請求権といいます。建物買取請求権を行使すると、その所有権はただちに借地権者から借地権設定者に移転しますが、代金が支払われるまで借地権者は建物の引渡しを拒むことができます。つまり、建物買取債務と土地明渡債務との間に同時履行の関係が成立します。

地代の不払いなど、借地権者の債務不履行を理由として借地契約が解除された場合には、建物買取請求はできません。

> **出る！**
> 借地権者が存続期間満了前に借地権設定者の承諾を得ないで、残存期間を超えて存続する建物を築造した場合でも、建物買取請求権はある。

契約の更新はしないことにしましょう。
借地権設定者 ← 建物買取請求権

私の建物を時価で買ってくださいね！
借地権者

8 借地権の対抗力

❶ 借地上の建物の登記

　民法での対抗要件は賃借権の登記ですが、賃借人には登記請求権が与えられておらず、実際に賃借権が登記されることはほとんどありません。これでは、賃借人の保護に欠けるため、借地借家法では、借地上に借地権者が自己を所有者として**登記した建物**を所有していれば**第三者に借地権を対抗**できるとしています。

　登記の種類は、権利に関する登記（所有権の保存登記または移転登記）であればもちろん、表示に関する登記でもかまいません。また、登記が、錯誤または遺漏により、建物所在地番の表示において実際と多少相違していても、建物の同一性が確認できる程度の軽微な相違であれば、借地権を対抗することができます。

出る！
建物の登記は、借地権者自身の名義のものでなければならない。家族名義で建物を登記したとしても、借地権を第三者に対抗できない。

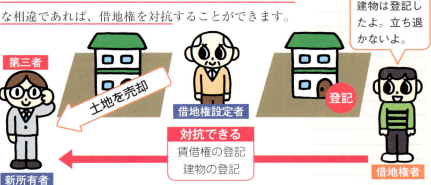

❷ 掲示による対抗力

　借地上の建物が滅失した場合には、借地借家法に規定する事項（滅失建物を特定するために必要な事項など）を土地の上の見やすい場所に**掲示**することで、滅失日から**2年間**は第三者に対抗することができます。

　2年を経過した後は、建物を新たに築造して、建物の登記をしなければ対抗することができません。

①滅失建物を特定するために必要な事項
②滅失があった日
③建物を新たに築造する旨

9 借地権の譲渡

　借地権者が、借地上の建物を譲渡すると、同時に借地権も譲渡されます。**借地権**が**賃借権**である場合、**譲渡**に関し、借地権設定者（地主）の**承諾が必要**です。この承諾が得られなければ、建物の譲渡ができません。第三者が**競売**によって借地上の建物を取得した場合にも、同様に、借地権設定者の**承諾**が要求されます。

❶ 譲渡により取得した場合

　借地権設定者に不利になるおそれがないにもかかわらず、借地権設定者が第三者への**賃借権の譲渡**を承諾しない場合、**借地権者の申立て**により、**裁判所**が借地権設定者の承諾に代わる**許可**を与えることができます。

❷ 競売で取得した場合

　借地権設定者に不利になるおそれがないにもかかわらず、借地権設定者がその賃借権の譲渡を承諾しない場合、**競売**により賃借権を取得した**第三者の申立て**により、**裁判所**が借地権設定者の承諾に代わる**許可**を与えることができます。

❸ 取得後の建物買取請求権

　無断譲渡や競売などで建物を第三者が取得し、借地権設定者が承諾しなかったり、裁判所の承諾に代わる許可もない場合には、第三者は借地権設定者に対して、**建物買取請求権**を行使し、建物を時価で買い取るよう請求することができます。

地上権であれば、借地権と違って、地主の承諾なく、借地人の意思で自由に売買や建替えができる。

譲り受けた第三者から申し立てることはできない。

出る！

競売で建物を取得したからといって、土地の賃借権も当然に取得して借地権設定者に対抗できるわけではない。

10 定期借地権等

❶ 定期借地権

<u>定期借地権</u>は、当初定められた契約期間で終了し、<mark>更新できない借地権</mark>のことです。<mark>一般定期借地権、事業用定期借地権、建物譲渡特約付借地権</mark>があります。

出る！
社宅や事業目的の居住用賃貸マンションは、事業用定期借地権の対象にならない。

定期借地権の種類と概要

	一般定期借地権	事業用定期借地権	建物譲渡特約付借地権
存続期間	<u>50年以上</u>	<u>10年以上50年未満</u>	<u>30年以上</u>
要式性	<u>書面</u>による	<u>公正証書</u>による	限定なし、口頭可
概要	次の特約を定めることができる。 (1) 契約更新がない (2) 建物の築造による存続期間の延長がない (3) <u>建物買取請求権がない</u>	<u>専ら事業の用に供する建物の所有を目的</u>とする。次の特約を定めることができる。 (1) 契約更新がない (2) 建物の築造による存続期間の延長がない (3) <u>建物買取請求権がない</u> 契約終了時に建物を撤去。建物譲渡特約付借地権を併用することができる。	<u>契約期間満了時に、借地人の建物を地主が買い取ることにより借地権が消滅するという特約を定めた契約。</u> 建物が譲渡されたとき、その<u>建物に住んでいる借家人が賃借の継続を請求</u>したときは、「期間の定めのない建物賃貸借（法定借家権）」が地主との間で<u>締結された</u>ものとみなされる。

❷ 一時使用目的の借地権

臨時設備の設置その他一時使用のために借地権を設定したことが明らかな借地権を**一時使用目的の借地権**といいます。<u>一時使用目的の借地権では、契約の存続期間や更新、建物の築造による存続期間の延長、建物買取請求権の規定は適用されません。</u>

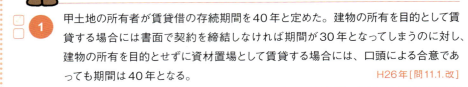

過去問で集中講義

「借地借家法 ①借地」に関する過去問題を集めてあります。○✗で答えましょう。

1 甲土地の所有者が賃貸借の存続期間を40年と定めた。建物の所有を目的として賃貸する場合には書面で契約を締結しなければ期間が30年となってしまうのに対し、建物の所有を目的とせずに資材置場として賃貸する場合には、口頭による合意であっても期間は40年となる。
H26年[問11.1.改]

2 借地権者が賃借権の目的である土地の上の建物を第三者に譲渡しようとする場合において、その第三者が賃借権を取得しても借地権設定者に不利となるおそれがないにもかかわらず、借地権設定者がその賃借権の譲渡を承諾しないときは、裁判所は、その第三者の申立てにより、借地権設定者の承諾に代わる許可を与えることができる。
H23年[問11.3]

3 A所有の甲土地につき、Bとの間で賃貸借契約を締結する。本件契約が建物所有を目的としている場合、契約の更新がなく、建物の買取りの請求をしないこととする旨を定めるには、AはあらかじめBに対してその旨を記載した書面を交付して説明しなければならない。
H29年[問11.4]

4 Aが居住用の甲建物を所有する目的で、期間30年と定めてBから乙土地を賃借した場合に関する次の記述の正誤を答えなさい。なお、Aは借地権登記を備えていないものとする。
H28年[問11]

1 Aが甲建物を所有していても、建物保存登記をAの子C名義で備えている場合には、Bから乙土地を購入して所有権移転登記を備えたDに対して、Aは借地権を対抗することができない。
H28年[問11.1]

2 AB間の賃貸借契約を公正証書で行えば、当該契約の更新がなく期間満了により終了し、終了時にはAが甲建物を収去すべき旨を有効に規定することができる。
H28年[問11.3]

3 Aが地代を支払わなかったことを理由としてBが乙土地の賃貸借契約を解除した場合、契約に特段の定めがないときは、Bは甲建物を時価で買い取らなければならない。
H28年[問11.4]

> 大事にゃところが黄色ににゃってる！

解説

❶ **建物の所有を目的として賃貸**する場合には、借地借家法が適用されるため、**存続期間は最短30年となり、それより長い40年という期間は有効**となります。**建物の所有を目的とせずに資材置場として賃貸**する場合には、**存続期間は最長50年ですから、それより短い40年という期間は有効**となります。借地契約、民法上の賃貸借契約は、いずれも諾成契約です。**口頭での合意でも契約は有効**です。
答え［✘］

❷ 借地権者が賃借権を第三者に譲渡しようとする場合、借地権設定者に不利になるおそれがないにもかかわらず、借地権設定者が承諾しないとき、**借地権者の申立てにより、裁判所が借地権設定者の承諾に代わる許可を与えることができます**。建物を譲り受けた第三者が申し立てることはできません。
答え［✘］

❸ 「建物所有を目的」で「契約の更新がなく、建物の買取りの請求をしない」ので、この契約は、**一般定期借地権か事業用定期借地権**です。一般定期借地権では書面によって、事業用定期借地権では公正証書によって、契約することが要求されます。しかし、貸主には、借主に対して「あらかじめ書面を交付して説明」するという義務はありません。
答え［✘］

❹**1** **建物の登記は、借地権者自身の名義のものでなければなりません**。建物保存登記をAの子C名義で備えたとしても、第三者に対抗できません。
答え［○］

2 「契約の更新がなく期間満了により終了し、終了時にはAが甲建物を収去すべき（建物買取請求権がない）旨」を規定できるのは、**定期借地権**です。本問では期間30年と定めているため、**存続期間50年以上を要件とする一般定期借地権を設定することはできません**。また、**居住用建物を所有する目的なので、事業用定期借地権を設定することもできません**。従って、本問のような賃貸借契約を締結することはできません。
答え［✘］

3 地代の不払いなど、**借地権者の債務不履行を理由として借地契約が解除された場合は、建物買取請求権はありません**。Bに買取りの義務はありません。
答え［✘］

17 借地借家法 ②借家

- 建物賃貸借の存続期間には制限がない。
- 民法と借地借家法の対抗力の違いをマスターする。
- 借賃増減額請求と造作買取請求権について理解する。

住居、店舗、事務所、倉庫など、**一時使用目的以外の建物の賃貸借**については、借地借家法が適用されます。建物の賃貸借について、民法と借地借家法とを比較しながら覚えていきます。

> 建物の賃借権のうち借地借家法が適用されるものを借家権というが、同法には借家権という言葉はない。宅建試験では「建物の賃借権」という言葉が使われる。

1 建物賃貸借の存続期間と更新

建物の賃貸借では、**存続期間に制限はありません**。ただし、契約期間を**1年未満**と定めた場合には、**期間の定めのない契約**とみなします。

存続期間の違い

民法の賃貸借	借地借家法（借地）	借地借家法（借家）
最長50年	最短30年	期間の制限なし
50年超の契約は→50年になる。	30年未満の契約は→30年になる。	期間の定めのない契約もできる。最長限度はない。
期間の定めのない契約もできる。最短限度はない。	期間を定めない契約は→30年になる。	1年未満の契約は→期間の定めのない契約になる。
 建物の所有を目的としない土地	 建物の所有を目的とする土地	 建物（住居、店舗、事務所、倉庫…）

期間の定めがある場合、当事者（賃貸人または賃借人）が期間満了の **1年前**から**6か月前**までの間に、相手方に更新拒絶の通知をしなかったときは、従前の契約と同一の条件で**契約を更新**したものとみなされます。**賃貸人**から更新拒絶をするには、**正当事由**が必要となります。賃借人には正当事由は不要です。

また、拒絶通知に正当事由がある場合でも、契約期間が満了して、建物の賃借人が使用を継続している場合、賃貸人がこれに対して遅滞なく異議を述べなければ、従前の契約と同一の条件で契約は更新されます。

以上のように、当事者の合意によらず借地借家法の規定によって契約が更新されることを**法定更新**といいます。更新後の契約は、**契約期間**については**定めがないもの**となります。

【正当事由】
正当事由の有無は、
①建物の賃貸人及び賃借人（転借人を含む）がそれぞれ当該建物の使用を必要とする事情
②建物の賃貸借に関するこれまでの経過
③建物の利用状況
④建物の現況
⑤建物の賃貸人が建物の明渡しの条件として立退料の支払を申し出た場合にはその申出
などの要素を総合的に考慮して判断される。高額の立退料を支払うというだけでは正当事由があることにはならない。

出る！
借地権の目的である土地の上の建物の賃借人が、借地権の存続期間の満了を1年前までに知らなかった場合、裁判所は1年を超えない範囲内で土地の明渡しにつき相当の期限を許与できる。

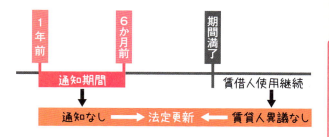

2 建物賃貸借の解約

期間の定めがない場合には、いつでも当事者から解約の申入れをすることができます。

賃貸人から解約申入れをするには、**正当事由が必要**で、通知日から**6か月**で賃貸借が終了します。

賃借人から解約申入れをするのに正当事由は不要で、通知日から**3か月**で賃貸借が終了します。

民法での解約
期間の定めがない場合、民法では、賃貸人からの申入れでも賃借人からの申入れでも、3か月を経過すると賃貸借が終了するとしている。

3 建物賃貸借の対抗力

建物の賃借人が、第三者に対抗するためには、民法上は賃借権の登記が必要です。一方、借地借家法では、賃借権の登記がなくても、賃借人への**建物の引渡し**があれば第三者に対抗することができるとしています。

また、賃借人自らは建物に居住せず、賃貸人の承諾のうえで転貸して居住させている場合でも、賃借人は、第三者に対しても、賃借権を対抗することができます。

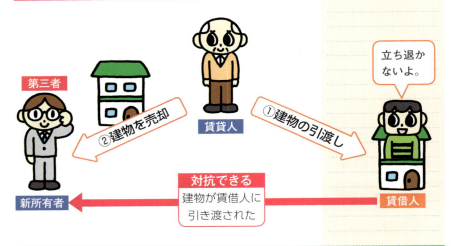

対抗力の違い

民法の賃貸借	借地借家法（借地）	借地借家法（借家）
賃借人は賃借権の登記がないと対抗できない。	賃借権の登記がなくても、借地上の建物の自己名義の登記があれば対抗できる。	賃借権の登記がなくても、建物の引渡しがあれば対抗できる。

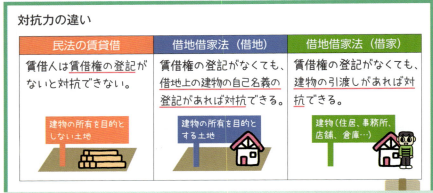

4 造作買取請求権

建具、畳、エアコンなど、<u>賃借人が賃貸人の同意を得て付加した**造作**</u>については、建物の賃貸借が終了するときに、賃貸人が時価で買い取るよう、賃借人から請求することができます。

> 賃借人が建物の賃貸人から買い受けた造作についても買取請求できる。

❶ 造作買取請求権を行使できない場合

<u>**造作の買取りを請求しない**という旨の**特約は有効**</u>です。この特約がある場合、賃借人は造作買取請求権を行使することはできません。

また、<u>賃料不払など賃借人の債務不履行のために賃貸借が解除されたような場合も、造作買取請求権を行使することはできません</u>。

❷ 造作買取請求権と同時履行の抗弁権

賃借人は、契約終了時に<u>造作買取代金が支払われないことを理由に、建物の返還を拒否できません。</u>

つまり、賃借人の建物明渡し義務と賃貸人の造作代金支払義務との間には、同時履行の関係（⇨p.201）がありません。

5 建物賃借権の譲渡と転貸借

❶ 建物賃借権の譲渡

建物の賃借人は、賃貸人の承諾を得なければ、賃借権を譲渡したり、転貸したりできません。

> 借地の譲渡では、地主の承諾に代わる裁判所の許可制度がある（⇒p.300）。
> 借家では裁判所の許可制度はない。

❷ 建物の転借人の保護

建物の転借人（適法に転借した者）は、建物の賃借人と同様の保護が与えられます。

転借人の保護
- 賃貸人の更新拒絶の正当事由の判断において、転借人の事情も考慮する。
- 転借人が建物の使用を継続している場合、賃貸人が遅滞なく異議を述べなければ、従前の契約と同一の条件で契約は更新される（法定更新）。
- 転借人は賃借人と同じく造作買取請求権を行使できる。

---

❸ 建物の賃貸借契約の終了と転借人

賃貸借契約終了と転借人との関係は、次の通りです。

建物の賃貸借契約の終了と転借人

期間満了・解約申入れで契約終了	賃貸人は転借人に契約終了の通知をしなければ、その終了を転借人に対抗できない。通知がされた場合、通知日から6か月経過後に転貸借が終了する。
合意解除	賃貸人は原則として転借人に終了を対抗できない。
債務不履行による解除	賃貸人は転借人に終了を対抗できる。

6 定期建物賃貸借

定期建物賃貸借は、当初定められた契約期間で終了し、**更新できない建物賃貸借**のことです。

定期建物賃貸借契約を締結するには公正証書などの**書面**による必要があります。

> 公正証書以外の書面でもかまわない。

❶ 書面による事前説明と契約

定期建物賃貸借契約の締結の際は、賃貸人は、あらかじめ賃借人に対し、「契約の更新がなく期間満了により賃貸借が終了すること」を記載した書面を交付して説明しなければなりません。説明しなかったときは、契約の更新がない旨の定めは無効となります。

> **出る！**
> 事業用、居住用などの建物の用途にかかわらず、定期建物賃貸借を締結することができる。

❷ 契約期間と終了

普通建物賃貸借では契約期間を1年未満と定めた場合は、期間の定めのない契約とみなされますが、**定期建物賃貸借では、1年未満**とする定めも**有効**です。

期間が**1年以上の定期建物賃貸借契約**では、賃貸人は賃借人に対し、期間満了の**1年前から6か月前**までの間に期間満了で**賃貸借が終了する旨の通知**をしなければ、期間満了による終了を賃借人に対抗することができません。

> **出る！**
> 「定期借地権」の場合には、契約の更新がなく、建物の買取りの請求をしないこととする旨を記載した書面をあらかじめ交付して説明する義務はない。

> 【留保】
> 権利・義務を、残留、保持すること。

❸ 中途解約

定期建物賃貸借では、一定の要件を満たすのであれば、中途解約できる旨の留保（解約権留保特約）がなくても、賃借人は期間の途中で解約を申し入れることができます。

> 普通建物賃貸借契約や一時使用賃貸借では、中途解約できる旨の留保がなければ、賃貸人は期間中は当該建物を借りる義務がある。

定期建物賃貸借契約で中途解約できる要件

● 200㎡未満の居住用建物であること

● 転勤、療養、親族の介護その他のやむを得ない事情により、賃借人が建物を自己の生活の本拠として使用することが困難となった場合

❹ 特約

定期建物賃貸借では、**借賃の増額請求をしない特約**も、**減額請求をしない特約**も**有効**です。

また、普通建物賃貸借と同じく、**造作買取請求権を排除する特約**も**有効**です。

なお、法令・契約で建物を取り壊すことが明らかな建物の場合、取壊し事由を記載した**書面**で契約すれば、**建物の取壊し時に更新なく賃貸借契約が終了する旨の特約**も**有効**です。

出る！

定期建物賃貸借契約で、賃料の改定に関する特約がない場合、賃料の増減額請求権を行使できる。

公正証書以外の書面でもかまわない。

7 一時使用目的の建物の賃貸借

一時使用目的の建物賃貸借の場合、借地借家法の規定は適用されず、**民法のみが適用**されます。

普通建物賃貸借・定期建物賃貸借・一時使用建物賃貸借

契約	普通建物賃貸借	口頭での契約も有効
	定期建物賃貸借	書面による契約のみ有効
	一時使用建物賃貸借	口頭での契約も有効
契約期間	普通建物賃貸借	限定なし。1年未満＝期間の定めなし
	定期建物賃貸借	限定なし。1年以上も1年未満も有効
	一時使用建物賃貸借	最短制限なし

8 借賃増減額請求

❶ 増額請求・減額請求

借賃が経済事情の変動などにより近隣の建物と比べて不相当になった場合、当事者（賃貸人・賃借人）は将来に向かって借賃の増額・減額を請求できます。ただし、一定の期間、借賃を増額しない旨の特約がある場合、その期間は増額の請求はできません。

> 借賃を減額しない旨の特約は、賃借人に不利となるため、無効となる。
> ※定期建物賃貸借では、減額しない特約も有効。

❷ 協議が調わないで裁判となった場合

借賃の増減について当事者間に協議が調わず裁判になった場合、その請求を受けた者は、請求を受けた時点から裁判が確定されるまで、自己が相当と認める額の建物の借賃を支払えばよい、または請求すればよいことになっています。

ただし、増減額を正当とする裁判が確定した場合には、請求を受けた時点から増減額を正当とする裁判が確定するまでの間に支払った、または受け取った金額との差額に年1割の利息を付けて支払わなくてはなりません。

出る！
増減額請求権を行使して協議が調わない場合、裁判の確定時点から将来に向かって増減額されるのではなく、借賃増減額請求の意思表示が相手方に到達した時に、相当額に増減額されたことになる。

借賃増減額請求

賃貸人の増額請求	裁判確定まで	賃借人は相当と認める額の建物の借賃を支払う
	裁判確定後	賃借人は不足額に年1割の利息を付けて支払う
賃借人の減額請求	裁判確定まで	賃貸人は相当と認める額の建物の借賃を請求できる
	裁判確定後	賃貸人は超過額に年1割の利息を付けて返還する

過去問で集中講義 ✏

「借地借家法 ②借家」に関する過去問題を集めてあります。〇✕で答えましょう。

1 動産の賃貸借契約は、賃貸人と賃借人が合意して契約期間を6月と定めればそのとおりの効力を有するが、建物の賃貸借契約（定期建物賃貸借、一時使用目的の建物の賃貸借を除く）は、賃貸人と賃借人が合意して契約期間を6月と定めても期間を定めていない契約とみなされる。 H17年［問15.3］

2 AとBとの間で、Aが所有する甲建物をBが5年間賃借する旨の契約を締結した。AB間の賃貸借契約が借地借家法第38条の定期建物賃貸借でない場合、A及びBのいずれからも期間内に更新しない旨の通知又は条件変更しなければ更新しない旨の通知がなかったときは、当該賃貸借契約が更新され、その契約は期間の定めがないものとなる。 H30年［問12.3］

3 AがBとの間で、A所有の甲建物について、期間3年、賃料月額10万円と定めた賃貸借契約を締結した。Cが、AB間の賃貸借契約締結前に、Aと甲建物の賃貸借契約を締結していた場合、AがBに甲建物を引き渡しても、Cは、甲建物の賃借権をBに対抗することができる。 H27年［問11.3］

4 期間満了により賃貸借契約が終了する際に賃借人は造作買取請求をすることができない旨の規定は、定期借家契約では有効であるが、普通借家契約では無効である。 H27年［問12.3］

5 Aが所有する甲建物をBに対して3年間賃貸する旨の契約をした。Cが甲建物を適法に転借している場合、AB間の賃貸借契約が期間満了によって終了するときに、Cがその旨をBから聞かされていれば、AはCに対して、賃貸借契約の期間満了による終了を対抗することができる。 H29年［問12.3］

6 定期建物賃貸借契約を締結しようとするときは、賃貸人は、あらかじめ賃借人に対し、契約の更新がなく、期間満了により賃貸借が終了することについて、その旨を記載した書面を交付して説明しなければならない。 H15年［問14.3］

7 貸主Aが賃料増額請求権を行使してAB間に協議が調わない場合、借主BはAの請求額を支払わなければならないが、賃料増額の裁判で正当とされた賃料額を既払額が超えるときは、Aは超過額に年1割の利息を付してBに返還しなければならない。 H16年［問14.4］

大事にゃところが
黄色ににゃってる！

> **解 説**

❶ 民法が適用される**動産の賃貸借契約では最低期間は定められていない**ので、賃貸人と賃借人が合意して契約期間を6月と定めればその通りの効力を有します。一方、**建物の賃貸借契約で契約期間を1年未満と定めた場合は、期間を定めていない契約**とみなされます。　　　　　　　　　　　　答え [〇]

❷ 定期建物賃貸借でない建物賃貸借（普通建物賃貸借）では、**期間満了の1年前から6か月前までの間に、相手方に対して更新をしない旨の通知**（または条件を変更しなければ更新をしない旨の通知）**をしなかったときは、従前の契約と同一の条件で契約を更新したもの**とみなされ、**その契約は期間の定めがないもの**となります。　　　　　　　　　　　　　　　　　答え [〇]

❸ 建物の賃借人が、第三者に対抗するためには、民法上は賃借権の登記が必要ですが、**借地借家法では賃借権の登記がなくても賃借人への建物の引渡しがあれば、賃借人は第三者に対抗**できます。AがBに甲建物を引き渡した場合、第三者のCは甲建物の賃借権をBに対抗することができません。　答え [✕]

❹ 定期借家契約でも、普通借家契約でも、**造作買取請求をすることができない旨の規定は有効**です。　　　　　　　　　　　　　　　　　　　　　答え [✕]

❺ 建物の賃貸借が期間満了または解約申入れによって終了するとき、**賃貸人は転借人に契約終了の通知をしなければ、その終了を転借人に対抗できません**。通知がされた場合、通知日から6か月経過後に転貸借が終了します。本問では、転借人Cが賃借人Bから聞かされているだけなので、賃貸人Aから転借人Cに対する通知があったとはいえません。　　　　　　　答え [✕]

❻ 定期建物賃貸借契約の締結の際は、**賃貸人は、あらかじめ賃借人に対し、「契約の更新がなく期間満了により賃貸借が終了すること」を記載した書面を交付して説明しなければなりません。説明しなかったときは、契約の更新がない旨の定めは無効**となります。　　　　　　　　　　　　　　　答え [〇]

❼ 借賃の増減について協議が調わない場合、**賃借人は裁判が確定されるまで相当と認める額を支払えばよい**ことになっています。　　　　　　答え [✕]

賃貸人の増額請求	裁判確定まで	賃借人は相当と認める額の建物の借賃を支払う
	裁判確定後	賃借人は不足額に年1割の利息を付けて支払う
賃借人の減額請求	裁判確定まで	賃貸人は相当と認める額の建物の借賃を請求できる
	裁判確定後	賃貸人は超過額に年1割の利息を付けて返還する

18 請負と委任

- 目的物引渡し債務と報酬支払債務は同時履行の関係である。
- 注文者は、追完請求、報酬減額請求、契約解除、損害賠償請求ができる。

1 請負契約 民法改正

請負契約とは、**請負人**が**注文者**から依頼を受けて仕事を完成させることを約し、注文者がその仕事の結果に対して報酬を支払う契約のことです。

> 施主が建築業者に住宅の建築を依頼する場合や出版社が著者に原稿の執筆を依頼する場合などが請負契約の典型例。

❶ 同時履行

目的物の引渡しを要する請負契約では、請負人には完成した目的物を引き渡す義務が、注文者には報酬を支払う義務が生じます。**目的物引渡し債務**と**報酬支払債務**は、**同時履行の関係**に立ちます（⇨p.200）。この場合、請負人は、目的物引渡しの前に仕事を完成する必要があります。従って、仕事完成債務は、報酬支払債務に先立って履行することになります。

出る！
Aが建設業者Bに請け負わせて木造住宅を建築した場合、Aの報酬支払債務とBの住宅引渡し債務は、同時履行の関係に立つ。

❷ 割合的報酬請求権

下の(1)(2)の場合、請負人の仕事が可分であり、請負人がすでにした仕事の部分の給付により注文者が利益を受けるときは、その部分を仕事の完成とみなします。仕事が完成していなくても、請負人は、**注文者が受ける利益の割合に応じて報酬を請求**することができます。

【可分】
分割できること。例えば、業者Aがすでに施工した部分を利用して、別業者Bが残りの工事を完成させた場合、仕事は可分で、Aはすでに施工した部分の報酬請求ができる。

請負人が注文者が受ける利益の割合に応じて報酬を請求できる場合

(1) **注文者の責めに帰することができない事由**によって、仕事を完成することができなくなったとき。

←請負人と注文者の双方に帰責事由がない場合だけでなく、請負人に帰責事由がある場合でも、請負人は報酬を請求できる。

(2) **請負が仕事の完成前に解除**されたとき。

←注文者が請負人の債務不履行を理由に解除した場合だけでなく、注文者と請負人が合意により解除した場合でも、請負人は報酬を請求できる。

注文者の帰責事由によって仕事を完成できなくなった場合には、**請負人は報酬全額を請求**できます。ただし、**請負人が自己の債務を免れたことによって得た利益は、注文者に償還する必要**があります（⇨ p.209）。

❸ 契約の解除

請負契約では、注文者は、請負人が仕事を完成しない間であれば、いつでも損害を賠償して契約を解除できます。

❹ 請負人の担保責任

目的物が請負契約の内容に適合しない場合（契約不適合の場合）、注文者は、請負人に対して担保責任を追及することができます。

担保責任については、売買契約に関するルールが準用されている。詳細については、売買の箇所で確認すること（⇨ p.213）。

Part **2** 権利関係

18 請負と委任

315

請負契約の注文者ができる担保責任の追及

追完請求権（修補請求権）	注文者は履行の追完を請求することができる。具体的には、目的物の修補を請求することになる。債務の発生原因及び取引上の社会通念に照らして修補が不能であるとき、注文者は修補を請求することはできない。
報酬減額請求権	請負人が追完に応じない場合、注文者は契約不適合の程度に応じて報酬の減額を請求することができる。
解除権	契約不適合を理由に契約解除ができる。ただし、契約不適合が契約・取引上の社会通念に照らして軽微であるときは、契約不適合を理由に契約を解除することはできない。
損害賠償請求権	請負人に帰責事由がある場合、注文者は契約不適合から生じた損害について賠償請求することができる。

⑴ 請負人の担保責任の制限

　注文者は、注文者が供給した材料の性質または注文者の与えた指図によって生じた不適合を理由として、請負人の担保責任を追及することはできません。

　ただし、請負人がその材料または指図が不適当であることを知りながら注文者に告げなかったとき、注文者は請負人の担保責任を追及できます。

⑵ 担保責任の期間制限

　注文者は、目的物の種類・品質に関する契約不適合について、契約不適合の事実を知った時から1年以内に、その旨を請負人に通知する義務を負います。期間内の通知を怠った場合、請負人の担保責任を追及することはできなくなります。

> 売買契約における担保責任の期間制限と同様。この他に、債権の消滅時効も適用される（⇨p.216）。

❺ 担保責任に関する特約

請負人は、**担保責任を負わない旨の特約**ができます。

ただし、請負人が知りながら注文者に告げなかった事実については、その責任を免れることはできません。

❻ 注文者と請負人の責任

注文者が請負人に依頼した仕事について、請負人の不法行為（⇨p.322）により他人に損害を与えた場合、**請負人が損害賠償責任**を負います。注文者は、責任を負いません。ただし、**注文者の注文または指図に過失**がある場合には、注文者にも**責任**が生じます。

2 委任契約 〔民法改正〕

委任契約とは、当事者の一方が法律行為をすることを相手方に委託（依頼）し、相手方がこれを承諾することによって成立する契約のことです。委託する側を**委任者**、委託される側を**受任者**といいます。

委任契約は、当事者の意思表示が合致するだけで成立する**諾成契約**です。契約の成立に委任状などの書面は、必要としません。**準委任**の場合にも、委任のルールが全面的に準用されます。

また、受任者は、委任者の許諾を得たとき、またはやむを得ない事由があるときでなければ、復受任者を選任することができません。

出る！
不動産のような高価な財産の売買を委任する場合でも、委任契約は、委任状の交付なしで成立する。

【準委任】
宅地建物取引の媒介やマンションの管理など、法律行為以外の行為を委託する場合の委任。

【復受任者】
復受任者については、任意代理人の復代理人と同じように考えればよい（⇨p.175）。

❶ 委任契約の報酬

委任契約は、原則として**無償契約**です。有償の合意（契約）がない限り、受任者は報酬の請求をすることはできません。報酬について特約する場合、**履行割合型**と**成果完成型**という2つの定め方があります。

---

(1) 履行割合型委任

マンション管理に対する報酬など、事務処理の実行に対して報酬を支払うという特約を定めた委任契約。受任者は、以下の場合には、**履行の割合に応じて報酬を請求する**ことができる。

- **委任者の責めに帰することができない事由**によって、委任事務の履行をすることができなくなったとき。
  - ←委任者と受任者の双方に帰責事由がない場合だけでなく、受任者に帰責事由がある場合でも、受任者は履行の割合に応じて報酬を請求することができる。

- **委任が履行の中途で終了**したとき。
  - ←委任者が契約を解除した場合や履行の途中で委任の終了事由（委任者または受任者の死亡、破産など）が生じたことによって委任契約が終了した場合には、受任者は履行の割合に応じて報酬を請求することができる。

(2) 成果完成型委任

宅建業者の媒介報酬など、成果が得られた場合にのみ報酬を支払うという特約を定めた委任契約。委任者は、成果の引渡し時（引渡しが不要な場合は委任事務の履行後）に報酬を支払う。つまり、成果引渡し債務と報酬支払債務の間には同時履行の関係がある（⇨p.201）。委任の成果が得られる前に契約が終了した場合の受任者の報酬については、請負の割合的報酬請求権（⇨p.315）に関する規定が準用される。つまり、受任者の仕事が可分であり、受任者がすでに履行した部分の給付により委任者が利益を受けるとき、成果が得られなくても、受任者は、以下の場合には、**履行の割合に応じて報酬を請求する**ことができる。

- **委任者の責めに帰することができない事由**によって、成果を得ることができなくなったとき。

- **成果を得る前に委任契約が解除**されたとき。

❷ 受任者による費用の償還請求

無償の委任契約でも、受任者は、**委任事務のために使った費用とその利息**を請求することができます。

❸ 受任者の義務

受任者は、報酬の有無にかかわらず、**善良な管理者の注意**をもって**委任事務を処理する義務**を負います。この義務を**善管注意義務**といいます。受任者が善管注意義務を怠ると、債務不履行ということになり、委任者は損害賠償請求や契約の解除ができます。

❹ 委任契約の解除

委任契約は、委任者または受任者のどちらからでも、いつでもその解除ができます。

以下の場合、委任の解除をした者は、やむを得ない事由があったときを除いて、相手方の損害を賠償する必要があります。

委任解除で損害賠償が必要な場合
- 当事者の一方が、相手方に不利な時期に委任を解除したとき。
- 受任者の利益をも目的とする委任を委任者が解除したとき。

---

❺ 委任契約の終了

委任契約は、①委任者または受任者が**死亡**、②委任者または受任者が**破産手続開始**の決定を受けたとき、③**受任者が後見開始**の審判を受けたときに**終了**します。これは、任意代理人の代理権の消滅事由と同様です（⇨p.172）。

【善良な管理者の注意】
委任された人の職業、能力、社会的地位などから考えて通常期待される注意義務。取引上において一般的・客観的に要求される程度の注意をいう。例えば、ある物を借り受けた者は、無償で借り受けた場合も、賃料を支払う約束で借り受けた場合も、善良な管理者の注意をもって、その物を保存しなければならない。民法では、善管注意義務よりも軽い注意義務がある。例えば、受寄者（無報酬で物の保管を引き受けた者）は、その物の保管について「自己の財産におけると同一の注意をなす義務」を負う。

「報酬支払いの特約がある」というだけでは、「受任者の利益をも目的とする」とはいえない。

出る！
委任契約では、終了事由を相手方に通知するまで、または相手方が終了事由を知る時までは、当事者は委任契約上の義務を負う。

過去問で集中講義 ✏

「請負と委任」に関する過去問題を集めてあります。◯✗で答えましょう。

1 目的物の引渡しを要する請負契約における目的物引渡債務と報酬支払債務とは、同時履行の関係に立つ。　　　　　　　　　　　　　　　　　H15年[問09.2]

2 請負契約が注文者の責めに帰すべき事由によって中途で終了した場合、請負人は、残債務を免れるとともに、注文者に請負代金全額を請求できるが、自己の債務を免れたことによる利益を注文者に償還しなければならない。　　　　　H29年[問07.2]

3 請負人が担保責任を負わない旨の特約をしたときであっても、知りながら告げなかった事実については、その責任を免れることはできない。　　　H29年[問07.4.改]

4 委託の受任者は、委任契約をする際、有償の合意をしない限り、報酬の請求をすることができないが、委任事務のために使った費用とその利息は、委任者に請求することができる。　　　　　　　　　　　　　　　　　　　　H14年[問10.2]

5 委託の受任者は、報酬を受けて受任する場合も、無報酬で受任する場合も、善良な管理者の注意をもって委任事務を処理する義務を負う。　　　H20年[問07.2]

6 Aが、A所有の不動産の売買をBに対して委任した。Bが当該物件の価格の調査など善良な管理者の注意義務を怠ったため、不動産売買についてAに損害が生じたとしても、報酬の合意をしていない以上、AはBに対して賠償の請求をすることができない。　　　　　　　　　　　　　　　　　　　　　　　　　H14年[問10.3]

7 委任契約は、委任者又は受任者のいずれからも、いつでもその解除をすることができる。ただし、相手方に不利な時期に委任契約の解除をしたときは、相手方に対して損害賠償責任を負う場合がある。　　　　　　　　　　　　　H18年[問09.1]

大事にゃところが黄色ににゃってる！

解説

❶ 目的物の引渡しを要する請負契約について、**目的物引渡し債務と報酬支払債務は、同時履行の関係**に立ちます。　　　　　　　　　　　答え [◯]

❷ **注文者の責めに帰すべき事由により、その完成が不能となった場合、請負人は請負代金全額を請求**できます。ただし、**請負人が自己の債務を免れたことによって利益を得たときは、これを注文者に償還する必要**があります。中途で終了したことで、完成までに必要だったはずの材料費や作業時間がなくなったわけですから、その分は除いて請求しましょうという意味です。
　　　　　　　　　　　　　　　　　　　　　　　　　　　　　答え [◯]

❸ 請負人は、担保責任を負わない旨の特約をすることができます。しかし、この場合であっても、**請負人が知りながら注文者に告げなかった事実については、責任を免れることができません。**　　　　　　　答え [◯]

❹ 委任契約は、原則として無償契約です。特約がない限り、受任者は報酬の請求をすることができません。しかし、費用の償還請求はこれとは別問題です。**無償の委任契約であっても、受任者が委任事務の処理に必要な費用を負担した場合には、利息とあわせて、委任者に償還を請求**することができます。
　　　　　　　　　　　　　　　　　　　　　　　　　　　　　答え [◯]

❺ **委託の受任者は、善良な管理者の注意をもって委任事務を処理する義務**を負います。このことは、報酬を受ける場合でも、無報酬の場合でも、変わりがありません。　　　　　　　　　　　　　　　　　　　答え [◯]

❻ 受任者は、**善良な管理者の注意をもって委任事務を処理する義務**を負います。**受任者がこの義務を怠ることは債務不履行にあたるため、委任者は受任者に損害賠償の請求**ができます。　　　　　　　　　　　答え [✗]

❼ 委任契約は、委任者または受任者のどちらからでも、いつでも解除をすることができます。ただし、**相手方に不利な時期に委任契約の解除をしたときは、相手方に対して損害賠償責任を負う場合があります。**　　答え [◯]

19 不法行為

- 損害賠償請求権の時効期間を暗記する。
- 使用者責任の出題知識（赤い下線）をマスターする。
- 土地工作物責任、共同不法行為を理解する。

1 不法行為とは

❶ 不法行為

　車で人をはねてしまった、相手を殴ってケガをさせたなどが**不法行為**です。**故意、または過失**によって相手に**損害**を与えた者（加害者）は、相手（被害者）に**損害賠償義務**を負います（**過失責任**）。

　被害者側に**過失**があった場合、加害者からの主張がなくても、裁判所は被害者側の過失に応じて**損害賠償額の減額**を考慮できます。これを**過失相殺**といいます。

(1) 損害賠償請求権…不法行為による**損害賠償債務**は、その**損害発生時**から**履行遅滞**となり、**遅延損害金**が発生します。**損害賠償請求権（遅延損害金債権）**は、
1) 被害者またはその法定代理人が、**損害及び加害者を知った時**から**3年間**行使しないとき
2) **不法行為時から20年**経過したとき
のいずれかに達したとき、**時効によって消滅**します。

(2) 慰謝料請求権…被害者は、精神的苦痛など、財産権以外の損害についても賠償請求ができます。これを**慰謝料請求権**といいます。**慰謝料請求権**は、被害者が不法行為によって**即死**した場合でも**発生**します。また、被害者が生前に意思を表明しなくとも**相続**されます。

出る！
契約締結前に、契約締結の判断に重要な影響を与える情報を提供しなかったことにより被った損害については、債務不履行ではなく、不法行為による賠償責任を負う。

出る！
名誉を違法に侵害された者は、損害賠償・名誉回復のための処分のほか、侵害行為の差止めを求めることができる。

人の生命・身体を害する不法行為の場合は5年間（⇨p.187）。

【過失責任】
加害者がその行為について故意または過失がある場合にのみ、損害賠償の責任を負うこと。

❷ 特殊の不法行為

特殊の不法行為とは、不法行為者以外の者にも不法行為責任を負わせるものです。特殊の不法行為には、以下のものがあります。

出る！
被用者の行為が職務行為であれば、使用者の指示によるものでなくても、使用者責任は生じる。

2 特殊の不法行為① 使用者責任

使用者責任とは、**使用者A**に雇用されている**被用者B**が職務行為によってCに**不法行為**による損害を与えた場合、**使用者が負担する賠償責任**のことをいいます。

【使用者・被用者】
使用者：人を雇って使う側（例：会社）
被用者：雇われて働く側（例：従業員）

使用者責任のポイント

(1) 要件
- 被用者Bの行為が職務外の行為であっても、外形から見て職務の範囲内と認められる場合には、使用者Aも損害賠償義務を負う。【例】従業員Bが私用のために会社所有の自動車を運転中に交通事故を起こした場合
- Bの職務権限内において適法に行われたものではなく、かつ被害者Cがその事情について悪意、または重大な過失があるとき、Aは、Cに対して使用者責任を負わない。【例】BがAの事業の執行につきCとの間の取引において不法行為を行った。そのことにつきCに重大な過失があった場合。
- AがBの選任及び事業の監督について、相当の注意を払っていたときは、Aは使用者責任を免れることができる。

(2) 効果
- Cは、加害者である被用者と使用者の両方に、全額の損害賠償請求ができる。
- AとBは被害者に対し不真正連帯債務（債務者の1人に生じた事由が、広義の弁済を除いて他の債務者に影響しない連帯債務）を負う。
  【例】BのCに対する損害賠償義務が時効で消滅しても、AのCに対する損害賠償義務が当然に消滅するものではない。

(3) 求償
- Cに損害を賠償したAは、Bに求償できる。求償の範囲は「信義則上相当と認められる限度」に限られる。

3 特殊の不法行為② 土地工作物責任

土地工作物責任（**工作物責任**）とは、土地の工作物の瑕疵によって他人に損害を与えた場合、工作物の占有者・所有者が負う賠償責任のことです。

例えば、賃借物である建物の塀が倒れて通行人にケガをさせた場合、**第一次的**に、**占有者**（借家人などその建物に住んでいる人）が**損害賠償責任**を負います。占有者が損害発生防止に**必要な注意**を払っていた場合は、占有者は**責任を負いません**。この場合、**第二次的**に、建物の**所有者**が責任を負います。建物の所有者は、過失がなくても責任を免れることはできません（**無過失責任**）。

【無過失責任】
加害者がその行為について故意及び過失がなくても、損害賠償の責任を負うこと。

土地工作物責任

注文者Aが請負人Bに建物を建築させて、それをCに売却した。建物の所有者Cは建物をDに賃貸し、Dが建物を占有していた。この建物の建築の際におけるBの過失により生じた瑕疵により、その屋根の一部が剥離して落下し、通行人Eが重傷を負った。この場合の不法行為責任は、以下の通りである。

加害者	責任の種類
注文者Aの責任	【原則】責任なし 【例外】注文・指図について過失がある場合は責任あり
請負人Bの責任	不法行為責任（過失責任）。故意・過失がなければ責任なし
占有者Dの責任	占有者は過失責任。必要な注意を払っていた場合は責任なし
所有者Cの責任	所有者は無過失責任。故意・過失がなくても責任あり（占有者に責任がある場合は所有者の責任は発生しない）

損害賠償をした占有者・所有者は、瑕疵を発生させた責任がある者（例えば施工者や以前の占有者）が他にいた場合には、その者に求償することができます。

4 特殊の不法行為③ 共同不法行為

共同不法行為とは、複数人が共同で不法行為を行うことです。共同不法行為者は被害者に対して、連帯して損害賠償責任（不法行為者全員が被害者の損害全額を賠償すべき義務）を負います。共同不法行為者のうち1人が損害全額を賠償した場合には、過失割合に従って、他の不法行為者に求償できます。加害者の債務は、使用者責任と同様、不真正連帯債務（⇨p.323）です。被害者が加害者の1人に履行を請求しても、他の加害者に対して履行を請求したことにはなりません。

5 事務管理

義務もなく、依頼も承諾もないのに、他人の事務を処理することを事務管理といいます。事務管理では、管理をした人が、本人のために有益な費用を支出したとき、本人に対して求償することができます。

例えば、Bが自宅の塀の倒壊防止の措置をとらないため、隣に住むAがBのために最小限度の緊急措置をとった場合、Bの承諾がなくても、Aは費用全額をBに請求できます。報酬を請求することはできません。Aは、Bからの請求があったときには、いつでも、本件事務処理の状況をBに報告しなければなりません。

出る！

不法行為者を教唆した者及び幇助した者は、共同不法行為者とみなされる。

Part
2
権利関係

19
不法行為

325

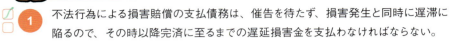

「不法行為」に関する過去問題を集めてあります。○×で答えましょう。

1 不法行為による損害賠償の支払債務は、催告を待たず、損害発生と同時に遅滞に陥るので、その時以降完済に至るまでの遅延損害金を支払わなければならない。
H19年[問05.1]

2 不法行為で車を破損させられた者が、損害賠償請求権を、損害及び加害者を知った時から3年間行使しなかったときは、この請求権は時効により消滅する。
H17年[問11.4.改]

3 事業者Aが雇用している従業員Bが、営業時間中にA所有の自動車を運転して取引先に行く途中に前方不注意で人身事故を発生させても、Aに無断で自動車を運転していた場合、Aに使用者としての損害賠償責任は発生しない。 H18年[問11.2]

4 Aに雇用されているBが、勤務中にA所有の乗用車を運転し、営業活動のため得意先に向かっている途中で交通事故を起こし、歩いていたCに危害を加えた。Aの使用者責任が認められてCに対して損害を賠償した場合には、AはBに対して求償することができるので、Bに資力があれば、最終的にはAはCに対して賠償した損害額の全額を常にBから回収することができる。 H24年[問09.3]

5 Aが、その過失によってB所有の建物を取り壊し、Bに対して不法行為による損害賠償債務を負担した。不法行為がAの過失とCの過失による共同不法行為であった場合、Aの過失がCより軽微なときでも、Bは、Aに対して損害の全額について賠償を請求することができる。 H12年[問08.2]

6 Aに雇用されているBが、勤務中にA所有の乗用車を運転し、営業活動のため顧客Cを同乗させている途中で、Dが運転していたD所有の乗用車と正面衝突した（なお、事故についてはBとDに過失がある）。Aは、Cに対して事故によって受けたCの損害の全額を賠償した。この場合、Aは、BとDの過失割合に従って、Dに対して求償権を行使することができる。 H25年[問09.1]

7 Aは、隣人Bの留守中に台風が接近して、屋根の一部が壊れていたB宅に甚大な被害が生じる差し迫ったおそれがあったため、Bからの依頼なくB宅の屋根を修理した。屋根の修理が、Bの意思に反することなく行われた場合、AはBに対し、Aが支出した有益な費用全額の償還を請求することができる。 H30年[問05.4]

326

> 大事にゃところが黄色ににゃってる！

解説

❶ **不法行為による損害賠償の支払債務は、不法行為が行われ損害が発生した時点から履行遅滞になり、遅延損害金が発生**します。　　　　　答え［○］

❷ 不法行為による損害賠償の請求権は、①被害者またはその法定代理人が**損害及び加害者を知った時から３年間行使しないとき**、または、②**不法行為時から20年経過したとき、時効によって消滅**します。　　　答え［○］

❸ **被用者の行為の外形から判断**して、
・**職務行為の範囲内**に属する場合
・職務行為そのものではなくても、**職務の範囲内**に属する場合
に使用者責任が生じます。従業員Ｂは、営業時間中で取引先に行く途中なので、職務行為の範囲内に属すると認められ、使用者Ａに使用者としての損害賠償責任が成立します。　　　　　　　　　　　　　　　　　　　答え［✗］

❹ 使用者Ａが使用者責任による損害を賠償した場合、**Ａは被用者Ｂに対して「信義則上相当と認められる限度」で求償することができます**。全額を常に回収できるわけではありません。　　　　　　　　　　　　　　　答え［✗］

❺ **共同不法行為では、各加害者の損害賠償債務は、不真正連帯債務の関係になります。被害者Ｂは、Ａに対しても、Ｃに対しても、損害の全額について賠償を請求**できます。過失割合は、ＡとＣの間の問題であって、Ｂには無関係です。　　　　　　　　　　　　　　　　　　　　　答え［○］

❻ ＢもＤも被害者Ｃに対する加害者（共同不法行為者）です。Ｃに対する**損害全額を賠償した使用者Ａは、ＢとＤの過失割合に従って、Ｄに対して求償権を行使**することができます。　　　　　　　　　　　　　答え［○］

❼ 義務もなく、依頼も承諾もないのに、他人のために事務の管理をする行為を**事務管理**といい、本問のＡを管理者、Ｂを本人と呼びます。Ａの事務管理は、急迫の危害を免れさせるための事務管理で、緊急事務管理と呼ばれます。管理者Ａの事務管理が本人Ｂの意思に反していない場合、管理者Ａは、本人Ｂのために支出した**有益な費用の全額について償還を請求することができます**。ただし、報酬を請求することはできません。なお、管理者が本人の意思に反して事務管理をしたときは、本人が現に利益を受けている限度においてのみ費用の償還を請求することができます。　　　答え［○］

20 相続

- 法定相続人は、配偶者＋最上位の血族に限られる。
- 相続財産を処分、隠匿、消費すると、単純承認となる。
- 法定相続分の割合と計算方法をマスターする。

1 法定相続人

相続とは、**被相続人**（死亡した人）の財産（資産及び負債）を、**相続人**（配偶者、子など）が引き継ぐことをいいます。民法上、被相続人の財産を相続する権利がある人を**法定相続人**といいます。法定相続人は、被相続人の**配偶者**（法律上の婚姻をした者）と、**卑属**、**尊属**など、一定の**血族**に限られています。

【卑属】
子、孫、ひ孫など、被相続人より後の世代。

【尊属】
父母、祖父母など、被相続人より前の世代。

【血族】
血のつながりのある者。民法では、養子縁組による親族も血族と同じ扱いをしている（法定血族）。

法定相続人の順位

- 配偶者は常に法定相続人
- 配偶者に加え、第1順位から第3順位のうち、<u>最上位の血族だけが法定相続人</u>

第1順位…直系卑属（子）
・養子、非嫡出子、胎児を含む
▲子が亡くなっている場合は孫、ひ孫

第2順位…直系尊属（父母）
▲父母が亡くなっている場合は祖父母

第3順位…兄弟姉妹
▲兄弟姉妹が亡くなっている場合は甥、姪

※上位の者がいる場合、下位の者は相続人になれない。

第2順位…直系尊属

第3順位…兄弟姉妹

常に相続人
被相続人　配偶者

第1順位…直系卑属

2 代襲相続

相続開始前に、相続人の死亡、欠格、廃除によって、相続権がなくなっている場合、その相続人の**子や孫が代わって相続**できます。これを**代襲相続**といいます。

【相続開始】
相続は、被相続人の死亡によって開始する。

【欠格】
遺言書偽造など、不正な事由による相続権の失効。

代襲相続のポイント
- 相続人が子の場合…子の「子→孫→ひ孫…」と無限に代襲相続できる。
- 相続人が兄弟姉妹の場合…兄弟姉妹の「子」（被相続人の甥姪）までしか代襲相続できない。
- 相続を放棄した者を代襲相続することは認められない。

※直系尊属に代襲相続はない。被相続人に子がなく、被相続人の父母が死亡している場合に第2順位の祖父母が相続人となるが、これは代襲相続ではない。

3 相続の承認と放棄

相続人は、相続開始を**知った日から3か月**の熟慮期間内に、単純承認、限定承認、相続放棄を選び、家庭裁判所に申述しなければなりません。申述しない場合は、**単純承認**をしたものとみなされます。

【廃除】
①被相続人を虐待、②その他の著しい非行を理由として、被相続人が家庭裁判所に申し立て、相続人の相続権を奪うこと。

相続の承認と放棄

単純承認	被相続人の「資産及び負債」をすべて無制限に相続する。 ● 相続財産を処分（保存行為を除く）、隠匿、消費すると、単純承認となる。 ● 存在を知らなかった借入金債務も相続する。
限定承認	被相続人の資産の範囲内で負債も相続する。 ● 相続人全員が共同で家庭裁判所に申述する必要がある。
相続放棄	被相続人の資産及び負債をすべて相続しない。 ● 相続人各自が単独で家庭裁判所に申述できる。

Part **2** 権利関係

20 相続

4 相続分

❶ 相続分

遺産相続する割合を**相続分**といい、**指定相続分**と**法定相続分**があります。

> 【指定相続分】
> 被相続人が遺言で指定する各相続人の相続分。法定相続分より優先される。
>
> 【法定相続分】
> 民法で規定される相続分。

法定相続分の計算方法

❶ 配偶者のみ → 配偶者がすべて相続 　　　配偶者 1/1

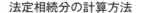
←配偶者がすべて相続

❷ 配偶者と子 → 配偶者が2分の1、子が2分の1　　　子 1/2

←配偶者 1/2
←子の取分 1/2 を頭割り

※配偶者がいない場合、子がすべてを相続。

❸ 配偶者と直系尊属 → 配偶者が3分の2、直系尊属が3分の1　　　父母 1/3

父 1/6　母 1/6
←父母の取り分 1/3 を頭割り
←配偶者 2/3

※配偶者がいない場合、直系尊属がすべてを相続。

❹ 配偶者と兄弟姉妹 → 配偶者が4分の3、兄弟姉妹が4分の1　　　兄弟 1/4

兄弟姉妹の取分 1/4 を頭割り→
弟 1/8　姉 1/8
←配偶者 3/4

※配偶者がいない場合、兄弟姉妹がすべてを相続。

❷ 共同相続

複数の相続人が相続することを**共同相続**、それらの相続人を**共同相続人**といいます。

共同相続の場合、**嫡出子**、**非嫡出子**、**養子**、**胎児**は、すべて**同じ割合**で相続分を計算します。共同相続では、不動産などの相続財産はその共有に属し、遺産分割前でも、各相続人が自己の共有持分を自由に処分することができます。

❸ 相続債務 民法改正

相続が開始されると、被相続人が有していた一切の相続財産（権利義務）が相続人に承継されることになります。相続財産の中には、資産だけでなく借金などの債務も含まれます。

被相続人が有した債務の債権者のことを**相続債権者**といいます。**相続債権者**は、遺言による相続分の指定がある場合でも、指定相続分ではなく**法定相続分に応じて権利を行使**することができます。

ただし、**相続債権者**が**相続分の指定の効力を承認した場合**は、**指定相続分に応じて権利を行使**することになります。

つまり、相続債権者は、各共同相続人に対して、法定相続分と遺言による指定相続分のいずれに従って相続債務の履行を請求するかを選択できるわけです。

【嫡出子・非嫡出子】
嫡出子は、法律上の婚姻関係にある男女の間に生まれた子。非嫡出子は、法律上の婚姻関係がない男女の間に生まれた子。

＊父母の一方のみを同じくする兄弟姉妹の相続分については、父母の双方を同じくする兄弟姉妹の相続分の2分の1。

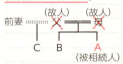

被相続人Aの遺産の3分の2をBが相続し、3分の1をCが相続する。

❹ 相続と対抗要件 　民法改正

　不動産等の財産が相続により承継される場合、遺産分割、遺言による相続分の指定、相続させる旨の遺言※等によって、法定相続分による場合とは異なる割合の財産が承継されることがあります。このとき、法定相続分を超える部分については、登記などの対抗要件を備えなければ、相続人は第三者に対抗できません。

　例えば、ある不動産について、法定相続分を超える相続分が指定された場合や相続させる旨の遺言によって所有権を取得した場合、法定相続分を超える部分について所有権を主張するためには、不動産の登記が必要になります。

【相続させる旨の遺言】
特定の遺産を特定の相続人に相続させる内容の遺言のこと。

遺言の有無や内容を知りえない相続債権者の利益や第三者の取引の安全を確保するため。

【例】父親からの相続財産は、資産が評価額１,０００万円の自宅（建物・土地）、負債が銀行からの借入金１,０００万円であった。父親は相続させる旨の遺言により１,０００万円の自宅を長男に遺贈した。債務は法定相続分によって５００万円ずつ長男と次男が相続した。このとき、相続債権者である銀行が先に自宅を登記すれば、長男は債権者である銀行に対抗できない。

5 遺産分割

❶ 遺産分割

　相続財産を各相続人で分けることを**遺産分割**といい、被相続人の遺言による**指定分割**と、共同相続人の協議で決める**協議分割**があります。遺産分割では、協議分割よりも指定分割が優先されます。

　遺言者は、遺言によって遺産分割の方法を指定することができ、また、相続開始の時から**5年**を超えない期間内で遺産の分割を禁ずることができます。

　遺言がない場合の**遺産分割協議**では、共同相続人全

出る！
共同相続人は、成立した遺産分割協議につき、その全部又は一部を全員の合意により解除した上、改めて分割協議を成立させることができる。

員が分割内容について**合意し**、遺産分割協議書を作成して署名・押印する必要があります。協議が成立しない場合、各共同相続人は、その分割を**相続開始地**の家庭裁判所に請求することができます。遺産分割の効力は、第三者の権利を害しない範囲で相続開始の時にさかのぼって生じます。

② 特別受益の持戻し 民法改正

生前贈与などの**特別受益**は、相続財産の前渡しと考えられるため、遺産分割では特別受益を相続財産に含めて計算する（持ち戻す）必要があります。

この特別受益の持戻しを免除するためには、原則として、被相続人の意思表示が必要です。しかし、「婚姻期間が**20年以上**あり、かつ**居住の用**に供する建物またはその敷地の遺贈・贈与を受けた**配偶者相続人**」については、持戻し免除の意思表示があったものと推定され、持戻しを免除して配偶者相続人が**居住建物**と敷地を確保できます。

③ 預貯金の仮払い制度 民法改正

預貯金は、**遺産分割の対象**なので、相続人全員の合意がなければ引き出すことができません。これでは、急な支払いに困る場合などがあるため、他の相続人の同意を必要としない仮払い制度が設けられています。この制度で払戻しできる金額は、**金融機関ごとに1人150万円を限度**として、**口座ごと**に次の式で計算されます。

預貯金債権額×1/3×その相続人の法定相続分

【例】被相続人の預貯金額が1口座で600万円、相続人が配偶者と子1人の場合、その口座から引き出せる預貯金額は、それぞれ600万×1/3×1/2＝100万円

【相続開始地】
被相続人が亡くなったときに居住していた住所地。「相続は、被相続人の住所において開始する」とされている。

【特別受益】
相続人が複数いる場合に、一部の相続人が、遺贈や贈与によって特別に受けた利益のこと。生前贈与が典型例。
持戻しの例：AとBの2人の子が相続人で、Aに1000万円の生前贈与が行われていて、相続財産が4000万円だった場合
Bの相続分：
（4000万円＋1000万円）
÷2＝2500万円
Aの相続分：
2500万円－1000万円＝
1500万円

【配偶者相続人】
被相続人の配偶者であった相続人。

【居住建物】
相続開始時に配偶者相続人が居住していた被相続人の財産に属した建物。

Part **2** 権利関係

20 相続

6 遺言

❶ 遺言とは

被相続人による死後の財産の行方に関する最終的意思表示を<u>遺言</u>、遺言によって財産を人（**相続人を含む**）に与えることを<u>遺贈</u>といいます。

満15歳に達した者は、父母の同意を得なくても、遺言をすることができる。

> **遺言のポイント**
> - 遺言は、<u>満15歳以上</u>で意思能力があればできる。
> - 遺言書はいつでも内容の変更・撤回ができ、<u>日付の新しいものが有効</u>となる。
> - 変更前の遺言が後の遺言と抵触するときは、その抵触する部分については、<u>後の遺言で撤回したものとみなす</u>。また、遺言者が、<u>生前に遺言の内容と異なる財産処分をした場合、その遺言は撤回されたもの</u>とみなされる。
> - <u>遺言者は、遺言により遺言執行者を選任することができる。</u>
> - 遺贈は、<u>受遺者が遺言者より先に死亡した場合</u>には、特段の事情のない限り、その<u>効力を生じない</u>。

❷ 遺言の種類

遺言には、**自筆証書遺言、公正証書遺言、秘密証書遺言**の3種類があります。

遺言の種類

	自筆証書遺言	公正証書遺言	秘密証書遺言
方式	遺言者が、遺言の全文、日付、氏名を<u>自書し、押印</u>。<u>財産目録は書式自由</u>。*	遺言者が口述し、公証人が筆記する。遺言者、証人、公証人が署名・押印。	遺言者が作成、署名押印、封印し、公証人が日付を記入する。遺言者自身が保管。
証人	<u>不要</u>	2人以上	2人以上
検認	必要	不要	必要

*自筆証書遺言では、本文は自署であることが要求されるが、財産目録については自署以外での作成も可能。例：パソコンで作成、預金通帳や登記事項証明書のコピーを利用。

❸ 遺言執行者 [民法改正]

遺言執行者は、遺言の内容を実現するため、相続財産の管理その他遺言の執行に必要な一切の行為をする権利義務を有します。遺言執行者がある場合には、遺贈の履行は、遺言執行者のみが行うことができます。

遺言執行者が任務を開始したときは、遅滞なく、遺言の内容を相続人に通知しなければなりません。

7 配偶者の居住の権利 [民法改正]

配偶者相続人が居住建物の所有権を相続すれば、そこに住み続けることができます。

しかし、居住建物の所有権を相続するためには、現金預貯金など、他の相続を減らす必要があります。これでは、生活に不安が生じることもあるため、配偶者の居住の権利が保証されています。

❶ 配偶者居住権

配偶者居住権を取得すれば、配偶者相続人は、終身の間、無償で、居住建物を使用・収益することができます。ただし、相続開始の時に、被相続人が居住建物を配偶者以外の者と共有していた場合には、配偶者居住権は認められません。

配偶者居住権を取得するには、次の方法があります。
・遺産分割
・遺贈、死因贈与
・家庭裁判所の決定

配偶者居住権は登記することが可能です。登記すれば、第三者に対抗することができます（⇨ p.221）。

【検認（前ページ）】
家庭裁判所による遺言書の存在・現状を確定する作業。遺言書の偽造などを防止する手続き。遺言の有効・無効とは無関係。

【公証人（前ページ）】
遺言などの公正証書の作成、私文書の認証、確定日付の付与など、国の公務である公証事務を担う公務員。

【遺言執行者】
遺言執行者は、遺言者が指定する。指定がない場合や指定された者が辞退や死亡等をしていた場合には、利害関係人（受遺者や相続人等）が、家庭裁判所に対し、遺言執行者の選任を申し立てることができる。

Part **2** 権利関係

20 相続

❷ 配偶者短期居住権

配偶者が、被相続人の財産である建物に相続開始の時に無償で居住していた場合には、

・遺産分割により居住建物の帰属が確定した日

・相続開始の時から**6か月**を経過する日

のいずれか**遅い日まで**は、従来どおり**無償で居住**することができます。これを**配偶者短期居住権**といい、配偶者に当然に認められる権利です。

> 配偶者に欠格事由があったり、廃除されたりした場合、配偶者短期居住権は、発生しない。配偶者が配偶者居住権を取得すると、配偶者短期居住権は、消滅する。

配偶者居住権・配偶者短期居住権

	配偶者居住権	配偶者短期居住権
期間	終身の間	一定期間のみ
権限	使用（居住）・収益	使用（居住）のみ
対抗要件	登記	なし

8 遺留分 （民法改正）

遺言者は、「全財産を特定の人にすべてあげる」という遺言もできます。しかし、これでは遺族が生活できなくなる事態も起こり得ます。そこで、民法は、法定相続人（兄弟姉妹を除く）に**遺留分**を認めています。遺留分は、遺言の内容にかかわらず相続財産の一定割合が留保されるという制度です。遺留分を侵害する遺言でも、遺言自体は有効ですが、遺留分を侵害された者は、遺贈や贈与を受けた者に対し、遺留分侵害額に相当する**金銭の請求**をすることができます。

この**遺留分侵害額請求**の権利は、

・相続開始及び遺留分の**侵害を知った日から1年**

・相続開始を知らなかった場合は**相続開始から10年**のいずれかを過ぎると、時効で消滅します。

遺留分の放棄をするには、**相続開始前**は家庭裁判所の**許可**を得る必要があります。**相続開始後は意思表示**を行うだけで放棄できます。遺留分を放棄しても、相続権は失いません。

遺留分の割合
- 遺留分権利者が直系尊属（父母・祖父母）のみの場合、相続財産の3分の1
- それ以外の場合、相続財産の2分の1（兄弟姉妹には遺留分はない）

遺留分の計算式

　ある相続人の遺留分＝相続財産×遺留分の割合×法定相続分の割合

【例】相続人が妻と子2人の場合、遺留分は相続財産の2分の1。
・妻の法定相続分は2分の1なので、1/2×1/2＝1/4
・子の法定相続分は2分の1なので、1/2×1/2＝1/4
　これを子2人で分けるため、子の1人分は1/4の半分で1/8

※相続人に対する贈与は、相続開始前の10年間にされたものに限り遺留分計算の相続財産（基礎財産）に含める。

---

9 特別の寄与　民法改正

相続人以外の親族で、被相続人に対して無償で療養看護などの労務を提供し、それによって被相続人の財産の維持・増加について特別の寄与（貢献）をした人を**特別寄与者**といいます。

特別寄与者は、相続人に対し、寄与に応じた額の金銭（特別寄与料）の支払いを請求することができます。

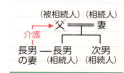

【例】長年無償で介護してきた長男の妻（親族）が、相続人である妻・長男・次男に対して金銭（特別寄与料）を請求できる。

過去問で集中講義 ✏

「相続」に関する過去問題を集めてあります。◯✕で答えましょう。

1 Aが死亡し、相続人がBとCの2名であった場合について、①BがAの配偶者でCがAの子である場合と、②BとCがいずれもAの子である場合とでは、Bの法定相続分は①の方が大きい。 H29年[問06.1]

2 Aが死亡し、相続人がBとCの2名であった場合について、Aの死亡後、いずれもAの子であるBとCとの間の遺産分割協議が成立しないうちにBが死亡したときは、Bに配偶者Dと子Eがいる場合であっても、Aの遺産分割についてはEが代襲相続人として分割協議を行う。 H29年[問06.2]

3 甲建物を所有するAが死亡し、相続人がそれぞれAの子であるB及びCの2名である場合、Cが甲建物の賃借人Eに対し相続財産である未払賃料の支払を求め、これを収受領得したときは、Cは単純承認をしたものとみなされる。 H28年[問10.2]

4 AがBに対して1,000万円の貸金債権を有していたところ、Bが相続人C及びDを残して死亡した。C及びDが単純承認をした場合には、法律上当然に分割されたAに対する債務を相続分に応じてそれぞれが承継する。 H19年[問12.3]

5 Aは未婚で子供がなく、父親Bが所有する甲建物にBと同居している。Aの母親Cは平成31年1月末日に死亡している。AにはBとCの実子である兄Dがいて、DはEと婚姻して実子Fがいたが、Dは令和2年1月末日に死亡している。Bが令和2年4月末日に死亡した場合の法定相続分は、Aが2分の1、Eが4分の1、Fが4分の1である。 H24年[問10.1.改]

6 Aが死亡し、相続人が配偶者Bと子Cの2名であった。配偶者Bが、Aの財産である建物に相続開始の時に無償で居住していた場合、遺産分割により居住建物の帰属が確定した日及び相続開始の時から6月を経過する日のいずれか早い日までは、従来どおり無償で居住することができる。 予想問題

7 成年Aには将来相続人となるB及びC(いずれも法定相続分は2分の1)がいる。Aが「相続財産全部をBに相続させる」旨の有効な遺言をして死亡した場合、BがAの配偶者でCがAの子であるときはCには相続財産の4分の1の遺留分があるのに対し、B及びCがAの兄弟であるときはCには遺留分がない。 H18年[問12.2]

大事にゃところが黄色にニャってる！

解説

❶ ①**配偶者と子1人が相続する場合、法定相続分は2分の1**ずつ。②**子2人が相続する場合、法定相続分は2分の1**ずつ。Bの法定相続分は同じです。
答え [✗]

❷ 相続は、被相続人の死亡によって開始します。**代襲相続とは、相続開始前に、すでに相続人が死亡していた場合、その相続人の子や孫が代わって相続すること**をいいます。本問では、Aの死亡時に相続人Bが生きているので代襲相続にはなりません。Aの遺産の一部をBが相続し、そのうえでDとEが相続すると考えます。
答え [✗]

❸ **相続財産を処分、隠匿、消費すると、単純承認**となります。本問の場合、Cの行為は相続財産の処分に該当しますから、単純承認をしたものとみなされます。なお、Cが単純承認をした場合、Bは限定承認できないため、単純承認または相続放棄のいずれかを選択することになります。
答え [〇]

❹ **共同相続人は、相続分に応じて被相続人の権利義務を取得する**ので、CとDは、法定相続分の割合に応じた債務を承継します。
答え [〇]

❺ 図をかいて整理しましょう。Bの配偶者Cはすでに死亡しているので、Bの相続人となるのは、Bの子AとDです。ただし、Dは相続開始前に死亡しているので、Dの相続分はDの子であるFが代襲相続します。法定相続分は、AとFがそれぞれ2分の1ずつです。
答え [✗]

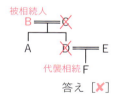

❻ 配偶者が、被相続人の財産である建物に相続開始時に無償で居住していた場合には、
・**遺産分割により居住建物の帰属が確定した日**
・**相続開始の時から6か月を経過する日**
の**いずれか「遅い日」まで、従来どおり無償で居住**することができます。これを**配偶者短期居住権**といいます。
答え [✗]

❼ 相続人全体の遺留分は、相続財産の2分の1です。配偶者Bと子Cの法定相続分は、それぞれ2分の1です。子Cの遺留分は、
（相続人全体の遺留分）×（法定相続分）＝1/2×1/2＝1/4です。
また、**兄弟姉妹には遺留分はありません**。
答え [〇]

21 共有

- 共有と持分の概念を理解する。
- 持分の処分と放棄を具体例とともに覚える。
- 保存行為、管理行為、変更行為を区別して覚える。

1 共有と持分

　共有とは、2人以上が1つの物を共に所有することです。その時各共有者の共有物に対する所有権の割合を**持分**といいます。

　持分が不明の場合は、各共有者の持分は相等しいものと推定されます。

> 持分割合と共有物の使用方法は、共有者の合意による。
> 【例】2,000万円の別荘をAが1,000万円、Bが500万円、Cが500万円を出して共同で購入する場合。
> 持分…Aが2分の1、Bが4分の1、Cが4分の1。
> 1年間の使用割合…Aが6か月、Bが3か月、Cが3か月に相当する期間、別荘を使用する。

共有者A
出資…1,000万円
持分割合…1/2
使用割合…1/2

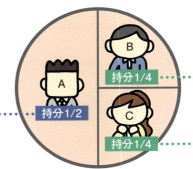

共有者B
出資…500万円
持分割合…1/4
使用割合…1/4

共有者C
出資…500万円
持分割合…1/4
使用割合…1/4

2 持分の処分

各共有者は、他の共有者の同意を得なくても、自己の持分（共有持分権）を自由に処分できます。

> 【例】A、B、Cの3人が建物を共有している。持分は、3分の1ずつである。AはBとCの同意を得なくても、この建物に関するAの共有持分権を売却することができる。また、Aが、BとCに無断で、この建物を自己の所有としてDに売却した場合、その売買契約は有効であるが、BとCの持分については、他人の権利の売買（他人物売買）となる。

3 持分の放棄と共有者の死亡

共有者の1人が、その持分を**放棄**した場合、その持分は他の共有者に帰属します。

共有者の1人が死亡して**相続人がいない**場合、共有者の持分は**特別縁故者**に対する財産分与の対象になります。この財産分与がされないときには、持分は他の共有者に帰属します。

> 【例】A、B、Cの3人が建物を共有している。持分は、3分の1ずつである。Aが、その共有持分を放棄した場合、建物は、BとCの共有となり、共有持分は各2分の1となる。

4 共有物の使用と占有

各共有者は、**共有物の全部**について、その**持分に応じた使用**をすることができます。各共有者は、他の共有者との協議に基づかないで、当然に共有物を**排他的に占有**する権原は有していません。

【特別縁故者】
相続人がいない場合に、特別に相続を受ける権利が発生した人。特別縁故者になれる条件は、
①被相続人と生計を同じくしていた者（内縁の妻や夫、事実上の養子等）。
②被相続人の療養看護に努めた者
③その他被相続人と特別の縁故があった者

Part **2** 権利関係

21 共有

また、共有者の1人から占有使用を承認された者は、**承認した者の持分の限度**で占有使用できます。

他の共有者との協議に基づかないで、共有物全部を**占有する共有者**がいるときに、**他の共有者**は、単独で**共有物の明渡しを請求することはできません**。

5 共有物の管理と変更

共有物の管理や変更を行うには、他の共有者の同意を得る必要があるものとないものがあります。

❶ 保存行為

保存行為とは、共有物の修繕や所有権の保存登記など、現状を維持する行為です。共有物の不法占拠者に**明渡し請求**を行うこと、不法占拠によって生じた**損害の賠償請求**を行うことも、保存行為にあたります。

保存行為は、各共有者が**単独**で行うことができます。他の共有者の同意を得る必要はありません。

❷ 管理行為

管理行為とは、共有物を利用・改良する行為です。

(1) **利用する行為**…共有物の**賃貸借契約**の締結または解除など。

(2) **改良する行為**…外壁塗装、温水洗浄便座の設置など。

管理行為は、持分価格の**過半数**[※]の同意によって行うことができます。

各共有者は、その持分に応じて管理費を負担しなければなりません。

出る！

AとBが共有する建物につき、AB間で協議することなくAがCと使用貸借契約を締結した場合、Cは、使用貸借契約を承認しなかったBに対して当該建物全体を排他的に占有する権原を主張することはできない。

単独で損害賠償請求ができる範囲は、自己の持分割合が限度。

【過半数】
全体の半分よりも多い数。持分価格で2分の1よりも多い割合のこと。

❸ 変更行為

変更行為には、物理的損傷や改変を行う行為のほか、法律的な処分行為も含まれます。

(1) **変更行為**…共有物の建替え、増改築など。

(2) **処分行為**…共有物の売却、売買契約の解除など。

変更行為には、共有者**全員**の同意が必要です。

6 共有物の分割請求

各共有者は、いつでも共有物の**分割請求**をすることができます。共有者間で分割の協議を行い、協議が調わない場合は、裁判所に**分割請求**することもできます。

なお、**5年**を超えない期間内であれば、分割をしない旨の特約（**共有物分割禁止**の定め）をして、その旨の**登記**（すべての登記名義人による合同申請）をすることができます。

共有物の分割による取得では、取得分が取得者の分割前の共有物に係る持分割合を超えなければ、**形式的取得**となり、**不動産取得税は課されません**（⇨p.531）。

裁判所による分割の方法

現物分割	共有物をそのまま分割する方法。原則は現物分割。
代金分割	現物分割することができないとき、または分割によってその価格を著しく減少させるおそれがあるときに、共有物を売却、競売してその代金を分割する方法。
全面的価格賠償	共有者の1人が共有物全部を取得し、その他の共有者には持分の価格を賠償するという分割方法。

Part **2**

権利関係

21 共有

343

過去問で集中講義

「共有」に関する過去問題を集めてあります。〇✕で答えましょう。

A、B及びCが、持分を各3分の1として甲土地を共有している場合に関する次の記述の正誤を答えましょう。

1 Aは、BとCの同意を得なければ、甲土地に関するAの共有持分権を売却することはできない。　　　　　　　　　　　　　　　　　　　　H15年[問04.1.改]

2 Aがその持分を放棄した場合には、その持分は所有者のない不動産として、国庫に帰属する。　　　　　　　　　　　　　　　　　　　　　H19年[問04.4]

3 Aが死亡し、相続人の不存在が確定した場合、Aの持分は、民法第958条の3の特別縁故者に対する財産分与の対象となるが、当該財産分与がなされない場合はB及びCに帰属する。　　　　　　　　　　　　　　　　　　　H18年[問04.4]

4 他の共有者との協議に基づかないで、自己の持分に基づいて1人で現に共有物全部を占有する共有者に対し、他の共有者は単独で自己に対する共有物の明渡しを請求することができる。　　　　　　　　　　　　　　　　　　H23年[問03.4]

5 各共有者は、共有物の不法占拠者に対し、妨害排除の請求を単独で行うことができる。　　　　　　　　　　　　　　　　　　　　　　　H23年[問03.3]

6 A、B及びCが甲土地について、Eと賃貸借契約を締結している場合、AとBが合意すれば、Cの合意はなくとも、賃貸借契約を解除することができる。
　　　　　　　　　　　　　　　　　　　　　　　　　　　　H19年[問04.2]

7 Aは、BとCの同意を得なければ、甲土地に物理的損傷及び改変などの変更を加えることはできない。　　　　　　　　　　　　　　　　　　H15年[問04.2]

8 各共有者は、いつでも共有物の分割を請求することができるが、5年を超えない期間内であれば、分割をしない旨の契約をすることができる。　H23年[問03.1]

9 共有物たる甲土地の分割について共有者間に協議が調わず、裁判所に分割請求がなされた場合、裁判所は、特段の事情があれば、甲土地全体をAの所有とし、AからB及びCに対し持分の価格を賠償させる方法により分割することができる。
　　　　　　　　　　　　　　　　　　　　　　　　　　　　H18年[問04.3]

解説

大事にゃところが黄色ににゃってる！

❶ 各共有者は、**他の共有者の同意を得なくても、自己の共有持分権を自由に処分**できます。　　　　　　　　　　　　　　　　　　答え [✗]

❷ 共有者の1人がその持分を放棄したとき、その持分は他の共有者に帰属することになります。　　　　　　　　　　　　　　　　　答え [✗]

❸ 共有者が死亡して相続人の不存在が確定した場合、**共有者の持分は特別縁故者に対する財産分与の対象**になります。そして**財産分与がされない場合、持分は他の共有者に帰属**することになります。　　　　　　答え [○]

❹ **各共有者はその持分に応じて、共有物全部を使用する権利**を有していますから、占有する共有者がいたとしても、他の共有者が単独で自己に対する共有物の明渡しを請求することはできません。　　　　　　　　答え [✗]

❺ 共有物の不法占拠者に明渡し請求を行うことは、甲土地の現状を維持する行為ですから、保存行為にあたります。**保存行為は、各共有者が単独で行う**ことができます。　　　　　　　　　　　　　　　　　　　　答え [○]

❻ 共有物の**賃貸借契約の締結、賃貸借契約の解除は管理行為**にあたります。**管理行為は、持分価格の過半数の同意によって行う**ことができます。持分を3分の1ずつ持つAとBが合意すれば、3分の2となり、過半数を占めるため、Cの合意は必要ありません。　　　　　　　　　　　　　　答え [○]

❼ **共有物に変更を加える行為には、共有者全員の同意が必要**です。
　　　　　　　　　　　　　　　　　　　　　　　　　　　　答え [○]

❽ **各共有者は、いつでも共有物の分割を請求することができます**。また、共有者全員で、**5年を超えない期間内であれば、分割をしない旨の特約**をすることもできます。　　　　　　　　　　　　　　　　　　　　答え [○]

❾ 裁判所は、共有物の分割にあたり、共有物全体を共有者1人の単独所有とし、他の共有者には持分の価格を取得させる**全面的価格賠償**を命じることができます。そのほか、共有物をそのまま分割する**現物分割**、共有物を売却、競売してその代金を分割する**代金分割**という方法があります。　　答え [○]

22 区分所有法

- 専有部分と共用部分の違いを明確にする。
- 共用部分の保存行為、管理行為、変更行為を理解する。
- 管理組合と規約について学習する。

1 区分所有法とは

分譲マンションのように、各部分が構造上、利用上区分されている建物に関する法律が、**建物の区分所有等に関する法律**（以下、**区分所有法**）です。

建物の各部分について、別個の所有権である**区分所有権**が成立しているとき、その建物を**区分所有建物**といいます。

2 専有部分と共用部分

❶ 専有部分

区分所有権の目的となる独立した各部分（例：マンションの各住戸の内部）のことを**専有部分**、この専有部分を所有する者のことを**区分所有者**といいます。

❷ 共用部分

区分所有者が共同で利用する建物の部分を**共用部分**といい、**法定共用部分**（構造からみて専有部分になりえない部分…廊下・階段など）と、**規約共用部分**（専有部分となりうる部分を規約により共用部分としたもの…集会室・管理人室など）に分かれます。

> **出る！**
> 数個の専有部分に通ずる廊下または階段室その他構造上区分所有者の全員またはその一部の共用に供されるべき建物の部分は、区分所有権の目的とならない。

> 規約共用部分は、最初に分譲会社などが公正証書で決めておくことができる。

共用部分は、法定共用部分を除き、規約で定めることで、**特定の区分所有者の所有**とすることができます。

❸ 一部共用部分
　一部共用部分とは、一部の区分所有者のみに供される共用部分をいいます。

【一部共用部分の例】
住居と店舗が共存するマンションにある、住居部分用の出入り口や階段や店舗専用の出入り口や階段。

共用部分と登記

法定共用部分 階段・廊下	構造上、区分所有者の全員またはその一部の共用に供されるべき共用部分　←登記することができない
規約共用部分 集会室・管理人室	専有部分となりうる部分を規約により共用部分としたもの ←登記をすることで第三者に対抗することができる

3 共用部分の持分割合

　共用部分は、原則として区分所有者全員で共有します。**各共有者の持分**は、規約に別段の定めがない限り、**専有部分の床面積（内法面積）** の割合によります。

出る！

共用部分に関する各共有者の持分は、その有する専有部分の床面積の割合によることとされているが、規約で別段の定めをすることができる。

内法面積…壁その他の区画の内側線で囲まれた部分の面積。区分建物での登記簿上の面積。

壁芯面積…壁その他の区画の中心線で囲まれた面積。区分建物以外の登記簿上の面積。不動産広告の面積。

共用部分に関する費用は、規約に別段の定めがない限り、各持分割合に応じて負担する。

Part 2　権利関係
22　区分所有法

4 共用部分の管理と変更

共用部分の管理や変更を行うには、決議や承諾を得る必要があるものとないものがあります。

❶ 保存行為

<u>保存行為</u>とは、共用部分の現状を維持する行為です。清掃や廊下の電球を取り替えることがその例です。

<u>保存行為</u>は、集会の決議は不要で、各区分所有者が<u>単独</u>で行うことができます。<u>規約</u>で<u>別段の定め</u>をすることもできます。

保存行為が専有部分の使用に特別の影響を及ぼすべき場合でも、専有部分の所有者の承諾は不要です。

> 保存行為自体、専有部分の使用に特別の影響を及ぼすほどの変更を伴わないと考えられるため。

❷ 管理行為

<u>管理行為</u>とは、利用・改良する行為です。

(1) **利用する行為**…共用駐車場の賃貸借契約やエレベーターの損害保険契約の締結と解除など、その収益を図る行為。

(2) **改良する行為**…廊下に夜間灯を設置するなど、使用価値・交換価値を増加する行為。

管理行為は、**普通決議**(区分所有者及び**議決権**の各過半数の賛成による集会の決議)で決定します。普通決議の議決要件は、規約で別段の定めをすることができます。管理行為が専有部分の使用に特別の影響を及ぼすべき場合は、専有部分の所有者の承諾が必要です。

【普通決議】
区分所有建物における管理組合の集会で、通常の議案について「区分所有者の過半数」かつ「議決権の過半数」の賛成により可決すること。

【議決権】
各区分所有者の共用部分の持分割合、つまり、専有部分の床面積の割合による。区分所有建物の専有部分の面積の合計が1,000㎡で、区分所有者Aの専有部分が70㎡なら、Aの議決権は「1,000分の70」となる。規約の定めによって、これとは異なる割合で、議決権を定めることも可能。

「理事会で決定」、「区分所有者及び議決権の各3分の1以上の賛成で決定」などの定め。

❸ 変更行為

変更行為は、軽微な変更と重大な変更に分かれます。**共用部分の変更**が専有部分の使用に特別の影響を及ぼす場合は、専有部分の所有者の**承諾**が必要となります。

(1) **軽微な変更**…その形状または効用の著しい変更を伴わない変更。外壁の補修や鉄部塗装工事など。

軽微な変更は、管理行為と同様、**普通決議**で決定します。規約で別段の定めをすることもできます。

(2) **重大な変更**…軽微な変更以外の変更。その形状または効用の著しい変更を伴う変更。階段からエレベーターへの変更、集会室の増築など。

重大な変更は、**特別決議**（区分所有者及び議決権の各**4分の3**以上の賛成による集会の決議）で決定します。議決要件については、規約により区分所有者の定数を**過半数**まで減ずる（緩和する）ことができます。議決権に関しては、4分の3から緩和できません。

【特別決議】
区分所有建物における管理組合の集会で、特に重要な議案について、「区分所有者の4分の3以上」かつ「議決権の4分の3以上」の賛成により可決すること。建物建替えの決議要件だけは「区分所有者数の5分の4以上」かつ「議決権の5分の4以上」の賛成が必要。

5 敷地利用権

マンションの1室など、専有部分を所有する場合も、<mark>敷地利用権（敷地に対する権利）</mark>が必要です。

専有部分とその専有部分に係る**敷地利用権**は、分離して処分することができません。ただし、規約で**別段の定め**をすれば、分離処分が可能になります。

敷地利用権の割合は、通常、共用部分の持分同様、各共有者の有する専有部分の床面積の割合によります。

> 分譲業者などは、公正証書による規約で、これと異なる割合を定めることができる。

6 管理組合と管理者

❶ 管理組合

<mark>管理組合</mark>は、区分所有建物、その敷地、付属施設の管理を行うための団体です。**区分所有者**は、その意思にかかわらず、**当然に管理組合の構成員**となります。

管理組合は、区分所有者が**2人以上**であるとき、所定の手続きを経て**管理組合法人**となることができます。

> 【管理者】
> 集会の議決によって選ばれる、共用部分ならびに建物の敷地及び付属施設を管理する者。多くの場合、理事長が管理者となる。

> 【自然人】
> 法律上、権利や義務の主体となることができる人。法人に対する概念。

❷ 管理者

区分所有者は、規約に別段の定めがない限り、**集会の決議**によって、**管理者**を選任、解任することができます。管理者には、**個人（自然人）**でも**法人**でも、**区分所有者**でも**区分所有者以外の者**でもなることができます。

> 出る！
> 規約に定めておけば、集会の決議以外の方法で管理者を選任することができる。
> 管理者の任期は決められていない。

管理者になれる者▶

個人

法人

区分所有者

区分所有者以外

❸ 管理者の権限

管理者は、その職務に関し、**区分所有者の代理人**として、保存行為、集会の決議の実行、規約で定めた行為を行います。

管理者は、規約または集会の決議があれば、区分所有者のために、**原告または被告**となることができます。

❹ 管理所有

管理者がより円滑に共用部分を管理できるよう、規約により特別の定めがある場合には、**管理者が共用部分を所有**することができます。これを**管理所有**といい、この場合の管理者を**管理所有者**といいます。

❺ 区分所有者の責任

各区分所有者は、規約に定めがない限り、管理者の行為について**共用部分の持分割合**に応じて**責任**を負います。

7 規約

区分所有者が区分所有建物の利用や管理について定めるルールを**規約**といいます。

❶ 規約の設定・変更・廃止

規約の設定・変更・廃止は、集会の**特別決議**（区分所有者及び議決権の各**4分の3**以上の賛成による集会の決議）で決定します。加えて、規約の設定・変更・廃止が一部の区分所有者の権利に特別の影響を及ぼすときは、その**承諾**を得る必要があります。

規約の
設定・変更・廃止

特別決議
4分の3以上
で議決

＋

区分
所有者の
承諾が必要

また、一部共用部分に関する事項で<u>区分所有者全員の利害に関係しないものは、区分所有者全員の規約に定めがある場合を除いて、これを共用すべき区分所有者の規約で定めること</u>ができます。

❷ 公正証書による規約の設定

　当初の規約のことを**原始規約**といいます。
　最初に建物の専有部分の全部を所有する者（分譲業者等）は、**公正証書**によって、**建物の共用部分を定める**など、**一定の事項**に限り、**規約を設定**することができます。
　なお、<u>他の区分所有者から区分所有権を譲り受け、建物の専有部分の全部を所有することとなった者は、公正証書による規約の設定を行うことはできません。</u>

❸ 規約の保管

　規約は書面または電磁的記録（パソコンのデータなど）によって作成され、それを**管理者**が**保管**しなければなりません。<u>管理者がないときは、建物を使用している区分所有者またはその代理人で、規約または集会の決議で定める者が保管しなければなりません。</u>
　また、<u>建物内の見やすい場所に、規約を保管している場所を**掲示**しなければなりません。</u>

❹ 規約の閲覧

　規約を保管する者は、<u>利害関係人の請求があったときは、正当な理由がある場合を除いて、規約の**閲覧**を拒んではなりません。</u>
　閲覧を拒絶した場合は**20万円以下の過料**に処されます。

【一定の事項】
公正証書による規約で設定できる一定の事項は、
① 規約共用部分
② 規約敷地
③ 専有部分と敷地利用権の分離処分
④ 敷地利用権の割合
に関する定めである。

出る！
規約の保管場所は、建物内の見やすい場所に掲示しなければならないが、各区分所有者に通知する必要はない。

当マンションの規約は事務所内に保管してあります。

8 集会の招集

集会は、区分所有者によって構成される管理組合の最高意思決定機関です。

❶ 招集権者

管理者は、少なくとも**毎年1回**は集会を招集しなければなりません。また、区分所有者の**5分の1**以上で議決権の**5分の1**以上を有するものは、管理者に対し、会議の目的たる事項を示して、集会の招集を請求することができます。また、管理者がないときは、区分所有者の5分の1以上で議決権の5分の1以上を有するものは、集会を招集することができます。**5分の1**以上という定数は、**規約**で減ずることができます。

出る！
管理者または集会を招集した区分所有者の1人が、集会の議長となる（規約に別段の定めがある場合及び別段の決議をした場合を除く）。

区分所有者&議決権の1/5以上 ← 規約で減らすことができる

❷ 招集の通知

通知日…集会の招集にあたっては、集会の日の少なくとも**1週間前**までに、会議の目的事項を示して各区分所有者に通知しなければなりません。**1週間前**という期間は規約によって伸縮できます。

通知先…区分所有者が管理者に対して通知を受け取る場所をあらかじめ通知した場合には、その場所に通知します。通知しない場合には、専有部分がある場所に通知します。また、**規約**で特別に定めれば、建物内の見やすい場所に**掲示**して通知することができます。なお、区分所有者全員の同意があるときには、招集手続きを省略して集会を開くことができます。

建替え決議の場合、少なくとも2か月前に招集を通知しなければならない。この期間は規約で伸長できるが、短縮はできない。

9 集会での報告と議事録

事務報告…管理者は、集会において、**毎年1回一定の時期に**、その**事務**に関する**報告**をしなければなりません。

議事録…集会の**議事録**が書面で作成されているときは、**議長及び集会に出席した区分所有者2人**（計3人）がこれに署名押印しなければなりません。

また、規約と同じく、集会の議事録の保管場所は建物内の見やすい場所に**掲示**しなければなりません。

当マンションの規約・集会の議事録は事務所内に保管されています。

10 集会の決議

集会では、原則として招集時に通知した**会議の目的たる事項**についてのみ、**決議**することができます。

ただし、**規約**で**別段の定め**をすれば、集会の決議につき**特別の定数**が定められている事項を除いて、**通知した事項以外**のことも決議することができます。

「集会の決議につき特別の定数が定められている事項」である「特別決議」と「建替え決議」は、事前の通知なしに行うことはできない。

❶ 議決権

議決権は、各区分所有者の共用部分の持分割合（原則として専有部分の床面積の割合）によります。ただし、規約の定めによって、これとは異なる割合で議決権を定めることもできます。**専有部分を数人で共有**している場合は、**議決権を行使すべき者1人**を定めなければいけません。この場合、集会の**招集通知は議決権行使者1人**にしますが、定められていない場合は、**共有者のいずれか1人**にすればよいことになっています。

出る！
共有者は、議決権を行使すべき者を2人以上定めることはできない。

❷ 占有者の意見陳述権

区分所有者の承諾を得て専有部分を**占有する者**は、会議の目的たる事項につき利害関係を有する場合には、**集会に出席**して意見を**述べる**ことができます。ただし、区分所有者ではないので議決権はありません。

> 占有者＝区分所有者から部屋を賃借している者など。規約に従う義務がある。

❸ 書面または電磁的方法による決議

集会において決議すべき場合でも、**区分所有者全員の承諾**があるときは、**書面または電磁的方法**による決議をすることができます。

出る！
区分所有者が1人でも反対するときは、書面による決議はできない。

❹ 決議の効力

集会の決議の効力は、規約と同様、区分所有者の**特定承継人**や**賃借人などの占有者**に対しても及びます。

【特定承継人】
他人から個別の権利を承継する者。例えば、中古マンションの購入者。これに対して、「包括（一般）承継人」は、相続や法人の合併により、他人からすべての権利を承継する者。

11 特別の定数が定められている事項

集会の決議につき特別の定数が定められている事項に、**特別決議**と**建替え決議**があります

特別決議と建替え決議

- **特別決議**…区分所有者及び議決権の各**4分の3以上**で決定
- 共用部分の重大な変更（規約により区分所有者の定数のみ過半数まで緩和可）
- 規約の設定・変更・廃止
- 管理組合法人の設立・解散
- 義務違反者に対する専有部分の使用禁止請求、競売請求、引渡し請求
- 大規模滅失（建物価格の2分の1を超える滅失）の復旧。小規模滅失は、各区分所有者が、集会の決議（普通決議）の前であれば復旧できる
- **建替え決議**…区分所有者及び議決権の各**5分の4以上**で決定

過去問で集中講義 ✏️

「区分所有法」に関する過去問題を集めてあります。**○✗**で答えましょう。

1 構造上区分所有者全員の共用に供されるべき建物の部分であっても、規約で定めることにより、特定の区分所有者の専有部分とすることができる。　H17年[問14.3]

2 一部共用部分は、原則として、区分所有者全員の共有に属するのではなく、これを共用すべき区分所有者の共有に属する。　H25年[問13.4]

3 共用部分の変更（その形状又は効用の著しい変更を伴わないものを除く。）は、区分所有者及び議決権の各４分の３以上の多数による集会の決議で決するが、規約でこの区分所有者の定数及び議決権を各過半数まで減ずることができる。
　H24年[問13.2]

4 敷地利用権が数人で有する所有権その他の権利である場合には、区分所有者は、規約で別段の定めがあるときを除き、その有する専有部分とその専有部分に係る敷地利用権とを分離して処分することができる。　H22年[問13.3]

5 管理者は、自然人であるか法人であるかを問わないが、区分所有者でなければならない。　H28年[問13.3]

6 建物の区分所有等に関する法律において、規約の設定、変更又は廃止を行う場合は、区分所有者の過半数による集会の決議によってなされなければならない。
　H30年[問13.1]

7 区分所有者の５分の１以上で議決権の５分の１以上を有するものは、管理者に対し、会議の目的たる事項を示して、集会の招集を請求することができるが、この定数は規約で減ずることはできない。　H29年[問13.2]

8 集会の議事録が書面で作成されているときは、議長及び集会に出席した区分所有者の１人がこれに署名し、押印をしなければならない。　H27年[問13.3]

9 建物の価格の２分の１以下に相当する部分が滅失した場合、規約で別段の定めがない限り、各区分所有者は、滅失した共用部分について、復旧の工事に着手するまでに復旧決議、建替え決議又は一括建替え決議があったときは、復旧することができない。　H26年[問13.3]

356

> 大事にゃところが黄色ににゃってる！

> 解説

❶ 共用部分は、**法定共用部分（構造からみて専有部分になりえない部分）**と、**規約共用部分（専有部分となりうる部分を規約により共用部分としたもの）**に分かれます。本問の「構造上区分所有者全員の共用に供されるべき建物の部分」は法定共用部分のことで、**法定共用部分は、規約で定めても専有部分とすることはできません。** 答え [✗]

❷ **一部共用部分は、これを共用する区分所有者が共有するのが原則**です。 答え [○]

❸ **重大な変更は、集会の特別決議（区分所有者及び議決権の各4分の3以上の賛成による集会の決議）で決定**します。ただし、**区分所有者の定数については、過半数まで軽減**できます。本問は、「議決権を過半数まで減ずる」としている点が誤りです。 答え [✗]

❹ 敷地利用権が数人で有する所有権その他の権利である場合には、**区分所有者は、その有する専有部分とその専有部分に係る敷地利用権とを分離して処分することはできません**。ただし、規約で別段の定めをすれば、分離処分が可能になります。 答え [✗]

❺ **管理者には、自然人（法人に対する個人）でも法人でも、区分所有者でも区分所有者でなくてもなることができます。** 答え [✗]

❻ **規約の設定・変更・廃止は、集会の特別決議（区分所有者及び議決権の各4分の3以上の賛成による集会の決議）で決定**します。 答え [✗]

❼ 区分所有者の5分の1以上で議決権の5分の1以上を有するものは、管理者に対し、会議の目的たる事項を示して、集会の招集を請求することができます。**この定数は、規約で減ずる**ことができます。 答え [✗]

❽ 集会の議事録が書面で作成されているときは、**議長と集会に出席した区分所有者2人がこれに署名押印**しなければなりません。 答え [✗]

❾ 小規模滅失（建物価格の2分の1以下相当部分が滅失）の場合、区分所有者が各自で復旧することができます。**集会での決議（小規模滅失は普通決議）があった後は、各区分所有者が復旧することはできません。** 答え [○]

23 権利関係・その他

- 地上権と地役権の出題知識（赤い下線）をおさえておく。
- 相隣関係の出題知識をおさえておく。
- 債権者代位権を行使できる要件を覚える。

1 用益物権

　物を直接に支配して利益を享受する排他的な権利のことを**物権**といいます。

　物権は**本権**と**占有権**に分かれ、本権は**所有権**と**制限物権**に分かれます。制限物権は、さらに**用益物権（用益権）**と**担保物権**に分かれます。

　用益物権とは、他人が所有する土地を一定の目的のために使用・収益するための権利のことです。

　用益物権には、地上権、永小作権、地役権、入会権があります。ここでは、代表的な用益物権である地上権と地役権について学習します。

❶ 地上権

　地上権とは、他人の土地において工作物・竹木を所有するため、その土地を使用する権利のことです。

　地上権も、賃借権と同様、他人の土地を利用できる権利で借地借家法の適用があります。借地権との違いは、賃借権が契約（債権）で、地上権が物権であることです。**地上権**は、地主の承諾なく、**譲渡・転貸**ができますが、賃借権では賃貸人の承諾が必要です。

物権の分類

本権…占有を法律上正当なものとさせる権利	所有権…法令の制限内で、物を自由に使用・収益・処分できる権利。時効により消滅することはない			
	制限物権…物の使用・収益・処分という支配的機能に一定の制限が加えられている権利	用益物権…他人が所有する土地を一定の目的のために使用・収益するための権利		地上権…他人の土地において工作物・竹木を所有するため、その土地を使用する権利
				永小作権…小作料を支払って他人の土地において耕作・牧畜をする権利
				地役権…所有権のある特定の土地（要役地）の利便性を高めるために、他人の土地（承役地）を利用する権利
				入会権…入会地を利用する権利
		担保物権…債務者または第三者の物を債権の担保とするための権利	法定担保物権…法律の規定により当然に成立する	留置権…他人の物の占有者が、その物に関して生じた債権の弁済を受けるまで、その物を留置する権利（⇨p.284）
				先取特権…債権者が債務者の財産から、他の債権者に先立って債権の弁済を受けることのできる権利（⇨p.244）
			約定担保物権…契約によって成立する	質権…債権者が担保として債務者・第三者から受取った物を債務の弁済があるまで留置し、弁済のない場合にはその物から優先弁済を受けることのできる権利（⇨p.246）
				抵当権…債務者が占有を移転しないで債務の担保に供した目的物について、他の債権者に先立って自己の債権の弁済を受けることができる権利（⇨p.242）

占有権…物に対する事実上の支配（占有）そのものを法律要件として生ずる物権。占有という事実に基づいて発生する権利

❷ 地役権

地役権とは、特定の土地（**要役地**）の利便性を高めるために、他人の土地（**承役地**）を利用する権利のことです。地役権者は、要役地である土地の所有権を有していなければいけません。また、地役権は、要役地の所有権と切り離して、単独で譲渡することはできません。

地役権は、**継続的に行使され、かつ外形上認識することができるものに限り、時効によって取得**できます。

【代表的な地役権】
・通行地役権（公道から自分の土地に出入りするために他人の土地を通行する権利）
・用水地役権（他人の土地に湧く水を自分の土地に引く権利）

2 相隣関係

民法は、相互に隣接した土地の利用関係を調整するルールを定めており、これを **相隣関係** といいます。

相隣関係のポイント

① 土地の所有者は、<u>境界またはその付近において障壁または建物を築造しまたは修繕するため必要な範囲内で、隣地の使用を請求</u>することができる。

② 土地の所有者は、<u>隣地の所有者と共同の費用をもって、境界標を設置</u>することができる。

③ 1. <u>袋地（他の土地に囲まれて公道に通じない土地）所有者</u>は、公道に至るため、その土地を囲んでいる他の土地（囲繞地）を通行することができる。ただし、通行の場所及び方法は、通行権を有する者のために必要であり、かつ、<u>他の土地のために損害が最も少ないものを選ばなければならない。</u>←袋地を囲む土地を自由に選んで通行することはできない。損害が生じたときには償金を支払うことが原則

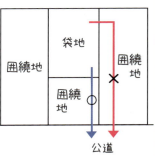

2. 共有物分割によって袋地が生じた場合は、<u>償金を支払わずに、他の分割者の土地を通行</u>できる。

④ 1. 隣地の<u>竹木の枝</u>が境界線を越えるときは、その竹木の所有者に、その枝を切除させることができる。←竹木所有者の承諾なく、自分で枝を切ることはできない

2. 隣地の<u>竹木の根</u>が境界線を越えるときは、その根を切り取ることができる。←竹木所有者の承諾なく、自分で根を切ることができる

⑤ <u>境界線から1m未満の距離において他人の宅地を見通すことのできる窓または縁側（ベランダを含む）を設ける者は、目隠し</u>を付けなければならない。

⑥ 土地の所有者は、<u>隣地から雨水が自然に流れてくることを妨げることはできない。</u>

3 債権者代位権

債権者代位権とは、債権者Aが自身の債権を保全するために、債務者Bの**第三債務者**Cに対する権利を、Bに代わって行使（代位行使）することができる権利です。

【第三債務者】
ある債務者に対して、さらに債務を負う者。

【例】AはBにお金を貸していて、BはCにお金を貸している場合、AはBのCに対する債権には干渉できないというのが原則である。
しかし、BがAへの返済ができないにもかかわらず、Cに貸しているお金を取り立てようとしない場合、債権者Aは債務者Bに代わって第三債務者Cへの債権を行使できる。

【被保全債権】
債権者が法律的に確保しようとしている債権。

❶ 債権者代位の要件 民法改正

債権者代位の行使には、次の要件を満たす必要があります。

【被代位権利】
債権者代位の対象となる債務者に属する権利。

債権者代位を行使できる要件
① 債務者に債務を弁済するだけの財産がないこと（無資力要件）。
　【例外】債権者代位権の転用（➡次ページ）の場合、無資力要件は不要。
② 債務者自らがまだ第三債務者に対する債権を行使していないこと。
③ 一身専属権（権利の行使を権利者の意思に委ねるべき権利）でないこと。
　【例】夫婦間の契約取消権、慰謝料請求権など。
④ 差押えを禁じられた債権でないこと。
⑤ 被保全債権の弁済期（履行期…返却期限）が到来していること。
　【例外】保存行為…債務者の財産の現状を維持する行為。
⑥ 強制執行により実現することのできない債権でないこと。

❷ 債権者代位権の転用

　債権者代位権は、金銭債権を保全するための制度ですが、適用範囲を拡大し、債務者の責任財産保全という目的以外で債権者代位権を行使することを**債権者代位権の転用**といいます。債権者代位権の転用には、次のようなものがあります。

債権者代位権の転用

① **不動産の移転登記請求**

　【例】土地がAからB、BからCへと譲渡された場合、登記がなおAにあるときは、Cは、BのAに対する移転登記請求権を代位行使することができる。

② **所有権の保存登記手続き**

　【例】未登記建物の買主は、売主に対する建物の移転登記請求権を保全するため、売主に代位して、当該建物の所有権保存登記手続きを行うことができる。

③ **妨害排除・明渡し請求**（⇨p.245）

　【例】**抵当権者は、抵当不動産の所有者の妨害排除請求権を代位行使**できる。また、不法占有者に対し不動産を直接自己に明け渡すよう請求できる。

　【例】建物が不法占拠されている場合、賃借人は、賃貸人に代位して、不法行為者に対する妨害排除請求権を行使できる。さらに、不法占有者に対し建物を直接自己に明け渡すよう請求できる。

④ 消滅時効の援用…金銭債権の債権者は、債務者に代位して他の債権者に対する債務の消滅時効を援用することができる（⇨p.189）。

4　贈与契約　民法改正

　贈与契約とは、当事者の一方（**贈与者**）がある財産を無償で相手方（**受贈者**）に与えるという契約です。

　他人物売買（⇨p.212）と同様、他人の所有物を贈与の対象とすることも可能です。

❶ 贈与契約における書面の有無

贈与契約は、諾成契約（当事者双方の合意だけで成立する契約）ですから、書面によらなくても契約自体は有効で、法的な効力を生じます。

書面によらない贈与は、その履行前であれば解除することができます。

書面による贈与は、履行前でも解除できません。

なお、死因贈与については、遺贈に関する規定が準用されます。遺言はいつでも撤回できるので、死因贈与は、それが書面によるものであっても、後にいつでも撤回することができます。

❷ 贈与者の引渡義務

贈与者は、贈与の目的である物または権利を贈与の目的として特定した時の状態で引き渡し、または移転することを約したものと推定されます。つまり、特定時点の状態で引渡しが行われたのであれば、担保責任などの債務不履行責任を負いません。この規定は、使用貸借契約にも準用されます（⇨ p.291）。

❸ 負担付贈与

負担付贈与とは、受贈者に一定の債務（借金、介護など）を負担させることを課す財産の贈与です。例えば、受贈者に住宅ローン債務を負担してもらう代わりに家を贈与することなどが負担付贈与となります。

受贈者が**負担を履行しない**ときは、贈与者はその贈与契約を**解除**することができます。

負担付贈与では、贈与者は、**負担の限度**において、**売主と同様の担保責任**（⇨ p.213）を負います。

【死因贈与】
贈与者の死亡によって効力を生じる贈与契約。死因贈与は贈与者と受贈者の合意で成立する契約である。これに対し、遺言によって与える財産や割合を指定する遺贈は、遺贈者が一方的に行う意思表示。

Part **2**
権利関係

23 権利関係・その他

過去問で集中講義 ✏

「権利関係・その他」に関する過去問題を集めてあります。**○✕**で答えましょう。

1 Aは、自己所有の甲土地の一部につき、通行目的で、隣地乙土地の便益に供する通行地役権設定契約（地役権の付従性について別段の定めはない）を、乙土地所有者Bと締結した。Bは、この通行地役権を、乙土地と分離して、単独で第三者に売却することができる。　　　　　　　　　　　　　　　　　　H14年［問04.3］

2 通行地役権は、継続的に行使され、かつ、外形上認識することができるものに限り、時効によって取得することができる。　　　　　　　　　　　　H22年［問03.4］

3 甲土地の隣接地の所有者が自らが使用するために当該隣接地内に通路を開設し、甲土地の所有者Aもその通路を利用し続けると、甲土地が公道に通じていない場合には、Aは隣接地に関して時効によって通行地役権を取得することがある。
　　　　　　　　　　　　　　　　　　　　　　　　　　　　　　　　　H25年［問03.4］

4 Aの隣地の竹木の枝が境界線を越えてもAは竹木所有者の承諾なくその枝を切ることはできないが、隣地の竹木の根が境界線を越えるときは、Aはその根を切り取ることができる。　　　　　　　　　　　　　　　　　　　　　　　　H21年［問04.3］

5 民法の規定によれば、異なる慣習がある場合を除き、境界線から1m未満の距離において他人の宅地を見通すことができる窓を設ける者は、目隠しを付けなければならない。　　　　　　　　　　　　　　　　　　　　　　　　　　　H21年［問04.4］

6 債務者が既に自ら権利を行使しているときでも、債権者は、自己の債権を保全するため、民法第423条に基づく債権者代位権を行使することができる場合がある。
　　　　　　　　　　　　　　　　　　　　　　　　　　　　　　　　　H22年［問07.1］

7 BのAに対する贈与が死因贈与であった場合、それが書面によるものであっても、特別の事情がない限り、Bは、後にいつでも贈与を撤回することができる。
　　　　　　　　　　　　　　　　　　　　　　　　　　　　　　　　　H10年［問09.4］

解 説

❶ 地役権は、**要役地である土地と切り離して単独で売却することはできません**。

答え [✖]

❷ 地役権は、**継続的に行使され、かつ、外形上認識することができるものに限り、時効によって取得**することができます。要役地（自分の土地）から公道に出るために、承役地（他人の土地）の一部分を通路として毎日のように使用していて、誰の目から見ても明らかに通路だと認識できる状態にしていれば、**要役地の所有者は、通行地役権を時効によって取得できる**というわけです。

答え [◯]

❸ 通路の開設は隣接地の所有者によってなされており、Aは単に通路を利用しているに過ぎません。Aが時効によって通行地役権を取得することはできません。**継続的な行使には、通路の開設が要役地の所有者（この場合はA）によってなされたことが必要**とされています。

答え [✖]

❹ 隣地の竹木の枝が境界線を越えるときは、その竹木の所有者に、その枝を切除させることができます（自分で枝を切ることはできません）。一方、**隣地の竹木の根が境界線を越えるときは、その根を切り取る**ことができます。

答え [◯]

❺ **境界線から1m未満の距離において他人の宅地を見通すことのできる窓または縁側を設ける者は、目隠しを付けなければなりません**。ただし、次の場合は、目隠しを設置する必要はありません。
①相隣者の間で、目隠しを設置しなくてもよいという合意がある場合
②その建物のある地域に、民法と異なる慣習（例えば、境界線からの距離が1メートル未満であっても目隠しを設置しないでもよいという慣習）がある場合は、その慣習が優先します。

答え [◯]

❻ **債務者がすでに自ら権利を行使している場合**には、その行使の方法または結果の良し悪しにかかわらず、**債権者は債権者代位権を行使することはできません**。

答え [✖]

❼ 死因贈与については、遺贈に関する規定が準用されます。そして遺言はいつでも撤回が可能です。従って、**死因贈与は、それが書面によるものであっても、いつでも撤回する**ことができます。

答え [◯]

「法令上の制限」の学習ポイント ▶▶▶

出題傾向

　「法令上の制限」からは、宅建試験の**全出題数50問のうちの8問が出題**されます。「宅建業法」「権利関係」に比べると出題数は少ないものの、とりこぼしなく**確実に得点しておきたい分野**です。

出題内容

　「法令上の制限」は、「都市計画法」「建築基準法」「国土利用計画法」「農地法」「宅地造成等規制法」「土地区画整理法」の6つの法律とその他の法令上の制限から出題されます。例年、**「都市計画法」**と**「建築基準法」から各2問**ずつ、**それ以外の法律から各1問**ずつが出題されています。

攻略法

　建築に関わる法的な制限には、専門用語や数字など覚えることがたくさんあります。以下に挙げる、**頻出度の高い項目を確実に覚える**ことで、効率的に学習していきましょう。

● 都市計画法…特に「**開発許可制度**」は頻出度の高い重要項目です。

● 建築基準法…集団規定の具体的な内容である「**用途制限**」「**建蔽率**」「**容積率**」「**高さ制限**」は、確実に得点できるようにしておきましょう。

● 国土利用計画法…「**事後届出制**」に関する出題が集中しています。「事前届出制」と比較しながら学習を進めましょう。

● その他の法律…農地法では「**第3条許可・第4条許可・第5条許可**」、宅地造成等規制法では「**切土・盛土**」、土地区画整理法では「**仮換地**」、その他の法令上の制限では「**許可権者**」が出題頻度の高い項目です。「法令上の制限」の目標点数は、**8問中6点以上**です。

Part 3
法令上の制限

Contents ここで学習すること

本文にある赤い下線、赤い囲み「出る！」の内容は、これまでに出題されたことがある知識です。

■都市計画法 2

- 01 区域区分・用途地域
- 02 都市計画事業
- 03 地区計画
- 04 都市計画の決定手続き
- 05 開発許可制度
- 06 開発許可の手続き
- 07 建築等の制限

■建築基準法 2

- 08 単体規定・集団規定
- 09 道路規制
- 10 用途制限
- 11 建蔽率
- 12 容積率
- 13 高さ制限（斜線制限・日影規制）
- 14 防火・準防火地域の制限
- 15 建築確認

■国土利用計画法 1×⑥

- 16 事後届出制
- 17 事前届出制・許可制

■その他の法律 1×⑥

- 18 農地法
- 19 宅地造成等規制法
- 20 土地区画整理法
- 21 その他の法令上の制限

01 ■都市計画法
区域区分・用途地域

- 「都市計画区域」「区域区分」「用途地域」の定義を覚える。
- 「用途地域」を必ず定める地域、原則として定めない地域、定めることができない地域の区分けを理解する。

1 都市計画法とは

都市計画法は、快適で住みやすいまちづくりのための基本となる法律で、**土地利用、都市施設の整備及び市街地開発事業についての計画**等を定めています。

2 都市計画区域の指定

都市計画法では、**都市計画**の1つとして、**都市計画区域・準都市計画区域**を定めています。

❶ 都市計画区域

都市計画区域は、一体の都市として総合的に整備・開発・保全する必要がある**区域**として、または、**新たに住居都市、工業都市その他の都市として開発・保全する必要がある区域**として、原則として**都道府県**が指定します。ただし、**2つ以上の都府県**にわたる場合は、**国土交通大臣**が定めます。

❷ 準都市計画区域

都市計画区域外での乱開発を防止するため、一定の区域に指定される区域が**準都市計画区域**です。

【都市計画】
都市内の土地利用・都市開発・交通・公共施設の整備・緑地・防災などに関する計画。決定権者は都道府県または市町村。

出る！
都市計画区域は、必要があるときは市町村や都府県の区域を越えて指定ができる。

【一定の区域】
都市計画区域外の区域であるが、土地利用の整序や環境保全をせずに放置すると、将来、一体の都市としての整備・開発・保全に支障が出ると思われる区域のこと。

準都市計画区域の指定も都道府県が行う。

368

3 区域区分

　都市計画区域について無秩序な市街化を防止し、計画的な市街化を図るため、必要があるときは、都市計画に、**市街化区域と市街化調整区域との区分**を定めることができます。これを**区域区分**といいます。

　また、このように区域区分を定めて都市計画区域を2つに分けることを**線引き**といいます。

❶ 市街化区域

　市街化区域は、すでに**市街地を形成している区域**、または、おおむね**10年以内**に優先的かつ計画的に**市街化を図るべき区域**です。必ず用途地域（⇨次ページ）を定めます。

❷ 市街化調整区域

　市街化調整区域は、市街化を**抑制すべき区域**として、市街化をせず、農地や山林などのままにしておく区域です。

❸ 非線引き区域

　非線引き区域は、都市計画区域内で、上の❶・❷のどちらにも区域区分されていない区域をいいます。

4 地域地区

　土地を利用目的別に区分し、その目的に沿ったまちづくりを行う都市計画、またはその区分された地域、地区、街区を**地域地区**といいます。

出る！

区域区分は、必要があるときに都道府県が定めるもので、必要がなければ定めなくともよい。必ず定める必要があるのは、三大都市圏（首都圏・近畿圏・中部圏）と政令指定都市を含む都市計画区域の場合。

市街化区域と市街化調整区域の2つをまとめて、線引き区域という。

宅建試験では、非線引き区域のことを「区域区分が定められていない都市計画区域」という。

地域地区には、用途地域と補助的地域地区がある。

Part **3** 法令上の制限

01 都市計画法／区域区分・用途地域

5 用途地域

　地域にふさわしい街並みをつくるために、建物の用途を統一し、規制等を行う地域を**用途地域**といいます。<u>**市街化区域**では、少なくとも（必ず）用途地域を定めます。**市街化調整区域**では、原則として、用途地域を定めません。</u>

> **出る！**
> 「原則として、用途地域を定めない」は、「必要であれば定めてもよい」という意味。定めることができないという意味ではない。

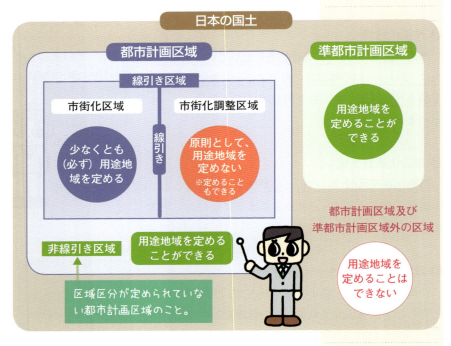

覚えておこう

市街化区域…少なくとも用途地域を<u>定める</u>
市街化調整区域…原則として、用途地域を<u>定めない</u>
非線引き区域・準都市計画区域…用途地域を<u>定めることができる</u>
都市計画区域及び準都市計画区域外の区域…用途地域を<u>定めることはできない</u>

用途地域は、大まかに住居系、商業系、工業系の3系統に分かれ、全部で**13種類**あります。市町村が定めます。

定義を問う問題も出題される。赤い下線は暗記。

用途地域（全13種類）

住居系（8種類）	略称	定義
第一種低層住居専用地域	一低	低層住宅に係る良好な住居の環境を保護するため定める地域
第二種低層住居専用地域	二低	主として低層住宅に係る良好な住居の環境を保護するため定める地域
田園住居地域	田住	農業の利便の増進を図りつつ、これと調和した低層住宅に係る良好な住居の環境を保護するため定める地域
第一種中高層住居専用地域	一中	中高層住宅に係る良好な住居の環境を保護するため定める地域
第二種中高層住居専用地域	二中	主として中高層住宅に係る良好な住居の環境を保護するため定める地域
第一種住居地域	一住	住居の環境を保護するため定める地域
第二種住居地域	二住	主として住居の環境を保護するため定める地域
準住居地域	準住	道路の沿道としての地域の特性にふさわしい業務の利便の増進を図りつつ、これと調和した住居の環境を保護するため定める地域

商業系（2種類）	略称	定義
近隣商業地域	近商	近隣の住宅地の住民に対する日用品の供給を行うことを主たる内容とする商業その他の業務の利便を増進するため定める地域
商業地域	商業	主として商業その他の業務の利便を増進するため定める地域

工業系（3種類）	略称	定義
準工業地域	準工	主として環境の悪化をもたらすおそれのない工業の利便を増進するため定める地域
工業地域	工業	主として工業の利便を増進するため定める地域
工業専用地域	工専	工業の利便を増進するため定める地域

Part **3** 法令上の制限

01 都市計画法／区域区分・用途地域

6 補助的地域地区

用途地域の規制とは別の規制を定めているのが**補助的地域地区**です。

> 用途地域の規制と併用できるもの、できないものがある。

用途地域内にのみ定めることができるもの

高度地区	市街地の環境維持、または土地利用の増進を図るため、建築物の高さの最高限度または最低限度を定める地区
高度利用地区	市街地における土地の合理的で健全な高度利用と都市機能の更新とを図るため、以下について定める地区 ・建築物の容積率の最高限度・最低限度 ・建築物の建蔽率の最高限度 ・建築物の建築面積の最低限度 ・建築物の壁面の位置の制限
高層住居誘導地区	住居と住居以外の用途とを適正に配分し、利便性の高い高層住宅の建設を誘導するため一定の用途地域のうち、容積率が400%または500%と定められた地域における、容積率の最高限度、建蔽率の最高限度及び敷地面積の最低限度等を定める地区 →設定できる用途地域：一住／二住／準住／近商／準工
特例容積率適用地区	一定の用途地域内において建築物の容積率の限度からみて、未利用となっている建築物の容積の活用を促進して土地の高度利用を図るため定める地区 →設定できる用途地域：一低・二低・田住・工専以外
特別用途地区	用途地域内の一定の地区における当該地区の特性にふさわしい土地利用の増進、環境の保護等の特別の目的の実現を図るため当該用途地域の指定を補完して定める地区 →すでにある用途地域の規制に、新たに制限や緩和を加えることができる地区のこと。

用途地域外にのみ定めることができるもの

特定用途制限地域	用途地域が定められていない土地の区域（市街化調整区域を除く）内において、その良好な環境の形成または保持のため当該地域の特性に応じて合理的な土地利用が行われるよう、制限すべき特定の建築物等の用途の概要を定める地域 ←例えば、人の集中・騒音・振動などを発生させるおそれのある施設等（パチンコ店、カラオケ店など）の建設が制限される。

用途地域の内外問わず、定めることができるもの

特定街区	市街地の整備改善を図るため街区の整備または造成が行われる地区について、その街区内における<u>建築物の容積率や建築物の高さの最高限度及び壁面の位置の制限</u>を定める街区
防火地域・準防火地域	市街地における火災の危険を防除するため定める地域（⇨p.460）
風致地区	<u>都市の風致（自然美）を維持するため定める地区</u>。建築物の建築について一定の基準に従い、<u>地方公共団体の条例で規制が可能</u>
景観地区	市街地の良好な景観の形成を図る地区 →都市計画区域・準都市計画区域に定める
臨港地区	港湾を管理運営するため定める地区

なお、<u>準都市計画区域</u>については、都市計画に、<u>区域区分</u>、<u>高度利用地区</u>、高層住居誘導地区、特例容積率適用地区、特定街区、防火地域・<u>準防火地域</u>、臨港地区を<u>定めることができません</u>。

7 用途地域で都市計画に定める事項

❶ 容積率・建蔽率の限度

すべての用途地域で定めなければならないものに、<mark>容積率の限度</mark>（⇨p.447）と、<mark>建蔽率の限度</mark>（⇨p.441）があります。

❷ 敷地面積の最低限度

必要に応じて、すべての用途地域で定めることができます。

❸ 建築物の絶対的高さ制限、外壁の後退距離の限度

<u>第一種・第二種低層住居専用地域</u>、<u>田園住居地域</u>でのみ、必要に応じて定めることができます。

出る！
準都市計画区域では、都市計画上、「高度地区」を定めることはできても、「高度利用地区」を定めることはできない。

ただし、商業地域の建蔽率の限度は80％と決まっており、都市計画で定める必要はない。

都市計画において、建築物の外壁またはこれに代わる柱の面から敷地境界線までの距離の限度を1.5mまたは1mとして定めることができる。

過去問で集中講義

「区域区分・用途地域」に関する過去問題を集めてあります。○×で答えましょう。

1 都市計画区域は、市又は人口、就業者数その他の要件に該当する町村の中心の市街地を含み、かつ、自然的及び社会的条件並びに人口、土地利用、交通量その他の現況及び推移を勘案して、一体の都市として総合的に整備し、開発し、及び保全する必要がある区域を当該市町村の区域の区域内に限り指定するものとされている。　　　H23年[問16.1]

2 準都市計画区域については、無秩序な市街化を防止し、計画的な市街化を図るため、都市計画に市街化区域と市街化調整区域との区分を定めなければならない。　　　H30年[問16.4]

3 区域区分は、都市計画区域について無秩序な市街化を防止し、計画的な市街化を図るため必要があるときに、都市計画に定める市街化区域と市街化調整区域との区分をいう。　　　H17年[問19.1]

4 区域区分は、指定都市、中核市及び施行時特例市の区域の全部又は一部を含む都市計画区域には必ず定めるものとされている。　　　H22年[問16.3]

5 市街化区域については、少なくとも用途地域を定めるものとし、市街化調整区域については、原則として用途地域を定めないものとされている。　　　H22年[問16.1]

6 第一種住居地域は、低層住宅に係る良好な住居の環境を保護するため定める地域であり、第二種住居地域は、中高層住宅に係る良好な住居の環境を保護するため定める地域である。　　　H15年[問17.2]

7 高層住居誘導地区は、住居と住居以外の用途とを適正に配分し、利便性の高い高層住宅の建設を誘導するために定められる地区であり、近隣商業地域及び準工業地域においても定めることができる。　　　H26年[問15.4]

8 特別用途地区は、用途地域内の一定の地区における当該地区の特性にふさわしい土地利用の増進、環境の保護等の特別の目的の実現を図るため当該用途地域の指定を補完して定める地区である。　　　H18年[問18.4]

9 第二種低層住居専用地域に指定されている区域内の土地においては、都市計画において建築物の外壁又はこれに代わる柱の面から敷地境界線までの距離の限度を2m又は1.5mとして定めることができる。　　　H19年[問22.2]

374

> 大事にゃところが黄色にになってる！

解説

❶ 都市計画区域は、必要があるときは、１つの市町村内にとどまらず、**その市町村の区域外にわたり、指定する**ことができます。市町村の区域の区域内に限り指定するものではありません。　　　　　　　　　　答え［✘］

❷ 準都市計画区域は、都市計画区域外の区域のうち、そのまま土地利用を整序することなく放置すれば、将来における一体の都市としての整備、開発及び保全に支障が生ずるおそれがあると認められる一定の区域に指定される区域です。準都市計画区域においては、**市街化区域と市街化調整区域との区分（区域区分）を定めることはできません**。　　　　　　　　　　答え［✘］

❸ 区域区分は、都市計画区域について必要があるときに、**都市計画に定める市街化区域と市街化調整区域との区分**をいいます。　　答え［◯］

❹ 区域区分を必ず定めなければならないのは、三大都市圏（首都圏・近畿圏・中部圏）と政令指定都市を含む都市計画区域です。それ以外の都市計画区域では、必要のあるときに定めることができるのであって、**必ず定めるものとされてはいません**。　　　　　　　　　　　　　　　　　　答え［✘］

❺ 市街化区域は、**少なくとも（必ず）用途地域を定め**、市街化調整区域は、**原則として、用途地域を定めない**とされています。　　　答え［◯］

❻ 第一種住居地域は**住居の環境を保護するため定める地域**で、第二種住居地域は、**主として、住居の環境を保護するため定める地域**です。　答え［✘］

❼ 高層住居誘導地区は、**住居と住居以外の用途とを適正に配分し、利便性の高い高層住宅の建設を誘導する地区**です。これを定めることができるのは、**第一種・第二種住居地域、準住居地域、近隣商業地域や準工業地域**という、一定の用途地域に限られます。　　　　　　　　　　　　　答え［◯］

❽ 特別用途地区は、用途地域内の区域で**用途地域の指定を補完して定める地区**です。特定用途制限地域（用途地域が定められていない区域で、制限すべき建築物等の用途を定める地域）と間違えないよう注意しましょう。　答え［◯］

❾ 第一種低層住居専用地域・第二種低層住居専用地域・田園住居地域内では、建築物の**外壁またはこれに代わる柱の面から敷地境界線までの距離の限度を1.5ｍまたは１ｍとして定める**ことができます。２ｍは誤りです。　答え［✘］

02 都市計画事業

■都市計画法

- 都市計画施設の整備に関する事業と市街地開発事業がある。
- 市街化区域と非線引き区域には道路・公園・下水道を必ず定める。
- 都市計画施設の整備事業はすべての区域で定めることが可能。

1 都市計画事業とは

都市計画施設の整備に関する事業及び市街地開発事業を**都市計画事業**といいます。

❶ **施行**…原則として**市町村**が**施行**しますが、一定の要件のもと、国が行う場合もあります。

❷ **認可と承認**…都道府県知事または国土交通大臣が行います。都市計画事業については、土地収用法の規定による事業の認定は行わず、都市計画法における**事業の認定の告示**をもって、認可または承認の告示とみなします。

2 都市計画施設

道路や公園、上下水道などの公共施設を**都市施設**といいます。

学校　公園　高速道路　保育所

【事業の認定】
事業を行う際、必要となる土地の収用（公共事業のために必要な土地等を所有者等から強制的に取得すること）について、基準と手続きを定めているのが土地収用法。その事業が、基準に適合している（公益上必要やむを得ないものである）と判断することを事業認定といい、都道府県知事または国土交通大臣が行う。都市計画事業の認可・承認を受けている事業の場合、それをもって土地収用法における事業認定とみなされる。

【都市施設】
ほかに、ガスまたは電気供給施設、ごみ焼却場、河川、運河、図書館、病院、市場、火葬場などがある。

都市計画において定められた都市施設を**都市計画施設**といいます。都市計画施設が整備される区域には、建築上のさまざまな制限がかけられます。

都市施設は、原則として、都市計画区域内に定めますが、特に必要があるときは、**都市計画区域外**にも定めることができます。

> 例えば、都市施設の1つである道路は、街と街を結ぶ途中で都市計画区域外を通らざるを得ない場合もある。こうしたケースがあるための決まり。

なお、次の区域や地域には、必ず定めなければならない**都市施設**があります。

必ず定めなければならない都市施設	
市街化区域・非線引き区域	少なくとも道路・公園・下水道
住居系の用途地域	道路・公園・下水道・義務教育施設

3 市街地開発事業

市街地開発事業は、市街化区域または区域区分が定められていない都市計画区域内において、一体的に開発または整備する必要がある土地の区域について定められます。市街地開発事業に関する都市計画は、原則として都道府県が定め、政令で定める小規模なものについては、市町村が定めます。

市街地開発事業は、市街化調整区域、準都市計画区域、都市計画区域及び準都市計画区域外の区域には定めることはできません。

【市街地開発事業】
土地区画整理事業、新住宅市街地開発事業、工業団地造成事業など、全部で7種類の事業がある。

- 都市施設の整備事業
→すべての区域(都市計画区域、準都市計画区域、都市計画区域及び準都市計画区域外)で定めることができる。

- 市街地開発事業
→<u>市街化区域・非線引き区域</u>のみで定めることができる。
　つまり、市街化調整区域や準都市計画区域では定めることができない。

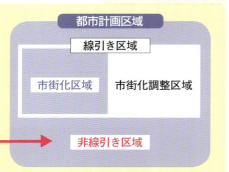

4　都市計画事業の流れ

　都市計画事業は、通常、次のように「計画段階→事業段階」というプロセスで進められ、各段階で異なる制限が設けられています。

> 進行段階で区域の呼び方が変わる点に注意する。

計画段階
都市計画事業の決定の告示
<u>都市計画施設の区域</u>
<u>市街地開発事業の施行区域</u>

◀実際に着工する以前の段階なので、制限は比較的ゆるやか。

事業段階
都市計画事業の認可・承認の告示
<u>都市計画事業の事業地</u>

◀工事の開始。より厳しい制限が設けられている。(⇨p.380)

都市計画事業の完成

　一方、大規模な都市計画事業を行う場合は、計画段階や事業段階よりももっと早い予定の段階で、**市街地開発事業等予定区域**が定められます。この場合、都市

> 例えば、大規模ニュータウン、工業団地の建設や整備など。

計画事業は、「予定段階→事業段階」という2段階で制限がかけられることになります。

予定段階	市街地開発事業等予定区域決定の告示
	市街地開発事業等予定区域

◀早い段階で用地確保などを行う必要があるため、計画段階よりも前に、より厳しい制限が設けられる。

大規模な事業は、計画決定までに長い時間がかかる。その間に障害となる建築物の建築や無秩序な開発などが行われないよう、予定区域を決めて、あらかじめ制限をかけておこうというもの。

なお、市街地開発事業等予定区域に係る市街地開発事業または都市施設に関する都市計画には、施行予定者をも定めなければなりません。

【施行予定者】
市街地開発事業や施設の整備事業を将来的に施行する予定者のこと。

5 都市計画事業にかけられる制限

次の行為を行う場合、都道府県知事（市の区域内の場合は市長。以下、都道府県知事等）の許可が必要です。

❶ 計画段階（都市計画施設の区域・市街地開発事業の施行区域）で許可が必要となる行為
- 建築物の建築
〈例外：以下については許可は不要〉
- 政令で定める軽易な行為
- 非常災害のため必要な応急措置として行う行為
- 都市計画事業の施行として行う行為

【建築物の建築】
建築物の新築・増築・改築・移転を指す。

❷ 事業段階（都市計画事業の事業地）で許可が必要となる行為

都市計画事業の認可・承認が告示されると、いよいよ工事が開始されます。この段階では、計画段階や次に示す予定段階よりも厳しい制限が設けられています。

- 都市計画事業の施行の障害となるおそれがある
  - 建築物の建築、その他工作物の建設
  - 土地の形質の変更
- 5トン超の物件の設置・堆積

〈例外：許可が不要となる例外はありません〉

❸ 予定段階（市街地開発事業等予定区域）で許可が必要となる行為

- 建築物の建築、その他工作物の建設
- 土地の形質の変更

〈例外：以下については許可は不要〉

- 政令で定める軽易な行為
- 非常災害のため必要な応急措置として行う行為
- 都市計画事業の施行として行う行為

❹ 土地の有償譲渡（事業段階での制限）

都市計画事業の認可・承認の告示があった後、この認可に係る事業地内の土地建物等を有償で譲渡しようとする者は、事前に、**譲渡価格、譲渡の相手方その他の事項**を当該事業の**施行者に届け出**なければなりません。

【工作物】
門・塀・電柱・トンネル・道路など、地上または地中に設置された人工物。

【土地の形質の変更】
土地の「形」「質」を変更すること（⇒ p.396）。具体的には、形の変更＝土地の形状を変えること、質の変更＝農地や山林を宅地に変えること。

出る！

都道府県知事は、都市計画事業の認可・承認の告示後、許可の申請があった場合において、その許可を与えようとするときは、あらかじめ事業施行者の意見をきかなければならない。ただし、事業施行者の許可や同意を受ける必要はない。

土地の有償譲渡について施行者の許可は不要。

覚えておこう

- 都市計画施設の区域・市街地開発事業の施行区域　→**計画段階**での名称
- 都市計画事業の事業地　→**事業段階**での名称
- 市街地開発事業等予定区域　→**予定段階**での名称

都市計画事業の制限まとめ（都道府県知事等の許可の要・不要）

	都市計画施設の区域・市街地開発事業の施行区域	都市計画事業の事業地	市街地開発事業等予定区域
建築物の建築	必要	必要※	必要
工作物の建設	不要	必要※	必要
土地の形質の変更	不要	必要※	必要
5トン超の物件の設置・堆積	不要	必要	不要
許可不要の例外	あり	<u>なし</u>	あり

※都市計画事業の施行の障害となるおそれのあるものに限る。

> どんな場合も許可がいる！

6 田園住居地域における建築制限

新しい用途地域である**田園住居地域**にかけられる建築制限も見ておきましょう。**田園住居地域内の農地**で次の行為を行う場合、**市町村長の許可**が必要です。

【田園住居地域】
都市計画法に新たに導入された住居系用途地域の１つ。農地と低層住宅地を良好に共存させ、都市内の農地を保護する目的を持つ地域。平成30年4月1日に施行。（⇒p.371）

許可が必要となる行為
- 建築物の建築、その他工作物の建設
- <u>土地の形質の変更</u>
- 土石などの堆積（例：資材置き場などに利用する）

例外として許可不要となる行為
- 通常の管理行為、軽易な行為
- 非常災害のため必要な応急措置として行う行為
- 都市計画事業の施行として行う行為
- 国または地方公共団体が行う行為

> あらかじめ、市町村長に協議する必要がある。

過去問で集中講義 ✏

「都市計画事業」に関する過去問題を集めてあります。⭕❌で答えましょう。

1 都市計画事業においては、土地収用法における事業の認定の告示をもって、都市計画事業の認可又は承認の告示とみなしている。　　　　　H21年 [問16.4]

2 準都市計画区域においても、用途地域が定められている土地の区域については、市街地開発事業を定めることができる。　　　　　　　H26年 [問15.3]

3 市街地開発事業等予定区域に係る市街地開発事業又は都市施設に関する都市計画には、施行予定者をも定めなければならない。　　　　　H28年 [問16.1]

4 市街地開発事業等予定区域に関する都市計画において定められた区域内において、非常災害のため必要な応急措置として行う建築物の建築であれば、都道府県知事（市の区域内にあっては、当該市の長）の許可を受ける必要はない。

H24年 [問16.1]

5 都市計画施設の区域又は市街地開発事業の施行区域内において建築物の建築をしようとする者は、一定の場合を除き、都道府県知事（市の区域内にあっては、当該市の長）の許可を受けなければならない。　　　　　H29年 [問16.ア]

6 都市計画施設の区域又は市街地開発事業の施行区域内において建築物の建築をしようとする者は、行為の種類、場所及び設計又は施行方法を都道府県知事（市の区域内にあっては、当該市の長）に届け出なければならない。

H20年 [問18.1]

7 都市計画施設の区域又は市街地開発事業の施行区域内において建築物の建築をしようとする者であっても、当該建築行為が都市計画事業の施行として行う行為である場合には都道府県知事（市の区域内にあっては、当該市の長）の許可は不要である。　　　　　　　　　　　　　　　　　H25年 [問15.1]

8 都市計画事業の認可の告示があった後、当該認可に係る事業地内において当該事業の施行の障害となるおそれがある土地の形質の変更、建築物の建築、工作物の建設を行おうとする者は、当該事業の施行者の同意を得て、当該行為をすることができる。　　　　　　　　　　　　　　　　　H20年 [問18.2]

382

大事にゃところが黄色ににゃってる！

解説

❶ 都市計画事業については、土地収用法の規定による事業の認定を行いません。**都市計画事業の認可または承認の告示**があれば、**土地収用法上の事業の認定の告示があったものとみなします。** 答え [✗]

❷ **市街地開発事業は準都市計画区域内では定めることができません。** 市街地開発事業を定めることができるのは、**都市計画区域内の「市街化区域」**や「**非線引き区域**」です。 答え [✗]

❸ 「市街地開発事業等予定区域に係る市街地開発事業または都市施設に関する都市計画」つまり、市街地開発事業等予定区域決定の告示後（予定段階）は、**施行予定者をも定め**なければなりません。 答え [○]

❹ 市街地開発事業等予定区域において、例外として都道府県知事等の許可が必要ないのは**①政令で定める軽易な行為 ②非常災害のため必要な応急措置として行う行為 ③都市計画事業の施行として行う行為**の3つです。 答え [○]

❺ 「都市計画施設の区域または市街地開発事業の施行区域内」つまり、都市計画事業の決定の告示後（計画段階）において建築物の建築をしようとする者は、**都道府県知事等の許可が必要**です。例外として、軽易な行為や非常災害のため必要な応急措置として行う行為などは許可が不要です。 答え [○]

❻ 建築物の建築にあたっては、原則として、**都道府県知事等の許可を受ける必要**があります。届出では足りません。 答え [✗]

❼ 「都市計画施設の区域又は市街地開発事業の施行区域内」とあるので、「都市計画事業の決定の告示」がされた段階（計画段階）の制限について問われていることがわかります。計画段階では、建築物の建築に当たり、原則として、**都道府県知事等の許可が必要**です。例外として、**①政令で定める軽易な行為 ②非常災害のため必要な応急措置として行う行為 ③都市計画事業の施行として行う行為**については、許可は必要ありません。 答え [○]

❽ 都市計画事業の認可の告示があった後では、当該事業地内において、都市計画事業の施行の障害となるおそれがある土地の形質の変更等を行おうとする者は、**「都道府県知事等の許可」を受け**なければなりません。「当該事業の施行者の同意を得て」は誤りです。 答え [✗]

Part 3 法令上の制限　02 都市計画法／都市計画事業

03 ■都市計画法 地区計画

- 地区計画を定めることができる区域、定める事項を覚える。
- 地区計画が定められている区域内で、建築物を建築する場合は、市町村長に届け出る（許可は不要）。

1 地区計画とは何か

○○町△丁目というレベルの小規模な地区ごとに、それぞれの特性に合わせたまちづくりを行う都市計画を**地区計画**といいます。

都市計画法では、**地区計画**は、建築物の建築形態、公共施設その他の施設の配置等からみて、一体としてそれぞれの区域の特性にふさわしい態様を備えた**良好な環境の各街区**を整備し、開発し、及び保全するための**計画**とされています。

地区計画は、すべて**市町村**が定めます。

2 地区計画を定めることができる区域

地区計画を定めることができるのは、**都市計画区域内**で、**用途地域**が定められている土地の区域です。ただし、都市計画区域内で用途地域が定められていない土地でも、一定の条件を満たしていれば、地区計画を定めることができます。都市計画区域内が要件ですから、準都市計画区域と、都市計画区域及び準都市計画区域外の区域で定めることはできません。

地区計画の説明に「建蔽率・容積率・高さの最高限度などを定める計画」という表現が出てきたら、誤り。

出る！

地区計画は、用途地域が定められていない土地の区域内における、相当規模の建築物の建築またはその敷地の整備に関する事業が行われた土地の区域についても定めることができる。

つまり、市街化調整区域でも地区計画を定めることができる。

地区計画を定めることができる区域・できない区域

日本の国土

都市計画区域

線引き区域

市街化区域
- 必ず用途地域が定められているので地区計画を定めることができる。○

市街化調整区域
- 用途地域内
- <u>用途地域は定められていないが、一定の条件を満たす区域</u> ○
- 用途地域外 ✕

非線引き区域
- 用途地域内
- 用途地域は定められていないが、一定の条件を満たす区域 ○
- 用途地域外 ✕

準都市計画区域
- 定めることはできない。 ✕

- 都市計画区域及び準都市計画区域外の区域では、地区計画を定めることはできない。 ✕

3 地区計画について定める事項

　地区計画について、都市計画に定めなければならない事項は次の通りです。

(1) **地区計画の種類、名称、位置、区域**
(2) **地区整備計画**

　また、以下の事項を**定めるように努める**ものとされています。

(1) **区域の面積**
(2) 地区計画の目標
(3) 区域の整備・開発・保全に関する方針

出る！
「定めなくてはならない事項」と「定めるよう努める事項」が混ざった文章で正否を問うヒッカケ問題が出る。

4 地区整備計画

❶ 地区整備計画

<u>地区施設</u>及び建築物などの整備や、土地利用に関する計画を<u>地区整備計画</u>といいます。地区整備計画には、次の事項を定めることができます。

【地区施設】
道路・広場などの公共的施設で、街区内の居住者などの利用に供される施設。

> **地区整備計画に定めることができる事項**
> - 地区施設の配置及び規模
> - 建築物等の用途の制限
> - 建蔽率の最高限度
> - **容積率の最高限度または最低限度**
> - 建築物の敷地面積の最低限度の制限等
> - 建築物等の高さの最高限度または最低限度、建築物の建築面積の最低限度等、建築物の形態の制限
>
> **市街化調整区域内で定めることができない事項**
> - 建築物の容積率の最低限度、建築物の建築面積の最低限度及び建築物等の高さの最低限度

❷ 地区計画区域内の建築制限

地区整備計画が定められている地区計画の区域内において、次の行為を行う場合、

- ●<u>土地の区画形質の変更</u>
- ●<u>建築物の建築</u>
- ●<u>政令で定める行為（工作物の建設など）</u>

<u>行為着手の 30 日前</u>までに、一定の事項を**市町村長に届け出**なければなりません。しかし、許可を得る必要はありません。

「当該行為の完了後 30 日以内」という表現は誤り。

一定の事項とは、
- <u>行為の種類・場所</u>
- <u>設計・施行方法</u>
- 着手予定日
- 完了予定日

❸ 市町村長の勧告

届け出た行為が、地区計画に適合しないとき、**市町村長**は、その届出をした者に対し、**設計の変更等の勧告**をすることができます。

---

5 再開発等促進区・開発整備促進区

一定の要件を満たす土地の区域における地区計画には、**再開発等促進区**や**開発整備促進区**を定めることができます。

❶ 再開発等促進区

再開発等促進区とは、地区計画」について**土地の合理的かつ健全な高度利用**と**都市機能の増進**とを図るため、一体的かつ総合的な市街地の**再開発または開発整備**を実施すべき区域をいいます。

〈再開発等促進区を定められる区域〉

● 用途地域内のみ

❷ 開発整備促進区

開発整備促進区とは、劇場、店舗、飲食店等の**大規模な集客施設の整備**による商業その他の業務の**利便の増進**を図るため、一体的かつ総合的な市街地の**開発整備**を実施すべき区域をいいます。

〈開発整備促進区を定められる区域〉

● **第二種住居地域**、準住居地域、工業地域
● 用途地域が定められていない土地の区域（市街化調整区域を除く）

【勧告】
行政機関が一定の行政目的を実現するように働きかける行為。「強く勧める」という意味合いだが、強制力はない。宅建業法では、国土交通大臣、都道府県知事が、宅建業法の適正な運営と健全な発展を図るために、指導・助言・勧告を行うことができると規定されている。

再開発等促進区を定めることで、地区内の公共施設の整備と併せて、建築物の用途・容積率等の制限を緩和し、再開発を活発化させようというもの。

大規模集客施設の建築ができるのは、本来、商業地域、近隣商業地域、準工業地域に限定される。それ以外の地区にも建築したい場合、開発整備促進区を定めれば、大規模集客施設の建築が可能になる。

Part **3** 法令上の制限

03 都市計画法／地区計画

過去問で集中講義 ✏

「地区計画」に関する過去問題を集めてあります。○✖で答えましょう。

1 地区計画は、建築物の建築形態、公共施設その他の施設の配置等からみて、一体としてそれぞれの区域の特性にふさわしい態様を備えた良好な環境の各街区を整備し、開発し、及び保全するための計画であり、用途地域が定められている土地の区域においてのみ定められる。　　　　　　　　　　H18年［問18.1］

2 地区計画は、市街地の整備改善を図るため街区の整備又は造成が行われる地区について、その地区内における建築物の容積率並びに建築物の高さの最高限度及び壁面の位置の制限を定める計画である。　　　　　　　　　　H15年［問17.4］

3 都市計画区域については、用途地域が定められていない土地の区域であっても、一定の場合には、都市計画に、地区計画を定めることができる。

　　　　　　　　　　H26年［問15.1］

4 地区計画については、都市計画に、地区計画の種類、名称、位置、区域及び面積並びに建築物の建蔽率及び容積率の最高限度を定めなければならない。

　　　　　　　　　　H28年［問16.4］

5 地区整備計画が定められている地区計画の区域内において、建築物の建築を行おうとする者は、都道府県知事（市の区域内にあっては、当該市の長）の許可を受けなければならない。　　　　　　　　　　H29年［問16.イ］

6 地区計画の区域のうち地区整備計画が定められている区域内において、建築物の建築等の行為を行った者は、一定の行為を除き、当該行為の完了した日から30日以内に、行為の種類、場所等を市町村長に届け出なければならない。

　　　　　　　　　　H24年［問16.4］

7 再開発等促進区は、地区計画について土地の合理的かつ健全な高度利用と都市機能の増進とを図るため、一体的かつ総合的な市街地の再開発又は開発整備を実施すべき区域をいう。　　　　　　　　　　H17年［問19.3］

8 第二種住居地域における地区計画については、一定の条件に該当する場合、開発整備促進区を都市計画に定めることができる。　　　　H27年［問16.1］

解説

大事にゃところが黄色にになってる！

❶ 「用途地域が定められている土地の区域においてのみ定められる」は誤り。用途地域が定められている土地の区域以外でも、**一定の要件を満たした土地の区域**であれば、**地区計画を定める**ことはできます。　　　答え［✗］

❷ 地区計画は、**建築物の建築形態**、公共施設その他の施設の配置等からみて、**一体としてそれぞれの区域の特性にふさわしい態様を備えた良好な環境の各街区を整備し、開発し、及び保全するための計画**であり、建築物の容積率並びに建築物の高さの最高限度及び壁面の位置についての制限を定める計画ではありません。　　　答え［✗］

❸ 都市計画区域内であれば、用途地域が定められていない土地の区域であっても、**一定の条件を満たした場合に地区計画を定める**ことができます。
　　　答え［○］

❹ 地区計画に定める必要があるのは、**地区計画の種類・名称・位置・区域、地区整備計画**です。「面積」は定めるよう努力する事項で、「建築物の建蔽率及び容積率の最高限度」は定める必要がありません。　　　答え［✗］

❺ 地区整備計画が定められている地区計画の区域内で、土地の区画形質の変更や建築物の建築、工作物の建設を行う者は、**市町村長への届出が必要**です。都道府県知事の許可を受ける必要はありません。　　　答え［✗］

❻ 地区整備計画が定められている地区計画の区域内において、土地の区画形質の変更、建築物の建築等の行為を行おうとする者は、**着手する日の30日前まで**に、一定事項を市町村長に届け出なければなりません。「当該行為の完了した日から30日以内」は誤りです。　　　答え［✗］

❼ 一体的かつ総合的な市街地の**「再開発又は開発整備」を実施すべき区域**が再開発等促進区。**「開発整備」を実施すべき区域**が開発整備促進区です。
　　　答え［○］

❽ 開発整備促進区を都市計画に定めることができるのは、**第二種住居地域、準住居地域**もしくは**工業地域が定められている土地の区域**または**用途地域が定められていない土地の区域（市街化調整区域を除く）**です。　　　答え［○］

04 ■都市計画法
都市計画の決定手続き

- 原案作成から告示までの決定手続きの流れを理解する。
- 都道府県と市町村の決定手続きの違いを明確にしておく。
- 都市計画の決定・変更の提案は、原則として、土地所有者等が行う。

1 都市計画の決定権者

都市計画の決定は、原則として、**都道府県**または**市町村**が行います。

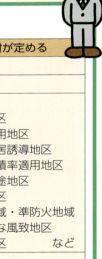

都道府県・市町村が定める都市計画の例	
都道府県が定める	市町村が定める
都市計画区域の整備、開発及び保全の方針	
区域区分(市街化区域・市街化調整区域)	
大規模、広域的な地域地区 ・風致地区で面積が10ha以上のもの 　(2以上の市町村の区域にわたるものに限る) ・特別緑地保全地区で面積が10ha以上のもの 　(2以上の市町村の区域にわたるものに限る)	用途地域 　〔補助的地域地区〕高度地区／高度利用地区／高層住居誘導地区／特例容積率適用地区／特別用途地区／特定街区／防火地域・準防火地域／小規模な風致地区／景観地区　など
一定の大規模な市街地開発事業等 ・土地区画整理法による土地区画整理事業で施行区域の面積が50haを超えるもの ・都市再開発法による市街地再開発事業で施行区域の面積が3haを超えるもの	左記以外の 市街地開発事業等
	地区計画等

390

市町村が定める都市計画は、都道府県が定めた都市計画に適合していなければなりません。<u>市町村が定めた都市計画が、都道府県が定めた都市計画と抵触するときは、その限りにおいて、**都道府県が定めた都市計画が優先**</u>されます。

> 出る！
> 準都市計画区域内の都市計画は、都道府県または市町村が行う。

2 決定手続きの流れ

都市計画は、次のような手続きを経て定められます。

> 出る！
> 都市計画が効力を生じるのは、都市計画決定の告示があった日である。

❶ 都市計画の原案作成

<u>都市計画の原案は、都道府県または市町村が作成します。</u>また、**市町村**は議会の議決を経て**基本構想（マスタープラン）**を定める義務を負います。

❷ 公聴会等の開催

都道府県または市町村は、必要があるときに、**公聴会**の開催等、住民の意見を反映させるために必要な措置を講ずるものと定められています。

【公聴会】
行政機関が重要事項を決定する際、利害関係者や学識経験者などを呼んで意見をきく会合。

> 必ず開催しなくてはならないものではなく、住民の意見を反映させるための手段であれば、公聴会以外でもよい。

❸ 都市計画案の縦覧

都市計画を決定しようとするとき、都道府県または市町村はその旨を公告し、公告の日から2週間、公衆の縦覧に供しなければなりません。

❹ 意見書の提出

公告・縦覧された都市計画案について、住民や利害関係者は意見書を提出することができます。提出可能なのは、2週間の縦覧期間内に限られます。

❺ 都市計画の決定

都市計画を決定する際、都道府県が定める場合と、市町村が定める場合とでは、手順が異なります。

都道府県が定める場合
(1) 関係市町村の意見をきく
(2) 都道府県都市計画審議会の議を経る
(3) 国土交通大臣に協議し、同意を得る
　　（都市計画が国の利害に重大な関係がある場合）

市町村が定める場合
(1) 市町村都市計画審議会の議を経る
　　この審議会が置かれていない市町村の場合は、都道府県都市計画審議会の議を経る
(2) 都道府県知事に協議し（市町村）、同意を得る（町村のみ）

市	都道府県知事に協議する
町村	都道府県知事に協議し、→知事の同意を得る

都市計画は、告示のあった日からその効力が発生します。

【公告】
国や公共団体が、官報、公報や掲示などの方法で広く一般公衆に伝え広めること。

【縦覧】
資料や計画案などを自由に閲覧すること。

【都市計画審議会】
都市計画法に基づいて都市計画に関する事項の調査や審議を行う審議会。

出る！
市町村が定める都市計画は、議会の議決を経て定められた当該市町村の建設に関する基本構想に、必ず即したものでなければならない。

出る！
あらかじめ都道府県知事に協議して、その同意を得なければならないのは「町村」に限られる。

❻ 総括図、計画図、計画書の縦覧

都市計画は、**総括図、計画図、計画書**によって表示されます。これらの図書またはその写しは、当該都市計画が定められている土地の存する都道府県または市町村の事務所に備え置かれ、閲覧その他適切な方法で公衆の縦覧に供しなければなりません。

3 国土交通大臣が定める都市計画

2以上の都府県の区域にわたる都市計画区域に係る都市計画は、国土交通大臣及び市町村が定めます。

また、国土交通大臣は、国の利害に重大な関係がある事項に関し、必要があると認めるときは、都道府県または市町村に対し、都市計画区域の指定または都市計画の決定・変更のため必要な措置をとるべきことを指示することができます。

4 都市計画の決定や変更の提案

次に挙げる者は、都道府県または市町村に対し、都市計画の決定や変更について提案することができます。

- 土地所有者等（都市計画の素案の対象となる土地の所有者または建物の所有を目的とする対抗要件を備えた地上権者・賃借権者）→土地所有者等の3分の2以上の同意が必要
- まちづくりの推進を図る活動を行うことを目的とするNPO法人

出る！
具体的な法人の種類を覚える必要はない。ポイントは、「土地の所有者等でなければ提案できない→誤り」、「土地の所有者等以外でも提案できる→正しい」。

そのほか、一般社団法人または一般財団法人その他の営利を目的としない法人、独立行政法人都市再生機構、地方住宅供給公社など。

過去問で集中講義 ✏

「都市計画の決定手続き」に関する過去問題を集めてあります。○✕で答えましょう。

1 市町村が定めた都市計画が、都道府県が定めた都市計画と抵触するときは、その限りにおいて、市町村が定めた都市計画が優先する。　　　　　H27年[問16.4]

2 都道府県は、関係市町村の意見をきき、かつ、都道府県都市計画審議会の議を経るとともに、一定の場合国土交通大臣に協議し、その同意を受けて、都市計画を定めるが、国土交通大臣の同意を要する都市計画については、その同意があった日から、その効力を生ずる。　　　　　H02年[問19.3]

3 都道府県又は市町村は、都市計画を決定しようとするときは、あらかじめ当該都市計画の案を公衆の縦覧に供しなければならないが、関係市町村の住民及び利害関係人は、縦覧期間満了後1週間以内の間、都道府県又は市町村に対して異議を申し立てることができる。　　　　　H02年[問19.1]

4 市町村は、都市計画を決定しようとするときは、あらかじめ、都道府県知事に協議し、その同意を得なければならない。　　　　　H24年[問16.3]

5 都道府県が都市計画を決定するときは、必ず関係市町村の意見をきくとともに、都道府県都市計画審議会の議を経なければならない。　　　　　H08年[問19.4]

6 都市計画は都市の健全な発展と秩序ある整備を図るために必要なものを定め、都市の将来の動向を左右するものであるので、市町村は、都市計画を決定するとき、議会の議決を経なければならない。　　　　　H02年[問19.2]

7 都市計画の決定又は変更の提案をすることができるのは、当該提案に係る都市計画の素案の対象となる土地の区域について、当該土地の所有権又は建物の所有を目的とする対抗要件を備えた地上権若しくは賃借権を有する者に限られる。　　　　　H19年[問18.4]

8 都市計画の決定又は変更の提案は、当該提案に係る都市計画の素案の対象となる土地の区域内の土地所有者の全員の同意を得て行うこととされている。　　　　　H16年[問17.1]

> 大事にゃところが黄色ににゃってる！

解 説

❶ 市町村が定めた都市計画が都道府県が定めた都市計画に抵触するときは、**都道府県が定めた都市計画が優先**します。　　　　　　　　　　答え [✗]

❷ 都市計画の決定は、都道府県または市町村が行います。**その効力が生ずる**のは、同意があった日ではなく**都市計画決定が告示された日**からです。国土交通大臣の同意を要する都市計画の効力についても同様です。　答え [✗]

❸ 関係市町村の住民や利害関係者が**意見書を出すことができる期間**は、**縦覧期間満了の日までの2週間**です。本問は、「縦覧期間満了後1週間以内の間」と「異議を申し立てることができる」の2箇所が誤りです。　　　　　答え [✗]

❹ 都市計画を決定するとき、あらかじめ、都道府県知事に協議して同意を得なければならないのは、**町村のみ**です。市が都市計画を決定する場合、都道府県知事に協議をする必要はありますが、その**同意を得る必要はありません**。　　　　　　　　　　　　　　　　　　　　　　　　　答え [✗]

❺ 都道府県が都市計画を決定するには、**関係市町村の意見をきき**、かつ、**都道府県都市計画審議会の議を経**なければなりません。　　　　答え [〇]

❻ 市町村が都市計画を定める際に、「議会の議決」を経る必要はありません。ただし、**市町村都市計画審議会**（市町村都市計画審議会が置かれていない市町村では、**都道府県都市計画審議会**）の**議を経る必要**はあります。
　　　　　　　　　　　　　　　　　　　　　　　　　　　　　答え [✗]

❼ 都市計画の決定や変更を提案できる主体は、土地所有者等（当該土地の所有権者、建物の所有を目的とする対抗要件を備えた地上権・賃借権を有する者）に限りません。まちづくりの推進を図る活動を行うNPO法人を始め、複数あります。**土地所有者等以外にも提案できる者がいる**ことを覚えておきましょう。　　　　　　　　　　　　　　　　　　　　　　　　答え [✗]

❽ 都市計画の決定や変更の提案は土地所有者全員の同意ではなく、土地所有者等の**3分の2以上の同意**を得て行います。　　　　　　　　答え [✗]

> 都市計画を定めるための手続きの過程では、「同意を得ること」「議を経ること」「協議すること」が頻繁に出てくるので、ぜひ整理しておこう。

05 ■都市計画法
開発許可制度

- 開発行為を行うには、都道府県知事の許可が必要。
- 例外として開発許可が必要ないケースを覚えておく。
- 市街化調整区域内ではすべての開発行為に許可が必要。

開発許可制度は、市街化区域及び市街化調整区域の区域区分を担保し、良好かつ安全な市街地の形成と無秩序な市街化を防止することを目的として設けられた都市計画法上の制度です。

1 開発行為とは

主として**建築物の建築**または**特定工作物**の建設の用に供する目的で行う**土地の区画形質の変更**を**開発行為**といいます。

❶ 土地の区画形質の変更

土地の区画形質の変更とは、土地の「区画」「形」「質」を変更することです。

●区画の変更

従来の敷地の境界の変更を行うこと。公共施設(道路・水路など)を新設・廃止・移動することにより、土地の区画を変更する場合が開発許可制度の対象。

●形の変更

土地の盛土や切土により、土地の形状を変えること。

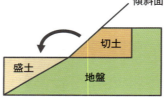

【建築物の建築】
都市計画法における「建築物」や「建築」の定義は、建築基準法と共通する。「建築物」は、土地に定着する工作物のうち、屋根及び柱または壁を有するもののことで、住宅や事務所、店舗、倉庫などのこと。「建築物の建築」とは、建築物を新築・増築・改築・移転すること。

【盛土】
斜面や低地の造成時に、土を盛って平らな敷地を造成すること。

【切土】
傾斜地などの造成時に、土を切り出して平らな敷地を造成すること。

● **質の変更**

宅地以外の土地（農地や山林、雑種地）を宅地にすること。

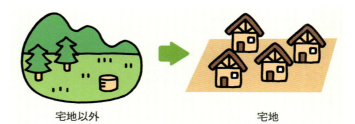

宅地以外 → 宅地

❷ **特定工作物**

周辺地域の環境に悪化をもたらすおそれのある工作物や大規模な工作物を**特定工作物**といいます。特定工作物は、**第一種特定工作物**と**第二種特定工作物**に分けられています。

第一種特定工作物と第二種特定工作物	
第一種特定工作物 周辺地域の環境に悪化をもたらすおそれのある工作物	・コンクリートプラント ・アスファルトプラント ・クラッシャープラント ・危険物の貯蔵または処理に供する工作物
第二種特定工作物	・ゴルフコース（面積は問わない） ・1ha（10,000㎡）以上の 　・野球場　・庭球場　・陸上競技場　・遊園地 　・動物園　・その他の運動・レジャー施設 　・墓園

覚えておこう

開発行為にあたらないため、許可不要の行為
● すでに造成工事（土地の区画形質の変更）がなされた土地を購入して建築物を建築する行為
● 土地の区画形質の変更を伴わずに建築物を建築する行為

2 開発行為の許可

　都市計画区域の内外を問わず、**一定の規模以上の開発行為**を行う者は、原則として、**都道府県知事の許可**（**開発許可**）を受ける必要があります。

　開発許可の特例として**国・都道府県等が行う開発行為**については、国の機関または都道府県等と都道府県知事との**協議が成立**することにより、開発許可があったものとみなされます。従って、この場合は開発許可を受ける必要はありません。

> 政令指定都市、中核市、施行時特例市では、都道府県知事ではなく、各市長の許可が必要。また、開発行為が2以上の都府県にまたがる場合、それぞれの都府県知事の許可が必要。

> **出る！**
> 国が設置する病院の建築の用に供する目的で行われる開発行為は、このケースにあたるため、協議が成立すれば開発許可は必要ない。

3 開発許可が不要となるケース

　例外的に、次の❶～❸のケースについては、**開発許可は不要**です。

❶ すべての区域で許可が不要となる開発行為

(1) **公益上必要な建築物のうち一定のもの**を建築するための開発行為

| 許可不要 → 駅舎などの**鉄道施設**、**図書館**、博物館、**公民館**、**変電所** など |
| 許可必要 → **診療所**、病院、**学校**、社会福祉施設、**幼稚園** |

(2) **都市計画事業・土地区画整理事業・市街地再開発事業等の施行**として行う開発行為

> 住宅街区整備事業、防災街区整備事業を加えて計5事業が同様の扱いを受ける。

(3) **非常災害のための応急措置**として行う開発行為

(4) 通常の**管理行為、軽易な行為**
- 仮設建築物、付属建築物（**車庫**、物置など）の建築

❷ 農林漁業用の建築物を建築するための開発行為

市街化区域以外の区域内で、次の建築物を建築する場合、開発許可は不要です。

> 市街化区域内では、農林漁業用建築物に関する特別扱いはない。面積の要件（次の❸）によって許可の要否を判断する。

農林漁業の用に供する建築物	**許可不要** ・生産・集荷用の建築物（温室・畜舎など） ・生産資材の貯蔵・保管用の建築物（サイロなど） **許可必要** → 農産物貯蔵施設・農産物加工施設
農林漁業者の居住用建築物	**許可不要**

❸ 開発許可が不要となる面積の要件

❶や❷の要件に該当しない場合でも、次の面積の要件を満たした場合、開発許可は不要となります。

開発許可を必要としない小規模な開発行為の面積要件

都市計画区域	市街化区域	1,000㎡未満 ※1 ※2
	市街化調整区域	すべて許可が必要
	非線引き区域	3,000㎡未満 ※2
	準都市計画区域	
都市計画区域及び準都市計画区域外の区域		1ha（10,000㎡）未満

> 市街化調整区域の場合はどんなに小さい規模の開発行為であっても許可が必要。

※1　三大都市圏の既成市街地、近郊整備地帯等では、1,000㎡→500㎡に規制が強化されている。
※2　条例で300㎡まで引き下げ可能。

覚えておこう

開発許可の要否の判断：● その行為が開発行為に該当しない → **許可不要**
● 公益上必要な建物など、❶の行為
● 農林漁業に関わる建築物（❷）　いずれかに該当 → **許可不要**
● 面積の要件（❸）　どれにも該当しない → **許可必要**

過去問で集中講義 ✏

「開発許可制度」に関する過去問題を集めてあります。○✕で答えましょう。

以下、許可を要する開発行為の面積について、条例による定めはないものとし、「都道府県知事」とは、地方自治法に基づく指定都市、中核市及び施行時特例市にあってはその長をいうものとします。

1 区域区分の定められていない都市計画区域内の土地において、10,000㎡のゴルフコースの建設を目的とする土地の区画形質の変更を行おうとする者は、あらかじめ、都道府県知事の許可を受けなければならない。　　　H21年[問17.1]

2 市街化調整区域において、国が設置する医療法に規定する病院の用に供する施設である建築物の建築の用に供する目的で行われる1,500㎡の開発行為については、開発許可を受ける必要はない。　　　H26年[問16.ア]

3 区域区分が定められていない都市計画区域において、社会教育法に規定する公民館の用に供する施設である建築物の建築の用に供する目的で行われる4,000㎡の開発行為は許可を受ける必要がある。　　　H26年[問16.ウ]

4 準都市計画区域内において、農業を営む者の居住の用に供する建築物の建築を目的とした1,000㎡の土地の区画形質の変更を行おうとする者は、あらかじめ、都道府県知事の許可を受けなければならない。　　　H30年[問17.4]

5 市街化調整区域内において生産される農産物の貯蔵に必要な建築物の建築を目的とする当該市街化調整区域内における土地の区画形質の変更は、都道府県知事の許可を受けなくてよい。　　　H23年[問17.2]

6 市街化区域において農林漁業を営む者の居住の用に供する建築物の建築の用に供する目的で行われる1,200㎡の開発行為は許可が必要である。　　　H26年[問16.イ]

7 都市計画区域及び準都市計画区域外の区域内において、8,000㎡の開発行為をしようとする者は、都道府県知事の許可を受けなくてよい。　　　H30年[問17.3]

8 区域区分が定められていない都市計画区域内において、20戸の分譲住宅の新築を目的として5,000㎡の土地の区画形質の変更を行おうとする場合は、都道府県知事の許可を受けなければならない。　　　H22年[問17.1]

> 大事にゃところが黄色ににゃってる！

解説

❶ ゴルフコースは面積に関係なく、**第二種特定工作物**に該当します。つまり、特定工作物である**ゴルフコースの建設を目的**とする土地の区画形質の変更は、**規模を問わず開発行為に該当**するため、あらかじめ**都道府県知事の許可が必要**です。　　　　　　　　　　　　　　　　　　　　　答え［○］

❷ 公益上必要な建築物の建築のうち、例外として病院や診療所などは開発許可が必要です。また、市街化調整区域内の場合、どんな小規模の開発行為であっても許可が必要です。ただし、**国が行う開発行為の場合、国の機関と都道府県知事との協議が成立することによって開発許可があったものとみなされる**ため、協議は必要ですが、開発許可を受ける必要はありません。　答え［○］

❸ **公民館は公益上必要な建築物のうち許可不要のもの**に当たります。従って、いかなる区域内でも**開発行為に対する許可は不要**です。その他に、公益上必要な建築物で、開発行為に許可が不要となるものとして、**駅舎**などの**鉄道施設**、**図書館**、**博物館**、**変電所**などがあります。　　答え［✘］

❹ 準都市計画区域内において、農林漁業用の建築物または農林漁業を営む者の居住用の建築物の建築を目的とする開発行為については、**面積を問わず、開発許可を受ける必要はありません。**　　　　　　　　　　　　答え［✘］

❺ 市街化調整区域内で、①農林漁業の用に供する建築物、②農林漁業者の居住用建築物を建築する目的で行われる開発行為には、開発許可は必要ありません。一方、**農産物の貯蔵に必要な建築物**や**農産物加工施設**を建築する目的で行われる開発行為には、**都道府県知事の許可が必要**です。　　答え［✘］

❻ 市街化区域では、農林漁業用建築物に関する特別扱いはないため、面積の要件によって判断します。**1,000㎡以上の土地の開発行為**なので、**開発許可が必要**です。　　　　　　　　　　　　　　　　　　　　　　　答え［○］

❼ 都市計画区域及び準都市計画区域外の区域内で、開発行為の面積が**1ha（10,000㎡）未満**の場合、**開発許可は不要**です。問題の行為の規模は8,000㎡なので、**都道府県知事の許可が不要**となります。　　答え［○］

❽ 区域区分が定められていない都市計画区域（**非線引き区域**）内において、**開発許可が不要**になるのは、**その面積が3,000㎡未満**の場合です。問題の行為の面積は5,000㎡なので**都道府県知事の許可が必要**となります。答え［○］

06 開発許可の手続き

■都市計画法

- 事前協議→申請書提出→審査→処分（許可・不許可）→工事開始・不服申立ての流れを理解しておく。
- 開発許可の内容変更・廃止・承継それぞれの手続きを覚える。

1 手続きの流れ

開発許可の手続きは、次の手順で進行します。

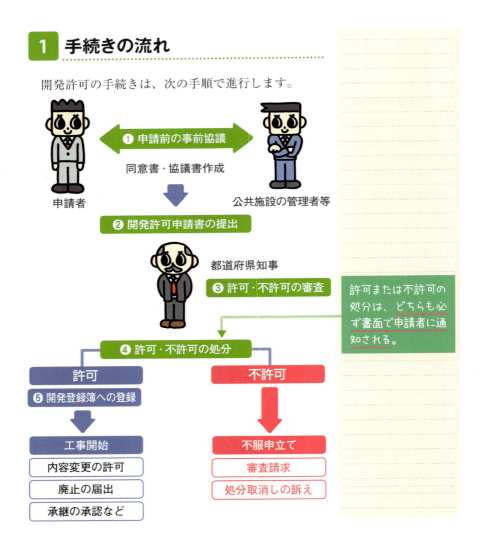

許可または不許可の処分は、どちらも必ず書面で申請者に通知される。

2 申請前の事前協議

開発許可を申請するにあたり、あらかじめ、他者と協議したり、同意を得ることが必要となる場合があります。

❶ 公共施設の管理者との協議・同意

- 開発行為に関係がある公共施設がある場合 ◀ 以前から存在する道路や公園など。
  - 管理者と協議し、同意を得る
  - 同意書を作成し、申請書に添付する
- 開発行為により、新たに公共施設を設置する場合 ◀ 新たに設置する道路や公園など。
  - あらかじめ、管理者となる者との協議が必要。同意は不要
  - 協議の経過を示す書面を作成し、申請書に添付する

❷ 土地所有者等の同意

開発行為の施行または開発行為に関する工事の実施の妨げとなる権利を有する者の相当数の同意が必要です。同意を得た場合、同意書を作成し、申請書に添付しなければなりません。なお、開発許可は自己が所有する土地以外でも申請できます。

出る！

「相当数」の同意であって、「全員の同意」を得る必要はない。また、自己所有地以外の土地でも申請できるので、申請のためにあらかじめ土地の所有権などを取得する必要はない。

3 申請書の提出

開発許可の申請は、必ず書面で行います。

申請書の記載事項
- 開発区域の位置・区域・規模
- 予定される建築物または特定工作物の用途
- 工事施行者　・設計
- その他（工事着手予定年月日、完了予定年月日、資金計画等）

申請書には、上記❷で取得した同意書や協議書を添付する。また、開発行為に関する設計に係る設計図書は、国土交通省令で定める資格を有する者が作成したものでなければならない。

Part **3** 法令上の制限

06 都市計画法／開発許可の手続き

403

4 開発許可の審査基準

　都道府県知事は、**都市計画法第33条・第34条**（以下、**第33条・第34条**）に定められている**開発許可基準**に従って審査し、開発の許可・不許可を決定します。
　すべての区域の開発許可について、**第33条の基準（技術基準）** に適合するか審査されます。**市街化調整区域内においては、第33条の基準を満たし、かつ、第34条の基準（立地基準）のいずれか1つに該当していなければ、許可されません**。ただし、第二種特定工作物（⇨p.397）を建設するための開発行為は、**市街化調整区域内であっても第33条の基準のみで審査**されます。

出る！

市街化区域内においては、開発行為が第33条の基準に適合しており、かつ、申請手続きが法令に違反していない限り、都道府県知事は開発許可をしなければならない。

第33条の許可基準の主なポイント
(1) 予定建築物等の用途が<u>用途地域等に適合している</u>
(2) 土地の所有者など、当該開発行為の妨げとなる権利を有する者の**相当数の同意**を得ている
(3) 排水施設が構造及び能力上適当に配置されるよう設計されている
※「自己居住用の住宅に関する開発行為」については(1)〜(3)の基準のみ適用される。
(4) 申請者に開発行為を行う「**資力及び信用**」がある
(5) 関係権利者の相当数の同意を得ている
(6) 予定建築物等の敷地に接する道路の幅員についての基準に適合している
(7) 公園、緑地または広場が規模及び構造上適当に配置されている
(8) 水道その他の給水施設が構造及び能力上適当に配置されるよう設計されている
(9) 予定建築物等の敷地に接する道路についての基準に適合している
(10) 災害危険区域内の土地が含まれていない

出る！

(4)〜(10)の基準について、「主として自己の居住の用に供する住宅の建築の用に供する目的で行う開発行為にも適用される」とするヒッカケ問題が出題されている。

出る！

地方公共団体は、一定の基準に従い、条例で、開発区域内において予定される建築物の敷地面積の最低限度に関する制限を定めることが可能であり、このような条例が定められている場合は、制限の内容を満たさない開発行為は許可を受けることができない。

自己居住用の住宅を建築するための開発行為の場合
排水施設の構造・能力についての許可基準は適用される。
給水施設の構造・能力についての許可基準は適用されない。

第34条の許可基準の主なポイント（市街化調整区域のみに適用）

- 周辺地域の居住者の日常生活に必要な物品販売店舗の建築を目的とする開発行為である
- 農産物等の加工に必要な建築物等の用に供する目的で行う開発行為である
- 都道府県知事が開発審査会の議を経たうえで、開発区域の周辺における市街化を促進するおそれがなく、かつ、市街化区域内において行うことが困難または著しく不適当であると認められる開発行為である

5 開発登録簿への登録

都道府県知事は、開発許可・不許可の処分について、遅滞なく、文書で申請者に通知しなければなりません。

❶ 開発登録簿への登録

次に都道府県知事は、開発行為を許可した土地について、以下の事項を**開発登録簿**に登録します。

(1) 開発許可の年月日
(2) 予定建築物等の用途
(3) 公共施設の種類・位置・区域
(4) (1)〜(3)以外の開発許可の内容
(5) 建蔽率等の制限の内容

また、開発登記簿は常に公衆が閲覧できるように**保管**し、請求があれば**写しを交付**しなければなりません。

出る！
「遅滞なく」が正しいので、「○日以内」と処理期間を具体的に限定する問題文なら誤り。

【開発登録簿】
開発許可した土地ごとに作成された書類で、調書、土地利用計画図（完成図）からできている。登録は、この調書に行う。

❷ 用途地域の定めのない区域の開発許可

都道府県知事は、**用途地域の定められていない土地の区域で開発許可**を行う場合、必要があると認めるときは、当該開発区域内の土地について、次の事項を定めることができます。

- ・建築物の建蔽率
- ・壁面の位置
- ・建築物の高さ
- ・建築物の敷地、構造及び設備に関する制限

6 不服申立て

開発行為の許可または不許可の処分に対して**不服のある者**は、**開発審査会**に対して**審査請求**をすることができます。また、裁判所に対して、**処分取消しの訴え**を提起することもできます。どちらの方法を選ぶかの選択は自由です。

開発審査会は審査請求を受理した日から2か月以内に裁決する必要があります。

【開発審査会】
開発許可などの処分に関する審査請求に対し、裁決などを行う機関。

都道府県知事

↓

許可・不許可の処分

開発審査会 ← 審査請求　処分取消しの訴え → 裁判所

処分に不服がある者

選択は自由

出る！

裁判所への処分取消しの訴えは、審査請求に対する開発審査会の裁決を待たずに、提起することができる。

7 変更・廃止・承継

開発許可の後に、事情の変更があった場合の手続きについて見ていきましょう。

❶ 許可内容の変更

開発許可を受けた者が、許可申請書の記載事項に関する内容を**変更**する場合、**改めて**都道府県知事の**許可**を受ける必要があります。

> 出る！
> 例外として、本来開発許可不要の開発行為に変更する場合は、変更の許可を受ける必要はない。

❷ 開発行為の廃止の届出

開発許可を受けた者が開発行為に関する工事を**廃止**したときは、遅滞なく、その旨を都道府県知事に**届出**なければなりません。

> 届出をすれば、同意や再度の許可は不要。

❸ 開発許可に基づく地位の承継

開発許可を受けた者の相続人その他の**一般承継人**は、被承継人が有していた開発許可に基づく地位を**承継**します。

一方、**特定承継人**は、**都道府県知事の承認**を受けて、開発許可に基づく地位を承継することができます。

> 承認を受ければ、許可は不要。

【一般承継人】
開発許可を受けた個人が死亡した場合の相続人や開発許可を受けた法人を吸収合併した法人など、財産等すべての権利義務を受け継ぐ個人または法人のこと。

【特定承継人】
開発許可を受けた者から土地の所有権を得た者や、開発行為に関する工事を施行する権原を取得した者など、個別の権利を取得した個人または法人のこと。

覚えておこう

開発許可を受けた者＝A
- 内容の**変更**（Aが開発行為の内容を変更した）→知事の**許可**が必要
- 工事の**廃止**（Aが開発行為をやめた）→知事への**届出**が必要
- 一般**承継**（Aの死亡により相続人Bが単独相続した）→**Bが承継**
- 特定**承継**（AよりCが土地を購入した）→知事の**承認**を受けて**Cが承継**

過去問で集中講義 ✏️

「開発許可の手続き」に関する過去問題を集めてあります。○✕で答えましょう。

問題文中の「都道府県知事」とは、地方自治法に基づく指定都市、中核市及び施行時特例市にあってはその長をいうものとします。

1 開発行為をしようとする者は、当該開発行為に係る開発許可の取得後から当該開発行為の完了までに、当該開発行為に関係がある公共施設の管理者と協議し、その同意を得なければならない。　　　　　　　　　　　　H20年[問19.2]

2 開発許可を申請しようとする者は、あらかじめ、開発行為に関係がある公共施設の管理者と協議しなければならないが、常にその同意を得ることを求められるものではない。　　　　　　　　　　　　　　　　　　　H23年[問17.1]

3 開発許可を申請した場合、開発行為をしようとする土地等について開発行為の施行又は開発行為に関する工事の実施の妨げとなる権利を有する者の相当数の同意を得ていなければ許可を受けることができない。　　　H10年[問19.2]

4 開発許可の申請は、自己が所有している土地についてのみ行うことができる。
　　　　　　　　　　　　　　　　　　　　　　　　　　　　　H13年[問19.2]

5 開発許可を受けようとする者が都道府県知事に提出する申請書には、開発区域内において予定される建築物の用途を記載しなければならない。H18年[問20.2]

6 開発行為に関する設計に係る設計図書は、開発許可を受けようとする者が作成したものでなければならない。　　　　　　　　　　　　　　　H18年[問20.1]

7 都市計画法第33条に関する開発許可の基準のうち、排水施設の構造及び能力についての基準は、主として自己の居住の用に供する住宅の建築の用に供する目的で行う開発行為に対しては適用されない。　　　　　　H23年[問17.3]

8 自己居住用の住宅を建築するために行う開発行為について開発許可を受ける場合は、道路の整備についての設計に係る開発許可の基準は適用されない。
　　　　　　　　　　　　　　　　　　　　　　　　　　　　　H10年[問19.3]

9 自己の居住の用に供する住宅の建築の用に供する目的で行う開発行為について、開発許可を受けようとする場合に、申請者に当該開発行為を行うために必要な資力及び信用がないときは、開発許可を受けることができない。H12年[問19.2]

408

大事にゃところが黄色ににゃってる!

解説

❶ 開発行為に関係がある公共施設の管理者との協議は、開発許可を申請する前に**あらかじめ行う**必要があります。本問の「開発許可の取得後から当該開発行為の完了までに」では遅過ぎであり、誤りです。 答え [✘]

❷ 開発許可を申請しようとする者は、あらかじめ、開発行為に関係がある**公共施設の管理者と協議し、その同意を得る**必要があります。協議をするだけでは不十分です。 答え [✘]

❸ 開発許可申請にあたっては、土地の所有者等の**相当数の同意**が必要です。 答え [◯]

❹ 開発許可申請は、自己所有の土地だけではなく、**他人所有の土地に対しても**行うことができます。 答え [✘]

❺ 申請書には**予定される建築物の用途**のほかに、**開発区域の位置・区域・規模**、**工事施行者**、**設計**、工事着手予定年月日、完了予定年月日、資金計画などを記載します。 答え [◯]

❻ 設計に係る設計図書は、**国土交通省令で定める資格を有する者の作成したもの**でなければなりません。開発許可を受けようとする者が設計図書を作成する必要はありません。 答え [✘]

❼ 排水施設の構造及び能力についての基準は、主として**自己の居住の用に供する住宅の建築の用に供する目的で行う開発行為に対しても適用**されます。 答え [✘]

❽ 都市計画法第33条に定められている開発許可基準に関する問題です。予定建築物等の敷地に接する道路についての基準は、「**主として自己の居住の用に供する住宅の建築の用に供する目的で行う開発行為**」以外の開発行為に**適用**されます。従って「自己居住用の住宅を建築するための開発行為」では、道路の整備の設計についての基準は適用されません。 答え [◯]

❾ 開発行為を行うために必要な資力・信用に関する開発許可基準は、自己居住用の住宅を建築する場合には適用されません。 答え [✘]

□ **10** 開発許可の申請をした場合には、遅滞なく、許可又は不許可の処分が行われる
□ が、許可の処分の場合に限り、文書で申請者に通知される。　H08年[問20.3]

□ **11** 都道府県知事は、開発許可の申請があったときは、申請があった日から21日
□ 以内に、許可又は不許可の処分をしなければならない。　H16年[問18.1]

□ **12** 都道府県知事は、市街化区域内の土地について開発許可をしたときは、当該許
□ 可に係る開発区域内において予定される建築物の用途、構造及び設備を開発登
録簿に登録しなければならない。　H12年[問20.4]

□ **13** 都道府県知事は、用途地域の定められていない土地の区域における開発行為に
□ ついて開発許可をする場合において必要があると認めるときは、当該開発区域
内の土地について、建築物の敷地、構造及び設備に関する制限を定めることが
できる。　H28年[問17.4]

□ **14** 都道府県知事は、市街化区域内における開発行為について開発許可をする場合、
□ 当該開発区域内の土地について、建築物の建蔽率に関する制限を定めることが
できる。　H19年[問19.3]

□ **15** 開発行為の許可又は不許可の処分に関して不服のある者は、都道府県知事に対
□ して再調査の請求をすることができる。　H11年[問19.4]

□ **16** 市街化区域内において開発許可を受けた者が、開発区域の規模を100㎡に縮小
□ しようとする場合においては、都道府県知事の許可を受けなければならない。
　H27年[問15.1]

□ **17** 開発許可を受けた者は、開発行為に関する工事を廃止したときは、その旨を都
□ 道府県知事に報告し、その同意を得なければならない。　H18年[問20.3]

□ **18** 開発許可を受けた者から当該開発区域内の土地の所有権を取得した者は、都道
□ 府県知事の承認を受けることなく、当該開発許可を受けた者が有していた当該
開発許可に基づく地位を承継することができる。　H28年[問17.3]

解説

⑩ 都道府県知事は、申請者への**許可、不許可のどちらの処分も、遅滞なく文書で通知**しなければなりません。 答え［✗］

⑪ 都道府県知事は、開発許可の申請があったときは、**遅滞なく、許可または不許可の処分**をしなければなりません。申請日から21日以内といった具体的な日数は定められていません。 答え［✗］

⑫ 都道府県知事は、開発行為を許可した土地の**予定建築物の用途**については、**開発登録簿への登録が必要**ですが、構造・設備に関する登録は不要です。そのほか、主に**開発許可の年月日**、**公共施設の種類・位置・区域**、**建蔽率等の制限の内容**などを登録する必要があります。 答え［✗］

⑬ 都道府県知事は、用途地域の定められていない土地の区域における開発行為について開発許可をする場合、必要があると認めるときはその土地について、**①建築物の建蔽率**、**②建築物の高さ**、**③壁面の位置**、**④建築物の敷地、構造及び設備に関する制限を定める**ことができます。 答え［○］

⑭ 都道府県知事が建築物の建蔽率等に関する制限を定めることができるのは、**用途地域の定められていない土地における開発行為の場合**に限られます。本問は、市街化区域内における開発行為です。市街化区域内では用途地域が定められているため、建蔽率等に関する制限を定めることはできません。

答え［✗］

⑮ 開発許可処分や不許可処分に不服がある者は、**開発審査会に対して審査請求**をすることができます。都道府県知事に再調査の請求をするわけではありません。また、審査請求を行わず、**裁判所に処分取消しの訴えを提起することも可能**です。どちらを選ぶかは**自由に選択**ができます。 答え［✗］

⑯ 変更後の開発行為の規模が開発許可が不要なレベルに留まる場合、新たな許可は不要です。**市街化区域内の1,000㎡未満の開発行為は、許可不要**なので、100㎡に縮小する場合、知事の許可は必要ありません。 答え［✗］

⑰ 開発行為に関する工事の廃止の場合、遅滞なく、その旨を都道府県知事に届け出なければなりませんが、**同意を得る必要はありません**。 答え［✗］

⑱ 開発許可を受けた者から当該開発区域内の土地の所有権を取得した者とは、「特定承継人」にあたります。**特定承継人が開発許可に基づく地位を承継するには、都道府県知事の承認が必要**です。 答え［✗］

Part **3** 法令上の制限

06 都市計画法／開発許可の手続き

07 ■都市計画法
建築等の制限

- 開発許可後、工事開始から建築物完成までの流れをつかむ。
- 工事完了公告の前後での建築制限の違いに注意する。
- 開発許可を受けた区域以外の建築制限について理解しておく。

1 開発許可通知後の手続き

　開発許可の申請者が開発許可の通知を受けると、ようやく<u>**工事**</u>開始となります。

　開発許可の通知から建築物の完成までの手続きの流れは、次のようになります。

【工事】
ここでいう工事とは、土地の造成工事のこと。工事完了とは、土地が整地されて、建築物が建築可能な状態になること。

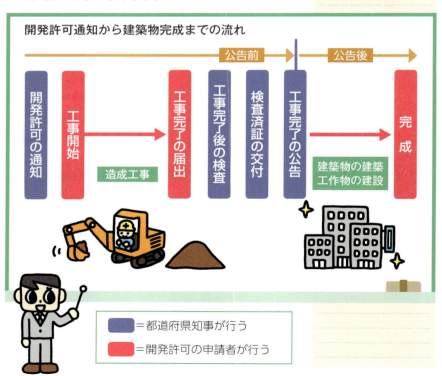

412

❶ 開発許可の通知・工事開始

　都道府県知事から開発許可の通知を受けて、開発許可の申請者が工事を開始します。

❷ 工事完了の届出

　工事が完了次第、開発許可を受けた者は、工事が完了した旨を都道府県知事に届け出る必要があります。

❸ 工事完了後の検査・検査済証の交付

　都道府県知事は、開発行為に関する工事完了の届出があった場合、工事完了後の検査を行い、その工事が開発許可の内容に適合していると認めたときは、**検査済証**を交付しなければなりません。

【検査済証】
工事完了の検査を受けた結果、都市計画法に適合していると認められる場合に交付される書面。

❹ 工事完了の公告

　検査済証の交付後、都道府県知事は、遅滞なく**工事完了の公告**を行います。

2　公共施設の管理

　開発許可を受けた開発行為または開発行為に関する工事により公共施設が設置されたとき、その**公共施設**は、原則として、公共施設の存する**市町村**が、工事完了の**公告日の翌日**から管理します。ただし、例外として以下の場合は、それぞれの管理者が管理します。

- 他の法律に基づく管理者が他にいる場合
- 協議により管理者について別段の定めをした場合

出る！
「公共施設の管理は市町村が行う」が正しい。仮に「開発許可を受けた者が自ら管理する」と書かれていたら誤り。

Part **3** 法令上の制限

07 都市計画法／建築等の制限

3 開発区域内の建築等の制限

開発許可を受けた開発区域内の土地において、工事完了の**公告前**と**公告後**とでは、建築物を建築する際の制限が異なります。

❶ 工事完了公告前の制限

工事完了の公告前は、原則として開発区域内での**建築物**の建築や**特定工作物**の建設は**禁止**されています。

ただし、次の場合は建築や建設が可能です。

> **工事完了公告前の建築規制の例外**
> - 開発行為に関する工事用の仮設建築物を建築、または特定工作物を建設するとき
> - 都道府県知事が支障がないとして認めたとき
> - 開発行為に同意していない土地の権利者が建築物を建築、または特定工作物を建設するとき

❷ 工事完了公告後の制限

工事完了の公告後は、開発許可を受けた**予定建築物等以外の建築物**の新築・改築・用途変更や、**特定工作物**の新設はすべて**禁止**されています。

ただし、次の場合は例外的に認められています。

> **工事完了公告後の建築規制の例外**
> - 都道府県知事が支障がないと認めて許可したとき
> - 用途地域に適合する建築物を建築、または特定工作物を建設するとき
> - 国または都道府県等が行う行為で、国の機関または都道府県等と都道府県知事との協議が成立した場合、許可があったものとみなされる

出る！
工事完了の公告がされるまでの間、「土地の分譲」についての制限はないので、分譲は可能。

出る！
「都道府県知事に届け出れば、工事完了の公告後でも、予定建築物以外の建築物を建築することができる」という問題が出るが、これは誤り。知事の許可を受けない限り、予定建築物以外の建築は不可である点に注意！

工事完了の公告前と公告後の違い（原則）
- 公告前　→　建築物・特定工作物は**すべて**建てられない。
- 公告後　→　**予定建築物以外のもの**は建てられない。
　　　　　　（新築・改築・用途変更はすべて禁止）

4 開発区域外の建築等の制限

市街化調整区域のうち、開発許可を受けた開発区域以外の区域内で行われる建築等の制限は、以下の通りです。

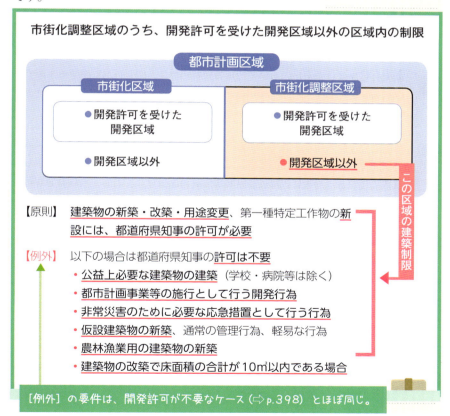

市街化調整区域のうち、開発許可を受けた開発区域以外の区域内の制限

都市計画区域
- 市街化区域
  - 開発許可を受けた開発区域
  - 開発区域以外
- 市街化調整区域
  - 開発許可を受けた開発区域
  - 開発区域以外 ← この区域の建築制限

【原則】建築物の新築・改築・用途変更、第一種特定工作物の新設には、都道府県知事の許可が必要

【例外】以下の場合は都道府県知事の許可は不要
- 公益上必要な建築物の建築（学校・病院等は除く）
- 都市計画事業等の施行として行う開発行為
- 非常災害のために必要な応急措置として行う行為
- 仮設建築物の新築、通常の管理行為、軽易な行為
- 農林漁業用の建築物の新築
- 建築物の改築で床面積の合計が10㎡以内である場合

［例外］の要件は、開発許可が不要なケース（⇒p.398）とほぼ同じ。

Part 3 法令上の制限　07 都市計画法／建築等の制限

過去問で集中講義 ✏

「建築等の制限」に関する過去問題を集めてあります。〇✕で答えましょう。

問題文中の「都道府県知事」とは、地方自治法に基づく指定都市、中核市及び施行時特例市にあってはその長をいうものとします。

1 開発許可を受けた開発行為又は開発行為に関する工事により、公共施設が設置されたときは、その公共施設は協議により他の法律に基づく管理者が管理することとした場合を除き、開発許可を受けた者が管理することとされている。　H21年［問17.3］

2 開発許可を受けた開発区域内において、開発行為に関する工事の完了の公告があるまでの間に、当該開発区域内に土地所有権を有する者のうち、当該開発行為に関して同意をしていない者がその権利の行使として建築物を建築する場合については、都道府県知事が支障がないと認めたときでなければ、当該建築物を建築することはできない。　H27年［問15.3］

3 開発許可を受けた土地において、地方公共団体は、開発行為に関する工事完了の公告があった後、都道府県知事との協議が成立すれば、当該開発許可に係る予定建築物以外の建築物を建築することができる。　H19年［問19.2］

4 開発許可申請者以外の者は、開発許可を受けた開発区域内のうち、用途地域等の定められていない土地の区域においては、開発行為に関する工事が完了した旨の公告があった後は、都道府県知事の許可を受けなくとも、当該開発許可に係る予定建築物以外の建築物を新築することができる。　H22年［問17.4］

5 市街化調整区域のうち開発許可を受けた開発区域以外の区域内において、土地の区画形質の変更を伴わずに、床面積が150㎡の住宅の全部を改築し、飲食店としようとする場合には、都道府県知事の許可を受けなければならない。　H22年［問17.2］

6 何人も、市街化調整区域のうち開発許可を受けた開発区域以外の区域内において、都道府県知事の許可を受けることなく、仮設建築物を新築することができる。　H27年［問15.4］

7 市街化調整区域のうち、開発許可を受けた開発区域以外の区域では、農業に従事する者の居住の用に供する建築物を新築する場合、都道府県知事の許可は不要である。　H16年［問19.3］

解説

❶ 開発許可を受けた開発行為または開発行為に関する工事により公共施設が設置されたときは、その公共施設は、原則として、**公共施設の存する市町村が管理**します。例外は①他の法律に基づく管理者が別にあるとき、②協議により管理者について別段の定めをしたときの2つです。本問はどちらにも該当しないので、原則通り市町村が管理します。　　答え [✗]

❷ 開発許可を受けた開発区域内において、**工事完了公告前の建築物の建築・特定工作物の建設は禁止**です。ただし、例外は①開発行為用の仮設建築物の建築・特定工作物の建設、②都道府県知事が支障がないとして認めたとき、③**開発行為に同意していない土地の権利者が建築する建築物・特定工作物の建設**の3つです。本問は③に該当するため、都道府県知事の承認がなくとも建築することが可能です。　　答え [✗]

❸ 都道府県知事との協議が成立すれば、都道府県知事の許可があったものとみなされるのは、地方公共団体のうち都道府県等（都道府県や指定都市、中核市など）に限られます。「地方公共団体」と一般化するのは誤りです。**地方公共団体**の場合は原則通り、**都道府県知事の許可が必要**です。　答え [✗]

❹ **開発許可を受けた開発区域内**において、**工事完了公告後は、予定建築物以外の建築物の新築、改築、用途変更や特定工作物の建設はすべて禁止**とされています。例外は都道府県知事が支障がないとして許可した場合や用途地域に適合する建築物を建築する場合などです。本問は「用途地域等の定められていない土地の区域」とあるため、原則通り、都道府県知事の許可なく予定建築物以外の建築物の新築はできません。　　答え [✗]

❺ **市街化調整区域のうち開発許可を受けた開発区域以外の区域内において、建築行為を行うには、都道府県知事の許可が必要**です。また「床面積が150㎡の住宅の全部を改築し、飲食店としようとする場合」は建築行為が許される例外に該当しないため、原則通り**都道府県知事の許可が必要**です。　　答え [◯]

❻ 市街化調整区域のうち開発許可を受けた開発区域以外の区域内では、原則、建築行為を行うには都道府県知事の許可が必要です。ただし**仮設建築物の新築**は、例外として**都道府県知事の許可を得る必要はありません。**　答え [◯]

❼ 市街化調整区域のうち開発許可を受けた開発区域以外の区域では、**農業従事者の居住用の建物の新築には、都道府県知事の許可は不要**です。　答え [◯]

08 ■建築基準法
単体規定・集団規定

- 「文化財建築物」「既存不適格建築物」は建築基準法の適用除外。
- 建築協定の「変更」には所有者等の全員の合意、「廃止」には所有者等の過半数の合意と、どちらも特定行政庁の認可が必要。

1 建築基準法とは

建築基準法は、建築物を建築する際の最低限の基準を定めたもので、以下の2つに大別されます。
- **単体規定**…個々の建築物の安全性等を確保するための規定。**全国で適用**。
- **集団規定**…人口や産業が集中する都市において、生活環境や都市機能の低下を防止するための規定。原則として、**都市計画区域・準都市計画区域内等で適用**。

また、建築物が建築基準法などの法令に従っていることを確認するための**建築確認**や、一定区域内における建築物の敷地、位置、構造等に関し住民が取り決める**建築協定**についても定められています。

建築主、**建築主事**、**特定行政庁**、**建築審査会**は、互いに以下の役割関係を持ちながら、建築基準法上、何度も頻繁に登場します。そのつど解説していきますので、しっかり覚えておきましょう。

> 国民の生命、健康、財産を守ることを目的とし、建築物の敷地・構造・設備・用途の基準について定めている。

【建築主】
建築物に関する工事の請負契約の註文者（注文者）。

【建築主事】
都道府県・市町村において建築確認を行う公務員。

【特定行政庁】
建築主事を置く市町村の長、建築主事を置かない市町村の場合は都道府県知事。

【建築審査会】
建築確認に関する審査請求に対する裁決を行う行政委員会の1つ。特定行政庁の許可や指定に同意を与える。

418

2 建築基準法の適用除外

以下の建築物には、建築基準法が適用されません。

❶ 文化財建築物

過去に建築された文化財建築物を現在の建築基準法に合わせて改修するのでは、その歴史的価値が失われてしまいます。そのため、文化財建築物には、建築基準法が適用されません。

> **建築基準法の適用外となる文化財建築物**
> - 文化財保護法により国宝・重要文化財等として指定または仮指定された建築物
> - 上記の建築物の原形を再現する建築物で、特定行政庁が建築審査会の同意を得て、その原形の再現がやむを得ないと認めたもの

❷ 既存不適格建築物

既存の建築物で、建築基準法の制定やその改正により、法に適合しなくなった建築物を**既存不適格建築物**といい、建築基準法は適用されません。

> **既存不適格建築物**
> 法及び法に基づく命令・条例の
> - 施行または適用の際に現に存する建築物・敷地等
> - 施行または適用の際、現に建築等の工事中の建築物
> →ただし、その後、建替えや、増改築を行う場合は、その時点の建築基準法に従わなければならない。

出る！

文化財保護法の規定によって、重要文化財として仮指定された建築物の大規模な修繕をしようとする場合は、建築主事の確認を受ける必要はない。

建築基準法の適用が除外されているので、建築主事の確認を受ける必要がない。

建築基準法ができる前に建築された建築物は、そもそもこの法律に従って建てられていない。また、建築後に建築基準法が改正されることで、適合しなくなる場合もある。既存不適格建築物に対して、現在の建築基準法に適合するように改築させる事には無理があるため、この法律の適用除外となる。

Part **3** 法令上の制限

08 建築基準法／単体規定・集団規定

419

3 単体規定

単体規定は、個々の建築物の安全性や居住性を確保するために一律に定められている技術的基準で、全国どの地域に存在する建築物にも適用されます。

【主要構造部】
壁・柱・床・はり・屋根・階段のこと。

建築物の構造・防火など、安全上の規定

● **構造耐力**

建築物は、自重、積載荷重、積雪荷重、風圧、土圧及び水圧並びに地震その他の震動及び衝撃に対して安全な構造のものとして、建築物の区分に応じ、それぞれ政令で定める技術的基準に適合するものでなければならない。この場合、次の **A**・**B** の建築物の構造方法は、<u>政令で定める基準に従った構造計算</u>で、国土交通大臣が定めた方法、または国土交通大臣の認定を受けたプログラムによって<u>安全性が確かめられ</u>なければならない。

A <u>高さ60m超の建築物</u>…必ずその<u>構造方法について国土交通大臣の認定</u>を受けなければならない。

B 高さ60m以下の建築物 〔規模建築物〕

(1) <u>木造</u>（次のア～エのいずれかに当てはまる建築物）
　ア. <u>階数3以上</u>　イ. <u>延べ面積500㎡超</u>　ウ. <u>高さ13m超</u>　エ. <u>軒高9m超</u>

(2) <u>木造以外</u>
　<u>階数2以上</u>、または<u>延べ面積200㎡超</u>　①P613

(3) 主要構造部（床、屋根、階段を除く）が石造、れんが造、コンクリートブロック造等の構造とした建築物で、高さ13m超または軒高9m超の建築物

● **耐火構造**

床、屋根、階段以外の主要構造部に、木材、プラスチックなどの可燃材料を用いた建築物（木造建築物等）で、<u>延べ面積3,000㎡超</u>、<u>高さ13m超</u>、<u>軒高9m超</u>のいずれかを満たす建築物は、原則として、その主要構造部を<u>耐火構造等</u>としなければならない。

● **防火壁等**…耐火・準耐火建築物を除き、<u>延べ面積1,000㎡超</u>の建築物は、<u>防火壁または防火床で区画</u>し、各区画の床面積の合計を<u>それぞれ1,000㎡以内</u>としなければならない。

- **中高層建築物の避雷設備・昇降機・進入口**
  - 高さ20m超の建築物→原則として有効な避雷設備の設置が必要。
  - 高さ31m超の建築物→原則として非常用の昇降機の設置が必要。
  - 高さ31m以下の部分にある3階以上の階には、非常用の進入口が必要。

環境衛生に関する規定

- **居室の採光・換気**…①住宅の居室、学校の教室、病院の病室等には、床面積に対して一定割合（住宅の地上階における居住のための居室であれば1/7）以上の採光のための開口部を設けなければならない。②居室には、換気のための開口部を設け、その有効面積は床面積に対して、一定割合（原則、1/20）以上としなければならない。

- **石綿その他の物質の飛散・発散に対する衛生上の措置**
  - 居室を有する建築物は、住宅等の特定の用途に供する場合に限らず、建築材料及び換気設備について一定の技術的基準に適合しなければならない。
  - 石綿その他の物質の建築材料からの飛散または発散による衛生上の支障がないよう、建築材料に石綿等を添加してはならない。石綿以外で衛生上の支障を生ずるおそれがあるとして政令で定める物質は、次の通り。
  - クロルピリホス（シロアリ駆除剤）　　・ホルムアルデヒド（接着剤）

- **地階における住宅等の居室**…住宅の居室、学校の教室、病院の病室または寄宿舎の寝室で地階に設けるものは、壁及び床の防湿の措置等の事項について、衛生上必要な一定の技術的基準に適合するものとしなければならない。

- **便所**…一定の設備をもつ水洗便所以外の便所には、原則として採光及び換気のため、直接外気に接する窓を設けなければならない。また、下水道法に規定する処理区域内においては、便所は、汚水管が公共下水道に連結された水洗便所としなければならない。

> 水洗便所で、これに代わる設備をした場合は設けなくてもよい。

その他の規定

- 敷地は、排水に支障がない場合や建築物の用途により防湿の必要がない場合を除き、原則として、これに接する道の境より、また建築物の地盤面はこれに接する周囲の土地より、高くなければならない。

- 長屋の各戸の界壁は、原則として、小屋裏または天井裏に達するものとしなければならない。

- 屋上広場または2階以上の階にあるバルコニーその他これに類するものの周囲には、安全上必要な高さが1.1m以上の手すり壁、さくまたは金網を設けなければならない。

Part 3 法令上の制限

08 建築基準法／単体規定・集団規定

4 集団規定

集団規定は、原則として、都市計画区域及び準都市計画区域内の区域に限って適用されるもので、主に次の内容について定められています。各項目について、別ページで詳しく解説していきます。

- 道路に関する制限 （⇨p.426「09 道路規制」）
- 用途制限 （⇨p.432「10 用途制限」）
- 建蔽率の制限 （⇨p.440「11 建蔽率」）
- ｍｍｍ （⇨p.446「12 容積率」）
- 高さ制限 （絶対的高さ制限・斜線制限・日影規制）
  （⇨p.454「13 高さ制限（斜線制限・日影規制）」）
- 防火・準防火地域の制限 （⇨p.460「14 床面積の合計地域の制限」）

> ただし、両区域外であっても、都道府県知事が関係市町村の意見をきいて指定する区域内においては、条例で、
> - 建築物またはその敷地と道路との関係
> - 建築物の容積率
> - 建築物の高さ
> - その他の建築物の敷地または構造
>
> に関して必要な制限を定めることができる。

5 建築協定

住民の意思により、建築物の敷地、位置、構造、用途、形態、意匠、建築設備に関して、建築基準法より厳しい制限を定めたルールが建築協定です。

❶ 建築協定の締結

建築協定を締結できる区域は、市町村が条例で「建築協定を締結することができる」と定めた一定区域に限られます。また、本来建築基準法で許されていることを規制するため、建築協定の締結には、その地域の土地所有者や借地権者全員の合意が必要です。ただし、ある土地に借地権者がいる場合、所有者の合意がなくても、借地権者の合意があれば、締結が可能です。

❷ 建築協定の締結手続き

　土地の所有者等の全員の合意によって、**建築協定書**を作成し、これを特定行政庁に提出して、その認可を受けます。認可の公告があった日以降に、建築協定区域内の土地の所有者や借地権者となった者に対しても、原則として、この建築協定の効力は及びます。

【土地の所有者等】
土地の所有者及び借地権を有する者。

【建築協定書】
「建築協定区域」「建築物に関する基準」「建築協定の有効期間」「建築協定違反があった場合の措置」を記載して特定行政庁に提出する書類。

❸ 建築協定の変更と廃止

　建築協定を変更するときは、土地の所有者等の**全員の合意**と特定行政庁の**認可**が必要です。

　建築協定を廃止するときは、土地の所有者等の**過半数の合意**と特定行政庁の**認可**が必要です。

❹ 1人協定

　建築協定は、当該建築協定区域内の**土地の所有者が1人の場合**でも、定めることができます。

❺ 建築物の借主の地位

　建築協定の目的となっている建築物に関する基準が建築物の**借主の権限**に係る場合においては、その建築協定については、当該建築物の借主は、**土地の所有者等**とみなします。

過去問で集中講義 ✏

「単体規定・集団規定」に関する過去問題を集めてあります。○×で答えましょう。

1 建築基準法の改正により、現に存する建築物が改正後の建築基準法の規定に適合しなくなった場合、当該建築物は違反建築物となり、速やかに改正後の建築基準法の規定に適合させなければならない。　H24年[問18.1]

2 木造の建築物で階数が3であるものは、必ず構造計算によって、その構造が安全であることを確かめなければならない。　H07年[問21.4]

3 2階建てで延べ面積が100㎡の鉄骨造の建築物を建築する場合、構造計算は必要としない。　H17年[問21.1]

4 延べ面積が1,000㎡を超える耐火建築物は、防火上有効な構造の防火壁又は防火床によって有効に区画し、かつ、各区画の床面積の合計をそれぞれ1,000㎡以内としなければならない。　H28年[問18.4.改]

5 3階建て、延べ面積600㎡、高さ10mの建築物には、有効に避雷設備を設けなければならない。　H22年[問18.3.改]

6 高さ30mの建築物には、原則として非常用の昇降機を設けなければならない。　H28年[問18.2]

7 住宅の地上階における居住のための居室には、採光のための窓その他の開口部を設け、その採光に有効な部分の面積は、その居室の床面積に対して7分の1以上としなければならない。　H26年[問17.1]

8 住宅の居室には、原則として、換気のための窓その他の開口部を設け、その換気に有効な部分の面積は、その居室の床面積に対して、25分の1以上としなければならない。　H24年[問18.3]

9 石綿以外の物質で居室内において衛生上の支障を生ずるおそれがあるものとして政令で定める物質は、ホルムアルデヒドのみである。　H25年[問17.ウ]

10 4階建ての事務所の用途に供する建築物の2階以上の階にあるバルコニーその他これに類するものの周囲には、安全上必要な高さが1.1m以上の手すり壁、さく又は金網を設けなければならない。　H30年[問18.3]

424

大事にゃところが黄色ににゃってる！

解説

❶ 建築基準法の改正により、建築基準法の規定に適合しなくなった建築物を「**既存不適格建築物**」といいます。既存不適格建築物に改正法は適用されないため、違反建築物とはならず、また、**改正後の建築基準法に適合させる必要もありません**。　　　答え［✘］

❷ 木造の建築物では、①**階数3以上**、②**延べ面積500㎡超**、③**高さ13m超**、④**軒高9m超**のうち、どれか1つでも当てはまった場合、**構造計算が必要と**なります。　　　答え［○］

❸ **木造以外の建築物**では、①**階数2以上**、②**延べ面積200㎡超**、のいずれかに当てはまる場合に、**構造計算が必要**となります。　　　答え［✘］

❹ 延べ面積1,000㎡超の建築物は、**防火壁または防火床で区画し、各区画の床面積の合計をそれぞれ1,000㎡以内**としなければなりません。ただし、**耐火建築物や準耐火建築物は除外**されます。　　　答え［✘］

❺ **高さが20mを超える建築物**であれば、**避雷設備の設置が必要**となります。本問の建物は高さ10mなので、避雷設備の設置は不要です。　　　答え［✘］

❻ **非常用の昇降機の設置義務**があるのは、**高さが31mを超える建築物**です。本問は、高さ30mの建築物なので、設置する必要はありません。　　　答え［✘］

❼ 住宅の居室、学校の教室、病院の病室等には、床面積に対して一定割合（**住宅の地上階における居住のための居室であれば7分の1**）以上の採光のための開口部を設けなければなりません。　　　答え［○］

❽ 住宅の居室には、換気のための開口部を設け、その有効面積は、**床面積に対して、原則として、20分の1以上**としなければなりません。「25分の1」の部分が誤りです。　　　答え［✘］

❾ **石綿**以外の物質でその居室内において衛生上の支障を生ずるおそれがあるものとして政令で定める物質には、**ホルムアルデヒド**のほかに、**クロルピリホス**（シロアリ駆除剤）があります。　　　答え［✘］

❿ 2階以上の階にある**バルコニー**その他これに類するものの周囲には、安全上必要な高さが**1.1m以上の手すり壁、さくまたは金網**を設けなければなりません。　　　答え［○］

09 ■建築基準法
道路規制

- 道路は、原則として、幅員4m以上でなければならない。
- 建築物の敷地は、原則として、道路に2m以上接していなければならない。

道路に関する規定は、主に建築基準法第42条や第43条にあり、宅建試験の頻出項目となっています。

1 建築基準法上の道路とは

建築基準法上の「道路」は、以下のいずれかのものをいいます。

> **建築基準法上の「道路」の定義**
> - 幅員4m以上の道路のうち以下に該当するもの
> - 道路法、都市計画法、土地区画整理法、都市再開発法等による道路
> - 建築基準法が施行された時点、または都市計画区域や準都市計画区域に入った時点で現に存在する道
> - 道路法、都市計画法等による事業計画のある道路で、2年以内に執行予定として特定行政庁が指定したもの
> - 特定行政庁が位置指定した私道（位置指定道路）
> - **2項道路**
>   幅員4m未満の道であるが都市計画区域・準都市計画区域が指定される前から建物が立ち並んでいた道で、特定行政庁が指定したもの ◀

【建築基準法第42条・第43条】
第42条は建築基準法上の「道路」を定義づけている条文。続く第43条では、接道義務について書かれており、宅建試験の道路規制に関する頻出問題の基となっている。

【幅員】
道路の幅のこと。

出る！
「道路法による道路は、すべて建築基準法上の道路に該当する」は誤り。道路法上の「道路」であっても、幅員が4m未満の道路は原則として、建築基準法上の「道路」には該当しない。

【2項道路】
建築基準法第42条第2項で規定された道路で、「2項」をとってこう呼ばれている。

例外的に道路とみなすことから、「みなし道路」とも呼ばれる。

また、特定行政庁がその地方の気候・風土の特殊性、土地の状況により必要と認め、都道府県都市計画審議会の議を経て指定する区域内においては、「道路」と扱うのに必要な幅員を **6m以上** と定めることができます。

2 敷地と道路の関係

　建築基準法では建築物と道路に対して、**接道義務** と **2項道路のセットバック** という制限を定めています。

❶ 接道義務

　敷地に建築物を建てるためには、原則として、幅員 **4m以上** の道路にその敷地が **2m以上** 接しなければなりません。これを **接道義務** といいます。

　例外として、以下の2つの場合は、道路に2m以上接していなくても建築物を建てることができます。

出る！
自動車のみの交通の用に供する道路（自動車専用道路）は、接道義務の対象となる「道路」から除外される。

(1)の場合、「建築審査会の同意」は不要である点に注意。

例外として建築物の建設が可能となる行為
(1) その敷地が農道その他これに類する公共の用に供する道（幅員4m以上）に2m以上接する延べ面積200㎡以内の一戸建て住宅で、特定行政庁が交通上、安全上、防火上及び衛生上支障がないと認めるもの
(2) その敷地の周囲に広い空地を有する建築物で、特定行政庁が交通上、安全上、防火上及び衛生上支障がないと認めて、建築審査会の同意を得て許可したもの

接道義務が守られている敷地、違反している敷地
敷地A…⭕ 守られている
敷地B…✖ 接道義務違反
敷地C…⭕ 守られている
敷地D…⭕ 守られている

❷ 条例による制限の付加

接道義務の制限は、<u>より厳しくすることができます</u>。 ← 災害時の避難経路や通行の安全性を確保するための措置。

> **特殊建築物等の接道義務**
>
> 地方公共団体は、<u>特殊建築物（⇨p.466）・3階以上または延べ面積1,000㎡を超える建築物・敷地が袋路状道路にのみ接する延べ面積が150㎡超の建築物（一戸建て住宅を除く）</u>については、接道義務や接する道路の幅員などの制限を<u>条例で付加</u>（より厳しく）できる。
>
> 【例】 敷地が接すべき道路の幅員…原則4m以上 → 6m以上に付加
> 　　　敷地が道路に接する長さ……原則2m以上 → 3m以上に付加

❸ 2項道路のセットバック

2項道路では、道路の**中心線から2m**（幅員6mと指定された道路の場合は3m）下がった線を境界線とみなし、道沿いに建築物を建てるときは、この**みなし道路境界線**まで下がらなければなりません。これを**2項道路のセットバック**といいます。

なお、道路の片側が川やがけ地の場合は、道路と川やがけ地から4m下がった線をみなし道路境界線とし、ここまでセットバックする必要があります。

← 制限の付加はできるが、緩和はできない。

← 「道路の境界線とみなされる線」から、「みなし道路境界線」と呼ばれる。

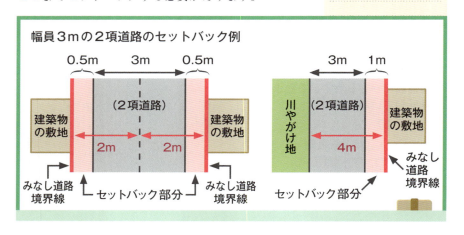

幅員3mの2項道路のセットバック例

❹2項道路における敷地面積への算入

2項道路において、「道路」と「みなし道路境界線」との間のセットバック部分は道路です。たとえ私有地であっても、敷地面積に算入することはできません。

3 道路内の建築制限

建築基準法上、建築物は、道路内や道路に突き出して作ってはいけません。

ただし、例外として許される場合もあります。

例外として建築が認められる道路内の建築制限の例
- 地盤面下に設ける建築物（地下街や地下駐車場など）← 地下にあるので、道路の通行の妨げにはならないと考えられる。
- 公衆便所、巡査派出所その他これらに類する公益上必要な建築物で、特定行政庁が通行上支障がないと認めて建築審査会の同意を得て許可したもの
- 公共用歩廊（アーケードなど）その他政令で定める建築物で特定行政庁が安全上、防火上及び衛生上、他の建築物の利便を妨げ、その他周囲の環境を害するおそれがないと認めて建築審査会の同意を得て許可したもの

4 私道の変更または廃止の制限

私道は私有地ですから、本来であれば、土地所有者が自由に使用・収益できます。しかし、私道の所有者が私道を廃止し、または変更する場合、その私道に接する敷地に与える影響のいかんによっては、特定行政庁から、その廃止・変更を禁止、または制限されることがあります。

> 私道に接している第三者の建築物の敷地があるなど、公共性が備わっている場合、勝手に道路を変更したり廃止できない。

過去問で集中講義 ✏

「道路規制」に関する過去問題を集めてあります。〇✗で答えましょう。

※以下、「建築基準法」を「法」といいます。

1 道路法による道路は、すべて建築基準法上の道路に該当する。

H12年[問24.1]

2 幅員4m以上であり、法が施行された時点又は都市計画区域若しくは準都市計画区域に入った時点で現に存在する道は、特定行政庁の指定がない限り、法上の道路とはならない。

H29年[問19.3]

3 敷地が法第42条に規定する道路に2m以上接道していなくても、特定行政庁が交通上、安全上、防火上及び衛生上支障がないと認めて利害関係者の同意を得て許可した場合には、建築物を建築してもよい。

H18年[問21.4]

4 都市計画区域内において中古住宅を建て替える場合、現存の住宅を取り壊して、同一敷地に従前と同一規模の住宅を建てるのであれば、前面道路の幅員がいかほどであっても、建築基準法に違反することはない。

H04年[問22.1]

5 地方公共団体は、延べ面積が1,000㎡を超える建築物の敷地が接しなければならない道路の幅員について、条例で、避難又は通行の安全の目的を達するために必要な制限を付加することができる。

H25年[問18.1]

6 地方公共団体は、土地の状況等により必要な場合は、建築物の敷地と道路との関係について建築基準法に規定された制限を、条例で緩和することができる。

H12年[問24.3]

7 地盤面下に設ける建築物については、道路内に建築することができる。

H12年[問24.4]

8 法第42条第2項の規定により道路の境界線とみなされる線と道との間の部分の敷地が私有地である場合は、敷地面積に算入される。

H18年[問21.2]

9 公衆便所、巡査派出所その他これらに類する公益上必要な建築物で特定行政庁が通行上支障がないと認めて建築審査会の同意を得て許可したものについても、道路に突き出して建築してはならない。

H08年[問25.3]

> 大事にゃところが黄色ににゃってる！

解説

❶ 道路とは、原則として**幅員4m以上の道**をいいます。たとえ道路法上の道路であっても、**幅員が4m未満の道路**は原則として、**建築基準法上の道路には該当しません**。　　　　　　　　　　　　　　　　　　　答え[✗]

❷ 建築基準法が施行された時点または都市計画区域・準都市計画区域に入った時点で**現に存在する道で幅員4m以上のもの**は、特定行政庁の指定を受けるまでもなく、**同法上の道路に該当**します。　　　　　　　　答え[✗]

❸ 敷地が道路に2m以上接していなくても、「接道義務の制限」を受けずに建築物を建てられるのは、**特定行政庁が交通上、安全上、防火上及び衛生上支障がないと認めて建築審査会の同意を得て許可した場合**です。「利害関係者の同意」に引っかからないように。　　　　　　　　　　　　　答え[✗]

❹ **前面道路の幅員が4m未満**であった場合、道路の住宅の建替えにあたっては、**みなし道路境界線まで下がって建築物を建て**なければなりません。つまり、前面道路の幅員によっては、同一敷地に従前と同一規模の住宅を建てることが建築基準法違反になる可能性があります。　　　　　　　　答え[✗]

❺ この場合、地方公共団体は、条例で、必要な制限を**付加（より厳しく）する**ことができます。　　　　　　　　　　　　　　　　　　　　　　答え[◯]

❻ 問5とは逆に、地方公共団体は、接道義務制限等の建築基準法に規定された制限を**条例で緩和することはできません**。より厳しくすることはできても、緩めることはできないものと覚えておきましょう。　　　　　　答え[✗]

❼ 建築物は、道路内に建てたり道路に突き出して作ることはできません。例外として、①**地盤面下の建築物**（地下街など）、②**公衆便所**、**巡査派出所**、③**公共用歩廊**などは一定の要件のもと、建築が可能です。　　答え[◯]

❽ 法第42条第2項の規定による道路とは「2項道路」です。**2項道路**では、**みなし道路境界線と道との間の部分（セットバック部分）は道路**であり、たとえ私有地でも、敷地面積として算入することはできません。　答え[✗]

❾ 建築物は、道路内や道路に突き出して建築したり、築造してはなりません。ただし、公衆便所、巡査派出所など、**公益上必要な建築物で特定行政庁が通行上支障がないと認めて建築審査会の同意を得て許可したものについては建築が可能**です。　　　　　　　　　　　　　　　　　　　　　　答え[✗]

10 ■建築基準法
用途制限

- すべての用途地域で建築可能な建物を覚える。
- 異なる用途地域にまたがる建物には、敷地の過半が属する用途地域の用途制限が適用される。

　都市計画法では、地域にふさわしい街並みを作るために、建物の用途を統一し、規制等を行う**用途地域**（⇨p.370）を定めています。この用途地域において、建てることができる建築物の種類や制限について、より具体的に定めているのが建築基準法の**用途制限**です。

【用途制限】
住宅、公共施設、劇場、店舗、事務所、工場など、建築物の用途によって、建築可能な床面積や階数などの制限がある。都市計画区域内、準都市計画区域内に適用。この用途制限は、用途地域ごとに定められた特定行政庁の許可なしで建築できる建築物の用途であるため、許可を受ければ、これ以外の建築も可能。

| 都市計画法 用途地域 を定める | | 建築基準法 用途制限 を定める |

1　用途制限の内容

❶ すべての用途地域に建築できるもの

すべての用途地域に建築可能な建物
- 神社、寺院、教会
- 保育所、診療所、公衆浴場
- 巡査派出所、公衆電話所
- 老人福祉センター
（ただし、600㎡超の場合は第一種・第二種低層住居専用地域、田園住居地域では建築不可）

432

❷ 工業専用地域以外の用途地域で建築できるもの

> **工業専用地域以外のすべての用途地域で建築できるもの**
> ・<u>住宅</u>、<u>共同住宅</u>、寄宿舎、下宿、図書館、博物館、老人ホーム、福祉ホーム
> ・住宅兼用の事務所または店舗（※規模に関する制限あり）

❸ 教育関連の施設の扱い

幼稚園・小中学校・高等学校・大学などは、**<u>工業・工業専用地域</u>**では建築できません。

また、第一種・第二種低層住居専用地域のような閑静な住宅街である用途地域では、幼稚園・小中学校・高等学校は建築可能ですが、大学・高等専門学校・専修学校は建築できません。こうした違いを覚えておくことが大切です。

> 工業地域、工業専用地域には、学校は建てられない。

主な教育関連の施設の用途制限

	一低	二低	田住	一中	二中	一住	二住	準住	近商	商業	準工	工業	工専
幼稚園 小中学校 高等学校	○	○	○	○	○	○	○	○	○	○	○	✗	✗
大学 高等専門学校 専修学校	✗	✗	✗	○	○	○	○	○	○	○	○	✗	✗
図書館等	○	○	○	○	○	○	○	○	○	○	○	○	✗
自動車 教習所	✗	✗	✗	✗	✗	○※	○	○	○	○	○	○	○

※ 3,000㎡以下。

✗建築不可だけ覚えておいてもよい。

用途制限については、次のページの表で確認しておきましょう。

用途地域内の用途制限（例）

特定行政庁の許可なく　○：建てられる　✗：建てられない
❶〜❹、▲：面積、階数等の制限あり

建築物の用途	住居系 第一種低層住居専用	第二種低層住居専用	田園住居	第一種中高層住居専用	第二種中高層住居専用	第一種住居	第二種住居	準住居	商業系 近隣商業	商業	工業系 準工業	工業	工業専用
全部建築可 神社、寺院、教会	○	○	○	○	○	○	○	○	○	○	○	○	○
保育所、診療所、公衆浴場	○	○	○	○	○	○	○	○	○	○	○	○	○
巡査派出所、公衆電話所	○	○	○	○	○	○	○	○	○	○	○	○	○
住宅 住宅、共同住宅、寄宿舎、下宿	○	○	○	○	○	○	○	○	○	○	○	○	✗
兼用住宅で、店舗・事務所等の一部が一定規模以下のもの※1	○	○	○	○	○	○	○	○	○	○	○	○	✗
公共施設・病院・学校等 幼稚園、小学校、中学校、高等学校	○	○	○	○	○	○	○	○	○	○	○	✗	✗
大学、高等専門学校、専修学校	✗	✗	✗	○	○	○	○	○	○	○	○	✗	✗
幼保連携型認定こども園	○	○	○	○	○	○	○	○	○	○	○	○	○
図書館、博物館等	○	○	○	○	○	○	○	○	○	○	○	○	✗
自動車教習所	✗	✗	✗	✗	✗	▲2	○	○	○	○	○	○	○
病院	✗	✗	✗	○	○	○	○	○	○	○	○	✗	✗
老人ホーム、福祉ホーム等	○	○	○	○	○	○	○	○	○	○	○	○	✗
老人福祉センター	▲1	▲1	▲1	○	○	○	○	○	○	○	○	○	○
店舗・飲食店 床面積150㎡以下	✗	❶	❶	❷	❸	○	○	○	○	○	○	○	❹
床面積150㎡超500㎡以下	✗	✗	▲3	❷	❸	○	○	○	○	○	○	○	❹
床面積500㎡超1,500㎡以下	✗	✗	✗	✗	❸	○	○	○	○	○	○	○	❹
床面積1,500㎡超3,000㎡以下	✗	✗	✗	✗	✗	○	○	○	○	○	○	○	❹
床面積3,000㎡超10,000㎡以下	✗	✗	✗	✗	✗	✗	○	○	○	○	○	○	❹
床面積10,000㎡超	✗	✗	✗	✗	✗	✗	✗	✗	○	○	○	✗	✗
事務所 床面積1,500㎡以下	✗	✗	✗	✗	▲4	○	○	○	○	○	○	○	○
床面積1,500㎡超3,000㎡以下	✗	✗	✗	✗	✗	○	○	○	○	○	○	○	○
床面積3,000㎡超	✗	✗	✗	✗	✗	✗	○	○	○	○	○	○	○

▲1…600㎡以下　▲2…3,000㎡以下、2階以下※2
▲3…農産物直売所、農家レストランのみ。2階以下
▲4…2階以下
※1…非住居部分の床面積が、50m²以下かつ建築物の延べ面積の2分の1未満
※2 2階以下とは、3階以上の部分をその用途に供するものを除く。

❶ 日用品販売店舗、喫茶店、理髪店、美容院、建具屋等のサービス業用店舗のみ。2階以下
❷ ❶に加えて、物品販売店舗、飲食店、損保代理店・銀行の支店・宅建業者等のサービス業用店舗のみ。2階以下
❸ 2階以下（3階以上の部分をその用途に供するものを除く）　❹物品販売店舗及び飲食店を除く

建築物の用途	住居系								商業系		工業系		
用途地域	第一種低層住居専用	第二種低層住居専用	田園住居	第一種中高層住居専用	第二種中高層住居専用	第一種住居	第二種住居	準住居	近隣商業	商業	準工業	工業	工業専用
ホテル・旅館	✗	✗	✗	✗	✗	▲5	○	○	○	○	○	✗	✗
ボーリング場、スケート場、水泳場等	✗	✗	✗	✗	✗	▲5	○	○	○	○	○	○	✗
カラオケボックス、ダンスホール	✗	✗	✗	✗	✗	✗	▲6	▲6	○	○	○	▲6	▲6
マージャン屋、ぱちんこ屋等	✗	✗	✗	✗	✗	✗	▲6	▲6	○	○	○	▲6	✗
劇場、**映画館**、演芸場、観覧場、ナイトクラブ	✗	✗	✗	✗	✗	✗	✗	▲7	○	○	○	✗	✗
キャバレー、料理店等	✗	✗	✗	✗	✗	✗	✗	✗	✗	○	○	✗	✗
自動車車庫①（2階以下かつ300㎡以下）	✗	✗	○	○	○	○	○	○	○	○	○	○	○
自動車車庫②、営業用倉庫（3階以上または300㎡超）	✗	✗	✗	✗	✗	✗	✗	○	○	○	○	○	○
作業場の床面積の合計50㎡以下	✗	✗	✗	✗	✗	○	○	○	○	○	○	○	○
作業場の床面積の合計50㎡超**150㎡以下**	✗	✗	✗	✗	✗	✗	○	○	○	○	○	○	○
作業場の床面積の合計150㎡超300㎡以下	✗	✗	✗	✗	✗	✗	✗	✗	○	○	○	○	○
作業場の床面積の合計300㎡超	✗	✗	✗	✗	✗	✗	✗	✗	✗	✗	○	○	○
危険性や環境を悪化させるおそれが非常に少ない工場	✗	✗	▲8	✗	✗	▲9	▲9	▲9	▲10	▲10	○	○	○
危険性や環境を悪化させるおそれが少ない工場	✗	✗	✗	✗	✗	✗	✗	✗	▲10	▲10	○	○	○
危険性や環境を悪化させるおそれがやや多い工場	✗	✗	✗	✗	✗	✗	✗	✗	✗	✗	○	○	○
危険性が大きいかまたは著しく環境を悪化させるおそれがある工場	✗	✗	✗	✗	✗	✗	✗	✗	✗	✗	✗	○	○
作業場の床面積の合計が50㎡超で、原動機を使用する工場	✗	✗	✗	✗	✗	✗	✗	✗	○	○	○	○	○
農産物の生産、集荷、処理または貯蔵に供するもの（政令で定めるものを除く）	✗	✗	○	✗	○	○	○	○	○	○	○	○	○
農業の生産資材の貯蔵に供するもの	✗	✗	○	✗	○	○	○	○	○	○	○	○	○
地域で生産された農産物の販売を主たる目的とする店舗その他一定の店舗、飲食店（2階以下かつ500㎡以下）	✗	✗	○	✗	○	○	○	○	○	○	○	○	✗

※2 原動機の制限あり。　▲5…3,000㎡以下　▲6…10,000㎡以下　▲7…**客席及びナイトクラブ等の用途に供する部分の床面積の合計200㎡未満**　▲8…農産物を生産・集荷・処理及び貯蔵するものに限る　▲9…作業場の床面積の合計が50㎡以下　▲10…作業場の床面積の合計が150㎡以下

❹ 田園住居地域内の建築物

田園住居地域で建築可能な建築物の中でも、特に右のものはチェックしておきましょう。

- 農産物の生産、集荷、処理・貯蔵施設
- 農業の生産資材の貯蔵施設
- 地域で生産された農産物を販売する店舗や飲食店（2階以下で500㎡以下の建築物）

❺ 敷地が用途地域の異なる地域にまたがる場合

建築物の敷地が2以上の用途地域にまたがる場合、敷地の過半が属する用途地域の用途制限が敷地全体に適用されます。

【例】建物の敷地面積が200㎡で、そのうち、150㎡が第二種住居地域に属し、50㎡が近隣商業地域に属している場合、敷地全体について、第二種住居地域の用途制限が適用される。

| 150㎡ 第二種住居地域 | 50㎡ 近隣商業地域 | | 200㎡ 第二種住居地域 の用途制限が適用される |

❻ 特例許可

「用途地域内の用途制限」の表（⇨p.434・435）は、特定行政庁の許可なしに建築できるか否かをまとめた表です。禁止されている用途の建築物であっても、特定行政庁の許可（特例許可）を受ければ、建築することが可能です。

特定行政庁は、特例許可をする場合には、あらかじめ、利害関係者の出頭を求めて公開により意見を聴取し、かつ、建築審査会の同意を得る必要があります。

ただし、次の行為について特例許可をするケースに関しては、利害関係者の意見聴取または建築審査会の同意取得の一方または双方が不要とされます。

出る！
特定行政庁が許可した場合、第一種低層住居専用地域内においても飲食店を建築することができる。

意見聴取、同意取得の一方または双方が不要なケース

	意見聴取	同意取得
特例許可を受けた建築物の増築・改築・移転	不要	不要
日常生活に必要な政令で定める建築物（以下a〜c） (騒音・振動等による住環境の悪化防止に必要な措置が講じられている場合)	必要	不要

		一低	二低	田住	一中	二中	一住	二住	準住
a	日用品販売を主目的とする店舗	◯	◯						
b	共同給食調理場				◯	◯	◯	◯	◯
c	自動車修理工場						◯	◯	◯

◯：意見聴取のみで建てられる

2 用途制限の関連知識

❶ 卸売市場等の特殊建築物の用途制限

卸売市場・火葬場・と畜場・汚物処理場・ごみ焼却場は、都市計画においてその敷地の位置が決定しているものでなければ、新築・増築ができません。

❷ 特別用途地区内の用途制限

特別用途地区内においては、建築物の建築の制限または禁止に関して必要な規定は、地方公共団体の条例で定めることができます。また、地方公共団体はその地区の指定の目的のために必要と認める場合において、国土交通大臣の承認を得て、建築基準法第48条の規定による建築物の用途制限を緩和することができます。

❸ 特定用途制限地域内の用途制限

特定用途制限地域（⇨ p.372）内の建築物の用途制限は、特定用途制限地域に関する都市計画に即し、政令で定める基準に従って、地方公共団体の条例で定めます。

【特殊建築物】
学校、病院、劇場、百貨店、市場、旅館、共同住宅、工場などの建築物。

【特別用途地区】
用途地域内の一定の地区におけるその地区の特性にふさわしい土地利用の増進、環境の保護等の特別の目的の実現を図るため、その用途地域の指定を補完して定めることができる地区のこと。例えば、文教地区や特別工業地区など。（⇨ p.372）

出る！
都市計画区域及び準都市計画区域外の区域内において、地方公共団体は、建築物の用途に関する制限を条例で定めることはできない。

過去問で集中講義

「用途制限」に関する過去問題を集めてあります。○✗で答えましょう。

※以下、特定行政庁の許可については考慮しないものとします。

1 老人ホームは、工業専用地域以外のすべての用途地域内において建築することができる。 H12年[問23.2]

2 第二種中高層住居専用地域内では、原則として、ホテル又は旅館を建築することができる。 H29年[問19.2]

3 第一種住居地域内では、ホテル（床面積計3,000㎡以下）は建築できるが、映画館は建築できない。 H14年[問20.2]

4 工業地域内では、住宅は建築できるが、病院は建築できない。 H14年[問20.4]

5 第二種低層住居専用地域に指定されている区域内の土地においては、美容院の用途に供する部分の床面積の合計が100㎡である2階建ての美容院を建築することができない。 H19年[問22.1]

6 建築物の敷地が第一種住居地域と近隣商業地域にわたる場合、当該敷地の過半が近隣商業地域であるときは、その用途について特定行政庁の許可を受けなくとも、カラオケボックスを建築することができる。 H16年[問20.1]

7 建築物の敷地が第一種低層住居専用地域及び準住居地域にわたる場合で、当該敷地の過半が準住居地域に存する場合には、作業場の床面積の合計が100㎡の自動車修理工場は建築可能である。 H25年[問18.4]

8 第一種中高層住居専用地域において、火葬場を新築しようとする場合には、都市計画により敷地の位置が決定されていれば新築することができる。 H20年[問21.4]

9 特別用途地区内においては、地方公共団体は、国土交通大臣の承認を得て、条例で、建築基準法第48条の規定による建築物の用途制限を緩和することができる。 H26年[問18.3]

10 用途地域の一つである特定用途制限地域は、良好な環境の形成又は保持のため当該地域の特性に応じて合理的な土地利用が行われるよう、制限すべき特定の建築物等の用途の概要を定める地域とする。 H25年[問15.2]

> 大事にゃところが黄色ににゃってる！

解説

❶ **老人ホーム**は、**工業専用地域以外の全ての用途地域内**で建築することができます。　　　　　　　　　　　　　　　答え [〇]

❷ **第二種中高層住居専用地域内**では、特定行政庁の許可なしでは、**ホテルや旅館を建築することができません**。　　答え [×]

❸ **床面積計3,000㎡以下**であれば、**第一種住居地域内でのホテルの建築は可能**です。映画館は床面積に関係なく建築不可です。　答え [〇]

❹ **工業地域内での住宅建築は可能**ですが、病院は建築できません。一方、**老人ホームや福祉ホームは建築可能**な点、要注意です。　答え [〇]

❺ 第二種低層住宅専用地域内で、美容院などのサービス業の用途に供する部分の**床面積の合計が150㎡以下**で**2階以下**であれば建築が可能です。　答え [×]

❻ 建築物の敷地が異なる用途地域にわたる場合、建築物の用途制限については、**敷地の過半が属する地域（本問の場合は近隣商業地域）の制限**に従います。近隣商業地域では、特定行政庁の許可を受けなくとも、カラオケボックスの建築が可能です。　　　　　　　　　　　　　　　答え [〇]

❼ 敷地の過半を占める準住居地域では**作業場の床面積の合計が150㎡を超えないもの**であれば、**自動車修理工場の建築が可能**です。本問の作業場の床面積は100㎡なので、建築可能です。　　　　　　　　　答え [〇]

❽ 火葬場等の特殊建築物は、都市計画においてその敷地の位置が決定しているものでなければ、新築、増築できません。また、「火葬場」は用途制限の表に掲載されていません。従って、いかなる用途地域に建築する場合でも、**特定行政庁の許可を受ける**必要があります。　　　　　　答え [×]

❾ 特別用途地区内においては、建築物の建築の制限・禁止について、**地方公共団体の条例**で定めます。地方公共団体は、**国土交通大臣の承認を得て、条例で、用途地域で定める建築物の用途に関する制限を緩和**することができます。　　　　　　　　　　　　　　　　　　　　　答え [〇]

❿ **特定用途制限地域は、用途地域の1つではなく**、「用途地域が定められていない土地の区域（市街化調整区域を除く）内において、その良好な環境の形成または保持のため当該地域の特性に応じて合理的な土地利用が行われるよう、制限すべき特定の建築物等の用途の概要を定める地域」をいいます。　　　　　　　　　　　　　　　　　　　　　　　　　　　答え [×]

11 建蔽率

■建築基準法

- 建蔽率とは建築物の建築面積の敷地面積に占める割合。
- 「防火地域内にある耐火建築物」「特定行政庁が指定する角地内の建築物」の建蔽率の最高限度はそれぞれ＋10％緩和される。

都市計画区域または準都市計画区域内の区域で建築物を建築する場合には、**建蔽率**や**容積率**による制限を受けます。

> **出る！**
> 建築物の建蔽率は、用途地域ごとに都市計画において定められた数値を超えてはならない。

1 建蔽率とは

建築物の建築面積の敷地面積に占める割合を**建蔽率**といいます。簡単にいうと「敷地面積のうち、どのくらいの割合までは建築物を建てられるか」を表すものです。**建蔽率**は**都市計画**で定められます。

【建築面積】
建築物の外壁または柱の中心線で囲まれた内側の部分の水平投影面積。建坪ともいう。

$$建蔽率 = \frac{建築面積}{敷地面積}$$

← 分数で表したり、100を掛けて、％で表記する場合もある。

例 敷地面積1,200㎡、建築面積240㎡の場合の建蔽率は？

$$建蔽率 = \frac{240}{1200} \begin{array}{l}\leftarrow 建築面積\\ \leftarrow 敷地面積\end{array}$$
$$= \frac{2}{10} \ (20\%)$$

答 $\frac{2}{10}$ (20％)

建築面積 240㎡

敷地面積 1,200㎡

440

2 建蔽率の制限

❶ 建蔽率の最高限度

用途地域の指定のある区域において、建蔽率は、次の表の範囲の中で、地域ごとの特性に合わせて<u>都市計画で具体的に定めます</u>。

商業地域の8/10だけ覚える。それ以外は問題文に記載される。

建蔽率の最高限度

	用途地域	建蔽率の最高限度
都市計画区域・準都市計画区域	第一種低層住居専用地域 第二種低層住居専用地域 田園住居地域 第一種中高層住居専用地域 第二種中高層住居専用地域 工業専用地域	$\frac{3}{10}$、$\frac{4}{10}$、$\frac{5}{10}$、$\frac{6}{10}$ (30%～60%)
	第一種住居地域 第二種住居地域 準住居地域 準工業地域	$\frac{5}{10}$、$\frac{6}{10}$、$\frac{8}{10}$ (50%～80%)
	近隣商業地域	$\frac{6}{10}$、$\frac{8}{10}$ (60%～80%)
	商業地域 ※建築基準法で定められているため、**都市計画**で定める必要がない。	$\frac{8}{10}$ (80%)
	工業地域	$\frac{5}{10}$、$\frac{6}{10}$ (50%～60%)
	用途地域の指定のない区域 ※<u>特定行政庁</u>が都道府県都市計画審議会の議を経て定める。	$\frac{3}{10}$、$\frac{4}{10}$、$\frac{5}{10}$、$\frac{6}{10}$、$\frac{7}{10}$ (30%～70%)

❷ 建蔽率の適用除外

次の建築物については、建蔽率の制限は適用されません。

> **建蔽率の適用除外…建蔽率が無制限になる場合**
>
> - 建蔽率10分の8とされている地域内で、かつ防火地域内にある耐火建築物等
> - 巡査派出所、公衆便所、公共用歩廊など
> - 公園、広場、道路、川などの内にある建築物で、特定行政庁が安全上、防火上、衛生上支障がないと認めて建築審査会の同意を得て許可したもの

商業地域では建蔽率が「10分の8」と定められているため、「防火地域内の耐火建築物」であれば、建蔽率は制限なし。

【耐火建築物等】
耐火建築物またはこれと同等以上の延焼防止性能を有するものとして政令で定める建築物。

【準耐火建築物等】
準耐火建築物またはこれと同等以上の延焼防止性能を有するものとして政令で定める建築物。

❸ 建蔽率の緩和規定

次の建築物については建蔽率の制限が緩和されます。

建蔽率の緩和規定…1/10割増になる場合	
(1) **防火地域内にある耐火建築物等**（建蔽率10分の8とされている地域以外） 準防火地域内にある耐火建築物等または準耐火建築物等	$+\dfrac{1}{10}$（プラス10%）
(2) **特定行政庁が指定する角地内**にある建築物	$+\dfrac{1}{10}$（プラス10%）
(1)と(2)の両方を満たす場合	$+\dfrac{2}{10}$（プラス20%）

❹ 壁面線の指定がある建築物

隣地境界線から後退して**壁面線**の指定がある場合には、この壁面線を越えない建築物で、特定行政庁が安全上、防火上、衛生上支障がないと認めて許可したものについては、当該許可の範囲内において建蔽率による制限が緩和されます。

【壁面線】
建築物の位置を整え、町並みをそろえて環境の向上を図るために指定される建築物の壁・柱・門などの位置を制限する線。特定行政庁は、壁面線を指定して、建築を制限することができる。

❺ **敷地が建蔽率制限の異なる地域にまたがる場合**

建蔽率の異なる2つ以上の地域にまたがって建築物の敷地がある場合、その敷地の建蔽率の限度は、各地域に属する敷地の割合に応じて按分計算により算出された数値となります。具体例で求めてみましょう。

> **出る！**
> 異なる地域にまたがる建蔽率の問題で、選択肢に次の言葉が出たら誤り。
> 「建蔽率の限度の合計の2分の1」←✕
> 「敷地の過半が属する方の土地の建蔽率を適用」←✕

例 AとBという異なる2つの地域にまたがって、建築物を建てる場合の建蔽率の限度は？

A【第二種中高層住居地域】
指定建蔽率…
$\frac{4}{10}$ (40％)
敷地面積：150㎡

B【近隣商業地域】
指定建蔽率…
$\frac{6}{10}$ (60％)
敷地面積：50㎡

ヒント 計算の手順
(1) AとBの最大建築面積を合計する…①
(2) AとBの敷地面積を合計する…②
(3) ①を②で割る

敷地Aの最大建築面積　$150㎡ × \frac{4}{10} = 60㎡$

敷地Bの最大建築面積　$50㎡ × \frac{6}{10} = 30㎡$

AとBにまたがる敷地の建蔽率の限度 $= \dfrac{①最大建築面積の合計}{②敷地面積の合計} = \dfrac{60㎡+30㎡}{150㎡+50㎡} = \dfrac{90}{200} = \dfrac{4.5}{10}$ (45％)

計算問題が出題されても対応できるよう、上記の手順（按分計算）を理解しておこう。

答 建蔽率の限度は、$\frac{4.5}{10}$ (45％)

3 敷地面積の最低限度の制限

用途地域に関する都市計画において**建築物の敷地面積の最低限度**を定めることができます。この最低限度は**200㎡**を超えてはなりません。

最低でも200㎡と定めることはできる。最低でも250㎡と定めることはできない。

過去問で集中講義 ✏

「建蔽率」に関する過去問題を集めてあります。**○✗**で答えましょう。

1 公園内にある建築物で特定行政庁が安全上、防火上及び衛生上支障がないと認めて許可したものについては、建蔽率の制限は適用されない。 H28年[問19.3]

2 商業地域内で、かつ、防火地域内にある耐火建築物については、建築面積の敷地面積に対する割合の制限を受けない。 H13年[問21.4]

3 建蔽率の限度が10分の8とされている地域内で、かつ、防火地域内にある耐火建築物については、建蔽率の制限は適用されない。 H25年[問18.2]

4 近隣商業地域内で、かつ、防火地域内にある耐火建築物の建蔽率は、8/10を超えてはならない。 H02年[問23.3]

5 街区の角にある敷地又はこれに準ずる敷地内にある建築物の建蔽率については、特定行政庁の指定がなくとも都市計画において定められた建蔽率の数値に10分の1を加えた数値が限度となる。 H24年[問19.1]

6 都市計画において定められた建蔽率の限度が10分の8とされている地域外で、かつ、防火地域内にある耐火建築物の建蔽率については、都市計画において定められた建蔽率の数値に10分の1を加えた数値が限度となる。 H26年[問18.4]

7 建築物の敷地が建蔽率に関する制限を受ける地域又は区域の2以上にわたる場合においては、当該建築物の建蔽率は、当該各地域又は区域内の建築物の建蔽率の限度の合計の2分の1以下でなければならない。 H27年[問18.2]

8 建築物の敷地が第二種中高層住居専用地域と第二種住居地域にわたり、かつ、当該敷地の過半が第二種住居専用地域内にある場合は、当該敷地が第二種住居専用地域内にあるものとみなして、建蔽率に係る制限が適用される。 H02年[問23.2]

9 用途地域に関する都市計画において建築物の敷地面積の最低限度を定める場合においては、その最低限度は200㎡を超えてはならない。 H24年[問19.3]

解 説

❶ **公園、広場、道路、川**などの内にある建築物で、特定行政庁が安全上、防火上、衛生上支障がないと認めて建築審査会の同意を得て許可したものは**建蔽率の制限が適用されません。** 答え [○]

❷ 商業地域の建蔽率は10分の8と法定されています。**建蔽率の最高限度が10分の8とされている地域内**で、かつ防火地域内にある耐火建築物は建蔽率の制限を受けません。 答え [○]

❸ 建蔽率の最高限度が**10分の8とされている地域内**で、かつ、**防火地域内にある耐火建築物**については、建蔽率の制限が適用されません。つまり、**建蔽率の最高限度は10分の10（100％）**となります。 答え [○]

❹ 近隣商業地域における建蔽率は、10分の6または10分の8のどちらかです。このうち、**10分の8**と定められている場合、「**防火地域内にある耐火建築物**」であれば、建蔽率の制限は適用されません。従って、「8/10を超えてはならない」は誤りです。 答え [✗]

❺ 建蔽率の最高限度が緩和されるのは、「街区の角にある敷地またはこれに準ずる敷地で**特定行政庁が指定するものの内にある建築物**」の場合です。特定行政庁の指定のない角地については、上限は緩和されません。 答え [✗]

❻ 建蔽率の最高限度が10分の8とされている地域外で、防火地域内にある耐火建築物等については、都市計画で定められた建蔽率の数値に**10分の1を加えた数値が建蔽率の限度**となります。 答え [○]

❼ 敷地が建蔽率の異なる地域にわたる場合、**その敷地の建蔽率の限度**は、**それぞれの地域に属する敷地の割合に応じて按分計算により算出された数値**となります。従って、「当該各地域又は区域内の建築物の建蔽率の限度の合計の2分の1以下」は誤りです。 答え [✗]

❽ ❼と同様に、敷地が建蔽率の異なる地域にわたる場合、その敷地の建蔽率の限度は、**それぞれの地域に属する敷地の割合に応じて算出**されます。「敷地の過半が属するほうの用途地域の建蔽率に係る制限が適用される」という内容は誤りです。 答え [✗]

❾ 用途地域には建築物の敷地面積の最低限度を都市計画で定めることができ、その**最低限度は200㎡を超えてはなりません**。 答え [○]

12 容積率

■建築基準法

- 容積率とは、敷地面積に対する建築物の延べ面積の割合。
- 建物の容積率は都市計画指定の数値以下でなくてはならない。
- 前面道路の幅員が12m以上の場合、指定容積率が適用される。

1 容積率とは

　都市計画区域または準都市計画区域内で建物を建てる場合、建蔽率による制限のほかに、**容積率**による制限を受けます。容積率とは、敷地面積に対する建築物の延べ面積の割合をいいます。

【延べ面積】
建築物の各階の床面積の合計。

$$容積率 = \frac{延べ面積}{敷地面積}$$

例 敷地面積130㎡
1階・2階の床面積80㎡
3階・4階の床面積50㎡
の建物の容積率は？

延べ面積 = 80㎡×2＋50㎡×2
　　　　 = 260㎡

容積率　 = $\frac{260}{130} = \frac{20}{10}$ (200％)

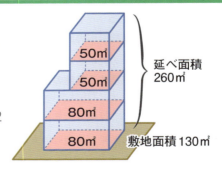

延べ面積 260㎡
敷地面積 130㎡

答 建物の容積率は、$\frac{20}{10}$ (200％)

2 容積率の制限

❶ 指定容積率

　用途地域の指定のある区域において、容積率は、下表の容積率のうちから、地域ごとの特性に合わせ**都市計画**でいずれかに定めます。これを**指定容積率**といいます。

【指定容積率】
都市計画において、用途地域ごとに地方自治体により定められる容積率。用途地域の指定のない区域においては、特定行政庁が定める。

用途地域ごとの指定容積率

容積率50％。敷地の半分の延べ面積の建物しか建てられない。

	用途地域	指定容積率（容積率の最高限度）
都市計画区域・準都市計画区域	**第一種低層住居専用地域** 第二種低層住居専用地域 田園住居地域	$\frac{5}{10}$、$\frac{6}{10}$、$\frac{8}{10}$、$\frac{10}{10}$、$\frac{15}{10}$、$\frac{20}{10}$
	第一種中高層住居専用地域 **第二種中高層住居専用地域** 第一種住居地域 第二種住居地域 準住居地域 近隣商業地域 準工業地域	$\frac{10}{10}$、$\frac{15}{10}$、$\frac{20}{10}$、$\frac{30}{10}$、$\frac{40}{10}$、$\frac{50}{10}$
	工業地域 工業専用地域	$\frac{10}{10}$、$\frac{15}{10}$、$\frac{20}{10}$、$\frac{30}{10}$、$\frac{40}{10}$
	商業地域	$\frac{20}{10}$、$\frac{30}{10}$、$\frac{40}{10}$、$\frac{50}{10}$、$\frac{60}{10}$、$\frac{70}{10}$、$\frac{80}{10}$、 $\frac{90}{10}$、$\frac{100}{10}$、$\frac{110}{10}$、$\frac{120}{10}$、$\frac{130}{10}$
	用途地域の指定のない区域 →特定行政庁が都道府県都市計画審議会の議を経て定める。	$\frac{5}{10}$、$\frac{8}{10}$、$\frac{10}{10}$、$\frac{20}{10}$、$\frac{30}{10}$、$\frac{40}{10}$

容積率1,300％。敷地の13倍の延べ面積の建物が建てられる。

Part **3** 法令上の制限

12 建築基準法／容積率

447

❷ 前面道路の幅員による容積率の制限

建築物の前面道路の**幅員**が**12m以上**の場合は、指定容積率が適用されますが、**12m未満**の場合、その敷地に建てる建築物の容積率は、原則として、その幅員のメートルの数値に、一定の数値（法定乗数）を掛けたもの以下でなければなりません。

この場合の法定乗数とは、建築基準法第52条第2項各号に定められた数値。

出る！
前面道路の幅員による容積率制限は、前面道路の幅員が12m以上ある場合は適用されない。

前面道路の幅員による容積率

住居系の用途地域 （法定乗数4/10）	前面道路の幅員の10分の4 ① 幅員8mの場合…8×4/10で、容積率320%
住居系以外の用途地域 （法定乗数6/10）	前面道路の幅員の10分の6 ② 幅員8mの場合…8×6/10で、容積率480%

これによって算出された数値と、指定容積率の数値を比べ、**小さい方（制限が厳しい方）の容積率**が用いられる。

【例】指定容積率が400%の敷地の場合、上表の①の用途地域のときは、容積率<u>320%</u>、②の用途地域のときは、指定容積率<u>400%</u>が用いられる。

❸ 前面道路が複数ある場合

建築物の前面道路の幅員により制限される容積率について、前面道路が2つ以上ある場合には、これら道路の幅員のうち**最も広い道路の幅員**を基準として算出します。

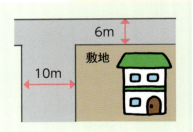

幅員が広い方の10mを基準に算出する。

❹ **敷地が容積率制限の異なる地域にまたがる場合**

建築物の敷地が、2以上の異なる容積率制限の地域にまたがる場合、容積率はそれぞれの地域に属する敷地の面積の割合に応じて按分計算により算出します。

出る！
次の選択肢が出たらすべて誤り。「制限が厳しい方の容積率を適用」「敷地の過半が属する方の容積率を適用」「各容積率の数値の平均値」。

> **例** 次の図のような敷地Aと敷地Bをあわせて一の敷地として居住用の建築物を建築する場合、この建築物の容積率の最高限度は何%となるか求めなさい。
>
> ※注：他の地域地区等の指定や特定道路及び特定行政庁の許可は考慮しないものとする。また、特定行政庁が都道府県都市計画審議会の議を経て指定する区域内でもないものとする。
>
> **A【第一種住居地域】**
> 指定容積率…$\dfrac{20}{10}$
>
> **B【準工業地域】**
> 指定容積率…$\dfrac{40}{10}$
>
>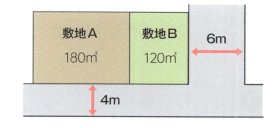
>
> **(1) 敷地Aの容積率の最高限度を求める**
>
> 敷地Aと敷地Bとをあわせて1つの敷地として利用するので、この敷地の前面道路は6m（幅員の広い方）である。敷地Aは第一種住居地域なので、住居系の用途地域の法定乗数10分の4を用いる。
>
> 幅員6mの場合の容積率（幅員容積率）… $6 \times \dfrac{4}{10} = \dfrac{24}{10}$
>
> 指定容積率 $\dfrac{20}{10}$ の方が数値が小さい（制限が厳しい）。
>
> 従って、敷地Aの容積率の最高限度は、$\dfrac{20}{10}$

(2) 敷地Bの容積率の最高限度を求める

敷地Aと同じく、この敷地の前面道路は6mである。敷地Bは準工業地域なので、住居系以外の用途地域の法定乗数10分の6を用いる。

幅員6mの場合の容積率（幅員容積率）… $6 \times \dfrac{6}{10} = \dfrac{36}{10}$　指定容積率 $\dfrac{40}{10}$ より

数値が小さい（制限が厳しい）ので、敷地Bの容積率の最高限度は、$\dfrac{36}{10}$

(3) 敷地A＋Bに建てる建築物の容積率の最高限度を求める

敷地全体に適用される容積率は、それぞれの地域の容積率にその地域に含まれている敷地の割合を掛けたものを合計して求める。

敷地全体の容積率の最高限度… $\dfrac{180}{300} \times \dfrac{20}{10} + \dfrac{120}{300} \times \dfrac{36}{10}$

（180／300：敷地Aの面積、120／300：敷地Bの面積、300：AとBの敷地面積の合計）

$= \dfrac{3600}{3000} + \dfrac{4320}{3000} = \dfrac{7920}{3000} = \dfrac{264}{100}$ （264％）

計算問題が出題されても対応できるよう、上記の手順を理解しておこう。

答 容積率の最高限度は、**264％**

なお、<u>建築物が一方の用途地域内のみに建築される場合であっても、その容積率の限度は、同様に按分計算により算出された数値</u>となります。

容積率の最高限度を求めるときのポイント
- 敷地が2つ以上の道路に面している場合
  ➡ **幅員**が最も**広いもの**を基準にする
- 法定乗数を掛けて、指定容積率と比べたとき
  ➡ **数値**の**小さい方**を選ぶ

3 容積率の緩和措置

❶ 面積不算入

建築物の延べ面積の計算に算入しないことで、制限を緩和する制度です。

> これにより、エレベーター設置等を促進させ、バリアフリーを進めようという狙いがある。

建築物の延べ面積に算入しないもの
- 住宅・老人ホーム等の<u>地階</u>（<u>最大で延べ面積の3分の1まで不算入</u>）
- 共同住宅・老人ホーム等の<u>共用の廊下・階段の部分</u>（<u>すべて不算入</u>）
- エレベーターの<u>昇降路（シャフト）の部分</u>（<u>すべて不算入</u>）
- 車庫（最大で延べ面積の5分の1まで不算入）
- 宅配ボックス設置部分（最大で延べ面積の100分の1まで不算入）

❷ 特定道路に関する緩和の特例

建築物の敷地が、**幅員15m以上の道路（特定道路）**に接続する**幅員6m以上12m未満の前面道路**のうち、<u>当該特定道路からの延長が70m以内</u>の部分に接する場合、当該敷地の容積率の限度の算定にあたっては、当該敷地の前面道路の幅員は、<u>当該延長及び前面道路の幅員を基に一定の計算により算定した数値だけ広いものとみなされます。</u>

【特定道路】
建築基準法の容積率に関する規定による、道幅が15m以上の道路のこと。

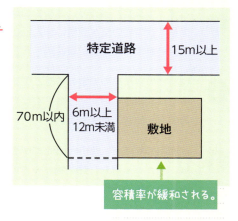

❸ 敷地が計画道路に接する場合

建築物の敷地が都市計画において定められた**計画道路に接する場合**、特定行政庁が交通上、安全上、防火上、衛生上支障がないと認めて許可した建築物については、その**計画道路を前面道路とみなして**容積率を算定します。

【計画道路】
都市計画によって定められる道路のこと。

過去問で集中講義

「容積率」に関する過去問題を集めてあります。○×で答えましょう。

1 用途地域の指定のない区域内に存する建築物の容積率は、特定行政庁が土地利用の状況等を考慮し、都市計画において定められた数値以下でなければならない。
H17年[問22.4]

2 容積率の制限は、都市計画において定められた数値によるが、建築物の前面道路（前面道路が二以上あるときは、その幅員の最大のもの。）の幅員が12m未満である場合には、当該前面道路の幅員のメートルの数値に建築基準法第52条第2項各号に定められた数値を乗じたもの以下でなければならない。
H23年[問19.3]

3 建築物の前面道路の幅員に一定の数値を乗じて得た数値による容積率の制限について、前面道路が二つ以上ある場合には、それぞれの前面道路の幅員に応じて容積率を算定し、そのうち最も低い数値とする。
H17年[問22.2]

4 容積率の算定に当たり、建築物の延べ面積の1/3を限度として、地下室の床面積を建築物の延べ面積に算入しないとする特例は、住宅以外の用途に供する部分を有する建築物には適用されない。
H11年[問21.1]

5 建築物の容積率の算定の基礎となる延べ面積には、エレベーターの昇降路の部分又は共同住宅の共用の廊下若しくは階段の用に供する部分の床面積は、一定の場合を除き、算入しない。
H27年[問18.1]

6 建築物の敷地が、都市計画により定められた建築物の容積率の限度が異なる地域にまたがる場合、建築物が一方の地域内のみに建築される場合であっても、その容積率の限度は、それぞれの地域に属する敷地の部分の割合に応じて按分計算により算出された数値となる。
H16年[問20.3]

7 建築物の敷地が都市計画に定められた計画道路（建築基準法第42条第1項第4号に該当するものを除く。）に接する場合において、特定行政庁が交通上、安全上、防火上及び衛生上支障がないと認めて許可した建築物については、当該計画道路を前面道路とみなして容積率を算定する。
H17年[問22.3]

大事にゃところが
黄色ににゃってる！

解 説

❶ 用途地域の指定のない区域内の建築物の容積率は、都市計画で定めるわけではありません。**5/10、8/10、10/10、20/10、30/10、40/10の中から、特定行政庁**が土地利用の状況等を考慮し、当該区域を区分して都道府県都市計画審議会の議を経て定めます。　　　　　　　　　　　　答え［**✗**］

❷ 建築物の前面道路（前面道路が2以上あるときは、その幅員の最大のもの）の幅員が12m未満であるとき、建築物の容積率は前面道路の幅員のメートル数に建築基準法第52条第2項各号に定められた数値（**法定乗数**）を乗じ**たもの以下**でなければなりません。　　　　　　　　　答え［**○**］

❸ 前面道路が2つ以上ある場合、**幅員が最大の（最も広い）道路を基準として計算**します。「最も低い数値とする」は誤りです。　　　答え［**✗**］

❹ **住宅、老人ホーム等の用途に供する地階部分の床面積**は、**床面積の合計の1/3を限度として、延べ面積に算入しません**。問題文の「住宅以外の用途に供する部分を有する建築物には適用されない」の部分が誤りです。

答え［**✗**］

❺ 容積率を算出する場合、**エレベーターの昇降路の部分**または**共同住宅・老人ホーム等の共用の廊下**もしくは**階段の用に供する部分の床面積**は、延べ面積には算入しません。このほか、住宅・老人ホーム等の地階は、最大で延べ面積合計の3分の1まで、車庫は最大で延べ面積の5分の1まで算入しません。　　　　　　　　　　　　　　　　　　　　　　　答え［**○**］

❻ 敷地が容積率の異なる地域にまたがる場合、その敷地の容積率の限度は、**それぞれの地域に属する敷地の割合に応じて按分計算により算出された数値の合計**となります。建築物が一方の地域内のみに建てられた場合も、同じく按分計算により算出します。　　　　　　　　　　　　　　答え［**○**］

❼ 建築物の敷地が都市計画において定められた計画道路に接する場合、**特定行政庁が交通上、安全上、防火上、衛生上支障がないと認めて許可した建築物**については、その計画道路を**前面道路とみなして容積率を算定**します。

答え［**○**］

Part **3**

法令上の制限

12 建築基準法／容積率

453

13 ■建築基準法
高さ制限(斜線制限・日影規制)

- 絶対的高さ制限は、10mか12mのどちらか。
- 隣地斜線制限の適用がないのは、第一種・第二種低層住居専用地域と田園住居地域のみ。

建築基準法では、土地の日照や採光、通風を確保し、良好な環境を保つために、建築物の高さを制限しています。高さ制限には、**絶対的高さ制限**、**斜線制限**、**日影規制**があります。

1 絶対的高さ制限

第一種低層住居専用地域、第二種低層住居専用地域、田園住居地域内では、建築物の高さに制限がかけられます。これらの地域内では、10mまたは12mのうち都市計画において定められた建築物の高さの限度を超えてはなりません。なお、この絶対的高さの制限には例外があります。建築審査会が同意して特定行政庁が許可した場合には、絶対的高さの制限を上回る高さの建築物を建築することができます。

> 10m、12mのどちらにするかは、都市計画で定める。

2 斜線制限

❶ 3種類の斜線制限

斜線制限は、敷地内の建築物について、上空に斜めの線を引き、その斜線を超えないよう建築を制限する

ものです。斜線制限には、**道路斜線制限、隣地斜線制限、北側斜線制限**があります。

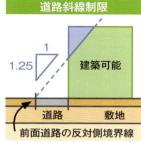

道路斜線制限	隣地斜線制限	北側斜線制限
前面道路の反対側境界線を起点に1：1.25（または1.5）の勾配で引いた線よりも内側に建築物を建築しなければならない。	隣地境界線から垂直に20m（または31m）立ち上がった地点を起点に1：1.25（または2.5）の勾配で引いた線よりも内側に建築物を建築しなければならない。	北側隣地境界線から垂直に10m（または5m）立ち上がった地点を起点に北から南方向へ1：1.25の勾配で引いた線よりも内側に建築物を建築しなければならない。

用途地域によって適用される斜線制限は異なります。対象となる区域は次の通りです。

斜線制限の対象区域

〇＝適用あり　✕＝適用なし

	適用される用途地域	道路斜線制限	隣地斜線制限	北側斜線制限
都市計画区域・準都市計画区域	第一種・第二種低層住居専用地域 田園住居地域	〇	✕	〇
	第一種・第二種中高層住居専用地域	〇	〇	〇※
	第一種・第二種住居地域 準住居地域 **近隣商業地域** 商業地域 準工業地域 工業地域 工業専用地域	〇	〇	✕
	用途地域の定めのない区域	〇	〇	✕

※日影規制の適用がない場合のみ適用あり。

❷ **敷地が斜線制限の異なる地域にまたがる場合**

建築物の敷地が2以上の異なる斜線制限の地域にまたがる場合は、建築物の各部分ごとに斜線制限の適用の有無を考えます。

> **例** 次の文の正誤を答えなさい。
> 「建築物が右の2つの用途地域にまたがって建築されており、建築物の過半が近隣商業地域にある場合に、その建築物全体に対して北側斜線制限は適用されない。なお、日影規制の適用はないものとする」
>
> 近隣商業地域 ／ 第二種中高層住居専用地域
>
> 2つの地域に存在する建築物の部分ごとに北側斜線制限の適用の有無を考える。
> ・近隣商業地域→適用されない
> ・第二種中高層住居専用地域→適用される
>
> 従って、「建築物全体に対して北側斜線制限は適用されない」は誤り。 **答**

3 日影規制

日影規制は、中高層建築物が周囲に落とす日影を一定の時間内に制限しようというものです。

日影規制は、住居系の用途地域（8地域）や近隣商業地域、準工業地域のほか、用途地域の指定のない区域で地方公共団体の条例で指定する区域において適用されます。商業地域、工業地域、工業専用地域には適用されません。

「ひかげきせい」とも読む。

日影に入ってしまう建築物に、一定時間の日照を確保するための制度。最も日照条件の悪い冬至日の8時～16時の8時間のうち、日影になる時間を制限する。

456

❶ 日影規制の対象となる建築物

　日影規制が適用される建築物は、適用対象区域内のすべての建築物ではなく、一定の規模以上のものに限られます。

制限を受ける建築物

(1) 第一種・第二種低層住居専用地域、田園住居地域
　→ 軒の高さが7mを超える建築物、または地階を除く階数が3以上の建築物

(2) 上記以外の住居系用途地域、近隣商業地域、準工業地域
　→ 高さが10mを超える建築物

(3) 用途地域の定めのない区域
　→ 上記(1)、(2)のうちから、地方公共団体がその地方の気候及び風土、その区域の土地利用の状況等を勘案して条例で指定する。

適用対象区域外にある場合でも制限を受ける建築物

冬至日に日影規制の適用対象区域に日影を生じさせる建築物で、高さが10mを超える場合は、その建築物は適用対象区域内にある建築物とみなされ、日影規制が適用される。

---

❷ 同一の敷地内に2つ以上の建築物がある場合

　同一の敷地内に2以上の建築物がある場合は、これらの建築物は1つの建築物とみなして日影規制の対象になるかどうかを判断します。

❸ 日影規制の緩和

　(1)建築物の敷地が、道路、水面、線路敷、その他これらに類するものに接する場合、(2)建築物の敷地とこれに接する隣地との高低差が著しい場合、(3)その他これらに類する特別の事情がある場合には、日影規制が緩和されます。

過去問で集中講義 ✏

「高さ制限」に関する過去問題を集めてあります。〇✕で答えましょう。

1 第一種低層住居専用地域、第二種低層住居専用地域又は田園住居地域内においては、建築物の高さは、12m又は15mのうち、当該地域に関する都市計画において定められた建築物の高さの限度を超えてはならない。　H24年[問19.2]

2 道路斜線制限（建築基準法第56条第1項第1号の制限をいう。）は、用途地域の指定のない区域内については、適用されない。　H05年[問23.1]

3 第二種低層住居専用地域に指定されている区域内の土地においては、建築物を建築しようとする際、当該建築物に対する建築基準法第56条第1項第2号のいわゆる隣地斜線制限の適用はない。ただし、特定行政庁の許可については考慮しないものとする。　H19年[問22.4]

4 第一種低層住居専用地域及び第二種低層住居専用地域内における建築物については、建築基準法第56条第1項第2号の規定による隣地斜線制限が適用される。　H18年[問22.2]

5 第二種中高層住居専用地域内における建築物については、建築基準法第56条第1項第3号の規定による北側斜線制限は適用されない。　H18年[問22.1]

6 ☑ 建築物が第二種中高層住居専用地域及び近隣商業地域にわたって存する場合で、当該建築物の過半が近隣商業地域に存する場合には、当該建築物に対して建築基準法第56条第1項第3号の規定（北側斜線制限）は適用されない。　H25年[問18.3]

7 建築物が第二種低層住居専用地域と第一種住居地域にわたる場合、当該建築物の敷地の過半が第一種住居地域であるときは、北側斜線制限が適用されることはない。　H16年[問20.2]

8 ☑ 商業地域内にある建築物については、法第56条の2第1項の規定による日影規制は、適用されない。ただし、冬至日において日影規制の対象区域内の土地に日影を生じさせる、高さ10mを超える建築物については、この限りでない。　あと2つの地域どこ？？　H21年[問19.3]

9 建築基準法第56条の2第1項の規定による日影規制の対象区域は地方公共団体が条例で指定することとされているが、商業地域、工業地域及び工業専用地域においては、日影規制の対象区域として指定することができない。　H18年[問22.4]

大事にゃところが黄色ににゃってる！

解説

❶ **第一種低層住居専用地域、第二種低層住居専用地域、田園住居地域内**においては、建築物の高さは、**10mまたは12mのうち**都市計画において定められた建築物の高さの限度を超えてはなりません。　　答え [✗]

❷ **道路斜線制限**は、都市計画区域及び準都市計画区域内の**すべての区域に適用**されます。　　答え [✗]

❸ **第一種低層住居専用地域、第二種低層住居専用地域、田園住居地域**の区域内では、**隣地斜線制限は適用されません**。　　答え [○]

❹ 隣地斜線制限が適用されるのは、**第一種・第二種低層住居専用地域や田園住居地域以外の用途地域**と、**用途地域の定めのない区域**です。　　答え [✗]

❺ **北側斜線制限**が適用される用途地域は、**第一種・第二種低層住居専用地域、田園住居地域、第一種・第二種中高層住居専用地域**です。　　答え [✗]

❻ 建築物が2以上の用途地域にわたる場合、建築物の各部分ごとに北側斜線制限の適用の有無を考えます。**近隣商業地域に属する建物の部分については、北側斜線制限は適用されません**が、**第二種中高層住居専用地域では適用されます**。従って「北側斜線制限は適用されない」は誤りです。　　答え [✗]

❼ 斜線制限の適用にあたり、**建築物が2以上の地域、地区にわたる場合**には、**建築物の各部分ごとに、北側斜線制限の適用の有無**を考えます。従って、建築物の敷地の過半が北側斜線制限の適用のない第一種住居地域内にあっても、建物全体に北側斜線制限が適用されなくなるわけではありません。第二種低層住居専用地域に存する建築物の部分には、北側斜線制限が適用されます。
　　答え [✗]

❽ 商業地域内の建築物は日影規制の対象外ですが、**冬至日に日影規制の適用区域に日影をつくる建物で高さが10mを超える場合**は、その建築物は適用対象区域内にある建築とみなされ、**日影規制が適用**されます。　　答え [○]

❾ 日影規制の適用対象区域は住居系の用途地域（8地域）や近隣商業地域、準工業地域、用途地域の指定のない区域において、地方公共団体が条例で定めます。**商業地域、工業地域及び工業専用地域**においては、**日影規制の対象区域として指定することはできません**。　　答え [○]

14 ■建築基準法
防火・準防火地域の制限

- 準防火地域より防火地域の方がより制限が厳しい。
- 防火地域内で屋上に設置する看板や広告塔は不燃材料で造るか、覆わなければならない。

建築物が密集する地域での火災防止のために指定される地域地区が**防火地域**・**準防火地域**です。建築基準法では、これらの地域内で建築される建築物の構造（耐火建築物や準耐火建築物など）に一定の制限を設けています。

【防火地域・準防火地域】
都市計画により、防火、防災のため指定された地域。燃焼しやすい木造建築を廃して耐火性能の高い構造の建築物を建てるように定められている。準防火地域よりも、防火地域の方がより厳しい制限が加えられている。

「耐火建築物」「準耐火建築物」「防火構造の建築物」には、それぞれ同等以上に延焼防止性能が確保された建築物を含む。

1 防火地域内の建築物の制限

❶ 耐火建築物または準耐火建築物とする場合

防火地域内で以下の建築物を建てる場合、耐火建築物または準耐火建築物としなければなりません。

防火地域の制限

地階を含む階数	延べ面積100㎡以下	延べ面積100㎡超
3階以上	耐火建築物	耐火建築物
2階以下	耐火または準耐火建築物	耐火建築物

防火地域の建築物は、耐火建築物とする。ただし、2階以下かつ延べ面積100㎡以下の建物は、耐火または準耐火建築物とする。

ただし、次の場合は耐火建築物または準耐火建築物にしなくてもかまいません。

> **例外となる建築物**
> - 建築物に附属する高さ2m超の門・塀で延焼防止上支障のない構造のもの
> - 高さ2m以下の門・塀

❷ 看板等の防火措置

<u>防火地域内</u>にある<u>看板</u>、<u>広告塔</u>、<u>装飾塔</u>その他これらに類する工作物で、建築物の<u>屋上</u>に設けるものまたは<u>高さ3mを超えるもの</u>は、その<u>主要な部分</u>を<u>不燃材料</u>で造り、または覆わなければなりません。

この規制は「準防火地域」では適用されない。

【不燃材料】
通常火災による火熱が加えられた場合に、①燃焼しない、②防火上有害な変形などの損傷を生じない、③避難上有害な煙・ガスを発生しないという性質を加熱開始後20分間維持することができる建築材料のこと。コンクリートや鉄鋼、アルミニウム、レンガ、ガラスなど。

【防火構造】
周辺火災からの延焼を30分以上防ぐことができる防火性能をもつ構造。鉄鋼モルタル塗り、漆くい塗りその他の構造をいう。

【軒裏】
軒（外壁面より外に出ている屋根の部分）の下面。

2 準防火地域内の建築物の制限

準防火地域内の制限は、以下のとおりです。

> **ゴロ合わせ**
> じゅん坊（準防火地域内）が
> 4個の貝（4階）買って、1,500円を超える
> （1,500㎡超）対価（耐火建築物）を払った。

準防火地域の制限

地階を除く階数	延べ面積		
	500㎡以下	500㎡超 1,500㎡以下	1,500㎡超
4階以上	耐火建築物		
3階	耐火建築物または準耐火建築物		
2階以下	防火構造の建築物 木造建築物等：外壁・軒裏で延焼のおそれのある部分を防火構造とし、外壁開口部に片面防火設備を設けた建築物 木造建築物等以外：外壁開口部に片面防火設備を設けた建築物	耐火建築物 または 準耐火建築物	耐火建築物

準防火地域内であっても、例外となる建築物があります。

> **例外となる建築物**
> - 木造建築物に附属する高さ2m超の門・塀で延焼防止上支障のない構造のもの
> - 木造以外の建築物に附属する高さ2m超の門・塀
> - 高さ2m以下の門・塀

3 2つの地域共通の建築物の制限

❶ 屋根の構造に関する制限

防火地域または準防火地域内の建築物の屋根の構造は、市街地における火災を想定した火の粉による建築物の火災の発生を防止するために必要な、一定の性能に関する技術的基準に適合するものでなければなりません。

国土交通大臣が定めた構造方法を用いるものまたは国土交通大臣の認定を受けたものとしなければならない。

❷ 外壁の開口部の防火戸に関する制限

防火地域または準防火地域内の建築物は、その外壁の開口部で延焼のおそれのある部分に防火戸その他の政令で定める防火設備を設けなければなりません。

【防火戸】
火災の延焼や拡大を防ぐために建物の外壁や内部に設ける戸や窓などの防火設備。一般的には「防火扉」などとも呼ばれる。

❸ 隣地境界線に接する外壁

防火地域または準防火地域内の建築物で、外壁が耐火構造のものについては、その外壁を隣地境界線に接して設けることができます。

4 建築物が複数の区域にまたがる場合

建築物が、防火地域・準防火地域・これら以外の区域のうち、複数の区域にわたる場合は、その全部について、最も厳しい区域の規定を適用します。

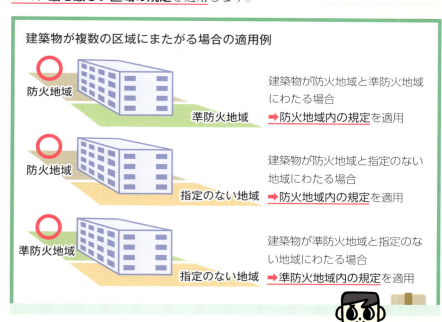

例外として、建築物が防火地域と準防火地域にわたる場合、その建築物が防火地域外で防火壁により区画されているときは、その防火壁外の部分（下図のⒶ）については、準防火地域の規定に適合させればよいとされています。

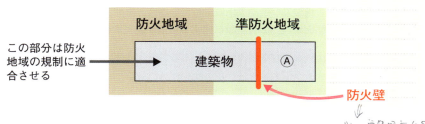

過去問で集中講義

「防火・準防火地域の制限」に関する過去問題を集めてあります。○×で答えましょう。

問題文中の「耐火建築物」「準耐火建築物」「防火構造の建築物」には、それらの建築物と同等以上に延焼防止性能が確保された建築物を含むものとします。

1 防火地域内においては、3階建て、延べ面積が200㎡の住宅は耐火建築物又は準耐火建築物としなければならない。
H23年[問18.2]

2 防火地域内において建築物の屋上に看板を設ける場合には、その主要な部分を難燃材料で造り、又は覆わなければならない。
H23年[問18.3]

3 準防火地域内にある木造建築物の外壁及びその軒裏で延焼のおそれのある部分は、防火構造の建築物としなければならない。
H13年[問20.2.改]

4 準防火地域内において、地階を除く階数が3（高さ12メートル）、延べ面積が1,200㎡で事務所の用途に供する建築物を建築しようとする場合、この建築物は、耐火建築物又は準耐火建築物としなければならない。
H11年[問22.1]

5 準防火地域内においては、延べ面積が2,000㎡の共同住宅は準耐火建築物としなければならない。
H28年[問18.3]

6 防火地域又は準防火地域以外においても、建築物の高さが15mを超える建築物は、必ず耐火建築物又は準耐火建築物としなければならない。
H13年[問20.4]

7 防火地域又は準防火地域において、延べ面積が1,000㎡を超える建築物は、すべて耐火建築物としなければならない。
H19年[問21.3]

8 防火地域にある建築物は、外壁が耐火構造であっても、その外壁を隣地境界線に接して設けることはできない。
H23年[問18.4]

9 建築物が防火地域及び準防火地域にわたる場合、原則として、当該建築物の全部について防火地域内の建築物に関する規定が適用される。
H23年[問18.1]

10 建築物が防火地域及び準防火地域にわたる場合、建築物が防火地域外で防火壁により区画されているときは、その防火壁外の部分については、準防火地域の規制に適合させればよい。
H16年[問20.4]

大事にゃところが
黄色ににゃってる！

解説

❶ 防火地域内においては、**3階以上または延べ面積が100㎡を超える建築物**を建築する場合、**耐火建築物**としなければなりません。準耐火建築物では不十分というわけです。 答え［✗］

❷ 防火地域内にある看板、広告塔、装飾塔その他これらに類する工作物で、建築物の屋上に設けるものまたは高さ3mを超えるものは、その主要な部分を**不燃材料で造り、または覆わ**なければなりません。難燃材料では十分ではない点に注意します。 答え［✗］

❸ 準防火地域内にある**木造建築物の外壁や軒裏で延焼のおそれのある部分**は、**防火構造**の建築物としなければなりません。 答え［○］

❹ 準防火地域内において、**地階を除く階数が3、延べ面積が500㎡超1,500㎡以下**の建築物を建てるには、**耐火建築物または準耐火建築物**としなければなりません。問題の建築物は、地階を除く階数が3、延べ面積が1,200㎡なので、この規定の範囲に含まれます。 答え［○］

❺ 準防火地域内では、**延べ面積が1,500㎡を超える建築物は耐火建築物**としなければなりません。 答え［✗］

❻ 「耐火建築物または準耐火建築物にしなければならない」という制限が適用されるのは、防火地域または準防火地域内に限られます。防火地域や準防火地域内においても、建築物の構造を規制する基準とされるのは、**建築物の階数と延べ面積**です。建築物の高さが基準になることはありません。 答え［✗］

❼ 防火地域内では、延べ面積が100㎡を超える建築物は耐火建築物としなければなりません。しかし**準防火地域内で耐火建築物**としなければならない建築物は、4階以上、または**延べ面積が1,500㎡を超える建築物**に限られます。 答え［✗］

❽ 防火地域または準防火地域内にある建築物で、**外壁が耐火構造のもの**については、その外壁を**隣地境界線に接して設ける**ことができます。 答え［✗］

❾ 建築物が防火地域及び準防火地域にわたる場合、**その全部について防火地域内の建築物に関する規定を適用**します。 答え［○］

❿ 建築物が防火地域と準防火地域にわたる場合、**建築物が防火地域外で防火壁により区画されているときは、その防火壁外の部分については、準防火地域の規制に適合させればよい**とされています。 答え［○］

Part **3** 法令上の制限

14 建築基準法／防火・準防火地域の制限

15 建築確認

■建築基準法

- 建築確認の要否を区域ごと、建築物の種類ごとに覚える。
- 建築確認の申請手続きからの流れを確認する。
- 一般建築物は原則として、規模に関係なく建築確認が必要。

1 建築確認とは何か

建築計画が、建築基準法等の規定に適合しているかどうかを事前にチェックすることを**建築確認**といいます。建築確認の要否は、建築物の用途や規模、そして建築される場所によって決まります。建築確認が必要な建築行為とは、新築、増築、改築、移転、大規模な修繕や模様替え、用途変更です。

> 都市計画法など、建築基準法以外の法律の規定にも適合していなければならない。

> 【建築】
> 建築物を新築・増築・改築・移転すること。

2 建築確認の要否

次の建築物に建築確認が必要です。

❶ 特殊建築物

その用途に供する部分の床面積の合計が200m²超の劇場、映画館、病院、診療所、ホテル、旅館、下宿、共同住宅、寄宿舎、学校、体育館、集会場、公衆浴場、火葬場、百貨店、マーケット、展示場、倉庫、自動車車庫、その他これらに類する用途に供する建築物。

> 特殊建築物の範囲は広く、事務所や戸建住宅を除いたほとんどの建築物が該当する。

❷ 大規模建築物 ←同法の単体規定に有り

木造かそれ以外かで規定が異なります。

〈木造〉…階数3以上、延べ面積500㎡超、建築物の高さ13m超、**軒の高さ**※9m超のいずれかを満たす建築物。

〈木造以外〉…階数2以上、延べ面積200㎡超のいずれかを満たす建築物。

【軒の高さ】
地面から軒の敷げたの上までの高さのこと。

❸ 一般建築物

〈都市計画区域・準都市計画区域内の建築物〉…規模を問わず必要。

〈例外〉防火地域・準防火地域以外で床面積の合計が10㎡以内の建築物の増改築・移転のみ不要。

区域	建築物の種類	建築物の規模	建築行為			
			新築	増築・改築・移転(10㎡超)	大規模な修繕模様替え	用途変更
全国	特殊建築物	用途に供する床面積の合計200㎡超	必要	原則必要※	必要	必要
全国	大規模建築物（木造）	・階数3以上（地下含む） ・延べ面積500㎡超 ・高さ13m超 ・軒高9m超 4つのいずれかに該当	必要	原則必要※	必要	不要
全国	大規模建築物（木造以外）	・階数2以上（地下含む） ・延べ面積200㎡超 2つのどちらかに該当	必要	原則必要※	必要	不要
都市計画区域・準都市計画区域	一般建築物	規模を問わない	必要	原則必要※	不要	不要

※防火・準防火地域以外で床面積の合計が10㎡以内の建築物の増改築・移転は建築確認不要。逆に防火・準防火地域内ならば、床面積の合計が10㎡以内であっても、建築確認が必要。

覚えておこう

防火地域・準防火地域の内外と建築確認の要否

区域	建築行為	新築	増築・改築・移転 10m²超	増築・改築・移転 10m²以内
防火地域・準防火地域	地域内	必要	必要	必要
	地域外	必要	必要	不要

建築確認が不要なのはココだけ！

3 特殊建築物の用途変更

<u>用途変更</u>とは、建築物の用途（使い道）を変更することです。原則として、**特殊建築物に用途を変更する**場合に**建築確認**が必要です。手間に同一間をとすさため。

ただし、<u>類似する用途同士間での用途変更</u>では、例外的に建築確認が不要となります。

> 建築物の用途を変更して「特殊建築物」にすると考えるとよい。これには「特殊建築物」から「特殊建築物」への用途変更も含まれる。

類似する用途同士の例
- 公会堂 ⇔ 集会場
- <u>下宿</u> ⇔ <u>寄宿舎</u>
- 劇場 ⇔ 映画館 ⇔ 演芸場
- 博物館 ⇔ 美術館 ⇔ 図書館
- 百貨店 ⇔ マーケット ⇔ 物品販売業を営む店舗
- 旅館 ⇔ ホテル
- 診療所 ⇔ 児童福祉施設等

4 建築確認手続きの流れ

❶ 申請から使用開始まで

建築物を建築する場合、<u>建築主</u>は、工事着手前に建築確認の申請書を提出して、**建築主事または指定確認検査機関**の審査と確認を受け、確認済証の交付を受け

【指定確認検査機関】
国土交通大臣または都道府県知事の指定を受け、建築主事に代わって、建築確認業務を行う民間の機関。

468

ます。この手続きをクリアできなければ、工事に着手することはできません。なお、指定確認検査機関が確認済証を交付したときは、一定期間内に確認審査報告書を作成し、一定の書類を添えて、特定行政庁に提出しなければなりません。その後、使用開始までの流れを以下の図で確認しておきましょう。

出る！
「建築確認に先立って、周辺住民の同意を得なければならない」という規定はない。こうしたヒッカケ問題に注意。

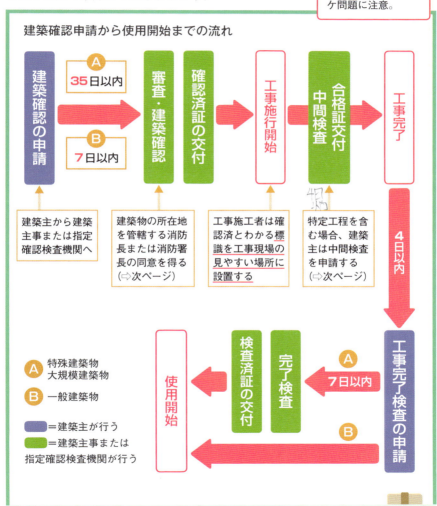

建築確認申請から使用開始までの流れ

❷ 構造計算適合性判定

建築物が一定規模以上であり、構造計算に係る基準に適合するか否かを判定する必要がある場合、建築主は、**指定構造計算適合性判定機関**等に申請書を提出して、**都道府県知事**の**構造計算適合性判定**を受けなければなりません。また、その結果を記載した通知書（適合判定通知書）の交付を受ける必要があります。

一方、都道府県知事は、建築主から構造計算適合性判定を求められた場合、**14日以内**に通知書を建築主に交付しなければなりません。

❸ 消防長または消防署長の同意

建築主事は、建築確認を行う場合、原則として、建築物の工事施行地または所在地を管轄する**消防長または消防署長の同意**を得なければなりません。ただし、防火地域または準防火地域以外の区域で行う住宅建築（共同住宅は除く）の場合は、同意不要です。

❹ 中間検査

建築物の工事の途中でも、その工事に次のいずれかの工程（**特定工程**）が含まれる場合、建築主は中間検査（工事途中の検査）を申請し、合格証を受けてからでなければ、その先の工事に進むことができません。

> **中間検査が必要となる特定工程**
> - 階数が**3階以上の共同住宅**で、**床・はりに鉄筋を配置する工事の工程のうちの政令が定める工程**
> - 特定行政庁が指定する工程

【構造計算適合性判定・指定構造計算適合性判定機関】
建築物が、一定の構造計算に係る基準に適合しているかどうかを判定するものが構造計算適合性判定。この判定を行う機関が指定構造計算適合性判定機関。

【消防長・消防署長】
消防長…市町村が設置する消防本部の長。
消防署長…消防長に次ぐ役職。消防署の責任者。

建築主は建築主事に対し、特定工程にかかる工事を終えたら、そのつど中間審査を申請する。申請は、終了後4日以内に到達するように行う。

【特定工程】
建築物を新築する際のある特定の中間工程をいう。この特定工程の工事が済んだ時点での検査が義務付けられている。

❺ 完了検査

建築主は、工事を完了した場合、工事完了日から4日以内に建築主事に到達するように、工事完了の検査を申請しなければなりません。

❻ 建築物の使用開始の時期

一般建築物は、完了検査申請書の提出と同時に使用が開始できます。一方、**特殊建築物**や**大規模建築物**は、原則として**完了検査済証の交付**を受けた後でなければ使用することができません。ただし、以下の場合は例外として認められています。

> **完了検査済証の交付前に仮使用や使用が認められる例**
> - 特定行政庁が、安全上、防火上及び避難上支障がないと認めて仮使用の承認をしたとき
> - 建築主事または指定確認検査機関が、安全上、防火上及び避難上支障がないとして国土交通大臣が定める基準に適合していることを認めたとき
> - 完了検査の申請が受理された日から7日を経過したとき

5 処分に不服がある場合

建築確認が下りないなど、特定行政庁、建築主事または指定確認検査機関の処分に対して不服がある場合、申請者は**建築審査会**に対して**審査請求**をすることができます。さらに、建築審査会の裁決に対しても不服がある場合は、国土交通大臣に**再審査請求**することもできます。また、裁判所に対して、処分取消しの訴えを提起することもできます。行政上の不服申立てと訴訟のどちらの方法を選ぶかの選択は自由です。

過去問で集中講義

「建築確認」に関する過去問題を集めてあります。〇✕で答えましょう。

1 建築確認の対象となり得る工事は、建築物の建築、大規模の修繕及び大規模の模様替であり、建築物の移転は対象外である。 H26年[問17.2]

2 建築主事は、建築主から建築物の確認の申請を受けた場合において、申請に係る建築物の計画が建築基準法令の規定に適合しているかを審査すれば足り、都市計画法等の建築基準法以外の法律の規定に適合しているかは審査の対象外である。 H24年[問18.4]

3 事務所の用途に供する建築物をホテル（その用途に供する部分の床面積の合計が500㎡）に用途変更する場合、建築確認は不要である。 H27年[問17.3]

4 映画館の用途に供する建築物で、その用途に供する部分の床面積の合計が300㎡であるものの改築をしようとする場合、建築確認が必要である。 H27年[問17.4]

5 建築主は、共同住宅の用途に供する建築物で、その用途に供する部分の床面積の合計が280㎡であるものの大規模の修繕をしようとする場合、当該工事に着手する前に、当該計画について建築主事の確認を受けなければならない。 H19年[問21.1.改]

6 都市計画区域外において高さ12m、階数が3階の木造建築物を新築する場合、建築確認が必要である。 H27年[問17.2]

7 木造3階建て、延べ面積が300㎡の建築物の建築をしようとする場合は、建築主事の確認を受ける必要がある。 H11年[問20.1]

8 鉄筋コンクリート造平屋建て、延べ面積が300㎡の建築物の建築をしようとする場合は、建築主事の確認を受ける必要がある。 H11年[問20.2]

9 木造3階建て、延べ面積500㎡、高さ15mの一戸建て住宅について大規模の修繕をする場合は、建築確認を受ける必要はない。 H16年[問21.2]

10 防火地域及び準防火地域外において建築物を改築する場合で、その改築に係る部分の床面積の合計が10㎡以内であるときは、建築確認は不要である。 H27年[問17.1]

解説

大事にゃところが黄色ににゃってる！

① 建築確認が必要な建築行為とは、**新築、増築や改築、移転、大規模の修繕、大規模の模様替え、用途変更**です。　　　　　　　　　　　答え [✗]

② 建築確認は、その建築計画が、建築基準法だけでなく、都市計画法など**それ以外の建築関連法規の規定にも適合しているかどうかを事前に審査**するものです。　　　　　　　　　　　　　　　　　　　　　　答え [✗]

③ 事務所（特殊建築物ではない建築物）をホテル（特殊建築物）に用途変更する問題です。ホテルの用途に供する部分の床面積の合計が500㎡とあり、**200㎡を超えているため、建築確認が必要**です。　　　　　　答え [✗]

④ 特殊建築物である映画館の用途に供する部分の床面積が300㎡とあり、200㎡を超えているため、改築するには建築確認が必要です。　答え [○]

⑤ 共同住宅は特殊建築物です。その用途に供する部分の床面積の合計が**200㎡を超える場合は、建築確認が必要**です。　　　　　　答え [○]

⑥ 3階建て以上の木造建築物は、大規模建築物に該当します。都市計画区域外であっても、**大規模建築物を新築**するには、**建築確認が必要**です。
　　　　　　　　　　　　　　　　　　　　　　　　　　　　答え [○]

⑦ 木造の建築物は、**①階数3以上（地下含む）、②延べ面積500㎡超、③高さ13m超、④軒高9m超**のいずれかを満たす場合、大規模建築に該当し、建築（新築、増改築または移転、大規模な修繕や模様替え）の際に建築確認が必要です。問題の建築物は木造3階建てですから、建築にあたって建築確認を受ける必要があります。　　　　　　　　　　　　　　　　　　　答え [○]

⑧ 鉄筋コンクリート造（木造以外）の建築物は、**①階数2以上（地下含む）**または**②延べ面積200㎡超**のいずれかを満たす場合、大規模建築物に該当し、建築の際に建築確認が必要です。問題の建築物は延べ面積300㎡ですから、建築にあたって建築確認を受ける必要があります。　　答え [○]

⑨ 木造の建築物は、**①階数3以上（地下含む）、②延べ面積500㎡超、③高さ13m超、④軒高9m超**のいずれかを満たす場合、大規模建築に該当し、大規模の修繕の際に建築確認が必要です。本問の建築物は木造3階建て、しかも高さ15mですから、建築確認を受ける必要があります。　　答え [✗]

⑩ **防火地域及び準防火地域外**において、改築する**床面積の合計が10㎡以内**の場合、**建築確認は不要**です。　　　　　　　　　　　答え [○]

➡次ページに続く

11 準都市計画区域（都道府県知事が都道府県都市計画審議会の意見をきいて指定する区域を除く。）内に建築する木造の建築物で、2の階数を有するものは、建築確認を必要としない。　　　　　　　　　　　　　　　H21年［問18.ア］

12 自己の居住の用に供している建築物の用途を変更して共同住宅（その床面積の合計300㎡）にしようとする場合は、建築主事の確認を受ける必要がない。　　　　　　　　　　　　　　　　　　　　　　　　　　H11年［問20.3］

13 指定確認検査機関は、確認済証の交付をしたときは、一定の期間内に、確認審査報告書を作成し、当該確認済証の交付に係る建築物の計画に関する一定の書類を添えて、これを特定行政庁に提出しなければならない。　H21年［問18.エ］

14 都道府県知事は、建築主から構造計算適合性判定を求められた場合においては、原則として、当該構造計算適合性判定を求められた日から1月以内にその結果を記載した通知書を建築主に交付しなければならない。　　H21年［問18.ウ］

15 建築確認を申請しようとする建築主は、あらかじめ、当該確認に係る建築物の所在地を管轄する消防長又は消防署長の同意を得ておかなければならない。　　　　　　　　　　　　　　　　　　　　　　　　　　H14年［問21.1］

16 3階建て、延べ面積600㎡、高さ10mで、用途が共同住宅である建築物の工事を行う場合において、2階の床及びこれを支持するはりに鉄筋を配置する工事を終えたときは、中間検査を受ける必要がある。　　H22年［問18.4］

17 建築主は、工事を完了した場合においては、工事が完了した日から3日以内に到達するように、建築主事に文書をもって届け出なければならない。　　　　　　　　　　　　　　　　　　　　　　　　　　　　H14年［問21.2］

18 鉄筋コンクリート造であって、階数が2の住宅を新築する場合において、特定行政庁が、安全上、防火上及び避難上支障がないと認めたときは、検査済証の交付を受ける前においても、仮に、当該建築物を使用することができる。　　　　　　　　　　　　　　　　　　　　　　　　　　H29年［問18.1］

19 建築主は、建築主事が建築確認の申請について不適合の処分をした場合は、国土交通大臣に対し、審査請求を行うことができる。　　H09年［問24.4］

解説

⑪ **都市計画区域または準都市計画区域内**で建築物の建築をする場合には、**原則として建築確認が必要**です。例外として建築確認が不要となるのは、建てられる区域が**防火・準防火地域以外で、床面積の合計が10㎡以内**の建築物の増改築・移転を行う場合のみです。　　　　　　　　　答え [✗]

⑫ 自己の居住用の建築物（特殊建築物ではない建築物）を共同住宅（特殊建築物）に用途変更する場合で、その床面積の合計が300㎡と、200㎡を超えるため、建築確認が必要となります。　　　　　　　　　　　　　　　　答え [✗]

⑬ 指定確認検査機関が確認済証を交付したとき、一定期間内での**確認審査報告書作成**と、一定の**書類を添えての特定行政庁への提出が必要**です。　答え [○]

⑭ 都道府県知事は、建築主から構造計算適合性判定を求められた場合、**14日以内に通知書を建築主に交付**しなければなりません。　　　　答え [✗]

⑮ 建築確認を行う場合、**消防長または消防署長の同意を得る必要がある**のは、建築主ではなく、建築確認を行う**建築主事**です。なお、防火地域・準防火地域以外の区域で行う住宅建築（共同住宅は除く）の場合は、消防長または消防署長の同意は不要です。　　　　　　　　　　　　　答え [✗]

⑯ 建築主は、建築確認に基づく建築工事が特定工程に係る工事を終えたとき、**そのつど中間検査を申請**する必要があります。この特定工程には、「**階数が3以上である共同住宅の床及びはりに鉄筋を配置する工事の工程**のうち**政令で定める工程**」が含まれます。　　　　　　　　　　　　　答え [○]

⑰ 建築主は、工事を完了した場合には、**工事完了日から4日以内**に建築主事に到達するように、**工事完了の検査を申請**しなければなりません。本問の場合、「3日以内」、「文書をもって届け出」が誤りです。　　　　　答え [✗]

⑱ 本問の建築物は、木造以外（鉄筋コンクリート造）で、2階建てですので、大規模建築物にあたります。特殊建築物や大規模建築物は、検査済証の交付前に使用を開始することができません。ただし、**特定行政庁が、安全上、防火上及び避難上支障がないと認めて仮使用の承認**をしたときは、例外として、検査済証の交付前の使用が可能です。　　　　　　　　　答え [○]

⑲ 不適合処分に対し不服があるときの**審査請求**は、**建築審査会に対して行います**。その裁決に対しても不服がある場合は、国土交通大臣への再審査請求をすることができます。　　　　　　　　　　　　　　　　　　答え [✗]

Part **3** 法令上の制限

15 建築基準法／建築確認

16 事後届出制

■国土利用計画法

- 国土利用計画法の目的と全体像を理解する。
- 事後届出は権利取得者が行う。
- 事後届出制の届出事項は「対価の額」と「土地の利用目的」など。

1 国土利用計画法とは

　国土利用計画法（以下、**国土法**）は、総合的で計画的な国土の利用を図ることを目的とする法律で、適切な土地利用の妨げとなる取引や、地価高騰を抑制するために、さまざまな規制を定めています。

　なお、以降の「都道府県知事」には、「指定都市の長」が含まれます。

2 土地取引の規制（届出制・許可制）

　国土法では、土地の有効利用を図るために、一定の規模以上の土地取引に対して、「**届出制**」「**許可制**」による規制を定めています。また、地価高騰の可能性が高い順に、**規制区域**、**監視区域**、**注視区域**の3つの区域が定められており、この区域ごとに、届出制または許可制による規制がかかります。

❶ 届出制

　一定の面積以上の土地取引について、**都道府県知事への届出**を義務付ける制度です。

【規制区域、監視区域、注視区域】
国土法により適正な土地利用の確保に支障を生ずるおそれがある場合に、都道府県知事が指定する区域。注視区域➡監視区域➡規制区域の順に、土地取引に関する厳しい規制がかけられる。
● 規制区域（⇨p.489）
投機的取引の集中により、地価が急激に上昇し、または上昇するおそれがある区域。
● 監視区域（⇨p.486）
地価の急激な上昇またはそのおそれがある区域。
● 注視区域（⇨p.486）
地価が社会的経済的に相当な程度を超えて上昇し、または上昇するおそれがある区域。

市町村長を経由して都道府県知事に届け出る。

届出制には**事後届出制**と**事前届出制**の2種類があります。売買契約を例にとると、**事後届出制**では**権利取得者（買主）**のみが、**事前届出制**では**当事者全員（売主・買主）**が届出の義務を負います。

(1) 事後届出制

事後届出制は、土地の利用目的や対価の額等を契約の**締結後**に都道府県知事に届け出ることを義務付けるものです。適用区域は、**規制区域、監視区域、注視区域を除くすべての区域**（以下、**未指定区域**）です。

(2) 事前届出制

事前届出制は、契約の**締結前**に都道府県知事に届け出ることを義務付けています。適用区域は、**注視区域**と**監視区域**です。

❷ 許可制

規制区域の土地について売買契約などを締結する場合、**都道府県知事の許可取得**を義務付ける制度です。

> 規制区域内では、許可が下りなければ土地取引はできない。ただし、現在まで、規制区域に指定されている地域はなし。

> 宅建試験では事後届出制の出題がほとんど。

区域と届出制・許可制

3 土地売買等の契約

　事後届出制、事前届出制または許可制の対象となるのは、土地売買等の契約です。**土地売買等の契約**とは、「**権利性**」「**対価性**」「**契約性**」の3つの要件を満たすものをいいます。

届出が必要な「土地売買等の契約」の要件

- **権利性**…土地に関する権利（所有権・地上権・賃借権の3つ）の移転または設定であること。 「抵当権」は含まれない。

- **対価性**…対価を得て行われる土地に関する権利の移転または設定であること。

【例】「贈与」と「売買」の届出

- **契約性**：契約（予約を含む）による土地に関する権利の移転または設定であること。

「土地売買等の契約」に該当するもの・該当しないものの例

	該当しない（届出不要）	該当する（届出必要）
権利性	・抵当権の設定 ・不動産質権の設定	・売買契約 ・交換契約 ・賃貸借・地上権の設定契約で対価があるもの
対価性	・贈与契約 ・賃貸借・地上権の設定契約で対価がないもの	
契約性	・相続（対価性もなし） ・遺産分割（対価性もなし） ・時効取得（対価性もなし）	

4 事後届出制の内容

　事後届出制では、一定の面積以上の土地売買等の契約をした場合、原則として、**権利取得者**は、契約を締結した日から**2週間以内**に、一定の事項を**都道府県知事**に届け出なくてはなりません。これを**事後届出制**といいます。

> 事後届出の届出義務者
> ↓
> 権利取得者

> 指定都市の場合は、その長に届け出る。

❶ 届出対象区域

　未指定区域（規制区域、監視区域、注視区域を除くすべての区域）が対象となります。

> **出る！**
> 事後届出が必要な土地売買等の契約を締結したにもかかわらず、所定の期間内にこの届出をしなかった者は、6か月以下の懲役または100万円以下の罰金に処せられることがある。

❷ 届出対象面積

　届出が必要となる面積は、エリアによって異なります。

市街化区域内	2,000㎡以上
市街化調整区域・非線引き区域	5,000㎡以上
都市計画区域外	10,000㎡以上

> 準都市計画区域は「都市計画区域外」に該当する。

- 届出対象面積に該当するかどうかは、権利取得者を基準に判断する（⇒p.480「一団の土地の取引の場合」参照）。
- 共有者が持分を売却するとき、それぞれの持分相当の面積で面積要件を判断する。

❸ 届出事項

　契約に係る土地の**対価の額**や**土地の利用目的**などを届け出る必要があります。

> 土地に関する権利の移転の対価が金銭以外のものである時は、権利取得者は、その対価を時価を基準として金銭に見積った額に換算して、届出書に記載する。

5 事後届出の必要がない取引

土地売買等の契約にあたるとしても、次の取引の場合、事後届出は不要です。

> **事後届出の必要がない取引の例**
> - 当事者の一方または双方が国等である場合
>   →国・地方公共団体・都市再生機構・地方住宅供給公社
> - 農地法第3条の許可を受けた場合
> - 届出が必要な面積未満である場合
> - 民事訴訟法による和解に基づく場合
> - 民事調停法による調停に基づく場合
> - 非常災害に際し必要な応急措置を講ずるために行われる場合

6 一団の土地の取引の場合

個々には届出対象面積に満たない土地の取引であっても、それらが**一団の土地**の取引であると認められた場合、全体の面積を基準として、事後届出が必要かどうかが判断されます。**一団の土地であるか否か**の判断は、**権利取得者を基準**にして行われます。

例えば、複数の地主から取得する土地の合計（**買いの一団**）が面積要件を満たす場合は届出が必要です。分割された一団の土地（**売りの一団**）の一部を取得して面積要件に満たない場合は届出が不要です。

【一団の土地】
一体として利用することが可能なひとまとまりの土地。物理的・計画的に一体性のある土地のこと。
〈例〉
●物理的な一体性
AとB2つの土地が隣り合って繋がっている。
●計画的な一体性
AとBの両地にまたがってマンションを建てる予定がある。

買いの一団と売りの一団（例：市街化区域内）

A 1,000㎡ ── 取得 →
B 1,000㎡ ── 取得 → C 合計2,000㎡ **買いの一団**

権利取得者Cは2,000㎡の土地を取得するので、事後届出が必要。

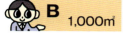

D 2,000㎡ **売りの一団** ── 取得 → E 1,000㎡
── 取得 → F 1,000㎡

権利取得者EとFが取得した土地の面積はそれぞれ1,000㎡で、届出対象面積に満たないため、事後届出は不要。

例 市街化調整区域内において、Cは取得した土地a、bにまたがってマンションを建てる予定である。事後届出が必要になるのは、次の**1**～**3**のうち、どの取引か？

A a地 2,500㎡ ── 取得 →
B b地 2,500㎡ ── 取得 → C a＋b地 合計 5,000㎡

1 AとCが売買契約
BとCが売買契約
↓
a＋b地は買いの一団の土地となり、かつ市街化調整区域内、合計面積5,000㎡なので、権利取得者Cが両方の取引について事後届出が必要。

2 AとCが贈与契約
BとCが売買契約
↓
a地は贈与契約なので届出の対象外。b地は面積2,500㎡なので、権利取得者Cはどちらの取引についても事後届出不要。

3 AとCが売買契約
BとCが交換契約
↓
売買契約、交換契約どちらも届出の対象。この場合も、**1**と同じく買いの一団の土地として事後届出が必要。

答 事後届出が必要な取引は、**1**、**3**

Part 3 法令上の制限　16 国土利用計画法／事後届出制

7 事後届出の手続きの流れ

事後届出の手続きは次の手順で行われます。

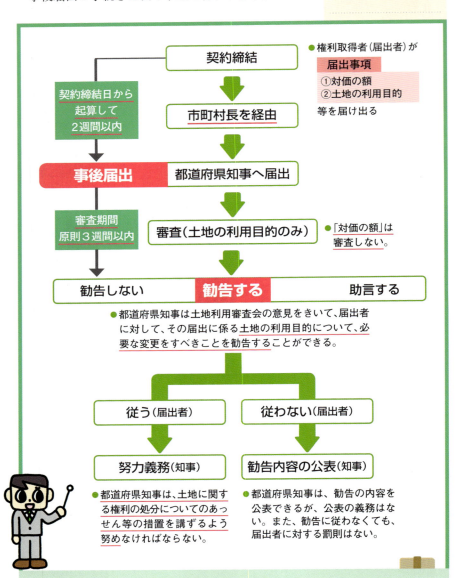

事後届出手続きの主なポイント

- **届出期間**…契約締結日から起算して**2週間以内**。
- **審査期間**…原則…**3週間以内**。
  例外…**都道府県知事**は、勧告をすることができない合理的な理由がある場合は**最大3週間延長**できる。
- **勧告に従う場合**…勧告に基づき、届出者は土地の利用目的を変更→都道府県知事は必要があると認めた場合、土地に関する権利の処分についての**あっせん※等の措置**を講ずるよう努めなければならない。
  →都道府県知事に買取義務はない。

- **勧告に従わない場合**
  (1) **公表**…都道府県知事は、勧告に従わない旨・勧告の内容を公表できる。→公表の義務や罰則はない。
  (2) 契約自体は無効にならない。

- **助言**…都道府県知事は、届出者に対して、届出に係る土地の利用目的について、**必要な助言ができる（公表する制度はない）**。
  →届出者にその助言に従う義務や罰則はない。

- **違反行為に対する措置**…事後届出を怠ったまたは、虚偽の届出をした場合は**罰則がある**。
  →ただし、その契約自体は有効。

出る！

・停止条件付きの土地売買等の契約を締結した場合であっても、契約締結の日から2週間以内に事後届出をしなければならない。

・土地を購入する旨を予約した場合は、予約した日から起算して2週間以内に事後届出を行わなければならない。

【あっせん】
間に入って両者をうまく取り持つこと。

Part 3 法令上の制限

16 国土利用計画法／事後届出制

事後届出を怠った場合、虚偽の届出をした場合は、罰則あり。（契約自体は有効）
勧告・助言に従う義務なし。従わなくても、罰則なし。
勧告に従わなかった場合→公表制度あり。都道府県知事に公表の義務なし。
助言に従わなかった場合→公表制度なし。

過去問で集中講義

「事後届出制」に関する過去問題を集めてあります。〇×で答えましょう。

1 個人Aが所有する都市計画区域外の30,000㎡の土地について、その子Bが相続した場合、Bは、相続した日から起算して2週間以内に事後届出を行わなければならない。　　　　　H20年［問17.4］

2 Aが所有する市街化調整区域内の土地5,000㎡とBが所有する都市計画区域外の土地12,000㎡を交換した場合、A及びBは事後届出を行う必要はない。　　　　　H23年［問15.4］

3 事後届出においては、土地の所有権移転後における土地利用目的について届け出ることとされているが、土地の売買価額については届け出る必要はない。　　　　　H16年［問16.2］

4 市街化区域に所在する一団の土地である甲土地（面積1,500㎡）と乙土地（面積1,500㎡）について、甲土地については売買によって所有権を取得し、乙土地については対価の授受を伴わず賃借権の設定を受けたAは、事後届出を行わなければならない。　　　　　H27年［問21.4］

5 市街化区域内の甲土地（面積3,000㎡）を購入する契約を締結した者が、その契約締結の1月後に甲土地と一団の土地である乙土地（面積4,000㎡）を購入することとしている場合においては、甲土地の事後届出は、乙土地の契約締結後に乙土地の事後届出と併せて行うことができる。　　　　　H28年［問15.4］

6 乙県が所有する都市計画区域内の土地（面積6,000㎡）を買い受けた者は、売買契約を締結した日から起算して2週間以内に、事後届出を行わなければならない。　　　　　H30年［問15.2］

7 事後届出に係る土地の利用目的について、甲県知事から勧告を受けた宅地建物取引業者Aがその勧告に従わないときは、甲県知事は、その旨及びその勧告の内容を公表することができる。　　　　　H30年［問15.1］

8 都道府県知事は、国土利用計画法第24条第1項の規定による勧告に基づき当該土地の利用目的が変更された場合において、必要があると認めるときは、当該土地に関する権利の処分についてのあっせんその他の措置を講じなければならない。　　　　　H23年［問15.1］

大事にゃところが
黄色ににゃってる!

解説

❶ 都市計画区域外の30,000㎡の土地の売買であれば、事後届出が必要です。ただし、**相続による土地の取得**は、**対価を伴わない取得**であるため、「土地売買等の契約」に該当しません。従ってBが相続した問題の土地について、**事後届出の必要はありません**。 答え［✕］

❷ **交換契約は対価性のある契約なので、事後届出が必要**です。あとは、それぞれの土地の取引面積が対象面積以上となるかを確認します。A所有の土地5,000㎡（市街化調整区域内）は、**届出対象面積（5,000㎡以上）**に該当します。また、B所有の土地12,000㎡（都市計画区域外）も**届出対象面積（10,000㎡以上）**に該当します。従って、A・Bともに事後届出が必要です。

答え［✕］

❸ 事後届出においては、**土地利用目的**だけでなく、**売買価額（対価の額）**についても**届け出る**必要があります。 答え［✕］

❹ 甲土地は売買によって所有権を取得していますが、その面積が、**届出対象面積の2,000㎡未満**なので、**事後届出の必要はありません**。乙土地は、**対価の授受を伴わず賃借権の設定**をしているため、「土地売買等の契約」にあたらず**事後届出は必要ありません**。従って、甲・乙両土地について、Aは事後届出を行う必要がありません。 答え［✕］

❺ 市街化区域内での売買契約において、**事後届出の対象面積は2,000㎡以上**なので、甲土地（3,000㎡）、乙土地（4,000㎡）どちらも事後届出が必要です。事後届出は**契約を締結後2週間以内に行わなければ**ならないため、契約が1か月後の乙土地と併せて事後届出を行うことはできません。 答え［✕］

❻ **当事者の一方または双方が国等**（国・地方公共団体・都市再生機構・地方住宅供給公社）である場合は、**事後届出の必要はありません**。 答え［✕］

❼ 都道府県知事は、勧告に従わない者がいた場合、**その旨及びその勧告の内容を公表する**ことができます。ただし、**公表の義務はありません**。 答え［〇］

❽ 都道府県知事には、あっせんその他の措置を**講ずる努力義務があるだけで、あっせんその他の措置を講ずる義務はありません**。 答え［✕］

Part **3** 法令上の制限

16 国土利用計画法／事後届出制

17 ■国土利用計画法
事前届出制・許可制

- 注視区域内・監視区域内では事前届出制がとられている。
- 事前届出は当事者全員が行う（事後届出は権利取得者のみ）。
- 事前届出制と事後届出制の違いに着目する。

1 注視区域と監視区域の指定

❶ 注視区域の指定

都道府県知事は、地価が一定期間内に社会的経済的事情の変動に照らして相当な程度を超えて上昇し、または上昇するおそれがある区域を、**注視区域**として指定することができます。

> 地価上昇によって、適正かつ合理的な土地利用の確保に支障を生ずるおそれがある区域。

❷ 監視区域の指定

都道府県知事は、地価が急激に上昇し、または上昇するおそれがある区域を、**監視区域**として指定することができます。

> 地価上昇によって、適正かつ合理的な土地利用の確保が困難となるおそれがある区域。

指定の主なポイント

- 都道府県知事があらかじめ土地利用審査会や関係市町村長の意見をきいて指定し、公告する。
- 都道府県知事は、指定期間満了時、指定の事由がなくなっていないと認める場合は、再度区域の指定を行うことができる。
- 注視区域・監視区域の指定は5年以内の期間を定めて行う。

2 事前届出制の対象

注視区域内または監視区域内の土地において、土地売買等の契約をしようとする場合、**両当事者**は、土地売買等の契約締結前に、一定の事項を都道府県知事に届け出なければなりません。これを**事前届出制**といいます。なお、**事前届出**を行った場合、重ねての**事後届出は不要**です。

❶ 届出対象面積

事前届出が必要となる土地の面積は次の通りです。

注視区域内 国土法で規定される	市街化区域	2,000㎡以上
	市街化調整区域 非線引き区域	5,000㎡以上
	都市計画区域外	10,000㎡以上
監視区域内	都道府県知事が、**都道府県の規則**により定める（小規模の土地でも指定が可能） →この面積要件は注視区域内の場合よりも緩和することはできない。	

❷ 届出事項

両当事者は、契約に係る土地の**予定対価の額**や**土地の利用目的**などを届け出る必要があります。

❸ 届出が必要な取引と不要な取引

事前届出が必要になるのは、「土地売買等の契約」です。この点は、事後届出制と共通しています。

また、国や地方公共団体等が契約の当事者であるなど事後届出が不要な例に該当するケース（⇨p.480）については、事前届出制でも、届出不要とされています。

事前届出は、当事者全員(例：売主・買主)が行う。これに対し、事後届出は、権利取得者（例：買主）のみが届出義務を負う。

出る！

事前届出をせず、土地売買等の契約を締結した場合には、6月以下の懲役または100万円以下の罰金に処せられる。

注視区域の対象面積は、事後届出制の対象面積と同じ。

Part **3** 法令上の制限

17 国土利用計画法／事前届出制・許可制

487

❹ 一団の土地の場合の届出

　買いの一団または売りの一団のいずれかとして届出対象面積に達している場合、**当事者全員**が**事前届出**を行う必要があります。

注視区域内の売りの一団の土地取引（例：市街化区域内）

売主A
2,000㎡
売りの一団

取得 → 買主B 1,000㎡
取得 → 買主C 1,000㎡

注視区域内で市街化区域内における届出対象面積は2,000㎡以上で、売主Aの土地が該当する。これにより、契約の当事者（A、B、C）全員の事前届出が必要。

3 事前届出の手続きの流れ

　事前届出制の手続きは次の手順で行われます。

出る！
勧告または不勧告の通知を受けた場合、その時から契約を締結することができる。

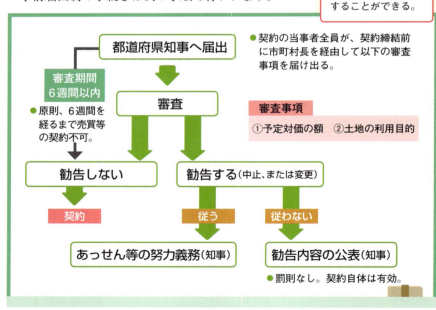

事前届出をしないで契約を締結、虚偽の届出、審査期間中の契約などの**違反行為**をした場合には、**罰則**がありますが、**契約自体は有効**です。

4 許可制

　規制区域内で一定の土地売買等の契約を行う場合、当事者は一定の手続きを経て、都道府県知事の許可を受ける必要があります。これが土地取引の**許可制**です。

> 都道府県知事との協議の成立をもって、許可があったとみなされる。

許可制の主なポイント
- 面積要件なし。
- 取引の当事者の一方または双方が国・地方公共団体等の場合は、許可不要。
- 許可を受けずに行った契約は無効。罰則あり。
- 不許可だった場合、知事に対して買取請求が可能。

覚えておこう

事後届出制・事前届出制・許可制の比較まとめ　　○=対象　✗=対象外

区域	未指定区域 (注視・監視・規制区域以外)	注視区域	監視区域	規制区域
規制	事後届出制	事前届出制		許可制
義務者	権利取得者	当事者全員		当事者全員
時期	契約締結後	契約締結前		契約締結前
一団の判断基準	権利取得者	当事者全員		当事者全員
対象面積	市街化区域　　　　　2,000㎡以上 市街化調整区域・非線引き区域　5,000㎡以上 都市計画区域外　　10,000㎡以上		都道府県の規制で定める面積 (左の面積未満)	要件なし
審査対象　利用目的	○	○		○
審査対象　対価の額	✗	○		○
審査期間	3週間以内※	6週間以内		
刑罰	6か月以下の懲役または100万円以下の罰金			

※合理的理由があれば、最大3週間延長可。　　3年以下の懲役または200万円以下の罰金

過去問で集中講義

「事前届出制・許可制」に関する過去問題を集めてあります。○×で答えましょう。

1 都道府県知事が、監視区域の指定について土地利用審査会の確認を受けられなかったときは、その旨を公告しなければならない。なお監視区域の指定は、当該公告があったときは、その指定の時にさかのぼってその効力を失う。
H23年[問15.2]

2 市町村長は、当該市町村の区域のうち、国土交通大臣が定める基準に該当し、地価の上昇によって適正かつ合理的な土地利用の確保に支障を生ずるおそれがあると認められる区域を、期間を定めて、注視区域として指定することができる。
H13年[問16.2]

3 注視区域又は監視区域に所在する土地について、土地売買等の契約を締結しようとする場合には、国土利用計画法第27条の4又は同法第27条の7の事前届出が必要であるが、当該契約が一定の要件を満たすときは事後届出も必要である。
H18年[問17.2]

4 Aが所有する監視区域内の土地（面積10,000㎡）をBが購入する契約を締結した場合、A及びBは事後届出を行わなければならない。
H28年[問15.2]

5 監視区域内において一定規模以上の面積の土地売買等の契約を締結した場合には、契約締結後2週間以内に届出をしなければならない。
H13年[問16.1]

6 注視区域内においては、都道府県の規則で定める面積以上の土地売買等の契約を締結する場合に届出が必要である。
H13年[問16.4]

7 監視区域内の市街化調整区域に所在する面積6,000㎡の一団の土地について、所有者Aが当該土地を分割し、4,000㎡をBに、2,000㎡をCに売却する契約をB、Cと締結した場合、当該土地の売買契約についてA、B及びCは事前届出をする必要はない。
H16年[問16.1]

8 Aが所有する監視区域内の面積10haの土地をBに売却する契約を締結しようとして事前届出を行った場合で、届出の日から起算して2週間後に都道府県知事より勧告をしない旨の通知を受けたとき、A及びBはその届出に係る契約を締結することができる。
H14年[問16.2]

大事にゃところが黄色ににゃってる!

解説

❶ 監視区域または注視区域の指定は、都道府県知事があらかじめ**土地利用審査会や関係市町村長の意見をきいて**行います。あくまでも意見をきくだけであって、確認が必要なわけではありません。　　　　　　答え [✘]

❷ 注視区域を指定するのは**都道府県知事**であって、市町村長ではありません。　　　　　　答え [✘]

❸ 注視区域または監視区域内の土地については事前届出が必要となりますが、**重ねて事後届出をする必要はありません**。　　　　　　答え [✘]

❹ 監視区域内の土地については当事者全員(本問の場合はＡとＢ)に**事前届出が必要**です。　　　　　　答え [✘]

❺ 監視区域内において一定規模以上の面積の土地売買等の契約を締結する場合には、**事前届出が必要**です。契約締結後2週間以内に事後届出をしなければならないのは、未指定区域です。　　　　　　答え [✘]

❻ 注視区域における届出対象面積を定めているのは**国土利用計画法**です。**都道府県の規則**で定めるのは監視区域です。ひっかかりやすい問題なので、整理しておきましょう。　　　　　　答え [✘]

❼ 監視区域内では、売りの一団または買いの一団のどちらかの面で届出対象面積に達していれば、**事前届出が必要**です。本問では、売りの一団の観点、「市街化調整区域内の面積6,000㎡の一団の土地」について届出の要否を考えます。監視区域内では、都道府県の規則で届出必要面積を定めますが、この**面積要件は注視区域内の場合よりも緩和することはできません**。「市街化調整区域内の面積6,000㎡の一団の土地」は、事前届出の届出対象面積(5,000㎡)を超えています。従って、監視区域内の取引において、当事者全員(Ａ、Ｂ、Ｃ)の事前届出が必要です。　　　　　　答え [✘]

❽ 事前届出をした場合、原則として、**届出の日から6週間は契約を締結することができません**。ただし、勧告または不勧告の通知を受けたときには、その時点から契約の締結が可能です。本問では都道府県知事より「勧告をしない旨」の**通知を受けた日**(届出の日から起算して2週間後)から、**契約を締結**できます。　　　　　　答え [〇]

18 農地法
■その他の法律

- 権利移動、転用、転用目的の権利移動の違いを理解する。
- 市街化区域内の農地の農地以外への転用や、転用目的で権利移動する場合は許可不要。あらかじめ農業委員会へ届け出る。

1 農地法とは

　農地法は、限りある資源である農地を確保することで、国内の農業生産の増大を図り、食糧自給を促すことを目的として定められた法律です。そのため、**農地や採草放牧地をそれ以外のものにすることを制限したり、効率的な利用を促進するための規制**が定められています。

　農地や採草放牧地に該当するかどうかは、<u>その土地の現況を基準に判断</u>されます。<u>登記簿上の地目</u>が山林、原野または雑種地などであっても、**現況が農地または採草放牧地**として利用されていれば、農地法上、**農地または採草放牧地**として扱います。

【例】農地として規制の対象になる場合

登記簿上は「雑種地」　　　現在は「耕作地」

【農地】
田や畑など、耕作のための土地（耕作地）。そのほか、遊休農地・休耕地・不耕作地も農地。家庭菜園や畜舎建設のための敷地は農地にあたらない。

【採草放牧地】
農地以外の土地で、主に家畜用の採草、家畜の放牧に供される土地。

【地目】
不動産登記法上の土地の用途による分類のこと。宅地、山林などに分類される。

【雑種地】
不動産登記法の用意した地目のどれにも該当しない土地のこと。例えば、露天の駐車場、資材置き場、鉄塔の敷地など。

492

2 農地等の処分制限

農地法は、農地または採草放牧地の処分を制限しています。処分には、**権利移動**、**転用**、**転用目的の権利移動**の3つがあり、これら処分を行うためには、それぞれ、**農地法第3条・第4条・第5条**（以下、**第3条・第4条・第5条**）の許可が必要です。

3 権利移動（第3条の許可）

農地または採草放牧地について、一定の権利を設定したり、移転したりすることを**権利移動**といいます。

第3条では、**農地または採草放牧地の権利移動を規制**しています。農地などを売却するなど、権利移動を行う場合には、原則として、当事者が**農業委員会の許可**を受けなければなりません。

許可を受けずに権利移動を行った場合、**権利移動に係る契約は無効**となり、**罰則も適用**されます。

【例】権利移動…農地を所有する者が、農地のまま他者に売却する。使用・収益者は変わるが、用途は変わらない。

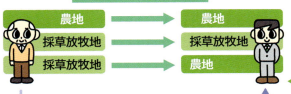

一定の権利とは、所有権、地上権、永小作権、質権、賃借権、使用借権といった、使用・収益を目的とする権利。従って、抵当権は含まれない。
また、権利の設定・移転には、任意の契約だけでなく、競売によって権利が移転する場合も含む。

出る！

農業者が住宅の改築に必要な資金を銀行から借りるために、自己所有の農地に抵当権を設定する場合には、第3条第1項の許可を受ける必要はない。

【農業委員会】
農地の売買・貸借に対する許可（第3条）や転用への意見具申（第4条・第5条）など、農地に関する事務を行うため、市町村ごとに設置されている行政委員会。

農地を採草放牧地として利用する権利移動には、第5条許可が必要（⇒p.496）。

第3条許可

- ●農業委員会の許可が必要な行為
- 農地または採草放牧地の権利移動（競売による権利移動を含む）
- 市街化区域内の権利移動にも許可が必要（第4条・第5条の場合は、農業委員会への届出によって許可が不要となる特例あり）

- ●許可が不要な場合
- 国・都道府県等への権利移動（取得目的は問わない）
- 土地収用法等により、農地が強制的に収用または使用される場合
- 民事調停（農事調停）による権利移動
- 相続、遺産分割、相続人への特定遺贈、包括遺贈、法人の合併
  ←農業委員会へ取得した旨の届出が必要

- ●権利移動にあたらない場合
- 「農地以外」の土地を取得して、農地として造成する場合

【例】山林原野を取得して、農地として造成する。

4 転用（第4条の許可）

　農地を農地以外の土地にすることを転用といいます。第4条では、権利移動を伴わない転用（自己転用）を規制しています。これには一時的な転用も含まれます。

　農地を転用する場合、当事者は、都道府県知事または指定市町村の長（以下、都道府県知事等）の許可を受ける必要があります。

　ただし、市街化区域内の農地については、あらかじめ農業委員会に届出をすれば、許可は不要です。

【一時的な転用】
農地を農地以外の目的に一時的に使用すること。例えば、農地を資材置き場や駐車場として一時的に利用する行為など。

【指定市町村】
農林水産大臣が指定する市町村。

無許可の転用行為には、罰則が適用されます。
採草放牧地には、第4条の適用はありません。

【例】自己転用…農地を所有する者が、農地を宅地にするなど、農地以外の用途の土地に変更する。

第4条許可
- ●都道府県知事等の許可が必要な行為
- 農地の自己転用

- ●許可が不要な場合
- 市街化区域内の農地の転用（市街化区域内の特例）
  ←農業委員会への届出が必要
- 2ａ（200㎡）未満の農地を農作物育成・養畜事業のための農業用施設（例：農業用倉庫、畜舎など）の敷地に転用する場合
- 国・都道府県等への「一定の転用」による権利移動
  (1) 道路・農業用排水施設等の敷地に転用
  (2) (1)以外（例：学校、医療施設など）の敷地に転用
  ←国または都道府県等と都道府県知事等との協議が成立することをもって許可があったものとみなされる
- 土地収用法等により、農地が強制的に収用または使用される場合

- ●転用にあたらない場合
- 「山林原野」を造成して、農地とする場合

出る!
法人の代表者が、その会社の業務に関し、農地法の規定に違反して転用行為をした場合は、その代表者が罰せられるとともに、法人自体も1億円以下の罰金刑が科せられる。

出る!
土地区画整理法に基づく土地区画整理事業により道路を建設するために、農地を転用しようとする者は、第4条第1項の許可は不要。

市街化区域は、市街化を促進すべき区域なので、農地を農地以外のものに転用することは望ましいという考えから。

【都道府県等】
都道府県または指定市町村。

法人の代表者が農地法4条に違反した場合、その法人や代表者に対して、1億円以下の罰金刑が科される可能性がある。

5 転用目的の権利移動（第5条の許可）

　第5条は、転用目的の権利移動について定めています。転用目的の権利移動とは、農地を農地以外のものにする、または採草放牧地を採草放牧地以外のものにする目的で権利移動を行うことをいいます。これには一時的な転用目的による権利移動も含まれます。

　転用目的の権利移動を行うには、都道府県知事等の許可が必要です。

　ただし、市街化区域内の農地については、あらかじめ農業委員会に届出をすれば、許可を受ける必要はありません。

【例】転用目的の権利移動
市街化区域外の農地を所有するAが、その土地を宅地として利用する目的のBに売却する。

※採草放牧地を農地として権利移動する場合は第3条許可。

　転用目的の権利移動を無許可で行った場合、その契約は無効となります。また、罰則も適用されます。

　なお、都道府県知事等は、第5条第1項の許可が必要な農地の取得について、許可を受けずに農地の転用を行った者に対して、必要な限度において原状回復そ

出る！
農業者が、住宅を建設するために法第4条第1項の許可を受けた農地をその後住宅建設の工事着工前に宅地として第三者に売却する場合、改めて法第5条第1項の許可を受ける必要がある。

着工前なのでまだ「宅地」ではなく、「農地」に変わりない点に注意。

出る！
市町村が転用目的の権利移動を行う場合は第5条の許可が必要。国・都道府県等が行う場合であれば、特例により許可が不要となる。

の他違反を是正するために**必要な措置を命ずる**ことができます。

第5条許可

- **都道府県知事等の許可が必要な行為**
- 農地または採草放牧地を転用する目的での権利移動（<u>競売による権利移動を含む</u>）
  ←一時的な転用目的による権利移動であっても許可が必要

- **許可が不要な場合**
- <u>市街化区域内の農地の転用</u>（市街化区域内の特例）
  ←農業委員会への届出が必要
- 国・都道府県等の「一定の転用」による権利移動
  (1) 道路・農業用排水施設等の敷地に転用
  (2) (1)以外（例：学校、医療施設など）の敷地に転用
  ←国または都道府県等と都道府県知事等との協議が成立することをもって許可があったものとみなされる
- 土地収用法等により、農地が強制的に収用または使用される場合

農業委員会の許可・農業委員会への届出まとめ

【農業委員会の<u>許可</u>が必要】
- 農地または採草放牧地の権利移動（第3条許可）

【農業委員会への<u>届出</u>が必要】
- 相続、遺産分割、相続人への特定遺贈、包括遺贈、法人の合併による**権利移動**
  ←届出により第3条許可不要
- <u>市街化区域内</u>の農地の転用 ←届出により第4条・第5条許可不要

農地法第３条・第４条・第５条のまとめ

農 ＝農地　　採 ＝採草放牧地　　他 ＝その他の用途の土地

	第３条許可【権利移動】使用・収益者が変わる	第４条許可【転用】農地の用途が変わる	第５条許可【転用目的の権利移動】使用・収益者が変わる 用途が変わる
対象	農→農　採→採　採→農	農→他	農→他　採→他　採➡農は３条許可
許可主体（原則）	農業委員会	都道府県知事等	
許可が不要となる場合（主な例）	権利取得者が**国・都道府県等**の場合	・国・都道府県等が道路、農業用排水施設等にするための土地として権利を取得・転用する場合 ・国・都道府県等が学校・医療施設・社会福祉施設等を造るために取得・転用する場合…国・都道府県等と都道府県知事等との協議が成立することをもって許可があったものとみなされる	
	土地収用法等により農地の権利が収用または使用される場合		
	相続、遺産分割、相続人への特定遺贈、包括遺贈、法人の合併等による権利移動（農業委員会に届出必要）	────	────
	民事調停法の農事調停による権利移動	2a（200㎡）未満の農地を農業用施設の敷地に転用する場合	────
市街化区域内の特例	なし	あり（農業委員会への届出が必要）	
違反した場合	契約は無効。罰則あり	原状回復等の措置。罰則あり	契約は無効。原状回復等の措置。罰則あり

6 その他の関連事項

❶ 農地・採草放牧地の賃貸借

　土地の賃借権を第三者に対抗（主張）するためには、登記が必要であるというのが民法の原則です。しかし、農地については、登記を受けていなくても、**引渡し**さえ受けていれば、その後に農地の所有権を取得した第三者に対して、**賃借権を対抗**することができます。

　また、民法では、賃貸借の存続期間を最長50年と定めています（⇨p.282）。農地法には特別の規定がないため、農地の賃貸借についても、存続期間は最長50年となります。

❷ 農地所有適格法人

　農地法に規定された一定の要件を満たし、農業経営を行うために農地を取得できる法人を**農地所有適格法人**といいます。

　農地法により、農地所有適格法人以外の法人が農地を所有することは、原則として、**許可されません**。しかし、一定の要件を満たせば、一般法人であっても、**耕作目的**で農地を借り入れることはできます。

【農地所有適格法人】
平成28年4月施行の改正農地法により、「農業生産法人」から呼称変更。①主たる事業が農業（農産物の加工・販売等の関連事業を含む）である、②株式会社、農事組合法人、持分会社である、などの法第2条3項の要件に適合する必要がある。

Part **3** 法令上の制限

18 その他の法律／農地法

499

過去問で集中講義 ✏️

「農地法」に関する過去問題を集めてあります。⭕❌で答えましょう。
※以下、農地法を「法」といいます。

1 雑種地を開墾し耕作している土地でも、登記簿上の地目が雑種地である場合は、法の適用を受ける農地に当たらない。 　H30年［問22.4］

2 市街化区域内の農地について、耕作の目的に供するために競売により所有権を取得しようとする場合には、その買受人は法第3条第1項の許可を受ける必要はない。 　H26年［問21.2］

3 農業者が住宅の改築に必要な資金を銀行から借りるため、市街化区域外の農地に抵当権の設定が行われ、その後、返済が滞ったため当該抵当権に基づき競売が行われ第三者が当該農地を取得する場合であっても、法第3条第1項又は法第5条第1項の許可を受ける必要がある。 　H27年［問22.4］

4 相続により農地を取得する場合は、法第3条第1項の許可を要しないが、相続人に該当しない者に対する特定遺贈により農地を取得する場合も、同項の許可を受ける必要はない。 　H28年［問22.1］

5 国又は都道府県が市街化調整区域内の農地（1ヘクタール）を取得して学校を建設する場合、都道府県知事等との協議が成立しても法第5条第1項の許可を受ける必要がある。 　H25年［問21.3］

6 農業者が相続により取得した市街化調整区域内の農地を自己の住宅用地として転用する場合でも、法第4条第1項の許可を受ける必要がある。 　H25年［問21.4］

7 市街化区域内の農地について、あらかじめ農業委員会に届け出てその所有者が自ら駐車場に転用する場合には、法第4条第1項の許可を受ける必要はない。 　H24年［問22.3］

8 農業者が、市街化調整区域内の耕作しておらず遊休化している自己の農地を、自己の住宅用地に転用する場合、あらかじめ農業委員会へ届出をすれば、法第4条第1項の許可を受ける必要がない。 　H28年［問22.4］

解説

大事にゃところが黄色ににゃってる！

❶ 農地法上の「農地」とは、**耕作の目的に供される土地**のことをいいます。また「農地」に該当するかどうかは、登記簿上の地目に関係なく、その**土地の現況を基準として判断**します。そのため**現に耕作している土地**であるならば、「**農地**」として扱います。　　　　　　　　　　　答え [✘]

❷ 市街化区域内の農地の権利移動には、第3条の許可が必要であり、それには、**競売によって権利が移転する場合**も含まれます。　　答え [✘]

❸ まず、抵当権の設定は、第3条の許可が必要となる権利移動にはあたりません。次に、**市街化区域外の農地を第三者が取得する場合**、農地のままであれば**第3条の許可**が、農地以外に転用するのであれば、**第5条の許可が必要**です。これは**競売で農地を取得した場合も同様**です。　　答え [◯]

❹ 農地等の権利移動については、**相続、遺産分割、相続人への特定遺贈、包括遺贈、法人の合併により取得した場合**はすべて、農業委員会への届出を行えば、**第3条の許可は必要ありません**。しかし、本問の「相続人に該当しない者に対する」特定遺贈はこれに該当しないため、許可が必要となります。　　　　　　　　　　　　　　　　　　　　　　　答え [✘]

❺ 国・都道府県等が、一定の施設の敷地とするために転用目的で農地を取得する場合には、**国・都道府県等と都道府県知事等との協議が成立すれば、第5条の許可があったものとみなされ**、改めて許可を得る必要はありません。
　　　　　　　　　　　　　　　　　　　　　　　　　　　答え [✘]

❻ 相続により取得した農地である、ないにかかわらず、**市街化調整区域内の農地を自己転用する場合は、第4条の許可**を得る必要があります。
　　　　　　　　　　　　　　　　　　　　　　　　　　　答え [◯]

5年？他者転用

❼ 市街化区域内の農地を農地以外に転用する場合、市街化区域内の特例として**あらかじめ農業委員会に届出をしておけば、第4条の許可は不要**です。
　　　　　　　　　　　　　　　　　　　　　　　　　　　答え [◯]

❽ **遊休農地・休耕地・不耕作地も農地**にあたります。問題のケースでは、**市街化調整区域内の農地を自己転用**する場合なので、**第4条の許可が必要**です。第4条の許可が不要になるのは、市街化区域内の農地の自己転用の場合です。　　　　　　　　　　　　　　　　　　　　　　答え [✘]

19 ■その他の法律
宅地造成等規制法

- 宅造法での「宅地」、「宅地造成」について理解する。
- 規制区域内で宅地造成工事を行う場合、原則として、許可が必要。
- 切土により高さ2m超の崖ができる工事は宅地造成工事の1つ。

1 宅地造成等規制法とは

宅地造成等規制法（以下、宅造法）とは、宅地造成に伴う崖崩れや土砂流出による災害を防止するための規制を定めた法律です。

❶ 宅地とは

宅造法における宅地とは、農地、採草放牧地、森林、道路、公園、河川、その他政令で定める公共施設の用に供されている土地以外のすべての土地のことをいいます。つまり、工場用地、ゴルフ場、民間経営の墓地などは宅地で、果樹園、公立学校の用地などは宅地ではないということです。

【土地の形質の変更】
「形」の変更…盛土・切土により、土地の形状を変更すること。
「質」の変更…宅地以外の土地を宅地にすること。

宅地を宅地以外の土地にする場合は、宅地造成ではない。

❷ 宅地造成とは

宅地造成とは、①宅地以外の土地を宅地にする、または②宅地において行う、土地の形質の変更で、一定規模を超えるものをいいます。

出る！
造成した結果、宅地ではなくなる場合は、「宅地造成工事」にあたらず、許可は不要。

一定規模とは、次の1〜4を指し、このいずれかに該当するものが、**宅地造成工事**とされています。

宅地造成工事とは

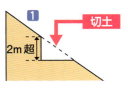
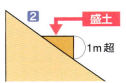

1. 切土によって、高さ2m超の崖ができる工事
2. 盛土によって、高さ1m超の崖ができる工事
3. 切土と盛土を同時に行って、高さ2m超の崖ができる工事
4. 崖の高さに関係なく、切土または盛土をする面積が500㎡を超える工事

2 宅地造成工事規制区域

❶ 規制区域の指定

宅地造成工事規制区域（以下、**規制区域**）とは、宅地造成に伴い災害が生ずるおそれが大きい市街地または市街地となろうとする土地で、**都道府県知事**が**指定**する区域をいいます。

❷ 知事の立入りと損失補償

都道府県知事・その命じた者・委任した者は、規制区域指定のための測量・調査を行う場合、土地に立ち入ることができます。土地の占有者または所有者は、正当な理由がない限り、**立入りを拒んだり、妨げたりし**てはなりません。土地に立ち入ったことにより、他人に損失を与えた場合、**都道府県**（指定都市及び中核市を含む）は、その**損失を補償**しなければなりません。

ゴロ合わせ

にぎり（2m超の切土）
ひと盛り（1m超の盛土）
2皿（切土と盛土で2m超）
食べて500円（500㎡超）

都市計画区域内に限らない。

【都道府県知事】
地方自治法に基づく指定都市、中核市、施行時特例市の長を含む。

3 宅地造成工事の許可

❶ 許可の申請義務者、許可権者

規制区域内で宅地造成工事を行う場合、**造成主**は、原則として、工事着手前に**都道府県知事の許可**を受ける必要があります。ただし、**都市計画法の開発許可**を受けた宅地造成に関する工事については、許可を受ける必要はありません。

【造成主】
宅地造成工事の申請義務者。宅地造成に関する工事の請負契約の注文者、または自ら宅地造成に関する工事を行う者。通常は土地の所有者。工事の請負人である工事施行者は、申請義務者ではない。

❷ 許可申請の流れ

許可申請があった場合、**都道府県知事**は、遅滞なく、**文書**をもって許可または不許可の**処分**を行います。

許可をする都道府県知事は、宅地造成に関する工事についての**許可に**、工事の施行に伴う**災害を防止**するための**条件を付す**ことができます。

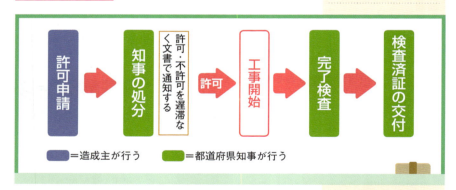

■=造成主が行う　■=都道府県知事が行う

❸ 工事の技術的基準

規制区域内の宅地造成工事では、政令で定める技術的基準に従い、**擁壁**、**排水施設の設置**、その他宅地造成に伴う災害（崖崩れや土砂流出等）を防止するために**必要な措置**を行わなければなりません。

【擁壁】
盛土や切土を行った結果、斜面の土砂が崩れるのを防ぐために設ける土留めの構造物。石やブロック、コンクリートなどが使われる。

また、**高さ５m超の擁壁**や、**切土・盛土の面積が1,500㎡超**の土地における**排水施設**を設置する工事は、一定の**有資格者の設計**によらなければなりません。

都道府県知事は、一定の場合には都道府県の規則で、規制区域内で行われる宅地造成に関する工事の**技術的基準を強化**したり、必要な技術的基準を付加することができます。

❹ 工事完了後の流れ

申請義務者である造成主は、**工事完了後**、都道府県知事の**検査**を受ける必要があります。検査の結果、工事の技術的基準に適合していると認められる場合、都道府県知事は**検査済証**を造成主に交付しなければなりません。

❺ 監督処分

都道府県知事は、造成主が偽りその他不正な手段によって許可を取得したり、許可に付した条件に違反した場合、その**許可を取り消す**ことができます。また、工事が技術的基準に不適合であった場合に、造成主、工事の請負人等に対して、**工事施行の停止等を命ずる**ことができます。

❻ 工事計画の変更

宅地造成に関して都道府県知事の許可を受けた者が、工事計画の変更を行う場合には、その内容について、都道府県知事に**変更の許可**を受ける必要があります。ただし、**軽微**な変更（造成主・設計者・工事施工者の変更や、工事着手・完了予定日の変更）については、**届出**をするだけでよく、許可を受ける必要はありません。

「規制区域内の宅地の購入者」が都道府県知事の検査を受ける義務はない。ヒッカケに注意。

許可に付した条件＝工事の施行に伴う災害を防止するために必要な条件。

Part **3** 法令上の制限

19 その他の法律／宅地造成等規制法

4 規制区域内での届出

規制区域内において、許可を受ける必要はなくても、以下の場合は**都道府県知事への届出**が必要です。

届出の事由	届出期間
規制区域が指定された際、既に宅地造成に関する工事を行っている場合	規制区域の指定があった日から21日以内（事後届出）
規制区域内での、高さ2m超の擁壁や排水施設等の除却工事を行う場合	工事に着手する日の14日前まで（事前届出）
規制区域内で、宅地以外の土地を宅地に転用した場合	転用した日から14日以内（事後届出）

5 宅地の保全義務・勧告等

❶ 保全の努力義務

規制区域内の宅地の**所有者**、**管理者**、**占有者**は、宅地造成に伴う災害が生じないよう、その宅地を常時安全な状態に維持するように努めなければなりません。そのため、都道府県知事は必要に応じて**勧告**や**改善命令**等を行うことができます。

> 現在の所有者が、過去の宅地造成工事の際の造成主と異なる場合であっても努力義務あり。

❷ 勧告

都道府県知事は、規制区域内の宅地の所有者、管理者、占有者、造成主、工事施行者に対して、**擁壁等の設置または改造**その他宅地造成に伴う災害の防止のため必要な措置をとることを**勧告**することができます。

> 「勧告」に従わない場合の罰則はない。

❸ 改善命令

規制区域内の宅地で宅地造成に伴う災害の防止のため必要な擁壁や排水施設の設置が不備・不完全で、これを放置するときは、宅地造成に伴う災害の発生のおそれが大きいと認められる場合、**都道府県知事は、一**定の限度のもとに、規制区域内の宅地または擁壁等の**所有者、管理者、占有者**、造成主、工事施行者に対して、**擁壁の設置・改造などの工事を命ずる**ことができます。

❹ 報告の徴取

都道府県知事は、規制区域内の宅地の所有者、管理者、占有者に対して、その宅地または宅地において行われる工事の状況に関する**報告を求める**ことができます。◀

> その工事が宅地造成に関する工事であるか否かにかかわらず、報告を求めることができる。

6 造成宅地防災区域とは

都道府県知事は、関係市町村長の意見をきいて、宅地造成に伴う災害で相当数の居住者に危害を生ずる発生のおそれが大きい一団の**造成宅地**の区域を、**造成宅地防災区域**として**指定**することができます。ただし**宅地造成工事規制区域内**の土地を重ねて指定することはできません。また、都道府県知事は、指定の事由がなくなった場合に指定を**解除**することもできます。造成宅地の所有者、管理者、占有者には、擁壁等の設置や改造その他必要な措置を講ずる**努力義務**が課せられます。◀

造成宅地防災区域における「**勧告**」「改善命令」は、規制区域内の規制とほぼ同様です。

> 【造成宅地】
> 宅地造成に関する工事が施行された宅地。

> 「努力義務」であって、「法的義務」ではない。

Part **3** 法令上の制限

19 その他の法律／宅地造成等規制法

507

過去問で集中講義

「宅地造成等規制法」に関する過去問題を集めてあります。○×で答えましょう。

問題文中の「都道府県知事」とは、地方自治法に基づく指定都市、中核市及び施行時特例市にあってはその長をいうものとします。

1 宅地造成工事規制区域内において、宅地を宅地以外の土地にするために行われる切土であって、当該切土をする土地の面積が600㎡、かつ高さ3mの崖となるものに関する工事については、都道府県知事の許可は必要ない。
H26年[問19.1]

2 宅地造成工事規制区域外において行われる宅地造成に関する工事については、造成主は、工事に着手する前に都道府県知事に届け出ればよい。
H23年[問20.4]

3 宅地造成工事規制区域内において、切土又は盛土をする土地の面積が600㎡である場合、その土地における排水施設は、政令で定める資格を有する者によって設計される必要はない。
H28年[問20.2]

4 宅地造成工事規制区域内において行われる宅地造成に関する工事の許可を受けた者は、国土交通省令で定める軽微な変更を除き、当該工事の計画を変更しようとするときは、遅滞なく、その旨を都道府県知事に届け出なければならない。
H26年[問19.4]

5 宅地造成工事規制区域内において、政令で定める技術的基準を満たす地表水等を排除するための排水施設の除却工事を行おうとする場合は、一定の場合を除き、都道府県知事への届出が必要となるが、当該技術的基準を満たす必要のない地表水等を排除するための排水施設を除却する工事を行おうとする場合は、都道府県知事に届け出る必要はない。
H29年[問20.4]

6 宅地造成工事規制区域内において、過去に宅地造成に関する工事が行われ現在は造成主とは異なる者がその工事が行われた宅地を所有している場合、当該宅地の所有者は、宅地造成に伴う災害が生じないよう、その宅地を常時安全な状態に維持するように努めなければならない。
H30年[問20.1]

7 都道府県知事は、関係市町村長の意見をきいて、宅地造成工事規制区域内で、宅地造成に伴う災害で相当数の居住者その他の者に危害を生ずるものの発生のおそれが大きい一団の造成宅地の区域であって一定の基準に該当するものを、造成宅地防災区域として指定することができる。
H24年[問20.4]

大事にゃところが黄色ににゃってる！

解説

❶ 本問のような「宅地を宅地以外の土地にするために行われる土地の形質の変更」は、そもそも宅地造成に該当しないため、**都道府県知事の許可も届出も不要**です。宅地造成の許可要件に意識が向き、問題の前提条件を見過ごさないように注意。　　　　　　　　　　　　　　　　　　　答え [◯]

❷ 宅地造成工事規制区域（以下**規制区域**）**外での宅地造成工事**は、宅造法による規制の対象外です。従って、**許可を受ける必要も、届け出る必要もありません**。　　　　　　　　　　　　　　　　　　　　　　　　　　答え [✘]

❸ 規制区域内においては、①**高さが5mを超える擁壁の設置**と、②**切土・盛土する土地の面積が1,500㎡を超える**場合の**排水施設の設置**には、**有資格者による設計が必要**となります。本問の土地面積はその対象外であるため、有資格者の設計は不要です。　　　　　　　　　　　　　　　　　答え [◯]

❹ 宅地造成に関する工事の許可を受けた者が、**工事計画を変更**するときは、原則として、**都道府県知事の「許可」を受け**なければなりません。ただし、例外として**軽微な変更の場合は、知事への「届出」だけでよい**ことになっています。本問の場合、「許可」が必要となります。　　　　　　　答え [✘]

❺ 規制区域内の宅地において、**高さ2m超の擁壁や排水施設等の除却工事**を行おうとする者は、**工事に着手する日の14日前**までに、**都道府県知事に届け出**なければなりません。工事をする場合には届出が必要です。その工事が技術的基準を満たす必要があるかどうかは、届出の要否と無関係です。
　　　　　　　　　　　　　　　　　　　　　　　　　　　　　　　答え [✘]

❻ 規制区域内の**宅地の所有者、管理者、占有者は、宅地造成に伴う災害が生じないよう、その宅地を常時安全な状態に維持するように努め**なければなりません。従って、造成主と異なる者であっても、現在の「所有者」である以上、保全の努力義務を負います。　　　　　　　　　　　　　　　　答え [◯]

❼ 造成宅地防災区域は、**規制区域外で**、関係市町村長の意見をきいて、宅地造成に伴う災害で相当数の居住者に危害を生ずるものの発生のおそれが大きい一団の造成宅地に指定される区域です。**規制区域内の土地を、重ねて造成宅地防災区域に指定することはできません**。問題文の「宅地造成工事規制区域内で」が誤り。　　　　　　　　　　　　　　　　　　　　答え [✘]

20 土地区画整理法

■その他の法律

- 土地区画整理事業の基本となる「減歩」と「換地」の手法を学ぶ。毎年1問出題される。
- 仮換地や換地処分について理解する。

1 土地区画整理事業とは

　土地区画整理法は、宅地の形や道路を整理し、公園や公共施設を整備するなどにより、健全な市街地の造成を図り、公共の福祉に資することを目的に定められた法律です。

❶ 土地区画整理事業

　土地区画整理事業とは、**都市計画区域内の土地**について、公共施設の整備改善や宅地の利用増進を図るため、**土地の区画形質の変更や公共施設の新設・変更を行う事業**をいいます。

❷ 土地区画整理事業の手法

　土地区画整理事業は、**減歩**と**換地**という2つの手法で行われます。これにより、**施行地区**内の土地買収（収用）をせずに、土地区画整理が可能となります。
減歩…道路や公園などの公共施設の用地や、土地区画整理事業費用の捻出のための保留地にあてるため、土地の所有者の土地を一定割合（減歩率）で減少させることです。

> 減歩により所有する宅地面積は減少するが、街区の整備で地価が上昇し、施行後の宅地総額が施行前より上回るのが通常である。

【宅地】
土地区画整理法において「宅地」とは、公共施設の用に供されている国または地方公共団体の所有する土地以外の土地のこと。

土地区画整理事業は、都市計画区域内に限定して実施される点に注意。

【施行地区】
土地区画整理法において「施行地区」とは、土地区画整理事業を施行する土地の区域のこと。次ページ「施行者による分類」表内の「施行区域」と混同しないこと。

510

換地…**従前の宅地**と引き換えに、事業の施行後、新たな宅地（換地）を交付することです。

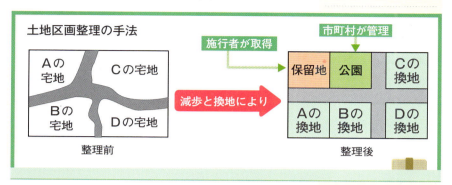

2 土地区画整理事業の施行者

土地区画整理事業を施行する者を**施行者**といいます。土地区画整理事業は、施行者によって、民間施行と公的施行に大別されます。

【従前の宅地】
「従前の」は、「それまでの」の意味。土地区画整理事業では、事業施行前の宅地を意味する。

【保留地】
換地を定めずに、保有しておく土地（⇨p.514）。

施行者による分類

	施行者		認可の要件等	施行可能な区域
民間施行	**個人施行者**※1 （単独・共同）	宅地の所有者、借地権者、これらの同意を得た者	事業計画等の作成と**都道府県知事の認可**が必要	都市計画区域内ならどこでも可能（**市街化調整区域内も可**）
	土地区画整理組合	宅地の所有者、借地権者が**7人以上で共同設立**する組合		
	土地区画整理会社	宅地の所有者、借地権者を株主とする株式会社		
公的施行	・都道府県・市町村 ・**国土交通大臣** ・独立行政法人都市再生機構※2 ・地方住宅供給公社※2		市町村や機構等※2の施行は知事の認可、都道府県の施行は国土交通大臣の認可が必要	都市計画法の市街地開発事業（⇨p.377）の1つとして、施行区域※3でのみ施行可

※1 施行者以外の者への相続、合併その他の一般承継があった場合、その一般承継者は、施行者となる。
※2 独立行政法人都市再生機構または地方住宅供給公社を「機構等」という（以下、機構等）。
※3 土地区画整理事業について都市計画に定められた区域。

土地区画整理事業は、「**土地区画整理組合**（以下、**組合**）による施行が多く、宅建試験でも頻出項目となっています。

❶ 組合設立の流れ

組合は、次の流れにそって設立されます。

> (1) 施行地区内の**7人以上が共同して定款・事業計画を作成**し、**3分の2以上の同意**を得る
> (2) **都道府県知事に認可申請**→知事は2週間、公衆の縦覧に供する→関係権利者に意見書提出の機会
> (3) 認可がおりれば、組合は成立
> (4) 組合が設立されると、施行地区内の宅地について**所有権または借地権を有する者は、全員がその組合の組合員となる**
> (5) 組合員から**土地の所有権や借地権を承継した者は、組合員の地位も承継する**。組合に対して有する権利義務も承継者に移転する

❷ 経費の賦課徴収

組合は、土地区画整理事業に要する経費として、**参加組合員以外の組合員**に対して**賦課金**を徴収することができます。なお、参加組合員以外の組合員は賦課金の納付について、組合に対する**債権での相殺**をもって支払いを**拒絶**することはできません。

❸ 組合の解散

組合は、総会の議決や事業の完成により解散しようとする場合、**都道府県知事の認可**を受けなければなりません。また、借入金がある場合は、その**債権者の同意**も必要です。

出る！

組合が施行する土地区画整理事業にあっては施行地区内の未登記の借地権を有する者は、施行者に申告または届け出なければ組合員にはならない。

施行地区内の借家人は組合員にはならない。

【参加組合員】
宅地の所有権者または借地権者ではないが、土地区画整理事業に参加を希望し、定款で定められた組合員のこと。

賦課金の徴収について、都道府県知事の認可は不要。

出る！

換地処分前に、組合員から宅地の所有権を譲り受けた者も、賦課金の納付義務を負う。

3 土地区画整理事業の流れ

土地区画整理事業の流れをまとめると、以下のようになります。

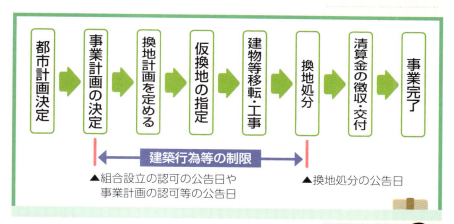

土地区画整理事業を行う間は、次のような行為に対して制限が設けられています。

建築行為等の制限
- 土地区画整理事業の施行の障害となるおそれがあるものとして制限される行為（施行地区内）
  - <u>土地の形質の変更</u>
  - <u>建築物その他の工作物の新築</u>・改築・増築
- 重量が5トンを超える物件の設置・堆積

これらを行おうとする場合は、<u>都道府県知事の許可が必要</u>（市の区域内で民間施行者または市が施行する場合は市の長）。なお、<u>国土交通大臣が施行者となる場合は国土交通大臣の許可が必要</u>。

- 制限される期間
<u>組合設立の認可公告</u>や事業計画の認可等の公告があった日から、<u>換地処分の公告がある日</u>まで。

出る！
建築制限に違反した場合、国土交通大臣または都道府県知事等は、相当の期限を定めて、土地の原状回復や建築物等の移転・除却を命ずることができる（権利を承継した者も対象）。

許可権者を「土地区画整理組合」とするヒッカケ問題に注意！

仮換地で行う行為であっても、許可の取得は必要。

4 換地計画

　換地計画とは、換地処分を行うための計画で、施行者（都道府県、国土交通大臣を除く）は、その計画について**都道府県知事**の認可を受けなければなりません。換地計画では**換地・清算金・保留地**を定めます。

> 換地計画は、施行地区全体を一度に定めるのが原則だが、工事区域により施行地区が分かれている場合は、工区ごとに定めることも可能。

❶ 換地（換地照応の原則）

　換地を定める場合は、位置・地積・土質・水利・利用状況・環境等が従前の宅地と照応するようにしなければなりません。これを**換地照応の原則**といいます。なお、**公共施設用地等の宅地**に対しては、位置や地積等について、**特別の考慮をして定める**ことができます。

> **出る！**
> 宅地所有者の申出や同意があれば、換地を定めないこともできる。この場合、宅地の使用収益権を有する者（借地権者など）の同意も必要。清算金で調整できる。

❷ 清算金

　清算金とは、従前の宅地と換地の土地価格に不均衡が生ずる場合、過不足分を清算するために徴収・交付される金銭のことです。その場合、この金額に関することを換地計画に定める必要があります。

> **出る！**
> 換地計画において定められた清算金は、換地処分に係る公告があった日の翌日において確定する。

❸ 保留地

　土地区画整理事業の施行費用に充てるなどの目的で、施行者が換地として定めずに保有（確保）しておく土地を**保留地**といいます。保留地は、換地処分の**公告日の翌日**に**施行者が取得**します。

> 保留地を定めるに際して、公的施行の場合に限っては設置される「土地区画整理審議会」の同意が必要。

❹ 換地計画の縦覧、決定及び認可

　換地計画を定める場合、個人施行者以外の施行者は、その換地計画を**2週間公衆の縦覧**に供しなければなりません。

また、施行者が個人施行者、組合、区画整理会社、市町村または機構等であるときは、その換地計画について施行地区を管轄する**市町村長を経由**して**都道府県知事の認可**を受ける必要があります。

5 仮換地の指定

土地区画整理事業の工事期間中、従前の宅地について**使用収益権を持つ者**に対して、仮に使用する土地として指定されるのが**仮換地**です。施行者は、換地処分を行う前において、①土地の区画形質の変更工事、②公共施設の新設・変更工事、または③換地処分を行うため、必要がある場合に**仮換地**を**指定**できます。

❶ 仮換地の指定手続き

仮換地の指定は、その仮換地となるべき土地の**所有者と従前の宅地の所有者**に対し、施行者が仮換地の**位置**、**地積**、仮換地の指定の**効力発生日**を通知して行います。仮換地指定の際の手続きは、施行者によって以下のように異なります。

	施行者	必要となる手続き
民間施行	個人施行者（単独・共同）	従前の宅地の所有者、仮換地となるべき宅地の所有者等の同意
民間施行	土地区画整理組合	総会等の同意
民間施行	土地区画整理会社	所有権者・借地権者のそれぞれ3分の2以上の同意
公的施行	地方公共団体、国土交通大臣、都市再生機構等	土地区画整理審議会の意見聴取

【使用収益権を持つ者】
従前の宅地について、所有権、地上権、永小作権、賃借権など宅地を使用し、またはそれにより収益を得ることができる権利を有する者のこと。

使用収益権を持たない**抵当権者に対しては、仮換地の指定は不要**。

出る！
土地区画整理事業の施行者は、仮換地を指定した場合において、必要であれば、従前の宅地に存する建築物を移転し、または除却することができる。

❷ 仮換地指定の効果

仮換地の指定の効力発生日から換地処分の公告がある日まで、従前の宅地の所有権が使用収益権と処分権に分離された状態として扱われることになります。

> 使用収益権は仮換地に移転するが、処分権は移転しない。

【例】A所有の宅地（甲地）について、仮換地としてB所有の宅地（乙地）が指定された場合の、仮換地の指定後や換地処分後の使用収益権と処分権の移転

仮換地の指定の効力発生日から換地処分の公告日まで

〈甲地：従前の宅地〉
- Aは甲地を使用・収益できない
- 甲地の処分権は依然Aが持つ（売却・登記・抵当権設定はできる）
- 甲地の使用収益権は、甲地を仮換地に指定された者に移る。

〈乙地：仮換地〉
- Aは乙地を使用・収益できるが、Bはできなくなる
- 乙地の処分権は依然Bが持つ（Aは乙地の売却・登記・抵当権設定はできない）

換地処分後

〈甲地：従前の宅地〉
- Aは甲地の使用収益権と処分権を失う（売却・抵当権設定ができなくなる）

〈乙地：換地〉
- 乙地の使用収益権と処分権の両方ともAに移る

宅建試験では、例えば仮換地指定前のAを「従前の宅地について権原に基づき使用し、または収益することができる者」、Bを「仮換地について権原に基づき使用し、または収益することができる者」というように、土地区画整理法の条文上の表現が使われる。

❸ **仮換地の使用・収益の開始日を別に定めた場合**

仮換地が工事未完了で使用できないなど、一定の事情がある場合、施行者は指定の効力発生日とは別に「**仮換地の使用・収益の開始日**」を定めることができます。

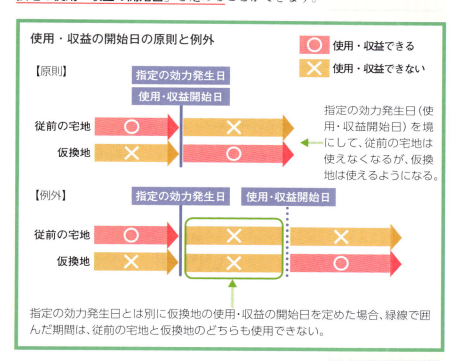

❹ **使用・収益の停止**

施行者は、工事や換地処分を行うため必要があれば、換地計画において換地を定めないとされる宅地の所有者に対して、期日を定めて、その宅地について使用・収益を停止させることができます。

また、仮換地の指定により、使用・収益することができる者のなくなった**従前の宅地の管理**については、**換地処分の公告がある日**までは、**施行者**が行います。

6 換地処分

　土地区画整理事業の工事終了後、従前の宅地の代わりに新たな宅地を割り当てることを**換地処分**といいます。換地処分は、原則として、換地計画に係る区域の全部について、**工事がすべて完了した後、施行者**が、**関係権利者に通知**することで行います。

❶ 換地処分の公告

　施行者（国土交通大臣と都道府県を除く）は、換地処分があった旨を**都道府県知事に遅滞なく届け出て**、**都道府県知事**はそれを**公告**しなければなりません。

　国土交通大臣または都道府県が施行者の場合、届出は不要です。この場合、公告は施工者である国土交通大臣または都道府県が行います。

> 施工者が、個人、市町村、都市再生機構などの場合には、都道府県知事への届出が必要で、都道府県知事が公告を行う。

❷ 換地処分の効果

　換地処分の公告により、仮換地で分離していた使用収益権と処分権が1つの所有権に戻るなど、換地処分の効果が発生します。宅建問題では、この効果と発生日に関する問題が頻出します。公告の日の終了時（24時）を境に、不要になった従来の権利関係は消滅し、新たな権利が発生・確定すると理解しておきましょう。また、**地役権**の扱いについてもよく出題されています。次のページで整理しておきましょう。

> 例外として、別段の定めがある場合は、全部の工事完了以前に部分的な換地処分も可能。

> 「通知」であって、「公告」ではない。

> 土地区画整理事業の施行により公共施設が設置された場合、その公共施設は、原則として、換地処分の公告のあった日の翌日に、公共施設の管理者に帰属する。ただし、例外として、公告日以前に公共施設に関する工事が完了した場合には、公告日前であも、管理を引き継ぐことが可能。

【地役権】
土地の利便のために他人の土地を利用する権利のこと。例えば、公道から自分の土地に出入りするために他人の土地を通行したりする形で、特定の土地（要役地）の便益のために他人の土地（承役地）を利用する物権をいう。

518

換地処分の効果と発生日

✘ = 消滅　　◯ = 発生または確定

	換地処分の公告があった日の 終了時	換地処分の公告があった日の 翌日	効果
換地計画に定められた換地		◯	従前の宅地とみなされる[※1]
換地を定めない従前の宅地に存する権利	✘		消滅する
仮換地指定の効力	✘		消滅する
行使する利益がなくなった地役権	✘		消滅する[※2]
換地計画に定められた清算金		◯	確定する
換地計画に定められた保留地		◯	施行者が取得する
新設された公共施設		◯	原則、市町村が管理[※3]

（公告日の24時）

※1 従前の宅地に存した所有権・地上権・抵当権等も、同時に換地へ移動する。
※2 ただし、原則として、地役権は従前の宅地上にそのまま残る。
※3 公共施設用地は、原則として、公共施設を管理すべき者に帰属する。

地役権の扱い

従前の宅地

通行地役権（Aが通行のためBの土地を利用）

換地処分公告後

✘ 行使する利益がなくなった場合は消滅

【原則】換地処分の公告後も従前の宅地の上に存続する。

【例外】行使する利益がなくなった場合は、消滅する。

> Aは通行地役権の対象である土地なしで公道に出られるため。

❸ 換地処分に伴う登記等

　換地処分の公告があった場合、施行者は、その旨をただちに管轄登記所に通知する必要があります。また、事業により施行区域内の土地・建物に変動があったときは、遅滞なく、変動に関する登記を申請・嘱託しなければなりません。なお、施行者による登記がされるまで、その他の登記申請は原則としてできません。

> 従前の宅地に存在した未登記・未申告の借地権は、換地処分後も消滅せず、換地上に移行して残る。

過去問で集中講義

「土地区画整理法」に関する過去問題を集めてあります。〇✕で答えましょう。

1 国土交通大臣は、施行区域の土地について、国の利害に重大な関係がある土地区画整理事業で特別の事情により急施を要すると認められるもののうち、国土交通大臣が施行する公共施設に関する工事と併せて施行することが必要であると認められるものについては自ら施行することができる。　H22年[問21.4]

2 土地区画整理組合は、土地区画整理事業について都市計画に定められた施行区域外において、土地区画整理事業を施行することはできない。　H24年[問21.2]

3 土地区画整理組合を設立しようとする者は、事業計画の決定に先立って組合を設立する必要があると認める場合においては、5人以上共同して、定款及び事業基本方針を定め、その組合の設立について都道府県知事の認可を受けることができる。　H19年[問24.1]

4 土地区画整理組合は、総会の議決により解散しようとする場合において、その解散について、認可権者の認可を受けなければならない。　H24年[問21.1]

5 土地区画整理組合の設立の認可の公告があった日後、換地処分の公告がある日までは、施行地区内において、土地区画整理事業の施行の障害となるおそれがある土地の形質の変更を行おうとする者は、当該土地区画整理組合の許可を受けなければならない。　H28年[問21.4]

6 施行者は、宅地の所有者の申出又は同意があった場合においては、その宅地を使用し、又は収益することができる権利を有する者に補償をすれば、換地計画において、その宅地の全部又は一部について換地を定めないことができる。　H26年[問20.1]

7 土地区画整理組合が施行する土地区画整理事業の換地計画においては、土地区画整理事業の施行の費用に充てるため、一定の土地を換地として定めないで、その土地を保留地として定めることができる。　H24年[問21.3]

8 土地区画整理事業の施行者は、仮換地を指定した場合において、当該仮換地について使用又は収益を開始することができる日を当該仮換地の効力発生の日と同一の日として定めなければならない。　H30年[問21.4]

520

> 解説

大事にゃところが黄色ににゃってる！

❶ このほか、**都道府県または市町村が施行することが著しく困難か不適当であると認められるものも、国土交通大臣が自ら施行する**ことができます。それ以外のものについては、都道府県または市町村に施行を指示できます。

答え［〇］

❷ 施行者が**組合等の民間施行による土地区画整理事業は、必ずしも都市計画で定められている必要はなく、その施行区域外でも施行**することができます。一方、都道府県・市町村・国土交通大臣・機構等による公的施行の場合は、施行区域内の土地に限られます。

答え［✕］

❸ 組合を設立しようとする者は、**宅地の所有者や借地権者が7人以上共同して**、定款等を定め、その組合の設立について都道府県知事の認可を受ける必要があります。本問の「5人」では足りません。

答え［✕］

❹ 組合が総会の議決で解散する場合、**認可権者である都道府県知事の認可を受け**なければなりません。

答え［〇］

❺ 施行地区内において、土地区画整理事業の施行の障害となるような**土地の形質の変更や建築物その他の工作物の建築を行う場合、都道府県知事の許可を受け**なければなりません。「当該土地区画整理組合の許可」は誤りです。

答え［✕］

❻ 宅地の所有者の申出か同意があった場合は、換地計画において、その宅地の全部または一部について換地を定めないことができます。その際に、施行者は、**当該宅地の使用収益権を有する者にも「同意」を得なければなりませんが、「補償」までする必要はありません。**

答え［✕］

❼ 土地区画整理事業の施行費用に充てるなどの目的で、**施行者が一定の土地について換地として定めず、保有しておく土地が保留地**です。この保留地を売却することで施行費用を捻出します。本問のような組合施行の区画整理事業の場合にも、**保留地を定めることが可能**です。

答え［〇］

❽ 仮換地が工事未完了で使用できないなど、一定の事情がある場合、施行者は**「仮換地の使用・収益の開始日」を指定の効力発生日とは別に定める**ことができます。

答え［✕］

➡次ページに続く 521

9 換地計画において定められた保留地は、換地処分があった旨の公告があった日の翌日において、施行者が取得する。　　　　　　　　　H27年[問20.3]

10 施行者は、施行地区内の宅地について換地処分を行うため、換地計画を定めなければならない。この場合において、当該施行者が土地区画整理組合であるときは、その換地計画について市町村長の認可を受けなければならない。
　　　　　　　　　　　　　　　　　　　　　　　　　　　　H26年[問20.2]

11 個人施行者は、仮換地を指定しようとする場合においては、あらかじめ、その指定について、従前の宅地の所有者の同意を得なければならないが、仮換地となるべき宅地の所有者の同意を得る必要はない。　　　　　H25年[問20.4]

12 施行者は、仮換地を指定した場合において、特別の事情があるときは、その仮換地について使用又は収益を開始することができる日を仮換地の指定の効力発生日と別に定めることができる。　　　　　　　　　　　H28年[問21.3]

13 換地処分は、施行者が換地計画において定められた関係事項を公告して行うものとする。　　　　　　　　　　　　　　　　　　　　　H25年[問20.2]

14 換地処分の公告があった場合においては、換地計画において定められた換地は、その公告があった日の翌日から従前の宅地とみなされ、換地計画において換地を定めなかった従前の宅地について存する権利は、その公告があった日が終了した時において消滅する。　　　　　　　　　　　　　　H21年[問21.4]

15 土地区画整理事業の施行により生じた公共施設の用に供する土地は、換地処分があった旨の公告があった日の翌日において、すべて市町村に帰属する。
　　　　　　　　　　　　　　　　　　　　　　　　　　　　H27年[問20.4]

16 施行地区内の宅地について存する地役権は、土地区画整理事業の施行により行使する利益がなくなった場合を除き、換地処分があった旨の公告があった日の翌日以後においても、なお従前の宅地の上に存する。　　H27年[問20.2]

17 関係権利者は、換地処分があった旨の公告があった日以降いつでも、施行地区内の土地及び建物に関する登記を行うことができる。　H26年[問20.3]

解説

⑨ 換地計画における保留地は、**換地処分の公告があった日の翌日**において、**施行者が取得**します。 答え [○]

⑩ 換地計画を定める場合において、**施行者が個人・組合・区画整理会社、市町村・都市再生機構等であるときは、「都道府県知事」の認可が必要**となります。「市町村長」の認可ではないことに注意。 答え [✗]

⑪ 個人施行者は、仮換地の指定において、あらかじめ、「**従前の宅地の所有者**」と「**仮換地となるべき宅地の所有者**」の同意を得なければなりません。なお、組合施行では総会等の同意、都道府県・市町村・国土交通大臣の施行では土地区画整理審議会の意見聴取、整理会社の施行では所有権者・借地権者のそれぞれ3分の2以上の同意が必要となります。 答え [✗]

⑫ 施行者は、仮換地に使用・収益の障害となる物件がある場合や特別の事情がある場合、仮換地について使用・収益を開始できる日を**仮換地の指定の効力発生日と別に**定めることができます。 答え [○]

⑬ 換地処分は、換地計画において定められた関係事項を、**施行者が関係権利者に「通知」する**ことによって行います。 答え [✗]

⑭ 換地処分の公告があった場合、**換地計画による換地は、公告日の翌日から従前の宅地とみなされ、換地を定めなかった従前の宅地に存する権利は、公告日の終了時に消滅**します。その日を境に従来の権利は消滅し、新たな権利が発生するということです。 答え [○]

⑮ 土地区画整理事業の施行により生じた**公共施設用地は、換地処分の公告日の翌日において、「その公共施設を管理すべき者」に帰属**します。原則として市町村ですが、別段の定めがある場合は、それ以外の者が管理することになります。必ずしも市町村に帰属するとは限りません。 答え [✗]

⑯ 他の宅地上の権利と異なり、施行地区内の宅地について存する**地役権は、換地処分の公告があった日の翌日以後においても、なお従前の宅地の上**に存します。ただし、事業の施行により行使する利益がなくなった地役権は、公告日の終了時に消滅します。 答え [○]

⑰ 換地処分の公告があった場合、まず**施行者が、換地処分後の土地区画整理登記を行わなくてはなりません**。その登記が前提となるため、関係権利者は、原則として、施行者の登記以前に登記できません。 答え [✗]

Part 3 法令上の制限

20 その他の法律／土地区画整理法

523

21 その他の法令上の制限

■その他の法律

- 土地等に関するその他の法令上の制限について、許可権者にポイントを絞って覚える。

1 その他の法令の「原則」

宅建試験において、土地等に関するその他の諸法令による制限の項目では、「**許可権者は誰か**」について出題されることがほとんどです。ここでは、許可権者の多くが「原則として」**都道府県知事**であるということに着目して、その主なものを整理しておきましょう。

出る！
急傾斜地の崩壊による災害の防止に関する法律によれば、急傾斜地崩壊危険区域内において水を放流し、又は停滞させる等の行為をしようとする者は、原則として都道府県知事の許可が必要である。

都道府県知事が許可権者であるもの ※市の区域内では、当該市長への届出となる。

法令	適＝適用地区（対象） 制＝制限内容
大都市地域における住宅及び住宅地の供給の促進に関する特別措置法※	適 土地区画整理促進区域内・住宅街区整備促進区域内 制 土地の形質変更・建築行為
都市再開発法※	適 市街地再開発促進区域内　制 一定の建築
森林法	適 地域森林計画の対象民有林、保安林等 制 開発、伐採・採掘等
地すべり等防止法	適 地すべり防止区域等 制 地下水の排水施設の機能阻害行為等
急傾斜地の崩壊による災害の防止に関する法律	適 急傾斜地崩壊危険区域内 制 水の放流や停滞させる行為等
土砂災害警戒区域等における土砂災害防止対策の推進に関する法律	適 土砂災害特別警戒区域内 制 一定の開発行為（特定開発行為）
被災市街地復興特別措置法※	適 被災市街地復興促進地域内　制 建築行為等

524

2 その他の法令の「例外」

次に、都道府県知事の許可ではない例外について確認しておきます。知事へは届け出るだけの場合と、知事以外の者が許可する場合等があります。

> **出る!**
> 都市緑地法の「特別緑地保全地区内」での新築や土地の形質変更等は、原則通り、都道府県知事等の許可が必要。

知事への届出となる場合

※1 市の区域内では、当該市長への届出となる。 ※2 国定公園の特別地域内で工作物の新築を行う場合は、知事の許可が必要。

法令	適＝適用地区（対象）	制＝制限内容
土壌汚染対策法	適 形質変更時要届出区域内	制 土地の形質変更
公有地の拡大の推進に関する法律※1	適 都市計画区域内	制 一定の土地等の有償譲渡
都市緑地法※1	適 緑地保全地域内	制 新築や土地の形質変更等
自然公園法（国定公園※2・自然公園）	適 普通地域内	制 工作物の建設等

知事以外の者が許可する場合

法令	適＝適用地区（対象） 制＝制限内容	許可権者
自然公園法（国立公園）	適 特別地域・特別保護地区内 制 建築や土地の形質変更 ※普通地域内は届出のみで可。	環境大臣
文化財保護法	適 重要文化財　制 現状保存の変更行為	文化庁長官
道路法	適 道路予定区域内　制 建築行為や土地の形質変更	道路管理者
河川法	適 河川区域内　制 土地の掘削・工作物の建設等	河川管理者
海岸法	適 海岸保全区域内　制 土石（砂）の採取・工作物の建設等	海岸管理者
港湾法	適 港湾区域内と隣接地域　制 土石（砂）の採取等	港湾管理者
津波防災地域づくりに関する法律	適 津波防護施設区域内 制 工作物の建設・土地の掘削等	津波防護施設管理者
生産緑地法	適 生産緑地地区内　制 建築や土地の形質変更等	市町村長

その他への届出

法令	適＝適用地区（対象） 制＝制限内容	届出先
景観法	適 景観計画区域内 制 建築や外観の変更・修繕、景観重要樹木の伐採・移植等	景観行政団体の長※

※地方自治法の指定都市・中核市・その他の区域では、都道府県。

> **出る!**
> ・自然公園法で、国定公園の場合（特別地域・特別保護地区内の建築や土地の形質変更）は、都道府県知事の許可が必要。
> ・津波防災地域づくりに関する法律の「特別警戒区域内」では、開発に伴う建築について都道府県知事の許可が必要。

過去問で集中講義 ✏

「その他の法令上の制限」に関する過去問題を集めてあります。○×で答えましょう。

1 津波防災地域づくりに関する法律によれば、津波防護施設区域内において土地の掘削をしようとする者は、一定の場合を除き、津波防護施設管理者の許可を受けなければならない。　　　　　　　　　　　　　　　　　　H29年［問22.1］

2 都市緑地法によれば、特別緑地保全地区内において建築物の新築、改築又は増築を行おうとする者は、一定の場合を除き、公園管理者の許可を受けなければならない。　　　　　　　　　　　　　　　　　　　　　　　　　　H26年［問22.4］

3 河川法によれば、河川区域内の土地において工作物を新築し、改築し、又は除却しようとする者は、河川管理者と協議をしなければならない。　　　　　　　　　　　　　　　　　　　　　　　　　　　　　　　　H25年［問22.4］

4 道路法によれば、道路の区域が決定された後道路の供用が開始されるまでの間であっても、道路管理者が当該区域についての土地に関する権原を取得する前であれば、道路管理者の許可を受けずに、当該区域内において工作物を新築することができる。　　　　　　　　　　　　　　　　　　　　　　　　H29年［問22.4］

5 急傾斜地の崩壊による災害の防止に関する法律によれば、傾斜度が30度以上である土地を急傾斜地といい、急傾斜地崩壊危険区域内において、土石の集積を行おうとする者は、原則として都道府県知事の許可を受けなければならない。　　　　　　　　　　　　　　　　　　　　　　　　　　　H20年［問25.4］

6 景観法によれば、景観計画区域内において建築物の新築、増築、改築又は移転をした者は、工事着手後30日以内に、その旨を景観行政団体の長に届け出なければならない。　　　　　　　　　　　　　　　　　　　　　　　H29年［問22.3］

7 土壌汚染対策法によれば、形質変更時要届出区域内において土地の形質の変更をしようとする者は、非常災害のために必要な応急措置として行う行為であっても、都道府県知事に届け出なければならない。　　　　　　　　　　　　H25年［問22.3］

8 森林法によれば、保安林において立木を伐採しようとする者は、一定の場合を除き、都道府県知事の許可を受けなければならない。　　　　　　　　　　　　　　　　　　　　　　　　　　　　　　　　H26年［問22.2］

大事にゃところが黄色ににゃってる！

> **解説**

❶ 「**津波防護施設区域内**」**の土地**では、土地の掘削・盛土・切土の工事や、津波防護施設以外の施設・工作物の新築・改築については原則として、**津波防護施設管理者の許可を受け**なければなりません。なお津波防護施設とは津波の被害を防止・軽減するための防潮堤や水門等の施設のことです。　答え［〇］

❷ 「特別緑地保全地区内」において、建築物の新築等・土地の形質変更・立木竹の伐採や干拓等をする場合は、一定の場合を除いて、「**都道府県知事**」**の許可を受け**なければなりません。なお、「緑地保全地域内」であれば、都道府県知事への届出だけで済みます。　答え［✗］

❸ 「河川区域内」の土地において、工作物を新築・改築・除却しようとする場合は、**河川管理者の「許可」を受け**なければなりません。　答え［✗］

❹ 道路の区域（道路予定区域）が決定された後、道路の供用が開始されるまでの間は、事前に**道路管理者の許可を受けなければ、当該区域内において土地の形質変更や、工作物の新築・改築・増築・大修繕等をしてはなりません。**これは、道路管理者が当該区域の土地に関する権原（所有権等）を取得する前においても同様です。　答え［✗］

❺ 本問の記述通り。傾斜度が30度以上の急傾斜地がある「**急傾斜地崩壊危険区域内」において、土石の集積を行う場合は、都道府県知事の許可**を受ける必要があります。その他、次のような行為も、原則として同様に許可を受けなければなりません。①水を放流・停滞させる行為等、②ため池や用水路等の設置・改造、③切土・掘削・盛土等、④立木竹の伐採等。　答え［〇］

❻ 「景観計画区域内」において、建築物の新築・増築・改築・移転をしようとする場合は、**事前に、一定の事項を「景観行政団体の長」に届け出**なければなりません。そして、景観行政団体が届出を受理した日から30日を経過した後でなければ、当該工事に着手できません。　答え［✗］

❼ **形質変更時要届出区域内において土地の形質変更を行う**場合、原則として、都道府県知事に届け出なければなりません。例外として非常災害のための応急措置として行う行為については、事前届出の必要はありません。　答え［✗］

❽ 本問の記述通り。保安林においては、一定の例外を除いて、**都道府県知事の許可を受けずに、立木を伐採することはできません。**　答え［〇］

「税・その他」の学習ポイント ▶▶▶▶▶

出題数

「税・その他」からは、全出題数**50問のうち8問**が出題されます。

出題内容

出題内容は、「税金」と「その他」の2つに分けられます。

税金では、右ページの「01 不動産取得税」から「06 贈与税」までのうち、**地方税から1問、国税から1問**が出題されます。

その他では、「07 地価公示法」と「08 不動産鑑定評価基準」という**「価格の評定」から1問**が出題されます。

「09 住宅金融支援機構法」から「12 建物に関する知識」までの4項目に「不動産に関する統計」を加えた5項目が免除科目です。免除科目は、**各項目から1問ずつ、計5問**が出題されます。「5点免除」の方は、【免除科目】の学習は不要です。

攻略法

「税金」は、専門用語も多くてなじみにくい分野です。6種類の税金から2問なので、学習効率が悪いように感じますが、出題される知識が限られていてヒッカケ問題も少ないので、**基本知識だけで点が取れる分野**です。本文内の赤い下線の知識の太字部分を覚えるだけで十分な対策になります。

「価格の評定」は、覚える内容は少ないのですが、細かい点が論点になることが多いので、**文章を暗記するつもりで学習**します。

【免除科目】は、広範囲からの出題です。**過去問の出題知識に絞って覚えていきましょう。**

「税・その他」の目標点数は、**8問中6点**です。

Part 4
税・その他

本文にある赤い下線、赤い囲み「出る！」の内容は、これまでに出題されたことがある知識です。

Contents　ここで学習すること

01 不動産取得税
02 固定資産税
03 登録免許税
04 印紙税
05 所得税
06 贈与税
07 地価公示法
08 不動産鑑定評価基準
09 【免除科目】住宅金融支援機構法
10 【免除科目】景品表示法
11 【免除科目】土地に関する知識
12 【免除科目】建物に関する知識

01 不動産取得税

- 不動産に関する税の全体像と基本用語を理解する。
- 実質的取得と形式的取得の例を区別して覚える。
- 税率、免税点、課税標準の特例に関する数字を覚える。

1 不動産に関する税

宅建試験で出題される「不動産に関する税」の基本用語と税の種類を確認しておきましょう。

基本用語

用語	説明
課税主体	税金を課す主体→国・都道府県・市町村
納税義務者	税を納める義務を負う者→不動産の取得者、固定資産の所有者等
課税標準	課税の基準となる金額→不動産の価格、文書の記載金額等
税額	**課税標準×税率＝税額**
特例	課税標準、税率、税額について、それぞれ軽減される特例がある
免税点	課税標準が一定金額に満たない場合に、免税とする価額、数量
普通徴収	税額、納期、納付場所などを記載した納税通知書によって納付
申告納付	納税者が、自分で納める税額を計算し、申告して納付

不動産に関する税の種類

税の種類	課税客体（課税の対象）	課税主体	掲載頁
不動産取得税	不動産の取得	都道府県	p.530
固定資産税	所有する固定資産→土地・家屋・償却資産	市町村	p.536
登録免許税	不動産の登記	国	p.542
印紙税	契約書など、課税文書の作成	国	p.546
所得税	不動産の譲渡で発生した所得。譲渡所得	国	p.552
贈与税	個人から個人への贈与	国	p.562

530

2 不動産取得税の概要

不動産取得税は、不動産の取得（**売買・交換・贈与・新築・増改築**）に対して、**不動産の所在する都道府県**が課する地方税です。徴収方法は、**普通徴収**です。

> ヒッカケ問題…不動産取得税は、「取得者の住所地の都道府県が課す」「市町村が課す」はどちらも×。

> 普通徴収の場合の納期限は、送られてくる納税通知書に指定された日。

3 不動産の取得とは

不動産取得税は、**有償・無償**にかかわらず、不動産の**実質的取得**に対して課税されます。

形式的取得に対しては課税されません。

> 不動産取得税は、独立行政法人には課税される場合がある。

実質的取得と形式的取得

課税 実質的取得（実質的な所有権移転）	非課税 形式的取得（形式的な所有権移転）
(1) **売買**による取得 【例】**販売用に中古住宅を購入**した。 (2) **交換**による取得 (3) **贈与**による取得 【例】**生計を一にする親族**から不動産を贈与された。	(1) **相続**（包括遺贈、相続人に対する特定遺贈による取得）による取得 (2) **法人の合併**による取得 (3) **共有物の分割**による取得（⇨p.343） 不動産の取得者の分割前の共有物に係る持分割合を超えなければ、不動産取得税は課されない。

- 不動産取得税は、不動産を取得すれば、**登記をしていなくても**課税される。
- 国、都道府県、市町村、特別区、**地方独立行政法人**には課税されない。

4 家屋の建築による不動産の取得

不動産取得税は、家屋を建築（新築・増改築）することで不動産を取得した場合にも課税されます。

❶ 家屋の新築

家屋を新築した場合、最初の使用または譲渡が行われた日に家屋の取得があったものとみなされて、所有者または譲受者に不動産取得税が課されます。

新築された日から6か月を経過しても、最初の使用または譲渡が行われない場合は、その6か月を経過した日において家屋の取得があったものとみなされて、所有者に不動産取得税が課されます。

❷ 家屋の改築

家屋を改築したことにより、家屋の価格が増加した場合には、改築により増加した価格を課税標準として不動産取得税が課されます。

出る！

保有している家屋を解体し、これを材料として他の場所に同一の構造で再建した場合は、新築による不動産の取得とみなされる。ただし、課税標準については、「改築」に準じて「移築により増加した価額」とされる。

5 不動産取得税の税額

❶ 課税標準

不動産取得税の課税標準は、取得したときの不動産の価格です。

❷ 税額の計算

不動産取得税の税額は、次のように計算します。

> 不動産の価格×税率＝不動産取得税の税額

【不動産の価格】
実際の取引価額ではなく、固定資産課税台帳に登録されている価格（固定資産税評価額⇒p.537）。住宅の新築や改築など、固定資産課税台帳に登録されていない場合には、都道府県知事が価格を決定する。

❸ 税率

不動産取得税の税率は、**土地・住宅**を取得した場合は**3%**、**住宅以外の家屋**の場合は**4%**です。

※不動産取得税の標準税率は4%だが、現在、土地・住宅については軽減措置がとられている。

❹ 免税点

課税標準となるべき額が**免税点に満たない場合**、課税されません。

免税点を「**一定の面積に満たない土地の取得の場合**」とするのは誤り。ヒッカケ問題に注意する。

不動産取得税の免税点

土地※		10万円
家屋※	新築・増築・改築	1戸（一区画）につき23万円
	その他（売買など）	1戸（一区画）につき12万円

---

6 課税標準の特例

不動産取得税の課税標準が軽減される特例です。

❶ 住宅の特例

特例が適用されるのは、**床面積が50㎡以上240㎡以下**の**住宅**を取得した場合です。

新築住宅の場合、**1,200万円**が控除されます（不動産の価格から1,200万円が差し引かれる）。**中古住宅**の場合、**個人**が**自己の居住用に供する場合**だけ、特例が適用されます（控除額は経過年数等によって異なる）。

❷ 宅地の特例

宅地を取得した場合、**宅地の価格の2分の1**の額とされます。

※次の場合は、1つの土地の取得または1戸の家屋の取得とみなす。
土地…取得した日から1年以内にその土地に隣接する土地を取得した場合。
家屋…取得した日から1年以内にその家屋と一構となるべき家屋（例えば母屋と附属家屋の関係にある住宅）を取得した場合。

法人の場合、新築住宅には特例が適用されるが、中古住宅には特例が適用されない。

Part **4**
税・その他

01 不動産取得税

533

過去問で集中講義 ✏

「不動産取得税」に関する過去問題を集めてあります。**○✕**で答えましょう。

1 不動産取得税は、不動産の取得があった日の翌日から起算して3月以内に当該不動産が所在する都道府県に申告納付しなければならない。 H30年[問24.1]

2 生計を一にする親族から不動産を取得した場合、不動産取得税は課されない。 H22年[問24.1]

3 共有物の分割による不動産の取得については、当該不動産の取得者の分割前の当該共有物に係る持分の割合を超えなければ不動産取得税が課されない。 H26年[問24.2]

4 不動産取得税は不動産の取得に対して課される税であるので、家屋を改築したことにより当該家屋の価格が増加したとしても、新たな不動産の取得とはみなされないため、不動産取得税は課されない。 H30年[問24.2]

5 令和元年5月に取得した床面積250㎡である新築住宅に係る不動産取得税の課税標準の算定については、当該新築住宅の価格から1,200万円が控除される。 H24年[問24.2.改]

ちなみに税率は??

6 相続による不動産の取得については、不動産取得税は課されない。 H30年[問24.3]

形式的取得とは?

7 不動産取得税の課税標準となるべき額が、土地の取得にあっては10万円、家屋の取得のうち建築に係るものにあっては1戸につき23万円、その他のものにあっては1戸につき12万円に満たない場合においては、不動産取得税が課されない。 H24年[問24.1]

8 一定の面積に満たない土地の取得については、不動産取得税は課されない。 H30年[問24.4]

9 宅地の取得に係る不動産取得税の課税標準は、当該取得が令和3年3月31日までに行われた場合、当該宅地の価格の4分の1の額とされる。 H24年[問24.3.改]

10 不動産取得税は、独立行政法人及び地方独立行政法人に対しては、課することができない。 H26年[問24.3]

大事にゃところが
黄色ににゃってる！

解説

❶ 不動産取得税の徴収方法は**普通徴収**で、納期限は送られてきた納付通知書に指定された日です。従って「申告納付」は誤りです。　　　　答え [✗]

❷ 生計を一にする親族から不動産を取得した場合でも、不動産取得税は課税されます。「生計を一にする」ことも、「親族」であることも非課税の要件にはなりません。　　　　　　　　　　　　　　　　　　　　　答え [✗]

❸ 不動産取得税は、実質的な所有権移転である**売買、交換、贈与による取得に課税**されます。形式的な所有権移転である**相続、法人の合併による取得は非課税**です。共有物分割の場合、**取得する不動産が分割前の持分の割合を超えなければ、形式的な所有権移転と扱われ、不動産取得税は非課税**です。課税されるのは、分割前の持分の割合を超える場合に限られます。　答え [◯]

❹ 家屋の改築により当該家屋の価格が増加した場合には、**増加した価格を課税標準**として**不動産取得税が課税**されます。　　　　　　　　答え [✗]

❺ **新築住宅の1,200万円控除の特例**が適用されるのは、床面積が**50㎡以上240㎡以下**の住宅を取得した場合です。本問の新築住宅は床面積が250㎡なので、控除の対象外となります。　　　　　　　　　　　　　答え [✗]

❻ 不動産取得税は、有償・無償にかかわらず、不動産の**実質的な取得に対して課税**されます。**相続など形式的な所有権移転**に対しては、**課税されません**。　　　　　　　　　　　　　　　　　　　　　　　　　答え [◯]

❼ 課税標準が一定金額に満たない場合に免税とする時の価額、数量を**免税点**といいます。不動産取得税の免税点は問題文の通りです。　　　　答え [◯]

❽ 不動産取得税は、**不動産取得時の価格を課税標準**として、免税点を判断します。土地の面積を基準として判断されることはありません。　答え [✗]

❾ 不動産取得税の**課税標準**は本来、不動産取得時の価格（原則は固定資産税評価額）ですが、令和3年3月31日までの特例として、**宅地の価格については2分の1の額に軽減**されます。「当該宅地の価格の4分の1の額」は誤りです。なお、特例が適用される期限が記述されている場合、年月日の間違いが論点になっていることはほとんどありません。　　　　　　　　　　答え [✗]

❿ 不動産取得税は、国、都道府県、市町村、特別区、地方独立行政法人には課税不可ですが、**独立行政法人に対しては課税できる場合**があります。答え [✗]

Part 4 税・その他

01 不動産取得税

02 固定資産税

- 固定資産税の概要を理解しておく。
- 税率、免税点、固定資産税の特例に関する数字を覚える。
- 固定資産課税台帳などの閲覧・縦覧制度を覚える。

1 固定資産税の概要

<u>固定資産税</u>は、固定資産（土地・家屋・償却資産）の所有者に、固定資産の所在する<u>市町村</u>が課する地方税です。徴収方法は、<u>普通徴収</u>です。納税通知書は、遅くとも<u>納期限前10日</u>までに納税者に交付されます。

【償却資産】
事業用の機械や備品など、減価償却する資産。

納期は年4回（主に4月、7月、9月、3月）。納期限は各市町村が独自の基準で定める。

所有する固定資産に対して　固定資産の所在する市町村　普通徴収

2 固定資産税の納税義務者

固定資産税の納税義務者は、<u>賦課期日</u>である<u>1月1日時点</u>で、<u>固定資産課税台帳に所有者</u>として登録されている者です。ただし、次の例外があります。

【賦課期日】
ある年度分の納税義務者、課税客体などの課税要件を確定する日のこと。

出る！
年度途中で譲渡があった場合でも、固定資産税は1月1日時点の所有者が、全額を納付する。

例外となる場合	納税義務者
質権または100年より永い存続期間の定めのある地上権の目的である土地	その土地を実質的に支配しているその<u>質権者</u>または地上権者
固定資産課税台帳上の所有者が死亡	現に所有している者（相続人等）
震災・風水害、火災等によって、<u>所有者の所在が不明</u>である場合	固定資産の<u>使用者</u>

3 固定資産税の税額

❶ 課税標準

固定資産税の**課税標準**は、賦課期日における**固定資産課税台帳の登録価格**（**固定資産税評価額**）で、**適正な時価**をいうものとされています。この価格は、**総務大臣**が告示する**固定資産評価基準**に基づいて**市町村長**が決定し、毎年 3 月 31 日までに**固定資産課税台帳**に登録します。固定資産税評価額は、地目の変換、家屋の改築等、特別の事情がない限り、基準年度（評価替え年度）の価格を **3 年間**据え置くこととされています。

❷ 税額の計算

固定資産税の税額は、次のように計算します。

> **固定資産税評価額×税率＝固定資産税の税額**

❸ 税率

固定資産税の**標準税率**は **1.4%** です。ただし、市町村は、標準税率と異なる税率を定めることができます。固定資産税では、**制限税率**は設けられていません。

❹ 免税点

課税標準となるべき額が**免税点に満たない場合**、課税されません。

固定資産税の免税点

土地	30万円
家屋	20万円
償却資産	150万円

同一の者が同一市町村内に所有する土地、家屋、償却資産の、それぞれの課税標準の合計額

出る！

家屋について賃借権を有する者は、固定資産課税台帳のうち当該権利の目的である家屋の敷地である土地について記載された部分を閲覧することができる。

【固定資産税評価額】
不動産取得税（⇨ p.532）や登録免許税（⇨ p.542）の課税標準としても使われる。

【標準税率】
地方自治体が課税する場合に通常よるべき税率。

【制限税率】
地方税において、それを超えて課税してはならないと定められている税率。

Part 4
税・その他

02 固定資産税

4 固定資産税の特例

❶ 住宅用地の課税標準の特例

賦課期日である**1月1日時点**で**住宅用地**である場合、課税標準が、次のように軽減されます。

住宅用地の課税標準の特例	
敷地面積	課税標準
200㎡以下の部分（小規模住宅用地）	× 1/6
200㎡超の部分（一般住宅用地）	× 1/3

> 300㎡の住宅用地の場合、200㎡までが小規模住宅用地となり、課税標準は固定資産税評価額の1/6、残りの100㎡は1/3に減額される。

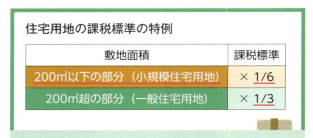

住宅用地は、課税標準額が軽減。

❷ 新築住宅の税額控除の特例

一定の要件を満たす住宅については、120㎡（課税床面積）までの住宅部分について、**新築後3年度分**（中高層耐火建築物は**新築後5年度分**）に限り**固定資産税額が2分の1に減額**されます。

【一定の要件】
・店舗併用住宅の場合、居住用部分が1/2以上であること
・居住部分の床面積が50㎡以上280㎡以下（賃貸住宅は40㎡以上280㎡以下）であること
など。

新築住宅は、税額を2分の1に減額。

5 固定資産課税台帳

❶ 閲覧と縦覧

　市町村長は、毎年3月31日までに**固定資産課税台帳、土地価格等縦覧帳簿及び家屋価格等縦覧帳簿**を作成しなければなりません。

(1) 閲覧…**納税義務者、借地人・借家人**は、**評価額を確認**するために、いつでも固定資産課税台帳を**閲覧**できます。また、**記載事項の証明書の交付**を受けることもできます。

(2) 縦覧…**固定資産税の納税者**は、自分の固定資産と同一市町村内の**他の固定資産**とを**比較**するため、**毎年4月1日**から、**4月20日またはその年度の最初の納期限の日のいずれか遅い日以後の日**までの間、**縦覧帳簿**を**縦覧**ができます。

❷ 固定資産評価審査委員会への審査の申出

　固定資産税の納税者が固定資産課税台帳の**登録価格**について**不服**がある場合、文書をもって、**固定資産評価審査委員会**に**審査の申出**をすることができます。

【閲覧】
自分の土地・家屋の評価額などを記載した固定資産課税台帳を見る制度。

【縦覧】
自分の固定資産と他の固定資産の評価額を比較し、自分の固定資産の評価額が公平・適正であるかを縦覧帳簿で確認する制度。

> 審査の申出の対象になるのは、固定資産税課税台帳の登録事項のうち「登録価格」のみ。

6 都市計画税

　都市計画税は、主として市街化区域内の土地・建物の所有者に課せられる市町村税（地方税）です。固定資産税の課税評価額をもとに、**固定資産税と都市計画税**をあわせて**普通徴収**することができます。都市計画税の制限税率は**0.3%**です。

Part 4　税・その他

02　固定資産税

過去問で集中講義 ✏

「固定資産税」に関する過去問題を集めてあります。○×で答えましょう。

1 平成31年1月15日に新築された家屋に対する令和元年度分の固定資産税は、新築住宅に係る特例措置により税額の2分の1が減額される。　H27年[問24.1.改]

2 固定資産税は、固定資産が賃借されている場合、所有者ではなく当該固定資産の賃借人に対して課税される。　H29年[問24.1]

3 家屋に対して課する固定資産税の納税者が、その納付すべき当該年度の固定資産税に係る家屋について家屋課税台帳等に登録された価格と当該家屋が所在する市町村内の他の家屋の価格とを比較することができるよう、当該納税者は、家屋価格等縦覧帳簿をいつでも縦覧することができる。　H29年[問24.2]

4 固定資産税の税率は、1.7%を超えることができない。　H27年[問24.2]

5 市町村は、財政上その他特別の必要がある場合を除き、当該市町村の区域内において同一の者が所有する土地に係る固定資産税の課税標準額が30万円未満の場合には課税できない。　H27年[問24.4]

6 住宅用地のうち小規模住宅用地に対して課する固定資産税の課税標準は、当該小規模住宅用地に係る固定資産税の課税標準となるべき価格の3分の1の額である。　H25年[問24.3]

7 新築された住宅に対して課される固定資産税については、新たに課されることとなった年度から4年度分に限り、2分の1相当額を固定資産税額から減額される。　H17年[問28.4]

8 家屋について賃借権を有する者は、固定資産課税台帳のうち当該権利の目的である家屋の敷地である土地について記載された部分を閲覧することができる。　H23年[問24.3]

9 固定資産税の納税者は、その納付すべき当該年度の固定資産課税に係る固定資産について、固定資産課税台帳に登録された価格について不服があるときは、一定の場合を除いて、文書をもって、固定資産評価審査委員会に審査の申出をすることができる。　H29年[問24.3]

解説

大事にゃところが黄色ににゃってる！

❶ **固定資産税の納税義務者は、その年の1月1日現在において、固定資産課税台帳に所有者として登録されている者**です。従って、平成31年1月15日に新築された家屋は、そもそも令和元年度分の固定資産税の課税対象にはなりません（令和2年度から課税される）。課税対象ではないのですから、特例措置も適用されません。 答え [✘]

❷ 固定資産税の納税義務者は、固定資産課税台帳に所有者として登録されている者です。**賃借人に課税されることはありません**。ただし、例外として、質権者または地上権者（100年超の存続期間の定めがある場合）には固定資産税が課税されます。 答え [✘]

❸ 固定資産税の納税者は、縦覧帳簿を縦覧することができます。ただし、縦覧が認められるのは、**毎年4月1日から4月20日**または**第1期納期限の日のいずれか遅い日以後の日までの間**です。 答え [✘]

❹ **固定資産税の標準税率は、1.4%**です。市町村は、財政上その他の必要があると認める場合においては標準税率を超える税率を定めることができます。税率の上限は存在しません。 答え [✘]

❺ 同一市町村内に所有する**固定資産の課税標準の合計が、一定金額未満の場合**、原則、**固定資産税は課税されません**。これを**免税点**といいます。**土地は30万円、家屋は20万円、償却資産は150万円が免税点**です。 答え [○]

❻ 固定資産税の特例で、**200㎡以下の部分（小規模住宅用地）の固定資産税の課税標準となるべき価格は1/6**となります。1/3となるのは、200㎡を超える部分（一般住宅用地）についてです。 答え [✘]

❼ 税額控除の特例として、**新築住宅については、課税開始年度から3年度分に限り、固定資産税額から2分の1相当額が減額**されます（中高層耐火建築物であれば5年度分）。 答え [✘]

❽ 納税義務者、賃借権を有する借地人・借家人は、自己に関する固定資産の記載部分について、**いつでも固定資産課税台帳の閲覧を求める**ことができます。 答え [○]

❾ 固定資産税の納税者は、固定資産課税台帳の登録価格に不服がある場合、文書により**固定資産評価審査委員会に審査の申出**ができます。 答え [○]

03 登録免許税

- 登録免許税の概要を理解する。
- 登録免許税の課税標準を理解する。
- 登録免許税の税率の軽減措置の適用要件を暗記する。

1 登録免許税の概要

　登録免許税は、登記を受ける者が納税義務者となる国税です。例えば、売買による所有権移転登記の場合、売主と買主に**連帯して納付する義務**があります。登記を受ける際に、**現金**で納付しますが、**3万円以下**の場合には**印紙**での納付も可能です。

> 不動産登記の手続きについては、権利関係の不動産登記法で学習（⇨p.230）。

> 【印紙】
> 租税や手数料の徴収のために、政府が発行する証票。収入印紙。

2 登録免許税の課税標準

❶ 課税標準

　登録免許税の課税標準となる「不動産の価額」は、**固定資産課税台帳の登録価格（固定資産税評価額）**です。実際の取引価格ではありません。登記する不動産の上に所有権以外の権利（**地上権**、貸借権等）その他処分の制限（差押え等）があるときは、それらがないものとした場合の価額によります。

❷ 税率

　登録免許税の税率は、登記の区分（所有権保存・所有権移転・抵当権設定）と、**所有権移転**の場合はその**原因**（売買・贈与・相続等）によって異なります。

3 登録免許税の税率の軽減措置

❶ 適用要件

個人が住宅用家屋を**新築または取得（売買・競売）****し、自己の居住の用に供する場合、登録免許税の税率****の軽減措置**が適用されます。個人が新築または取得するものであっても、経営する会社の従業員社宅として使用する場合には、軽減を受けることはできません。

> 敷地については適用されない。法人が新築または取得する場合には適用されない。

住宅用家屋の登録免許税の軽減措置…適用要件

所有権保存登記、所有権移転登記、抵当権設定登記の登録免許税について、

- 個人の自己の居住用に供する家屋であること。
- 新築または取得後1年以内の登記であること。
- 床面積が50㎡以上であること。
- 中古は築20年以内（耐火建築物は築25年以内）であること。または、一定の耐震基準を満たしていること。
- 以前に適用を受けたことのある者も繰り返し適用を受けることができる。
- 高所得者であっても適用を受けることができる。

※登記の申請書に、その家屋が一定の要件を満たす住宅用の家屋であることについての市区町村長の証明書の添付が必要。

---

❷ 軽減税率

住宅用家屋について、登録免許税の本則税率と軽減税率は、以下の通りです。

登記の種類		課税標準	本則税率	軽減税率
所有権保存		不動産の価格	0.4%	0.15%
所有権移転	売買・競売	不動産の価格	2.0%	0.3%
	贈与・交換	不動産の価格	2.0%	軽減なし
	相続・合併	不動産の価格	0.4%	軽減なし
抵当権設定		債権金額	0.4%	0.1%

数値が出題されたことはないよ。

過去問で集中講義

「登録免許税」に関する過去問題を集めてあります。○×で答えましょう。

1 土地の所有権の移転登記に係る登録免許税の納期限は、登記を受ける時である。
H14年[問27.3]

2 土地の売買に係る登録免許税の納税義務は、土地を取得した者にはなく、土地を譲渡した者にある。
H14年[問27.4]

3 住宅用家屋の所有権の移転登記に係る登録免許税の課税標準となる不動産の価額は、売買契約書に記載された住宅用家屋の実際の取引価格である。
H21年[問23.3]

4 住宅用家屋の所有権の移転登記に係る登録免許税の税率の軽減措置は、一定の要件を満たせばその住宅用家屋の敷地の用に供されている土地に係る所有権の移転の登記にも適用される。
H26年[問23.1]

5 住宅用家屋の所有権の移転登記に係る登録免許税の税率の軽減措置は、個人が自己の経営する会社の従業員の社宅として取得した住宅用家屋に係る所有権の移転の登記にも適用される。
H26年[問23.2]

6 住宅用家屋の所有権の移転登記に係る登録免許税の税率の軽減措置は、所有権の移転の登記に係る住宅用家屋が、築年数が25年以内の耐火建築物に該当していても、床面積が50㎡未満の場合には適用されない。
H26年[問23.4]

7 住宅用家屋の所有権の移転登記に係る登録免許税の税率の軽減措置の適用を受けるためには、その住宅用家屋の取得後6か月以内に所有権の移転登記をしなければならない。
H21年[問23.4]

8 住宅用家屋の所有権の移転登記に係る登録免許税の税率の軽減措置の適用を受けるためには、登記の申請書に、その家屋が一定の要件を満たす住宅用の家屋であることについての税務署長の証明書を添付しなければならない。
H30年[問23.4]

9 住宅用家屋の所有権の移転登記に係る登録免許税の税率の軽減措置は、贈与により取得した住宅用家屋に係る所有権の移転登記には適用されない。
H21年[問23.2]

> 解説

❶ 登録免許税は、登記を受ける際に、現金で納付（3万円以下は印紙による納付も可）しますから、**納期限は登記を受ける時**となります。　　答え [◯]

❷ 登録免許税は、**不動産の登記を受ける者が納税義務者**です。土地売買では、売主（譲渡者）が登記義務者。買主（取得者）が登記権利者で、**双方が「登記を受ける者」**にあたります。登記を受ける者が2人以上いる場合は、連帯して登録免許税を納付する義務を負います。ただし、実際は取引慣行として買主が全額負担することがほとんどです。　　答え [✗]

❸ **登録免許税の課税標準となる不動産の価額は、固定資産課税台帳の登録価格（固定資産税評価額）**です。売買契約書にある「実際の取引価格」ではありません。　　答え [✗]

❹ 本問の軽減措置は、**「住宅用家屋」に限って適用**されます。敷地の用に供されている土地は、適用対象外です。　　答え [✗]

❺ 本問の軽減措置は、**個人が住宅用家屋の所有権を取得し、その個人の居住の用に供する場合に適用**されます。**従業員の社宅として取得した場合は、適用対象外**です。　　答え [✗]

❻ 次のすべてに該当する場合、登録免許税の税率の軽減措置が適用されます。
・**個人の自己の居住用に供する家屋**であること。
・**新築または取得後1年以内の登記**であること。
・**床面積が50㎡以上**であること。
・**中古住宅の場合は築20年以内（耐火建築物は築25年以内）**であること。
　　答え [◯]

❼ 登録免許税の税率の軽減措置の適用は、その**住宅用家屋の「取得後1年以内」に登記をしたもの**に限られます。「6か月以内」ではありません。　答え [✗]

❽ 登録免許税の税率の軽減措置の適用を受けるには、登記を申請する際に**市区町村長の証明書を添付する**必要があります。従って「税務署長の証明書」は誤りです。　　答え [✗]

❾ 所有権の移転登記に係る登録免許税の軽減措置が適用されるのは、**売買または競売による取得**です。贈与による取得には適用されません。　答え [◯]

04 印紙税

- 不動産取引に関連する課税文書を中心に、印紙税を学ぶ。
- 印紙税が課税される文書とされない文書を区別して覚える。
- 課税標準である文書の記載金額を覚える。

1 印紙税の概要

印紙税は、売買契約書や贈与契約書など、一定の文書（**課税文書**）を作成した場合に納付義務が生じる国税です。印紙税は、文書に税額相当の**印紙**を貼って消印することにより納付します。

2 印紙税の消印

課税文書と印紙の彩紋とにかけて判明に**消印**しなければなりません。消印は、文書作成者、その代理人、使用人その他の従業者のいずれか1人が、**印章**または**署名**によって行います。

> **出る！**
>
> 国を売主、A社を買主とする土地の譲渡契約で、双方が署名押印して共同で土地譲渡契約書を2通作成し、国とA社がそれぞれ1通ずつ保存することとした場合、A社が保存する方の契約書には印紙税は課税されない。

3 印紙税の納税義務者

印紙税の納税義務者は、**課税文書の作成者**です。

代理人が課税文書を作成する場合、**代理人**が印紙税の納税義務者となります。

国・地方公共団体等が作成した文書は、**非課税**です。

4 課税文書とは

印紙税は、契約書などの文書について課税されます。**契約の成立・更改、契約内容の変更・補充**の事実を証すべき文書であればすべてが**課税文書**に該当します。表題が契約書ではなく、**仮契約書、協定書、約定書、覚書**などであっても、課税対象です。また、**同一内容の文書**が2通以上ある場合、それぞれの文書が印紙税の課税対象となります。

例えば、不動産の売買契約書を3通作成し、売主A、買主B及び媒介した宅建業者Cがそれぞれ1通ずつ保存する場合、媒介したCが保存する契約書にも印紙税が課されます。

印紙税の課税文書
(1) 不動産の譲渡に関する契約書 例 売買契約書・交換契約書・贈与契約書
(2) 地上権・土地の賃借権の設定や譲渡に関する契約書 例 土地賃貸借契約書
(3) 請負に関する契約書 例 宅地造成・工事請負契約書
(4) 消費貸借に関する契約書 例 金銭消費貸借契約書
(5) 記載金額が5万円以上の領収書・受取書

印紙税の非課税文書
(1) 建物賃貸借契約書 ←建物の賃貸借契約に関する書面でも、敷金の領収書は課税文書
(2) 委任に関する契約書 例 委任状・媒介契約書
(3) 質権・抵当権の設定や譲渡に関する契約書
(4) 記載金額が1万円未満の契約書
(5) 記載金額が5万円未満の領収書・受取書
(6) 営業に関しない受取書
　　例 給与所得者が自宅の土地建物を譲渡した場合の領収書

5 印紙税の課税標準

印紙税の課税標準は、文書の**記載金額**です。印紙税額は記載金額に応じて決まり、**記載金額のない文書（契約金額が未定の場合を含む）の場合、印紙税額は200円**となります。

【記載金額】
課税文書に記載された契約金額や受取金額などのこと。

課税文書ごとの記載金額

課税文書の種類	課税標準となる記載金額
売買契約書	売買金額 ● 一通の契約書に売買契約と請負契約それぞれの金額が記載されている場合、高い方の金額。 ● 同じ種類の契約に関する記載金額が複数ある場合、それらの合計額。
交換契約書	● 交換対象物の双方の価額が記載されている場合は、高い方の金額。 ● 交換差金だけが記載されている場合は交換差金の額。
土地賃貸借契約書 地上権設定契約書	後日返還されない権利金・礼金・更新料等の金額。 ※後日返還される予定の敷金・保証金等は記載金額に含まれない。賃料・地代も記載金額に含まれない。
贈与契約書	記載金額がないものとして印紙税200円が課される。
変更契約書 (契約内容を変更するための契約書)	● 契約金額の増額の場合、増額部分だけが記載金額となる。 ● 減額の場合は、記載金額がないものとして印紙税額200円となる。 ● 変更後の契約金額の総額が同じ変更契約書には、記載金額がない文書として印紙税200円が課される。

※消費税額を明記している場合、消費税額分には課税されない。

6 過怠税の徴収

　課税文書の作成者が、文書作成の時までに印紙税を納付しなかった場合、**過怠税**が徴収されます。

　過怠税の額は、納付しなかった印紙税の額とその２倍に相当する金額との合計額（**本来の印紙税額の３倍**）です。

　ただし、税務調査により判明する前に**自主的に申告**した場合は、当初に納付すべき税額の**1.1 倍に軽減**されます。

　また、貼り付けた印紙を所定の方法によって消印しなかった場合は、消印されていない印紙の額面に相当する金額の過怠税が徴収されます。

　過怠税はその全額が法人税の損金や所得税の必要経費には算入されません。

　なお、過怠税が課せられた文書に記載された契約であっても、契約自体は有効です。

過去問で集中講義

「印紙税」に関する過去問題を集めてあります。○×で答えましょう。

1 土地譲渡契約書に課税される印紙税を納付するため当該契約書に印紙をはり付けた場合には、課税文書と印紙の彩紋とにかけて判明に消印しなければならないが、契約当事者の従業者の印章又は署名で消印しても、消印したことにはならない。　　　　H25年[問23.1]

2 土地の売買契約書（記載金額2,000万円）を3通作成し、売主A、買主B及び媒介した宅地建物取引業者Cがそれぞれ1通ずつ保存する場合、Cが保存する契約書には、印紙税は課されない。　　　　H25年[問23.2]

3 建物の賃貸借契約に際して敷金を受け取り、「敷金として20万円を領収し、当該敷金は賃借人が退去する際に全額返還する」旨を記載した敷金の領収証を作成した場合、印紙税は課税されない。　　　　H20年[問27.1]

4 一の契約書に土地の譲渡契約（譲渡金額4,000万円）と建物の建築請負契約（請負金額5,000万円）をそれぞれ区分して記載した場合、印紙税の課税標準となる当該契約書の記載金額は、5,000万円である。　　　　H25年[問23.3]

5 「時価3,000万円の土地を無償で譲渡する」旨を記載した贈与契約書は、記載金額3,000万円の不動産の譲渡に関する契約書として印紙税が課される。　　　　H21年[問24.2]

6 「甲土地を6,000万円、乙建物を3,500万円、丙建物を1,500万円で譲渡する」旨を記載した契約書を作成した場合、印紙税の課税標準となる当該契約書の記載金額は、6,000万円である。　　　　H23年[問23.3]

7 「令和元年10月1日付建設工事請負契約書の契約金額3,000万円を5,000万円に増額する」旨を記載した変更契約書は、記載金額2,000万円の建設工事の請負に関する契約書として印紙税が課される。減額の場合は？　　　　H21年[問24.1.改]

8 「建物の電気工事に係る請負金額は2,200万円（うち消費税額及び地方消費税額が200万円）とする」旨を記載した工事請負契約書について、印紙税の課税標準となる当該契約書の記載金額は、2,200万円である。　　　　H25年[問23.4.改]

> 大事にゃところが黄色ににゃってる！

解説

❶ 印紙税の納付は、課税文書に印紙を貼り、課税文書と印紙の彩紋とにかけ、判明に消印しなければなりません。消印は、**文書作成者本人またはその代理人のほか、使用人や従業者の印章・署名**でも構いません。　　答え［✘］

❷ **同一内容の課税文書を2通以上作成した場合、原則としてそのすべてに印紙税が課税**されます。従って、媒介した宅建業者Cが保存する契約書にも印紙税が課税されます。　　答え［✘］

❸ 敷金の領収証は、「**記載金額が5万円以上の領収書・受取書**」に該当するため、**印紙税の課税対象**となる文書です。後日に返還される旨が記載されていても、領収証であることに変わりありません。非課税文書である「建物の賃貸借契約書」と混同しないように注意しましょう。なお、「領収証」と「領収書」は、同じ意味と考えてさしつかえありません。　　答え［✘］

❹ 一通の契約書に譲渡契約と請負契約それぞれの金額が記載されている場合、**高い方の金額が記載金額**として扱われます。本問の場合は5,000万円です。
　　答え［◯］

❺ **贈与契約書**では、時価が記載されていても譲渡の対価たる金額はないため、**記載金額がない課税文書として扱われて200円の印紙税**が課されます。
　　答え［✘］

❻ 1つの譲渡契約書に**2つ以上の金額がある場合、その合計額が課税文書の記載金額**となります。本問では甲乙丙を合計した1億1,000万円が記載金額です。ただし、**譲渡契約と請負契約など、異なる種類の契約が併記されている場合は、大きい方の金額が記載金額**となります。　　答え［✘］

❼ **契約金額の変更契約書については、増加した金額が記載金額**となります。本問は、増額分の2,000万円を記載金額として印紙税が課されます。なお、**減額の場合には、記載金額のない契約書として印紙税200円**が課されます。
　　答え［◯］

❽ 課税文書に消費税の金額が明記されている場合、**消費税額は記載金額に含めません**。本問の場合、200万円を除いた2,000万円が印紙税の課税標準となります。従って、「当該契約書の記載金額は、2,200万円」は誤りです。
　　答え［✘］

05 所得税

- 所得税の基本的な仕組みをおさえる。
- 特別控除や軽減税率の適用要件を理解しておく。
- 特例同士の併用（重複適用）の可否を覚える。

所得税は、個人の**所得**に対して課せられる国税です。所得は10種類に分類されます。

1 譲渡所得とは

宅建試験では、土地・建物を譲渡（売却など）したときに生じる**譲渡所得**について出題されます。

なお、**個人であっても**、**営利を目的**として**継続的**に行っている**不動産の譲渡による所得**は、譲渡所得ではなく**事業所得**として課税されます。

> **譲渡所得ではない所得**
> - **宅建業者や不動産業者である個人が販売の目的で所有している不動産を譲渡した場合の所得は事業所得**となる。
> - 土地や建物などの不動産の貸付け、不動産の上に存する権利の設定及び貸付けによる所得は不動産所得となる。ただし、**借地権の設定などにより受ける権利金が、その土地の価額の10分の5に相当する金額を超える場合は、譲渡所得**となる。
> - 山林を譲渡した場合の所得は、山林所得。

【所得】
個人が1月1日から12月31日までの1年間に得た収入から必要経費を差し引いた金額。所得税では、①利子所得、②配当所得、③不動産所得、④事業所得、⑤給与所得、⑥退職所得、⑦山林所得、⑧譲渡所得、⑨一時所得、⑩雑所得に分類している。10種類の所得は、原則としてすべて合算されて総合課税となるが、土地・建物等の譲渡所得は、他の所得と分離して分離課税となる。

【不動産業】
不動産の売買・交換・貸借・管理、またはその代行・仲介を業務範囲とする業。宅建業よりも業務範囲が広い。

2 所得税の税額

❶ 課税標準

土地・建物を譲渡した際の**総収入金額**から**取得費**と**譲渡費用**を差し引いた金額を**譲渡所得**といいます。

所得税の課税標準は、譲渡所得です。

> **総収入金額－（取得費＋譲渡費用）＝譲渡所得**

❷ 税額の計算

譲渡所得の税額は、次のように計算します。

> **譲渡所得×税率＝譲渡所得税の税額**

❸ 税率

土地・建物の譲渡所得は、**長期譲渡所得**（**5年超**の所有）と**短期譲渡所得**（**5年以内**の所有）に分かれ、それぞれ適用税率が異なります。

譲渡所得の税率		
長期譲渡所得	譲渡した年の1月1日における所有期間が5年超であるもの	税率…15%
短期譲渡所得	譲渡した年の1月1日における所有期間が5年以内であるもの	税率…30%

【総収入金額】
収入から必要経費などを引く前の収入の合計額。土地や建物の譲渡価額。

【取得費】
売却した土地や建物を過去に取得した時の建築代金、購入代金、購入手数料、設備費や改良費など。

【譲渡費用】
土地や建物を売るために直接かかった費用。仲介手数料、印紙税、立退料など。

Part **4** 税・その他

05 所得税

553

3 課税標準の特例

特定の要件を満たす場合、課税標準となる譲渡所得から一定額が控除されます。これを**譲渡所得の特別控除**といいます。**所有期間の長短を問わず適用**できます。

> 居住用財産とは、マイホームの土地や建物のこと。

❶ 居住用財産の譲渡所得の3,000万円特別控除

居住用財産を譲渡した場合、譲渡所得から3,000万円が控除されます。これを**居住用財産を譲渡した場合の3,000万円の特別控除の特例**といいます。

「居住用財産の軽減税率の特例」と併用（重複適用）可能です。

「居住用財産の譲渡所得の3,000万円特別控除」
「居住用財産の譲渡所得の特別控除」

> 試験では、これらの言葉でも出題されている。

居住用財産の譲渡の要件

- 居住用財産の譲渡であること…主として居住の用に供している居住用財産の譲渡、または、居住の用に供さなくなった日から3年を経過する日の属する年の12月31日までの譲渡であること
- 親族等への譲渡でないこと…「親族等」には、**配偶者**、直系血族（祖父母・父母・**子・孫**など）のほか、それ以外で生計を一にする親族が含まれる。

3,000万円特別控除の適用要件

- 本年・前年・前々年にこの特例の適用を受けていないこと。←適用は3年に1度
- 本年・前年・前々年に特定居住用財産の買換え特例や収用交換等の場合の5,000万円特別控除などの適用を受けていないこと。←適用は3年に1度
- 住宅ローン控除の適用を受けていないこと。

---

❷ 被相続人の空き家を譲渡したときの3,000万円特別控除

放置された空き家の発生を抑制するため、空き家や

空き家取壊し後の敷地の売却に関しても、一定の要件を満たせば、3,000万円特別控除が受けられます。

❸ 収用等により土地建物を売ったときの特例

土地・建物が公共事業のために収用・買取りされた場合、譲渡所得から5,000万円が控除されます。これを**収用交換等の場合の5,000万円特別控除**といいます。

「居住用財産の軽減税率の特例」「住宅ローン控除」と**併用可能**です。「優良住宅地造成のために土地を譲渡した場合の軽減税率の特例」とは**併用不可**です。

土地・建物を収用交換等により譲渡し、補償金等の交付を受けて代替資産を取得した場合、譲渡がなかったものとすることができます。これを**収用等に伴い代替資産を取得した場合の課税の特例**といいます。この特例と「居住用財産の軽減税率の特例」とは**併用不可**です。

4 軽減税率の特例

❶ 居住用財産の軽減税率の特例

譲渡した年の1月1日における所有期間が**10年超の**居住用財産を譲渡した場合、譲渡益**6,000万円以下の部分**について、長期譲渡所得の税率15%が**10%**に軽減される特例です（6,000万円超の部分は15%のまま）。これを**居住用財産を譲渡した場合の軽減税率の特例**といいます。「居住用財産の譲渡所得の3,000万円特別控除」「収用交換等の場合の5,000万円特別控除」と**併用可能**です。「特定居住用財産の買換え特例」や「収用等に伴い代替資産を取得した場合の課税の特例」とは**併用不可**です。

【一定の要件】
※空き家の要件
・昭和56年5月31日以前に建築されたこと。
・区分所有建物でないこと。
・相続開始の直前において被相続人以外に居住者がいなかったこと（一定の要件を満たしていれば、被相続人が老人ホーム等に入所していた場合も適用可能）。

※特例の適用要件
・相続開始日から3年を経過する日の属する年の12月31日までに譲渡すること。
・譲渡金額が1億円以下であること。

【収用】
公共の利益となる事業のために、私有財産を強制的に取得する措置。

長期譲渡所得は、譲渡した年の1月1日における所有期間が5年超なので、その2倍の期間。

売った年の前年及び前々年にこの特例を受けていないことが要件の1つ。

Part **4** 税・その他

05 所得税

❷ 優良住宅地造成のために土地を譲渡した場合の軽減税率の特例

優良住宅地の収用による造成等のために、<u>所有期間が5年超</u>の土地等を譲渡した場合、譲渡益2,000万円以下の部分について、長期譲渡所得の税率15％が10％に軽減される特例です（2,000万円超の部分は15％のまま）。これを**優良住宅地の造成等のために土地等を譲渡した場合の長期譲渡所得の課税の特例**といいます。

「居住用財産の譲渡所得の3,000万円特別控除」**「収用交換等の場合の5,000万円特別控除」と併用不可**です。

試験では、「特定の居住用財産の買換え及び交換の場合の長期譲渡所得の課税の特例」という言葉でも出題されている。

5 特定居住用財産の買換え特例

居住用財産を売却して、代わりの居住用財産に買い

【例】1,000万円で購入したマイホームを4,000万円で売却して5,000万円のマイホームに買い換えた場合、原則として、3,000万円の譲渡益が課税対象となる。しかし、この特例の適用を受けた場合、売却した年には、譲渡益への課税は行われない。課税は、買換資産を将来譲渡するときまで繰り延べとなる。

購入1,000万円　→　売却4,000万円　→　買換え5,000万円　→　売却6,000万円
　　　　　　　　　　原則…課税
　　　　　　　　　　特例…繰延べ

	譲渡資産	買換資産	
	譲渡益 3,000万円	5,000万円	譲渡益 1,000万円
			課税繰延べ益 3,000万円
1,000万円	1,000万円		1,000万円

買い換えた5,000万円のマイホームを将来6,000万円で売却した場合に、差額1,000万円の譲渡益のみに対して課税されるのではなく、譲渡益1,000万円に特例の適用を受けて課税が繰り延べられていた3,000万円の譲渡益（課税繰延べ益）を加えた4,000万円を譲渡益として課税される。

換えたときは、一定の要件のもと、譲渡益に対する課税を将来に繰り延べることができます。これを**特定の居住用財産の買換えの特例**といいます。

特例の適用要件

譲渡資産の要件
- 居住用財産の譲渡であること（⇨p.554）
- 居住期間…10年以上（譲渡年の1月1日時点）
- 所有期間…10年超（譲渡年の1月1日時点）
- 譲渡金額…1億円以下 ←買換資産の代金には制限はない。
- 親族等への譲渡でないこと（⇨p.554）

買換資産の要件
- 家屋の床面積…50㎡以上（自己の居住の用に供する部分）
- 敷地面積…500㎡以下
- 取得時期…譲渡をした年の前年から翌年までの3年の間に取得。
- 居住時期…取得日から翌年12月31日までに、居住の用に供するか、または、居住の用に供する見込みがあること。
- 築年数…中古住宅の場合は、取得の日以前25年以内に建築。ただし新耐震基準に適合していれば築年数は問わない。

覚えておこう

併用（重複適用）の可否

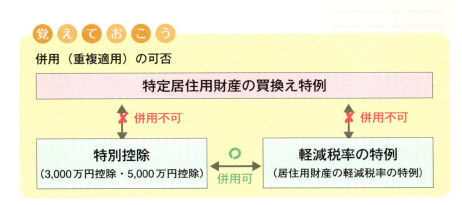

6 譲渡損失の損益通算と繰越控除

居住用財産の買換えによって生じた譲渡損失は、その年の給与所得や事業所得など他の所得と**損益通算**できます。

また、損益通算しきれなかった損失分は翌年以降3年内に**繰越控除**ができます。

これを**居住用財産の買換え等の場合の譲渡損失の損益通算及び繰越控除の特例**といいます。ただし、合計所得額が3,000万円超となる年は、繰越控除が適用されません。

この特例は、**「住宅ローン控除」と併用可能**です。

【損益通算】
その年の損失の金額（赤字）があるときに、他の各種所得の金額（黒字）から差し引くこと。

【繰越控除】
その年に損益通算しきれなかった損失について、損失発生年の翌年以後に繰り越して、他の所得から差し引くこと。

特例の適用要件

譲渡資産の要件

● 居住用財産の譲渡であること（⇨p.554）

● 所有期間…5年超（譲渡年の1月1日時点）。

● 親族等への譲渡でないこと（⇨p.554）

買換資産の要件

● 取得時期…譲渡の年の前年の1月1日から売却の年の翌年12月31日までの間に日本国内にある資産で、家屋の床面積が50㎡以上であるものを取得すること。

● 居住時期…買換資産を取得した年の翌年12月31日までに、居住の用に供するか、または、居住の用に供する見込みがあること。

● 住宅ローン…買換資産を取得した年の12月31日において買換資産について返済期間が10年以上の住宅ローンを有すること。

7 住宅ローン控除

住宅ローン控除（**住宅借入金等特別控除**）は、住宅ローンを利用して住宅を新築、取得または増改築等した場合、**10年間**にわたって、借入金の年末残高の**1％**が所得税から控除される制度です。

住宅ローン控除は、「**収用交換等の場合の5,000万円特別控除**」「**居住用財産の買換え等の場合の譲渡損失の損益通算及び繰越控除の特例**」**と併用可能**です。

住宅ローン控除の要件

- 住宅ローンの返済期間が10年以上で、借入先は、原則として、金融機関であること。
- 取得日から6か月以内に入居し、各年の12月31日まで引き続いて居住。
- 控除を受ける年の合計所得金額が3,000万円以下であること。
- 住宅の床面積が50㎡以上。
- 居住の用に供した年と、その前後の2年ずつの5年間に、以下の特例の適用を受けていないこと。
    - ✘ 居住用財産の譲渡所得の3,000万円特別控除
    - ✘ 居住用財産の軽減税率の特例
    - ✘ 特定居住用財産の買換え特例

住宅ローン控除と他の特例との併用（重複適用）の可否

居住用財産の3,000万円特別控除	✘
収用等による譲渡の場合の5,000万円特別控除	○
軽減税率の特例	✘
特定居住用財産の買換え特例	✘
居住用財産の買換えの場合の譲渡損失の損益通算及び繰越控除	○

過去問で集中講義

「所得税」に関する過去問題を集めてあります。〇×で答えましょう。

1 建物の所有を目的とする土地の賃借権の設定の対価として支払を受ける権利金の金額が、その土地の価額の10分の5に相当する金額を超えるときは、不動産所得として課税される。　　　　　　　　　　　　　　　　H29年[問23.2]

2 譲渡所得とは資産の譲渡による所得をいうので、不動産業者である個人が営利を目的として継続的に行っている土地の譲渡による所得は、譲渡所得として課税される。　　　　　　　　　　　　　　　　　　　　　　　H29年[問23.3]

3 譲渡する年の1月1日において所有期間が10年を超える居住用財産について、その者と生計を一にしていない孫に譲渡した場合には、居住用財産の譲渡所得の3,000万円特別控除を適用することができる。　　　　　　H24年[問23.4]

4 譲渡する年の1月1日において所有期間が10年を超える居住用財産について、収用交換等の場合の譲渡所得等の5,000万円特別控除(租税特別措置法第33条の4第1項)の適用を受ける場合であっても、特別控除後の譲渡益について、居住用財産を譲渡した場合の軽減税率の特例(同法第31条の3第1項)を適用することができる。　　　　　　　　　　　　　　　　　　H24年[問23.2]

5 租税特別措置法第36条の2の特定の居住用財産の買換え及び交換の場合の長期譲渡所得の課税の特例において、譲渡資産とされる家屋については、その譲渡をした日の属する年の1月1日における所有期間が10年を超えるもののうち国内にあるものであることが、適用要件とされている。　居住期間は「10年以上」

H14年[問26.2]

6 租税特別措置法第36条の2の特定の居住用財産の買換えの場合の長期譲渡所得の課税の特例において、買換資産とされる家屋については、譲渡資産の譲渡をした日からその譲渡をした日の属する年の12月31日までに取得をしたものであることが、適用要件とされている。　　　　　　　　　　H19年[問26.2]

7 居住用家屋を居住の用に供した場合において、住宅ローン控除の適用を受けようとする者のその年分の合計所得金額が3,000万円を超えるときは、その超える年分の所得税について住宅ローン控除の適用を受けることはできない。

H18年[問26.4]

大事にゃところが黄色にゃってる！

解説

❶ 土地や建物などの不動産の貸付け、不動産の上に存する権利の設定及び貸付けによる所得は不動産所得です。ただし、**借地権（土地の賃借権）の設定などにより受ける権利金が、その土地の価額の10分の5に相当する金額を超える場合は譲渡所得**となります。　　　　　　　　　　　答え［✘］

❷ 個人であっても、**営利を目的として継続的に行っている不動産の譲渡による所得は事業所得**です。　　　　　　　　　　　　　　　　　　　答え［✘］

❸ **居住用財産の譲渡所得の3,000万円特別控除は、譲渡する相手が、配偶者、直系血族、生計を一にする親族などの場合には適用されません**。「孫」は直系血族なので、生計を一にしていなくても控除を受けることはできません。
　　　　　　　　　　　　　　　　　　　　　　　　　　　　　答え［✘］

❹ 譲渡した年の1月1日において所有期間が**10年超の居住用財産を譲渡**した場合、**収用交換等における譲渡所得の5,000万円特別控除と居住用財産の譲渡における軽減税率の特例は、両方の要件を満たせば、併用（重複適用）**できます。　　　　　　　　　　　　　　　　　　　　　　　　答え［○］

❺ **特定の居住用財産の買換えの特例**（租税特別措置法第36条の2の特定の居住用財産の買換え及び交換の場合の長期譲渡所得の課税の特例）において譲渡資産とされる家屋は、その譲渡をした日の属する年の**1月1日における所有期間が10年を超えるもののうち国内にあるものであること**が適用要件となっています。　　　　　　　　　　　　　　　　　　　　答え［○］

❻ **特定の居住用財産の買換えの特例**（租税特別措置法第36条の2の特定の居住用財産の買換えの場合の長期譲渡所得の課税の特例）において買換資産とされる家屋は、**譲渡資産を譲渡した年の前年から譲渡年の翌年の年末までに取得**（取得見込みも可）することが、適用要件となっています。「及び交換」という言葉はありませんが、❺と同じ特例に関する問題です。　答え［✘］

❼ 住宅ローン控除では、**その年分の合計所得金額が3,000万円以下であること**が適用要件となっています。3,000万円を超える年については、控除を受けることはできません。　　　　　　　　　　　　　　　　　　　　答え［○］

06 贈与税

- 「住宅取得等資金の贈与を受けた場合の贈与税の非課税」「相続時精算課税」「相続時精算課税の特例が適用できる家屋」のそれぞれの要件を区別して覚える。

1 贈与税の概要

贈与税は、個人（贈与者）から贈与を受けた個人（受贈者）に納付義務が生じる国税です。

贈与税は、1年間に受けた贈与財産に対して課税する**暦年課税**が原則ですが、受贈者が**推定相続人**である子・孫の場合、贈与時ではなく相続が発生した時点で課税する**相続時精算課税**を利用することができます。

【推定相続人】
現状のままで相続が開始した場合、相続人となるはずの者。

現金のほか、不動産、宝石なども贈与税の課税対象。

2 住宅取得等資金の贈与税の非課税

直系尊属から**住宅取得等資金**の贈与を受けた場合、一定金額が非課税となる特例があります。この制度を**直系尊属から住宅取得等資金の贈与を受けた場合の贈与税の非課税**といいます。

「家屋自体の贈与」、「日本国外の住宅の取得資金」には適用不可。

住宅取得等資金の贈与を受けた場合の贈与税の非課税の要件

- 贈与者…直系尊属（父母、祖父母等）。←年齢制限なし
- 受贈者…贈与年の1月1日時点で満20歳以上の直系卑属（子、孫等）。贈与年の合計所得…原則2,000万円以下。
- 日本国内の家屋で床面積50㎡以上240㎡以下（1/2以上が居住用）。

年×和0

3 相続時精算課税

相続時精算課税は、贈与時点の贈与税を軽減し、後に相続が発生したときに贈与分と相続分を合算して相続税として支払う制度です。→父母が長寿だから後でよい

> 500万→500万→2,000万というように順次贈与した場合でも、総額2,500万円までの部分は非課税。

❶ 相続時精算課税のしくみと要件

贈与者ごとに<u>累積総額2,500万円までの贈与額が非課税</u>で、<u>2,500万円を超えた部分について20％が課税</u>されます。相続時には、<u>贈与財産と相続財産を合算した額</u>に一定税率（10〜55％）を乗じた税額を算出し、そこから贈与時に納付した贈与税額が控除されます。

相続時精算課税の要件　※０年×

- 贈与者…贈与年の１月１日時点で<u>60歳以上の父母・祖父母</u>。
- 受贈者…贈与年の１月１日時点で<u>満20歳以上の推定相続人である子・孫</u>。
- <u>贈与者ごと、受贈者ごと</u>に、相続時精算課税か暦年課税かを個別に選択できる。

❷ 相続時精算課税選択の特例

<u>住宅取得等資金の贈与</u>の場合、**60歳未満の父母または祖父母**が贈与者でも、**相続時精算課税制度**を選択できます。これを**特定の贈与者から住宅取得等資金の贈与を受けた場合の相続時精算課税の特例**といいます。

出る！
住宅用家屋自体の贈与を受けた場合は適用外。

相続時精算課税の特例が適用できる家屋の要件　年×　金×

- 贈与を受けた年の翌年３月15日までに取得の資金に充て、居住すること。
- 日本国内の家屋で<u>床面積50㎡以上（1/2以上が居住用）</u>。
- <u>築20年（耐火建築物は25年）以内</u>。新耐震基準等に適合していれば築年数は問わない。

過去問で集中講義

「贈与税」に関する過去問題を集めてあります。○×で答えましょう。

1 贈与者が住宅取得等資金の贈与をした年の1月1日において60歳未満の場合でも、「直系尊属から住宅取得等資金の贈与を受けた場合の贈与税の非課税」の適用を受けることができる。　　　　　　　　　　　　　　　　　H27年[問23.3]

2 受贈者について、住宅取得等資金の贈与を受けた年の所得税法に定める合計所得金額が2,000万円を超える場合でも、「直系尊属から住宅取得等資金の贈与を受けた場合の贈与税の非課税」の適用を受けることができる。　　H27年[問23.4]

3 相続時精算課税の適用を受けた贈与財産の合計額が2,500万円以内であれば、贈与時には贈与税は課されないが、相続時には一律20％の税率で相続税が課される。　　　　　　　　　　　　　　　　　　　　　　　　　　　　H22年[問23.4]

4 自己の配偶者から住宅用の家屋を取得した場合には、「住宅取得等資金の贈与を受けた場合の相続時精算課税の特例」の適用を受けることはできない。
　　　　　　　　　　　　　　　　　　　　　　　　　　　　　　H19年[問27.1]

5 60歳未満の親から住宅用家屋の贈与を受けた場合でも、「特定の贈与者から住宅取得等資金の贈与を受けた場合の相続時精算課税の特例」の適用を受けることができる。　　　　　　　　　　　　　　　　　　　　　　　　　H22年[問23.1]

6 床面積の3分の1を店舗として使用し、残りの部分は資金の贈与を受けた者の住宅として使用する家屋を新築した場合には、「住宅取得等資金の贈与を受けた場合の相続時精算課税の特例」の適用を受けることはできない。　　H19年[問27.3]

7 「住宅取得等資金の贈与を受けた場合の相続時精算課税の特例」の対象となる既存住宅用家屋は、マンション等の耐火建築物である場合には築後30年以内、耐火建築物以外の建物である場合には築後25年以内のものに限られる。
　　　　　　　　　　　　　　　　　　　　　　　　　　　　　　H16年[問27.4]

8 住宅取得のための資金の贈与を受けた者について、その年の所得税法に定める合計所得金額が2,000万円を超えている場合でも、「特定の贈与者から住宅取得等資金の贈与を受けた場合の相続時精算課税の特例」の適用を受けることができる。　　　　　　　　　　　　　　　　　　　　　　　　　　　　H22年[問23.3]

大事にゃところが黄色にゃってる！

解説

❶ 「**直系尊属から住宅取得等資金の贈与を受けた場合の贈与税の非課税**」の場合、**贈与者に年齢制限はありません**。60歳以上という年齢制限があるのは、**相続時精算課税**（住宅取得等資金の特例を除く）の場合です。　　答え [○]

❷ この特例の適用を受けられる受贈者は、住宅取得等資金の**贈与年の1月1日現在で20歳以上**で、その年の**合計所得金額が2,000万円以下の者**です。2,000万円を超える場合は適用を受けることはできません。　　答え [✗]

❸ 贈与時に相続時精算課税の適用を受けると、**2,500万円まで非課税、これを超える部分には一律20％の税率で贈与税**が課せられます。相続時には、**贈与財産と相続財産を合算した額に応じて一定税率（10～55％）を乗じた税額を算出**し、そこから贈与時に納付した贈与税額が控除されます。「一律20％の税率」ではありません。　　答え [✗]

❹ 相続時精算課税の特例が適用されるのは、**住宅取得等資金の贈与で、贈与者が親または祖父母である場合**に限られます。本問では、「住宅用家屋」を「配偶者」から取得しているため適用を受けることはできません。　　答え [○]

❺ 「**住宅取得等資金**」**の贈与を受ける場合であれば、贈与者が60歳未満であっても、相続時精算課税の特例の適用を受ける**ことができます。本問では、「住宅用家屋」が贈与されているため、特例の対象になりません。　　答え [✗]

❻ 相続時精算課税の特例が適用される家屋は、**床面積の1/2以上に相当する部分を居住用とすることが要件**です。本問では、床面積の1/3を店舗として使用していて、残り2/3を受贈者の住宅としているため、適用を受けることができます。　　答え [✗]

❼ 「**住宅取得等資金の贈与を受けた場合の相続時精算課税の特例**」**の対象家屋は、マンション等の耐火建築物であるときは建築後25年以内、耐火建築物以外の建物については建築後20年以内**のものに限られます（新耐震基準等に適合していれば築年数は問いません）。　　答え [✗]

❽ 相続時精算課税（特例を含む）の適用を受けるにあたって、**所得制限はありません**。贈与年の合計所得が2,000万円以下という要件が課されるのは、「**直系尊属から住宅取得等資金の贈与を受けた場合の贈与税の非課税**」の受贈者の場合です。　　答え [○]

07 地価公示法

- 地価公示の手続きの流れを頭に入れる。
- 標準地の選定と鑑定評価、正常な価格の判定基準を覚える。
- 公示価格の効力を理解する。

1 地価公示法の概要

国土交通省に置かれる**土地鑑定委員会**が、地価の指標となる**標準地**を選定し、毎年1回、土地の正常な価格を判定、公示することを**地価公示**といいます。

> **地価公示法の目的**
> 都市及びその周辺の地域等において、標準地を選定し、その正常な価格を公示することにより、一般の土地の取引価格に対して指標を与え、及び公共の利益となる事業の用に供する土地に対する適正な補償金の額の算定等に資し、もって適正な地価の形成に寄与することを目的とする。

2 地価公示のプロセス

地価公示の手順は以下の通りです。

標準地の選定

❶土地鑑定委員会が、**公示区域内**から**標準地を選定**します。

鑑定評価

❷**2人以上**の不動産鑑定士が価格を**鑑定**し、鑑定評価書を土地鑑定委員会に提出します。

> **出る!**
> 標準地の鑑定評価額が前年の鑑定評価額と変わらない場合であっても、鑑定評価書を作成・提出しなければならない。

566

価格の判定

❸土地鑑定委員会が**審査・調整**を行い、基準日における、標準地の単位面積当たりの**正常な価格を判定**します。

官報で公示

❹土地鑑定委員会が「**所在地・住所**」「**単位面積当たりの価格**」「**価格判定の基準日**」「**地積・形状**」「**標準地及び周辺の土地の利用の現況**」等の事項を官報で**公示**します。

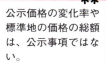
出る！
公示価格の変化率や標準地の価格の総額は、公示事項ではない。

【地積】
土地の面積のこと。

市町村へ送付

❺土地鑑定委員会が、関係市町村の長へ当該市町村が属する都道府県にある標準地に関する書面や図面を**送付**します。

事務所で閲覧

❻関係市町村の長は、送付を受けた書面等を当該市町村の事務所で一般の**閲覧**に供します。

3 標準地の選定

　土地鑑定委員会は、**公示区域内**から**標準地を選定**します。

　公示区域とは、「**都市計画区域**その他の土地取引が相当程度見込まれるものとして**国土交通省令で定める区域**（国土利用計画法の規制区域を除く）」のことです。そして、国土交通省令では、**公示区域**は**国土交通大臣**が定めるとされています。

　標準地は、**自然的・社会的条件**からみて**類似の利用価値**を有すると認められる地域において、土地の利用状況・環境等が**通常と認められる**一団の土地について選定するものとされています。

都市計画区域外の区域を公示区域に指定することもできる。

4 標準地の鑑定評価

2人以上の不動産鑑定士が、次の3種の価格を総合的に勘案して、標準地の鑑定評価を行い、鑑定評価書を土地鑑定委員会に提出します。

> 3つのうち、どれか1つを優先するわけではない点に注意！

標準地の鑑定評価のもとになる3種の価格
(1) 近傍類地の取引価格から算定される推定の価格
(2) 近傍類地の地代等から算定される推定の価格
(3) 同等の効用を有する土地の造成に要する推定の費用の額

5 正常な価格の判定

土地鑑定委員会は、鑑定評価書を審査し、必要な調整を行って、毎年1回、基準日（1月1日）における、標準地の単位面積当たりの正常な価格を判定します。

正常な価格とは、土地について、自由な取引が行われるとした場合におけるその取引において通常成立すると認められる価格をいいます。

なお、「取引」には、農地、採草放牧地または森林の取引は含まれません。ただし、「農地、採草放牧地及び森林以外のもの（住宅地等）とするための取引」は含まれます。

正常な価格は、標準地に定着物があったり、使用収益権が設定されている場合には、定着物（建物など）や権利（地上権など）が存しないものとして判定します。

出る！

判定すべき土地に建物等がある場合や、地上権等の権利が付いている場合には、それらのものが存在しないもの（更地）として価格が算定される。

6 公示価格の効力

❶ 公示価格を指標とする

土地の取引を行う者は、取引の対象土地に類似する利用価値を有すると認められる標準地について公示された価格を指標として取引を行うよう努めなければなりません。

> 「行うよう努める」のであって、「義務がある」「行わなければならない」ということではない。

❷ 公示価格を規準とする

以下の場合には、公示価格を規準としなければなりません。

公示価格を規準としなければならない場合

(1) 不動産鑑定士が、公示区域内の土地について鑑定評価を行う場合において、当該土地の正常な価格を求める場合

(2) 土地収用ができる事業を行う者が、公示区域内の土地を取得する場合において、取得価格を定めるとき

(3) 土地収用の際、相当な補償価格を算定する場合

---

❸「規準とする」とは

公示価格を「規準とする」とは、

(1) 対象土地の価格を求めるに際して、当該対象土地とこれに類似する利用価値を有すると認められる1または2以上の標準地との位置、地積、環境等の土地の客観的価値に作用する諸要因についての比較を行い、

(2) その結果に基づき、当該標準地の公示価格と当該対象土地の価格との間に均衡を保たせること

をいいます。

> 最も近接する標準地と比較するわけではない。

過去問で集中講義 ✏

「地価公示法」に関する過去問題を集めてあります。**◯✕**で答えましょう。

1 地価公示法の目的は、都市及びその周辺の地域等において、標準地を選定し、その周辺の土地の取引価格に関する情報を公示することにより、適正な地価の形成に寄与することである。　　　　　　　　　　　　　　　　H25年[問25.1]

2 公示区域とは、土地鑑定委員会が都市計画法第4条第2項に規定する都市計画区域内において定める区域である。　　　　　　　　　　　　H23年[問25.1]

3 地価公示の標準地は、自然的及び社会的条件からみて類似の利用価値を有すると認められる地域において、土地の利用状況、環境等が最も優れていると認められる一団の土地について選定するものとする。　　　　　　H21年[問25.4]

4 土地鑑定委員会が標準地の単位面積当たりの正常な価格を判定する際は、二人以上の不動産鑑定士の鑑定評価を求めなければならない。　　H27年[問25.3]

5 不動産鑑定士は、土地鑑定委員会の求めに応じて標準地の鑑定評価を行うに当たっては、近傍類地の取引価格から算定される推定の価格を基本とし、必要に応じて、近傍類地の地代等から算定される推定の価格及び同等の効用を有する土地の造成に要する推定の費用の額を勘案しなければならない。H26年[問25.4]

6 土地鑑定委員会が標準地の単位面積当たりの正常な価格を判定したときは、標準地の形状についても公示しなければならない。　　　　　　H27年[問25.4]

7 土地鑑定委員会は、標準地の価格の総額を官報で公示する必要はない。
　　　　　　　　　　　　　　　　　　　　　　　　　　　　　H26年[問25.1]

8 土地収用法その他の法律によって土地を収用することができる事業を行う者は、公示区域内の土地を当該事業の用に供するため取得する場合において、当該土地の取得価格を定めるときは、公示価格を規準としなければならない。
　　　　　　　　　　　　　　　　　　　　　　　　　　　　　H23年[問25.2]

9 公示区域内の土地を対象とする鑑定評価においては、公示価格を規準とする必要があり、その際には、当該対象土地に最も近接する標準地との比較を行い、その結果に基づき、当該標準地の公示価格と当該対象土地の価格との間に均衡を保たせる必要がある。　　　　　　　　　　　　　　　　　　H21年[問25.1]

570

解 説

大事にゃところが黄色ににゃってる！

❶ 地価公示法は、標準地を選定し、**正常な価格を公示することにより、土地取引に指標を与え、適正な地価の形成に寄与する**ことを目的とします。「取引価格に関する情報を公示することにより」ではありません。　答え [✗]

❷ **公示区域を都市計画区域外に定めることも可能**です。また、**公示区域は、国土交通大臣**が定めます。土地鑑定委員会ではありません。　答え [✗]

❸ 標準地は、自然的及び社会的条件からみて類似の利用価値を有すると認められる地域において、**土地の利用状況、環境等が通常と認められる一団の土地**について土地鑑定委員会が選定します。　答え [✗]

❹ 土地鑑定委員会は、**毎年１回、２人以上の不動産鑑定士の鑑定評価**をもとに、標準地の単位面積当たりの正常な価格を判定し、公示します。　答え [○]

❺ 不動産鑑定士は、標準地の鑑定評価を行う際に、①近傍類地の取引価格から算定される推定の価格、②近傍類地の地代等から算定される推定の価格、③同等の効用を有する土地の造成に要する推定の費用の額を「**総合的に**」**勘案**しなければなりません。「①を基本とし、必要に応じて②・③を勘案する」は誤りです。　答え [✗]

❻ 土地鑑定委員会は、「**所在地・住所**」「**単位面積当たりの価格・価格判定の基準日**」「**地積・形状**」「**標準地及び周辺の土地の利用の現況**」等の事項を**官報で公示**しなければなりません。　答え [○]

❼ 土地鑑定委員会が官報で公示しなくてはならない事項の中に、「標準地の価格の総額」は含まれていません。　答え [○]

❽ 公示価格を規準としなければならないのは、次の場合です。
① 不動産鑑定士が、公示区域内の土地について鑑定評価を行う場合において、当該土地の正常な価格を求める場合　② **土地収用ができる事業を行う者が、公示区域内の土地を取得する場合において、取得価格を定めるとき**　③ 土地収用の際、相当な補償価格を算定する場合　答え [○]

❾ 公示価格を「規準とする」際の比較対象は、**当該対象土地とこれに類似する利用価値を有すると認められる１または２以上の標準地**です。「当該対象土地に最も近接する標準地」ではありません。　答え [✗]

08 不動産鑑定評価基準

- 一般的要因・地域要因・個別的要因を区別して覚える。
- 正常価格・限定価格・特定価格・特殊価格を区別して覚える。
- 原価法・取引事例比較法・収益還元法の３種類を理解する。

1 不動産鑑定評価基準とは

不動産鑑定評価基準は、**不動産鑑定士**が不動産の鑑定評価を行うにあたっての統一的基準として国土交通省が定めたルールです。

2 不動産の価格形成要因

不動産の**価格形成要因**とは、不動産の**効用**及び**相対的稀少性**並びに不動産に対する**有効需要**の三者に影響を与える要因をいいます。価格形成要因は、**一般的要因**、**地域要因**及び**個別的要因**に分けられます。

価格形成要因

一般的要因	一般経済社会における不動産のあり方及びその価格の水準に影響を与える要因。自然的要因、社会的要因、経済的要因及び行政的要因に大別される。
地域要因	一般的要因の相関結合によって規模、構成の内容、機能等にわたる各地域の特性を形成し、その地域に属する不動産の価格の形成に全般的な影響を与える要因。
個別的要因	不動産に個別性を生じさせ、その価格を個別的に形成する要因。土地、建物等の区分に応じて分析する必要がある。

3 価格の種類

鑑定評価によって求める不動産の価格には、**正常価格・限定価格・特定価格・特殊価格**があります。

不動産の鑑定評価によって求める価格は、**基本的には正常価格**です。

出る！
「限定価格とは」といいながら、特定価格の説明をするような出題パターンが多い。

価格の種類

種類	説明	具体例
正常価格	**市場性を有する不動産**について、現実の社会経済情勢の下で**合理的と考えられる条件を満たす市場**で形成されるであろう市場価値を表示する適正な価格。	・通常の取引価格
限定価格	**市場性を有する不動産**について、正常価格と同一の市場概念の下において形成されるであろう市場価値と乖離（はなれること）することにより、**市場が相対的に限定される場合**における取得部分の当該市場限定に基づく市場価値を適正に表示する価格。	・借地権者の底地併合 ・隣接不動産の取得 ・経済合理性に反する不動産の分割を前提とする売買 に関連する場合
特定価格	**市場性を有する不動産**について、**法令等による社会的要請**を背景とする**鑑定評価目的**の下で、正常価格の前提となる諸条件を満たさないことにより正常価格と同一の市場概念の下において形成されるであろう市場価値と乖離することとなる場合における不動産の経済価値を適正に表示する価格。	・会社更生法 ・民事再生法 ・**資産の流動化に関する法律** に基づく評価
特殊価格	文化財等の一般的に**市場性を有しない不動産**について、その利用現況等を前提とした不動産の経済価値を適正に表示する価格。	・文化財

4 不動産の鑑定評価の手法

不動産の鑑定評価の手法には、**原価法**、**取引事例比較法**、**収益還元法**があります。鑑定評価では、原則として、市場の特性等を適切に反映した<u>複数の手法を適用</u>すべきとされています。

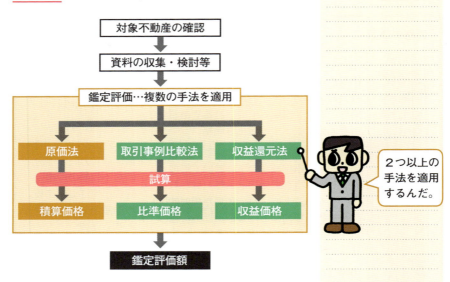

5 原価法

原価法とは、価格時点における対象不動産の**再調達原価**を求め、これについて**減価修正**を行い、対象不動産の試算価格を求める手法です。原価法で試算した価格を**積算価格**といいます。

原価法の出題ポイント

- 原価法は、主に建物に適用されるが、造成地・埋立地などで再調達原価を適切に求めることができる場合には、土地に関しても適用できる。

- 土地について公共施設の整備等による環境の変化が価格水準に影響を与えている場合には、地域要因の変化の程度に応じた増加額を熟成度として加算できる。

再調達原価…対象不動産を価格時点（不動産の価格の判定の基準日。価格を求めようとしている時点）において再調達することを想定した場合において必要とされる適正な原価の総額。

減価修正…不動産の価値の減少となる要因に応じて再調達原価から控除すること。原則として「耐用年数に基づく方法」と「観察減価法」の２つの方法を併用する。

6 取引事例比較法

　取引事例比較法とは、まず多数の取引事例を収集して適切な事例の選択を行い、これらに係る取引価格に必要に応じて事情補正及び時点修正を行い、かつ、地域要因の比較及び個別的要因の比較を行って求められた価格を比較考量し、これによって対象不動産の試算価格を求める手法です。

　取引事例比較法で試算した価格を比準価格といいます。

取引事例の収集 ➡ 取引事例の選択 ➡ 事情補正・時点修正 ➡ 地域要因・個別的要因の比較 ➡ 比準価格

取引事例の選択

● 原則として、近隣地域または同一需給圏内の類似地域にある不動産の取引。

● 必要やむを得ない場合は、近隣地域の周辺地域にある不動産の取引。

● 対象不動産の最有効使用が標準的使用と異なる場合等は、同一需給圏内の代替競争不動産の取引。

同一需給圏…一般に対象不動産と代替関係が成立して、その価格の形成について相互に影響を及ぼすような関係にある他の不動産の存する圏域。

取引事例の要件

● 取引事情が正常または正常なものに補正可能であること。売り急ぎ、買い進み等の特殊な事情が存在する事例は事情補正を行わなければならない。

　・投機的取引であると認められる事例は用いることができない。

● 時点修正が可能であること。

● 地域要因の比較及び個別的要因の比較が可能であること。

事情補正…売り急ぎ、買い進み等、特殊な事情を含み、これが価格に影響を及ぼしているときに適切な補正をすること。

時点修正…取引事例の時点から価格水準に変動があると認められる場合、時間の経過による変動を考慮して、取引事例の価格を価格時点の価格に修正すること。

【最有効使用】
その不動産の効用が最高度に発揮される可能性に最も富む使用。これを前提として把握される価格を標準として不動産価格が形成されることを最有効使用の原則という。

7 収益還元法

収益還元法とは、対象不動産が将来生み出すであろうと期待される純収益の**現在価値の総和**を求めることにより試算価格を求める手法です。

収益還元法で試算した価格を**収益価格**といいます。

【現在価値】
将来の価値を一定の割引率を使って現在時点まで割り戻した価値。

> 例えば、建物の賃貸では、将来、家賃、権利金、更新料などの収益が見込める。これらの収益の合計を「総収益」という。一方、建物の維持管理費や固定資産税などの費用も発生する。これらの費用の合計を「総費用」という。「総収益」から「総費用」を控除した「純収益」の現在価値の総和を求める。

収益還元法のポイント

- 文化財の指定を受けた建造物等の、一般的に市場性を有しない不動産を除き、あらゆる不動産に適用すべきもの。
- マイホームなど、自用の不動産についても賃貸を想定することにより適用できる。
- 市場における不動産の取引価格の上昇が著しいときは、取引価格と収益価格との乖離が拡大する。この場合、先走りがちな取引価格に対する有力な検証手段として活用されるべきものである。

収益価格を求める方法には、**直接還元法**と**DCF法**があります。

直接還元法とDCF法

直接還元法	一期間の純収益を還元利回りによって還元する方法。
DCF法	連続する複数の期間に発生する純収益及び復帰価格を、その発生時期に応じて現在価値に割り引き、それぞれを合計する方法。不動産の証券化に係る鑑定評価で毎期の純収益の見通し等について詳細な説明が求められる場合には、DCF法の適用を原則とする。DCFはDiscount Cash Flowの略。

Part **4** 税・その他

08 不動産鑑定評価基準

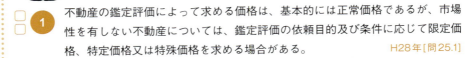

「不動産鑑定評価基準」に関する過去問題を集めてあります。○×で答えましょう。

1 不動産の鑑定評価によって求める価格は、基本的には正常価格であるが、市場性を有しない不動産については、鑑定評価の依頼目的及び条件に応じて限定価格、特定価格又は特殊価格を求める場合がある。　H28年[問25.1]

2 土地についての原価法の適用において、宅地造成直後と価格時点とを比べ、公共施設等の整備等による環境の変化が価格水準に影響を与えていると認められる場合には、地域要因の変化の程度に応じた増加額を熟成度として加算できる。　H20年[問29.2]

3 鑑定評価の各手法の適用に当たって必要とされる取引事例等については、取引等の事情が正常なものと認められるものから選択すべきであり、売り急ぎ、買い進み等の特殊な事情が存在する事例を用いてはならない。　H28年[問25.3]

4 不動産の価格は、その不動産の効用が最高度に発揮される可能性に最も富む使用を前提として把握される価格を標準として形成されるが、これを最有効使用の原則という。　H30年[問25.1]

5 取引事例比較法においては、時点修正が可能である等の要件をすべて満たした取引事例について、近隣地域又は同一需給圏内の類似地域に存する不動産に係るもののうちから選択するものとするが、必要やむを得ない場合においては、近隣地域の周辺の地域に存する不動産に係るもののうちから選択することができる。　H24年[問25.3]

6 同一需給圏とは、一般に対象不動産と代替関係が成立して、その価格の形成について相互に影響を及ぼすような関係にある他の不動産の存する圏域をいうが、不動産の種類、性格及び規模に応じた需要者の選好性によって、その地域的範囲は狭められる場合もあれば、広域的に形成される場合もある。H28年[問25.2]

7 収益還元法は、対象不動産が将来生み出すであろうと期待される純収益の現在価値の総和を求めることにより対象不動産の試算価格を求める手法であることから、賃貸用不動産の価格を求める場合に有効であり、自用の住宅地には適用すべきでない。　H20年[問29.4]

578

> 解説

大事にゃところが黄色ににゃってる！

❶ **市場性を有しない不動産**とは、一般に市場に出ない文化財指定の建造物等のことで、鑑定評価により求める価格は**特殊価格**です。**限定価格や特定価格および正常価格は、市場性を有する不動産**についての価格です。　　答え [✘]

❷ 公共施設等の整備や住宅の建設等により、環境の変化が価格水準に影響を与えている場合には、**地域要因の変化に応じた増加額を熟成度として価格に加算する**ことができます。　　答え [○]

❸ 取引事例の選択において、**売り急ぎや買い進み等の特殊な事情**がある場合でも、**事情補正をすることで、その事例を用いる**ことができます。ただし、**投機的な取引事例は適性を欠くため選択できません。**　　答え [✘]

❹ その不動産の効用が最高度に発揮される可能性に最も富む使用を**最有効使用**といいます。また、**これを前提として把握される価格を標準として不動産価格が形成されることを最有効使用の原則**といいます。　　答え [○]

❺ 要件をすべて満たした取引事例の収集・選択においては、原則として近隣地域か同一需給圏内の類似地域に存する不動産に係るもののうちから選択します。例外として、①**必要やむを得ない場合には近隣地域の周辺の地域に存する不動産に係るもののうちから選択**でき、②対象不動産の最有効使用が標準的使用と異なる場合には、同一需給圏内の代替競争不動産に係るもののうちから選択できます。　　答え [○]

❻ **一般に対象不動産と代替関係が成立**していて、**その価格が相互に影響し合うような他の不動産がある圏域を同一需給圏**といいます。同一需給圏の地域的範囲は、不動産の種類、性格、規模に応じた需要者の好みによって、狭くなったり、広くなったりします。例えば、ブランド力が特に高い○町の１丁目というようなケースなら、同一需給圏は、「○町の１丁目」という極めて狭いものにとどまります。　　答え [○]

❼ 一般に、不動産の価格はその収益性を反映して形成されるものであるため、**収益還元法の手法は、**文化財等、**市場性を有しない不動産を除いたすべての不動産に適用すべきもの**とされています。従って、**自用の住宅地でも賃料を想定することにより適用**できます。　　答え [✘]

09 【免除科目】住宅金融支援機構法

- 中心的な業務である「証券化支援業務」を理解する。
- 住宅金融支援機構は、原則として直接融資は行わないが、融資が難しい特定の分野に限っては例外的に行う。

1 住宅金融支援機構とは

住宅金融支援機構（以下、**機構**）は、民間金融機関の住宅ローン融資を支援する独立行政法人です。

2 機構の業務

❶ 証券化支援業務

証券化支援業務は、民間金融機関による債権の証券化を支援する業務です。買取型と保証型があります。

なお、機構が支援する住宅ローンの金利は、金融機関によって異なります。

> 出る！
> 民間金融機関には、銀行のほか、保険会社、農業協同組合、信用金庫・信用組合などがある。

(1) 証券化支援事業（買取型）

民間金融機関が貸し付ける**住宅ローン債権**を機構が**譲り受け（買い取り）**、その債権を担保として**MBS（資産担保証券）**を発行し、**債券市場（投資家）**に売却して**資金を調達**する業務です。

買取型の証券化支援業務では、バリアフリー性、省エネルギー性、耐震性、耐久性・可変性で一定基準をクリアしている住宅を対象に、一定期間利率が引下げになる**優良住宅取得支援制度**を設けています。

> **債権譲受けの対象となる貸付債権**
> - 住宅建設・購入のための貸付け（付随する土地・借地権の取得資金や住宅改良に必要な資金を含む）◀
> - 申込者本人または親族が居住する住宅
> - 長期・固定金利の住宅ローン債権であること
> - 償還期間が15年以上50年以内（償還方法は、元利均等方式、元金均等方式のいずれでもOK）

新築・中古住宅のどちらも対象。

⑵ 証券化支援事業（保証型）

　民間金融機関が融資・証券化した住宅ローンについて、機構が**債務保証**する業務です。機構が保証することで、投資家は安心して投資を行うことができます。◀

債権の証券化と投資家への販売は民間金融機関が行う。機構は住宅融資保険を引き受け、債務履行を保証する。

❷ 住宅融資保険業務

　民間金融機関が貸し付けた住宅ローンについて**住宅融資保険**を引き受けることにより、民間金融機関による住宅資金の供給を支援する業務です。

　高齢者（満60歳以上の者）が自ら居住する住宅の取得、または住宅のリフォームについて、毎月の返済を利息のみとし、借入金の元金は申込人の死亡時に、融資住宅および敷地の売却などにより、一括返済するという制度が設けられています。◀

住宅融資保険を活用した【リ・バース60】というリバースモーゲージ型住宅ローンがある。

❸ 情報提供・相談・援助業務

　住宅の建設等（建設、購入、改良、移転）をしようとしている者、または住宅の建設等に関する事業を行う者を対象に、必要な**資金の調達**または良質な住宅の設計若しくは建設等に関する**情報の提供、相談その他の援助**を業務として行います。

❹ 直接融資業務

原則として直接融資は行いませんが、災害関連や都市居住再生等、一般の金融機関では融資が難しい分野に限り、**直接融資**を行っています。

(1) 融資対象

主な融資対象は、以下の通りです。

主な融資対象

- 災害復興
- 耐震性向上のための住宅改良資金の融資
- 合理的土地利用建築物の建設・購入
- マンション管理組合や区分所有者に対する**マンションの共用部分の改良**
- 子育て世帯・高齢者世帯向けの賃貸住宅の建設・改良
- 高齢者（満60歳以上の者）が自ら居住する高齢者家庭住宅のリフォーム
- 勤労者に対する財形住宅貸付業務（勤労者財産形成促進法による貸付け）

---

(2) 高齢者向け返済特例制度

高齢者（満60歳以上の者）が自ら居住する住宅に対して行うバリアフリー工事または耐震改修工事について、**毎月**の返済を**利息のみ**とし、借入金の**元金**は申込人の**死亡時**に、融資住宅および敷地の売却などにより、**一括返済**するという制度が設けられています。

(3) 貸付条件の変更等

機構は、経済情勢の著しい変動や災害等で、貸付けを受けた者が元利金の支払が著しく困難になった場合、貸付条件や支払方法の変更、据置期間の設定、償還期間の延長を行うことができます。

また、災害により住宅が滅失した場合などには、その

582

住宅に代わる住宅の建設・購入に係る貸付金について、一定の元金返済の**据置期間**を設けることができます。

❺ 団体信用生命保険業務

団体信用生命保険とは、機構が保険契約者・保険金受取人となり、債務者が被保険者となる団体信用生命保険契約を生命保険会社と締結し、被保険者が**死亡**した場合や**重度障害**となった場合に支払われる保険金で、残りの住宅ローンを弁済する仕組みです。

❻ 住宅確保要配慮者の保護

住宅確保要配慮者が、安定した住生活を確保するため、以下の業務を行っています。

- 住宅確保要配慮者の入居を拒まない賃貸住宅として、都道府県内に登録された空き家等（登録住宅）の改良に必要な資金を貸付ける。
- **家賃債務保証保険**を引き受ける。

3 業務の委託

機構は、業務（情報提供・相談・援助業務を除く）の一部を、民間金融機関などに**委託**できます。ただし、「貸付けの決定」を委託することはできません。

業務委託先…委託できる業務

- 一定の金融機関…**債権の元金及び利息の回収**、貸付け
- 一定の債権回収会社…**債権の元金及び利息の回収**
- 地方公共団体・その他政令で定める法人…審査

【住宅確保要配慮者】
高齢者、低額所得者、障害者、子育て世帯、被災者といった、住宅の確保に特に配慮を要する者。

【家賃債務保証保険】
住宅確保要配慮者に対する賃貸住宅の供給の促進に関する法律に基づく保険。家賃債務保証事業者が、登録住宅に入居する住宅確保要配慮者の家賃債務を保証する場合に、機構がその保証の保険を引き受ける仕組み。

Part 4 税・その他

09 【免除科目】住宅金融支援機構法

過去問で集中講義

「住宅金融支援機構法」に関する過去問題を集めてあります。○×で答えましょう。

以下、問題文中の「独立行政法人住宅金融支援機構」を「機構」とします。

1 機構は、証券化支援事業（買取型）において、MBS（資産担保証券）を発行することにより、債券市場（投資家）から資金を調達している。　H30年[問46.3]

2 機構は、証券化支援事業（買取型）において、債務者又は債務者の親族が居住する住宅のみならず、賃貸住宅の建設又は購入に必要な資金の貸付けに係る金融機関の貸付債権についても譲受けの対象としている。　H28年[問46.2]

3 証券化支援業務（買取型）に係る貸付金の利率は、貸付けに必要な資金の調達に係る金利その他の事情を勘案して機構が定めるため、どの金融機関においても同一の利率が適用される。　H29年[問46.3]

4 機構は、金融機関による住宅資金の供給を支援するため、金融機関が貸し付けた住宅ローンについて、住宅融資保険を引き受けている。　H30年[問46.2]

5 機構は、市街地の土地の合理的な利用に寄与する一定の建築物の建設に必要な資金の貸付けを業務として行っている。　H26年[問46.4]

6 機構は、マンション管理組合や区分所有者に対するマンション共用部分の改良に必要な資金の貸付けを業務として行っている。　H28年[問46.4]

7 機構は、団体信用生命保険業務として、貸付けを受けた者が死亡した場合のみならず、重度障害となった場合においても、支払われる生命保険の保険金を当該貸付けに係る債務の弁済に充当することができる。　H29年[問46.1]

8 機構は、高齢者の家庭に適した良好な居住性能及び居住環境を有する住宅とすることを主たる目的とする住宅の改良（高齢者が自ら居住する住宅について行うものに限る。）に必要な資金の貸付けを業務として行っている。
　H26年[問46.3]

9 機構は、災害により、住宅が滅失した場合において、それに代わるべき建築物の建設又は購入に必要な資金の貸付けを業務として行っている。
　H25年[問46.2]

> 大事にゃところが黄色ににゃってる！

:::解説:::

❶ 機構は、**買い取った住宅ローン債権を担保としてMBSを発行する**ことができます。これを債券市場（投資家）に売却することで資金を調達しています。
答え [⭕]

❷ 証券化支援業務（買取型）の対象となる住宅ローンは、**本人または親族が居住する住宅建設・購入のための貸付債権**です。「賃貸住宅の建設・購入」は、対象外です。
答え [❌]

❸ 証券化支援業務（買取型）は、各金融機関が貸し付けた債権を譲り受けるものです。それぞれの**金融機関ごとに貸付金の利率**が異なります。
答え [❌]

❹ 機構は、民間金融機関による住宅資金の供給を支援する業務（住宅融資保険業務）として、**金融機関が貸し付けた住宅ローン**について**住宅融資保険を引き受け**ています。
答え [⭕]

❺ 機構は、市街地の土地の合理的な利用に寄与する一定の建築物（合理的土地利用建築物）の建設に必要な資金の貸付けを、業務として行っています。
答え [⭕]

❻ 「マンションの共用部分の改良に必要な資金の貸付け」は、**機構の直接融資業務の対象**となっています。
答え [⭕]

❼ **団体信用生命保険**とは、機構が保険契約者・保険金受取人となり、債務者が被保険者となる団体信用生命保険契約を生命保険会社と締結し、**被保険者が死亡した場合や重度障害となった場合に支払われる保険金で残りの住宅ローンを弁済する仕組み**です。
答え [⭕]

❽ **高齢者の家庭に適した良好な居住性能及び居住環境を有する住宅**とすることを主たる目的とする住宅の改良（高齢者が自ら居住する住宅について行うものに限る。）に必要な資金の貸付けは、機構の業務とされています。
答え [⭕]

❾ 機構は、**災害復興のための融資業務**を行っています。
答え [⭕]

10 【免除科目】 景品表示法

- 不当な景品や誇大広告について規制する、法律や規約を学ぶ。
- 禁止・制限される景品や不当表示について、判断できるようにする。

1 景品表示法とは

不当景品類及び不当表示防止法（以下、**景品表示法**）は、一般消費者の利益が損なわれないよう、**過大な景品の提供**や**誇大広告等の表示**を制限・禁止した法律です。景品表示法では、不動産取引に関する詳しい制限は定められておらず、具体的な制限は業界の自主ルールである**公正競争規約等**に定められています。宅建試験では、主に公正競争規約等から出題されています。

【公正競争規約等】
不動産の表示に関する公正競争規約と、不動産の表示に関する公正競争規約施行規則の総称。

2 景品類の制限

　宅建業者は、<u>以下の額を超える景品類を提供することができません</u>。

「不動産業における景品類の提供の制限に関する公正競争規約」による。

景品に関する制限	
懸賞・抽選による提供	取引価額の**20倍**または**10万円**のいずれか**低い額**※
懸賞・抽選によらない提供	取引価額の**1/10**または**100万円**のいずれか**低い額**

※景品類の総額は、取引予定総額の2/100以内に限られる。

586

3 表示とは

　公正競争規約等における表示とは、顧客を誘引するための手段として事業者が不動産の内容または取引条件その他取引に関する事項について行う広告その他の表示をいいます。

> **規制対象となる「表示」**
>
> (1) 物件自体による表示、**モデル・ルーム**その他これらに類似する物による表示
>
> (2) **チラシ、ビラ、パンフレット**、説明書面その他これらに類似する物による広告表示（ダイレクトメール、ファクシミリ等によるものを含む）、口頭による広告表示（電話によるものを含む）
>
> (3) ポスター、看板（プラカード及び建物または電車、自動車等に記載されたものを含む）、ネオン・サイン、アドバルーンその他これらに類似する物による広告及び陳列物または実演による表示
>
> (4) **新聞紙**、雑誌その他の出版物、放送、映写、演劇または電光による広告
>
> (5) 情報処理の用に供する機器による広告表示（**インターネット広告**、パソコン通信等による広告を含む）

　公正競争規約等により、不動産の表示において、以下のような制限がされています。

4 表示に関する制限

❶ 広告表示の開始時期の制限

　宅地造成や建物建築の工事完了前においては、**開発許可**や**建築確認等の処分後**でなければ、売買その他の業務に関する広告はできません。

> 広告開始時期の制限は、宅建業法でも頻出ポイント（⇨ P. 63）。

Part **4** 税・その他

10 【免除科目】景品表示法

❷ 不当表示の禁止

不当な表示は、それ自体が禁止されています。不当表示につき**故意や過失があったか否か**、実際に損害を受けた人や誤認した人がいたか否かは問いません。

不当な二重価格表示

二重価格表示をする場合、実際とは異なる広告表示や、実際のものや他社のものより有利であると誤認されるおそれのある広告表示は禁止。

【例】実売価格と新築時の価格、実売価格と周辺地域の平均価格の並記

おとり広告

- 物件が存在しないため、**実際には取引することができない物件**に関する表示
- 物件は存在するが、**実際には取引の対象となり得ない物件**に関する表示

【例】売約済みの物件の表示

- 物件は存在するが、**実際には取引する意思がない物件**に関する表示

【例】物件に案内することを拒否、物件の難点を指摘して取引に応じないで顧客に他の物件を推奨

不当な比較広告

- 実証されていない、または実証不可能な事項を挙げて比較する表示

その他の不当表示

- 建物の居住性能が実際のものより優良であると誤認されるおそれのある表示

【例】遮音性能が優れている壁材を使用していても、**試験結果やデータがなければ住宅としての遮音性能が優れているという表示は禁止**

- 増改築した建物について、新築したものと誤認されるおそれのある表示
- 物件からの眺望、物件の外観・内部写真、間取り図、周囲の状況などが事実に相違する表示、実際のものより優良であると誤認されるおそれのある表示
- 完売していないのに完売したと誤認されるおそれのある表示

広告その他の表示の内容に変更があった場合、**速やかに修正**し、または**表示を取りやめ**なくてはなりません。例えば、インターネット広告において、掲載した時点で空室の物件が、その後、成約済みになった場合は、速やかに**情報を更新**しなければなりません。

5 特定事項の明示義務

　一般消費者が通常予期できない不動産の**地勢・形質・立地・環境等**に関する事項や、取引相手に著しく**不利益な事項**があれば、その旨を具体的かつ明瞭に表示しなくてはなりません。以下に主な事項を挙げます。

事項	表示すべき内容
市街化調整区域内の土地	「市街化調整区域。宅地の造成及び建物の建築はできません」と、16ポイント以上の文字で明示
接道義務を満たさない土地	建築基準法に規定する道路に2m以上接していない土地については、「建築不可」または「再建築不可」と明示
道路とみなされる部分（セットバックを要する部分）を含む土地	道路とみなされる部分を含む旨を表示。セットバックを要する部分の面積がおおむね10％以上の場合は、その面積も明示
古家・廃屋等がある場合	古家・廃屋等がある旨を明示
高圧電線路下にある場合	高圧電線路下にある旨と、そのおおむねの面積を表示すること。建物等の建築が禁止されている場合は、その旨もあわせて明示
傾斜地を含む土地	傾斜地が土地面積の約30％以上を占める場合、傾斜地の割合または面積を明示（マンション・別荘地を除く）。傾斜地により土地の有効利用が著しく阻害される場合は、傾斜地の割合にかかわらず明示（マンションを除く）
著しい不整形画地等、特異な地勢の土地※である場合	著しい不整形画地等、特異な地勢の土地である旨を明示
都市計画道路の区域内の土地	都市計画道路の区域内の土地である旨を明示（工事未着手の場合でも）
建築工事が、相当期間、中断していた場合	工事に着手した時期と中断していた期間を明示

※旗竿形や三角形の土地、崖地や高低差のある土地等の不整形地。

6 物件の内容・取引条件等に係る表示基準

物件の内容や取引条件に関する表示の基準です。

❶ 取引態様の明示

取引態様は、「**売主**」、「**貸主**」、「**代理**」、「**媒介（仲介）**」の別を、これらの用語を用いて**表示**しなければなりません。

❷ 交通の利便性

- **新設予定の駅**➡新設予定の鉄道や都市モノレールの駅、路面電車の停留場またはバスの停留所は、路線の**運行主体が公表したもの**に限り、新設予定時期を明示して表示できる。
- **交通機関の所要時間**➡特急、急行等の種別、**乗換え**を要するときは、その旨と要する時間を明示すること。

❸ 各種施設までの距離・所要時間

- **徒歩による所要時間**➡道路距離**80ｍにつき1分間**要するとして算出したものを表示すること（端数は切上げ）。

❹ 生活関連施設

- **学校、病院、官公署、公園等の公共施設**➡物件までの**道路距離**を明示すること。
- **デパート、スーパー等の商業施設**➡現に利用できる施設と**物件までの道路距離**を明示すること。ただし、現在工事中である等、将来確実に利用できると認められるものは、**整備予定時期**を明示して表示できる。

取引態様の明示は、宅建業法でも頻出ポイント（➡P. 64）。

【取引態様】
不動産の取引において、宅建業者が顧客に対してどのように関与するのか、その仕方を示すもの。

出る！

1分未満の端数は1分として算出する。例えば、距離が260ｍなら、260ｍ÷80ｍ＝3.25分となり、表示は「4分」としなければならない。

信号待ち時間、歩道橋の昇降時間を考慮しない。

- **団地と駅・施設との距離**➡団地と駅その他施設との間の距離・所要時間は、それぞれの施設ごとに、その施設から**最も近い団地内の地点**を起点または着点として算出した数値を表示すること。

❺ 価格・賃料

- **住宅価格**➡**１戸当たりの価格**を表示。
- **賃貸住宅の賃料**➡**１か月当たりの賃料**を表示。
- すべての価格や賃料などを表示することが困難な場合は、以下の項目のみの表示でもかまわない。

項目	表示事項
新築分譲住宅、新築分譲マンション、土地の価格について※	１戸（１区画）当たりの**最低価格、最高価格。最多価格帯及びその価格帯に属する住戸の戸数（販売区画数）**
戸建て住宅、賃貸マンション、賃貸アパートの賃料について	**最低賃料及び最高賃料**
管理費・共益費・修繕積立金	月額の**最低額**及び**最高額**

※販売戸数（区画数）が10未満の場合は、最多価格帯の表示を省略できる。

❻ 面積

- **建物の面積**➡**延べ面積**を表示し、これに**車庫、地下室等の面積を含む**ときは、その旨とその面積を表示すること。
- **新築分譲マンションの専有面積**➡パンフレット等では**全戸数の専有面積**を表示すること。パンフレット等以外（ネット広告、新聞・雑誌広告、折込チラシなど）では全戸数のうち、**最小面積及び最大面積のみの表示**でもかまわない。

❼ 物件の形質

- **居室**➡採光・換気のための開口部（窓など）が面積不足の部屋は、建築基準法上、「居室」と認められない。「居室」ではなく「**納戸**」等と表示すること。
- **地目**➡登記簿に記載されているものを表示すること（現況と異なるときは、現況の地目を**併記**して表示）。

建築物の窓や開口部については、建築基準法でも出題される（⇒P.421）。

❽ 改装済みの中古住宅

- 改装済みの中古住宅について、改装済みである旨を表示して販売する場合には、**改装した時期**及び**改装の内容**を明示すること。

❾ 物件の写真

- 原則として、取引物件自体の写真を使用すること。
- 未完成などの事情がある場合は、**規模・形質・外観**が**同一**の他の建物の外観写真を使用できる。

出る！

宅地・建物の見取図、完成図、完成予想図は、その旨を明示して用い、当該物件の周囲の状況について表示するときは、現況と異なる表示をしてはならない。

❿ 住宅ローン等

- 次の事項を明示して表示すること。

- **金融機関の名称・商号**（または都市銀行、地方銀行、信用金庫等の種類）
- 提携ローンまたは紹介ローンの別
- **融資限度額**
- 借入金の利率および利息を徴する方式（固定金利型、変動金利型など）または**返済例**

【提携ローン】
宅建業者が金融機関と提携し、買主に住宅ローンをあっせんする融資方法。

【紹介ローン】
宅建業者の紹介で買主が金融機関から直接融資を受ける融資方法。

⓫ 私道負担

私道負担を含む土地は、**その旨**と、**負担部分の面積**を表示すること。

全体の面積に占める負担部分の割合の多寡にかかわらず、負担部分の面積を表示する必要がある。

592

7 特定用語の使用基準

宅建業者が物件の広告を行う際、定義・制限に即して使用しなくてはならない用語があります。

用語	定義・制限
完全・万全・絶対など	合理的な根拠を示す資料を現に有する場合を除き、全く欠けるところがないことを意味する用語を使用してはならない
新築	新築後1年未満であって、居住の用に供されたことがないもの（未使用）であること
新発売	新たに造成された宅地または新築の住宅について、一般消費者に対し、初めて申込みの勧誘を行うこと
リビング・ダイニング・キッチン（LDK）	居間と台所と食堂の機能が1室に併存する部屋で、使用に必要な広さや形状・機能を有するもののこと
リフォーム等	建物のリフォームまたは改築について表示する場合、その内容・時期を明示しなくてはならない

8 広告に関する責任主体

広告に対する責任は、広告を行った宅建業者にあります。情報を提供した宅建業者や、広告代理業者等に過失があったとしても、広告を行った宅建業者の責任は回避できません。

過去問で集中講義

「景品表示法」に関する過去問題を集めてあります。○×で答えましょう。

以下は、宅建業者が行う広告に関する記述とします。

1 新築分譲マンションの販売において、モデル・ルームは、不当景品類及び不当表示防止法の規制対象となる「表示」にはあたらないため、実際の居室には付属しない豪華な設備や家具等を設置した場合であっても、当該家具等は実際の居室には付属しない旨を明示する必要はない。 H23年[問47.2]

2 複数の売買物件を1枚の広告に掲載するに当たり、取引態様が複数混在している場合には、広告の下部にまとめて表示すれば、どの物件がどの取引態様かを明示していなくても不当表示に問われることはない。 H30年[問47.4]

3 傾斜地を含むことにより当該土地の有効な利用が著しく阻害される場合は、原則として、傾斜地を含む旨及び傾斜地の割合又は面積を明示しなければならないが、マンションについては、これを明示せずに表示してもよい。 H22年[問47.3]

4 宅地建物取引業者が自ら所有する不動産を販売する場合の広告には、取引態様の別として「直販」と表示すればよい。 H24年[問47.1]

5 近くに新駅の設置が予定されている分譲住宅の販売広告を行うに当たり、当該鉄道事業者が新駅設置及びその予定時期を公表している場合、広告の中に新駅設置の予定時期を明示して表示してもよい。 H28年[問47.4]

6 取引しようとする賃貸物件から最寄りの甲駅までの徒歩所要時間を表示するため、当該物件から甲駅までの道路距離を80mで除して算出したところ5.25分であったので、1分未満を四捨五入して「甲駅から5分」と表示した。この広告表示が不当表示に問われることはない。 H29年[問47.3]

7 分譲宅地（50区画）の販売広告を新聞折込チラシに掲載する場合、広告スペースの関係ですべての区画の価格を表示することが困難なときは、1区画当たりの最低価格、最高価格及び最多価格帯並びにその価格帯に属する販売区画数を表示すれば足りる。 H23年[問47.1]

8 私道負担部分が含まれている新築住宅を販売する際、私道負担の面積が全体の5％以下であれば、私道負担部分がある旨を表示すれば足り、その面積までは表示する必要はない。 H26年[問47.3]

> 大事にゃところが黄色ににゃってる！

解説

❶ モデル・ルームや、その他類似する物による表示も「表示」に含まれ、規制対象となります。従って、設備や家具等が実際の居室には付属しない旨を明示する必要があります。 答え [✗]

❷ 広告にあたっては、売買物件ごとに**取引態様（「売主」、「貸主」、「代理」、「媒介（仲介）」）の別を表示**しなければなりません。**まとめて表示することは許されません**。 答え [✗]

❸ 傾斜地を含むことにより、当該土地の有効な利用が著しく阻害される場合は、その旨と**傾斜地の割合または面積を明示**しなければなりません。しかし、**マンションは対象から除かれている**ため、本問については、これを明示する必要はありません。 答え [○]

❹ 広告における取引態様は、「**売主**」、「**貸主**」、「**代理**」または「**媒介（仲介）**」**の用語を用いて表示**しなければなりません。従って、規約にない「直販」というような用語を使用することは許されません。 答え [✗]

❺ 新設予定の駅は、**当該路線の運行主体が公表したものに限り、新設予定時期を明示して表示**することができます。 答え [○]

❻ 徒歩による所要時間は、道路距離**80 mにつき1分**として計算し、1分未満の端数が生じたときは、**切上げて1分**とします。本問の「5.25分」であれば、端数を切上げて「6分」と表示しなければなりません。 答え [✗]

❼ 10区画以上の土地販売において、すべての区画の価格表示が困難であるときは、分譲宅地の価格について、**1区画あたりの最低価格と最高価格、最多価格帯とその価格帯に属する販売区画数を表示**すればよいとしています。なお、販売区画数が**10区画未満の場合は、最多価格帯の表示を省略**できます。 答え [○]

❽ **私道負担部分が含まれている場合、その旨と私道負担部分の面積を表示**しなければなりません。つまり、私道負担部分があれば、その面積の割合にかかわらず、その面積の表示が必要になります。 答え [✗]

11 【免除科目】土地に関する知識

- 宅地としての適否が判断できるよう、様々な様態の土地に関する基礎知識を習得する。
- 地形が原因となる災害の種類と特徴を覚える。

1 国土の全体像

日本の国土は、**山地**（国土面積の約**75%**）と平地（**約25%**）に大別することができます。

日本の国土

火山地	山地	丘陵地	台地・段丘	低地
7%	56%	12%	12%	13%

山地75%　平地25%

国土の中で、どのような地形、地盤が宅地として適しているか、逆にどのような土地が適さないのか、地形の特徴と地形に関連する災害について学習します。

2 山地・山麓

山地の地形は、**かなり急峻（傾斜が急）で大部分が森林**となっています。また、**表土の下に岩盤またはその風化土が現れる地盤**となっています。

山地・山麓は、一般的に**住宅地として不適**です。特に、**土石流や土砂崩壊による堆積**でできた地形（崩壊

出る！

住宅地としての立地条件として最も基本的な条件は、地形、地盤に関すること。

【火山地】
地下のマグマやその生成物が地表に噴出して生じた地形。山林や原野のままの所も多く、水利に乏しい。

国土交通省や国土地理院では、ハザードマップによって、各地の洪水浸水想定区域、土砂災害警戒区域などが確認できるサイトを設けている。

【山麓】
山すそ、ふもと。

跡地）は、**土砂災害**が再び起きる危険があります。また、山麓部や丘陵地は、背後の地形・地質・地盤によっては、**地すべりや土石流、洪水流**などの危険性が高い場合があります。

3 丘陵地・台地・段丘

丘陵地は、標高150m〜600m程度のゆるやかな斜面と谷底を持つ地形で、高度や起伏が山より小さく、台地より大きいものを指します。

台地は、周囲より一段高くなっていて、周囲を崖で縁取られた台状の地形です。地盤が安定しており、低地に比べ自然災害に対して**安全度は高い**といえます。

段丘は、河川・湖・海に沿って発達する階段状の地形で、河川に沿って河岸段丘が形成されています。

なだらかな丘陵地・台地・段丘は、地表面が比較的平坦で、よく締まった砂礫・硬粘土からなり、**地下水位が深くて、地盤が安定**しており、原則として宅地に適しています。ただし、以下の場合は注意が必要です。

丘陵地・台地・段丘で注意が必要な例

● 丘陵地や台地の縁辺部…豪雨などによる崖崩れの危険がある。山腹で傾斜角が25度を超えると急激に崩壊地が増加する。

● 埋立部分…地盤沈下、排水不良、地震の際に液状化が生じる危険性がある。

● 丘陵地を切土と盛土により造成した地盤…地盤の強度が異なるため、不同沈下が起こりやすい。

【崩壊跡地】
馬蹄形状の凹地形を示すことが多く、地下水位が浅いため竹などの好湿性の植物が繁茂することが多い。

出る！

台地・段丘は、農地として利用され、また都市的な土地利用も多い。

【砂礫】
砂や礫（砂利よりも小さな小石）。

【地下水位】
平均海面（海水面）を基準として測った地下水までの深さのこと。地下水位が深い（低い）と安定した地盤。

地下
地下水位
地下水

地下水位が浅い（高い）と不安定な地盤。

地下
地下水位
地下水

【縁辺部】
周辺。まわり。

【液状化】
地盤が液体のような状態になること。液状化現象。

Part **4** 税・その他

11 【免除科目】土地に関する知識

597

4 低地

　低地は一般に洪水や津波、高潮、地震などに弱く、防災的見地からは宅地として好ましくありません。特に臨海部の低地は、水利、海陸の交通に恵まれてはいるものの、宅地として利用するには十分な防災対策と注意が必要です。

出る！
我が国の低地はここ数千年の間に形成され、湿地や旧河道であった若い軟弱な地盤の地域がほとんど。

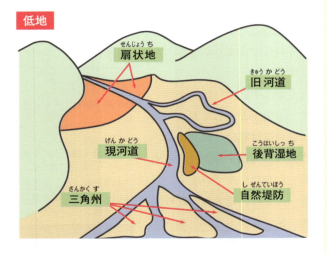

低地

❶ 宅地に適している低地

　低地の中でも、扇状地や自然堤防などは、砂礫でできた土地であるため、排水性が良く、乾燥していて宅地として良好であるとされます。

　扇状地は、山地から河川により運ばれてきた砂礫などが、谷の出口に扇状に堆積し、平坦地になった土地です。地盤が堅固で、等高線が同心円状になるのが特徴です。

　自然堤防は、氾濫時に、川からあふれた水が運んできた砂礫などが堆積してできた、細長い堤防状の小高い土地です。

扇状地でも、谷の出口にあたる部分は、土石流などの危険性が高い。

❷ 宅地に適さない低地

　低地部で、災害等の危険性が高く、宅地に適さない低地は次の通りです。

宅地に適さない低地 *どっかから流れてきた系＋埋立系、*

- **谷底平野**…緩やかな川の流れによって、徐々に左右の谷が削られ、その堆積物によりできあがった低地。**地盤がゆるく、液状化のリスクも高い。**

- **旧河道**…元は川であったところで、本流から外れてできた粘土質の土地。**沖積平野の蛇行帯に分布し、軟弱な地盤なため建物の不同沈下が発生しやすい。**

- **後背湿地（後背低地）**…自然堤防や砂丘の背後に形成される**軟弱な地盤**の土地。**水田に利用されることが多く、宅地としての利用は少ない。**

- **三角州（デルタ地域）**…川を流れてきた砂などが、**河口付近に堆積してできた三角形状の地形。軟弱な地盤なため、地震時の液状化現象の発生のおそれがある。**

- **干拓地・埋立地**…干拓地は、比高が海面レベル以下の場合もあり、地盤が軟弱で排水も悪く、地盤沈下や液状化現象を起こしやすい。**埋立地は、海抜数メートルの比高があるため、干拓地よりは安全**とされるが、高潮等の被害リスクはある。

【沖積平野】
河川の堆積によってできた平野。形成の場所によって、扇状地・氾濫原・三角州の３つに区別される。

---

5 地形が原因となる災害

　地形が原因となる災害には、次のものがあります。

❶ 土砂災害

　台風来襲時や梅雨時の豪雨や長雨、地震などが引き金となり、山間の集落や都市周辺の山麓・丘陵に広がった住宅地で起こる場合があるため、注意が必要です。

Part **4** 税・その他

11 【免除科目】土地に関する知識

599

土砂災害の種類と主な特徴

- 斜面崩壊（崖崩れや山崩れ）…傾斜度のある斜面で土砂が崩れ落ちる現象。
  - 表層土のみ崩落する表層崩壊や、表層土に加えて山体岩盤の深い所に亀裂が生じ、巨大な岩塊が滑落する深層崩壊がある。
  - 傾斜角が25度を超えるとリスクが急増する。
  - 樹木の根が土層と堅く結合している斜面地であっても、根より深い位置の斜面崩壊に対しては、樹木による安定効果を期待できない。

- 地すべり…土地の一部が徐々に下方に移動する現象。
  - 宅地予定地周辺の擁壁や側溝、道路等にひび割れが見られる場合、地すべりが活動している可能性が高い。
  - 特定の地質や地質構造を有する地域に集中して分布する傾向が強く、地すべり地形と呼ばれる特有の地形を形成し、棚田などの水田として利用されることがある。
  - 崖錐（がいすい）は、崖や急斜面が崩れて堆積した緩やかな半円錐状の地形で、透水性が高いため、崩落や地すべりが発生しやすい。

- 土石流…石や土砂、雨水等が一体になって一気に下流に流れる現象。
  - 急勾配の渓流に多量の不安定な砂礫の堆積がある所や、流域内で、豪雨に伴う斜面崩壊の危険性の大きい場合に起こりやすい。
  - 花崗岩（かこうがん）が風化してできた、まさ土（つち）（真砂土）地帯は、砂質土で掘削しやすい反面、土砂災害が発生しやすい。

> 平成26年8月、広島豪雨によって崩壊・土石流災害が起き、まさ土地帯の危険性が再認識された。

❷ 液状化現象

液状化現象は、地中の水分と砂粒が地震の揺れで混ざり合い、地盤が液体のようになる現象で、これにより建物が沈下したり、道路に亀裂が入ったりします。

液状化現象は、粒径のそろった**砂地盤**で、**地下水位が高い**（地下水の水面が地表から浅い）地域で発生しやすいとされています。

❸ 断層地形

断層地形は、ある面を境とした地層同士が上下または水平方向にずれているものです。断層面周辺の部分の地層強度は著しく低下しており、崩壊や地すべりが発生する危険性の高い場所といえます。

断層地形は、直線状の谷、滝その他の地形の急変する地点が連続して存在するといった特徴が見られます。

❹ 地盤沈下・不同沈下（不等沈下）

地盤沈下は、地震や地下水の過剰揚水による地層の収縮等によって地表面が沈下するもので、軟弱地盤に起こりやすい現象です。軟弱地盤で、建物や構造物が不均一な沈下を生じる現象を**不同沈下**といいます。

地盤沈下が起きやすい軟弱地盤

- 旧河道
- 丘陵地や台地内の小さな谷を埋め立てた所
- 切土・盛土の造成地
- 後背湿地
- 高含水性の粘性土等が堆積している場所

【不同沈下】
地盤や建物の基礎が場所により異なった沈下をするため、建物にひびが入ったり、傾いたりすること。

6 造成地での注意点

宅地の造成には、元々の地形（地山）を切り崩して平地を造る**切土**と、今まで斜面や谷だったところに、土を盛って平地を造る**盛土**という2つの方法があります。

切土でも、盛土でも、造成によってできた斜面部分（**法面**）は、**擁壁**（土留め）の設置、石張り、芝張りなどの措置を講じて、**崩壊を防止**する必要があります。

> 宅地造成のための切土、盛土については、都市計画法（⇒p.396）、宅造法（⇒p.503）でも出題される。

> 【法面】
> 「のりめん」とも読む。切土や盛土によって造られた傾斜地の斜面部分。

切土・盛土に関する注意点

- 急傾斜の谷を盛土して造成する場合、盛土前の地盤と盛土が接する面がすべり面となって崩壊するおそれがあるので、段切り（階段状に地盤を削ること）等をして斜面崩壊を防ぐ必要がある。
- 盛土する場合、地表水の浸透により、地盤にゆるみ、沈下または崩壊が生じないように締め固める。
- 河川近傍の低平地で盛土を施した古い家屋が周辺に多い場合、洪水常習地帯である可能性が高い。
- 後背湿地（自然堤防の背後に広がる低平地）は、軟弱な地盤であることが多く、盛土の沈下が問題になりやすい。
- 崖錐堆積物におおわれた地域は、一般的に、切土をすると、崩壊や地すべりを起こしやすい。
- 一般に切土部分に比べて盛土部分で地盤沈下量が大きくなる。
- 斜面を切土と盛土により造成した地盤の場合は、その境目やまたがる区域では地盤の強度や沈下量が異なるため、不同沈下が起こりやすい。

法面を保護する擁壁の注意点

- 擁壁の背面の排水をよくするために、壁面に水抜き穴を設け、水抜き穴の周辺や必要な場所には砂利等の透水層を設けなければならない。

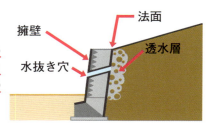

7 等高線による地形の読み方

　宅地として適否を判断する際、地形図や航空写真からの情報が欠かせません。特に地表面の傾斜を見分ける場合には、**等高線**の密度を読み取ることが有効です。

　等高線とは、同じ高さの地点を線で結んだもので、等高線の間隔が**狭い所は傾斜が急**な土地で、等高線の間隔が**広い所は傾斜が緩やか**な土地になっています。

【等高線の密度】
等高線の間隔が広いことを「密度が低い」「間隔が疎」と呼び、狭いことを「密度が高い」「間隔が密」と呼ぶことがある。

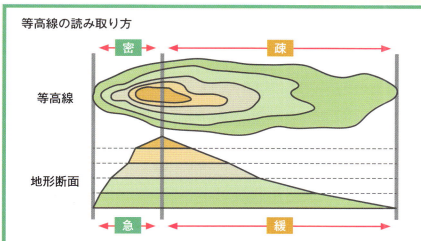

等高線の読み取り方

- 山頂から見て等高線が張り出している所が「尾根」で、等高線が山頂に向かって高い方に弧を描いている部分が「谷」である。
- 地形図で、斜面の等高線の間隔が不ぞろいで大きく乱れているような場所は、過去に崩壊が発生した可能性がある。
- 扇状地は山地から平野部の出口で、勾配が急に緩やかになる所に見られ、等高線が同心円状になるのが特徴である。
- 等高線の間隔の大きい河口付近では、河川の氾濫により河川より離れた場所でも浸水する可能性が高くなる。
- 地すべり地については、上部は急斜面、中部は緩やかな斜面、下部には末端部に相当する急斜面があり、等高線は乱れて表れることが多い。

過去問で集中講義

「土地に関する知識」に関する過去問題を集めてあります。正しいもしくは適当である場合は〇で、誤りもしくは不適当である場合は✗で答えましょう。

1 都市周辺の丘陵や山麓に広がった住宅地は、土砂災害が起こる場合があり、注意する必要がある。　　　　　　　　　　　　　　　H27年[問49.4]

2 丘陵地や台地の縁辺部の崖崩れについては、山腹で傾斜角が25度を超えると急激に崩壊地が増加する。　　　　　　　　　　　H28年[問49.4]

3 台地上の池沼を埋め立てた地盤は、液状化に対して安全である。
　　　　　　　　　　　　　　　　　　　　　　　　　　　H27年[問49.3]

4 豪雨による深層崩壊は、山体岩盤の深い所に亀裂が生じ、巨大な岩塊が滑落し、山間の集落などに甚大な被害を及ぼす。　　　　H28年[問49.1]

5 後背湿地は、自然堤防や砂丘の背後に形成される軟弱な地盤であり、水田に利用されることが多く、宅地としての利用は少ない。　H19年[問49.2]

6 三角州は、河川の河口付近に見られる軟弱な地盤である。
　　　　　　　　　　　　　　　　　　　　　　　　　　　H29年[問49.2]

7 埋立地は一般に海面に対して数mの比高を持ち、干拓地より災害に対して危険である。　　　　　　　　　　　　　　　　　　　H23年[問49.4]

8 花崗岩が風化してできた、まさ土地帯においては、近年発生した土石流災害によりその危険性が再認識された。　　　　　　　　H28年[問49.2]

9 丘陵地帯で地下水位が深く、砂質土で形成された地盤では、地震の際に液状化する可能性が高い。　　　　　　　　　　　　　　H24年[問49.3]

10 造成して平坦にした宅地では、一般に盛土部分に比べて切土部分で地盤沈下量が大きくなる。　　　　　　　　　　　　　　　　H17年[問50.4]

11 扇状地は、山地から河川により運ばれてきた砂礫等が堆積して形成された地盤である。　　　　　　　　　　　　　　　　　　　H29年[問49.1]

> 大事にゃところが黄色ににゃってる！

解説

❶ 丘陵や山麓に広がる住宅地では、背後の地形・地質・地盤により、**地すべりや土石流等の土砂災害が起こる場合があり、注意が必要**です。　答え[○]

❷ 宅地として適切とされる丘陵地や台地ですが、縁辺部では崖崩れの危険があり、**斜面の傾斜角が25度を超えると、崩壊地が急増**します。　答え[○]

❸ 水はけが良く自然災害に強い台地でも、**池沼を埋め立てた場所では、液状化現象の危険性が高く**なります。　答え[✗]

❹ 山体岩盤の深い所に亀裂が生じ、巨大な岩塊が滑落する**深層崩壊**は、崖崩れや**山崩れの原因**となり、**山間集落などに、甚大な被害**を及ぼします。
　答え[○]

❺ 自然堤防や砂丘の背後に広がる後背湿地は、地下水位も高く地盤も軟弱なため、**水田には適していますが、宅地としてはあまり利用されません**。
　答え[○]

❻ 三角州は、**河川が運搬してきた砂などが河口付近に堆積してできた軟弱な地盤**です。そのため、排水性が悪く、液状化の危険性も高くなります。
　答え[○]

❼ 海面に対して数mの比高を持つ埋立地と比べると、干拓地は海面以下のことも多く、**津波や高潮等に対しては、埋立地よりも干拓地の方が危険**です。　答え[✗]

❽ まさ土（真砂土）とは、花崗岩が風化してできた砂質土で、**掘削しやすい半面、土砂災害や土石流災害が発生しやすく**なります。この危険性は、平成26年8月の広島豪雨による土砂災害で再認識されました。　答え[○]

❾ 液状化現象は、地下水位の高い（地表から浅い）地盤で生じやすいため、**地下水位が深い場合には、液状化の可能性は低く**なります。　答え[✗]

❿ 既存の地盤面を切り取った「切土」部分に比べ、もとの地盤に土を盛った**「盛土」部分では、地盤が不安定で地盤沈下量も大きく**なります。答え[✗]

⓫ 扇状地は、山地から河川により運ばれてきた**砂礫などが、谷の出口に扇状に堆積**し、平坦地になった土地です。地盤が堅固で、等高線が同心円状になるのが特徴です。　答え[○]

12 【免除科目】建物に関する知識

- 建築物の構造に関する基本的内容と用語について理解する。
- 木造と鉄骨造、鉄筋コンクリート造について、それぞれの特性をつかむ。

1 建築物の基礎知識

❶ 基礎構造

建物は、上部構造と基礎構造からなり、基礎構造は上部構造を支持する役目を負います。基礎の種類には、地盤で構造物を直接支える**直接基礎**、地盤に深く杭を打ち込んで構造物を支える**杭基礎**等があります。

【直接基礎】
地盤が良好で建物の自重が軽い場合に用いる。独立基礎・布基礎・べた基礎など。

【杭基礎】
地盤の支持力が弱い、または、建物の自重が重い場合に用いる。支持杭・摩擦杭など。

❷ 建築物の主な構造の種類

壁式構造…柱とはりではなく、壁板により構成する構造。

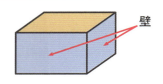

トラス式構造…細長い部材を三角形に組み合わせた構成の構造。体育館やドーム、鉄橋等で使われる。

節点（ボルトやピンで結合する）

アーチ式構造…部材を円弧型に組み合わせて構成する構造で、スポーツ施設やダム等の大型建築物に適した構造。

ラーメン構造…柱とはりを組み合わせた直方体で構成する構造。ラーメンはドイツ語で「額縁」の意味。

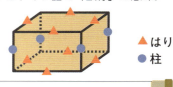

▲ はり
● 柱

建築物は、木造、鉄骨造（鉄骨構造・S造）、鉄筋コンクリート造（鉄筋コンクリート構造・RC造）、鉄骨鉄筋コンクリート造（鉄骨鉄筋コンクリート構造・SRC造）といった材質の違いによって種類分けができます。

【S造】
Sはsteel（鋼、鋼鉄）の略。

【RC造】
RCはreinforced concrete（鉄筋コンクリート）の略。

【SRC造】
SRCはsteel reinforced concreteの略。

2 木造の特性と工法

❶ 木材の特性

木造は、骨組みに木材を用いて組み立てる建築構造で、材料となる木材には、次のような特性があります。

- 自重が軽く、加工組立が容易。
- 火災に弱い。
- 含水率が小さい（乾燥している）と強度は大きく（強く）なり、含水率が大きい（湿っている）と強度は小さく（弱く）なる。
- 腐朽やシロアリ等による被害を受けやすい。
- 辺材より心材の方が強い（耐久性がある）。
- 木材に一定の力をかけたときの圧縮に対する強度は、繊維方向に比べて繊維に直角方向の方が弱い。

木材の乾燥状態や防虫対策が寿命に影響を及ぼす。

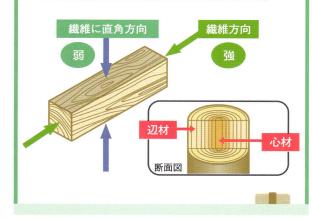

❷ 木造の主な工法

(1) 軸組工法（在来工法）

軸組工法は、**柱**と**土台**、**梁**、**桁**などで、骨組みをつくり、**筋かい**で補強する工法です。伝統的な木材の接合方法に加えて、ボルトやプレート等の金具で補強する方法が取られます。

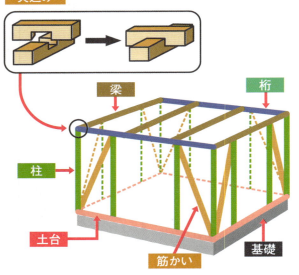

(2) 枠組壁工法（ツーバイフォー工法）

枠組壁工法は、木枠に構造用合板等を打ち付けた壁や床で建物を組み立てる工法です。耐震性が軸組工法より大きいとされています。

(3) 集成木材工法

集成材は、単板（薄い木の板）などを積層したもので、伸縮・変形・割れが起こりにくい材質です。集成材で骨組みをつくる工法を**集成木材工法**といい、体育館など**大規模な木造建築物**に使用されます。

【梁】
建物の短辺方向に渡された横架材土台基礎柱。

【桁】
建物の長辺方向に渡された横架材。

【筋かい】
構造を補強するため、斜めに入れる部材。木材または鉄筋を使う。

【欠込み】
木材の接合のために部材を削り取ること。

出る！

①梁、桁、その他の横架材の中央部附近の下側に耐力上支障のある欠込みをしてはならない。
②原則として、筋かいに欠込みは禁止。ただし、筋かいをたすき掛けにするためにやむを得ない場合において、必要な補強を行えば可能。

木造の弱点を補強する方法
- 湿気に弱いため、地盤面から十分な<u>基礎の立上がり</u>をとる必要がある。
- <u>土台は、原則として、基礎に緊結</u>しなければならない。
- 構造耐力上主要な部分である柱・筋かい・土台のうち、<u>地面から1m以内の木部には、有効な防腐措置を講ずる</u>とともに、必要に応じて、<u>シロアリその他の虫による害を防ぐための措置</u>を講じなければならない。
- 構造耐力上主要な部分に使用する木材の品質は、<u>節、腐れ、繊維の傾斜、丸身等による耐力上の欠点がないもの</u>でなければならない。
- 軸組工法では、<u>軸組に筋かいを入れる</u>、<u>合板を打ち付ける</u>などによって、耐震性を向上させる。

3 鉄骨造の特性

<u>鉄骨造</u>は、骨組みに鉄の鋼材を用いて組み立てる建築構造です。鉄骨造には、次のような特性があります。

鉄骨造の特性
- <u>自重が軽く、強度や靱性(じんせい)が大きい</u>(変形能力が大きくねばり強い)。
- <u>大空間の建築や高層建築に適する。</u>
- <u>不燃構造</u>だが、<u>耐火性が低い</u>(高温で強度が落ちる)ため、<u>耐火材料で被覆(耐火被覆)する</u>必要がある。
- 地震には強いが、腐食しやすいため、防錆処理が必要。

鉄の特性
- <u>炭素含有量が多いほど、引張(ひっぱり)強さや硬さが増大</u>し、伸びが減少する。そのため、<u>鉄骨造には、一般に炭素含有量が少ない鋼</u>(炭素含有量が約2%以下の鉄)が用いられる。
- 圧縮力に弱い。

出る！
鉄骨に使用する鋼材は、ボルトまたは溶接等で接合する。

鉄は炭素含有量により性質が変化する。炭素の量が少ないと柔らかくねばり強い性質になり、多いと硬くて伸びにくい性質になる。

4 鉄筋コンクリート造の特性

鉄筋コンクリート造は、鉄筋を入れて補強したコンクリートで骨組みをつくる建築構造です。

鉄筋コンクリート造の特徴

- 骨組の形式はラーメン構造が一般に用いられる。

- 耐火性、耐久性があり、耐震性、耐風性にも優れた構造で骨組形態を自由にできる（型わく次第で自由な成型が可能）。

- コンクリートの中性化が進むと、構造体の耐久性が低下し寿命が短縮する。また、コンクリートがひび割れを起こしたりする。

- 自重が重いため、解体や移築が困難。

- 主に中高層建築で使われてきたが、現在では超高層集合住宅（タワーマンション）の建築にも使われる。

また、鉄筋コンクリート造で建築物を建築する際には、いくつか注意する点があります。

鉄筋コンクリート造の注意点

- 原則として、柱の主筋は4本以上で、主筋と帯筋は緊結しなければならない。

- 鉄筋の末端は、かぎ状に折り曲げて、コンクリートから抜け出ないように定着しなければならない。

- 鉄筋コンクリート造に使用される骨材、水、混和材料は、鉄筋をさびさせたり、またはコンクリートの凝結及び硬化を妨げるような酸、塩、有機物または泥土を含んではならない。

- 構造耐力上主要な部分に係る型わく及び支柱は、コンクリートが自重及び工事の施工中の荷重によって著しい変形またはひび割れその他の損傷を受けない強度になるまでは、取りはずしてはならない。

出る！

鉄筋に対するコンクリートのかぶり厚さは、耐力壁・柱・はりは3cm以上、耐力壁以外の壁・床は2cm以上と定められている。

【かぶり厚さ】
鉄筋の表面からこれを覆うコンクリート表面までの最短寸法のこと（⇨次ページイラスト参照）。

【コンクリートの中性化】
劣化等によって、コンクリート内に空気中の炭酸ガスの侵入を許し、アルカリ状態を失って、酸性へ傾くこと。

【骨材】
セメントペースト（セメント＋水）に練り混ぜる材料。砂を細骨材、砂利を粗骨材という。

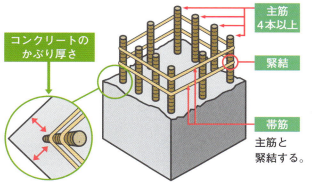

主筋と緊結する。

鉄筋とコンクリートの関係

- コンクリートは、圧縮強度が大きく、引張強度が小さい（圧縮強度の1/10）ため、引張力に強い鉄筋を入れて強度を増す仕組みとなっている。
- 常温、常圧における鉄筋とコンクリートの熱膨張率がほぼ等しいため、気温が変化しても相互が分離しないという利点がある。

	圧縮強度	引張強度
鉄筋	小さい（弱い）	大きい（強い）
コンクリート	大きい（強い）	小さい（弱い）

【圧縮強度】
圧縮荷重（押しつける力）を加え、材料が破壊されたときの力を数値で表したもの。

【引張強度】
一定方向に引っ張ったときの伸びや応力あるいは破壊する力を数値で表したもの。

出る！
鉄筋は、炭素含有量が多いほど、引張強度が増大する傾向がある。

【セメント】
粘土を含む石灰石や石膏を焼いて作った粉末。水に練って使う接合剤。

覚えておこう

セメントペーストをベースにモルタルとコンクリートが造られる

- セメントに水を混ぜて練ったもの ➡ セメントペースト
- セメントペースト ＋ 砂（細骨材）➡ モルタル
- セメントペースト ＋ 砂 ＋ 砂利（粗骨材）➡ コンクリート

5 その他の建築構造

❶ 鉄骨鉄筋コンクリート造

　鉄骨鉄筋コンクリート造は、鉄筋コンクリートに鉄骨を組み合わせて骨組みをつくる建築構造です。鉄筋コンクリート造よりさらに優れた強度、靭性（粘り強さ）があり、超高層建築も可能です。

❷ 組積造

　組積造は、石・煉瓦・コンクリートブロックなどを積み上げて作る建築物の構造です。耐震性が低いため、壁体の底部を鉄筋コンクリートの布基礎にして、頂部を臥梁（鉄筋コンクリート製の梁）で固めるなどの方法があります。

> **出る！**
>
> 組積造の建築物のはね出し窓、はね出し縁は、鉄骨や鉄筋コンクリートで補強しなければならない。

【臥梁】
壁の頂部に設ける鉄筋コンクリートの梁。組積造や補強コンクリートブロック造の壁に利用する。

6 建物の強化・耐震への取り組み

❶ 地震対策

　耐震補強として、**既存不適格建築物**を**耐震構造**にすることが一般的ですが、**制震構造**や**免震構造**を用いることも可能で耐震構造よりも効果が高いとされます。

【既存不適格建築物】
既存の建築物で、現在の建築基準法にそぐわず、建築基準法の適用外となる建物（⇨p.419）。

建築物の耐震・免震・制震構造

耐震構造	建物の柱、はり、耐震壁などで建物の剛性を高め、揺れに耐えるようにした構造
免震構造	建物の下部構造と上部構造との間に積層ゴムなどを設置し、揺れを免れる（減らす）構造
制震構造	制震ダンパー（粘弾性ゴムや油圧を使った器具）などを設置して、建物と建物内の揺れを制御する構造

❷ 構造耐力

構造耐力とは、建築物の構造部が力学的に耐えられる、最大限の荷重のことをいい、**構造耐力上主要な部分**とは、柱、梁、壁などを指します。建築基準法では、安全対策として、構造耐力の数倍を、設計上の想定荷重としています。

❸ 構造計算

構造計算とは、建築物の構造部分にかかる自重や積載荷重、風圧や水圧、地震などの衝撃によって発生する変形や応力を計算することをいいます。

構造計算に関する出題

● 木造の大規模建築物は必ず構造計算を行わなければならない。

● 次の場合は、構造計算適合性判定（⇨ p.470）が必要となる。

　⑴ 鉄筋コンクリート造で、高さが20m超の場合

　⑵ 国土交通大臣の認定を受けたプログラムによって安全性を確認した場合

● 建築物の高さが60mを超える場合、政令で定める技術的基準に適合させた上で、必ずその構造方法について国土交通大臣の認定を受けなければならない。

● 建築物に異なる構造方法による基礎を併用してはならない。しかし、建築物の基礎について国土交通大臣が定める基準に従った構造計算によって構造耐力上安全であることが確かめられた場合においては、異なる構造方法による基礎を併用することができる。

　なお、構造計算、構造耐力については、「建築基準法（⇨ p.420）」でも解説しています。

Part **4**

税・その他

12 【免除科目】建物に関する知識

613

過去問で集中講義

「建物に関する知識」に関する過去問題を集めてあります。正しいもしくは適当である場合は○で、誤りもしくは不適当である場合は✗で答えましょう。

1 アーチ式構造は、スポーツ施設のような大空間を構成するには適していない構造である。　　H23年[問50.3]

2 木材の強度は、含水率が小さい状態の方が低くなる。　　H29年[問50.1]

3 集成木材構造は、集成木材で骨組を構成したもので、大規模な建物にも使用されている。　　H30年[問50.2]

4 鉄骨造は、自重が大きく、靱性が小さいことから、大空間の建築や高層建築にはあまり使用されない。　　H28年[問50.1]

5 ラーメン構造は、柱とはりを組み合わせた直方体で構成する骨組である。　　H23年[問50.1]

6 鉄筋は、炭素含有量が多いほど、引張強度が増大する傾向がある。　　H29年[問50.2]

7 モルタルは、一般に水、セメント及び砂利を練り混ぜたものである。　　H26年[問50.2]

8 常温、常圧において、鉄筋と普通コンクリートを比較すると、熱膨張率はほぼ等しい。　　H29年[問50.3]

9 コンクリートの引張強度は、圧縮強度より大きい。　　H22年[問50.2]

10 鉄筋コンクリート構造は、耐久性を高めるためには、中性化の防止やコンクリートのひび割れ防止の注意が必要である。　　H30年[問50.4]

11 基礎の種類には、直接基礎、杭基礎等がある。　　H27年[問50.2]

12 既存不適格建築物の耐震補強として、制震構造や免震構造を用いることは適していない。　　H25年[問50.4]

614

> 大事にゃところが黄色ににゃってる！

解説

① 円弧型で構成するアーチ式構造は、**スポーツ施設のような大空間を必要とする建築物**にも適しています。　　答え [✗]

② 木材は、**含水率が小さい（乾燥している）ほど強度は大きく**なります。　　答え [✗]

③ 集成材（集成木材）とは、単板を接着剤で貼り合わせて層状にした木材で伸縮・変形・割れが起こりにくいという特長を持っています。軽量で断熱性にも優れ、**体育館等の大規模な木造建築物**に多く用いられます。　答え [○]

④ 鉄骨造は、**自重が比較的軽く（小さく）、強度や靱性が大きい**ことから、大空間を有する建築や高層建築の骨組みとして使用されます。　答え [✗]

⑤ ラーメン構造とは、**柱とはりを組み合わせた直方体で構成する構造**をいいます。　答え [○]

⑥ 鉄は、**炭素含有量が多くなるほど硬く、引張強度が強く**なりますが、伸びや靱性（粘り強さ）が失われ、加工しにくくなります。　答え [○]

⑦ モルタルは、**セメントと水と砂（細骨材）を練り混ぜたもの**です。砂利（粗骨材）ではありません。　答え [✗]

⑧ 常温、常圧において、**鉄筋と普通コンクリートの熱膨張率は、ほぼ一致**します。従って、温度の変化があった場合でも、コンクリートと鉄筋がずれることはなく、安定した状態を保つことができます。　答え [○]

⑨ コンクリートには、**圧縮力に強く、引張力に弱い**という性質があります。引張強度は圧縮強度の1/10程度です。　答え [✗]

⑩ コンクリートの中性化により、鉄筋が腐食して酸化（サビ）が生じます。また、錆びた鉄筋はコンクリートのひび割れの原因となります。耐久性を高めるためには**中性化の防止やひび割れ防止に注意が必要**です。　答え [○]

⑪ 基礎には、建築物の荷重を**地盤自体で支える**「**直接基礎**」と、地盤に深く打ち込んだ**杭によって構造物を支える**「**杭基礎**」等があります。　答え [○]

⑫ 既存不適格建築物の耐震補強で、最も多いのが耐震構造化ですが、**制震構造や免震構造を用いることも可能**で、耐震構造より効果が高いとされます。　答え [✗]

索引

英数字

２項道路	426
35条書面（重要事項説明書）	80
37条書面（契約書面）	96
第３条許可	494, 498
第４条許可	495, 498
第５条許可	497, 498
８種制限	104
DCF法	577
RC造	607
SRC造	607
S造	607

あ行

あ	アーチ式構造	606
	RC造	607
	相手方	168
	空家等の売買	129
	悪意	151
	預り金の返還拒否の禁止	67
	圧縮強度	611
	あっせん	483
	案内所	54
	案内所等の届出	55
い	遺言	334
	遺言執行者	335
	遺産分割	332
	意思能力	160
	意思の不存在	150
	意思表示	150
	意思無能力者	160
	慰謝料請求権	322
	一時使用目的の借地権	301
	一時的な転用	494
	一団の土地	480
	一括競売	252
	一定の区域	368
	一定の刑罰に処せられた者	16, 30

	一定の事由	31
	一定の罰金刑	17, 30
	一定の要件	538, 555
	一般建築物	467
	一般債権者	242
	一般承継人	13, 407
	一般媒介契約	72
	囲繞地	360
	委任契約	317
	威迫行為の禁止	67
	違約金	114
	遺留分	336
	遺留分侵害額	336
	遺留分の放棄	337
	印紙	542
	印紙税	546
う	請負契約	314
	請負人の担保責任	316
	内法面積	232, 347
	埋立地	599
	売主の義務	212
	売主の担保責任	213
	売りの一団	480, 488
え	営業保証金	36
	営業保証金の還付	40
	営業保証金の取戻し	41
	営業保証金の変換	37
	液状化	597
	液状化現象	600
	SRC造	607
	S造	607
	閲覧	539
	縁辺部	597
	援用	189
お	乙区	230
	おとり広告	62, 588

か行

か	解除	205

解除・解約	195	
解除権	215	
解除条件	196	
解除と対抗関係	224	
買いの一団	480	
開発許可	398, 402	
開発許可の審査基準	404	
開発許可制度	396	
開発区域外の建築等の制限	415	
開発区域内の建築等の制限	414	
開発行為	396	
開発審査会	406	
開発整備促進区	387	
開発登録簿	405	
外壁の後退距離の限度	373	
解約	283	
解約手付	108	
価格形成要因	572	
書換え交付	25	
欠込み	608	
確定期限	197	
確定日付	270	
確答	179	
火山地	596	
瑕疵	142	
瑕疵ある意思表示	155	
過失相殺	203, 215, 322	
課税標準	530, 532, 533	
課税文書	547	
過怠税	549	
合筆	233	
割賦販売	85, 115	
過半数	205	
かぶり厚さ	610	
可分	315	
壁式構造	606	
仮換地	515	
仮換地の使用・収益	517	
仮登記	238	
過料	139	
臥梁	612	
勧告	136, 387, 506	
監視区域	476, 486	

干拓地	599	
換地	511, 514	
換地計画	514	
換地処分	518	
鑑定評価	568	
監督処分	132, 505	
監督処分の手続き	136, 138	
還付	40, 47	
還付充当金	48	
元本確定	253	
勧誘にあたっての禁止事項	66	
管理組合	350	
管理行為	342, 348	
管理者	350	
管理所有	351	
完了検査	471	

き

議決権	348, 354	
期限	196, 197	
危険の移転	216	
危険負担	208	
記載金額	548	
基準日	143	
議事録	354	
規制区域	476	
帰責事由	203	
既存不適格建築物	419, 612	
期待権	197	
北側斜線制限	455	
規約	351	
規約共用部分	237	
旧河道	599	
求償権	259	
給付	275	
丘陵地	597	
寄与	337	
業	4	
協議分割	332	
供託	36, 47, 275	
供託所	47	
供託所等に関する説明	88	
供託の届出	38	
共同申請	234	
共同相続	331	

索引

617

共同不法行為	325	契約性	478
共同保証	259	契約締結時期の制限	63
強迫	157, 222	契約の解除	205
業務処理の原則	64	契約の履行に着手	108
業務停止処分	134	契約不適合	213
業務に関する諸規定	64	契約を締結する権限を有する使用人	8
共有	340	桁	608
共有物	341	欠格	329
共有物の分割請求	343	欠格要件	16, 30
共用部分	85, 346	欠格要件となる一定の罰金刑	17
許可制	477, 489	血属	328
虚偽表示（通謀虚偽表示）	152	原価法	574
極度額	252	検索の抗弁権	258
居住建物	335	検査済証	413
居住用財産の買換え等の場合の譲渡損失の損益		原始規約	352
通算及び繰越控除の特例	558	原始取得者	236
居住用財産を譲渡した場合の軽減税率の特例		現実の提供	274
	555	原状回復	205
居住用財産を譲渡した場合の３，０００万円の特		原状回復義務	285
別控除の特例	554	建築	466
切土	396, 602	建築確認	466
金銭債務	204	建築基準法	81, 418
近隣商業地域	371	建築基準法第42条・第43条	426
区域区分	369	建築協定	422
杭基礎	606	建築協定書	423
クーリング・オフ制度	105	建築主事	418
国	5	建築審査会	418, 471
区分所有者	350	建築主	418
区分所有法	346	建築等の制限	412
区分建物	236	建築物の建築	379, 396
区分建物と登記	236	建築面積	440
繰越控除	558	限定価格	573
軽易な行為	380	限定承認	329
計画図	393	検認	335
計画道路	451	減歩	510
景観地区	373	現物分割	343
形式的取得	531	建蔽率	440
経年変化	285	顕名	168
競売	242, 250	権利移転	212
景品	586	権利移動（第3条の許可）	493
景品表示法	586	権利金	128
契約	192	権利性	478
契約行為等	54	権利能力	160

	権利部（権利に関する登記）‥‥‥‥‥ 234	固定資産税評価額‥‥‥‥‥‥‥‥‥ 537
こ	行為能力‥‥‥‥‥‥‥‥‥‥‥‥‥ 160	コンクリートの中性化‥‥‥‥‥‥‥ 610
	更改‥‥‥‥‥‥‥‥‥‥‥‥‥‥‥ 265	混同‥‥‥‥‥‥‥‥‥‥‥‥‥‥‥ 265
	交換差金‥‥‥‥‥‥‥‥‥‥‥‥‥ 62	
	公共施設の管理‥‥‥‥‥‥‥‥‥‥ 413	
	工業専用地域‥‥‥‥‥‥‥‥‥‥‥ 371	さ行
	工業地域‥‥‥‥‥‥‥‥‥‥‥‥‥ 371	さ 再開発等促進区‥‥‥‥‥‥‥‥‥‥ 387
	甲区‥‥‥‥‥‥‥‥‥‥‥‥‥‥‥ 230	債権‥‥‥‥‥‥‥‥‥‥‥‥‥‥‥ 200
	後見開始の審判‥‥‥‥‥‥‥‥‥‥ 162	債権者‥‥‥‥‥‥‥‥‥‥‥‥‥‥ 36
	公告‥‥‥‥‥‥‥‥ 41, 50, 136, 392	債権者代位権‥‥‥‥‥‥‥‥‥‥‥ 361
	広告開始時期の制限‥‥‥‥‥‥‥‥ 63	債権者代位権の転用‥‥‥‥‥‥‥‥ 362
	広告に関する責任主体‥‥‥‥‥‥‥ 593	債権譲渡‥‥‥‥‥‥‥‥‥‥‥‥‥ 268
	広告表示‥‥‥‥‥‥‥‥‥‥‥‥‥ 587	債権譲渡の対抗要件‥‥‥‥‥‥‥‥ 270
	工作物‥‥‥‥‥‥‥‥‥‥‥‥‥‥ 380	再交付‥‥‥‥‥‥‥‥‥‥‥‥‥‥ 26
	工事‥‥‥‥‥‥‥‥‥‥‥‥‥‥‥ 412	催告‥‥‥‥‥‥‥‥‥‥‥‥‥‥‥ 38
	公示価格‥‥‥‥‥‥‥‥‥‥‥‥‥ 569	催告権‥‥‥‥‥‥‥‥‥‥‥ 165, 179
	公示区域‥‥‥‥‥‥‥‥‥‥‥‥‥ 567	催告による解除‥‥‥‥‥‥‥‥‥‥ 206
	公証人‥‥‥‥‥‥‥‥‥‥‥‥‥‥ 335	催告の抗弁権‥‥‥‥‥‥‥‥‥‥‥ 258
	公序良俗違反‥‥‥‥‥‥‥‥‥‥‥ 195	財産権‥‥‥‥‥‥‥‥‥‥‥‥‥‥ 194
	更新申請‥‥‥‥‥‥‥‥‥‥‥‥‥ 10	採草放牧地‥‥‥‥‥‥‥‥‥‥‥‥ 492
	公正競争規約等‥‥‥‥‥‥‥‥‥‥ 586	債務‥‥‥‥‥‥‥‥‥‥‥‥‥‥‥ 200
	公正証書遺言‥‥‥‥‥‥‥‥‥‥‥ 334	債務引受‥‥‥‥‥‥‥‥‥‥‥‥‥ 271
	公正証書による規約‥‥‥‥‥‥‥‥ 352	債務不履行‥‥‥‥‥‥‥‥‥‥‥‥ 201
	構造計算‥‥‥‥‥‥‥‥‥‥‥‥‥ 613	最有効使用‥‥‥‥‥‥‥‥‥‥‥‥ 576
	構造計算適合性判定‥‥‥‥‥‥‥‥ 470	詐欺‥‥‥‥‥‥‥‥‥‥‥‥ 155, 222
	高層住居誘導地区‥‥‥‥‥‥‥‥‥ 372	詐欺、強迫と対抗関係‥‥‥‥‥‥‥ 222
	構造耐力‥‥‥‥‥‥‥‥‥‥ 420, 613	錯誤‥‥‥‥‥‥‥‥‥‥‥‥‥‥‥ 153
	公聴会‥‥‥‥‥‥‥‥‥‥‥‥‥‥ 391	詐術‥‥‥‥‥‥‥‥‥‥‥‥‥‥‥ 165
	行動規範‥‥‥‥‥‥‥‥‥‥‥‥‥ 33	雑種地‥‥‥‥‥‥‥‥‥‥‥‥‥‥ 492
	合同申請‥‥‥‥‥‥‥‥‥‥‥‥‥ 235	更地‥‥‥‥‥‥‥‥‥‥‥‥‥‥‥ 252
	口頭の提供‥‥‥‥‥‥‥‥‥‥‥‥ 274	砂礫‥‥‥‥‥‥‥‥‥‥‥‥‥‥‥ 597
	高度地区‥‥‥‥‥‥‥‥‥‥‥‥‥ 372	三角州‥‥‥‥‥‥‥‥‥‥‥‥‥‥ 599
	高度利用地区‥‥‥‥‥‥‥‥‥‥‥ 372	参加組合員‥‥‥‥‥‥‥‥‥‥‥‥ 512
	後背湿地‥‥‥‥‥‥‥‥‥‥‥‥‥ 599	35条書面（重要事項説明書）‥‥‥‥ 80
	交付申請‥‥‥‥‥‥‥‥‥‥‥‥‥ 24	35条書面の記載事項‥‥‥‥‥ 81, 89
	告知義務‥‥‥‥‥‥‥‥‥‥‥‥‥ 65	37条書面（契約書面）‥‥‥‥‥‥‥ 96
	国土交通大臣免許‥‥‥‥‥‥‥‥‥ 9	37条書面の記載事項‥‥‥‥‥ 98, 101
	国土利用計画法（国土法）‥‥‥‥‥ 476	山地‥‥‥‥‥‥‥‥‥‥‥‥‥‥‥ 596
	誇大広告‥‥‥‥‥‥‥‥‥‥‥‥‥ 62	山麓‥‥‥‥‥‥‥‥‥‥‥‥‥‥‥ 596
	骨材‥‥‥‥‥‥‥‥‥‥‥‥‥‥‥ 610	し 死因贈与‥‥‥‥‥‥‥‥‥‥‥‥‥ 363
	固定資産課税台帳‥‥‥‥‥‥‥‥‥ 539	市街化区域‥‥‥‥‥‥‥‥‥‥‥‥ 369
	固定資産税‥‥‥‥‥‥‥‥‥‥‥‥ 536	市街化調整区域‥‥‥‥‥‥‥‥‥‥ 369
	固定資産税の特例‥‥‥‥‥‥‥‥‥ 538	市街地開発事業‥‥‥‥‥‥‥‥‥‥ 377

市街地開発事業等予定区域	378	借地契約	295
資格登録簿	23	借地権	294
敷金	290	借地権者	295
敷地権	236	借地権設定者	295
敷地に関する権利	85	借地権設定者の承諾	297
敷地面積の最低限度	373, 443	借地権の譲渡	300
敷地利用権（敷地に対する権利）	350	借地権の対抗力	299
事業の認定	376	借地借家法	282, 294
軸組工法（在来工法）	608	借地条件変更	298
時効	184	借賃増減額請求	311
時効の完成猶予	188	斜線制限	454
時効の更新	188	斜面崩壊（崖崩れや山崩れ）	600
時効の利益の放棄	189	収益還元法	577
自己契約	173	集会の決議	354
事後届出制	477, 479	集会の招集	353
自己発見取引	73	従業者証明書	59
指示処分	133, 137	従業者名簿	58
地すべり	600	終身建物賃貸借	87
事前協議	403	集成木材工法	608
自然人	350	従前	10, 283
自然堤防	598	従前の宅地	511
事前届出制	477, 486	住宅確保要配慮者	583
実質的取得	531	住宅瑕疵担保履行法	142
指定確認検査機関	468	住宅金融支援機構	580
指定構造計算適合性判定機関	470	住宅販売瑕疵担保保証金	143
指定市町村	494	住宅販売担保責任保険	144
指定相続分	330	住宅品質確保法	142
指定分割	332	住宅融資保険業務	581
指定容積率	447	住宅ローン控除（住宅借入金等特別控除）	559
指定流通機構	74	集団規定	418, 422
支店（従たる事務所）	8	収用	555
指導	136	収用交換等の場合の5,000万円特別控除	555
自働債権	277	収用等に伴い代替資産を取得した場合の課税の	
私道の変更または廃止	429	特例	555
私道負担	82	重要事項の説明	80
地盤沈下	601	重要な財産上の行為	163
自筆証書遺言	334	縦覧	392, 539
自分振出しの小切手	274	主たる債務者	256
死亡等の届出	24	主たる事務所の移転	38
事務管理	325	受働債権	277
事務禁止処分	137	取得時効	184, 223
事務所	8, 12, 54	取得時効と対抗関係	223
社員たる地位	50	取得費	553

受任者の利益	319
守秘義務	64
受領権者としての外観を有する者	276
準委任	317
準工業地域	371
準住居地域	371
準耐火建築物等	442
準都市計画区域	368
準防火地域	373, 460
準用	72
承役地	359
紹介ローン	592
償還請求権	259
償却資産	536
商業地域	371
承継	13
条件	196
証券化支援業務	580
条件付法律行為	197
使用者責任	323
使用者・被用者	323
使用・収益	282
使用収益権を持つ者	515
招集権者	353
使用貸借契約	194, 291
譲渡所得	552
譲渡制限の意思表示	268
譲渡費用	553
消費税	120
消費貸借契約	194
消防署長	470
消防長	470
消滅時効	187
将来債権の譲渡	268
嘱託	230
助言	136
所得	552
所得税	552
処分行為	343
処分取消しの訴え	406
所有権	156
所有権の取得時効	184
所有権の保存の登記（所有権保存登記）	235

	所有権留保	115
	申告納付	530
	申請情報	239
	信託会社	5
	信託銀行	5
	新築住宅	142
	心裡留保	151
す	推定	283
	推定相続人	562
	随伴性	243, 257
	筋かい	608
せ	成果完成型委任	318
	制限行為能力者	160
	制限税率	537
	清算金	514
	正常価格	573
	制震構造	612
	正当事由	305
	成年後見人	162
	成年者と同一の行為能力を有しない未成年者	
		19, 32, 33
	成年被後見人	162
	施行者	511
	施行地区	510
	施行予定者	379
	絶対効	263
	絶対的高さ制限	373, 454
	接道義務	427
	セットバック	428
	セメント	611
	善意	151
	善意重過失	269
	善意無過失	151
	善意無重過失	269
	善意有過失	151
	善管注意義務	319
	扇状地	598
	専属専任媒介契約	73
	専任の宅建士	55
	専任媒介契約	73
	専任媒介契約の規制	74
	全面的価格賠償	343
	前面道路	448

	占有権	358
	占有の承継	186
	専有部分	86, 346
	善良な管理者の注意	319
そ	総括図	393
	造作買取請求権	307
	相殺	264, 277
	相殺適状	278
	総収入金額	553
	造成主	504
	造成宅地	507
	造成宅地防災区域	507
	相続開始	329
	相続開始地	333
	相続債権者	331
	相続債務	331
	相続時精算課税	563
	相続と対抗関係	225
	相続と対抗要件	332
	相続分	330
	相続放棄	329
	相対効	262
	双方代理	173
	双務契約	192, 200
	贈与契約	194, 362
	贈与税	562
	相隣関係	360
	組積造	612
	損益通算	558
	損害賠償	203
	損害賠償額の予定	114, 204
	損害賠償請求権	215, 322
	尊属	328

た行

た	代位行使	245
	第一種住居地域	371
	第一種中高層住居専用地域	371
	第一種低層住居専用地域	371
	耐火建築物等	442
	耐火構造	420
	対価性	478

代価弁済	248
大規模建築物	467
代金減額請求権	214
代金分割	343
対抗	153
対抗関係	220
対抗要件	221
対抗要件具備時	270
第5条許可	497, 498
第三者	153, 221
第三債務者	361
第三者にあたらない者	226
第三者弁済	275
第三取得者	248
第3条許可	494, 498
停止条件付契約	111
貸借契約	194
代襲相続	329
耐震構造	612
耐震診断	83
台地	597
第二種住居地域	371
第二種中高層住居専用地域	371
第二種低層住居専用地域	371
代物弁済	275
第4条許可	495, 498
代理	3, 72, 168
代理権	168
代理権授与の表示	180
代理権の消滅事由	172
代理権の濫用	172
代理行為の瑕疵	169
代理人	168
代理人の行為能力	170
諾成契約	193
宅地	2, 502, 510
宅地造成	502
宅地造成工事	503
宅地造成工事規制区域（規制区域）	503
宅地造成等規制法（宅造法）	502
宅地建物取引業（宅建業）	2
宅地建物取引業者（宅建業者）	2
宅地建物取引業者名簿（宅建業者名簿）	10

宅地建物取引業者免許証（免許証）………… 11	
宅地建物取引業法（宅建業法）……………… 3	
宅地建物取引士（宅建士）……………… 10, 22	
宅地建物取引士資格試験（宅建試験）……… 22	
宅地建物取引士資格登録（登録）…………… 23	
宅地建物取引士資格登録簿（資格登録簿）… 23	
宅地建物取引士証（宅建士証）……………… 24	
宅地の保全義務……………………………… 506	
代理占有……………………………………… 185	
立入検査……………………………………… 136	
宅建業………………………………………… 2	
宅建業者……………………………………… 2	
宅建業者とみなされる者…………………… 13	
宅建業者名簿………………………………… 10	
宅建業法……………………………………… 3	
宅建士…………………………………… 10, 22	
宅建試験……………………………………… 22	
宅建士証……………………………………… 24	
宅建士証の再交付…………………………… 26	
宅建士証の提出……………………………… 26	
宅建士証の返納……………………………… 26	
宅建士の行動規範…………………………… 33	
宅建士の事務………………………………… 26	
建替え決議…………………………………… 355	
建物…………………………………… 3, 606	
建物買取請求権………………………… 298, 300	
建物状況調査（インスペクション）…… 77, 83	
建物賃借権の主張…………………………… 227	
建物賃借権の譲渡…………………………… 308	
建物賃貸借…………………………………… 304	
建物賃貸借の解約…………………………… 305	
建物賃貸借の対抗力………………………… 306	
建物の区分所有等に関する法律（区分所有法）	
……………………………………… 346	
谷底平野……………………………………… 599	
他人物売買……………………………… 111, 212	
短期譲渡所得………………………………… 553	
段丘…………………………………………… 597	
単純承認……………………………………… 329	
断層地形……………………………………… 601	
単体規定………………………………… 418, 420	
団体信用生命保険…………………………… 583	
単独申請……………………………………… 234	

	担保責任……………………… 85, 112, 213	
	担保責任の期間制限……………………… 216	
	担保責任を負わない旨の特約…… 112, 217	
	担保物権………………………… 243, 358	
ち	地域地区……………………………… 369	
	地役権………………… 233, 359, 518	
	遅延損害金…………………………… 246	
	地価公示法…………………………… 566	
	地下水位……………………………… 597	
	地区計画……………………………… 384	
	地区施設……………………………… 386	
	地区整備計画………………………… 386	
	地上権………………… 251, 294, 358	
	地上権の設定の登記………………… 237	
	地積…………………………………… 567	
	地方公共団体………………………… 5	
	地方住宅供給公社…………………… 5	
	地目…………………………………… 492	
	嫡出子………………………………… 331	
	中間検査……………………………… 470	
	注視区域………………………… 476, 486	
	沖積平野……………………………… 599	
	懲役…………………………………… 139	
	長期譲渡所得………………………… 553	
	聴聞…………………………… 136, 138	
	聴聞の公示日………………… 18, 31, 32	
	直接還元法…………………………… 577	
	直接基礎……………………………… 606	
	直接融資業務………………………… 582	
	直系尊属から住宅取得等資金の贈与を受けた場	
	合の贈与税の非課税………………… 562	
	賃借権の譲渡………………………… 286	
	賃借権の設定の登記………………… 237	
	賃借人………………………………… 227	
	賃貸借………………………………… 282	
	賃貸借契約…………………………… 194	
	賃貸人………………………………… 227	
	賃貸人の地位………………………… 227	
	賃貸人の地位の移転………………… 289	
	賃貸物の修繕………………………… 283	
つ	追完請求権…………………………… 214	
	追認…………………………………… 161	
	通常生ずべき損害…………………… 203	

	通常損耗	285
	通謀	152
て	定期行為	207
	定期借地権	87, 301
	定期建物賃貸借	87, 309
	提携ローン	592
	停止条件	196
	低地	598
	抵当権	242
	抵当権者	242
	抵当権消滅請求	248
	抵当権設定者	242
	抵当権と賃借権	250
	抵当権の効力	245
	抵当権の順位	246
	抵当権の処分	247
	抵当権の設定の登記	237
	抵当不動産	248
	抵当不動産の第三取得者	276
	DCF法	577
	鉄筋コンクリート造	610
	手付	108
	手付金等の保全措置	109
	手付貸与	65
	手付放棄による解除	67
	鉄骨造	609
	鉄骨鉄筋コンクリート造	612
	田園住居地域	371, 381
	展示会	54
	転貸	286
	転貸借	308
	転抵当	247
	転得者	153
	転用（第4条の許可）	494
	転用目的の権利移動（第5条の許可）	496
と	登記官	230
	登記記録（登記簿）	230
	登記原因を証する情報	239
	登記された権利	81
	登記識別情報	239
	登記事項証明書	231
	登記申請	239
	動機の錯誤	154

登記名義人	233
等高線の密度	603
登載	10
当事者	153
同時履行の関係	200
同時履行の抗弁権	201
道路規制	426
登録	23
登録実務講習	22
登録消除処分	32, 138
登録免許税	542
登録の移転	27
登録の欠格要件	30, 32
道路斜線制限	455
道路内の建築制限	429
特殊価格	573
特殊建築物	437, 466, 468
特殊の不法行為	323
特定街区	373
特定価格	573
特定行政庁	418
特定工作物	397
特定工程	470
特定事項の明示義務	589
特定承継人	355, 407
特定道路	451
特定の居住用財産の買換えの特例	556
特定の贈与者から住宅取得等資金の贈与を受けた場合の相続時精算課税の特例	563
特定用語の使用基準	593
特定用途制限地域	372
特別縁故者	341
特別寄与者	337
特別決議	349, 355
特別受益	333
特別の寄与	337
特別の事情によって生じた損害	203
特別弁済業務保証金分担金	51
特別用途地区	372 437
特例許可	436
特例容積率適用地区	372
都市計画	368, 390
都市計画区域	368

都市計画事業	376	
都市計画施設	376	
都市計画審議会	392	
都市計画税	539	
都市計画法	81	
都市計画法第33条	404	
都市計画法第34条	405	
都市再生機構	5	
都市施設	376	
土砂災害	599	
土石流	600	
土地鑑定委員会	566	
土地区画整理組合	512	
土地区画整理事業	510, 513	
土地区画整理法	510	
土地工作物責任(工作物責任)	324	
土地所有者	393, 403	
土地の区画形質の変更	396	
土地の形質の変更	380, 502	
土地の所有者等	423	
土地売買等の契約	478	
都道府県知事	503	
都道府県知事免許	9	
都道府県等	495	
届出制	476	
トラス式構造	606	
取消し	195	
取消権	179	
取引	3	
取引事例比較法	575	
取引態様	590	
取引態様の別	64	
取引態様の明示	64	

な行

に	2項道路	426
	二重価格表示	588
	二重供託	39
	二重譲渡	156, 221
	二重譲渡と対抗関係	221
	任意代理	171
	認証	47

ね	根抵当権	252
の	農業委員会	493
	農地	492
	農地・採草放牧地の賃貸借	499
	農地所有適格法人	499
	農地法	492
	農林漁業用の建築物	399
	軒裏	461
	軒の高さ	467
	延べ面積	446
	法面(のりづら)	602

は行

は	媒介	3, 72
	媒介契約書	76
	媒介契約の規制	72
	廃業等の届出	13
	配偶者居住権	335
	配偶者相続人	333
	配偶者短期居住権	336
	廃除	329
	背信的悪意者	226
	売買	212
	売買契約	194
	破産管財人	5
	破産者	16
	罰金	139
	8種制限	104
	罰則	139
	梁	608
	反復継続	4
ひ	比較広告	588
	日影規制	456
	非線引き区域	369
	被相続人の空き家を譲渡したときの3,000万円特別控除	554
	卑属	328
	被代位権利	361
	被担保債権	242
	被担保債権の範囲	246
	非嫡出子	331
	引張強度	611

索引

必要費	284	不当な履行遅延の禁止	64
被保佐人	163	不当に高額な報酬	65
被補助人	164	不当表示	588
被保全債権	361	不特定多数	4
秘密証書遺言	334	不燃材料	461
表意者	150	賦払金	115
表見代理	180	不法行為	322
表示	587	不法占拠者	227
標識	56	文化財建築物	419
標準税率	537	分割請求	343
標準地	567	分筆	233
表題部(表示に関する登記)	232	分別の利益	259
表題部所有者	233	**へ** 併存的債務引受	271
表題部と権利部	230	壁芯面積	232, 347
ふ 風致地区	373	壁面線	442
賦課期日	536	変更行為	343, 349
不確定期限	197	変更の登録	23
不可分性	243	変更の届出	10
不完全履行	202	弁済	201, 264, 274
幅員	426, 448	弁済業務保証金	44
復受任者	317	弁済業務保証金準備金	50
復代理	175	弁済業務保証金の取戻し	49
袋地	360	弁済業務保証金分担金(分担金)	46
付従性	243, 257	弁済による代位(代位弁済)	276
不正手段	22	弁済の提供	274
不足の通知	40	返納	11, 26
負担付贈与	363	片務契約	192
普通決議	348	**ほ** 崩壊跡地	597
普通徴収	530	妨害の停止の請求	285
復権	16	妨害排除請求権	245
物権	358	防火構造	461
物件所在地	54	防火地域	373, 460
物権の分類	359	防火戸	462
物権変動	220	防火壁	420, 463
物上代位性	244	報告の要求	138
物上保証人	242, 276	報酬額の基本計算式	121
不動産鑑定士	572	報酬額の掲示	58
不動産鑑定評価基準	572	報酬限度額	121
不動産業	552	報酬の制限	120
不動産取得税	530	報酬の範囲	129
不動産登記法	230	法定講習	24
不動産の価格	532	法定更新	296, 305
不同沈下	601	法定相続人	328

法定相続分	330
法定代理	171
法定代理人の権限	161
法定地上権	251
法律行為	154
暴力団員等	17, 31
保管替え	38
保佐人	163
保証協会	44
保証債務	256
保証人	256
補助的地域地区	372
補助人	164
保全措置	109
保存行為	342, 348
保留地	511, 514
本権	358
本店（主たる事務所）	8
本店または支店	8

ま行

ま 満了 10

み 未完成物件 111
自ら貸主 3
未成年者 19, 161
みなし道路境界線 428
みなす 161

む 無権代理 178
無権代理と相続 181
無権利者 226
無効 151, 195
無償契約 193

め 免許 3, 8
免許換え 12
免許権者 9
免許証 11
免許証の書換え交付申請 11
免許証の再交付申請 11
免許申請者 16
免許申請者の関係者 19
免許取消処分 18, 135
免許の欠格要件 16

免許の有効期間 10
免震構造 612
免税点 530, 533
免責的債務引受 271

も 木造 607
持分 340
盛土 396, 602
家賃債務保証保険 583

や行

ゆ 有益費 284
有効 195
有償契約 192, 193
優良住宅地の造成等のために土地等を譲渡した
場合の長期譲渡所得の課税の特例 556

よ 用益物権 358
要式契約 193, 256
容積率 446
容積率の緩和措置 451
用途制限 432
用途地域 2, 370, 432
用途変更 468
要物契約 193
擁壁 504
擁壁（土留め） 602
要役地 359
預貯金の仮払い制度 333

ら行

ら ラーメン構造 606

り 利益相反行為 174
履行遅滞 201
履行不能 202
履行割合型委任 318
留置権 284
留保 309
臨港地区 373
隣地斜線制限 455

れ レインズ 74
歴史的風致形成建造物 82
暦年課税 562

連帯債務 ……………………………… 261
連帯保証 ……………………………… 260

わ行

わ　枠組壁工法(ツーバイフォー工法)…………… 608
　　割合的報酬請求権 …………………………… 315

編集協力　㈱聚珍社、國安陽子、佐伯のぞみ、松浦文彦、松村敦子
イラスト　大金丈二
図表作成　catblack 佐々木恵利子
編集担当　齋藤友里（ナツメ出版企画株式会社）

MEMO

● 著者紹介

オフィス海（おふぃす・かい）

● ──資格試験対策本、学習参考書、問題集、辞典等の企画執筆を行う企画制作会社。1989年設立。「日本でいちばんわかりやすくて役に立つ教材」の制作に心血を注いでいる。著書には『史上最強のFP2級AFPテキスト』『史上最強のFP2級AFP問題集』『カバー率測定問題集 漢検マスター準1級』『史上最強一般常識＋時事一問一答問題集』『史上最強SPI＆テストセンター超実戦問題集』（ナツメ社）ほか多数。

本書のお問い合わせは、info@natsume.co.jp あてにE-mailをお送りいただくか、郵送またはFAX（03-3291-1305）にてお送りください。7日間前後の日にちを頂く場合があります。正誤のお問い合わせ以外の書籍内容に関する解説・受験指導は、一切行っておりません。あらかじめご了承ください。

ナツメ社Webサイト
http://www.natsume.co.jp
書籍の最新情報（正誤情報を含む）は
ナツメ社Webサイトをご覧ください。

2020年版　史上最強の宅建士テキスト

2020年1月3日　初版発行

著　者	オフィス海	©office kai, 2020
発行者	田村正隆	
発行所	株式会社ナツメ社	
	東京都千代田区神田神保町1-52　ナツメ社ビル1F（〒101-0051）	
	電話　03(3291)1257（代表）　　FAX　03(3291)5761	
	振替　00130-1-58661	
制　作	ナツメ出版企画株式会社	
	東京都千代田区神田神保町1-52　ナツメ社ビル3F（〒101-0051）	
	電話　03(3295)3921（代表）	
印刷所	株式会社リーブルテック	

ISBN978-4-8163-6762-5　　　　　　　　　　　　　　　　Printed in Japan

〈本書に関するお問い合わせは、上記、ナツメ出版企画株式会社までお願いいたします。〉

〈定価はカバーに表示してあります〉
〈落丁・乱丁本はお取り替えします〉

本書の一部または全部を著作権法で定められている範囲を超え、ナツメ出版企画株式会社に無断で複写、複製、転載、データファイル化することを禁じます。

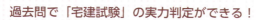

過去問で「宅建試験」の実力判定ができる！

[宅建士]実力判定
過去問SELECT 50

制限時間…2時間

科目	問題	主要テーマ
宅建業法	01	宅建業
	02	免許
	03	免許の欠格要件
	04	宅建士
	05	登録の欠格要件・登録の移転
	06	営業保証金
	07	保証協会
	08	業務場所ごとの規制
	09	業務に関する規制
	10	業務に関する規制
	11	媒介契約の規制
	12	重要事項の説明
	13	37条書面（契約書面）
	14	37条書面（契約書面）
	15	8種制限（クーリング・オフ／損害賠償）
	16	8種制限（担保責任についての特約）
	17	報酬の制限
	18	監督処分・罰則
	19	監督処分・罰則
	20	住宅瑕疵担保履行法
権利関係	21	意思表示
	22	制限行為能力者
	23	代理制度
	24	時効
	25	債務不履行と解除

科目	問題	主要テーマ
	26	不動産登記法
	27	抵当権
	28	賃貸借
	29	借地借家法（借地）
	30	借地借家法（借家）
	31	不法行為
	32	相続
	33	区分所有法
	34	権利関係・その他（贈与）
法令上の制限	35	区域区分・用途地域
	36	開発許可制度
	37	用途制限
	38	建蔽率・容積率
	39	事後届出制
	40	農地法
	41	宅地造成等規制法
	42	土地区画整理法
税・その他	43	不動産取得税
	44	固定資産税
	45	印紙税
	46	地価公示法
	47	【免除科目】住宅金融支援機構法
	48	【免除科目】景品表示法
	49	【免除科目】土地に関する知識
	50	【免除科目】建物に関する知識

◎注意事項

1　問　　題…問題は50問です。正解は、各問題とも1つだけです。
2　解　　答…2つ以上解答したもの及び判読が困難なものは、正解としません。
3　適用法令…令和2年4月施行の改正民法に基づいています。その他、施行されている法令については、令和元年10月末現在の情報に基づいて制作されています。

【目標点数】宅建試験の平成20年以降の合格点は、50問中31点～37点です。「過去問SELECT50」では、「40点以上（登録講習修了者は36点）」を合格点とします。

※問題の分野・項目の並び順は、本冊での掲載順にしてあります。また、統計問題は未掲載です。

問01 ■■ 宅建業

H26年 [問26]

宅地建物取引業の免許（以下この問において「免許」という。）に関する次の記述のうち、宅地建物取引業法の規定によれば、正しいものはいくつあるか。

ア Aの所有する商業ビルを賃借しているBが、フロアごとに不特定多数の者に反復継続して転貸する場合、AとBは免許を受ける必要はない。

イ 宅地建物取引業者Cが、Dを代理して、Dの所有するマンション（30戸）を不特定多数の者に反復継続して分譲する場合、Dは免許を受ける必要はない。

ウ Eが転売目的で反復継続して宅地を購入する場合でも、売主が国その他宅地建物取引業法の適用がない者に限られているときは、Eは免許を受ける必要はない。

エ Fが借金の返済に充てるため、自己所有の宅地を10区画に区画割りして、不特定多数の者に反復継続して売却する場合、Fは免許を受ける必要はない。

1. 一つ　　　2. 二つ　　　3. 三つ　　　4. なし

問02 ■■ 免許

H28年 [問35]

宅地建物取引業の免許（以下この問において「免許」という。）に関する次の記述のうち、宅地建物取引業法の規定によれば、正しいものはどれか。

1. 個人である宅地建物取引業者A（甲県知事免許）が、免許の更新の申請を怠り、その有効期間が満了した場合、Aは、遅滞なく、甲県知事に免許証を返納しなければならない。

2. 法人である宅地建物取引業者B（乙県知事免許）が、乙県知事から業務の停止を命じられた場合、Bは、免許の更新の申請を行っても、その業務の停止の期間中は免許の更新を受けることができない。

3. 法人である宅地建物取引業者C（国土交通大臣免許）について破産手続開始の決定があった場合、その日から30日以内に、Cを代表する役員Dは、その旨を主たる事務所の所在地を管轄する都道府県知事を経由して国土交通大臣に届け出なければならない。

4. 個人である宅地建物取引業者E（丙県知事免許）が死亡した場合、Eの一般承継人Fがその旨を丙県知事に届け出た後であっても、Fは、Eが生前締結した売買契約に基づく取引を結了する目的の範囲内においては、なお宅地建物取引業者とみなされる。

問01 **解説** ➡ Part**1**「01 宅建業」 【 正解 **1** 】

ア Aは自己所有のビルをBに賃貸していて、Bはそのビルを転貸しています。自ら貸主、転貸主となることは、宅建業に該当**しません**から、免許は**不要**です。 【 **〇** 】➡p.3

イ 自らの所有するマンションを不特定多数の者に反復継続して分譲することは、宅建業に該当**します**。従って、Dは宅建業の免許が**必要**です。代理を依頼した場合であっても、自ら売買の当事者となっているので、免許は**必要**です。 【 **✖** 】➡p.3・4

ウ 国や地方公共団体が宅建業を営む場合は免許は**不要**ですが、国や地方公共団体と宅建業の取引を行う者の免許が不要になるわけではありません。Eは、転売目的で反復継続して宅地を購入するので、宅建業の免許を受ける必要があります。 【 **✖** 】➡p.5

エ 自己所有の宅地を不特定多数の者に反復継続して取引を行うことは、宅建業に該当**します**。従って、Fは、宅建業の免許が必要です。売却の目的が、借金の返済ということは、免許の要不要と無関係です。 【 **✖** 】➡p.3・4

以上より、正しいものはア一つだけなので、正解は1です。

問02 **解説** ➡ Part**1**「02 免許」 【 正解 **4** 】

1. 免許の更新を怠って有効期間が満了した場合は、免許証を**返納**する必要はありません。免許証を返納しなければならないのは、①**免許換え**により免許が効力を失ったとき、②免許の**取消処分**を受けたとき、③亡失した免許証を**発見**したとき、④**廃業**等の届出をするとき、の4つの場合です。 【 **✖** 】➡p.11

2. 業務停止期間中であっても、免許の更新を受けることは**できます**。業務停止を命じられていても、免許が失効したわけではないからです。業務停止期間が過ぎれば宅建業の再開ができます。 【 **✖** 】➡p.10

3. 破産手続開始の決定があった場合の届出義務者は、**破産管財人**です。**破産管財人**は、破産手続き開始決定の日から**30**日以内に免許権者に(国土交通大臣の場合は主たる事務所の所在地を管轄する都道府県知事を経由して)届け出る必要があります。
   【 **✖** 】➡p.13

4. 個人である宅建業者が死亡し、免許が失効した後であっても、その**一般承継人**は、被相続人の取引を**結了**する目的の範囲内において、宅建業者とみなされます。つまりFは、Eが生前締結した売買契約に基づく取引を**結了**する目的の範囲内において、宅建業者とみなされます。 【 **〇** 】➡p.13

3

問03 ■■ 免許の欠格要件

H25年 [問26]

宅地建物取引業の免許（以下この問において「免許」という。）に関する次の記述のうち、宅地建物取引業法の規定によれば、正しいものはどれか。

1. 宅地建物取引業者A社の代表取締役が、道路交通法違反により罰金の刑に処せられたとしても、A社の免許は取り消されることはない。

2. 宅地建物取引業者B社の使用人であって、B社の宅地建物取引業を行う支店の代表者が、刑法第222条（脅迫）の罪により罰金の刑に処せられたとしても、B社の免許は取り消されることはない。

3. 宅地建物取引業者C社の非常勤役員が、刑法第208条の3（凶器準備集合及び結集）の罪により罰金の刑に処せられたとしても、C社の免許は取り消されることはない。

4. 宅建業者の代表取締役が、懲役刑に処せられたとしても、執行猶予が付されれば、宅建業者の免許は取り消されることはない。

問04 ■■ 宅建士

R1年 [問44]

宅地建物取引業法に規定する宅地建物取引士資格登録（以下この問において「登録」という。）に関する次の記述のうち、正しいものはどれか。

1. 業務停止の処分に違反したとして宅地建物取引業の免許の取消しを受けた法人の政令で定める使用人であった者は、当該免許取消しの日から5年を経過しなければ、登録を受けることができない。

2. 宅地建物取引業者A（甲県知事免許）に勤務する宅地建物取引士（甲県知事登録）が、宅地建物取引業者B（乙県知事免許）に勤務先を変更した場合は、乙県知事に対して、遅滞なく勤務先の変更の登録を申請しなければならない。

3. 甲県知事登録を受けている者が、甲県から乙県に住所を変更した場合は、宅地建物取引士証の交付を受けていなくても、甲県知事に対して、遅滞なく住所の変更の登録を申請しなければならない。

4. 宅地建物取引士資格試験に合格した者は、宅地建物取引に関する実務の経験を有しない場合でも、合格した日から1年以内に登録を受けようとするときは、登録実務講習を受講する必要はない。

問03 解説 → Part**1**「03 免許の欠格要件」 【正解 1】

1. 代表取締役は、役員に該当します。罰金刑が免許の欠格要件に該当するのは、① 宅建業法違反、② 傷害罪、③ 傷害現場助勢罪、④ 暴行罪、⑤ 凶器準備集合・結集罪、⑥ 脅迫罪、⑦ 背任罪、⑧ 暴力団対策法違反、⑨ 暴力行為処罰法違反、の場合です。道路交通法違反は、含まれていません。 【〇】→p.16・17・19

2. 「宅建業を行う支店の代表者」は、「政令で定める使用人」に該当します。「政令で定める使用人」が、脅迫罪で罰金刑に処せられることは免許の欠格要件に該当します。
【✕】→p.16・17・19

3. 非常勤役員も、役員です。役員または政令で定める使用人が、凶器準備集合・結集罪で罰金刑に処せられることは免許の欠格要件に該当します。【✕】→p.16・17・19

4. 死刑・懲役・禁錮、一定の罰金刑に処せられて、刑の執行が終わり、または執行を受けることがなくなった日から5年を経過しない者は、免許を受けることはできません。執行猶予が付されていたとしても同様です。執行猶予期間が満了したときは、免許を受けることができます。 【✕】→p.16・19

問04 解説 → Part**1**「04 宅建士」 【正解 3】

1. 業務停止処分に違反して宅建業の免許取消しを受けた法人の役員であった者は、免許取消しの日から5年経過しなければ、登録を受けることができません。しかし、政令で定める使用人は、この制限の対象外です。 【✕】→p.31

2. 勤務先を変更した場合、宅建士は、遅滞なく変更の登録を申請しなければなりません。その申請先は登録を受けている知事（甲県知事）です。乙県知事ではありません。
【✕】→p.23

3. 住所を変更した場合、登録を受けている者は、遅滞なく変更の登録を申請する義務を負います。登録を受けている以上、宅建士証の交付を受けていない場合であっても、申請の必要があります。 【〇】→p.23

4. 登録を受けるためには、2年以上の実務経験があるか、または、登録実務講習を受講するかのいずれかが必要です。宅建試験合格後1年以内であれば免除されるのは、宅建士証を申請する際の法定講習です。 【✕】→p.22・24

5

問05 ■■ 登録の欠格要件・登録の移転　　H23年 [問29]

宅地建物取引士の登録に関する次の記述のうち、宅地建物取引業法の規定によれば、正しいものはどれか。

1. 不正の手段により免許を受けたとしてその免許の取消しを受けた法人において役員ではない従業者であった者は、当該免許取消しの日から5年を経過しなければ、登録を受けることができない。

2. 宅地建物取引士が、刑法第204条の傷害罪により罰金の刑に処せられ、登録が消除された場合は、当該登録が消除された日から5年を経過するまでは、新たな登録を受けることができない。

3. 宅地建物取引業者（甲県知事免許）に勤務する宅地建物取引士（甲県知事登録）が、乙県に住所を変更するとともに宅地建物取引業者（乙県知事免許）に勤務先を変更した場合は、乙県知事に登録の移転の申請をしなければならない。

4. 宅地建物取引業者（甲県知事免許）に勤務する宅地建物取引士（甲県知事登録）が、乙県知事に登録の移転の申請をするとともに宅地建物取引士証の交付の申請をした場合は、乙県知事は、登録後、移転申請前の宅地建物取引士証の有効期間が経過するまでの期間を有効期間とする宅地建物取引士証を交付しなければならない。

問06 ■■ 営業保証金　　H28年 [問40]

宅地建物取引業者A（甲県知事免許）は、甲県に本店と支店を設け、営業保証金として1,000万円の金銭と額面金額500万円の国債証券を供託し、営業している。この場合に関する次の記述のうち宅地建物取引業法の規定によれば、正しいものはどれか。

1. Aは、本店を移転したため、その最寄りの供託所が変更した場合は、遅滞なく、移転後の本店の最寄りの供託所に新たに営業保証金を供託しなければならない。

2. Aは、営業保証金が還付され、営業保証金の不足額を供託したときは、供託書の写しを添付して、30日以内にその旨を甲県知事に届け出なければならない。

3. 本店でAと宅地建物取引業に関する取引をした者は、その取引により生じた債権に関し、1,000万円を限度としてAからその債権の弁済を受ける権利を有する。

4. Aは、本店を移転したため、その最寄りの供託所が変更した場合において、従前の営業保証金を取り戻すときは、営業保証金の還付を請求する権利を有する者に対し、一定期間内に申し出るべき旨の公告をしなければならない。

問05 解説 ➡ Part 1 「04 宅建士」「05 登録の欠格要件」 【 正解 4 】

1. 一定の事由により、免許取消処分を受けて、その取消処分の日から5年を経過しない者は、登録を受けることはできません。これに該当する法人において、免許取消処分の聴聞の公示日の前60日以内に役員であった者等も同様です。しかし、役員ではない従業員は、対象外です。 【✖】➡p.31

2. 傷害罪により罰金刑に処せられた場合、刑の執行を終わり、または執行を受けることがなくなった日から5年を経過するまでは、登録を受けることができません。「登録が消除された日」から5年ではありません。 【✖】➡p.30

3. 登録の移転は任意です。「しなければならない」ものではありません。【✖】➡p.27

4. 登録の移転の申請とともに宅建士証の交付の申請があったときは、新しい宅建士証の有効期間は5年ではなく、古い宅建士証の有効期間を引き継ぎます。つまり、移転先の乙県知事は、古い宅建士証の有効期間が経過するまでの期間を有効期間とする宅建士証を交付しなければなりません。 【⭕】➡p.27

問06 解説 ➡ Part 1 「06 営業保証金」 【 正解 1 】

1. 本店（主たる事務所）の移転によって、その最寄りの供託所が変更し、営業保証金を「有価証券のみ」または「有価証券＋金銭」で供託している場合、移転後の最寄りの供託所へ営業保証金を新たに供託する必要があります。これを二重供託といいます。
【⭕】➡p.39

2. 営業保証金の不足額を供託した日から2週間以内に、供託書の写しを添付して、その旨を免許権者（甲県知事）に届け出なければなりません。 【✖】➡p.40

3. 宅建業に関する取引で損害を被った債権者（客）は、その債権（損害）について営業保証金の範囲内で還付（弁済）を受けることができます。本問の場合、取引した者は、その取引により生じた債権に関し、1,500万円を限度額として、宅建業者Aからその債権の弁済を受ける権利を有します。 【✖】➡p.40

4. 営業保証金の取戻しには、原則として公告が必要です。ただし、本店の移転により最寄りの供託所が変更した場合などは公告は不要です。 【✖】➡p.41

問07 ■■ 保証協会
H24年 [問43]

宅地建物取引業保証協会（以下この問において「保証協会」という。）に関する次の記述のうち、宅地建物取引業法の規定によれば、誤っているものはどれか。

1. 保証協会は、弁済業務保証金分担金の納付を受けたときは、その納付を受けた額に相当する額の弁済業務保証金を供託しなければならない。

2. 保証協会は、弁済業務保証金の還付があったときは、当該還付額に相当する額の弁済業務保証金を供託しなければならない。

3. 保証協会の社員との宅地建物取引業に関する取引により生じた債権を有する者は、当該社員が納付した弁済業務保証金分担金の額に相当する額の範囲内で、弁済を受ける権利を有する。

4. 保証協会の社員との宅地建物取引業に関する取引により生じた債権を有する者は、弁済を受ける権利を実行しようとする場合、弁済を受けることができる額について保証協会の認証を受けなければならない。

問08 ■■ 業務場所ごとの規制
H24年 [問42]

宅地建物取引業者A社（国土交通大臣免許）が行う宅地建物取引業者B社（甲県知事免許）を売主とする分譲マンション（100戸）に係る販売代理について、A社が単独で当該マンションの所在する場所の隣地に案内所を設けて売買契約の締結をしようとする場合における次の記述のうち、宅地建物取引業法（以下この問において「法」という。）の規定によれば、正しいものの組合せはどれか。なお、当該マンション及び案内所は甲県内に所在する。

ア A社は、マンションの所在する場所に法第50条第1項の規定に基づく標識を掲げなければならないが、B社は、その必要がない。

イ A社が設置した案内所について、売主であるB社が法第50条第2項の規定に基づく届出を行う場合、A社は当該届出をする必要がないが、B社による届出書については、A社の商号又は名称及び免許証番号も記載しなければならない。

ウ A社は、成年者である専任の宅地建物取引士を当該案内所に置かなければならないが、B社は、当該案内所に成年者である専任の宅地建物取引士を置く必要がない。

エ A社は、当該案内所に法第50条第1項の規定に基づく標識を掲げなければならないが、当該標識へは、B社の商号又は名称及び免許証番号も記載しなければならない。

1. ア、イ　　　2. イ、ウ　　　3. ウ、エ　　　4. ア、エ

問07 解説 ➡ Part 1「07 保証協会」 【正解 3】

1. 保証協会は、社員から弁済業務保証金分担金の納付を受けたときは、その日から1週間以内に、納付相当額の弁済業務保証金を供託所に供託しなければなりません。
【 〇 】➡ p.47

2. 保証協会は、弁済業務保証金の還付があったとき、国土交通大臣から通知を受けた日から2週間以内に、還付額に相当する額（不足額）の弁済業務保証金を供託所に供託しなければなりません。
【 〇 】➡ p.48

3. 保証協会の社員と宅建業に関し取引をした者は、その取引により生じた債権に関し、当該社員が社員でなかった場合に供託しているはずの営業保証金の額に相当する額の範囲内で、弁済を受ける権利を有します。「納付した弁済業務保証金分担金の額に相当する額の範囲内」という点が間違いです。
【 ✘ 】➡ p.48

4. 弁済業務保証金から還付を受ける権利を有する者がその権利を実行しようとするときは、弁済を受けることができる額について保証協会の認証を受ける必要があります。
【 〇 】➡ p.47

問08 解説 ➡ Part 1「08 業務場所ごとの規制」 【正解 3】

ア マンションの所在する場所（物件所在地）に標識を掲示しなければならないのは、売主である宅建業者B社です。
【 ✘ 】➡ p.56・57

イ 届出義務を負うのは、案内所を設置したA社です。A社は業務開始日の10日前までに、免許権者及びその案内所の所在地を管轄する都道府県知事に、一定事項を届け出なければなりません。A社は国土交通大臣免許の宅建業者ですから、案内所の所在地を管轄する甲県知事に届け出るとともに、甲県知事を経由して免許権者である国土交通大臣に届け出る必要があります。
【 ✘ 】➡ p.55

ウ 契約行為等を行う案内所等には、成年者である専任の宅建士1人以上を設置しなければなりません。設置義務は、案内所を設置したA社にあります。
【 〇 】➡ p.56

エ 案内所を設置したA社が、案内所に標識を掲示する義務を負います。この場合、分譲の代理・媒介を行う案内所等の標識には、売主であるB社の「商号または名称」と「免許証番号」の記載が必要です。
【 〇 】➡ p.57

以上より、正しいものはウ、エなので、正解は3です。

問09 ■■ 業務に関する規制

H24年 [問40]

次の記述のうち、宅地建物取引業法（以下この問において「法」という。）の規定によれば、正しいものはいくつあるか。

- **ア** 不当な履行遅延の禁止（法第44条）は、宅地若しくは建物の登記若しくは引渡し又は取引に係る対価の支払を対象とするのみである。
- **イ** 宅地建物取引業者は、個人情報の保護に関する法第2条第3項に規定する個人情報取扱事業者に該当しない場合、業務上取り扱った個人情報について、正当な理由なく他に漏らしても、秘密を守る義務（法第45条）に違反しない。
- **ウ** 宅地建物取引業者は、その事務所ごとに、従業者名簿を備えなければならず、当該名簿については最終の記載をした日から10年間保存しなければならない。
- **エ** 宅地建物取引業者は、その事務所ごとに、その業務に関する帳簿を備えなければならず、帳簿の閉鎖後5年間（当該宅地建物取引業者が自ら売主となる新築住宅に係るものにあっては10年間）当該帳簿を保存しなければならない。

1. 一つ　　2. 二つ　　3. 三つ　　4. 四つ

問10 ■■ 業務に関する規制

H26年 [問30]

宅地建物取引業者Aが行う業務に関する次の記述のうち、宅地建物取引業法の規定によれば、正しいものはどれか。

1. Aは、新築分譲マンションを建築工事の完了前に販売しようとする場合、建築基準法第6条第1項の確認を受ける前において、当該マンションの売買契約の締結をすることはできないが、当該販売に関する広告をすることはできる。

2. Aは、宅地の売買に関する広告をするに当たり、当該宅地の形質について、実際のものよりも著しく優良であると人を誤認させる表示をした場合、当該宅地に関する注文がなく、売買が成立しなかったときであっても、監督処分及び罰則の対象となる。

3. Aは、宅地又は建物の売買に関する広告をする際に取引態様の別を明示した場合、当該広告を見た者から売買に関する注文を受けたときは、改めて取引態様の別を明示する必要はない。

4. Aは、一団の宅地の販売について、数回に分けて広告をするときは、最初に行う広告以外は、取引態様の別を明示する必要はない。

問09 **解説** → Part 1 「08 業務場所ごとの規制」
「09 業務に関する規制」 【正解 3】

ア 宅建業者は、「宅地・建物の登記」、「宅地・建物の引渡し」、「取引に係る対価の支払」の3つの行為について、不当な履行遅延を禁止されています。【 〇 】→ p.64

イ 宅建業者（廃業等の後も含む）が業務上で知り得た秘密（個人情報等）を正当な理由なく他に漏らすことは、秘密を守る義務に違反します。個人情報取扱事業者に該当するかしないかには関係ありません。【 ✕ 】→ p.64

ウ 宅建業者は、その事務所ごとに、従業者名簿を備え付け、最終の記載をした日から10年間保存しなければなりません。従業者名簿は紙面に印刷することが可能な環境ならば、パソコンのハードディスク等に記録してもかまいません。【 〇 】→ p.58

エ 宅建業者は、その事務所ごとに、その業務に関する帳簿を備え、取引のあったつど、一定の事項を記載し、閉鎖後5年間（自ら売主となる新築住宅に係るものにあっては、10年間）その帳簿を保存しなければなりません。帳簿は紙面に印刷することが可能な環境ならば、パソコンのハードディスク等に記録してもかまいません。【 〇 】→ p.58

以上より、正しいものはア、ウ、エの三つなので、正解は3です。

問10 **解説** → Part 1 「09 業務に関する規制」 【正解 2】

1. 宅地の造成、建物の建築に関する工事の完了前においては、開発許可や建築確認など、工事に必要な許可・確認を受けた後でなければ、売買契約の締結はもちろん、広告をすることもできません。【 ✕ 】→ p.63

2. 「実際のものよりも著しく優良または有利であると人を誤認させるような表示」を誇大広告といいます。誇大広告はそれ自体が禁止されており、契約の成立不成立や損害の有無にかかわらず、宅建業法違反となります。これに関しては、監督処分及び罰則の対象となります。【 〇 】→ p.62

3. 宅建業者が宅地・建物の売買等の広告をするときは、取引態様の別を明示しなければなりません。また、取引の注文を受けた際は、遅滞なく、改めて取引態様を明示しなければなりません。取引態様の別を明示した広告を見て注文をした者に対しても、注文を受けた際には、改めて取引態様を明示する必要があります。【 ✕ 】→ p.64

4. 一団の宅地・建物の販売について、数回に分けて広告をするときは、初回だけでなく、各回ごとに取引態様の明示が必要です。【 ✕ 】→ p.64

11

問11 ■■ 媒介契約の規制

H24年 [問29]

宅地建物取引業者A社が、宅地建物取引業者でないBから自己所有の土地付建物の売却の媒介を依頼された場合における次の記述のうち、宅地建物取引業法（以下この問において「法」という。）の規定によれば、誤っているものはどれか。

1. A社がBと専任媒介契約を締結した場合、当該土地付建物の売買契約が成立したときは、A社は、遅滞なく、登録番号、取引価格及び売買契約の成立した年月日を指定流通機構に通知しなければならない。

2. A社がBと専属専任媒介契約を締結した場合、A社は、Bに当該媒介業務の処理状況の報告を電子メールで行うことはできない。

3. A社が宅地建物取引業者C社から当該土地付建物の購入の媒介を依頼され、C社との間で一般媒介契約（専任媒介契約でない媒介契約）を締結した場合、A社は、C社に法第34条の2の規定に基づく書面を交付しなければならない。

4. A社がBと一般媒介契約（専任媒介契約でない媒介契約）を締結した場合、A社がBに対し当該土地付建物の価額又は評価額について意見を述べるときは、その根拠を明らかにしなければならない。

問12 ■■ 重要事項の説明

H27年 [問29]

宅地建物取引業者が行う宅地建物取引業法第35条に規定する重要事項の説明及び書面の交付に関する次の記述のうち、正しいものはどれか。

1. 宅地建物取引業者ではない売主に対しては、買主に対してと同様に、宅地建物取引士をして、契約締結時までに重要事項を記載した書面を交付して、その説明をさせなければならない。

2. 重要事項の説明及び書面の交付は、取引の相手方の自宅又は勤務する場所等、宅地建物取引業者の事務所以外の場所において行うことができる。

3. 宅地建物取引業者が代理人として売買契約を締結し、建物の購入を行う場合は、代理を依頼した者に対して重要事項の説明をする必要はない。

4. 重要事項の説明を行う宅地建物取引士は専任の宅地建物取引士でなくてもよいが、書面に記名押印する宅地建物取引士は専任の宅地建物取引士でなければならない。

問11 解説 ➡ Part1「10 媒介契約の規制」 【正解 2】

1. 専任媒介契約に基づき売買契約が成立した場合、宅建業者は遅滞なく「登録番号」「取引価格」「契約成立年月日」を指定流通機構に通知しなければなりません。
【 ◯ 】➡ p.75

2. 専属専任媒介契約では、業務の処理状況を1週間（休業日含む）に1回以上の頻度で依頼者に報告する義務があります。この報告は、口頭や電子メールでも可能です。
【 ✘ 】➡ p.74

3. 宅建業者は、土地・建物の売買・交換の媒介契約を締結した場合、遅滞なく媒介契約書（法第34条の2の規定に基づく書面）を作成し、記名押印して依頼者に交付しなければなりません。媒介契約書は、依頼者が宅建業者の場合でも交付する必要があります。
【 ◯ 】➡ p.76

4. 宅建業者が売買すべき価額・評価額について意見を述べるときは、その根拠を明らかにする義務があります。これは、一般媒介契約、専任媒介契約のどちらにも共通の義務です。
【 ◯ 】➡ p.76

問12 解説 ➡ Part1「11 重要事項の説明」 【正解 2】

1. 重要事項の説明は、宅建業者が買主や借主に対して行います。売主や貸主に対して、重要事項の説明をする必要はありません。
【 ✘ 】➡ p.80

2. 重要事項の説明や書面の交付を行う場所についての制限はありません。宅建業者の事務所以外の場所（喫茶店、買主の自宅・勤務先など）でもできます。
【 ◯ 】➡ p.80

3. 重要事項の説明義務者は、取引に関わるすべての宅建業者です。売主はもちろん、代理・媒介業者であっても説明義務があります。また、宅建業者に代理を依頼して建物の購入をした者は、買主にあたります。買主に対しては、重要事項の説明を行う必要があります。
【 ✘ 】➡ p.80

4. 重要事項の説明、書面への記名押印は、どちらも宅建士が行わなければなりません。ただし、専任の宅建士である必要はありません。
【 ✘ 】➡ p.80

問13 ■■ 37条書面（契約書面）

H28年 [問42]

宅地建物取引業法（以下この問において「法」という。）第37条の規定により交付すべき書面（以下この問において「37条書面」という。）に関する次の記述のうち、正しいものはどれか。なお、Aは宅地建物取引業者（消費税課税事業者）である。

1. Aは、宅地建物取引業者Bと宅地建物取引業者Cの間で締結される宅地の売買契約の媒介においては、37条書面に引渡しの時期を記載しなくてもよい。

2. Aは、自ら売主として土地付建物の売買契約を締結したときは、37条書面に代金の額を記載しなければならないが、消費税等相当額については記載しなくてもよい。

3. Aは、自ら売主として、宅地建物取引業者Dの媒介により、宅地建物取引業者Eと宅地の売買契約を締結した。Dが宅地建物取引士をして37条書面に記名押印させている場合、Aは宅地建物取引士をして当該書面に記名押印させる必要はない。

4. Aは、貸主Fと借主Gの間で締結される建物賃貸借契約について、Fの代理として契約を成立させたときは、FとGに対して37条書面を交付しなければならない。

問14 ■■ 37条書面（契約書面）

H30年
[問34.改]

宅地建物取引業者が媒介により既存建物の貸借の契約を成立させた場合、宅地建物取引業法第37条の規定により、当該貸借の契約当事者に対して交付すべき書面に必ず記載しなければならない事項の組合せはどれか。

ア 担保責任の内容

イ 当事者の氏名（法人にあっては、その名称）及び住所

ウ 建物の引渡しの時期

エ 建物の構造耐力上主要な部分等の状況について当事者双方が確認した事項

1. ア、イ
2. イ、ウ
3. イ、エ
4. ウ、エ

問13 解説 → Part 1 「12 37条書面（契約書面）」 　　　【 正解　4 】

1. 売主、買主の双方が**宅建業者**であっても、37条書面を作成して、両者に交付しなければなりません。また、引渡しの時期は、37条書面の必要的記載事項なので、引渡しの時期を記載する必要があります。

【 **✕** 】→ p.97・98

2. **代金**の額（及び消費税等相当額）・支払**時期**・支払**方法**は、37条書面の必要的記載事項です。

【 **✕** 】→ p.97・98

3. 売主である宅建業者Aの売買の媒介を宅建業者Dが行った場合、AとDの両者は買主である宅建業者Eに対して、37条書面の交付義務を負います。従って、Aも**宅建士**をして当該書面に記名押印させる必要があります。

【 **✕** 】→ p.96・97

4. 宅建業者は、代理人として宅地建物の売買・交換、貸借契約を締結したときに、**代理を依頼した者**と契約の**相手方**に37条書面を交付します。つまり、FとGの双方に37条書面を交付しなければなりません。

【 **⭕** 】→ p.97

問14 解説 → Part 1 「12 37条書面（契約書面）」 　　　【 正解　2 】

ア 「担保責任の内容」は、**必要的**記載事項（必ず記載しなければならない事項）ではありません。売買契約における37条書面の**任意的**記載事項（定めがあるときに限り、記載しなければならない事項）です。　　【**必要的記載事項ではない**】→ p.98・100

イ 「当事者の氏名（法人にあっては、その名称）及び住所」は、売買、貸借双方の契約における37条書面の**必要的**記載事項です。　　【**必要的記載事項である**】→ p.98

ウ 「建物の引渡しの時期」は、売買、貸借双方の契約における37条書面の**必要的**記載事項です。　　【**必要的記載事項である**】→ p.98

エ 「建物の構造耐力上主要な部分等の状況について当事者双方が確認した事項」は、**既存**住宅の**売買**契約における37条書面の必要的記載事項です。**貸借**契約の37条書面では、記載する必要はありません。　　【**必要的記載事項ではない**】→ p.99

以上より、必ず記載しなければならない事項はイとウなので、正解は2です。

問15 ■■ **8種制限** (クーリング・オフ／損害賠償) H29年 [問31]

宅地建物取引業者Aが、自ら売主として、宅地建物取引業者でないBとの間でマンション（代金3,000万円）の売買契約を締結しようとする場合における次の記述のうち、宅地建物取引業法（以下この問において「法」という。）の規定によれば、正しいものはいくつあるか。

ア　Bは自ら指定した自宅においてマンションの買受けの申込みをした場合においても、法第37条の2の規定に基づき、書面により買受けの申込みの撤回を行うことができる。

イ　BがAに対し、法第37条の2の規定に基づき、書面により買受けの申込みの撤回を行った場合、その効力は、当該書面をAが受け取った時に生じることとなる。

ウ　Aは、Bとの間で、当事者の債務不履行を理由とする契約解除に伴う違約金について300万円とする特約を定めた場合、加えて、損害賠償の予定額を600万円とする特約を定めることができる。

1. 一つ　　　**2.** 二つ　　　**3.** 三つ　　　**4.** なし

問16 ■■ **8種制限** (担保責任についての特約) H29年 [問27.改]

宅地建物取引業者Aが、自ら売主として宅地建物取引業者でない買主Bとの間で締結した宅地の売買契約に関する次の記述のうち、宅地建物取引業法及び民法の規定によれば、正しいものはいくつあるか。

ア　売買契約において、契約不適合について売主に通知する期間を引渡しの日から2年間とする特約を定めた場合、その特約は無効となる。

イ　売買契約において、売主の責めに帰すべき事由により当該宅地が種類又は品質に関して契約の内容に適合しない場合におけるその不適合についてのみ引渡しの日から1年間担保責任を負うという特約を定めた場合、その特約は無効となる。

ウ　Aが担保責任を負う期間内においては、損害賠償の請求をすることはできるが、契約を解除することはできないとする特約を定めた場合、その特約は有効である。

1. 一つ　　　**2.** 二つ　　　**3.** 三つ　　　**4.** なし

16

| 問15 | 解説 | → Part 1 「13 8種制限」 | 【 正解 　4 】|

ア． 法第37条の2に基づく書面による買受けの申込みの撤回とは、**クーリング・オフ**のことです。買主が指定した**自宅**または**勤務先**で買受けの申込みを行った場合、買主は買受けの申込みの撤回を行うことはできません。【 ✖ 】→p.105

イ． 書面による買受けの申込みの撤回（**クーリング・オフ**）の効力は、「書面を**発信した時**」に生じます。売主が「書面を**受け取った時**」ではありません。【 ✖ 】→p.107

ウ． 損害賠償額と違約金の合計が代金額の**10分の2**（**20%**）を超える定め（特約）をした場合は、**10分の2**を超える部分が無効となります。本問の場合、損害賠償額と違約金の合計は、代金3,000万円の**10分の2**である**600**万円が限度額です。違約金300万円の特約と、損害賠償予定額600万円とを定めた場合、これらを合算すると900万円となって限度額を超えてしまいます。そのため、この特約を定めることはできません。【 ✖ 】→p.114

以上より、正しいものは一つもないので、正解は4です。

| 問16 | 解説 | → Part 1 「13 8種制限」 | 【 正解 　1 】|

ア 宅建業法では、契約不適合について売主に通知する期間を「引渡しの日から**2年以上**の期間」と定めた特約は、例外的に有効としています。従って、本問の特約は**有効**です。

【 ✖ 】→p.113

イ 売主の担保責任の対象を「売主の責めに帰すべき事由による不適合についてのみ」と限定する特約は、民法のルールより買主に**不利**であるため、**無効**となります。また、契約不適合について売主に通知する期間は、「引渡しの日から**2年以上**」とする特約のみが有効です。「引渡しの日から**1年間**担保責任を負う」という特約は、宅建業法に違反しているため、無効となります。【 ⭕ 】→p.112

ウ 民法は、買主が売主に追及することができる担保責任として、**追完請求**、**代金減額請求**、**契約解除**と**損害賠償請求**を認めています。宅建業法では、民法の定めよりも、買主に不利となる特約は無効であるため、「損害賠償の請求をすることはできるが、契約を解除することはできない」とする特約は、**無効**です。【 ✖ 】→p.112

以上より、正しいものはイ一つだけなので、正解は4です。

問17 ■■ 報酬の制限

H22年
[問42.改]

宅地建物取引業者（消費税課税事業者）の媒介により建物の賃貸借契約が成立した場合における次の記述のうち、宅地建物取引業法の規定によれば、正しいものはどれか。なお、借賃及び権利金（権利設定の対価として支払われる金銭であって返還されないものをいう。）には、消費税相当額を含まないものとする。

1. 依頼者と宅地建物取引業者との間であらかじめ報酬の額を定めていなかったときは、当該依頼者は宅地建物取引業者に対して国土交通大臣が定めた報酬の限度額を報酬として支払わなければならない。

2. 宅地建物取引業者は、国土交通大臣の定める限度額を超えて報酬を受領してはならないが、相手方が好意で支払う謝金は、この限度額とは別に受領することができる。

3. 宅地建物取引業者が居住用建物の貸主及び借主の双方から媒介の依頼を受けるに当たって借主から承諾を得ていなければ、借主から借賃の1.1月分の報酬を受領することはできない。

4. 宅地建物取引業者が居住用建物以外の建物の貸借の媒介を行う場合において、権利金の授受があるときは、当該宅地建物取引業者が受領できる報酬額は、借賃の1.1月分又は権利金の額を売買代金の額とみなして算出した金額のいずれか低い方の額を上限としなければならない。

問18 ■■ 監督処分・罰則

H21年 [問45]

宅地建物取引業法の規定に基づく監督処分に関する次の記述のうち、誤っているものはどれか。

1. 国土交通大臣に宅地建物取引業を営む旨の届出をしている信託業法第3条の免許を受けた信託会社は、宅地建物取引業の業務に関し取引の関係者に損害を与えたときは、指示処分を受けることがある。

2. 甲県知事は、宅地建物取引業者A（甲県知事免許）に対して指示処分をしようとするときは、聴聞を行わなければならず、その期日における審理は、公開により行わなければならない。

3. 国土交通大臣は、宅地建物取引業者B（乙県知事免許）に対し宅地建物取引業の適正な運営を確保し、又は健全な発達を図るため必要な指導、助言及び勧告をすることができる。

4. 丙県知事は、丙県の区域内における宅地建物取引業者C（丁県知事免許）の業務に関し、Cに対して指示処分をした場合、遅滞なく、その旨を丙県の公報により公告しなければならない。

問17 解説 ➡ Part**1** 「14 報酬の制限」 【正解 3】

1. 国土交通大臣が定めた報酬の限度額は、宅建業者が依頼者から受け取れる**上限**となる額です。あらかじめ報酬の額を定めていなかった場合には、限度額を報酬として支払う義務はありません。　　　　　　　　　　　　　　　　　　　　【✖】➡p.120

2. 宅建業者は国土交通大臣の定める**限度額**を超えて報酬を受け取ることはできません。相手方が好意で支払う謝金であっても、**報酬の限度額**と別に受領することはできません。
　　　　　　　　　　　　　　　　　　　　　　　　　　　　　　　　【✖】➡p.120

3. 居住用建物の貸借の媒介の場合、依頼者の一方から受領できる報酬限度額は原則として、借賃の**0.5**か月分以内（＋消費税相当額）です。例外として、依頼を受けるにあたって依頼者から承諾を得ている場合には、借賃の**1か月**分（＋消費税相当額）の報酬を受領することができます。　　　　　　　　　　　　　　　　　【◯】➡p.126

4. 居住用建物以外の貸借の媒介を行う場合で、権利金の授受があるときは、その権利金の額を**売買代金**とみなして算定します。宅建業者が受領できる報酬額は、借賃の１か月分（＋消費税相当額）か、権利金の額を売買代金とみなして算定した金額のいずれか**高い方**の額を上限とすることができます。　　　　　　　　　　　【✖】➡p.128

問18 解説 ➡ Part**1** 「15 監督処分・罰則」 【正解 4】

1. **信託**会社は、宅建業を営む場合でも、宅建業の免許を受ける必要はありません。国土交通大臣に届け出ることによって、宅建業者とみなされます。ただし、免許以外の宅建業法の規定は、信託会社以外の宅建業者と同様に適用されます。もちろん、指示処分等の監督処分を受けることもあります。　　　　　　　　　　　　　　　　　【◯】➡p.5

2. 免許権者が宅建業者に対して指示処分をするときは、**聴聞**を行わなければならず、その期日における審理は、**公開**により行わなければなりません。　　　　【◯】➡p.136

3. 国土交通大臣は**すべての宅建業者**に対して、都道府県知事はその**管轄区域内で宅建業を営む宅建業者**に対して、宅建業の適正な運営を確保し、または宅建業の健全な発達を図るため必要な**指導**、**助言**及び**勧告**をすることができます。
　　　　　　　　　　　　　　　　　　　　　　　　　　　　　　　　【◯】➡p.136

4. 監督処分のうち、**免許取消**処分・**業務停止**処分については、公告をしなければなりません。一方、**指示**処分については、公告の必要はありません。
　　　　　　　　　　　　　　　　　　　　　　　　　　　　　　　　【✖】➡p.136

問19 ■■ 監督処分・罰則

H27年
[問43.改]

宅地建物取引業法の規定に基づく監督処分等に関する次の記述のうち、誤っているものはどれか。

1. 宅地建物取引業者A（甲県知事免許）は、自ら売主となる乙県内に所在する中古住宅の売買の業務に関し、当該売買の契約においてその目的物が種類又は品質に関して契約の内容に適合しない場合におけるその不適合を担保すべき責任を負わない旨の特約を付した。この場合、Aは、乙県知事から指示処分を受けることがある。

2. 甲県に本店、乙県に支店を設置する宅地建物取引業者B（国土交通大臣免許）は、自ら売主となる乙県内におけるマンションの売買の業務に関し、乙県の支店において当該売買の契約を締結するに際して、代金の30％の手付金を受領した。この場合、Bは、甲県知事から著しく不当な行為をしたとして、業務停止の処分を受けることがある。

3. 宅地建物取引業者C（甲県知事免許）は、乙県内に所在する土地の売買の媒介業務に関し、契約の相手方の自宅において相手を威迫し、契約締結を強要していたことが判明した。この場合、甲県知事は、情状が特に重いと判断したときは、Cの宅地建物取引業の免許を取り消さなければならない。

4. 宅地建物取引業者D（国土交通大臣免許）は、甲県内に所在する事務所について、業務に関する帳簿を備えていないことが判明した。この場合、Dは、甲県知事から必要な報告を求められ、かつ、指導を受けることがある。

問19 **解説** ➡ Part **1** 「15 監督処分・罰則」 【 正解 　2 】

1. 自ら売主となる宅地・建物の売買契約において、担保責任を負わない旨の特約をすることは、宅建業法に違反します。宅建業者が宅建業法に違反した場合、免許権者または業務地を管轄する都道府県知事は、違反した宅建業者に指示処分をすることができます。従って、Aは乙県知事から指示処分を受けることがあります。

【 〇 】➡ p.112・133

2. 自ら売主となる宅地・建物の売買契約の締結に際して、代金の額の10分の2（20％）を超える額の手付を受領することは、宅建業法に違反します。この宅建業法違反は指示処分の対象ですが、業務停止処分の対象ではありません。加えて、業務停止処分を行う権限を有するのは、免許権者（ここでは国土交通大臣）または業務地を管轄する都道府県知事（ここでは乙県知事）です。甲県知事は、免許権者でも、業務地を管轄する都道府県知事でもないので、業務停止処分を行うことはできません。

【 ✖ 】➡ p.108・133・134

3. 宅建業に係る契約を締結させるために、また契約の解除や申込みの撤回を妨げるために、相手方を威迫してはなりません。これに違反した場合、免許権者または業務地を管轄する都道府県知事は、業務停止処分をすることができます。さらに、業務停止処分事由に該当し、情状が特に重い場合には、免許権者（甲県知事）は、免許を取り消さなければなりません。

【 〇 】➡ p.67・134・135

4. 国土交通大臣はすべての宅建業者に、また都道府県知事はその管轄区域内で宅建業を営む宅建業者に、

①必要な指導・助言・勧告をすることができます。

②報告を求め、また立入検査を行うことができます。

従って、甲県知事は、Dに対して報告を要求し、指導をすることができます。

【 〇 】➡ p.136

問20 ■■ 住宅瑕疵担保履行法　　　H29年［問45］

宅地建物取引業者Aが自ら売主として、宅地建物取引業者でない買主Bに新築住宅を販売する場合における次の記述のうち、特定住宅瑕疵担保責任の履行の確保等に関する法律の規定によれば、正しいものはどれか。

1. Aは、住宅販売瑕疵担保保証金の供託をする場合、Bに対し、当該住宅を引き渡すまでに、供託所の所在地等について記載した書面を交付して説明しなければならない。

2. 自ら売主として新築住宅をBに引き渡したAが、住宅販売瑕疵担保保証金を供託する場合、その住宅の床面積が55㎡以下であるときは、新築住宅の合計戸数の算定に当たって、床面積55㎡以下の住宅2戸をもって1戸と数えることになる。

3. Aは、基準日に係る住宅販売瑕疵担保保証金の供託及び住宅販売瑕疵担保責任保険契約の締結の状況についての届出をしなければ、当該基準日から1月を経過した日以後においては、新たに自ら売主となる新築住宅の売買契約を締結してはならない。

4. Aは、住宅販売瑕疵担保責任保険契約の締結をした場合、当該住宅を引き渡した時から10年間、当該住宅の給水設備又はガス設備の瑕疵によって生じた損害について保険金の支払を受けることができる。

問21 ■■ 意思表示　　　H23年［問01］

A所有の甲土地につき、AとBとの間で売買契約が締結された場合における次の記述のうち、民法の規定及び判例によれば、正しいものはどれか。

1. Bは、甲土地は将来地価が高騰すると勝手に思い込んで売買契約を締結したところ、実際には高騰しなかった場合、動機の錯誤を理由に本件売買契約を取り消すことができる。

2. Bは、第三者であるCから甲土地がリゾート開発される地域内になるとだまされて売買契約を締結した場合、AがCによる詐欺の事実を知っていたとしても、Bは本件売買契約を詐欺を理由に取り消すことはできない。

3. AがBにだまされたとして詐欺を理由にAB間の売買契約を取り消した後、Bが甲土地をAに返還せずにDに転売してDが所有権移転登記を備えても、AはDから甲土地を取り戻すことができる。

4. BがEに甲土地を転売した後に、AがBの強迫を理由にAB間の売買契約を取り消した場合には、EがBによる強迫につき知らなかったときであっても、AはEから甲土地を取り戻すことができる。

問20 解説 → Part 1 「16 住宅瑕疵担保履行法」　　　【 正解　2 】

1. 宅建業者は、住宅販売瑕疵担保保証金の供託をする場合、買主に対し、供託所の所在地等について、**売買契約の締結**までに書面を交付し、口頭で説明しなければなりません。「住宅を引き渡すまでに」が誤りです。　　　　　　【 ✘ 】➡ p.144

2. 販売新築住宅の合計戸数の算定にあたって、新築住宅の床面積が**55㎡**以下であるときは、床面積**55㎡**以下の住宅**2**戸をもって**1**戸と数えます。　　【 〇 】➡ p.143

3. 宅建業者が資力確保措置の状況について届出をしなかった場合、基準日（毎年**3**月**31**日と**9**月**30**日）の翌日から起算して**50**日を経過した日から、自ら売主となる新築住宅の売買契約を締結することができなくなります。従って「当該基準日から**1**月を経過した日以後」は誤りです。　　　　　　　　　　　　　　【 ✘ 】➡ p.145

4. 住宅販売瑕疵担保責任保険契約の締結をした場合、宅建業者は、引渡しの時から**10**年間の瑕疵担保責任を負います。対象となる瑕疵は、①**構造耐力上**主要な部分または②**雨水**の浸入を防止する部分の瑕疵に限られます。従って、「住宅の給水設備またはガス設備の瑕疵」による損害については、保険金の支払を受けることはできません。　　　　　　　　　　　　　　　　　　　　　　　　　　　　　【 ✘ 】➡ p.142

問21 解説 → Part 2 「01 意思表示」　　　　　　　　　【 正解　4 】

1. 動機の錯誤を理由に契約を取り消すことができるのは、その動機が法律行為の基礎とされていることが明示的または黙示的に表示されていたときに限られます。買主Bは「地価が高騰すると勝手に思い込ん」だだけで、その動機はAに表示されていません。従って、Bは、本件契約を取り消すことができません。　　【 ✘ 】➡ p.153・154

2. 第三者の詐欺によって意思表示をした者は、**善意無過失**の相手方には、詐欺による取消しをもって対抗できません。**悪意または善意有過失**の相手方には対抗できます。従って、買主Bは、詐欺を理由に契約を取り消すことが**できます**。　【 ✘ 】➡ p.156

3. 売主Aが買主Bから**詐欺**を受けて、Bに甲土地を売却し、Aの契約**取消し後**に、Bから第三者Dへと転売されたケースです。この場合、売主Aと第三者Dは**対抗**関係にあり、先に**登記**を備えたDは、Aに対して所有権を主張できます。逆からいえば、AはDから甲土地を取り戻すことが**できません**。　　　　　　【 ✘ 】➡ p.156

4. AがBから**強迫**を受けてBに土地を売却し、契約**取消し前**に、BからEへと転売された場合、Eが強迫について**善意**でも**悪意**でも、Aは強迫による取消しをもってEに対抗できます。従って、AはEから甲土地を取り戻すことが**できます**。【 〇 】➡ p.157

23

問22 ■■ 制限行為能力者

H28年 [問02]

制限行為能力者に関する次の記述のうち、民法の規定及び判例によれば、正しいものはどれか。

1. 古着の仕入販売に関する営業を許された未成年者は、成年者と同一の行為能力を有するので、法定代理人の同意を得ないで、自己が居住するために建物を第三者から購入したとしても、その法定代理人は当該売買契約を取り消すことができない。
2. 被保佐人が、不動産を売却する場合には、保佐人の同意が必要であるが、贈与の申し出を拒絶する場合には、保佐人の同意は不要である。
3. 成年後見人が、成年被後見人に代わって、成年被後見人が居住している建物を売却する際、後見監督人がいる場合には、後見監督人の許可があれば足り、家庭裁判所の許可は不要である。
4. 被補助人が、補助人の同意を得なければならない行為について、同意を得ていないにもかかわらず、詐術を用いて相手方に補助人の同意を得たと信じさせていたときは、被補助人は当該行為を取り消すことができない。

問23 ■■ 代理制度

H26年
[問02.改]

代理に関する次の記述のうち、民法の規定及び判例によれば、誤っているものはいくつあるか。

ア 代理権を有しない者がした契約を本人が追認する場合、その契約の効力は、別段の意思表示がない限り、追認をした時から将来に向かって生ずる。

イ 不動産を担保に金員を借り入れる代理権を与えられた代理人が、本人の名において当該不動産を売却した場合、相手方において本人自身の行為であると信じたことについて正当な理由があるときは、表見代理の規定を類推適用することができる。

ウ 制限行為能力者が代理人としてした行為は、行為能力の制限によっては取り消すことができないが、代理人が後見開始の審判を受けたときは、代理権が消滅する。

エ 代理人が相手方に対してした意思表示の効力が意思の不存在、錯誤、詐欺、強迫又はある事情を知っていたこと若しくは知らなかったことにつき過失があったことによって影響を受けるべき場合には、その事実の有無は、本人の選択に従い、本人又は代理人のいずれかについて決する。

1. 一つ　　　2. 二つ　　　3. 三つ　　　4. 四つ

問22 解説 → Part2 「02 制限行為能力者」 【正解 4】

1. 法定代理人から営業を許された未成年者は、その営業に関する行為の範囲内であれば単独で行うことができます。本問の場合、営業の許可を受けたのは、「古着の仕入販売に関する営業」に関してであり、それ以外の行為に関しては未成年者として扱われます。従って、建物の購入にあたって法定代理人の同意を得ていない場合、法定代理人は売買契約を取り消すことができます。 【✗】→p.161

2. 被保佐人は、不動産等重要な財産の売買をしたり、贈与の申し出を拒絶したりする場合、保佐人の同意が必要です。 【✗】→p.163

3. 成年後見人が、成年被後見人に代わって、成年被後見人の居住の用に供する建物またはその敷地について、売却、賃貸等をするには、家庭裁判所の許可が必要です。 【✗】→p.162

4. 制限行為能力者（被補助人）が相手方に補助人の同意を得たなどと信じさせる詐術を用いて法律行為を行った場合は、その行為を取り消すことはできません。従って、本問の被補助人は、自らのその行為を取り消すことはできません。 【○】→p.165

問23 解説 → Part2 「03 代理制度」「04 無権代理と表見代理」【正解 2】

ア. 無権代理人が行った法律行為は無効です。ただし、本人が追認した場合には、契約時にさかのぼって有効となります。 【✗】→p.178

イ. 「代理人が直接本人の名において権限外の行為をした場合において、相手方がその行為を本人自身の行為と信じたときは、そのように信じたことについて正当な理由があるかぎり、民法110条の規定（表見代理）を類推して、本人はその責に任ずるものと解するのが相当である」とする判例があります。つまり、相手方に正当な理由があって無権代理行為を本人自身の行為だと信じた場合には、表見代理として有効に扱うということです。 【○】→p.180

ウ. 制限行為能力者が代理人としてした行為は、行為能力の制限によっては取り消すことができません。従って、制限行為能力者を代理人とすることも可能です。代理人が後見開始の審判を受けた場合には、代理権は消滅します。 【○】→p.170・p.172

エ. 代理人が相手方に対してした意思表示の効力が意思の不存在（心裡留保、虚偽表示）、錯誤、詐欺、強迫によって影響を受ける場合、それらの事実の有無は、本人ではなく、代理人について決定されます。 【✗】→p.169

問24 ■■ 時効

H27年 [問04]

A所有の甲土地を占有しているBによる権利の時効取得に関する次の記述のうち、民法の規定及び判例によれば、正しいものはどれか。

1. Bが父から甲土地についての賃借権を相続により承継して賃料を払い続けている場合であっても、相続から20年間甲土地を占有したときは、Bは、時効によって甲土地の所有権を取得することができる。

2. Bの父が11年間所有の意思をもって平穏かつ公然に甲土地を占有した後、Bが相続によりその占有を承継し、引き続き9年間所有の意思をもって平穏かつ公然に占有していても、Bは、時効によって甲土地の所有権を取得することはできない。

3. Aから甲土地を買い受けたCが所有権の移転登記を備えた後に、Bについて甲土地所有権の取得時効が完成した場合、Bは、Cに対し、登記がなくても甲土地の所有者であることを主張することができる。

4. 甲土地が農地である場合、BがAと甲土地につき賃貸借契約を締結して20年以上にわたって賃料を支払って継続的に耕作していても、農地法の許可がなければ、Bは、時効によって甲土地の賃借権を取得することはできない。

問25 ■■ 債務不履行と解除

H24年
[問08.改]

債務不履行に基づく損害賠償請求権に関する次の記述のうち、民法の規定及び判例によれば、誤っているものはどれか。

1. AがBと契約を締結する前に、信義則上の説明義務に違反して契約締結の判断に重要な影響を与える情報をBに提供しなかった場合、Bが契約を締結したことにより被った損害につき、Aは、不法行為による賠償責任を負うことはあっても、債務不履行による賠償責任を負うことはない。

2. ＡＢ間の利息付金銭消費貸借契約において、利率に関する定めがない場合、借主Bが債務不履行に陥ったことによりAがBに対して請求することができる遅延損害金は、年3分の利率により算出する。

3. ＡＢ間でB所有の甲不動産の売買契約を締結した後、Bが甲不動産をCに二重譲渡してCが登記を具備した場合、AはBに対して債務不履行に基づく損害賠償請求をすることができる。

4. ＡＢ間の金銭消費貸借契約において、借主Bは当該契約に基づく金銭の返済をCからBに支払われる売掛代金で予定していたが、その入金がなかった（Bの責めに帰すべき事由はない。）ため、返済期限が経過してしまった場合、Bは債務不履行には陥らず、Aに対して遅延損害金の支払義務を負わない。

問24 解説 ➡ Part**2**「05 時効」「09 物権変動と対抗関係」　**【正解　3】**

1. 所有権の取得時効は、所有の意思をもって、平穏に、かつ公然と他人の物を占有して、10年または20年が経過することで成立します。Bは、賃借権を相続し、賃料を払い続けることで賃借人として占有しているので、所有の意思があるとはいえません。従って、Bは甲土地の所有権を取得することはできません。　　　【✗】➡p.184・185

2. 占有が承継された場合、承継人Bは、①自己の占有のみを主張する、②前占有者（父）の占有を併せて主張する、のいずれかを選択することができます。②を選べば占有期間20年（Bの父11年＋Bの9年）となり、取得時効は完成しているので、Bは時効によって甲土地の所有権を取得することができます。　　　【✗】➡p.186

3. 甲土地をBが占有して、Bの取得時効完成前に、所有者Aが第三者Cに甲土地を売却して登記された場合、売却後に占有者Bの取得時効が完成すれば、BはCに対し、登記がなくても所有者であることを主張することができます。　　　【◯】➡p.223

4. 農地の場合、農地法の許可を得なくても、賃借権を時効取得することができます。従って、Bは、時効によって甲土地の賃借権を取得することができます。【✗】➡p.184

問25 解説 ➡ Part**2**「07 債務不履行と解除」「19 不法行為」　**【正解　4】**

1. 債務不履行は、契約当事者の間で発生します。契約締結前の説明義務違反については、契約関係にない者同士の関係なので、債務不履行ではなく不法行為責任が問題となります（契約締結上の過失）。従って、Aは不法行為による賠償責任を負うことはあっても、債務不履行による賠償責任を負うことはありません。　　　【◯】➡p.201・322

2. 利率の定めがない場合、金銭債務の支払が遅滞したときは、法定利率（年率3％＝3分）で一律に損害賠償の額を決めます。従って、AがBに対して請求することができる遅延損害金は、年3分の利率により算出します。　　　【◯】➡p.204

3. 二重譲渡では、先に登記をした方が所有権を主張できます。甲不動産についてはCが先に登記しているため、Aは甲不動産を取得できず、BのAに対する引渡債務は履行不能となっています。そのため、AはBに対して、債務不履行に基づく損害賠償請求をすることができます。　　　【◯】➡p.203・221

4. 金銭債務については、債務者は不可抗力をもって抗弁とすることができません。つまり、債務者は、自分の責めに帰すべき事由がなくても、債権者への返済を拒むことはできません。Bは、Aに対して遅延損害金の支払義務を負います。　【✗】➡p.204

問26 ■■ 不動産登記法

H28年 [問14]

不動産の登記に関する次の記述のうち、不動産登記法の規定によれば、誤っているものはどれか。

1. 新築した建物又は区分建物以外の表題登記がない建物の所有権を取得した者は、その所有権の取得の日から1月以内に、所有権の保存の登記を申請しなければならない。

2. 登記することができる権利には、抵当権及び賃借権が含まれる。

3. 建物が滅失したときは、表題部所有者又は所有権の登記名義人は、その滅失の日から1月以内に、当該建物の滅失の登記を申請しなければならない。

4. 区分建物の所有権の保存の登記は、表題部所有者から所有権を取得した者も、申請することができる。

問27 ■■ 抵当権

H28年 [問04]

Aは、A所有の甲土地にBから借り入れた3,000万円の担保として抵当権を設定した。この場合における次の記述のうち、民法の規定及び判例によれば、誤っているものはどれか。

1. Aが甲土地に抵当権を設定した当時、甲土地上にA所有の建物があり、当該建物をAがCに売却した後、Bの抵当権が実行されてDが甲土地を競落した場合、DはCに対して、甲土地の明渡しを求めることはできない。

2. 甲土地上の建物が火災によって焼失してしまったが、当該建物に火災保険が付されていた場合、Bは、甲土地の抵当権に基づき、この火災保険契約に基づく損害保険金を請求することができる。

3. AがEから500万円を借り入れ、これを担保するために甲土地にEを抵当権者とする第2順位の抵当権を設定した場合、BとEが抵当権の順位を変更することに合意すれば、Aの同意がなくても、甲土地の抵当権の順位を変更することができる。

4. Bの抵当権設定後、Aが第三者であるFに甲土地を売却した場合、FはBに対して、民法第383条所定の書面を送付して抵当権の消滅を請求することができる。

問26 解説 → Part**2** 「10 不動産登記法」 【 正解 **1** 】

1. 所有権の保存の登記は、権利に関する登記の1つです。そして、権利に関する登記に、申請義務はありません。1か月以内の申請義務があるのは、表示に関する登記です。
【 ✗ 】→ p.230・232・235

2. 抵当権と賃借権は、登記することができる権利に含まれます。　　　【 ○ 】→ p.230

3. 建物が滅失したときは、表題部所有者または所有権の登記名義人は、その滅失の日から1か月以内に、当該建物の滅失の登記を申請しなければなりません。【 ○ 】→ p.232

4. 区分建物では、表題部所有者から所有権を取得した者も、所有権の保存の登記を申請することができます。建物が敷地権付き区分建物であるときは、当該敷地権の登記名義人の承諾を得なければなりません。　　　　　　　　　　　　　　【 ○ 】→ p.237

問27 解説 → Part**2** 「11 抵当権」 【 正解 **2** 】

1. 土地と土地上の建物が同一の所有者に属する場合、土地または建物に設定された抵当権が実行されて、土地と建物の所有者が異なることとなったとき、建物について地上権が認められます。これを法定地上権といいます。本問では、Aが所有する建物のある土地に抵当権を設定した後に、Aが建物を第三者Cに売却し、その後にBの抵当権が実行されて土地がDに競売され、土地と建物の所有者が異なることとなっています。この場合も、Cに法定地上権が発生します。従って、DはCに対して、甲土地の明渡しを求めることができません。　　　　　　　　　　　　　　　　　　【 ○ 】→ p.251

2. Bは甲土地に対して抵当権を有していますが、甲土地上の建物については何の権利も有していません。従って、Bは、甲土地上の建物が焼失した場合の火災保険契約に基づく損害保険金を請求することはできません。建物に抵当権を設定していて、抵当権設定者が火災保険請求権を取得した場合、抵当権者は保険金請求権に対して抵当権を行使することができます。これを物上代位といいます。　　　　　　【 ✗ 】→ p.244

3. 抵当権の順位は、各抵当権者の合意があれば変更できます。利害関係者がいる場合はその承諾が必要です。債務者Aは、利害関係者に該当しません。　　　【 ○ 】→ p.246

4. 抵当不動産の第三取得者Fは、抵当権者Bに一定の代価を支払うことで抵当権を消滅するよう書面を送付して請求できます（抵当権消滅請求）。抵当権者は、2か月間の熟慮期間に、請求を承諾するか、競売の申立てをするかを判断しなければなりません。競売の申立てがない場合、請求を承諾したものとみなされます。　　　　【 ○ 】→ p.248

問28 ■■ 賃貸借

H28年 [問08]

AがBに甲建物を月額10万円で賃貸し、BがAの承諾を得て甲建物をCに適法に月額15万円で転貸している場合における次の記述のうち、民法の規定及び判例によれば、誤っているものはどれか。

1. Aは、Bの賃料の不払いを理由に甲建物の賃貸借契約を解除するには、Cに対して、賃料支払の催告をして甲建物の賃料を支払う機会を与えなければならない。

2. BがAに対して甲建物の賃料を支払期日になっても支払わない場合、AはCに対して、賃料10万円をAに直接支払うよう請求することができる。

3. AがBの債務不履行を理由に甲建物の賃貸借契約を解除した場合、CのBに対する賃料の不払いがなくても、AはCに対して、甲建物の明渡しを求めることができる。

4. AがBとの間で甲建物の賃貸借契約を合意解除した場合、AはCに対して、Bとの合意解除に基づいて、当然には甲建物の明渡しを求めることができない。

問29 ■■ 借地借家法（借地）

H25年 [問12]

賃貸借契約に関する次の記述のうち、民法及び借地借家法の規定並びに判例によれば、正しいものはどれか。

1. ゴルフ場経営を目的とする土地賃貸借契約については、対象となる全ての土地について地代等の増減額請求に関する借地借家法第11条の規定が適用される。

2. 借地権の存続期間が満了する際、借地権者の契約の更新請求に対し、借地権設定者が遅滞なく異議を述べた場合には、借地契約は当然に終了する。

3. 二筆以上ある土地の借地権者が、そのうちの一筆の土地上に登記ある建物を所有し、登記ある建物がない他方の土地は庭として使用するために賃借しているにすぎない場合、登記ある建物がない土地には、借地借家法第10条第1項による対抗力は及ばない。

4. 借地権の存続期間が満了する前に建物が滅失し、借地権者が残存期間を超えて存続すべき建物を建築した場合、借地権設定者が異議を述べない限り、借地権は建物が築造された日から当然に20年間存続する。

問28 解説 → Part2「15 賃貸借」 【正解 1】

1. 賃借人Bの賃料の不払いによる債務不履行によってAB間の賃貸借契約が解除された場合、Bと転借人Cとの転貸借契約におけるBの債務も履行不能となり、転貸借契約は当然に終了します。賃貸人Aは、Cに対して賃料支払の催告をして甲建物の賃料を支払う機会を与える必要はありません。　　　　　　　　　　　【✗】→p.288
2. Bが賃借料を支払わない場合、Aは直接、転借人Cに賃料を請求できます。AがCに請求できる賃料は、賃借料（10万円）と転借料（15万円）のうち、どちらか低い方の金額が限度です。従って、AはCに対して、賃料10万円をAに直接支払うよう請求することができます。　　　　　　　　　　　　　　　　　　　　　【◯】→p.287
3. ＡＢ間の賃貸借契約が、Bの債務不履行により解除された場合、ＢＣ間の転貸借契約も当然に終了し、Aは転借人Cに対して甲建物の明渡しを求めることができます。　　　　　　　　　　　　　　　　　　　　　　　　　　　　【◯】→p.288
4. AがBとの間で賃貸借契約を合意解除した場合、特段の事情がない限り、Aは解除の効果を転借人Cに対抗できません。Aは、当然には不動産の明渡しを請求できません。　　　　　　　　　　　　　　　　　　　　　　　　　　　【◯】→p.288

問29 解説 → Part2「16 借地借家法 ①借地」 【正解 3】

1. 借地権とは、建物の所有を目的とする地上権または土地の賃借権のことです。ゴルフ場経営を目的とした土地の賃借権は、建物の所有を目的としないので借地権ではありません。従って、借地借家法が適用されることはありません。　　【✗】→p.294
2. 借地権の存続期間が満了する際、借地権者の契約の更新請求に対し、借地権設定者が遅滞なく異議を述べる場合には、正当事由が必要です。従って、遅滞なく異議を述べたとしても、正当事由がなければ、借地契約は法定更新されます。　【✗】→p.296
3. 借地権の登記がなくても、借地上に借地権者が自己を所有者として登記した建物を所有していれば第三者に賃借権を対抗できます。しかし、庭として使用している土地は、土地上に登記した建物がないので対抗要件が存在しないとされます。【◯】→p.299
4. 借地権の当初の存続期間中に建物が滅失した場合、借地権者は、建物を再築できます。借地権者が再築を通知し、借地権設定者の承諾があった場合、借地権は承諾日または建物の築造日のいずれか早い日から20年間存続します（2か月以内に異議を述べなかったときは承諾があったものとみなされる）。本問のように、「借地権は建物が築造された日から当然に20年間存続」するわけではありません。　　【✗】→p.297

31

問30 ■■ 借地借家法（借家）　　　H28年 [問12]

AはBと、B所有の甲建物につき、居住を目的として、期間3年、賃料月額20万円と定めて賃貸借契約（以下この問において「本件契約」という。）を締結した。この場合における次の記述のうち、借地借家法の規定及び判例によれば、誤っているものはどれか。

1. AもBも相手方に対し、本件契約の期間満了前に何らの通知もしなかった場合、従前の契約と同一の条件で契約を更新したものとみなされるが、その期間は定めがないものとなる。

2. BがAに対し、本件契約の解約を申し入れる場合、甲建物の明渡しの条件として、一定額以上の財産上の給付を申し出たときは、Bの解約の申入れに正当事由があるとみなされる。

3. 甲建物の適法な転借人であるCが、Bの同意を得て甲建物に造作を付加した場合、期間満了により本件契約が終了するときは、CはBに対してその造作を時価で買い取るよう請求することができる。

4. 本件契約が借地借家法第38条の定期建物賃貸借で、契約の更新がない旨を定めた場合でも、BはAに対し、同条所定の通知期間内に、期間満了により本件契約が終了する旨の通知をしなければ、期間3年での終了をAに対抗することができない。

32

問30 解説 ➡ Part**2**「17 借地借家法 ②借家」　　　【 **正解　2** 】

1. 建物の賃貸借について期間の定めがある場合において、当事者（賃貸人及び賃借人）が期間の満了の１年前から６か月前までの間に、相手方に対して更新拒絶の通知をしなかったときは、従前の契約と同一の条件で契約を更新したものとみなされます。ただし、その期間については定めがないものとなります。　　　　　　【 〇 】➡p.305

2. 賃貸人から解約申入れをするには、正当事由が必要です。正当事由の有無は、
   ①建物の賃貸人及び賃借人（転借人を含む）が建物の使用を必要とする事情
   ②建物の賃貸借に関するこれまでの経過
   ③建物の利用状況
   ④建物の現況
   ⑤建物の賃貸人が建物の明渡しの条件として立退料の支払を申し出た場合にはその申出
   などを総合的に考慮して、判断されます。「一定額以上の財産上の給付（立退料）の申出」によって、解約の申入れに正当事由があるとみなされるわけではありません。
   　　　　　　　　　　　　　　　　　　　　　　　　　　　　　【 ✕ 】➡p.305

3. 造作とは、建具、畳、エアコンなど、建物内部の部材や設備のことです。賃借人（Ａ）が賃貸人（Ｂ）の同意を得て付加した造作については、建物の賃貸借が終了するときに、時価で買い取るよう請求することができます。この造作買取請求権に関する規定は、期間満了により本件契約が終了する場合における建物の転借人（Ｃ）と賃貸人（Ｂ）との間についても準用されます。従って、ＣはＢに対してその造作を時価で買い取るよう請求することができます。　　　　　　　　　　　　【 〇 】➡p.307・308

4. 期間が１年以上の定期建物賃貸借契約の場合では、建物の賃貸人は、期間の満了の１年前から６か月前までの間に建物の賃借人に対し、期間の満了により建物の賃貸借が終了する旨の通知をしなければ、その終了を建物の賃借人に対抗することができません。　　　　　　　　　　　　　　　　　　　　　　　　　　　　　【 〇 】➡p.309

33

問31 ■■	不法行為	H26年 [問08.改]

不法行為に関する次の記述のうち、民法の規定及び判例によれば、正しいものはどれか。

1. 不法行為による損害賠償請求権の期間の制限を定める民法第724条第1号における、被害者が損害を知った時とは、被害者が損害の発生を現実に認識した時をいう。

2. 不法行為による損害賠償債務の不履行に基づく遅延損害金債権は、当該債権が発生した時から10年間行使しないことにより、時効によって消滅する。

3. 不法占拠により日々発生する損害については、加害行為が終わった時から一括して消滅時効が進行し、日々発生する損害を知った時から別個に消滅時効が進行することはない。

4. 不法行為の加害者が海外に在住している間は、民法第724条第2号の20年の時効期間は進行しない。

問31 **解説** → Part**2**「05 時効」「19 不法行為」 【 正解 1 】

民法第724条

不法行為による損害賠償の請求権は、次に掲げる場合には、時効によって消滅する。

第1号 被害者又はその法定代理人が損害及び加害者を知った時から三年間行使しないとき。

第2号 不法行為の時から二十年間行使しないとき。

民法第724条の2

人の生命又は身体を害する不法行為による損害賠償請求権の消滅時効についての前条第1号の規定の適用については、同号中「三年間」とあるのは、「五年間」とする。

1. 民法第724条にある「被害者が損害を知った時」とは、「被害者が損害の発生を現実に認識した時」をいいます。 【 ⭕ 】 ➡p.322

2. 民法第724条に定められた通りです。

不法行為による損害賠償の請求権は、

① 被害者またはその法定代理人が、損害及び加害者を知った時から3年間（人の生命・身体を害する不法行為の場合は5年間）行使しないとき。

② 不法行為の時から20年間行使しないとき。

のいずれかに達したときに、時効によって消滅します。従って、10年間行使しないことにより消滅するわけではありません。 【 ❌ 】 ➡p.322

3. 損害賠償の請求権は、その損害発生時から履行遅滞となり、遅延損害金が発生します。不法占拠により日々発生する損害については、被害者が日々それぞれの損害を知った時から、別個に消滅時効が進行します。「加害行為が終わった時から一括して消滅時効が進行し」は誤りです。 【 ❌ 】 ➡p.322

4. 刑事事件の場合には、犯人が海外に逃亡している間、時効の進行は止まります。しかし、民事の場合は、相手方が海外にいても時効は止まりません。従って、20年の時効期間は進行します。 【 ❌ 】 ➡p.186

問32 ■■ 相続

H25年
[問10.改]

婚姻中の夫婦AB間には嫡出子CとDがいて、Dは既に婚姻しており嫡出子Eがいたところ、Dは令和2年10月1日に死亡した。他方、Aには離婚歴があり、前の配偶者との間の嫡出子Fがいる。Aが令和2年10月2日に死亡した場合に関する次の記述のうち、民法の規定及び判例によれば、正しいものはどれか。

1. Aが死亡した場合の法定相続分は、Bが2分の1、Cが5分の1、Eが5分の1、Fが10分の1である。

2. Aが生前、A所有の全財産のうち甲土地についてCに相続させる旨の遺言をしていた場合には、特段の事情がない限り、遺産分割の方法が指定されたものとして、Cは甲土地の所有権を取得するのが原則である。

3. Aが生前、A所有の全財産についてDに相続させる旨の遺言をしていた場合には、特段の事情がない限り、Eは代襲相続により、Aの全財産について相続するのが原則である。

4. Aが生前、A所有の全財産のうち甲土地についてFに遺贈する旨の意思表示をしていたとしても、Fは相続人であるので、当該遺贈は無効である。

問32 解説 ➡ Part 2「20 相続」　　　【 正解　2 】

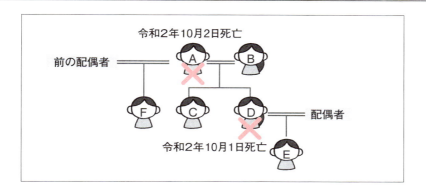

1. 相続人が配偶者と子の場合の法定相続分は、配偶者が **2分の1**、子が **2分の1** です。本問では、子はC、D、Fの3人おり、それぞれに均等に分けるので、**6分の1** ずつです。ただし、子Dは、被相続人Aより先に死亡しているので、その相続分は、孫E（子Dの子）が **代襲** 相続します。従って、Aが死亡した場合の法定相続分は、Bが **2分の1**、C、E、Fが **6分の1** ずつとなります。　　【 ✗ 】➡p.328・330

2. 遺言者（被相続人）は、**遺言** によって遺産分割の方法を指定することができます。特定の遺産を特定の相続人に「相続させる」という **遺言** は、「その遺産をその相続人に単独で相続させる」という遺産分割の方法が指定されたものとして、被相続人の死亡時、ただちに相続により承継されます。A死亡の瞬間に、Cは甲土地の所有権を取得するのが原則です。　　【 ○ 】➡p.332

3. 自らの死後のために、遺言によって財産を相続人などに与えることを **遺贈** といいます。遺贈では、受遺者が遺言者より先に死亡した場合、特段の事情のない限り、その効力を生じ **ません**。受遺者である子Dは遺言者Aよりも先に死亡しているので、「A所有の全財産をDに相続させる旨の遺言」は **無効** となります。従って、Dの子であるEも、A所有の全財産について代襲相続 **できません**。　　【 ✗ 】➡p.334

4. 相続人に対して遺贈することは可能であり、その遺言は有効です。従って、相続人Fに対する当該遺贈は **有効** です。　　【 ✗ 】➡p.334

問33 ■■ 区分所有法

H21年 [問13]

建物の区分所有等に関する法律（以下この問において「法」という。）についての次の記述のうち、誤っているものはどれか。

1. 管理者は、少なくとも毎年1回集会を招集しなければならない。また、招集通知は、会日より少なくとも1週間前に、会議の目的たる事項を示し、各区分所有者に発しなければならない。ただし、この期間は、規約で伸縮することができる。

2. 法又は規約により集会において決議をすべき場合において、これに代わり書面による決議を行うことについて区分所有者が1人でも反対するときは、書面による決議をすることができない。

3. 建替え決議を目的とする集会を招集するときは、会日より少なくとも2月前に、招集通知を発しなければならない。ただし、この期間は規約で伸長することができる。

4. 他の区分所有者から区分所有権を譲り受け、建物の専有部分の全部を所有することとなった者は、公正証書による規約の設定を行うことができる。

問34 ■■ 権利関係・その他 (贈与)

H21年
[問9.改]

Aは、生活の面倒をみてくれている甥のBに、自分が居住している甲建物を贈与しようと考えている。この場合に関する次の記述のうち、民法の規定によれば、正しいものはどれか。

1. AからBに対する無償かつ負担なしの甲建物の贈与契約が、書面によってなされた場合、Aはその履行前であれば贈与を解除することができる。

2. AからBに対する無償かつ負担なしの甲建物の贈与契約が、書面によらないでなされた場合、Aが履行するのは自由であるが、その贈与契約は法的な効力を生じない。

3. Aが、Bに対し、Aの生活の面倒をみることという負担を課して、甲建物を書面によって贈与した場合、甲建物については、Aはその負担の限度において、売主と同じく担保責任を負う。

4. Aが、Bに対し、Aの生活の面倒をみることという負担を課して、甲建物を書面によって贈与した場合、Bがその負担をその本旨に従って履行しないときでも、Aはその贈与契約を解除することはできない。

問33 **解説** ➡ Part**2**「22 区分所有法」　　　　　　　【 正解　4 】

1. 管理者は、少なくとも毎年 1 回は集会を招集しなければなりません。招集通知は、少なくとも会日の 1 週間前までに、会議の目的事項を示して各区分所有者に通知しなければなりません。1 週間前という期間は、規約によって伸縮することができます。
　　　　　　　　　　　　　　　　　　　　　　　　　　　　【 ⭕ 】➡ p.353

2. 集会において決議すべき場合でも、区分所有者全員の承諾があるときは、書面または電磁的方法による決議をすることができます。1 人でも反対者がいれば、書面による決議はできません。　　　　　　　　　　　　　　　　　　【 ⭕ 】➡ p.355

3. 建替え決議の場合、会日より少なくとも 2 か月前に招集を通知しなければなりません。この期間は規約で伸長することができます。　　　　　　　　【 ⭕ 】➡ p.353

4. 公正証書により規約を設定できるのは、最初に建物の専有部分の全部を所有する者に限られます。他の区分所有者から区分所有権を譲り受け、建物の専有部分の全部を所有することとなった者は、公正証書による規約の設定を行うことはできません。
　　　　　　　　　　　　　　　　　　　　　　　　　　　　【 ❌ 】➡ p.352

問34 **解説** ➡ Part**2**「23 権利関係・その他」　　　　　　【 正解　3 】

1. 書面によらない贈与は、解除することができます。書面による贈与は、履行前であっても、原則として、解除できません。　　　　　　　　　　　　【 ❌ 】➡ p.363

2. 贈与契約は、諾成契約（当事者双方の合意だけで成立する契約）です。書面によらなくても契約自体は有効で、法的な効力を生じます。　　　　　　　【 ❌ 】➡ p.363

3. 受贈者に一定の債務（借金、介護など）を負担させる財産の贈与を、負担付贈与といいます。負担付贈与では、贈与者は、負担の限度において、売主と同じく担保責任を負います。　　　　　　　　　　　　　　　　　　　　　　　【 ⭕ 】➡ p.363

4. 負担付贈与において、受贈者が負担を履行しないときには、贈与者はその贈与契約を解除できます。　　　　　　　　　　　　　　　　　　　　【 ❌ 】➡ p.363

問35 ■■ 区域区分・用途地域 H28年[問16]

都市計画法に関する次の記述のうち、正しいものはどれか。

1. 市街地開発事業等予定区域に係る市街地開発事業又は都市施設に関する都市計画には、施行予定者をも定めなければならない。
2. 準都市計画区域については、都市計画に準防火地域を定めることができる。
3. 高度利用地区は、用途地域内において市街地の環境を維持し、又は土地利用の増進を図るため、建築物の高さの最高限度又は最低限度を定める地区である。
4. 地区計画については、都市計画に、地区計画の種類、名称、位置、区域及び面積並びに建築物の建蔽率及び容積率の最高限度を定めなければならない。

問36 ■■ 開発許可制度 H29年[問17]

都市計画法に関する次の記述のうち、正しいものはどれか。ただし、許可を要する開発行為の面積について、条例による定めはないものとし、この問において「都道府県知事」とは、地方自治法に基づく指定都市、中核市及び施行時特例市にあってはその長をいうものとする。

1. 準都市計画区域内において、工場の建築の用に供する目的で1,000㎡の土地の区画形質の変更を行おうとする者は、あらかじめ、都道府県知事の許可を受けなければならない。
2. 市街化区域内において、農業を営む者の居住の用に供する建築物の建築の用に供する目的で1,000㎡の土地の区画形質の変更を行おうとする者は、あらかじめ、都道府県知事の許可を受けなければならない。
3. 都市計画区域及び準都市計画区域外の区域内において、変電所の建築の用に供する目的で1,000㎡の土地の区画形質の変更を行おうとする者は、あらかじめ、都道府県知事の許可を受けなければならない。
4. 区域区分の定めのない都市計画区域内において、遊園地の建設の用に供する目的で3,000㎡の土地の区画形質の変更を行おうとする者は、あらかじめ、都道府県知事の許可を受けなければならない。

問35 解説 → Part3 「01 区域区分・用途地域」
「02 都市計画事業」「03 地区計画」　　　【正解　1】

1. 市街地開発事業等予定区域に係る市街地開発事業または都市施設に関する都市計画には、施行予定者をも定めなければなりません。　【○】→p.379

2. 準都市計画区域については、都市計画に準防火地域を定めることはできません。このほかに、区域区分、高度利用地区、高層住居誘導地区、特例容積率適用地区、特定街区、防火地域、臨港地区も定めることはできません。　【✗】→p.373

3. 高度利用地区とは、用途地域内の市街地における土地の合理的で健全な高度利用と都市機能の更新とを図るため、「建築物の容積率の最高限度・最低限度」や「建築物の建蔽率の最高限度」等を定める地区です。建築物の高さの最高限度または最低限度を定める地区ではありません。本問は「高度地区」の説明です。　【✗】→p.372

4. 地区計画について、都市計画に定めなければならない事項は、地区計画の種類・名称・位置・区域、地区整備計画です。面積は定めるように努めるものとされ、建築物の建蔽率及び容積率の最高限度は都市計画に定める必要がありません。　【✗】→p.385

問36 解説 → Part3 「05 開発許可制度」　　　【正解　2】

1. 準都市計画区域内において開発許可が必要となるのは、面積が3,000㎡以上の場合です。本問は面積が1,000㎡なので、あらかじめ、都道府県知事の許可を受ける必要はありません。　【✗】→p.399

2. 市街化区域内では、農林漁業用建築物に関して開発許可が不要となる特別扱いはありません。また、面積が1,000㎡以上の開発行為であれば開発許可が必要です。本問の行為の規模は1,000㎡なので、あらかじめ、都道府県知事の許可が必要です。　【○】→p.399

3. 公益上必要な建築物のうち一定のものを建築するための開発行為に許可は不要です。変電所は、公益上必要な建築物のうち一定に該当するため、あらかじめ、都道府県知事の許可は不要です。　【✗】→p.398

4. 開発行為とは、「主として、建築物の建築または特定工作物を建設する目的で行う土地の区画形質の変更」のことです。本問の遊園地は、面積が3,000㎡なので、第二種特定工作物に該当しません（該当するのは、面積10,000㎡以上の場合）。開発行為に該当しないため、都道府県知事の許可は不要です。　【✗】→p.396・397

41

問37 ■■ 用途制限

H22年 [問19]

建築物の用途規制に関する次の記述のうち、建築基準法の規定によれば、誤っているものはどれか。ただし、用途地域以外の地域地区等の指定及び特定行政庁の許可は考慮しないものとする。

1. 建築物の敷地が工業地域と工業専用地域にわたる場合において、当該敷地の過半が工業地域内であるときは、共同住宅を建築することができる。

2. 準住居地域内においては、原動機を使用する自動車修理工場で作業場の床面積の合計が150㎡を超えないものを建築することができる。

3. 近隣商業地域内において映画館を建築する場合は、客席の部分の床面積の合計が200㎡未満となるようにしなければならない。

4. 第一種低層住居専用地域内においては、高等学校を建築することはできるが、高等専門学校を建築することはできない。

問38 ■■ 建蔽率・容積率

H20年 [問20]

建蔽率及び容積率に関する次の記述のうち、建築基準法の規定によれば、誤っているものはどれか。

1. 建蔽率の限度が80%とされている防火地域内にある耐火建築物については、建蔽率による制限は適用されない。

2. 建築物の敷地が、幅員15m以上の道路（以下「特定道路」という。）に接続する幅員6m以上12m未満の前面道路のうち、当該特定道路からの延長が70m以内の部分において接する場合における当該敷地の容積率の限度の算定に当たっては、当該敷地の前面道路の幅員は、当該延長及び前面道路の幅員を基に一定の計算により算定した数値だけ広いものとみなす。

3. 容積率を算定する上では、共同住宅の共用の廊下及び階段部分は、当該共同住宅の延べ面積の3分の1を限度として、当該共同住宅の延べ面積に算入しない。

4. 隣地境界線から後退して壁面線の指定がある場合において、当該壁面線を越えない建築物で、特定行政庁が安全上、防火上及び衛生上支障がないと認めて許可したものの建蔽率は、当該許可の範囲内において建蔽率による制限が緩和される。

問37 **解説** ➡ Part**3**「10 用途制限」　　　　　　　　　　　　　【 正解　3 】

1. 建築物の敷地が2つ以上の用途地域にまたがる場合、敷地の過半が属する用途地域の用途制限が敷地全体に適用されます。本問では、工業地域に関する規定が適用されるため、共同住宅の建築は可能です。　　　　　　　　　　　【 ◯ 】➡ p.434・p.436

2. 準住居地域内においては、原動機を使用する自動車修理工場で作業場の床面積の合計が150㎡以下であれば、建築は可能です。　　　　　　　　　　　　　　【 ◯ 】➡ p.435

3. 近隣商業地域内では、客席の部分の床面積の合計が200㎡以上となる映画館を建築することができます。客席の部分の床面積の合計を200㎡未満としなければならないのは、準住居地域内の場合です。　　　　　　　　　　　　　　　　【 ✖ 】➡ p.435

4. 第一種低層住居専用地域内では、高等学校を建築することはできますが、高等専門学校を建築することはできません。これは、第二種低層住居専用地域、田園住居地域も同様です。　　　　　　　　　　　　　　　　　　　　　　　　　　【 ◯ 】➡ p.434

問38 **解説** ➡ Part**3**「11 建蔽率」「12 容積率」　　　　　　　　【 正解　3 】

1. 建蔽率の限度が10分の8（80%）とされている地域内で、かつ、防火地域内にある耐火建築物については、建蔽率の制限が適用されません。10分の10（100%）、つまり制限なしで建築が可能となります。　　　　　　　　　　　　　　【 ◯ 】➡ p.442

2. 建築物の敷地が、幅員15m以上の道路（特定道路）に接続する幅員6m以上12m未満の前面道路のうち、当該特定道路からの延長が70m以内の部分において接する場合における当該敷地の容積率の限度の算定にあたっては、当該敷地の前面道路の幅員は、当該延長及び前面道路の幅員を基に一定の計算により算定した数値だけ広いものとみなします。　　　　　　　　　　　　　　　　　　　　　　　　　【 ◯ 】➡ p.451

3. 容積率の算定の基礎となる延べ面積には、エレベーターの昇降路の部分、共同住宅や老人ホーム等の共用の廊下や階段部分の床面積は一定の場合を除き算入しません。「延べ面積の3分の1を限度」といった上限の規制はありません。　　　　　【 ✖ 】➡ p.451

4. 隣地境界線から後退して壁面線の指定がある場合、当該壁面線を越えない建築物で、特定行政庁が安全上、防火上及び衛生上支障がないと認めて許可したものについては、建蔽率による制限が緩和されます。　　　　　　　　　　　　　　　【 ◯ 】➡ p.442

43

問39 ■■ 事後届出制

R1年 [問22]

国土利用計画法第23条の届出（以下この問において「事後届出」という。）に関する次の記述のうち、正しいものはどれか。

1. 宅地建物取引業者Aが、自己の所有する市街化区域内の2,000㎡の土地を、個人B、個人Cに1,000㎡ずつに分割して売却した場合、B、Cは事後届出を行わなければならない。

2. 個人Dが所有する市街化区域内の3,000㎡の土地を、個人Eが相続により取得した場合、Eは事後届出を行わなければならない。

3. 宅地建物取引業者Fが所有する市街化調整区域内の6,000㎡の一団の土地を、宅地建物取引業者Gが一定の計画に従って、3,000㎡ずつに分割して購入した場合、Gは事後届出を行わなければならない。

4. 甲市が所有する市街化調整区域内の12,000㎡の土地を、宅地建物取引業者Hが購入した場合、Hは事後届出を行わなければならない。

問40 ■■ 農地法

H29年 [問15]

農地に関する次の記述のうち、農地法（以下この問において「法」という。）の規定によれば、正しいものはどれか。

1. 市街化区域内の農地を耕作のために借り入れる場合、あらかじめ農業委員会に届出をすれば、法第3条第1項の許可を受ける必要はない。

2. 市街化調整区域内の4ヘクタールを超える農地について、これを転用するために所有権を取得する場合、農林水産大臣の許可を受ける必要がある。

3. 銀行から500万円を借り入れるために農地に抵当権を設定する場合、法第3条第1項又は第5条第1項の許可を受ける必要がある。

4. 相続により農地の所有権を取得した者は、遅滞なく、その農地の存する市町村の農業委員会にその旨を届け出なければならない。

問39 解説 ➡ Part3「16 事後届出制」　　　　　【正解　3】

1. **事後届出**の対象面積に該当するかどうかは、**権利取得者**であるＢとＣを基準に判断します。市街化区域内における「土地売買等の契約」が事後届出の対象となるのは、その面積が**2,000㎡以上**の場合に限られます。ＢもＣも取得した土地の面積は2,000㎡未満なので事後届出を行う必要は**ありません**。　　　　　【✘】➡p.479・480

2. **相続**は対価を得るものでも、契約によるものでもなく、「土地売買等の契約」に該当**しません**。従って、事後届出を行う必要は**ありません**。　　　　　【✘】➡p.478

3. 権利取得者Ｇは、最終的に6,000㎡の一団の土地を取得することになります。市街化調整区域内における「土地売買等の契約」が事後届出の対象となるのは、その面積が**5,000㎡以上**の場合です。Ｇは6,000㎡の土地を取得するのですから、事後届出を行う必要が**あります**。　　　　　【◯】➡p.479・480

4. 「土地売買等の契約」において、当事者の一方または双方が国や**地方公共団体**である場合、事後届出を行う必要は**ありません**。　　　　　【✘】➡p.480

問40 解説 ➡ Part3「18 農地法」　　　　　【正解　4】

1. 市街化区域内での**権利移動**は、市街化区域内の特例がないため、原則通り、農地法第3条第1項の許可が**必要**です。農業委員会に届け出ることで許可が不要になるのは、農地の**転用**（第4条）、または転用目的での**権利移動**（第5条）の場合です。
　　　　　【✘】➡p.493・495・496

2. 市街化調整区域内の「農地を転用するために所有権を取得する」には、農地法第**5**条の許可が必要です。許可権者は農林水産大臣ではなく、**都道府県知事等**です。
　　　　　【✘】➡p.496

3. 抵当権を設定しても、農地の**使用・収益**者は変わらず、権利移動は生じていません。そのため、抵当権の設定について、農地法第3条第1項または第5条第1項の許可を受ける必要はありません。　　　　　【✘】➡p.493・496

4. 相続によって農地を取得した場合、農地法第3条の許可は不要ですが、**農業委員会**への届出は**必要**です。　　　　　【◯】➡p.494

問41 ■■ 宅地造成等規制法　　　　H27年[問19]

宅地造成等規制法に関する次の記述のうち、誤っているものはどれか。なお、この問において「都道府県知事」とは、地方自治法に基づく指定都市、中核市及び施行時特例市にあってはその長をいうものとする。

1. 都道府県知事は、宅地造成工事規制区域内の宅地について、宅地造成に伴う災害を防止するために必要があると認める場合には、その宅地の所有者に対して、擁壁等の設置等の措置をとることを勧告することができる。

2. 宅地造成工事規制区域の指定の際に、当該宅地造成工事規制区域内において宅地造成工事を行っている者は、当該工事について改めて都道府県知事の許可を受けなければならない。

3. 宅地造成に関する工事の許可を受けた者が、工事施行者を変更する場合には、遅滞なくその旨を都道府県知事に届け出ればよく、改めて許可を受ける必要はない。

4. 宅地造成工事規制区域内において、宅地を造成するために切土をする土地の面積が500㎡であって盛土が生じない場合、切土をした部分に生じる崖の高さが1.5mであれば、都道府県知事の許可は必要ない。

問42 ■■ 土地区画整理法　　　　H23年[問21]

土地区画整理法に関する次の記述のうち、誤っているものはどれか。

1. 土地区画整理組合の設立の認可の公告があった日後、換地処分の公告がある日までは、施行地区内において、土地区画整理事業の施行の障害となるおそれがある土地の形質の変更を行おうとする者は、当該土地区画整理組合の許可を受けなければならない。

2. 公共施設の用に供している宅地に対しては、換地計画において、その位置、地積等に特別の考慮を払い、換地を定めることができる。

3. 区画整理会社が施行する土地区画整理事業の換地計画においては、土地区画整理事業の施行の費用に充てるため、一定の土地を換地として定めないで、その土地を保留地として定めることができる。

4. 個人施行者は、換地処分を行う前において、換地計画に基づき換地処分を行うため必要がある場合においては、施行地区内の宅地について仮換地を指定することができる。

問41 解説 ➡ Part**3**「19 宅地造成等規制法」 【**正解 2**】

1. 都道府県知事は、その宅地の所有者、**管理者**、占有者、**造成主**または工事施行者に対して、擁壁等の設置または改造その他宅地造成に伴う災害の防止のため必要な措置をとることを**勧告**することができます。 【**○**】➡p.506

2. 規制区域が指定された際、すでに宅地造成に関する工事を行っている場合、規制区域の指定があった日から **21** 日以内に**都道府県知事**に届け出なければなりません。再度許可を受ける必要はありません。 【**✗**】➡p.506

3. 工事の計画を変更する場合、**軽微**な変更（造成主・設計者・工事施行者の変更や、工事着手・完了予定日の変更）については、届け出ればよく、改めて許可を受ける必要はありません。 【**○**】➡p.505

4. 宅地造成を行うにあたって、都道府県知事の許可が必要となる工事の規模は、①切土で、高さ**2** m超の崖ができる工事、②盛土で、高さ**1** m超の崖ができる工事、③切土と盛土を同時に行って、高さ**2** m超の崖ができる工事、④崖の高さに関係なく、切土または盛土によって面積が**500**㎡を超える工事、です。本問の「面積500㎡、崖の高さ1.5mの切土」は、いずれにも該当しないため、都道府県知事の許可は**不要**です。
【**○**】➡p.503・p.504

問42 解説 ➡ Part**3**「20 土地区画整理法」 【**正解 1**】

1. 施行地区内で、土地区画整理事業の施行の障害となる**土地の形質**の変更や建築物その他の工作物の**新築**・改築・増築を行う場合、**都道府県知事**の許可を受ける必要があります。「土地区画整理組合の許可」は誤りです。 【**✗**】➡p.513

2. 公共施設の用に供している宅地に対しては、換地計画において、その**位置**、地積等に特別の**考慮**を払い、換地を定めることができます。 【**○**】➡p.514

3. 土地区画整理事業の換地計画においては、土地区画整理事業の施行の費用に充てるため、一定の土地を換地として定めないで、その土地を**保留地**として定めることができます。 【**○**】➡p.514

4. **施行者**（個人も含む）は、換地処分を行う前において、①土地の区画形質の変更、②公共施設の新設・変更に係る工事、③換地計画に基づき換地処分を行うため、必要がある場合においては、施行地区内の宅地について**仮換地**を指定することができます。
【**○**】➡p.515

問43 ■■ 不動産取得税

H28年
[問24.改]

不動産取得税に関する次の記述のうち、正しいものはどれか。

1. 家屋が新築された日から3年を経過して、なお、当該家屋について最初の使用又は譲渡が行われない場合においては、当該家屋が新築された日から3年を経過した日において家屋の取得がなされたものとみなし、当該家屋の所有者を取得者とみなして、これに対して不動産取得税を課する。

2. 不動産取得税は、不動産の取得に対して課される税であるので、法人の合併により不動産を取得した場合にも、不動産取得税は課される。

3. 令和2年4月に取得した床面積240㎡である新築住宅に係る不動産取得税の課税標準の算定については、当該新築住宅の価格から1,200万円が控除される。

4. 令和2年4月に個人が取得した住宅及び住宅用地に係る不動産取得税の税率は3％であるが、住宅用以外の家屋及びその土地に係る不動産取得税の税率は4％である。

問44 ■■ 固定資産税

H20年 [問28]

固定資産税に関する次の記述のうち、正しいものはどれか。

1. 固定資産の所有者の所在が震災、風水害、火災等によって不明である場合には、その使用者を所有者とみなして固定資産課税台帳に登録し、その者に固定資産税を課することができる。

2. 市町村長は、一筆ごとの土地に対して課する固定資産税の課税標準となるべき額が、財政上その他特別の必要があるとして市町村の条例で定める場合を除き、30万円に満たない場合には、固定資産税を課することができない。

3. 固定資産税の課税標準は、原則として固定資産の価格であるが、この価格とは「適正な時価」をいうものとされており、固定資産の価格の具体的な求め方については、都道府県知事が告示した固定資産評価基準に定められている。

4. 市町村長は、毎年3月31日までに固定資産課税台帳を作成し、毎年4月1日から4月20日又は当該年度の最初の納期限の日のいずれか遅い日以後の日までの間、納税義務者の縦覧に供しなければならない。

問43 **解説** ➡ Part **4**「01 不動産取得税」　　　　　　　　【 正解　3 】

1. 家屋が新築された日から**6か月**を経過しても、最初の使用または譲渡が行われない場合は、その**6か月**を経過した日において家屋の取得がなされたものとみなし、**所有者**に不動産取得税が課されます。「3年を経過」は誤りです。　　　　　【 ✘ 】➡p.532

2. 不動産取得税は、実質的な所有権移転である**売買**、交換、贈与等による取得に課税されます。**形式**的な所有権移転である**相続**、法人の合併等による取得には、不動産取得税は課されません。　　　　　　　　　　　　　　　　　　　　　　【 ✘ 】➡p.531

3. 床面積が**50㎡**以上**240㎡**以下の新築住宅を取得した場合、価格から**1,200万円**が控除されます。　　　　　　　　　　　　　　　　　　　　　　　　　　　　【 〇 】➡p.533

4. 不動産取得税の税率は、土地・住宅は**3**％、**住宅用以外の家屋**は4％です。「住宅用以外の家屋及びその土地に係る不動産取得税の税率4％」は誤りです。【 ✘ 】➡p.533

問44 **解説** ➡ Part **4**「02 固定資産税」　　　　　　　　　【 正解　1 】

1. 震災、風水害、火災等によって、所有者の所在が**不明**である場合には、固定資産の**使用者**を所有者とみなして固定資産課税台帳に登録し、その者に固定資産税を課すことができます。　　　　　　　　　　　　　　　　　　　　　　　　　【 〇 】➡p.536

2. 固定資産税の免税点は、同一の者が**同一市町村**内に所有する土地、家屋、償却資産それぞれの課税標準の**合計**額を基準とします。「一筆ごと」に免税点をカウントするわけではありません。　　　　　　　　　　　　　　　　　　　　　　　　【 ✘ 】➡p.537

3. 固定資産税の課税標準は、固定資産課税台帳に登録された価格で、**適正な時価**をいうものとされています。この価格は、**総務大臣**が告示する固定資産評価基準に基づいて求めます。　　　　　　　　　　　　　　　　　　　　　　　　　　　【 ✘ 】➡p.537

4. 市町村長は、毎年3月31日までに固定資産課税台帳を作成しなければなりません。固定資産課税台帳は**いつでも**閲覧することができます。　　　　　　　　【 ✘ 】➡p.539

49

問45 ■■ 印紙税

H28年 [問23]

印紙税に関する次の記述のうち、正しいものはどれか。

1. 印紙税の課税文書である不動産譲渡契約書を作成したが、印紙税を納付せず、その事実が税務調査により判明した場合は、納付しなかった印紙税額と納付しなかった印紙税額の10%に相当する金額の合計額が過怠税として徴収される。

2. 「Aの所有する甲土地（価額3,000万円）とBの所有する乙土地（価額3,500万円）を交換する」旨の土地交換契約書を作成した場合、印紙税の課税標準となる当該契約書の記載金額は3,500万円である。

3. 「Aの所有する甲土地（価額3,000万円）をBに贈与する」旨の贈与契約書を作成した場合、印紙税の課税標準となる当該契約書の記載金額は、3,000万円である。

4. 売上代金に係る金銭の受取書（領収書）は記載された受取金額が3万円未満の場合、印紙税が課されないことから、不動産売買の仲介手数料として、現金48,600円（消費税及び地方消費税を含む。）を受け取り、それを受領した旨の領収書を作成した場合、受取金額に応じた印紙税が課される。

問46 ■■ 地価公示法

H29年 [問25]

地価公示法に関する次の記述のうち、正しいものはどれか。

1. 土地鑑定委員会は、標準地の単位面積当たりの価格及び当該標準地の前回の公示価格からの変化率等一定の事項を官報により公示しなければならないとされている。

2. 土地鑑定委員会は、公示区域内の標準地について、毎年2回、2人以上の不動産鑑定士の鑑定評価を求め、その結果を審査し、必要な調整を行って、一定の基準日における当該標準地の単位面積当たりの正常な価格を判定し、これを公示するものとされている。

3. 標準地は、土地鑑定委員会が、自然的及び社会的条件からみて類似の利用価値を有すると認められる地域において、土地の利用状況、環境等が通常であると認められる一団の土地について選定するものとされている。

4. 土地の取引を行う者は、取引の対象となる土地が標準地である場合には、当該標準地について公示された価格により取引を行う義務を有する。

問45 解説 → Part4「04 印紙税」 【正解 2】

1. 印紙税を納付せず、税務調査により判明した場合には、当該印紙税額の**3**倍（印紙税額＋その**2**倍相当額）の過怠税が徴収されます。過怠税が、納付しなかった印紙税額と納付しなかった印紙税額の**10**％に相当する金額（当初に納付すべき税額の**1.1**倍相当額）に軽減されるのは、税務調査を受ける前に、自主的に不納付を申し出た場合です。 【✗】➡p.549

2. 交換契約書を作成した場合、交換対象物の双方の価額が記載されているときは、**高い**方の金額が記載金額となります。従って、本問の印紙税の課税標準となる当該契約書の記載金額は、**3,500**万円です。 【◯】➡p.548

3. 贈与契約書では、価額の記載がある場合でも契約金額がないものとして取り扱うため、記載金額が**ないもの**として扱われます。従って「記載金額3,000万円」は誤りです。なお、記載金額のない文書の場合、印紙税として**200**円が課されます。 【✗】➡p.548

4. 売上代金に係る金銭の受取書（領収書）は、記載金額が**5**万円未満の場合、非課税となります。従って「3万円未満」は誤りです。本問の領収書の記載金額は48,600円なので、印紙税は**課されません**。 【✗】➡p.547

問46 解説 → Part4「07 地価公示法」 【正解 3】

1. 土地鑑定委員会が官報で公示するのは、「所在地・住所」「**単位面積当たりの価格**」「価格判定の基準日」「**地積**・形状」「標準地及び周辺の土地の利用の現況」等です。「前回の公示価格からの変化率」は入っていません。 【✗】➡p.567

2. 土地鑑定委員会は、毎年**1**回、**2人**以上の不動産鑑定士が提出する鑑定評価書について審査・調整を行い、一定の基準日における、標準地の単位面積当たりの正常な価格を判定し、公示します。「毎年2回」は誤りです。 【✗】➡p.566・567

3. 標準地は、**自然**的・社会的条件からみて**類似**の利用価値を有すると認められる地域において、土地の利用状況・環境等が**通常**と認められる一団の土地について選定します。 【◯】➡p.567

4. 土地の取引を行う者は、標準地について公示された価格を指標として取引を行うよう**努め**なければなりません。「義務を有する」は誤りです。 【✗】➡p.569

51

問47 ■■ 【免除科目】住宅金融支援機構法　H27年[問46]

独立行政法人住宅金融支援機構（以下この問において「機構」という。）に関する次の記述のうち、誤っているものはどれか。

1. 機構は、高齢者が自ら居住する住宅に対して行うバリアフリー工事又は耐震改修工事に係る貸付けについて、貸付金の償還を高齢者の死亡時に一括して行うという制度を設けている。

2. 証券化支援事業（買取型）において、機構による譲受けの対象となる貸付債権は、償還方法が毎月払いの元利均等の方法であるものに加え、毎月払いの元金均等の方法であるものもある。

3. 証券化支援事業（買取型）において、機構は、いずれの金融機関に対しても、譲り受けた貸付債権に係る元金及び利息の回収その他回収に関する業務を委託することができない。

4. 機構は、災害により住宅が滅失した場合におけるその住宅に代わるべき住宅の建設又は購入に係る貸付金について、一定の元金返済の据置期間を設けることができる。

問48 ■■ 【免除科目】景品表示法　H25年[問47]

宅地建物取引業者が行う広告に関する次の記述のうち、不当景品類及び不当表示防止法（不動産の表示に関する公正競争規約を含む。）の規定によれば、正しいものはどれか。

1. 新築分譲マンションの販売広告で完成予想図により周囲の状況を表示する場合、完成予想図である旨及び周囲の状況はイメージであり実際とは異なる旨を表示すれば、実際に所在しない箇所に商業施設を表示するなど現況と異なる表示をしてもよい。

2. 宅地の販売広告における地目の表示は、登記簿に記載されている地目と現況の地目が異なる場合には、登記簿上の地目のみを表示すればよい。

3. 住戸により管理費が異なる分譲マンションの販売広告を行う場合、全ての住戸の管理費を示すことが広告スペースの関係で困難なときには、1住戸当たりの月額の最低額及び最高額を表示すればよい。

4. 完成後8か月しか経過していない分譲住宅については、入居の有無にかかわらず新築分譲住宅と表示してもよい。

問47 **解説** → Part**4** 「09【免除科目】住宅金融支援機構法」 【正解 3】

1. 高齢者が自ら居住する住宅に対して行うバリアフリー工事または耐震改修工事にかかる貸付について、毎月の返済を利息のみの支払とし、借入金の元金は債務者本人の死亡時に一括して返済する制度（高齢者向け返済特例制度）が設けられています。
【○】→p.582

2. 証券化支援事業（買取型）において、償還方法は、元利均等方式、元金均等方式のいずれでもかまいません。 【○】→p.581

3. 機構は、金融機関に対して、譲り受けた貸付債権に係る元金及び利息の回収その他回収に関する業務を委託することができます。 【✗】→p.583

4. 機構は、災害により住宅が滅失した場合など、その住宅に代わるべき住宅の建設または購入に係る貸付金について、一定の元金返済の据置期間を設けることができます。
【○】→p.582・583

問48 **解説** → Part**4** 「10【免除科目】景品表示法」 【正解 3】

1. 宅地・建物の見取図・完成図・完成予想図は、その旨を明示して用い、当該物件の周囲の状況について表示するときは、現況とは異なる表示をしてはなりません。従って、実際に所在しない箇所に商業施設を表示することは許されません。 【✗】→p.592

2. 「地目は、登記簿に記載されているものを表示すること。この場合において、現況の地目と異なるときは、現況の地目を併記すること」とされています。本問では「登記簿上の地目のみを表示する」が誤りです。 【✗】→p.592

3. 分譲マンションの販売広告において、すべての住戸の管理費を表示することが困難な場合、1住戸当たりの月額の最低額と最高額の表示のみでかまいません。
【○】→p.591

4. 「新築」と表示できるのは、建築後1年未満であって、居住の用に供されたことがないものに限られます。本問では「入居の有無にかかわらず」の部分が誤りです。
【✗】→p.593

53

問49 ■■ 【免除科目】土地に関する知識　　H22年 [問49]

土地に関する次の記述のうち、不適当なものはどれか。

1. 地すべり地の多くは、地すべり地形と呼ばれる独特の地形を呈し、棚田などの水田として利用されることがある。

2. 谷出口に広がる扇状地は、地盤は堅固でないが、土石流災害に対して安全であることが多い。

3. 土石流は、流域内で豪雨に伴う斜面崩壊の危険性の大きい場所に起こりやすい。

4. 断層地形は、直線状の谷など、地形の急変する地点が連続して存在するといった特徴が見られることが多い。

問50 ■■ 【免除科目】建物に関する知識　　H24年 [問50]

建物の構造に関する次の記述のうち、最も不適当なものはどれか。

1. 鉄筋コンクリート構造の中性化は、構造体の耐久性や寿命に影響しない。

2. 木造建物の寿命は、木材の乾燥状態や防虫対策などの影響を受ける。

3. 鉄筋コンクリート構造のかぶり厚さとは、鉄筋の表面からこれを覆うコンクリート表面までの最短寸法をいう。

4. 鉄骨構造は、不燃構造であるが、火熱に遭うと耐力が減少するので、耐火構造にするためには、耐火材料で被覆する必要がある。

問49 解説 → Part4「11【免除科目】土地に関する知識」 【正解 2】

1. 地すべり地は、過去にも地すべりが起こった土地であることが多く、再度起きる可能性があります。地すべり地形という独特の地形を呈していて、居住地には**不適切**なため、**棚田**などの水田に利用されることがあります。 【**適当**】→p.600

2. 扇状地は、山地から河川により運ばれてきた砂礫等が谷出口に堆積して形成された平坦で**堅固**な地盤で、水はけがよく、乾燥していて宅地として**良好**です。ただし、谷の出口であるため、**土石流**などの危険性が高く、注意が必要です。本問では、「地盤は堅固でない」、「土石流災害に対して安全」の2点が誤りです。 【**不適当**】→p.598

3. 土石流は、石や土砂、雨水等が一体になって一気に下流に流れる現象で、豪雨に伴う**斜面崩壊**の危険性の大きい場所に起こりやすいとされています。 【**適当**】→p.600

4. 地層がある面を境として互いに上下・左右にずれているものが断層です。断層地形では、直線状の**谷**、滝その他の地形の**急変**する地点が連続して存在するといった特徴が見られます。 【**適当**】→p.601

問50 解説 → Part4「12【免除科目】建物に関する知識」 【正解 1】

1. 劣化等によって、コンクリートの内部に空気中の炭酸ガスが侵入し、アルカリ状態を失って、酸性へ傾くことをコンクリートの**中性化**といいます。この中性化が進むと、構造体の耐久性が**低下**し寿命が**短縮**するなどの影響を及ぼします。 【**不適当**】→p.610

2. 木材は、乾燥していると強度が**大きく**なり、湿っていると強度が**小さく**なります。また、腐朽やシロアリ等による被害を受けやすいです。そのため、木造建物の寿命は、木材の乾燥状態や防虫対策の影響を**受けます**。 【**適当**】→p.607

3. 鉄筋の**表面**からこれを覆うコンクリート表面までの**最短**寸法を「かぶり厚さ」といいます。 【**適当**】→p.610・611

4. 鉄骨構造は、骨組みに鉄の鋼材を用いて組み立てる建築構造です。不燃構造ですが、耐火性が**低い**（**高温**で強度が落ちる）ため、耐火材料で被覆（耐火被覆）する必要があります。 【**適当**】→p.609

MEMO